首批新文科研究与改革实践项目，新文科背景下人文社科类学生竞赛治理优化和发展路径研究（2021120022）

首批新文科研究与改革实践项目，导向高质量发展的我国普通高校大学生竞赛质量评价研究（2021150031）

The Blue Book on Contests of National College and University Students

*(2022)*

# 全国普通高校大学生竞赛蓝皮书

# （2022版）

中国高等教育学会"高校竞赛评估与管理体系研究"工作组　编

ZHEJIANG UNIVERSITY PRESS
浙江大学出版社
·杭州·

**图书在版编目(CIP)数据**

全国普通高校大学生竞赛蓝皮书：2022 版 / 中国高
等教育学会"高校竞赛评估与管理体系研究"工作组编
. — 杭州：浙江大学出版社，2023.6
ISBN 978-7-308-23629-4

Ⅰ．①全… Ⅱ．①中… Ⅲ．①高等学校－竞赛－研究
报告－中国－2022 Ⅳ．①G642.3

中国国家版本馆 CIP 数据核字(2023)第 057233 号

**全国普通高校大学生竞赛蓝皮书**（2022 版）

QUANGUO PUTONG GAOXIAO DAXUESHENG JINGSAI LANPISHU

中国高等教育学会"高校竞赛评估与管理体系研究"工作组编

| | |
|---|---|
| 责任编辑 | 吴昌雷 |
| 责任校对 | 王　波 |
| 封面设计 | 北京春天 |
| 出版发行 | 浙江大学出版社 |
| | （杭州市天目山路 148 号　邮政编码 310007) |
| | （网址：http://www.zjupress.com) |
| 排　　版 | 杭州晨特广告有限公司 |
| 印　　刷 | 杭州杭新印务有限公司 |
| 开　　本 | 787mm×1092mm　1/16 |
| 印　　张 | 25.75 |
| 字　　数 | 612 千 |
| 版 印 次 | 2023 年 6 月第 1 版　2023 年 6 月第 1 次印刷 |
| 书　　号 | ISBN 978-7-308-23629-4 |
| 定　　价 | 76.00 元 |

# 全国普通高校大学生竞赛蓝皮书(2022版)

## 编委会

# 序

党的二十大将教育、科技、人才确定为全面建设社会主义现代化国家的基础性、战略性支撑，标志着科教兴国、人才强国战略实施开启新征程，教育高质量发展进入快车道。高等院校作为人才培养的摇篮、科技创新的重镇、人才集聚的高地，必须始终坚持以人才培养为根本，为党育人、为国育才，把立德树人的成效作为检验学校一切工作的根本标准，充分发挥"科技第一生产力、人才第一资源、创新第一动力"的重要作用。

大学生竞赛是落实立德树人根本任务、推进高等教育高质量发展的重要举措，竞赛成果是检验高校人才培养质量、推动科技创新、成果转化的重要路径。随着大学生竞赛在人才培养中的地位作用日趋凸显，竞赛数量不断增多、参赛学生规模不断扩大、教师指导学生参赛积极性不断提高，竞赛活动呈现蓬勃发展、积极向上趋势，但同时也存在一些需要深入思考和探究的问题，比如，如何加强各类学科竞赛的规范化管理，促进大学生竞赛与专业教育之间的相辅相成、深度融合；如何从人才培养目标达成的高度统筹规划学科竞赛，真正实现以赛促学、以赛赋能，等等。解决这些问题，迫切需要对大学生竞赛进行科学研究，并加以引导治理。

2017年，中国高等教育学会为推动大学生竞赛高质量发展，建立了"高校竞赛评估与管理体系研究"专家工作组，开展了大量卓有成效的工作。专家工作组秉持公平、公正、公开的原则，按照"质量为本、谨慎推进"的要求，对全国普通高校学科竞赛进行全面分析、系列研究，并每年发布竞赛分析报告。六年来，系列分析研究报告不仅帮助各高校更好地理解全国大学生竞赛迭代发展的生态变化，而且为有效推进省域层面、高校层面的竞赛治理提供了政策支持和决策参考，极大地促进了学科竞赛的内涵发展。

在全面贯彻党的二十大精神、推进中国式现代化开局之年，专家工作组的又一重要成果——《全国普通高校大学生竞赛蓝皮书（2022版）》即将出版，具有重要意义。2022版蓝皮书在总结传承前四版的成果基础上，紧扣新时代教育评价改革总体要求，聚焦"四新"建设，采用海量数据挖掘、多维案例分析、国赛省赛联通等方法，对榜单内赛事实行动态调节，赋能质量提升，力求呈现高校大学生竞赛的新形态、新经验、新成效，用客观数据为高校人才培养质量评价提供参考。我们相信，2022版蓝皮书的出版，一定能够为高等教育研究者、高校管理者、学科竞赛组织者以及广大师生研究、学习、组织、参赛提供有益的实践指南，能够更好促进高校大学生竞赛各主体协同创新、全流程各环节协调融通，助力构筑竞赛工作开放互动生态、美美与共格局。

高校竞赛评估与管理是一个动态开放、不断发展的体系，必须根据党和国家对教育改革的最新要求持续完善，必须结合高等教育和经济社会发展规律持续改进，必须在高校大学生竞赛的丰富实践中持续提升。热切期盼广大教育工作者为《全国普通高校大学生竞赛蓝皮书》建言献策、助力加油，提出更多宝贵意见建议。

2023 年 4 月于北京

# 目　录

# 1 绪论

中国高等教育学会自 2017 年 2 月以来启动全国普通高校大学生竞赛治理的理论与实践探索，并每年发布全国普通高校大学生竞赛的当年分析结果和近五年分析结果，取得了一些显著成效（近六年发布时间和地点见表 1-1）。

表 1-1 六轮全国普通高校评估结果发布时间和地点一栏

| 发布时间 | 发布地点 | 发布内容 |
| --- | --- | --- |
| 2017 年 12 月 14 日 | 杭州 | 2012—2016 年全国普通高校学科竞赛评估结果<br>2014 年全国普通高校学科竞赛评估结果<br>2015 年全国普通高校学科竞赛评估结果<br>2016 年全国普通高校学科竞赛评估结果 |
| 2018 年 2 月 22 日 | 北京 | 2013—2017 年全国普通高校学科竞赛评估结果<br>2017 年全国普通高校学科竞赛评估结果 |
| 2019 年 2 月 22 日 | 杭州 | 2014—2018 年全国普通高校学科竞赛评估结果<br>2018 年全国普通高校学科竞赛评估结果 |
| 2020 年 2 月 22 日 | 网络平台 | 2015—2019 年全国普通高校学科竞赛评估结果<br>2019 年全国普通高校学科竞赛评估结果 |
| 2021 年 3 月 22 日 | 网络平台 | 2016—2020 年全国普通高校学科竞赛评估结果<br>2020 年全国普通高校学科竞赛评估结果<br>全国普通高校学科竞赛五轮评估结果（新增） |
| 2022 年 2 月 22 日 | 网络平台 | 2017—2021 年全国普通高校学科竞赛评估结果<br>2021 年全国普通高校学科竞赛评估结果<br>全国普通高校学科竞赛六轮评估结果 |

本章主要为读者呈现 2021 年以来，全国普通高校大学生竞赛治理的系列措施、大学生竞赛评估的政策优化要点以及未来发展设计。

# 1.1 2021 年全国普通高校大学生竞赛分析报告研发历程回顾

2021 年 3 月 9 日，2020 年度高校竞赛评估与管理体系研究专家委员会会议在杭州欧亚美酒店召开，会议公布新一届高校竞赛评估与管理体系研究专家委员会名单，进行了 2020 年新申请竞赛投票，新增 13 项竞赛纳入 2020 全国普通高校大学生竞赛分析报告（榜单内已有竞赛的子赛纳入不计算项目数）。

2021 年 3 月 22 日，第五轮全国普通高校学科竞赛排行榜和第四轮全国普通高校教师教学竞赛状态分析报告正式在网络平台发布。

2021 年 6 月,在浙江大学举行的浙江省科技竞赛委员会年度会议上,第二次公布浙江省高校大学生竞赛质量评价结果(以 ABCD 档公布评价结果)。对浙江省省级 A 类竞赛形成倒逼,促使相关竞赛加大竞赛组织的改革力度,提升竞赛质量。

2022 年 2 月 22 日,最新一轮普通高校大学生竞赛分析结果在网络平台发布。高校大学生竞赛分析工作持续引发各方关注。

# 1.2　2017－2021 年分析报告研发原则及其优化

## 1.2.1　研发原则

2017－2021 年高校竞赛排行榜的研发遵循与前四轮相同的评估原则。

(1)公平、公正、公开原则:公平、公正是学科竞赛评价的灵魂和基础,公开是保证公平、公正的手段。评价过程中做到数据公开、模型公开、计算方法公开,以保证评价的公平与公正。

(2)引导性原则:学科竞赛评价的目的不仅是分出等级,更重要的是引导高校学科竞赛工作的良性开展,提高学科竞赛的育人成效。

(3)可操作性原则:确保被选择的指标简单、实用、可重复验证。评价操作尽量简单方便,保证数据易于获取,计算方法简单可行,且不能失真。在保证评价结果的客观性和全面性的前提下评价指标要与时俱进。

(4)分类原则:我国高校类型多样,不同类型高校有不同的使命和特征,需要按照不同类型高校分别排行,以更好地反映高校的不同类型特征,使得平行性比较成为可能,同时也是保证公平、公正的必要途径。

(5)成果导向原则:评价指标必须导向各类竞赛成果,如竞赛获奖结果、竞赛组织贡献、教学成果、公开发表论文等,一般不考虑软性的主观指标。

## 1.2.2　排行榜研发对象

根据 2021 年 9 月 30 日教育部公布的全国高等学校名单[①],我国共有 3012 所普通高校,其中:普通高等学校 2756 所,含本科院校 1270 所、高职(专科)院校 1486 所;成人高等学校 265 所,该名单未包含港澳台地区高等学校。考虑到 2021 年最新升格的职业大学仍然保持着职业教育的特性,将本科层次的职业大学划入高等职业院校类别。因此,2017－2021 年全国普通高校大学生竞赛分析报告研发对象为 1238 所普通本科院校和 1518 所高等职业院校。各地区本科院校和高职院校数量分布见表 1-2。

---

① 全国高等学校名单——中华人民共和国教育部政府门户网站 (http://www.moe.gov.cn/jyb_xxgk/s5743/s5744/A03/202110/t20211025_574874.html)

表 1-2　2017－2021 年全国普通高校大学生竞赛排行榜研发对象区域分布①

| 区域 | 本科院校数 | 高职院校数(含职业大学) | 总计 |
|---|---|---|---|
| 东北 | 138 | 122 | 260 |
| 东部 | 506 | 528 | 1034 |
| 西部 | 299 | 440 | 739 |
| 中部 | 295 | 428 | 723 |
| 总计 | 1238 | 1518 | 2756 |

# 1.3　2020 年排行榜项目遴选过程及结果

2012－2016 年、2013－2017 年和 2012－2017 年单年排行榜的竞赛项目,以教育部 2007 年、2008 年和 2010 年发布的大学生竞赛资助项目为主要依据,增加"互联网＋"1 项,"挑战杯"竞赛 2 项,以及影响力广泛且具有国际性的 ACM－ICPC 国际大学生程序设计竞赛;同时,考虑到人文社科类竞赛数量不多和国际化要素,增加"外研社杯"全国英语演讲大赛。因此,共筛选 18 个本科竞赛项目。

2018 年 9 月至 2019 年 1 月,排行榜项目首次动态调整,新增 12 项本科竞赛。

2020 年 1 月 3 日,在杭州召开"高校竞赛评估专家委员会"第三次会议,经无记名投票方式,通过新纳入排行榜的 12 项竞赛项目,退出 2 项。至此,2015－2019 年全国高校学科竞赛排行榜中的竞赛项目扩展为 44 项。

2021 年 3 月 9 日,全国高校竞赛评估与管理体系研究专家委员会会议召开。会上采取无记名投票方式,新增 13 项竞赛纳入 2020 全国普通高校大学生竞赛排行榜(榜单内已有竞赛的子赛纳入不计算项目数)。

2021 年 9 月至 2022 年 2 月,根据相关管理原则,基于竞赛数据采集、综合评价和专家委员会投票情况,确定 1 项赛事退出榜单,原 56 项竞赛继续纳入榜单(榜单内已有竞赛的子赛纳入但不计算项目数),2 项赛事列入 2022 年重点观摩和考察项目。2021 年调整结果见表 1-3。

---

① 四大区域指东部、中部、东北、西部,其中东部包括北京市、福建省、广东省、海南省、河北省、江苏省、山东省、上海市、天津市、浙江省 10 个省份;中部包括安徽省、河南省、湖北省、湖南省、江西省、山西省 6 个省份;东北包括黑龙江省、吉林省、辽宁省 3 个省份;西部包括甘肃省、广西壮族自治区、贵州省、内蒙古自治区、宁夏回族自治区、青海省、陕西省、四川省、西藏自治区、新疆维吾尔自治区、云南省、重庆市 12 个省份。

表 1-3 2021 全国普通高校大学生竞赛排行榜内竞赛项目名单

| 序号 | 竞赛名称 | 纳入榜单时间 | 备注 |
|---|---|---|---|
| 1 | 中国"互联网＋"大学生创新创业大赛 | 2012－2016 年、2013－2017 年榜单纳入 | |
| 2 | "挑战杯"全国大学生课外学术科技作品竞赛 | 2012－2016 年、2013－2017 年榜单纳入 | |
| 3 | "挑战杯"中国大学生创业计划大赛 | 2012－2016 年、2013－2017 年榜单纳入 | |
| 4 | ACM－ICPC 国际大学生程序设计竞赛 | 2012－2016 年、2013－2017 年榜单纳入 | |
| 5 | 全国大学生数学建模竞赛 | 2012－2016 年、2013－2017 年榜单纳入 | |
| 6 | 全国大学生电子设计竞赛 | 2012－2016 年、2013－2017 年榜单纳入 | |
| 7 | 中国大学生医学技术技能大赛 | 2012－2016 年、2013－2017 年榜单纳入 | 原全国高等医学院校大学生临床技能竞赛 |
| 8 | 全国大学生机械创新设计大赛 | 2012－2016 年、2013－2017 年榜单纳入 | |
| 9 | 全国大学生结构设计竞赛 | 2012－2016 年、2013－2017 年榜单纳入 | |
| 10 | 全国大学生广告艺术大赛 | 2012－2016 年、2013－2017 年榜单纳入 | |
| 11 | 全国大学生智能汽车竞赛 | 2012－2016 年、2013－2017 年榜单纳入 | |
| 12 | 全国大学生交通运输科技大赛 | 2012－2016 年、2013－2017 年榜单纳入 | 原全国大学生交通科技大赛 |
| 13 | 全国大学生电子商务"创新、创意及创业"挑战赛 | 2012－2016 年、2013－2017 年榜单纳入 | |
| 14 | 全国大学生节能减排社会实践与科技竞赛 | 2012－2016 年、2013－2017 年榜单纳入 | 2021 年为观察赛，当年数据不计入当年高校榜单 |
| 15 | 中国大学生工程实践与创新能力大赛 | 2012－2016 年、2013－2017 年榜单纳入 | 原全国大学生工程训练综合能力竞赛 |

续表

| 序号 | 竞赛名称 | 纳入榜单时间 | 备注 |
|------|----------|--------------|------|
| 16 | 全国大学生物流设计大赛 | 2012—2016 年、2013—2017 年榜单纳入 | |
| 17 | 外研社全国大学生英语大赛－英语演讲赛、英语辩论赛、英语写作赛、英语阅读赛 | 英语演讲赛于 2012—2016 年、2013—2017 年榜单纳入；英语辩论赛、英语写作赛和英语阅读赛于 2015—2019 年榜单新增 | |
| 18 | 全国职业院校技能大赛 | 2012—2016 年、2013—2017 年榜单纳入；只纳入高职排行 | |
| 19 | 全国大学生创新创业训练计划年会展示 | 2014—2018 年榜单新增 | |
| 20 | 全国大学生机器人大赛－RoboMaster、RoboCon、RoboTac | RoboMaster、RoboTac 于 2014—2018 年榜单新增；RoboCon 于 2015—2019 年榜单新增；其中，RoboTac 只纳入高职排行 | |
| 21 | "西门子杯"中国智能制造挑战赛 | 2014—2018 年榜单新增 | |
| 22 | 全国大学生化工设计竞赛 | 2014—2018 年榜单新增 | |
| 23 | 全国大学生先进成图技术与产品信息建模创新大赛 | 2014—2018 年榜单新增 | |
| 24 | 中国大学生计算机设计大赛 | 2014—2018 年榜单新增 | |
| 25 | 全国大学生市场调查与分析大赛 | 2014—2018 年榜单新增 | |
| 26 | 中国大学生服务外包创新创业大赛 | 2014—2018 年榜单新增 | |
| 27 | 两岸新锐设计竞赛·华灿奖 | 2014—2018 年榜单新增 | 原两岸新锐设计竞赛"华灿奖" |
| 28 | 中国高校计算机大赛－大数据挑战赛、团体程序设计天梯赛、移动应用创新赛、网络技术挑战赛、人工智能创意赛 | 大数据挑战赛于 2014—2018 年榜单新增；团体程序设计天梯赛、移动应用创新赛、网络技术挑战赛于 2015—2019 年榜单新增；人工智能创意赛于 2016—2020 年榜单新增 | |
| 29 | 世界技能大赛 | 2014—2018 年榜单新增，只纳入高职排行 | |

| 序号 | 竞赛名称 | 纳入榜单时间 | 备注 |
|---|---|---|---|
| 30 | 世界技能大赛中国选拔赛 | 2014—2018 年榜单新增，只纳入高职排行 | |
| 31 | 中国机器人大赛暨 RoboCup 机器人世界杯中国赛 | 2015—2019 年榜单新增 | |
| 32 | 全国大学生信息安全竞赛 | 2015—2019 年榜单新增 | |
| 33 | 全国周培源大学生力学竞赛 | 2015—2019 年榜单新增 | |
| 34 | 中国大学生机械工程创新创意大赛—过程装备实践与创新赛、铸造工艺设计赛、材料热处理创新创业赛、起重机创意赛、智能制造大赛 | 2015—2019 年榜单新增；智能制造大赛于 2016—2020 年榜单新增 | |
| 35 | 蓝桥杯全国软件和信息技术专业人才大赛 | 2015—2019 年榜单新增 | |
| 36 | 全国大学生金相技能大赛 | 2015—2019 年榜单新增 | |
| 37 | "中国软件杯"大学生软件设计大赛 | 2015—2019 年榜单新增 | |
| 38 | 全国大学生光电设计竞赛 | 2015—2019 年榜单新增 | |
| 39 | 未来设计师·全国高校数字艺术设计大赛 | 2015—2019 年榜单新增 | 原全国高校数字艺术设计大赛 |
| 40 | 中美青年创客大赛 | 2015—2019 年榜单新增 | |
| 41 | 全国大学生地质技能竞赛 | 2015—2019 年榜单新增 | |
| 42 | 米兰设计周——中国高校设计学科师生优秀作品展 | 2015—2019 年榜单新增 | |
| 43 | 全国大学生集成电路创新创业大赛 | 2015—2019 年榜单新增 | |
| 44 | 中国机器人及人工智能大赛 | 2016—2020 年榜单新增 | |
| 45 | 全国高校商业精英挑战赛—品牌策划竞赛、会展专业创新创业实践竞赛、国际贸易竞赛、创新创业竞赛 | 2016—2020 年榜单新增 | |
| 46 | 中国好创意暨全国数字艺术设计大赛 | 2016—2020 年榜单新增 | |
| 47 | 全国三维数字化创新设计大赛 | 2016—2020 年榜单新增 | |
| 48 | "学创杯"全国大学生创业综合模拟大赛 | 2016—2020 年榜单新增 | |
| 49 | "大唐杯"全国大学生移动通信 5G 技术大赛 | 2016—2020 年榜单新增 | |

续表

| 序号 | 竞赛名称 | 纳入榜单时间 | 备注 |
|---|---|---|---|
| 50 | 全国大学生物理实验竞赛 | 2016－2020 年榜单新增 | |
| 51 | 全国高校 BIM 毕业设计创新大赛 | 2016－2020 年榜单新增 | |
| 52 | RoboCom 机器人开发者大赛 | 2016－2020 年榜单新增 | |
| 53 | 全国大学生生命科学竞赛（CULSC）－生命科学竞赛、生命创新创业大赛 | 2016－2020 年榜单新增 | |
| 54 | 华为 ICT 大赛 | 2016－2020 年榜单新增 | |
| 55 | 全国大学生嵌入式芯片与系统设计竞赛 | 2016－2020 年榜单新增 | |
| 56 | 中国高校智能机器人创意大赛 | 2016－2020 年榜单新增 | |
| *1 | 中国大学生方程式系列赛事 | | 2021 年列为观察赛，当年数据不计入当年高校榜单。 |

2022 年 2 月 22 日，中国高等教育学会高校竞赛评估与管理体系研究工作组发布 2021 全国普通高校大学生竞赛分析报告，其中包含本科院校大学生竞赛榜单 13 个、高职院校大学生竞赛榜单 10 个、省份大学生竞赛榜单 3 个（详见表 1-4）。

表 1-4　榜单一览

| 类型 | 序号 | 名称 | 发布数量 |
|---|---|---|---|
| 本科 | 1－1 | 全国普通高校大学生竞赛六轮总榜单（本科） | 前 300 |
| | 1－2 | 2017－2021 年全国普通高校大学生竞赛榜单（本科） | 前 300 |
| | 1－3 | 2021 年全国普通高校大学生竞赛榜单（本科） | 前 100 |
| | 1－4 | 2017－2021 年全国"双一流"建设高校大学生竞赛榜单 | 全部 |
| | 1－5 | 2017－2021 年全国地方本科院校大学生竞赛榜单 | 前 100 |
| | 1－6 | 2017－2021 年全国综合类本科院校大学生竞赛榜单 | 前 20 |
| | 1－7 | 2017－2021 年全国理工类本科院校大学生竞赛榜单 | 前 20 |
| | 1－8 | 2017－2021 年全国人文社科类本科院校大学生竞赛榜单 | 前 20 |
| | 1－9 | 2017－2021 年全国农林类本科院校大学生竞赛榜单 | 前 20 |
| | 1－10 | 2017－2021 年全国医药类本科院校大学生竞赛榜单 | 前 20 |
| | 1－11 | 2017－2021 年全国师范类本科院校大学生竞赛榜单 | 前 20 |
| | 1－12 | 2017－2021 年全国"民办及独立学院"大学生竞赛榜单 | 前 20 |
| | 1－13 | 2017－2021 年全国新建本科院校大学生竞赛榜单 | 前 100 |
| 高职 | 2－1 | 全国普通高校大学生竞赛六轮总榜单（高职） | 前 300 |

| 类型 | 序号 | 名称 | 发布数量 |
|---|---|---|---|
| 高职 | 2—2 | 2017—2021年全国普通高校大学生竞赛榜单(高职) | 前300 |
| | 2—3 | 2021年全国普通高校大学生竞赛榜单(高职) | 前100 |
| | 2—4 | 2017—2021年全国"双高计划"建设高职院校大学生竞赛榜单 | 全部 |
| | 2—5 | 2017—2021年全国一般高职院校大学生竞赛榜单 | 前100 |
| | 2—6 | 2017—2021年东部地区高职院校大学生竞赛榜单 | 前20 |
| | 2—7 | 2017—2021年中部地区高职院校大学生竞赛榜单 | 前20 |
| | 2—8 | 2017—2021年西部地区高职院校大学生竞赛榜单 | 前20 |
| | 2—9 | 2017—2021年东北地区高职院校大学生竞赛榜单 | 前20 |
| | 2—10 | 2017—2021年全国民办高职院校大学生竞赛榜单 | 前20 |
| 省份 | 3—1 | 全国普通高校大学生竞赛六轮总榜单(省份) | 前15 |
| | 3—2 | 2017—2021年全国普通高校大学生竞赛榜单(省份) | 前15 |
| | 3—3 | 2021年全国普通高校大学生竞赛榜单(省份) | 前10 |

# 1.4　全国高校学生竞赛与教师教学发展数据平台简介

为更好地支持全国普通高校大学生竞赛排行榜的研发和运行,激发排行榜数据活力,服务高校大学生竞赛发展,由杭州简学科技有限公司为主开发的全国高校学生竞赛与教师发展数据平台(下简称"数据平台")于2019年11月1日高等教育博览会正式启动。数据平台以全国和各省区市高校学生竞赛大数据和高校教师教学发展大数据为支撑,一方面将动态呈现学生竞赛和教师教学发展各类变化,另一方面将为国家、各省份、高校提供教师教学发展和学生竞赛数据支持服务。截至2021年12月30日,平台汇聚了近千万条学生竞赛数据,时间维度上从2012年到2021年,此外还汇集了近百万条教师教学发展相关数据。整体而言,平台内容可以概括为"一个平台"——学生竞赛与教师发展数据平台,"两类指数"——全国学科竞赛排行榜、全国教师教学发展指数和"三级体系"——国赛、省赛、校赛数据联通。

数据平台主要在以下四个方面发挥作用:①全国竞赛排行、教师发展指数的情况动态及信息查询和采集;②相关竞赛与教发的通知和报道;③参与会议及培训的信息发布及组织;④国、省、校各级竞赛数据可视化及竞赛数据的统计和查询,完全可以实现对目前普通高等学校学生竞赛和教师教学发展相关数据的整合管理。

通过对数据平台的数据管理和运营,目前数据平台可以实现以下具体服务:为高校提供高校竞赛分析报告和高校教师发展分析报告;提供竞赛画像与高校竞赛画像,涉及20余个场景,应用于单项竞赛成绩提升、本校竞赛质量了解以及对标校竞赛进行质量对比;帮助高校实现竞赛官网部署服务、高校竞赛统一信息管理服务、高校数据迁移及留存服务、高校数据平台对接及定制开发服务、高校数据管理平台报表和手册制定服务、高校平台培训与客服支持以及校内赛事执行、培训与支持服务。

　　各校竞赛管理部门查看本校数据服务请咨询摩课云竞赛①；平台方会开通全校竞赛账号并分发，同时定期组织钉钉群直播培训及跟进服务。更多信息请关注微信公众号：简学头条（扫码回复关键词"数据服务"获取材料）。

---

　　① 摩课云竞赛是杭州简学科技有限公司（moocollege.com）旗下专注创新人才发展的学科竞赛在线服务平台，为大学生学科竞赛各级主办单位、参与高校和教育行政管理部门提供学科竞赛执行服务、管理服务与赛事运营服务。致力于打造学科竞赛生态，提升学科竞赛质量水准，推动"以赛促教、以赛促学、以赛促创"的高水平创新人才培养与大学生创新创业的发展，集中体现全国高校创新人才培养成果和学科竞赛转化成果。

# 2 全国高校学生竞赛评价研究

　　为了更好地规范竞赛管理，促进竞赛质量，提高竞赛育人效果，2021 年中国高教学会"高校竞赛评估与管理体系"专家工作组以第三方评价的形式开展了对全国高校学生竞赛的综合评价工作。

# 2.1　评价竞赛概况

　　本次评价以 2020 年中国高等教育学会"高校竞赛评估与管理体系"专家工作组发布的全国高校学科竞赛排行榜内的 70 个竞赛项目（见表 2-1）为评价客体，利用工作组自行研制的竞赛指标体系对这些竞赛进行综合评价。目前列入排行榜的竞赛项目共有 74 项，其中列入本科高校竞赛排行榜的竞赛项目有 70 项，这 70 个竞赛项目从学科门类看，有 7 个理学类、17 个人文社科类、15 个机器人及人工智能类、10 个电子信息类、14 个其他工学类和 7 个综合及其他类；从竞赛的组织形式看，有单纯考试类、实验操作类、实物创作类、创意设计类等；从竞赛规模看，从几千人到几十万人不等。工作组尝试用统一的评价标准，对各方面都存在很大差异的各类竞赛进行综合效果的评价，为高校学科竞赛排行榜甄选高质量的竞赛提供参考。

表 2-1　70 个竞赛名称

| 类别 | 竞赛名称 |
|---|---|
| 综合及其他类 | "挑战杯"全国大学生课外学术科技作品竞赛 |
| | "挑战杯"中国大学生创业计划大赛 |
| | 全国大学生创新创业训练计划年会展示 |
| | 中国"互联网＋"大学生创新创业大赛 |
| | 中国大学生医学技术技能大赛 |
| | 中美青年创客大赛 |
| | 全国大学生节能减排社会实践与科技竞赛 |
| 人文社科类 | "外研社杯"全国大学生英语大赛－英语演讲赛 |
| | "外研社杯"全国大学生英语大赛－英语阅读赛 |
| | 全国大学生电子商务"创新、创意及创业"挑战赛 |
| | "外研社杯"全国大学生英语大赛－英语辩论赛 |
| | "外研社杯"全国大学生英语大赛－英语写作赛 |
| | "学创杯"全国大学生创业综合模拟大赛 |
| | 两岸新锐设计竞赛"华灿奖" |
| | 米兰设计周——中国高校设计学科师生优秀作品展 |
| | 全国大学生广告艺术大赛 |
| | 全国大学生市场调查与分析大赛 |

续表

| 类别 | 竞赛名称 |
|---|---|
| 人文社科类 | 全国大学生物流设计大赛 |
| | 全国高校商业精英挑战赛－国际贸易竞赛 |
| | 全国高校商业精英挑战赛－会展专业创新创业实践竞赛 |
| | 全国高校商业精英挑战赛－品牌策划竞赛 |
| | 未来设计师·全国高校数字艺术设计大赛 |
| | 中国好创意暨全国数字艺术设计大赛 |
| | 全国高校商业精英挑战赛－创新创业竞赛 |
| 其他工学类 | 全国大学生机械创新设计大赛 |
| | 全国大学生结构设计竞赛 |
| | 全国大学生光电设计竞赛 |
| | 全国大学生化工设计竞赛 |
| | 全国大学生交通运输科技大赛 |
| | 全国大学生金相技能大赛 |
| | 全国大学生先进成图技术与产品信息建模创新大赛 |
| | 全国高校 BIM 毕业设计创新大赛 |
| | 中国大学生工程实践与创新能力大赛 |
| | 中国大学生机械工程创新创意大赛－材料热处理创新创业赛 |
| | 中国大学生机械工程创新创意大赛－过程装备实践与创新赛 |
| | 中国大学生机械工程创新创意大赛－起重机创意赛 |
| | 中国大学生机械工程创新创意大赛－智能制造大赛 |
| | 中国大学生机械工程创新创意大赛－铸造工艺设计赛 |
| 理学类 | 全国大学生数学建模竞赛 |
| | 全国大学生地质技能竞赛 |
| | 全国大学生生命科学竞赛(CULSC)－生命创新创业竞赛 |
| | 全国大学生生命科学竞赛(CULSC)－生命科学竞赛 |
| | 全国大学生物理实验竞赛 |
| | 全国周培源大学生力学竞赛 |
| | 全国大学生化学实验邀请赛 |
| 机器人及人工智能类 | ACM－ICPC 国际大学生程序设计竞赛 |
| | 全国大学生机器人大赛－RoboMaster |
| | 中国高校计算机大赛－大数据挑战赛 |

续表

| 类别 | 竞赛名称 |
|---|---|
| 机器人及人工智能类 | "中国软件杯"大学生软件设计大赛 |
| | 蓝桥杯全国软件和信息技术专业人才大赛 |
| | 全国大学生机器人大赛－RoboCon |
| | 中国大学生计算机设计大赛 |
| | 中国高校计算机大赛－人工智能创意赛 |
| | 中国高校计算机大赛－团体程序设计天梯赛 |
| | 中国高校计算机大赛－网络技术挑战赛 |
| | 中国高校计算机大赛－移动应用创新赛 |
| | 中国高校智能机器人创意大赛 |
| | 中国机器人大赛暨 RoboCup 机器人世界杯中国赛 |
| | 中国机器人及人工智能大赛 |
| | RoboCom 机器人开发者大赛 |
| 电子信息类 | 华为 ICT 大赛 |
| | 全国大学生电子设计竞赛 |
| | "西门子杯"中国智能制造挑战赛 |
| | 全国大学生集成电路创新创业大赛 |
| | 全国大学生嵌入式芯片与系统设计竞赛 |
| | 全国大学生信息安全竞赛 |
| | 全国大学生智能汽车竞赛 |
| | 全国三维数字化创新设计大赛 |
| | 中国大学生服务外包创新创业大赛 |
| | "大唐杯"全国大学生移动通信 5G 技术大赛 |

# 2.2 评价工作小组

中国高等教育学会"高校竞赛评估与管理体系"专家工作组作为本次评价工作组，成员由高校教学管理人员、竞赛组织人员、竞赛指导教师和竞赛主管部门等竞赛利益相关者代表组成。工作组全面负责对 2021 年全国高校学科竞赛排行榜内 70 个竞赛项目的评价组织工作，主要包括两个方面：一是收集竞赛数据、整理相关资料、组织评价主体打分、汇总计算评价总分等评价过程事务；二是将评价结果、评价分析报告反馈给竞赛主管部门、各竞赛组办单位、各高校等竞赛利益相关者，以便更好地实施竞赛治理。

## 2.3 评价实施过程

在明确评价主体和客体后,评价工作组组织实施竞赛评价的整个流程。首先,评价工作组以中国高等教育学会的名义向全国普通高校竞赛排行榜内的 70 个竞赛下发竞赛评价通知,提醒各竞赛组织方将 2021 年竞赛运行数据及时上传到"高校学生竞赛与教师发展数据平台",并提交竞赛的章程、通知和其他相关文件。其次,评价工作组对照评价指标体系,将以上竞赛相关数据与材料进行整理与汇总。其中定量指标的数据由评价小组按照指标公式直接计算获取;定性指标的数据由评价工作组组织专家通过审阅相关材料进行赋值计算;满意度指标的数据由评价小组对各个竞赛开展相关调研,获取参赛师生的满意度数据。最后,评价工作组按照评价体系中的指标赋权方法,对所有指标数据进行加权计算,获得 70 个竞赛的最终评价结果。

### 2.3.1 评价数据采集

如表 2-2 所示本研究构建的评价体系共有 4 个一级指标和 22 个二级指标。各二级指标按照指标数据性质和指标采集方式的不同可分为两类:第一类为客观性指标,指标观测点数据来源为客观数据;第二类为主观性指标,其观测点数据来源为专家组的主观判定。另外按照指标计算类型,17 个二级指标属于效益型指标,这类指标的数值越大评价结果越好;5 个二级指标属于成本型指标,这类指标的数值越小评价结果越好。

表 2-2　竞赛组织效能评价指标体系一览

| 一级指标 | 二级指标 | 指标观测点 | 指标数据性质 | 指标计算类型 |
|---|---|---|---|---|
| 1.竞赛参与度与影响面 | 1.1 参赛学校覆盖面 | 参赛院校数 | 客观性指标 | 效益型(越大越好) |
| | 1.2 参赛项目数量 | 参赛项目数 | 客观性指标 | 效益型(越大越好) |
| | 1.3 学生参与热度 | 参赛学生数 | 客观性指标 | 效益型(越大越好) |
| | 1.4 竞赛历史时间 | 竞赛举办届数 | 客观性指标 | 效益型(越大越好) |
| | 1.5 竞赛组织层级 | 国赛前是否组织省赛或区域赛 | 客观性指标 | 效益型(越大越好) |
| 2.竞赛难度与水平 | 2.1 竞赛院校获奖难度 | 参赛院校获奖率 | 客观性指标 | 成本型(越小越好) |
| | 2.2 竞赛项目获奖难度 | 竞赛总获奖率 | 客观性指标 | 成本型(越小越好) |
| | 2.3 竞赛组织水平 | "双一流"院校获奖率 | 客观性指标 | 效益型(越大越好) |
| 3.竞赛组织合理性 | 3.1 竞赛奖项集中度 | 前 20 名高校得分率 | 客观性指标 | 成本型(越小越好) |
| | 3.2 竞赛申报合理性 | 初赛报名是否对参赛高校限项 | 客观性指标 | 效益型(越大越好) |
| | 3.3 竞赛选拔合理性 | 决赛前是否有初赛或复赛 | 客观性指标 | 效益型(越大越好) |

续表

| 一级指标 | 二级指标 | 指标观测点 | 指标数据性质 | 指标计算类型 |
|---|---|---|---|---|
| 4.竞赛过程管理规范性 | 4.1 竞赛制度公开性 | 竞赛章程制定情况 | 主观性指标 | 效益型（越大越好） |
| | 4.2 竞赛制度完善性 | 竞赛制度或通知文件制定情况 | 主观性指标 | 效益型（越大越好） |
| | 4.3 竞赛质量持续改进机制 | 竞赛组织第三方监督制度情况 | 主观性指标 | 效益型（越大越好） |
| | 4.4 竞赛组织机制 | 竞赛工作组/委员会建设情况 | 主观性指标 | 效益型（越大越好） |
| | 4.5 竞赛经费保障性 | 经费来源稳定性情况 | 主观性指标 | 效益型（越大越好） |
| | 4.6 竞赛宣传充分性 | 竞赛前期宣传情况 | 主观性指标 | 效益型（越大越好） |
| | 4.7 竞赛管理信息化水平 | 竞赛管理网站建设情况 | 主观性指标 | 效益型（越大越好） |
| | 4.8 竞赛指导工作有效性 | 赛前集训或指导情况 | 主观性指标 | 效益型（越大越好） |
| | 4.9 竞赛管理公平性 | 是否有投诉、违规 | 主观性指标 | 成本型（越小越好） |
| | 4.10 竞赛数据规范性 | 数据错误情况 | 主观性指标 | 成本型（越小越好） |
| | 4.11 竞赛组织的响应性 | 数据上传、文件报送等回应情况 | 主观性指标 | 效益型（越大越好） |

1. 客观性指标数据采集

如表 2-2 所示，前三个一级指标下的所有二级指标的指标观测点均为客观数据，所以这些指标属于客观性指标。为获取客观数据，本研究通过中国高等教育学会"高校竞赛评估与管理体系"专家工作组分别采集了 70 个竞赛项目的报名数据和获奖数据，数据量超过 255 万条（表 2-3）。通过对这些数据的统计分析，获得各项指标观测点的数据。

表 2-3　2021 年全国高校大学生竞赛数据采集基本数据量

| 评价年份 | 数据采集时间 | 竞赛数量 | 报名数据（条） | 获奖数据（条） |
|---|---|---|---|---|
| 2021 | 2021 年 3—5 月 | 70 个 | 2718800 | 78435 |

2. 主观性指标部分数据采集

如表 2-2 所示，第 4 项一级指标下的所有二级指标的指标观测点均为主观数据，需要考察竞赛具体情况后进行主观评定，所以这些指标属于主观性指标。为获取主观数据，工作组采集了 70 个竞赛项目的最新竞赛章程、竞赛通知、竞赛制度文件和竞赛网址等材料，并邀请 10 位对高校学生竞赛有较深入了解的专家建立评价专家组（表 2-4），通过查询这些竞赛资料对竞赛的主观性指标进行评价，工作组对专家的打分结果进行数据统计后，为第 4 项一级指标下的 11 个二级指标进行赋分。

表 2-4　主观数据评价专家信息表

| 专家编号 | 专家来源 | 专家职称/职务 | 专家学科背景 |
|---|---|---|---|
| 1 | 授课教师；教学管理者；竞赛指导教师 | 教授/处长 | 计算机应用技术 |
| 2 | 授课教师；竞赛组织者；竞赛指导教师 | 教授 | 机械设计 |

| 专家编号 | 专家来源 | 专家职称/职务 | 专家学科背景 |
|---|---|---|---|
| 3 | 授课教师｜教学管理者｜竞赛指导教师 | 教授/副校长 | 教育学 |
| 4 | 教学管理者｜竞赛组织者 | 副研究员/副处长 | 教育管理 |
| 5 | 授课教师｜竞赛组织者 | 副教授 | 自动控制 |
| 6 | 授课教师｜教学管理者 | 教授 | 电子信息 |
| 7 | 授课教师｜教学管理者 | 副教授/副处长 | 教育技术 |
| 8 | 授课教师｜教学管理者｜竞赛指导教师 | 教授/副处长 | 法学 |
| 9 | 授课教师｜教学管理者｜竞赛指导教师 | 教授/副院长 | 外国语言文学 |
| 10 | 授课教师｜竞赛指导教师 | 教授 | 数学与应用数学 |

## 2.3.2 评价结果计算

完成数据采集后,工作组将所有指标数据和指标权重导入客观评价辅助软件 EvaGear 中计算最终结果,具体结果见表 2-5。

**表 2-5 70 项竞赛组织效能评价结果**

| 类别 | 竞赛名称 | 总评分 | 类内排序 | 类别 | 竞赛名称 | 总评分 | 类内排序 |
|---|---|---|---|---|---|---|---|
| 综合及其他类 | 竞赛 42 | 94.89 | 1 | 人文社科类 | 竞赛 59 | 36.52 | 13 |
| | 竞赛 63 | 93.52 | 2 | | 竞赛 55 | 23.40 | 14 |
| | 竞赛 21 | 91.28 | 3 | | 竞赛 56 | 22.00 | 15 |
| | 竞赛 22 | 68.36 | 4 | | 竞赛 57 | 17.62 | 16 |
| | 竞赛 8 | 47.54 | 5 | | 竞赛 58 | 16.24 | 17 |
| | 竞赛 50 | 43.83 | 6 | 电子信息类（其他） | 竞赛 6 | 82.22 | 1 |
| | 竞赛 15 | 36.86 | 7 | | 竞赛 68 | 63.14 | 2 |
| 人文社科类 | 竞赛 1 | 86.54 | 1 | | 竞赛 12 | 57.33 | 3 |
| | 竞赛 14 | 74.49 | 2 | | 竞赛 25 | 54.13 | 4 |
| | 竞赛 18 | 73.56 | 3 | | 竞赛 60 | 52.08 | 5 |
| | 竞赛 20 | 69.01 | 4 | | 竞赛 30 | 47.35 | 6 |
| | 竞赛 49 | 68.53 | 5 | | 竞赛 38 | 45.55 | 7 |
| | 竞赛 11 | 66.94 | 6 | | 竞赛 53 | 39.00 | 8 |
| | 竞赛 29 | 65.34 | 7 | | 竞赛 69 | 35.01 | 9 |
| | 竞赛 19 | 57.22 | 8 | | 竞赛 62 | 15.86 | 10 |
| | 竞赛 61 | 45.82 | 9 | 其他工学类 | 竞赛 9 | 67.88 | 1 |
| | 竞赛 31 | 43.96 | 10 | | 竞赛 10 | 62.37 | 2 |
| | 竞赛 17 | 39.41 | 11 | | 竞赛 16 | 61.49 | 3 |
| | 竞赛 52 | 37.53 | 12 | | 竞赛 46 | 53.46 | 4 |

续表

| 类别 | 竞赛名称 | 总评分 | 类内排序 | 类别 | 竞赛名称 | 总评分 | 类内排序 |
|---|---|---|---|---|---|---|---|
| 其他工学类 | 竞赛 27 | 51.07 | 5 | 理学类 | 竞赛 7 | 19.11 | 7 |
| | 竞赛 26 | 49.26 | 6 | 机器人及人工智能类 | 竞赛 4 | 90.18 | 1 |
| | 竞赛 48 | 40.67 | 7 | | 竞赛 32 | 52.62 | 2 |
| | 竞赛 64 | 31.64 | 8 | | 竞赛 23 | 51.84 | 3 |
| | 竞赛 44 | 27.61 | 9 | | 竞赛 28 | 50.39 | 4 |
| | 竞赛 13 | 22.46 | 10 | | 竞赛 37 | 50.06 | 5 |
| | 竞赛 2 | 15.40 | 11 | | 竞赛 24 | 46.64 | 6 |
| | 竞赛 40 | 9.42 | 12 | | 竞赛 45 | 46.18 | 7 |
| | 竞赛 43 | 8.57 | 13 | | 竞赛 33 | 46.12 | 8 |
| | 竞赛 41 | 5.34 | 14 | | 竞赛 36 | 42.70 | 9 |
| 理学类 | 竞赛 5 | 100.00 | 1 | | 竞赛 70 | 42.53 | 10 |
| | 竞赛 3 | 45.73 | 2 | | 竞赛 47 | 41.28 | 11 |
| | 竞赛 66 | 43.45 | 3 | | 竞赛 35 | 40.33 | 12 |
| | 竞赛 39 | 41.25 | 4 | | 竞赛 54 | 38.24 | 13 |
| | 竞赛 67 | 34.19 | 5 | | 竞赛 34 | 24.31 | 14 |
| | 竞赛 51 | 31.73 | 6 | | 竞赛 65 | 7.10 | 15 |

## 2.4　评价结果分析

由表 2-5 可得，竞赛 42、竞赛 1、竞赛 6、竞赛 9、竞赛 5、竞赛 4 分别在本类别竞赛中获得了最高总评分，理学类的竞赛 5 则是获得所有 70 项竞赛的最高总评分，其他工学类的竞赛 41 是所有 70 项竞赛总评分中的最后一名。

回顾竞赛 5 的指标数据可以进一步分析该竞赛的总体组织情况：一是从竞赛参与度与影响面上看，该竞赛具有 30 年的办赛历程，参赛高校数近 1500 所，参赛学生近 15 万人，是一个办赛规模较大的竞赛，且已举办分省分区域竞赛，具有较大的影响力。二是从竞赛难度与水平方面看，该竞赛的院校获奖率为 36.76%，竞赛项目获奖率为 3.45%，具有较高的获奖难度。三是在竞赛组织合理性方面，该竞赛对初赛报名进行限项，并在决赛前组织初赛或复赛，可见其在申报阶段和选拔阶段的组织都较合理；同时，竞赛成绩前 20 名高校得分占了总得分的比率不到 50%，说明奖项集中度适中，没有太明显的"寡头"现象。四是从竞赛过程管理规范性指标数据可以看出，该竞赛已建立较完备的竞赛组织委员会，具有较好的章程和其他制度文件；通过建立竞赛质量第三方监督制度，具备较稳定的经费来源且网站建设良好；在赛前提供较充分的竞赛宣传和竞赛指导，没有出现投诉、违规现象，且竞赛数据报送准确无误，在数据上传和文件报送等方面具有较强回应性。

对比之下，分析竞赛 41 的指标数据，首先从竞赛参与度与影响面上看，该竞赛虽然也有 12 年的办赛历史，但最近一届竞赛只有 63 所高校 294 支队伍参加，参赛学生数只有

1201 人,且还没有组织过省域竞赛,竞赛影响力较小;从竞赛难度与水平方面看,该竞赛的院校获奖率高达 87.3%,竞赛项目的获奖率达到了 67%,获奖难度较低;从竞赛组织合理性上看,该竞赛在决赛前没有组织初赛或复赛,选拔阶段组织不够合理;从竞赛过程管理规范性指标数据看,该竞赛还没有建立规范的竞赛组织委员会或工作委员会,在章程和其他制度文件制定方面、竞赛质量第三方监督方面都存在不足,导致竞赛经费来源不够稳定、网站建设不够健全、竞赛宣传和培训组织不够到位、竞赛在数据上传和文件报送等方面的回应性还有提升空间。

综上所述,工作组研制的指标体系较好地完成了对竞赛的综合评估。希望通过高校学生竞赛评估工作,一方面能帮助高校甄选竞赛,另一方面能指导竞赛完善组织管理,提升内涵。

# 2.5　评价结果应用

完成以上评价后,"高校学生竞赛评估专家工作组"从两个方面着手将竞赛评价结果运用到竞赛过程治理中。首先,根据竞赛个体的具体评价结果为 70 个参加评价的竞赛分别撰写竞赛评价分析报告,报告详细分析竞赛组织的问题和缺陷,通过将具体评价结果反馈给各竞赛组织,促进竞赛组织的持续改进和提高。其次,通过中国高教学会制定相关政策,将竞赛评价结果作为遴选新一轮全国普通高校竞赛排行榜榜单内竞赛的重要参考,并明确规定评价结果中每一类的最后一名将被警告退出排行榜榜单,从而进一步警醒各竞赛组织加强竞赛治理,建立持续改进机制。

# 3

## 2017—2021年本科院校大学生竞赛状态分析

2022 年 2 月 22 日,中国高等教育学会"高校竞赛评估与管理体系研究"工作组发布第六轮全国普通高校大学生竞赛排行榜。本次评估的时间范围是 2017—2021 年,评估对象为教育部公布的全国高等学校名单中的普通高等学校。根据 2017—2021 年本科高校学科竞赛状态数据,本次发布本科院校榜单 13 个、高职院校榜单 10 个,省份榜单 3 个。其中与本科相关的具体榜单名称如下。

全国普通高校大学生竞赛十年总榜单(本科);

2017—2021 年全国普通高校大学生竞赛榜单(本科);

2021 年全国普通高校大学生竞赛榜单(本科);

2017—2021 年全国"双一流"建设高校大学生竞赛榜单;

2017—2021 年全国地方本科院校大学生竞赛榜单;

2017—2021 年全国综合类本科院校大学生竞赛榜单;

2017—2021 年全国理工类本科院校大学生竞赛榜单;

2017—2021 年全国人文社科类本科院校大学生竞赛榜单;

2017—2021 年全国农林类本科院校大学生竞赛榜单;

2017—2021 年全国医药类本科院校大学生竞赛榜单;

2017—2021 年全国师范类本科院校大学生竞赛榜单;

2017—2021 年全国"民办及独立学院"大学生竞赛榜单;

2017—2021 年全国新建本科院校大学生竞赛榜单。

学科竞赛是大学生创新实践能力的载体,竞赛成果是检验高校创新人才培养质量的重要标准之一。大学生竞赛排行榜利用客观数据为高校人才培养质量提供参考,竞赛结果分析主要关注省级层面、校级层面。本章从公办院校与民办院校、双一流院校与非双一流院校、不同学科类型院校等方面较为宏观地分析了 2017 至 2021 年本科院校大学生竞赛评估结果。

# 3.1　本科第六轮榜单概况

本轮大学生竞赛评估遵循公平、公正、公开的原则,秉承"质量为本、谨慎推进"的工作思路,根据获奖贡献、组织贡献和研究贡献三个方面相关数据进行计算。其中,单项竞赛中单校获奖数超 20 项,按照奖项等级从高到低取前 20 项计分。据统计,全国共有 1197 所本科院校进入 2017—2021 年本科榜单。本轮评估的 20 强高校所在区域分布(东部 9 所、中部 4 所、西部 5 所、东北 2 所)和 2016—2020 年(东部 10 所、中部 3 所、西部 5 所、东北 2 所)基本一致,前 20 高校排名变化相对稳定。哈尔滨工业大学位列榜首,浙江大学和华中科技大学分列第二名和第三名,第四名到第十名分别是西安交通大学、武汉大学、电子科技大学、东北大学、山东大学、西南交通大学和上海交通大学。

# 3.2　省级层面

## 3.2.1　区域差异

分别对 2017－2021 年单年的本科院校学科竞赛得分按照区域进行统计,结果显示,连续 5 年东部地区获奖得分均值稳居第一,中部地区连续 5 次位居第二,西部和东北地区分列第三和第四,整体而言差异不明显。各区域 2017－2021 年,全年总奖项数量分别为7621、16236、80288、49007 和 70647 项,各区域按年份分布的获奖数量见图 3-1。五年来,总体上四大区域大学生竞赛获奖数量呈逐步递增趋势,疫情形势下竞赛的热度有增无减。2021 年,东部地区倍增速度最为显著,其次是中部和西部。2018 年以来因竞赛项目四次动态调整,奖项数量略有波动。

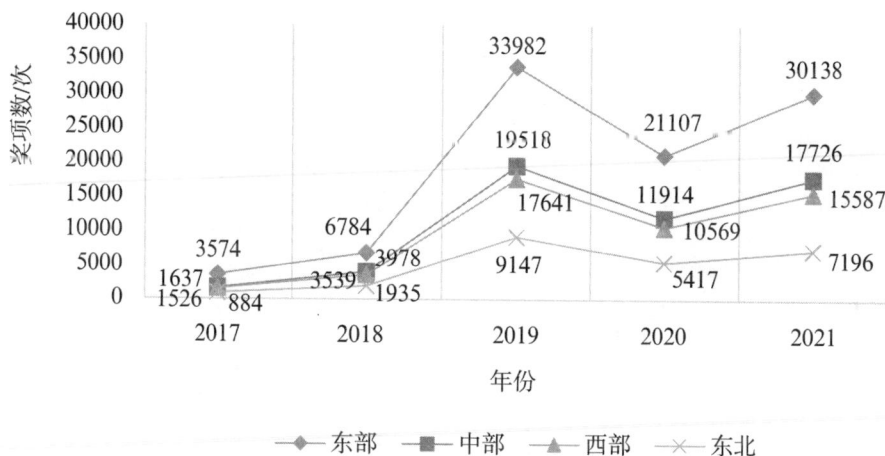

图 3-1　2017－2021 年单年各区域本科院校学科竞赛获奖数量

根据 2017－2021 年普通高校学科竞赛状态数据(本科),计算东部、中部、西部和东北四大区域所有高校的获奖总分,发现东部＞中部＞西部＞东北。进一步梳理不同区域得分在总体得分中的贡献,东部地区得分占 42.64％,中部地区占 23.67％,西部地区占22.97％,东北地区占 10.72％,见图 3-2。

## 3.2.2　省际差异

在省域内部,计算每个省份的得分占该区域的比例能够帮助了解区域内高校在省级层面的均衡性。在东部地区各省份中,除了高校数量较少的海南省占比较低之外,各省份的贡献占比在 5.53％到 15.93％之间(见图 3-3);中部地区各省份贡献占比在 9.84％到23.56％之间(见图 3-4);西部地区各省份贡献占比差异较大,最低 1.32％,最高 19.25％,显示"不均衡"态势(见图 3-5);东北地区的辽宁省、吉林省、黑龙江省分别占比 44.91％、

28.23％和 26.86％（见图 3-6）。由此可见,西部地区各省份竞赛结果存在一定的差异性。

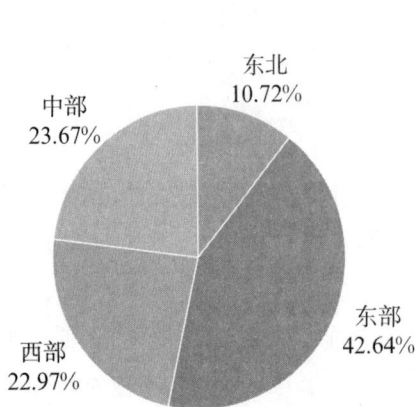

图 3-2　本科高校学科竞赛总分区域占比

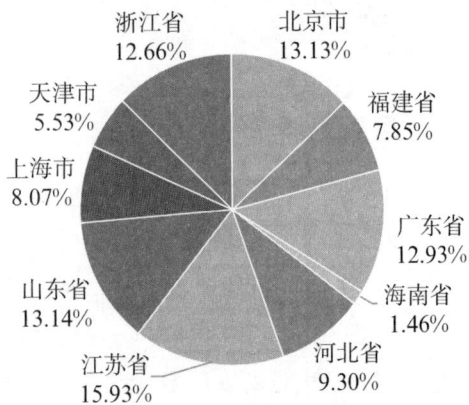

图 3-3　东部地区各省份本科院校学科竞赛总分占比

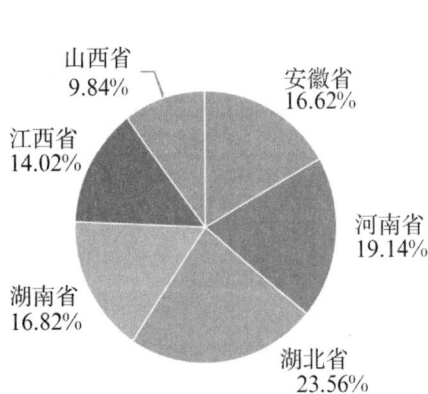

图 3-4　中部地区各省份本科院校学科竞赛总分占比

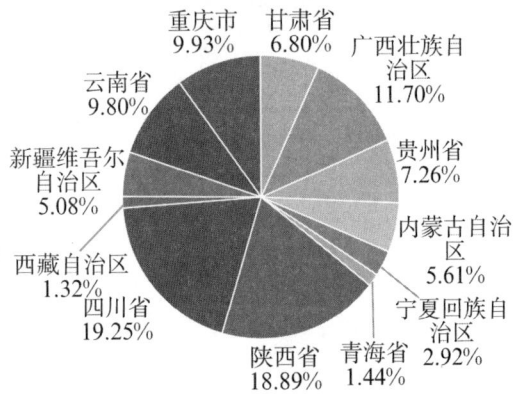

图 3-5　西部地区各省份本科院校学科竞赛总分占比

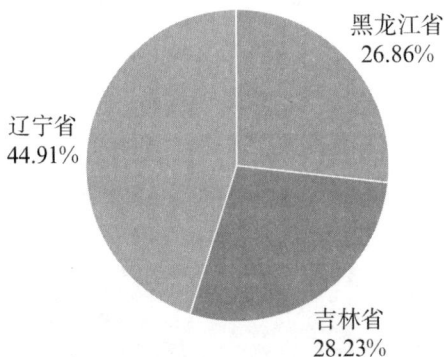

图 3-6　东北地区各省份本科院校学科竞赛总分占比

　　计算东部、中部、西部和东北四大区域内所有入榜高校的校均获奖得分,东部 44.24①,中部 42.17,西部 40.91,东北 40.75,得出东部＞中部＞西部＞东北(见表 3-1)。

---

　　①　因获奖总分进行了归一化处理,拉小了差距的实际感知。

东部地区校均获奖得分仍为最高,其总体水平明显高于其他地区,且四大区域校均获奖得分与区域获奖总分均排序呈现高度一致。

表 3-1 2017－2021 年本科院校竞赛状态数据区域获奖情况

| 区域 | 获奖总分 | 院校数量 | 校均获奖得分 |
|------|---------|---------|------------|
| 东部 | 21721.74 | 491 | 44.24 |
| 中部 | 12059.4 | 286 | 42.17 |
| 西部 | 11701.15 | 286 | 40.91 |
| 东北 | 5461.14 | 134 | 40.75 |

从进入前 300 名的高校所属区域来看,东部 142 所,占比 47.33％;中部 71 所,占比 23.67％;西部 62 所,占比 20.67％;东北 25 所,占比 8.33％。关注竞赛省级层面结果绝对数的同时,也需关注相对数。尽管东部高校数量远超其他地区,西部、东北地区在进入前 300 名的绝对数量远少于东部地区,但在进入前 300 名的比率上要高于东部,在一定程度上说明东部高校人才培养质量内部发展的不均衡。

比较各个省份进入评估结果前 300 名和前 100 名的学校数量和学校数量占比[①]能够在一定程度上反映各省学科竞赛实力。从进入 2017－2021 年普通高校学科竞赛评估结果(本科)榜单的前 300 名高校情况来看,数量最多的前三省份分别为江苏省(24 所)、浙江省(23 所)和北京市(21 所),数量占比最高的 3 个省份分别为重庆市(40.00％)、浙江省(39.66％)和上海市(35.90％),如图 3-7 所示。

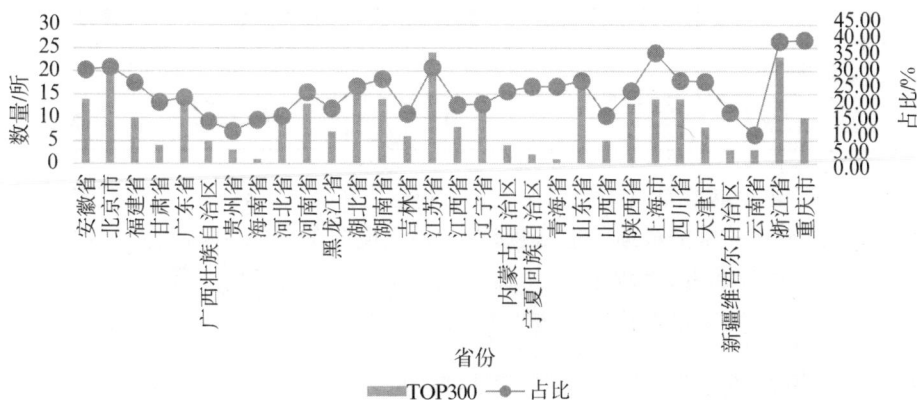

图 3-7 2017－2021 年各省份进入前 300 名高校数量和占比情况(本科)

从进入榜单高校前 100 名的情况来看,数量最多的前三省份分别为江苏省(11 所)、北京市(8 所)、浙江省和上海市并列(7 所),学校数量占比最高的 3 个省份则为上海市(17.95％)、江苏省(15.58％)和海南省(14.29％),如图 3-8 所示。

---

① 以进入前 100 名的学校数除以该省的所有本科院校数。

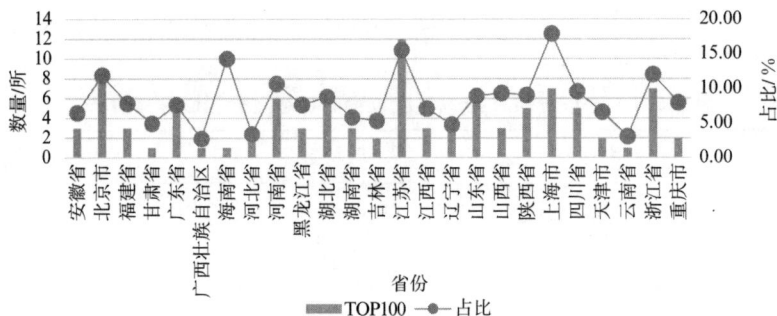

图 3-8　2017-2021 年各省份进入前 100 名高校数量和占比情况(本科)

# 3.3　校级层面

## 3.3.1　"双一流"建设高校 VS 非"双一流"建设高校

对进入榜单的"双一流"建设高校、非"双一流"建设高校的大学生竞赛获奖得分进行统计,"双一流"建设高校数量占所有纳入榜单高校的 13.68%,获奖数量占比 32.20%,校均获奖数量 405.78,获奖总分占比 18.33%,远高于纳入榜单的所有院校校均获奖数量 151.61 及校均获奖得分 42.56(见表 3-2)。

表 3-2　不同分类的重点院校获奖占比情况

| 学校类型 | 获奖数量占比 | 院校数量 | 校均获奖数量 | 校均获奖得分 |
|---|---|---|---|---|
| "双一流"建设高校 | 32.20% | 144 | 405.78 | 64.85 |
| 非"双一流"建设高校 | 67.80% | 1053 | 116.85 | 39.51 |

非"双一流"建设高校是高等教育的主体,从奖项数量看,总量不少、竞赛覆盖面大、参与度较高,且取得了一定的成绩。但从校均值看,则明显低于"双一流"建设高校且差距颇大;同时,从获奖层次来看,多数非"双一流"建设高校缺乏高层次竞赛奖项。可见,非"双一流"建设高校的竞赛质量有待进一步提升。

## 3.3.2　公办本科院校 VS 民办本科院校

在 2017-2021 年本科院校榜单中,公办高校 827 所,民办高校 363 所[①]。从获奖数量看,公办院校的奖项数量是民办院校的 8.51 倍;从校均获奖数量看,公办高校约为民办高校的 3.74 倍。计算公民办院校得分均值的标准差,发现民办院校得分标准差远低于公办院校,竞赛整体水平不高(见表 3-3)。

---

①　不含内地与港澳台地区合作办学高校 2 所,中外合作办学 5 所。

表 3-3　公办学校和民办学校大学生竞赛得分情况

| 学校类型 | 学校数量 | 奖项数量 | 校均获奖总分 | 标准差 |
|---|---|---|---|---|
| 公办 | 827 | 162310 | 47.66 | 17.23 |
| 民办 | 363 | 19063 | 31.25 | 10.15 |

民办院校作为高等教育的重要组成,对平衡区域教育资源发挥一定的作用。本轮竞赛状态数据结果显示,公办院校得分明显高于民办院校,且形成压倒性优势。进入前 300 名高校中,民办院校仅 4 所,且竞赛结果整体排名不高,如排名第一的厦门大学嘉庚学院仅列榜单 191 位,这从侧面提示了民办院校在创新人才培养中优势实不明显,未来有待进一步提升。

### 3.3.3　不同类型高校情况

项目组秉承"分类评价"原则,在 2017—2021 年全国本科院校大学生竞赛状态数据中,继续公布基于院校分类的竞赛榜单。在学校类型分布上,理工类高校表现最为抢眼,有 71 所进入前 100 名,156 所进入前 300 名;其次是综合类高校,有 24 所进入前 100 名,76 所进入前 300 名;再者,师范类有 4 所进入前 100 名,32 所进入前 300 名;农林类有 1 所进入前 100 名,17 所进入前 300 名;最后,人文社科类和医药类没有高校进入前 100 名,仅有 17 所人文社科类院校和 2 所医药类院校进入前 300 名。

总体上看,本科院校的校均奖项数为 151.61,校均得分值为 42.56,总分标准差为 17.18。理工类院校获奖数量最多,接近奖项总量的一半。医药类院校奖项数量规模偏小,这种情况与榜单内医药类竞赛项目数量总体供给偏少有较大的关系。理工类、综合类、农林类等 3 类院校的校均奖项数及校均得分都高于榜单内院校校均数量及其得分,侧面提示不同类型本科院校竞赛发展的不平衡性。表 3-4 显示了相应类型入榜院校数量、奖项数量、校均奖项数、获奖总分、校均得分等情况。

表 3-4　不同学科类型院校大学生竞赛获奖情况

| 学校类型 | 入榜院校数量 | 奖项数量 | 校均奖项数 | 获奖总分 | 校均得分值 | 总分标准差 |
|---|---|---|---|---|---|---|
| 综合类 | 287 | 44794 | 156.08 | 12276.43 | 42.78 | 17.53 |
| 理工类 | 367 | 90906 | 247.70 | 18665.23 | 50.86 | 18.40 |
| 人文社科类 | 228 | 13437 | 58.93 | 7545.65 | 33.09 | 12.38 |
| 农林类 | 55 | 8416 | 153.02 | 2446.91 | 44.49 | 14.95 |
| 医药类 | 94 | 2288 | 24.34 | 3038.45 | 32.32 | 10.70 |
| 师范类 | 166 | 21639 | 130.36 | 6970.76 | 41.99 | 12.94 |
| 合计/平均 | 1197 | 181480 | 151.61 | 50943.43 | 42.56 | 17.18 |

# 4

## 2017—2021年高职院校大学生竞赛状态分析

在 2017—2021 年全国高职院校大学生竞赛状态数据中，共有 1106 所高校进入榜单。本轮发布高职相关的状态数据包括：

全国普通高校大学生竞赛六轮总榜单（高职）；

2017—2021 年全国普通高校大学生竞赛榜单（高职）；

2021 年全国普通高校大学生竞赛榜单（高职）；

2017—2021 年全国"双高计划"建设高职院校大学生竞赛榜单；

2017—2021 年全国一般高职院校大学生竞赛榜单；

2017—2021 年东部地区高职院校大学生竞赛榜单；

2017—2021 年中部地区高职院校大学生竞赛榜单；

2017—2021 年西部地区高职院校大学生竞赛榜单；

2017—2021 年东北地区高职院校大学生竞赛榜单；

2017—2021 年全国民办高职院校大学生竞赛榜单。

本章从公办高职院校与民办高职院校、重点高职院校与一般高职院校、高职生参赛情况等维度较为宏观地分析了 2017—2021 年高职院校大学生竞赛状态数据。

# 4.1　高职六轮榜单概况

大学生竞赛排行榜自 2012 年首发，六轮榜单共有 1143 所高职院校入榜，其中公办院校 943 所，民办院校 197 所，中外合作办学 3 所。从院校所在地区分布看，东部 442 所，中部 318 所，西部 298 所，东北 85 所，相应的奖项数量依次为 23895、15086、12796、3002 项；区域获奖项数均值东部 54.06 项，中部 47.44 项，西部 42.94 项，东北 35.32（总均值 44.94 项）；区域获奖得分均值东部 44.31，中部 41.82，西部 39.45，东北 37.77（总均值 40.845）；从高校层次看，双高院校 197 所，全部进入榜单，一般院校 946 所。

六轮榜单排名前 20 名中，双高院校 17 所；从院校所在地区分布看，东部 9 所，中部 6 所，西部 4 所，东北 1 所。排名前 100 名中，双高院校 78 所；从院校所在地区分布看，东部 41 所，中部 19 所，西部 16 所，东北 2 所；从省份看，进入前三的依次为江苏（14 所）、浙江（10 所）、广东（8 所）。排名前 300 名中，双高院校 159 所；从院校所在地区分布看，东部 145 所，中部 79 所，西部 58 所，东北 18 所；从省份看，进入前三的依次为江苏（31 所）、浙江和山东（各 24 所）、广东（20 所）。

# 4.2　省级层面

## 4.2.1　区域差异

纵观 2017—2021 年，各年份的总奖项数量分别为 5356、6546、10324、5279、8213 项，各区域按年份分布的获奖数量见图 4-1。五年来，四大区域竞赛获奖数量随奖项总数而变化,总体变化趋势相似,东部地区每年的获奖数位于前列,其次为中部地区,东北地区因高校数少,总体获奖数也偏少。

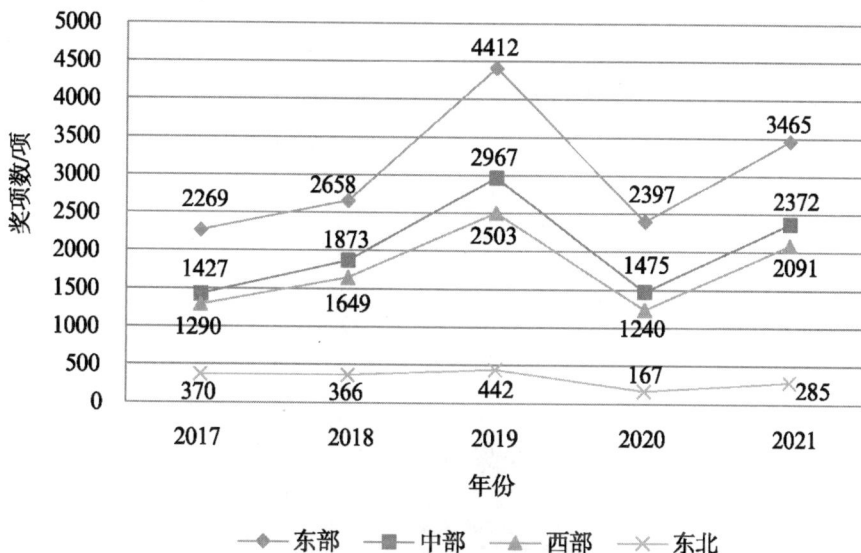

图 4-1　2017－2021 单年各区域高职院校学科竞赛获奖数量

与本科院校竞赛评估在省份层面的差异类似,高职院校 2017－2021 年大学生竞赛榜单数据也呈现区域不平衡。各地区得分占比情况依次是东部地区占 40.45％,中部地区占 27.96％,西部地区占 25.37％,东北地区占 6.22％(见图 4-2),西部地区占比较 2016－2020 年略有上升。在东部地区各省份中,除海南省占比为 2.65％外,其他各省份的贡献占比在 4.83％到 19.08％之间(见图 4-3);中部地区各省份贡献占比在 10.66％到20.95％之间(见图 4-4);西部地区各省份中,西藏贡献占比为 0.62％,最高为四川省的 18.01％,其他各省总体贡献占比均不大(见图 4-5)。东北地区辽宁省最高,贡献占比为 45.32％,黑龙江省、吉林省次之,分别为 32.53％和 22.15％(见图 4-6)。

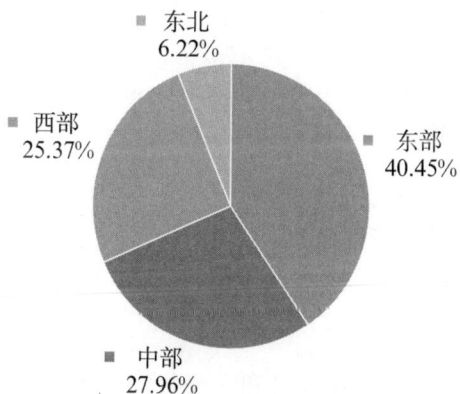

图 4-2　高职院校学科竞赛总分区域占比

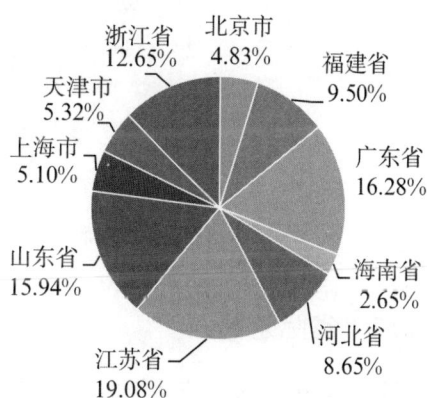

图 4-3　东部地区各省份高职院校学科竞赛总分占比

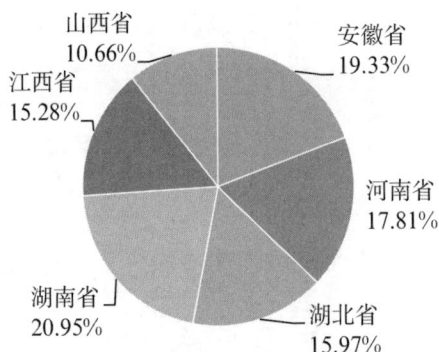

图 4-4　中部地区各省份高职院校学科竞赛总分占比

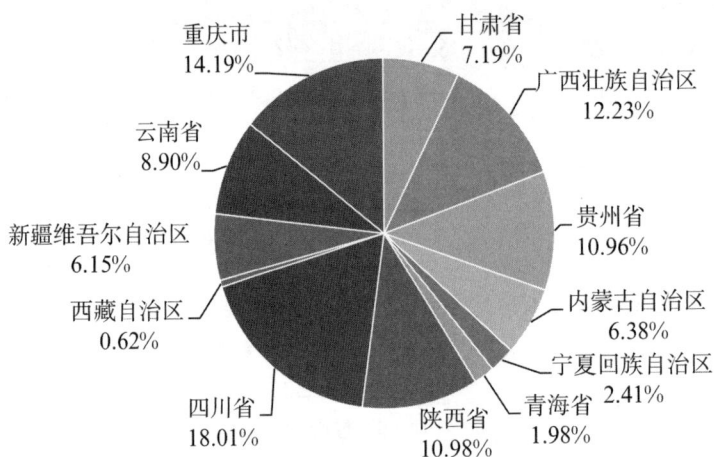

图 4-6　西部地区各省份高职院校学科竞赛总分占比

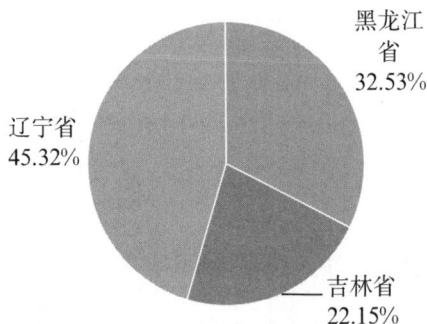

图 4-6　东北地区各省份高职院校学科竞赛总分占比

## 4.2.2　省际差异

　　比较各个省份进入评估结果前 300 名和前 100 名的学校数量和学校数量占比[①]能够在一定程度上反映各省大学生竞赛实力。从进入 2017—2021 年全国普通高校大学生竞

---

　　① 　以进入前 100 名的学校数除以该省的所有高职院校数。

赛榜单（高职）前 300 名的情况来看，进入高校数量最多的三个省份分别为江苏省（28 所）、山东省（25 所）和浙江省（22 所），进入学校数量占比最高的 3 个省份分别为浙江省（43.13％）、重庆市（34.09％）和西藏自治区（33.33％）。

从进入前 100 名榜单的情况来看，进入高校数量最多的前三省份分别为江苏省（11 所）、浙江省（9 所）和安徽省（8 所），进入学校数量占比最高的 3 个省份为浙江省（17.65％）、北京市（16.00％）和重庆市（15.91％）。

### 4.2.3　小结

从 2017—2021 年全国高职院校大学生竞赛状态数据来看，无论是从区域获奖总分还是区域校均获奖得分均显示：东部＞中部＞西部＞东北。即东部地区的总体水平都明显高于其他地区，东北地区相对较弱，但与 2016—2020 年竞赛状态数据相比，西部和东北地区得分占比均有上升。从进入前 300 名的高校所属区域来看，东部 136 所，占比45.33％；中部 81 所，占比 27.00％；西部 70 所，占比 23.33％；东北 13 所，占比 4.34％。较之 2016—2020年前 300 名的区域分布，西部占比有所上升，中部保持不变，东部和东北均有所下降。

2017—2021 年全国高职院校大学生竞赛榜单前 100 名区域分布显示，进入高校数量最多的三个省份有 2 个位于东部，1 个位于中部。进入学校数量占比最高的三个省份，东部有 2 个、西部 1 个。榜单前 300 名的进入高校数量最多三个省份均属东部，占比最高的三个省份，东部有 1 个、西部 2 个。由此可见，东部地区高职院校实力比较雄厚，优质高职资源主要集中在东部地区，但中西部地区近几年也一直在进步，较之 2016—2020 年有一定的进步。

## 4.3　校级层面

在 2017—2021 年全国普通高校大学生竞赛榜单（高职）中，共有 1106 所高校进入了排行榜，入榜率为 72.86％（高职 1518 所），较之 2016 年至 2020 年，上升 0.98％。所有"双高计划"建设高职院校均进入榜单，其中 156 所进入前 300 名，占比达到 79.19％，74 所进入前 100 名，占比达到 37.56％。

### 4.3.1　公办高职院校 VS 民办高职院校

根据 2021 年教育部公布的全国高等学校名单及 2021 年省级人民政府审批设置实施专科教育高等学校备案名单（去掉更名、合并），共有高职院校 1518 所，其中公办高职 919 所，民办高职 371 所，中外合作办学 3 所。在纳入 2017—2021 年高职院校排行的 1106 所高职院校中，民办高职院校 184 所，占所有民办高职院校的 49.46％；公办高职院校 919 所，占所有公办高职院校的 80.31％；中外合作办学高职院校 3 所。公办院校校均获奖数量是民办院校的 5.29 倍，各院校类型的获奖数量情况见表 4-1。

表 4-1　公办学校和民办学校竞赛获奖数量情况

| 院校类型 | 院校数量 | 获奖数量 | 校均获奖数 |
| --- | --- | --- | --- |
| 公办 | 919 | 33171 | 36.09 |
| 民办 | 184 | 2532 | 6.82 |
| 中外合作办学 | 3 | 12 | 4 |

### 4.3.2　"双高计划"高职院校 VS 一般高职院校

在纳入排行的 1106 所高职院校中（见表 4-2），"双高计划"高职院校总数占所有入榜高职院校的 17.81%，但竞赛获奖比例高达 45.99%，校均获奖值是一般高职院校的3.93 倍。

表 4-2　"双高计划"高职院校和一般高职院校竞赛获奖数量情况

| 院校类型 | 院校数量 | 获奖数量 | 校均获奖数 |
| --- | --- | --- | --- |
| "双高计划"高职院校 | 197 | 16426 | 83.38 |
| 一般高职院校 | 909 | 19289 | 21.22 |

表 4-3、表 4-4 从区域的维度分别观测了"双高计划"高职院校和一般高职院校的竞赛评估情况。从进入榜单的"双高计划"高职院校学校数量来看，东部院校数量是东北的5.94 倍、中部的 2.38 倍和西部的 2.07 倍；从奖项数量看，东部获奖数量占比 47.17%、中部23.13%、西部 24.12%、东北 5.58%，东部的获奖数量分别是中部、西部地区的 2.04、1.96 倍之多以及东北地区的 8.46 倍；从校均获奖值看，东部、中部、西部地区都高于均值79.99，东北地区低于均值。

表 4-3　不同地区"双高计划"高职院校学科竞赛发展概况

| 区域 | 院校数量 | 获奖数量 | 校均获奖数量 |
| --- | --- | --- | --- |
| 东部 | 95 | 7748 | 81.56 |
| 中部 | 40 | 3800 | 95 |
| 西部 | 46 | 3962 | 86.13 |
| 东北 | 16 | 916 | 57.25 |

关于一般高职院校，从学校数量来看，东部院校数量是东北的 5.34 倍、中部的 1.23倍、西部的 1.34 倍。从奖项数量看，东部获奖数量占比 38.64%，中部占比 32.74%，西部占比 24.94%，东北占比 3.69%。东部的获奖数量是其他地区的 1.18 至 10.48 倍。从校均获奖数量看，东部、中部地区都高于均值 19.24，东北地区低于均值。

表 4-4　不同地区一般高职院校学科竞赛评估情况

| 区域 | 院校数量 | 获奖数量 | 校均获奖数量 |
| --- | --- | --- | --- |
| 东部 | 331 | 7453 | 22.52 |

续表

| 区域 | 院校数量 | 获奖数量 | 校均获奖数量 |
|------|---------|---------|------------|
| 中部 | 269 | 6314 | 23.47 |
| 西部 | 247 | 4811 | 19.48 |
| 东北 | 62 | 711 | 11.47 |

### 4.3.3 小结

(1)高职院校入榜率有所提升。2017—2021 年全国普通高校大学生竞赛榜单(高职)中,高职院校的入榜率为 72.86%,较 2016—2020 年有所提升,但与本科院校(入榜率 96.61%)相比仍然偏低,同时,近 30% 的高职院校未能获得榜内竞赛奖项,说明高职院校、各高职类竞赛及竞赛整体规划管理方面都有待提高。

(2)不同类型高职院校大学生竞赛发展不均衡。公办高职院校大学生竞赛的获奖总数以及校均获奖数均远远大于民办高职院校,说明在高职院校大学生竞赛中同样呈现"公强民弱"的特点,与我国高等教育的整体态势相一致。此外,"双高计划"建设高职院校与一般高职院校相比,优势同样明显,在保持"双高计划"院校优势的基础上,如何发挥优质高职院校的示范引领作用,从而带动其他高职院校共同发展值得深思。

(3)不同区域高职院校大学生竞赛发展呈现不同特点。从获奖总数上来说,东部地区在高职院校大学生竞赛中优势明显,无论"双高计划"高职院校还是一般高职院校获奖总数均位于四个区域之首。但从校均获奖数量上来说,东部地区"双高计划"院校的获奖数不及西部和中部,且有一定的差距,提示东部高水平高职院校竞赛水平还需进一步提升;而中部地区无论"双高计划"院校还是一般院校,其校均获奖数量都是最高的,说明中部地区的竞赛平均发展水平最高;西部地区"双高计划"院校的校均获奖数较高,但一般高职院校的校均获奖数偏低,因此需要关注一般高职院校的大学生竞赛发展状况;而东北地区的校均获奖数均落后,且有一定差距,说明东北地区高职院校的大学生竞赛有待突破提升。因此,不同区域呈现不同的发展特点,结合地区特点需要分区分类进行发展战略的制定与实施。

# 5 浙江省本科院校大学生竞赛发展情况

浙江省在 2017－2021 年全国普通高校学科竞赛评估结果中,共有 57 所本科院校被覆盖,占浙江省本科院校总数的 98.27％。其中前 100 名的有 7 所,101 至 200 名之间有 5 所,201 至 300 名之间有 11 所,300 名以外有 34 所。2017 至 2021 年全国学科竞赛排行榜省份排行中,浙江省本科院校奖项数 12168 项,总分(归一分)为 95.25,位居全国第 2 位,校均分(归一分)98.36 分,同样位居全国第 3 位。浙江省本科院校大学生竞赛的归一得分与排名见图 5-1。

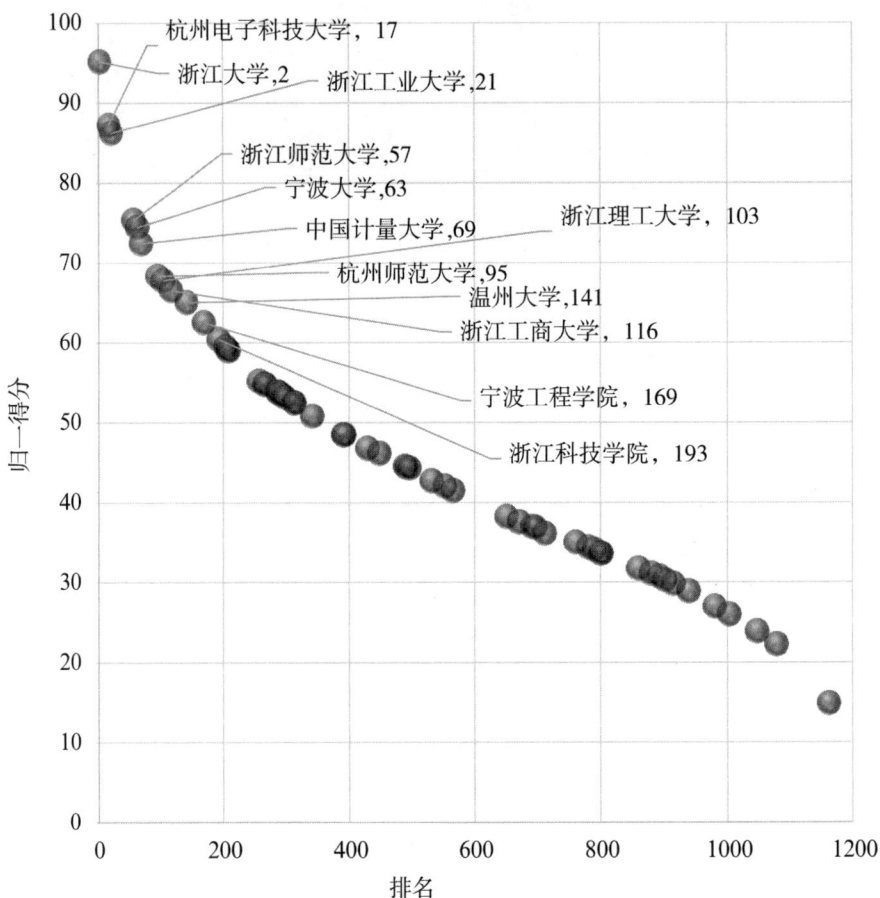

图 5-1　浙江省本科院校归一得分与排名①

# 5.1　高段排名情况

基于最新一轮的本科院校大学生竞赛状态数据,以进入前 300 名和前 100 名的情况来分析各省高校大学生竞赛高段排名情况。进入前 100 名的本科院校共覆盖 25 个省份,进入本科院校数量较多的省市分别为江苏省(12 所)、北京市(8 所)、上海市(7 所)、山东

---

①　为了保持图形的清晰度,此处只显示部分学校名称,下同。

省(7所)和浙江省(7所),占比前4的分别为上海市(19.44%)、江苏省(16.22%)、海南省(14.29%)和北京市(12.50%),浙江省以12.28%的占比位居第5位(见图5-2)。

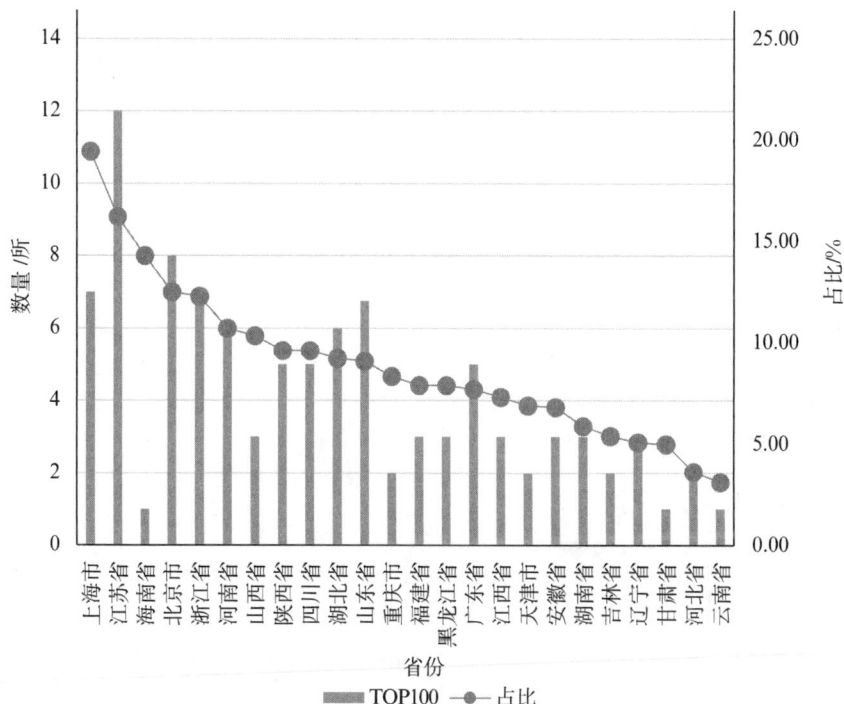

图 5-2　各省份进入前100名本科院校数量与占比

以四象限分类法分析浙江省本科院校在大学生竞赛方面进入前100名的绝对数和相对数(见图5-3),发现浙江省位于第一象限。说明进入前100名的绝对数方面,浙江省相对于其他省份优势明显,位于均值相对靠前的位置。

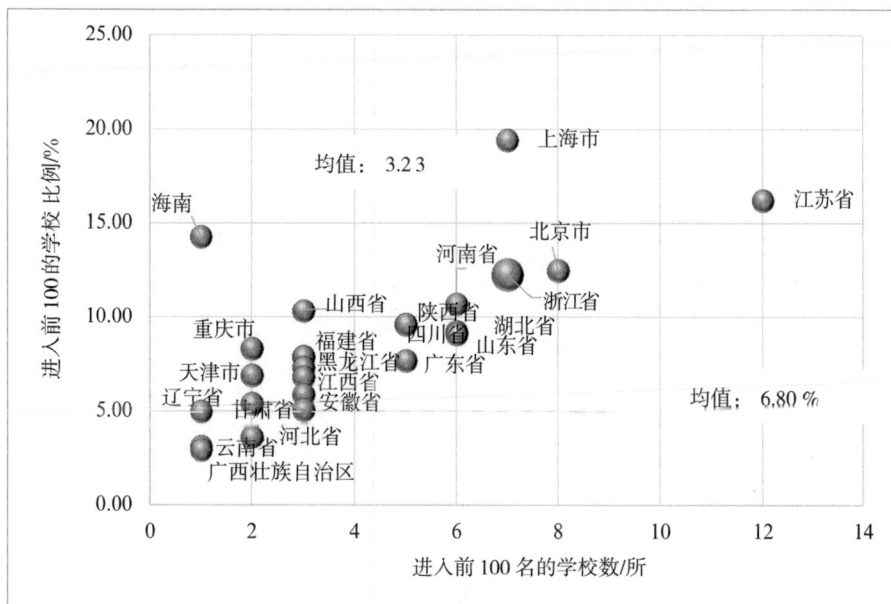

图 5-3　大学生竞赛进入前100名的本科院校绝对数和相对数比较

进入前 300 名的本科院校覆盖了 30 个省份（见图 5-4），进入本科院校数量较多的省市分别为江苏省（24 所）、浙江省（23 所）、北京市（21 所）和山东省（18 所），而本科院校数量占比较高的为重庆市（41.6700％）、浙江省（40.35％）、上海市（38.89％）和北京市（32.81％），浙江省位居第 2 位。可见，进入前 300 的绝对位置和相对位置中，浙江省落在第一象限（见图 5-5）。

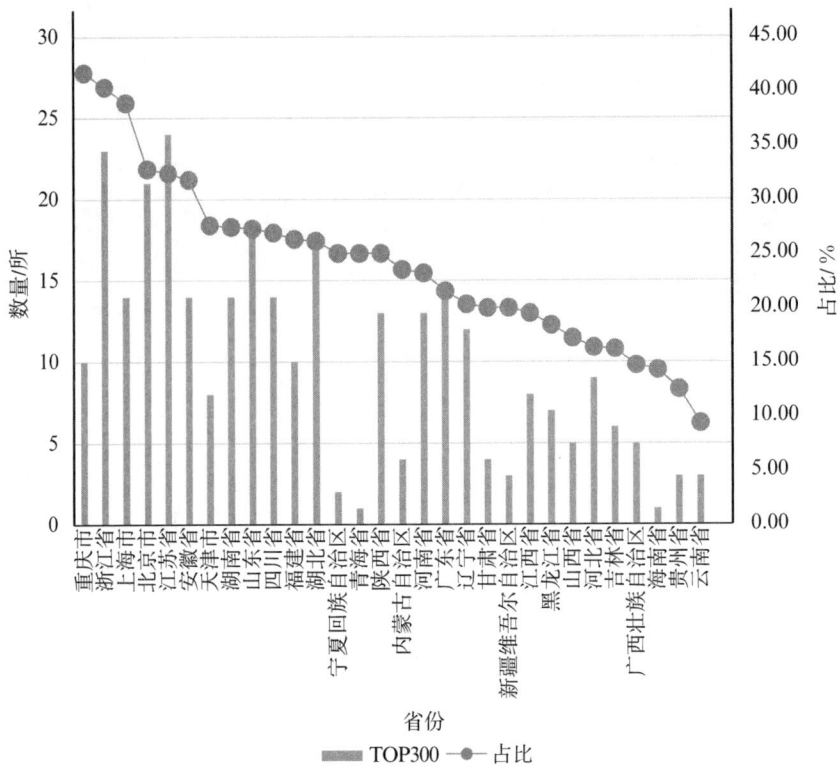

图 5-4    各省份进入前 300 名本科院校数量与占比

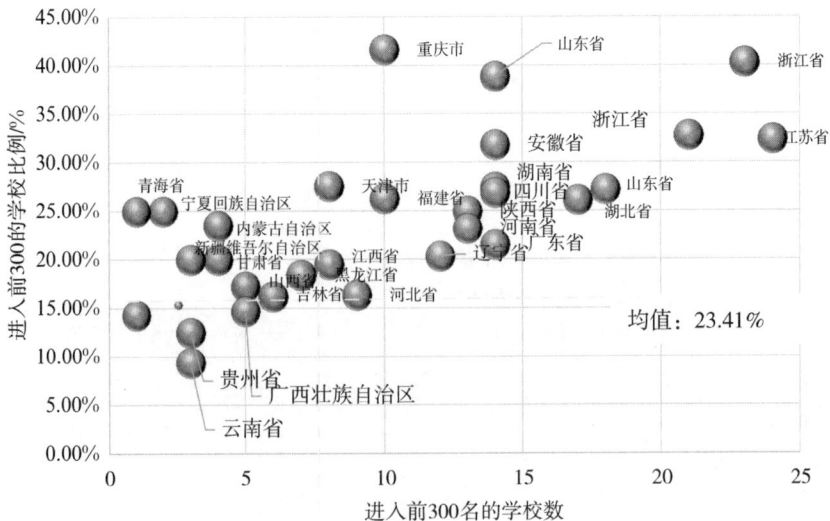

图 5-5    大学生竞赛进入前 300 名的本科院校绝对数和相对数比较

# 5.2 民办及独立学院排名情况

2017—2021 年全国本科院校大学生竞赛评估状态数据共覆盖 363 所民办及独立学院,浙江省共有 19 所被覆盖(见表 5-1)。在排名中,共有 9 所院校进入民办及独立学院排名的前 100 名,其中,杭州电子科技大学信息工程学院、浙江师范大学行知学院进入全国民办及独立学院子榜单的前 10 名。

表 5-1 浙江省民办及独立学院排名情况

| 全国序 | 类型内序 | 学校名称 | 奖项总数 | 总分 |
|---|---|---|---|---|
| 287 | 4 | 杭州电子科技大学信息工程学院 | 111 | 53.8 |
| 312 | 5 | 浙江师范大学行知学院 | 72 | 52.47 |
| 448 | 28 | 宁波大学科学技术学院 | 66 | 46.12 |
| 489 | 36 | 绍兴文理学院元培学院 | 83 | 44.52 |
| 492 | 37 | 宁波财经学院 | 141 | 44.38 |
| 532 | 47 | 中国计量大学现代科技学院 | 57 | 42.69 |
| 553 | 56 | 浙江树人学院 | 39 | 42.02 |
| 566 | 62 | 浙江工业大学之江学院 | 90 | 41.47 |
| 692 | 100 | 杭州师范大学钱江学院 | 30 | 36.96 |
| 697 | 103 | 浙江工商大学杭州商学院 | 90 | 36.89 |
| 790 | 138 | 上海财经大学浙江学院 | 17 | 34.11 |
| 802 | 144 | 浙江农林大学暨阳学院 | 27 | 33.6 |
| 860 | 177 | 浙江越秀外国语学院 | 54 | 31.69 |
| 880 | 192 | 浙江财经大学东方学院 | 33 | 31.07 |
| 893 | 198 | 温州商学院 | 40 | 30.72 |
| 915 | 208 | 浙江中医药大学滨江学院 | 9 | 29.78 |
| 939 | 220 | 同济大学浙江学院 | 28 | 28.87 |
| 1003 | 256 | 浙江理工大学科技与艺术学院 | 37 | 25.95 |
| 1047 | 277 | 温州医科大学仁济学院 | 5 | 23.84 |

# 5.3 省级大学生本科竞赛概况

　　浙江省从 1996 年开始组建浙江省科技竞赛委员会，每年组织省级 A 类竞赛遴选和调整。2021 年 5 月 24 日，浙江省科技竞赛委员会年度会议在浙江理工大学召开会议。根据《关于公布 2021 年浙江省大学生科技竞赛赛项的通知》（浙科竞〔2021〕16 号），浙江省遴选的 41 项大学生科技竞赛名称以及秘书处单位或承办单位请见表 5-2。

　　从 2021 年浙江省省级学科竞赛获奖数据来看，竞赛奖项设置数量前 3 的赛项分别是全国大学生数学建模竞赛浙江赛区、浙江省"挑战杯"大学生创业大赛和浙江省"互联网＋"大学生创新创业大赛。竞赛奖项设置数量最少的 3 个赛项分别是浙江省大学生企业经营沙盘模拟大赛、浙江省大学生化工设计竞赛和"卡尔·马克思杯"浙江省大学生理论知识竞赛。

表 5-2　2021 年浙江省 A 类竞赛名单一览

| 序号 | 赛项名称 | 秘书处单位或承办单位 |
|---|---|---|
| 1 | 浙江省"互联网＋"大学生创新创业大赛 | 嘉兴学院 |
| 2 | 浙江省"挑战杯"大学生课外学术科技作品竞赛 | 浙江师范大学 |
| 3 | 浙江省大学生职业生涯规划大赛 | 金华职业技术学院 |
| 4 | 全国大学生数学建模竞赛浙江赛区 | 浙江大学 |
| 5 | 浙江省大学生结构设计竞赛 | 浙江大学 |
| 6 | 浙江省大学生程序设计竞赛 | 浙江大学 |
| 7 | 浙江省大学生化工设计竞赛 | 浙江大学 |
| 8 | 浙江省大学生英语演讲与写作竞赛 | 浙江大学 |
| 9 | 浙江省大学生工程训练综合能力竞赛 | 浙江大学 |
| 10 | 浙江省大学生机械设计竞赛 | 浙江工业大学 |
| 11 | 浙江省大学生服务外包创新应用竞赛 | 浙江工业大学 |
| 12 | 浙江省大学生多媒体作品设计竞赛 | 浙江师范大学 |
| 13 | 浙江省大学生师范生教学技能竞赛 | 浙江师范大学 |
| 14 | 浙江省大学生电子设计竞赛 | 杭州电子科技大学 |
| 15 | 浙江省大学生智能汽车竞赛 | 杭州电子科技大学 |
| 16 | 浙江省大学生统计调查方案设计竞赛 | 浙江工商大学 |
| 17 | 浙江省大学生电子商务竞赛 | 浙江工商大学 |

续表

| 序号 | 赛项名称 | 秘书处单位或承办单位 |
|---|---|---|
| 18 | 浙江省大学生工业设计竞赛 | 浙江理工大学 |
| 19 | 浙江省大学生生命科学竞赛 | 浙江中医药大学 |
| 20 | 浙江省大学生财会信息化竞赛 | 浙江财经大学 |
| 21 | 浙江省大学生医学竞赛 | 温州医科大学 |
| 22 | 浙江省大学生力学竞赛 | 宁波大学 |
| 23 | 浙江省大学生摄影竞赛 | 浙江传媒学院 |
| 24 | 浙江省大学生中华经典诵读竞赛 | 绍兴文理学院 |
| 25 | 浙江省大学生法律职业能力竞赛 | 浙江工商大学 |
| 26 | 浙江省大学生机器人竞赛 | 浙江大学 |
| 27 | 浙江省大学生化学竞赛 | 浙江工业大学 |
| 28 | 浙江省大学生护理竞赛 | 浙江中医药大学 |
| 29 | 浙江省大学生经济管理案例竞赛 | 杭州电子科技大学 |
| 30 | 浙江省大学生证券投资竞赛 | 浙江财经大学 |
| 31 | 浙江省大学生物理科技创新竞赛 | 浙江工业大学 |
| 32 | 浙江省大学生企业经营沙盘模拟竞赛 | 嘉兴学院 |
| 33 | 浙江省大学生广告创意设计竞赛 | 浙江大学 |
| 34 | 浙江省大学生网络与信息安全竞赛 | 杭州电子科技大学 |
| 35 | "卡尔·马克思杯"浙江省大学生理论知识竞赛 | 浙江工商大学 |
| 36 | 浙江省大学生智能机器人创意竞赛 | 浙江大学 |
| 37 | 浙江省大学生环境生态科技创新大赛 | 浙江农林大学 |
| 38 | 浙江省大学生服装服饰创意设计大赛 | 浙江理工大学 |
| 39 | 浙江省大学生乡村振兴创意大赛 | 浙江财经大学 |
| 40 | 浙江省会展策划创意大赛 | 浙江外国语学院 |
| 41 | 浙江省大学生金融创新大赛 | 浙江工商大学 |

按教育部公布的最新高校名单,浙江省共有高校109所,其中本科院校58所,高职院校51所。2021年浙江省省级学科竞赛报名数据看,省内共有58所高校报名参赛,报名参赛的院校都有获奖(见图5-6)。

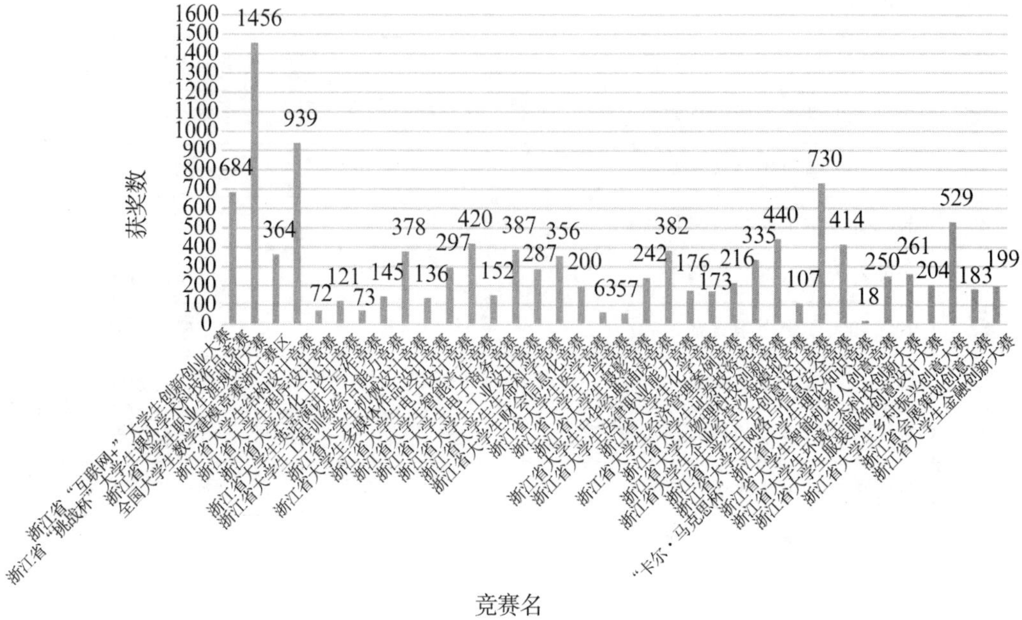

图 5-6　2021 年浙江省省级竞赛获奖统计示意

从竞赛获奖覆盖面来看（见图 5-7），浙江省省赛平均覆盖高校约 37 所。其中，浙江省大学生职业生涯规划大赛、浙江省"挑战杯"大学生课外学术科技作品竞赛、全国大学生数学建模竞赛浙江赛区、浙江省大学生中华经典诵读竞赛覆盖高校数列前 3（第三名并列）；浙江省大学生医学竞赛、"卡尔·马克思杯"浙江省大学生理论知识竞赛、浙江省大学生服装服饰创意设计大赛等 3 项竞赛覆盖高校数最少。

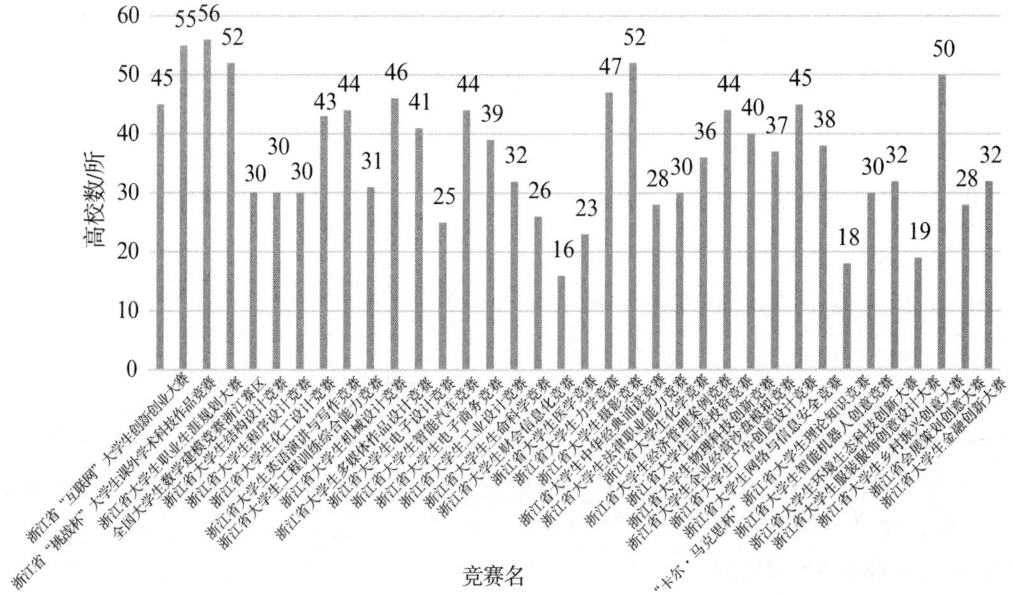

图 5-7　竞赛覆盖高校统计示意

在 2017 至 2021 年浙江省级学科竞赛评估结果中,共有 58 所本科院校被覆盖,占浙江省本科院校总数的 98.27%。浙江省本科院校省级大学生竞赛的归一得分与排名见图 5-8。

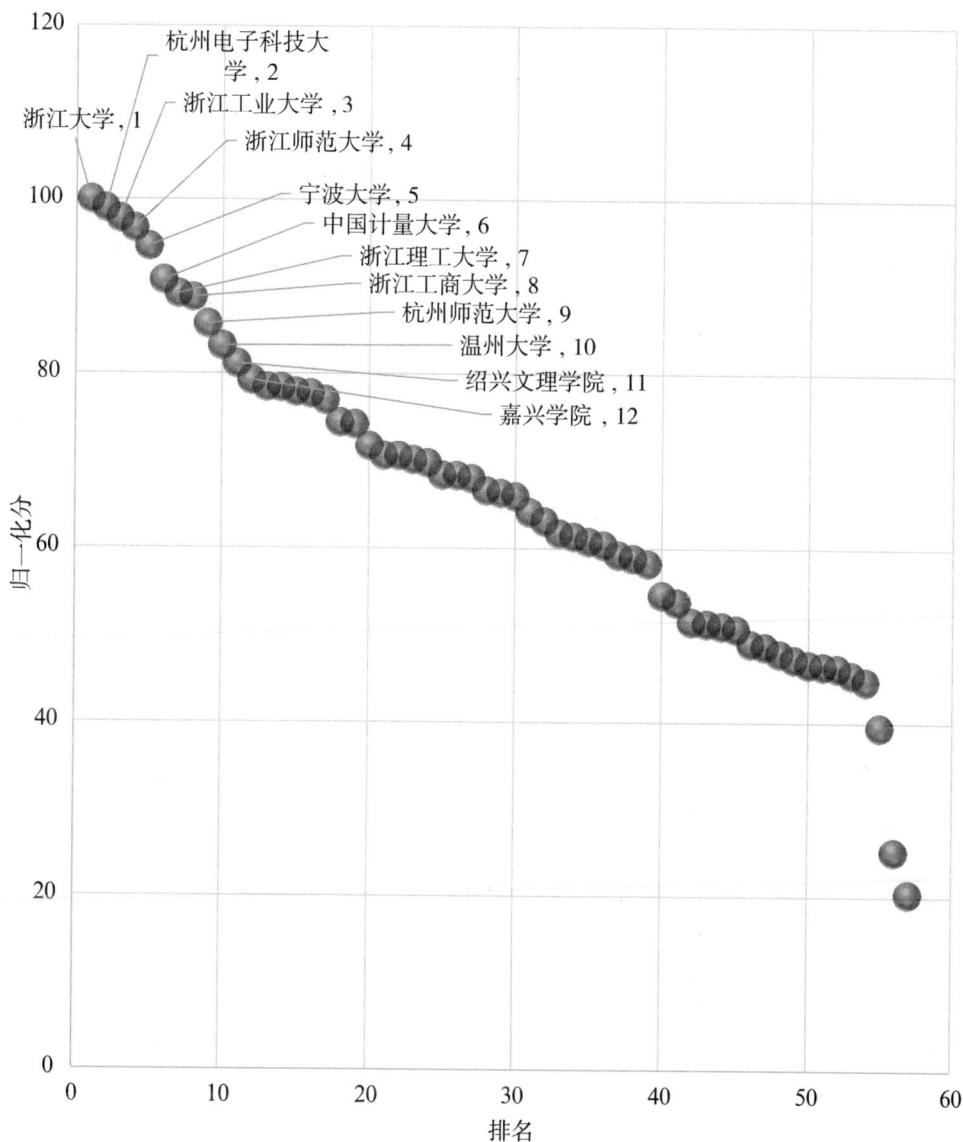

图 5-8　浙江省本科院校省级竞赛归一得分与排名示意①

---

①　为了保持图形的清晰度,此处只显示部分学校名称,下同。

# 6 浙江省高职院校大学生竞赛发展概况

　　浙江省在 2017－2021 年全国普通高校学科竞赛评估结果（高职）中，共有 47 所高职院校被覆盖，占浙江省高职院校总数的 92.16％，4 所未被覆盖，覆盖率相对于本科院校而言略低。

　　在高段排名中，浙江省有 9 所高职院校进入全国前 100 名，101 至 200 名之间有 8 所，201 至 300 名之间有 5 所，300 名以外有 27 所。从排名分布来看，浙江省高职院校在高校学科竞赛评估中的排名相对较为靠前。其中，金华职业技术学院在浙江省高职院校中优势明显，远超其他院校，处于浙江省高职院校学生竞赛的绝对引领位置，同时也连续六次蝉联全国普通高职院校大学生竞赛排行榜榜首。如何发挥金华职业技术学院的"领头羊"作用，突出该校在学生竞赛内部治理方面的经验辐射，带动第二梯队进步或通过结对帮扶、经验输出的方式实现强校对弱小的"精准帮扶"是值得尝试的治理举措之一。

# 6.1　高段排名情况

　　基于最新一轮高职院校大学生竞赛状态数据，以进入前 300 名和前 100 名的情况分析各省高校大学生竞赛高段排名情况。进入前 100 名的高职院校共覆盖 24 个省份，进入高职院校数量较多的省份分别是江苏省（11 所）和浙江省（9 所），占比前 3 的是贵州省（66.67％）、河南省（50％）、甘肃省（50％）和北京市（50％）（见图 6-1）。

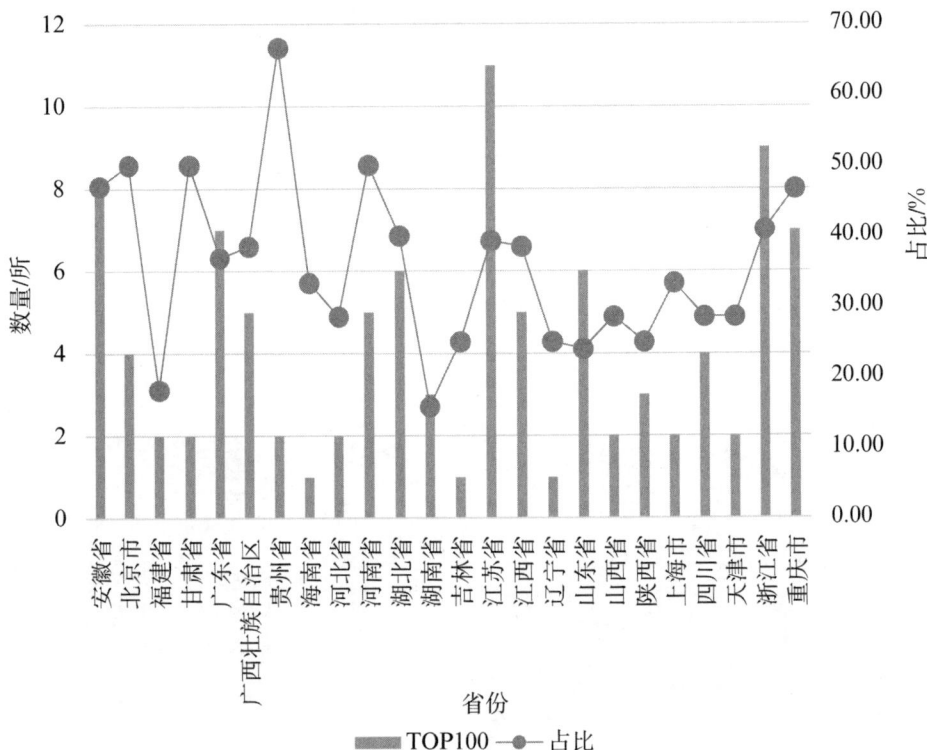

图 6-1　各省份进入前 100 名高职院校数量与占比

以四象限分类法分析浙江省高职院校在大学生竞赛方面进入前100的绝对数和相对数(见图6-2),浙江省位于第一象限,整体实力强大。

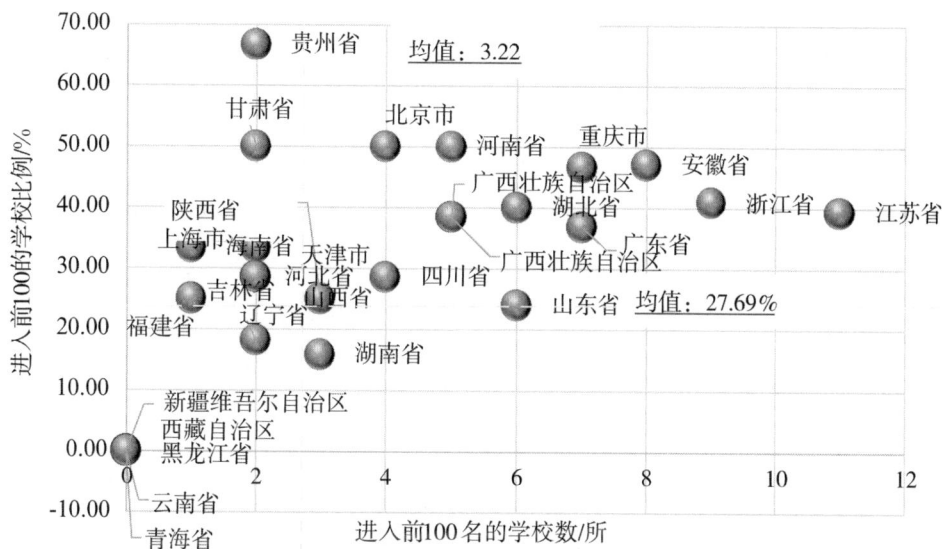

图 6-2  大学生竞赛进入前 100 名的高职院校绝对数和相对数比较

进入前 300 名的高职院校覆盖了 31 个省份(见图 6-3),进入高职院校数量较多的省市分别为江苏省(28 所)、山东省(25 所)和浙江省(22 所),而高职院校数量占比较高的为浙江省(43.14%)、重庆市(34.09%)和西藏自治区(33.33%)。进入前 300 名的绝对位置和相对位置中(见图 6-4),浙江省落在第一象限,整体实力强。

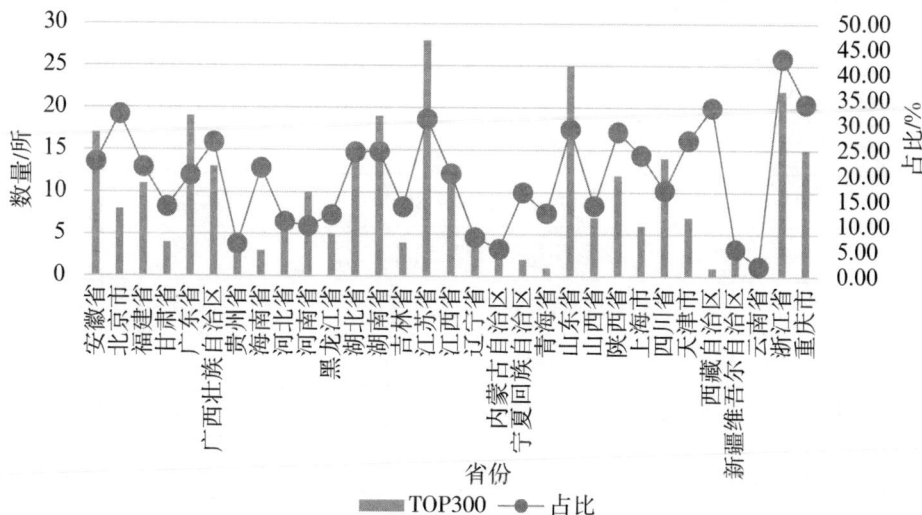

图 6-3  各省份进入前 300 名高职院校数量与占比

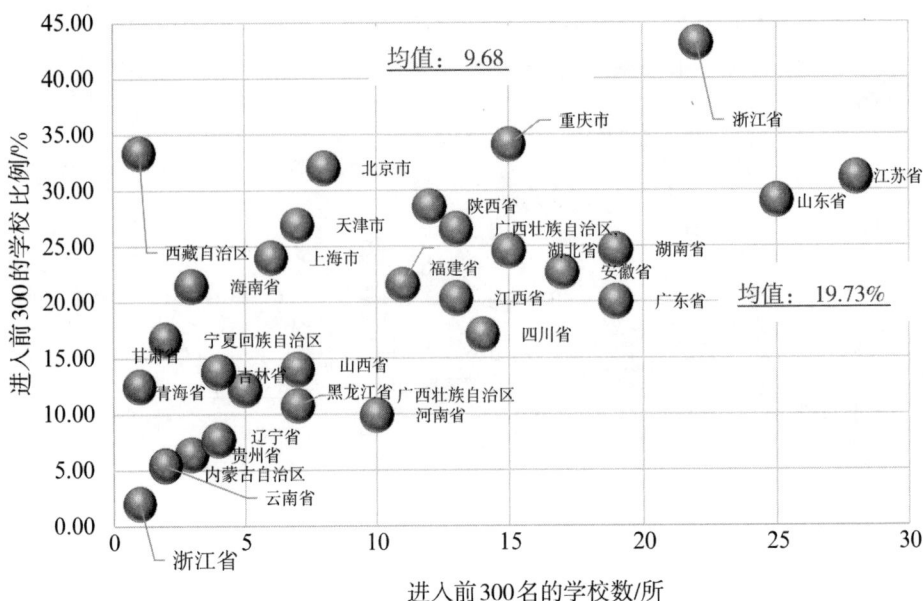

图 6-4　大学生竞赛进入前 300 名的高职院校绝对数和相对数比较

# 6.2　民办高职院校排名情况

2017 至 2021 年全国高职院校大学生竞赛评估状态数据共覆盖 184 所民办高职院校,其中浙江省 9 所(见表 6-1)。

表 6-1　浙江省民办高职院校排名情况

| 全国序 | 类型内序 | 学校名称 | 奖项数量 | 总分 |
|---|---|---|---|---|
| 136 | 3 | 浙江育英职业技术学院 | 160 | 65.68 |
| 143 | 4 | 绍兴职业技术学院 | 61 | 65.26 |
| 484 | 27 | 浙江横店影视职业学院 | 36 | 43.38 |
| 486 | 29 | 浙江广厦建设职业技术大学 | 30 | 43.29 |
| 532 | 37 | 杭州万向职业技术学院 | 11 | 41.54 |
| 721 | 69 | 嘉兴南洋职业技术学院 | 14 | 34.56 |
| 742 | 73 | 浙江东方职业技术学院 | 12 | 33.64 |
| 1068 | 167 | 浙江金华科贸职业技术学院 | 1 | 15.44 |
| 1078 | 169 | 浙江长征职业技术学院 | 3 | 14.6 |

# 7 2017—2021年吉林省大学生竞赛发展概况

# 7.1 吉林省本科院校大学生竞赛发展概况

吉林省在 2017－2021 年全国普通高校学科竞赛评估结果中,共有 37 所本科院校被覆盖,占吉林省本科院校总数的 100%。其中前 100 名的有 2 所,101 至 200 名之间有 3 所,201 至 300 名之间有 1 所,300 名以外有 31 所。2017－2021 年全国学科竞赛排行榜省份排行中,吉林省本科院校奖项数 5050 个,位居全国第 20 位,校均分 155.44,位居全国第 19 位。吉林省得分占东北地区省份得分的 24.33%,低于黑龙江(30.57%)、辽宁省(45.10%);在全国处于中等水平,奖项数排名略低校均排名,显示省内高校之间差异发展方向较一致,总体差异较小。

从省内各高校排序来看,401 至 600 名之间的高校分布相对均衡,学校之间得分的差距较均匀,排名前面和后面部分高校数量较少且分布松散。吉林省本科院校大学生竞赛的归一得分与排名见图 7-1。

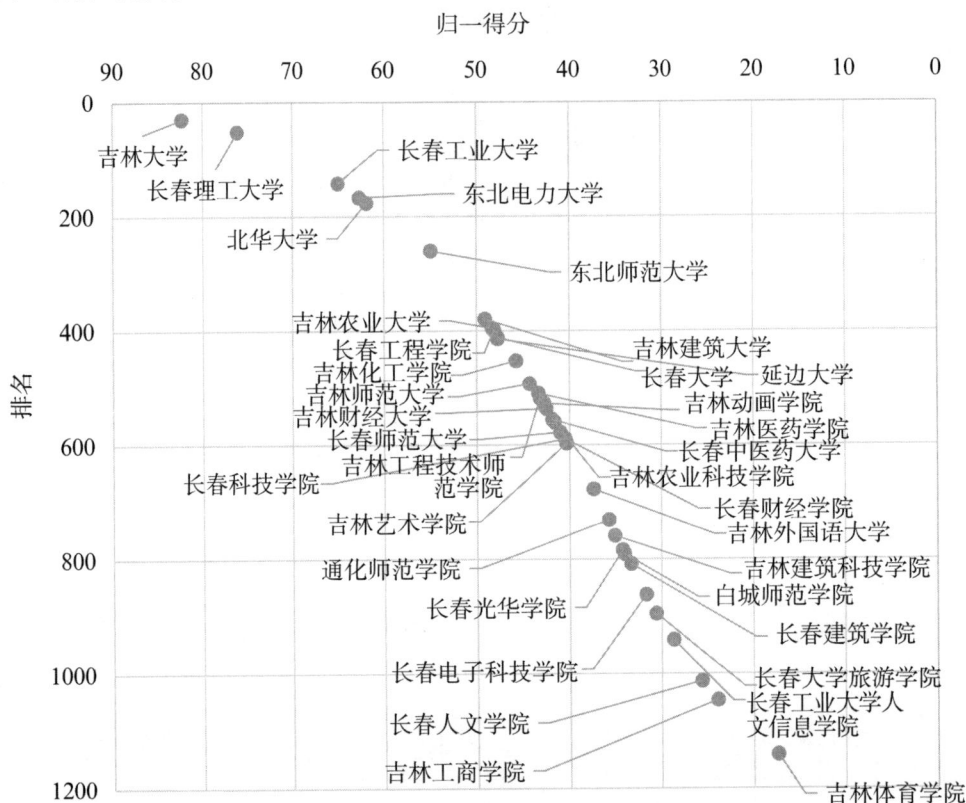

图 7-1　吉林省本科院校归一得分与排名

### 7.1.1 吉林省本科院校学生竞赛高段排名情况

吉林省有 2 所本科院校进入最新一轮排行榜的前 100 名,以占比 5.41% 位于全国第 20 位,基本与上一轮排行榜持平。可以说,在前 100 名高校中,吉林省在数量及其占比上没有明显优势,略低于全国平均水平,这与吉林省本身所布局的本科院校数量相对较少有一定关系。

吉林省共有 6 所本科院校进入前 300 名,以 16.22% 的占比位居第 24 位。与上一轮排行榜相比略有上升。进入前 300 名的绝对数量和相对比例,吉林省均落后于全国平均水平。

### 7.1.2　民办及独立学院排名情况

2017—2021 年全国本科院校大学生竞赛评估状态数据共覆盖 373 所民办及独立学院,吉林共有 12 所被覆盖(见表 7-1)。在排名中,共有 4 所院校进入民办及独立学院排名的前 100 名,吉林动画学院位列 46 位,长春财经学院位列 71 位,吉林科技学院位列 72 位,吉林外国语大学位列第 92 位。

表 7-1　吉林省民办及独立学院排名情况

| 全国序 | 类型内序 | 学校名称 | 奖项数量 | 总分 |
|---|---|---|---|---|
| 527 | 46 | 吉林动画学院 | 97 | 42.78 |
| 589 | 71 | 长春财经学院 | 26 | 40.49 |
| 590 | 72 | 长春科技学院 | 38 | 40.48 |
| 679 | 92 | 吉林外国语大学 | 33 | 37.42 |
| 759 | 124 | 吉林建筑科技学院 | 106 | 35.1 |
| 784 | 134 | 长春光华学院 | 52 | 34.26 |
| 809 | 147 | 长春建筑学院 | 47 | 33.35 |
| 862 | 179 | 长春电子科技学院 | 26 | 31.68 |
| 895 | 200 | 长春工业大学人文信息学院 | 13 | 30.61 |
| 941 | 222 | 长春大学旅游学院 | 55 | 28.71 |
| 1013 | 262 | 长春人文学院 | 26 | 25.61 |
| 1187 | 357 | 吉林师范大学博达学院 | 7 | 10.96 |

# 7.2　吉林省高职院校大学生竞赛发展概况

吉林省在 2017—2021 年全国普通高校学科竞赛评估结果(高职)中,共有 17 所高职院校被覆盖,占吉林高职院校总数的 58.62%,12 所未被覆盖,与上一轮排行榜覆盖率基本持平,覆盖率相对于本科院校而言更低,未被覆盖的学校相对于本科院校而言更多。

在高段排名中,吉林省有 1 所高职院校进入全国前 100 名,101 名至 200 名之间有 2 所,201 名至 300 名之间有 1 所,300 名以外有 13 所,与上一轮排行榜相比,进入前 100 名的学校数持平,201 名至 300 名之间的持平,300 名以外的持平。从排名分布来看,吉林省高职院校在高校学科竞赛评估中的排名相对较为靠后。其中,长春职业技术学院在吉林省高职院校中优势明显,远超其他院校,处于吉林省高职院校学生竞赛的绝对引领位置。如何发挥长春职业技术学院的"领头羊"作用,突出该校在学生竞赛内部治理方面的经验辐射,带动第二梯队进步或通过结对帮扶、经验输出的方式实现强校对弱小的"精准帮扶"是值得尝试的治理举措之一。各高职院校大学生竞赛具体归一得分与排名情况见图 7-2。

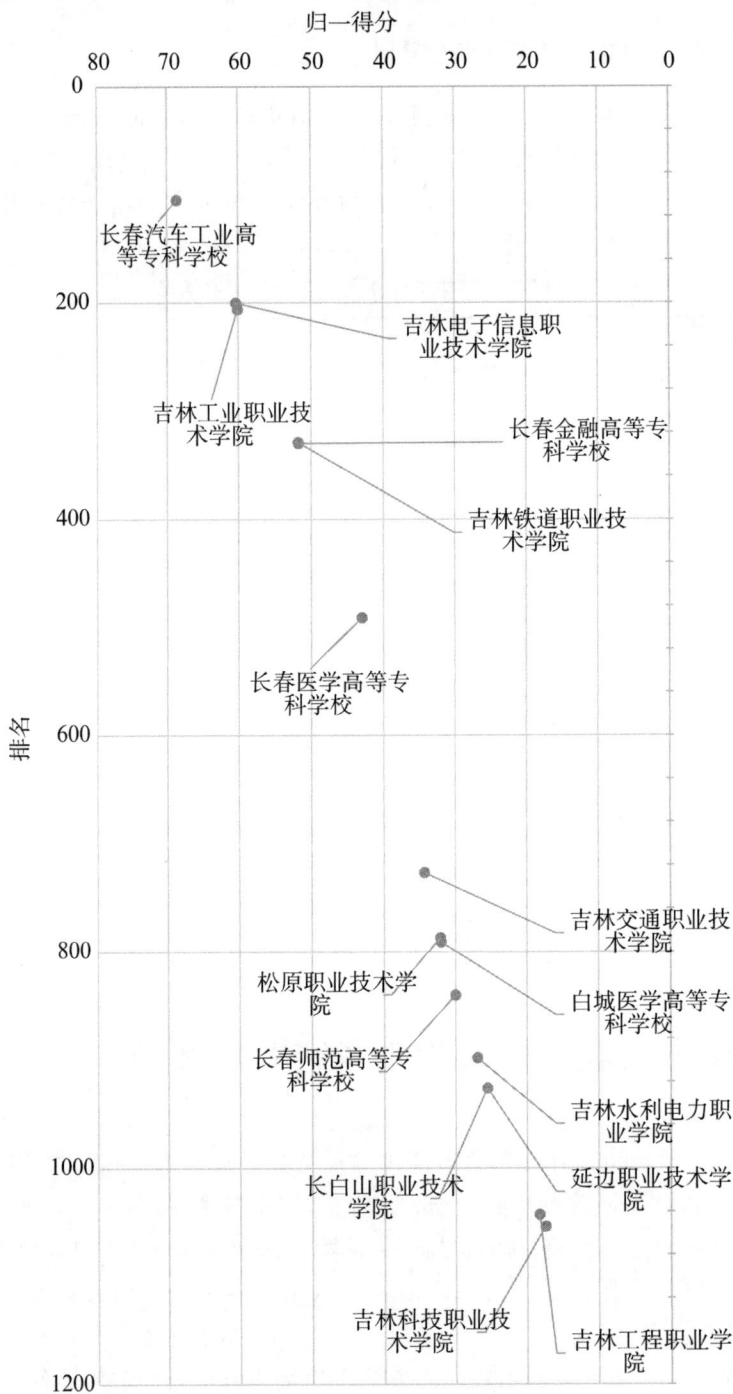

图 7-2　吉林省高职院校归一得分与排名示意

### 7.2.1　吉林省高职院校学生竞赛高段排名情况

基于最新一轮高职院校大学生竞赛状态数据,以进入前300名和前100名的情况分析各省高校大学生竞赛高段排名情况。进入前100名的高职院校共覆盖24个省份,进入高职院校数量较多的省分别为江苏省(11所)、浙江省(9所)和安徽省(8所),占比前3分别为浙江省(18.00%)、北京市(16.00%)和重庆市(15.91%)。从进入前100名的绝对数来看,吉林省只有1所;从相对数来看,吉林省只有3.45%,落后全国平均水平(6.61%),位居全国第22位,与上一轮排行榜相比排名有所下降,整体实力偏弱。

进入前300名的高职院校覆盖了31个省份,进入高职院校数量较多的省市分别为江苏省(28所)、山东省(25所)和浙江省(22所),而高职院校数量占比较高的为浙江省(44.00%)、重庆市(34.09%)和江苏省(33.33%)。从进入前300名的绝对数来看,吉林省只有4所,从相对数来看,吉林省只有13.79%,落后全国平均水平(19.82%),位居全国第22位,与上一轮排行榜相比排名有所下降,反映出吉林省整体实力偏弱。

### 7.2.2　民办高职院校排名情况

2017—2021年全国高职院校大学生竞赛评估状态数据共覆盖184所民办高职院校,吉林省8所民办高职院校中共有2所被覆盖(见表7-2)。其中,长春信息技术职业学院进入民办高职院校排名第167名,吉林科技职业技术学院进入民办高职院校排名194名,与上一轮排行榜相比排名有所下降。

表7-2　吉林省民办高职院校排名情况

| 全国序 | 类型内序 | 学校名称 | 奖项数量 | 总分 |
|---|---|---|---|---|
| 1054 | 167 | 长春信息技术职业学院 | 3 | 0.71 |
| 1107 | 194 | 吉林科技职业技术学院 | 1 | 0 |

综上,总体上吉林省高职院校学科竞赛整体实力尚有较大的提升空间,进入前100名和300名以内高段排名的学校不是很多,特别是民办高职院校的竞赛参与度还不是很高,校际差距很大。由此建议吉林省教育相关行政部门和各高职院校积极开展交流研讨活动,通过典型示范、经验学习等形式,推进吉林高职院校学科竞赛的总体进步。

# 8 2017—2021年广西壮族自治区大学生竞赛发展概况

本章探讨的是广西壮族自治区（下简称"广西"）高校大学生学科竞赛发展总体情况。从广西本科院校、高职院校两个方面来进行阐述分析。

# 8.1 广西本科院校大学生学科竞赛国赛发展总体情况

广西在 2017－2021 年全国普通高校大学生竞赛榜单（本科）中，共有 34 所本科院校覆盖，占全国普通高校大学生竞赛榜单本科院校总数的 2.84%。2021 年广西本科院校奖项数为 1971 个，占全国普通高校大学生竞赛榜单获奖总数的 2.79%。其中桂林电子科技大学全省排名第一，奖项总数达到 394 个，总分 85.37 分，远远高于全省平均得分 44.73 分。

在覆盖院校中，综合类院校 6 所，占比 17.65%；理工类院校 8 所，占比 23.53%；人文类院校 7 所，占比 20.59%；师范类院校 9 所，占比 26.47%；医药类院校 4 所，占比 11.76%。

2021 年广西每万人在校大学生人数为 303 人，在校本科生 576823 人，竞赛报名人数为 46983 人，占总人数的 8.15%，竞赛获奖人数为 26905 人，占报名人数的 57.27%，占总人数的 4.66%。

2017－2021 年全国普通高校大学生竞赛榜单（本科）中，广西本科院校进入全国前 100 名的有 1 所，101 名至 200 名之间有 3 所，201 名至 300 名之间有 1 所，300 名之后的有 29 所。广西本科院校以奖项数 6830 个、校均分 81.14 位列全国第 19 位。

## 8.1.1 理工类院校竞赛排行情况

2017－2021 年全国理工类本科院校大学生竞赛榜单中，广西理工类本科院校获奖数量为 2240 个，平均得分 49.69 分。具体排名见表 8-1。桂林电子科技大学全国排名第 33 名，奖项数量为 939 项，总分 78.35 分，桂林理工大学全国排名第 85 名，获奖数量为 540 项，总分 65.32 分。可见，广西理工类本科院校学科竞赛整体实力尚有较大提升空间，进入全国前 100 名高段排名的院校仅有 2 所，且院校排名差距明显。

表 8-1　2017－2021 年全国理工类本科院校大学生竞赛榜单广西理工类本科院校竞赛排名

| 排名 | 学校名称 | 奖项数量 | 总分 |
| --- | --- | --- | --- |
| 33 | 桂林电子科技大学 | 939 | 78.35 |
| 85 | 桂林理工大学 | 540 | 65.32 |
| 139 | 广西科技大学 | 164 | 54.98 |
| 193 | 南宁学院 | 159 | 48.38 |
| 210 | 桂林航天工业学院 | 164 | 45.47 |
| 242 | 桂林信息科技学院 | 198 | 41.15 |
| 255 | 柳州工学院 | 58 | 38.41 |
| 347 | 南宁理工学院 | 18 | 25.42 |

### 8.1.2 人文社科类院校竞赛排行情况

2017—2021 年全国人文社科类本科院校大学生竞赛榜单中,广西人文社科类本科院校获奖数量为 806 个,平均得分 35.54 分。具体排名见表 8-2。广西财经学院、广西艺术学院、河池学院、北海艺术设计学院进入全国排名前 100 名,分别是第 18、第 36、第 68 和第 86 名。从排名来看,广西人文社科类本科院校具备较好的竞赛实力,各院校之间得分较为均衡。

表 8-2　2017—2021 年全国人文社科类本科院校竞赛榜单广西人文社科类本科院校竞赛排名

| 排名 | 学校名称 | 奖项数量 | 总分 |
|---|---|---|---|
| 18 | 广西财经学院 | 109 | 52.57 |
| 36 | 广西艺术学院 | 419 | 45.82 |
| 68 | 河池学院 | 59 | 38.94 |
| 86 | 北海艺术设计学院 | 159 | 35.77 |
| 109 | 桂林旅游学院 | 37 | 32.79 |
| 147 | 广西外国语学院 | 22 | 27.85 |
| 214 | 广西警察学院 | 1 | 15.06 |

### 8.1.3 综合类院校竞赛排行情况

2017—2021 年全国综合类本科院校大学生竞赛榜单中,广西综合类本科院校获奖数量为 898 个,平均得分 41.35 分。具体排名见表 8-3。广西大学、广西民族大学进入全国排名前 100 名,分别是第 32 名和第 99 名。从分值来看,广西综合类本科院校竞赛实力可分成三个层次,第一层次是广西大学,第二层次是分值在 40 至 50 之间的广西民族大学、梧州学院、桂林学院,第三层次是分值在 20 至 30 之间的广西民族大学相思湖学院、南宁师范大学师园学院。

表 8-3　2017—2021 年全国综合类本科院校大学生竞赛榜单广西综合类本科院校竞赛排名

| 排名 | 学校名称 | 奖项数量 | 总分 |
|---|---|---|---|
| 32 | 广西大学 | 309 | 65.91 |
| 99 | 广西民族大学 | 238 | 48.04 |
| 110 | 梧州学院 | 162 | 46.26 |
| 145 | 桂林学院 | 159 | 40.36 |
| 240 | 广西民族大学相思湖学院 | 23 | 26 |
| 258 | 南宁师范大学师园学院 | 7 | 21.53 |

### 8.1.4 医药类院校竞赛排行情况

2017—2021 年全国医药类本科院校大学生竞赛榜单中,广西医药类本科院校获奖数量为 50 个，平均得分 29.96 分。具体排名见表 8-4。广西医科大学、桂林医学院、广西中医药大学、右江民族医学院在全国排名中分别是第 14、第 52、第 72 和第 73 名。

表 8-4　2017－2021 年全国医药类本科院校大学生竞赛榜单广西医药类本科院校竞赛排名

| 排名 | 学校名称 | 奖项数量 | 总分 |
|---|---|---|---|
| 14 | 广西医科大学 | 26 | 42.94 |
| 52 | 桂林医学院 | 6 | 30.45 |
| 72 | 广西中医药大学 | 14 | 23.56 |
| 73 | 右江民族医学院 | 4 | 22.89 |

### 8.1.5　师范类院校竞赛排行情况

2017－2021 年全国师范类本科院校大学生竞赛榜单中，广西师范类本科院校获奖数量为 1336 个，平均得分 39.47 分。具体排名见表 8-5。广西师范大学、北部湾大学、南宁师范大学、贺州学院、玉林师范学院、百色学院进入全国前 100 名。

表 8-5　2017－2021 年全国师范类本科院校大学生竞赛榜单广西师范类本科院校竞赛排名

| 排名 | 学校名称 | 奖项数量 | 总分 |
|---|---|---|---|
| 13 | 广西师范大学 | 529 | 63.01 |
| 46 | 北部湾大学 | 108 | 49.48 |
| 51 | 南宁师范大学 | 137 | 48.1 |
| 53 | 贺州学院 | 234 | 47.95 |
| 64 | 玉林师范学院 | 122 | 45.15 |
| 75 | 百色学院 | 145 | 42.77 |
| 146 | 广西民族师范学院 | 39 | 27.86 |
| 164 | 广西职业师范学院 | 10 | 17.85 |
| 166 | 广西科技师范学院 | 12 | 13.08 |

# 8.2　广西高职院校大学生学科竞赛国赛发展总体情况

广西在 2017－2021 年全国普通高校学科竞赛评估结果（高职）中，共覆盖 32 所高职院校，占全国普通高校大学生竞赛榜单高职院校总数的 2.89%。其中柳州铁道职业技术学院位列广西第 1 名，全国排行第 62 名。

广西在 2021 年全国普通高校大学生竞赛榜单（高职）中有 29 所高职院校被覆盖。2021 年广西高职院校奖项数为 352 个，占全国普通高校大学生竞赛榜单获奖总数的 4.29%，其中广西职业技术学院省排名第一，奖项总数达到 39 个，总分 80.24 分。在 2021

年全国普通高校大学生竞赛榜单(高职)中,广西有 6 所高职院校进入全国前 100 名,101 名至 200 名之间有 4 所,201 名至 300 名之间有 3 所,300 名之后的有 16 所。从排名分布来看,广西高职院校在高校学科竞赛评估中的排名相对较为均匀,院校之间的极差并不是很大。

### 8.2.1 "双高计划"院校竞赛排行情况

2017—2021 年全国"双高计划"建设高职院校大学生竞赛榜单中,广西 4 所"双高计划"院校获奖数量为 452 个,平均得分 68.60 分。具体排名见表 8-6。2021 年全国普通高校大学生竞赛榜单(高职)中,广西 4 所"双高计划"院校获奖数量为 113 个,平均得分 72.92 分。具体排名见表 8-7。

表 8-6　2017—2021 年全国"双高计划"建设高职院校大学生竞赛榜单广西"双高计划"院校竞赛排名

| 排名 | 学校名称 | 奖项总数 | 总分 |
|---|---|---|---|
| 51 | 南宁职业技术学院 | 176 | 72.46 |
| 64 | 广西职业技术学院 | 99 | 71.15 |
| 71 | 柳州职业技术学院 | 102 | 69.83 |
| 123 | 广西建设职业技术学院 | 75 | 60.97 |

表 8-7　2021 年全国普通高校大学生竞赛榜单(高职)广西"双高计划"院校竞赛排名

| 排名 | 学校名称 | 奖项总数 | 总分 |
|---|---|---|---|
| 36 | 广西职业技术学院 | 39 | 80.24 |
| 63 | 柳州职业技术学院 | 23 | 76.08 |
| 73 | 南宁职业技术学院 | 36 | 74.07 |
| 185 | 广西建设职业技术学院 | 15 | 61.3 |

### 8.2.2 一般高职院校竞赛排行情况

2017—2021 年全国一般高职院校大学生竞赛榜单中,广西上榜的 28 所一般高职院校获奖数量为 1048 个,平均得分 42.96 分。具体排名见表 8-8。2021 年全国普通高校大学生竞赛榜单(高职)中,广西上榜的 25 所一般高职院校获奖数量为 239 个,平均得分 48.75 分。具体排名见表 8-9。

表 8-8　2017—2021 年全国一般高职院校大学生竞赛榜单广西一般高职院校竞赛排名

| 排名 | 学校名称 | 奖项总数 | 总分 |
|---|---|---|---|
| 13 | 柳州铁道职业技术学院 | 142 | 73.21 |
| 19 | 广西交通职业技术学院 | 88 | 71.27 |
| 30 | 广西农业职业技术大学 | 115 | 68.52 |
| 39 | 广西水利电力职业技术学院 | 73 | 66.42 |

续表

| 排名 | 学校名称 | 奖项总数 | 总分 |
|---|---|---|---|
| 41 | 广西理工职业技术学院 | 72 | 66.15 |
| 50 | 广西机电职业技术学院 | 55 | 63.74 |
| 100 | 广西电力职业技术学院 | 40 | 57.95 |
| 104 | 广西工业职业技术学院 | 43 | 57.67 |
| 135 | 广西现代职业技术学院 | 34 | 53.87 |
| 172 | 广西国际商务职业技术学院 | 44 | 51.48 |
| 221 | 广西生态工程职业技术学院 | 40 | 48.05 |
| 227 | 广西金融职业技术学院 | 17 | 47.41 |
| 248 | 广西工商职业技术学院 | 23 | 46.37 |
| 250 | 北海职业学院 | 82 | 46.13 |
| 257 | 广西经贸职业技术学院 | 43 | 45.48 |
| 294 | 桂林师范高等专科学校 | 16 | 43.96 |
| 374 | 广西卫生职业技术学院 | 10 | 40.55 |
| 453 | 柳州城市职业学院 | 31 | 37.43 |
| 528 | 广西幼儿师范高等专科学校 | 21 | 34.65 |
| 541 | 广西工程职业学院 | 17 | 34.06 |
| 654 | 广西英华国际职业学院 | 18 | 29.65 |
| 794 | 广西自然资源职业技术学院 | 2 | 22.33 |
| 807 | 广西演艺职业学院 | 8 | 21.7 |
| 859 | 百色职业学院 | 7 | 17.26 |
| 863 | 广西城市职业大学 | 1 | 16.58 |
| 885 | 广西体育高等专科学校 | 1 | 14.27 |
| 890 | 梧州职业学院 | 4 | 13.35 |
| 891 | 广西安全工程职业技术学院 | 1 | 13.34 |

表 8-9  2021 年全国一般高职院校大学生竞赛榜单广西一般高职院校竞赛排名

| 排名 | 学校名称 | 奖项总数 | 总分 |
|---|---|---|---|
| 49 | 广西交通职业技术学院 | 19 | 77.61 |
| 87 | 广西水利电力职业技术学院 | 23 | 72.49 |
| 91 | 柳州铁道职业技术学院 | 14 | 71.77 |
| 162 | 广西农业职业技术大学 | 22 | 63.45 |

| 排名 | 学校名称 | 奖项总数 | 总分 |
|------|---------|---------|------|
| 180 | 广西现代职业技术学院 | 9 | 61.66 |
| 182 | 广西机电职业技术学院 | 10 | 61.51 |
| 220 | 北海职业学院 | 24 | 58.79 |
| 254 | 广西生态工程职业技术学院 | 15 | 57.17 |
| 280 | 广西国际商务职业技术学院 | 14 | 55.47 |
| 302 | 广西经贸职业技术学院 | 15 | 53.9 |
| 318 | 广西理工职业技术学院 | 4 | 53.09 |
| 322 | 广西工商职业技术学院 | 8 | 52.84 |
| 338 | 广西金融职业技术学院 | 9 | 51.68 |
| 369 | 广西工业职业技术学院 | 4 | 49.26 |
| 406 | 广西电力职业技术学院 | 7 | 47.19 |
| 424 | 广西工程职业学院 | 8 | 46.09 |
| 488 | 柳州城市职业学院 | 7 | 43.06 |
| 552 | 桂林师范高等专科学校 | 6 | 40.1 |
| 593 | 广西幼儿师范高等专科学校 | 4 | 37.81 |
| 602 | 广西卫生职业技术学院 | 3 | 37.53 |
| 651 | 广西英华国际职业学院 | 6 | 35.67 |
| 717 | 广西演艺职业学院 | 5 | 29.74 |
| 791 | 广西城市职业大学 | 1 | 24.11 |
| 818 | 百色职业学院 | 1 | 21.21 |
| 844 | 梧州职业学院 | 1 | 15.47 |

### 8.2.3 广西民办高职院校竞赛排行情况

2017—2021 年全国民办高职院校大学生竞赛榜单共覆盖全国 184 所高职院校,其中广西有 5 所,分别为广西理工职业技术学院、广西工程职业学院、广西英华国际职业学院、广西演艺职业学院、广西城市职业大学。具体排名见表 8-10。全国民办高职共计奖项数量 2532 项,平均得分 31.29 分,明显低于整体高职院校水平。广西共计奖项数量 116 项,平均得分为 33.63 分,高于全国民办高职平均得分。

表 8-10　2017—2021 年全国民办高职院校大学生竞赛榜单广西民办高职院校竞赛排名

| 排名 | 学校名称 | 奖项数量 | 总分 |
|------|---------|---------|------|
| 2 | 广西理工职业技术学院 | 72 | 66.15 |
| 72 | 广西工程职业学院 | 17 | 34.06 |

续表

| 排名 | 学校名称 | 奖项数量 | 总分 |
|---|---|---|---|
| 97 | 广西英华国际职业学院 | 18 | 29.65 |
| 142 | 广西演艺职业学院 | 8 | 21.70 |
| 160 | 广西城市职业大学 | 1 | 16.58 |

# 8.3　广西高校对广西大学生学科竞赛贡献度情况

根据 2017－2021 年全国普通高校学科竞赛评估结果，贡献度在前 5 名的高校及贡献度是桂林电子科技大学（14.43％）、广西大学（7.23％）、桂林理工大学（6.97％）、广西师范大学（6.03％）、广西科技大学（3.50％）。

根据 2021 年全国普通高校学科竞赛评估结果，贡献度在前 5 名的高校及贡献度是桂林电子科技大学（14.85％）、桂林理工大学（9.56％）、广西师范大学（5.88％）、广西大学（4.28％）、广西职业技术学院（4.05％）。

## 8.3.1　广西本科院校对广西大学生学科竞赛贡献度情况

根据 2017－2021 年全国普通高校学专业竞赛评估结果，贡献度在前 5 名的高校及贡献度是桂林电子科技大学（21.46％）、广西大学（10.75％）、桂林理工大学（10.37％）、广西师范大学（8.97％）、广西科技大学（5.20％）。

根据 2021 年全国普通高校学科竞赛评估结果，贡献度在前 5 名的高校及贡献度是桂林电子科技大学（22.45％）、桂林理工大学（14.46％）、广西师范大学（8.89％）、广西大学（6.47％）、南宁学院（4.57％）。

## 8.3.2　广西高职院校对广西大学生学科竞赛贡献度情况

根据 2017－2021 年全国普通高校学科竞赛评估结果，贡献度在前 5 名的高职院校及贡献度是柳州铁道职业技术学院（9.68％）、南宁职业技术学院（9.29％）、广西交通职业技术学院（8.69％）、广西职业技术学院（8.64％）、柳州职业技术学院（8.01％）。

根据 2021 年全国普通高校学科竞赛评估结果，贡献度在前 5 名的高职院校及贡献度是广西职业技术学院（11.97％）、广西交通职业技术学院（10.47％）、柳州职业技术学院（9.67％）、南宁职业技术学院（7.97％）、广西水利电力职业技术学院（7.97％）。

# 8.4　2021 年广西大学生学科竞赛省赛发展总体情况

本章探讨的是 2021 年广西大学生学科竞赛省赛发展总体情况。从 2021 年广西大学生学科竞赛省赛概况、2021 年广西本科院校大学生学科竞赛省赛发展总体情况、2021 年广西高职院校大学生学科竞赛省赛发展总体情况三个方面来进行阐述分析。

### 8.4.1　2021 年广西大学生学科竞赛省赛概况

广西共有省级学科竞赛 28 项。2021 年,广西大学生非通用语技能大赛、广西大学生材料绿色循环再利用设计大赛、广西大学生市场营销大赛暨广西首届大学生乡村振兴创客大赛、澜沧江－湄公河流域治理与发展青年创新设计大赛广西选拔赛、中南地区高校土木工程专业"结构力学竞赛"广西赛区竞赛等 5 项竞赛未举行或延期举行,因此,本章针对2021 年举行的 23 项竞赛展开分析。23 项竞赛中有中国"互联网＋"大学生创新创业大赛广西赛区选拔赛、全国大学生广告艺术大赛广西赛区竞赛、全国电子商务"创新、创意及创业"挑战赛广西分赛区选拔赛、全国电子商务"创新、创意及创业"挑战赛广西分赛区选拔赛、全国大学生工程训练综合能力竞赛广西赛区选拔赛、全国高校数字艺术设计大赛广西赛区、全国大学生市场调查与分析大赛广西赛区、全国大学生市场调查与分析大赛广西赛区、"西门子杯"中国智能制造挑战赛广西分赛区竞赛、全国大学生金相技能大赛广西选拔赛等 10 个选拔赛。

从 2021 年广西省级学科竞赛奖项设置来看,"西门子杯"中国智能制造挑战赛广西分赛区竞赛、全国电子商务"创新、创意及创业"挑战赛广西分赛区选拔赛、广西医学生综合能力竞赛 3 个竞赛设置了特等奖,全国大学生工程训练综合能力竞赛广西赛区选拔赛、广西大学生 BIM 应用技能大赛、广西大学生程序设计大赛、广西高校大学生创新设计与制作大赛 4 个竞赛设置了优秀指导教师,全国大学生工程训练综合能力竞赛广西赛区选拔赛、广西大学生 BIM 应用技能大赛、广西大学生英语综合能力大赛、广西高校大学生创新设计与制作大赛、广西高校大学生化学化工类学术创新成果大赛 5 个竞赛设置了优秀组织奖,广西大学生信息安全技术创新实践能力大赛设置了优秀奖。从 2021 年广西省级学科竞赛奖项数量来看,广西大学生工业设计大赛、全国大学生广告艺术大赛广西赛区竞赛、中国"互联网＋"大学生创新创业大赛广西赛区选拔赛 3 个竞赛设置奖项数量排名前 3[①]。

从报名数据来看,全国大学生广告艺术大赛广西赛区竞赛报名院校数量最多,有 53所,全国高校商业精英挑战赛暨第三届广西国际贸易专业技能大赛报名院校数量最少,只有 11 所,详见图 8-1。从竞赛获奖数量来看,中国"互联网＋"大学生创新创业大赛广西赛区选拔赛、全国大学生数学建模竞赛广西赛区选拔赛、全国大学生广告艺术大赛广西赛区竞赛 3 个竞赛获奖院校数量排前 3,分别有 36 所、31 所、30 所,"西门子杯"中国智能制造挑战赛广西分赛区竞赛、广西医学生综合能力竞赛、全国大学生金相技能大赛广西选拔赛3 个竞赛获奖院校数量均在 10 所院校以下,详见图 8-2。从院校获奖数量来看,本科院校奖项数量前 3 的院校分别是桂林电子科技大学、桂林理工大学、桂林信息科技学院,高职院校奖项数量前 3 的院校分别是广西农业职业技术大学、南宁职业技术学院、广西职业技术学院。

---

① 2021 年本科院校竞赛获奖数据覆盖 23 个竞赛项目。

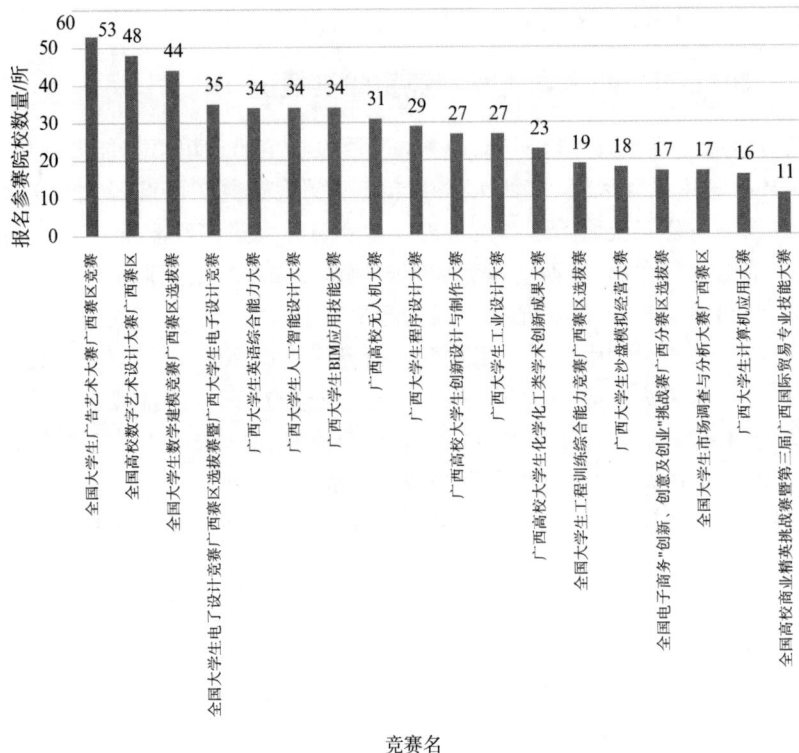

**图 8-1　2021 年广西省级竞赛报名院校数量**

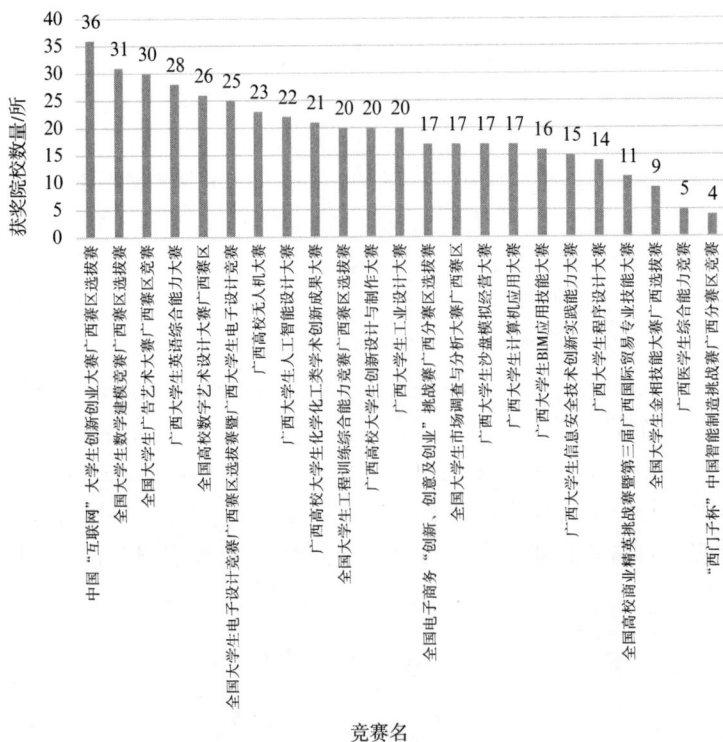

**图 8-2　2021 年广西省级竞赛获奖院校数量**

### 8.4.2 2021 年广西本科院校大学生学科竞赛省赛发展总体情况

2021 年广西本科院校大学生省赛评估结果中,共有 35 所本科院校被覆盖,占广西本科院校总数的 94.59％,有 2 所未被覆盖①。将总分进行归一后,对省内本科院校进行排序,如图 8-3 所示。从图中可见,排名第 1 的桂林电子科技大学处于明显领先位置,后续院校分布相对均衡,特别是第 6 至 23 名之间,学校得分分布相对紧凑。6 所独立学院中有 2 所进入前 10 名,分别位于第 3 名和第 8 名。

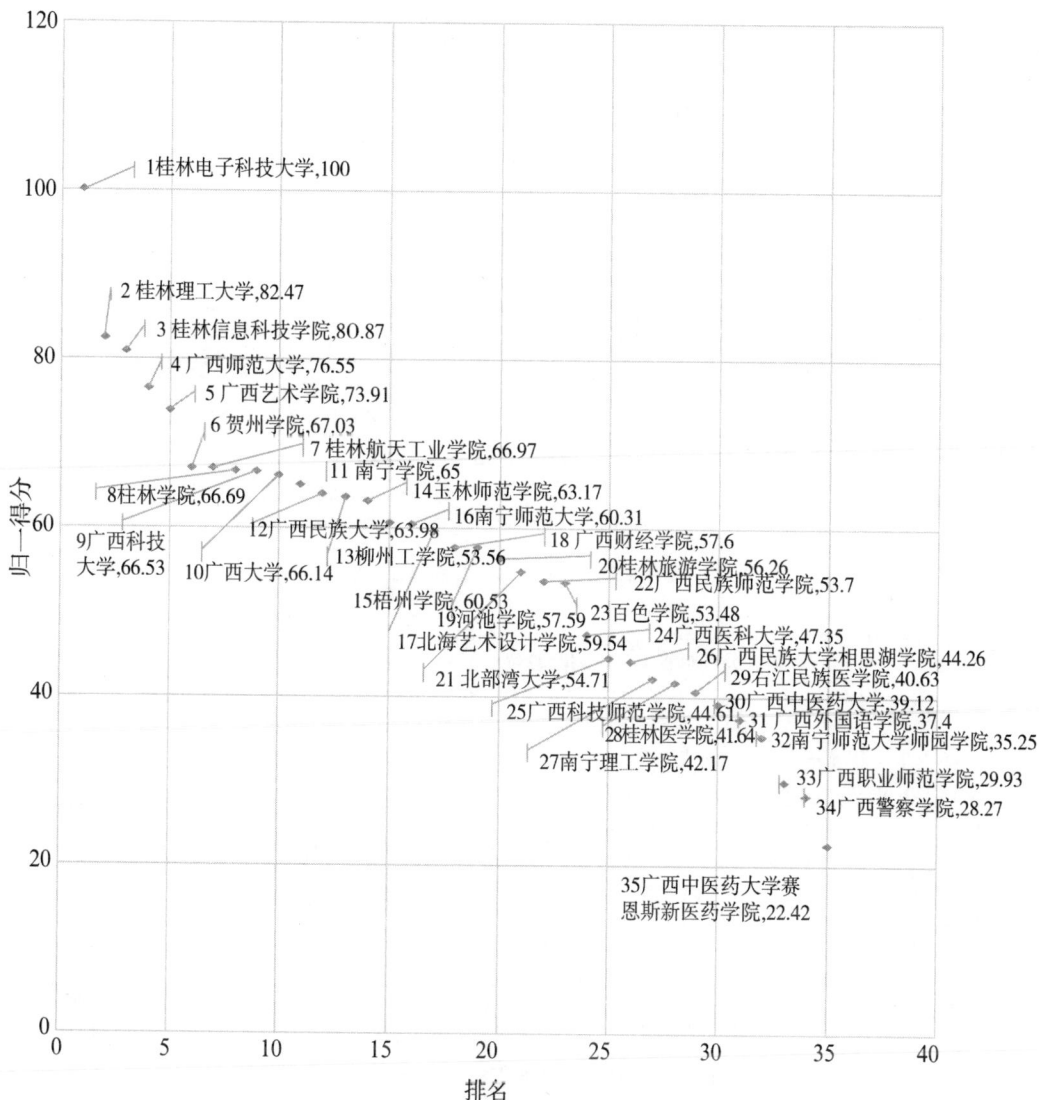

图 8-3 广西本科院校归一得分与排名示意

---

① 根据教育部公布数据,截至 2021 年底,广西壮族自治区有本科院校 37 所,高职院校 49 所。分别是:贺州学院、北京航空航天大学北海学院。

### 8.4.3　2021 年广西高职院校大学生学科竞赛省赛发展总体情况

　　2021 年广西高职院校大学生省赛评估结果中，共有 34 所高职院校被覆盖，占广西高职院校总数的 69.39％，有 15 所未被覆盖①。将总分进行归一后，对省内高职院校进行排序，如图 8-4 所示。从排名分布来看，广西高职院校在高校学科竞赛评估中的排名相对较为均匀，院校之间的极差并不是很大；与本科院校比较而言，高职院校分布相对紧凑和均衡。2 所职业大学分别位于第 1 名和第 13 名。

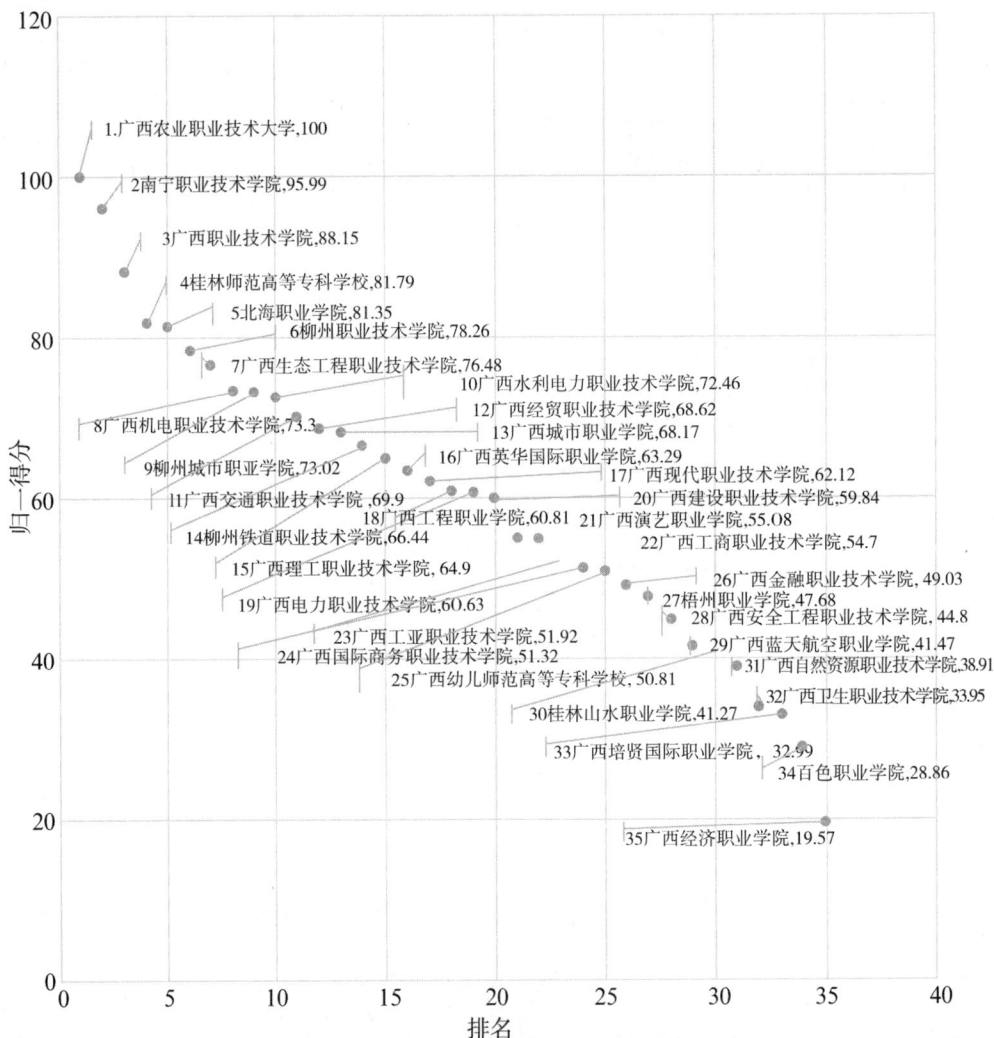

图 8-4　广西高职院校归一得分与排名示意

---

　　①　分别是：桂林生命与健康职业技术学院、广西体育高等专科学校、广西科技职业学院、广西中远职业学院、玉柴职业技术学院、广西蓝天航空职业学院、钦州幼儿师范高等专科学校、梧州医学高等专科学校、广西制造工程职业技术学院、广西物流职业技术学院、防城港职业技术学院、广西信息职业技术学院、广西农业工程职业技术学院、北海康养职业学院、崇左幼儿师范高等专科学校。

### 8.4.4 2021 年广西本科院校大学生学科竞赛参赛专业类情况

从竞赛允许参赛专业类数量角度进行分析,2021 年,广西共有省级竞赛 23 项,有 4 项竞赛允许所有专业类学生参赛,其余 19 项竞赛明确了允许参赛专业类名称,具体情况如表 8-11 所示。在 19 项竞赛中,全国大学生工程训练综合能力竞赛广西赛区选拔赛允许 7 个专业类学生参赛,广西大学生工业设计大赛和广西医学生综合能力竞赛只允许 1 个专业类学生参赛,可见广西大学生工业设计大赛和广西医学生综合能力竞赛专业倾向性最强。

表 8-11 2021 年广西竞赛项目参赛专业类数量

| 序号 | 竞赛名称 | 参赛专业类数量 |
|---|---|---|
| 1 | 广西大学生计算机应用大赛 | 所有专业类 |
| 2 | 广西大学生英语综合能力大赛 | 所有专业类 |
| 3 | 中国"互联网＋"大学生创新创业大赛广西赛区选拔赛 | 所有专业类 |
| 4 | 全国大学生数学建模竞赛广西赛区选拔赛 | 所有专业类 |
| 5 | 全国大学生工程训练综合能力竞赛广西赛区选拔赛 | 7 |
| 6 | 全国大学生广告艺术大赛广西赛区竞赛 | 6 |
| 7 | 广西高校大学生化学化工类学术创新成果大赛 | 5 |
| 8 | 全国大学生电子设计竞赛广西赛区选拔赛暨广西大学生电子设计竞赛 | 4 |
| 9 | 全国电子商务"创新、创意及创业"挑战赛广西分赛区选拔赛 | 4 |
| 10 | 全国高校商业精英挑战赛暨第三届广西国际贸易专业技能大赛 | 4 |
| 11 | "西门子杯"中国智能制造挑战赛广西分赛区竞赛 | 3 |
| 12 | 广西高校大学生创新设计与制作大赛 | 3 |
| 13 | 广西高校无人机大赛 | 3 |
| 14 | 全国大学生市场调查与分析大赛广西赛区 | 3 |
| 15 | 全国高校数字艺术设计大赛广西赛区 | 3 |
| 16 | 广西大学生 BIM 应用技能大赛 | 2 |
| 17 | 广西大学生程序设计大赛 | 2 |
| 18 | 广西大学生人工智能设计大赛 | 2 |
| 19 | 广西大学生沙盘模拟经营大赛 | 2 |
| 20 | 广西大学生信息安全技术创新实践能力大赛 | 2 |
| 21 | 全国大学生金相技能大赛广西选拔赛 | 2 |
| 22 | 广西大学生工业设计大赛 | 1 |
| 23 | 广西医学生综合能力竞赛 | 1 |

从专业类可参赛角度进行分析,如表 8-12 所示。在 19 项明确参赛专业类竞赛中,工

商管理类和电子信息类专业类学生可参加竞赛数量最多，是 5 项，占明确参赛专业类竞赛的 26.32％，机械类、设计学类专业类学生可参加竞赛数量是 4 项，占 21.05％，新闻传播学类专业类学生可参加竞赛数量是 3 项，占 15.79％，经济学类、材料类、电气类、自动化类、土木类、美术学类专业类学生可参加竞赛数量是 2 项，占 10.53％，电子商务类、地理学科类、管理科学与工程类、物流管理与工程类、财政学类、化学类、化工与制药类、药学类、环境科学与工程类、仪器类、交通运输类、工业工程类、公安技术类、临床医学类、建筑类、中国语言文学类、戏剧与影视学类专业学生可参加竞赛数量最少，是 1 项，占 5.26％。

**表 8-12　2021 年广西 19 个竞赛项目参赛专业类数量**

| 专业类 | 可参赛数量 | 占 19 个竞赛项目比重 |
| --- | --- | --- |
| 工商管理类 | 5 | 26.32％ |
| 电子信息类 | 5 | 26.32％ |
| 机械类 | 4 | 21.05％ |
| 设计学类 | 4 | 21.05％ |
| 新闻传播学类 | 3 | 15.79％ |
| 经济学类 | 2 | 10.53％ |
| 材料类 | 2 | 10.53％ |
| 电气类 | 2 | 10.53％ |
| 自动化类 | 2 | 10.53％ |
| 土木类 | 2 | 10.53％ |
| 美术学类 | 2 | 10.53％ |
| 电子商务类 | 1 | 5.26％ |
| 地理科学类 | 1 | 5.26％ |
| 管理科学与工程类 | 1 | 5.26％ |
| 物流管理与工程类 | 1 | 5.26％ |
| 财政学类 | 1 | 5.26％ |
| 化学类 | 1 | 5.26％ |
| 化工与制药类 | 1 | 5.26％ |
| 药学类 | 1 | 5.26％ |
| 环境科学与工程类 | 1 | 5.26％ |
| 仪器类 | 1 | 5.26％ |
| 交通运输类 | 1 | 5.26％ |
| 工业工程类 | 1 | 5.26％ |
| 公安技术类 | 1 | 5.26％ |
| 临床医学类 | 1 | 5.26％ |
| 建筑类 | 1 | 5.26％ |

| 专业类 | 可参赛数量 | 占19个竞赛项目比重 |
|---|---|---|
| 中国语言文学类 | 1 | 5.26% |
| 戏剧与影视学类 | 1 | 5.26% |

### 8.4.5 2021年广西本科院校大学生学科竞赛对专业类发展贡献分析

为了深入了解广西本科院校竞赛对专业类发展贡献,将广西本科院校各专业类布点与本科院校竞赛各专业类学生获奖情况进行交叉分析,确定两者之间的关联性。

从专业类布点数量和专业类获奖数量的关系进行分析,2021年广西本科院校竞赛共颁布24608个奖项,有1719个奖项面向所有专业类,因此有22889个奖项具有明确的专业类针对性。在22889个奖项中,设计学类获奖项数量最多,达5038项,外国语言文学类、经济与贸易类获奖数量最少,只有20项。专业类获奖数量与布点类数量情况如图8-5所示。两者PEARSON值是0.60。可见,专业类布点数量和专业类获奖数量存在正相关,但两者之间的关联性并不强。

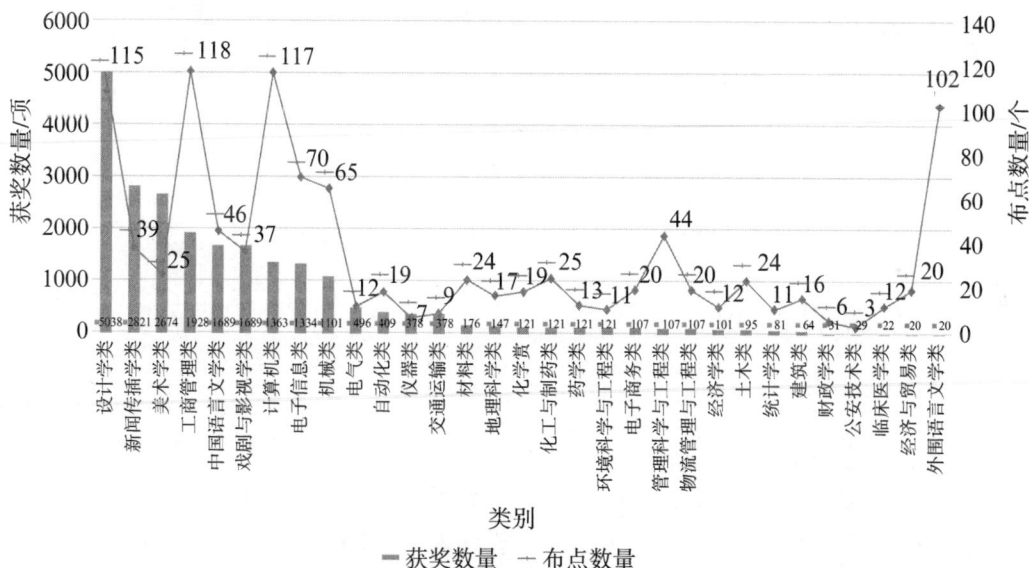

图8-5 2021年广西本科院校专业类获奖数量与布点类数量情况

从专业类在校生规模和专业类学生获奖数量的关系进行分析,利用公式"竞赛贡献率＝专业类获奖学生数量/专业类在校生规模×100%"对竞赛各专业类贡献进行分析。2021年广西本科院校各竞赛参赛专业类在校生规模和获奖学生人数情况详见图8-6。2021年广西本科院校在校生规模是180322人,学科竞赛中共有本科院校学生27897人获奖,竞赛平均贡献率是15.47%。根据竞赛贡献率公式,各学科竞赛的贡献率详见图8-7。贡献率在均值以上的竞赛共有3个,分别是2021年广西大学生工业设计大赛(贡献率73.71%),全国高校数字艺术设计大赛广西赛区(贡献率16.98%),全国大学生广告艺术大赛广西赛区竞赛(贡献率14.40%)。竞赛贡献率最高的是广西大学生工业设计大赛,该竞赛明确由设计学类学生参加竞赛,设计学类共有在校生7633人,竞赛获奖学生

5626 人,竞赛贡献率 73.71％。贡献率排在后 3 位竞赛是广西大学生英语综合能力大赛（贡献率 0.04％）,广西大学生计算机应用大赛（贡献率 0.26％）,广西医学生综合能力竞赛（贡献率 0.32％）。以广西大学生英语综合能力大赛为例,该竞赛允许所有专业类学生参赛,获奖学生人数 66 人,贡献率 0.04％。由此可见,竞赛对专业的贡献率与竞赛的专业倾向性有较大关系。

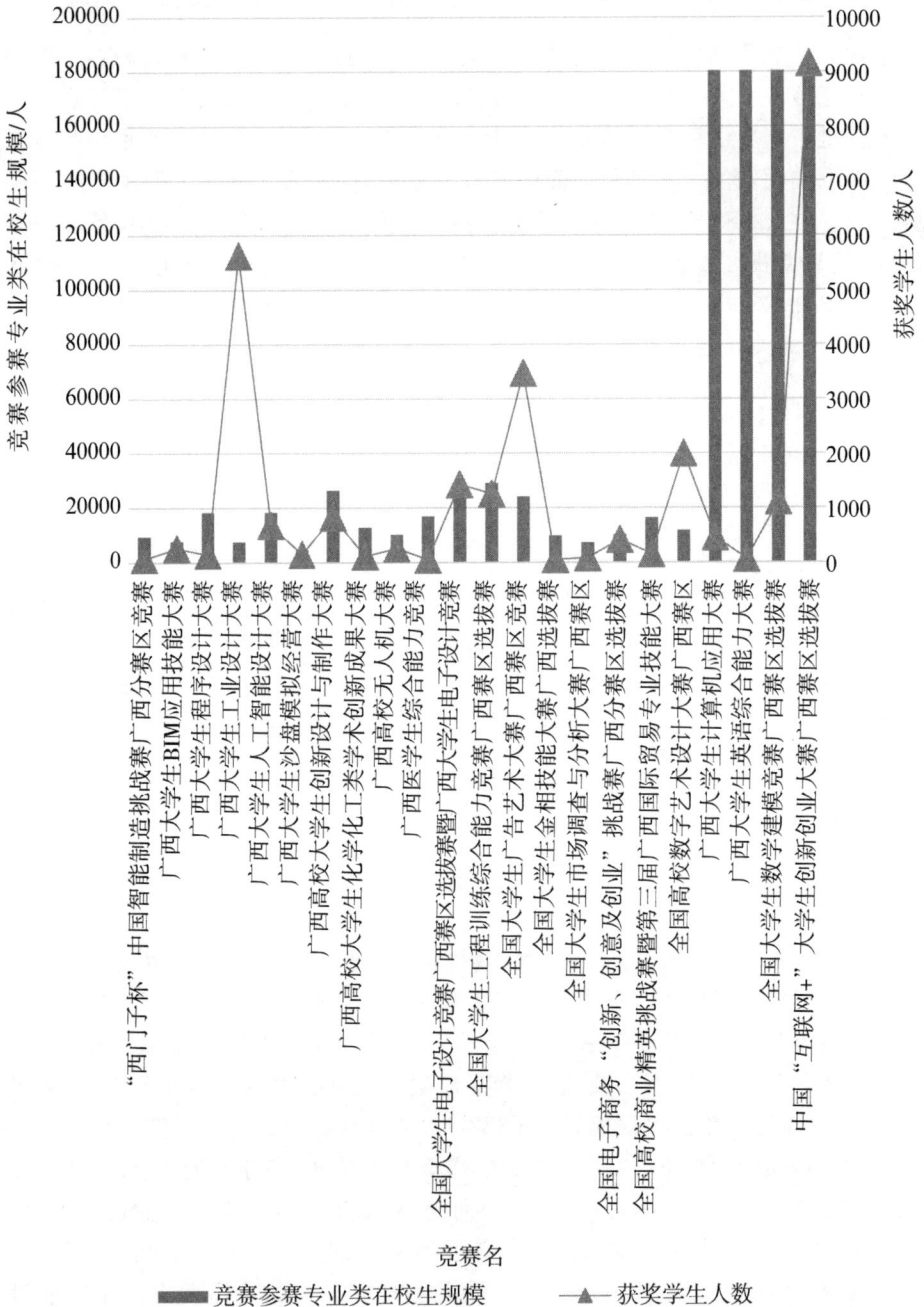

图 8-6　2021 年广西本科院校竞赛参赛专业类在校生规模和获奖学生人数情况

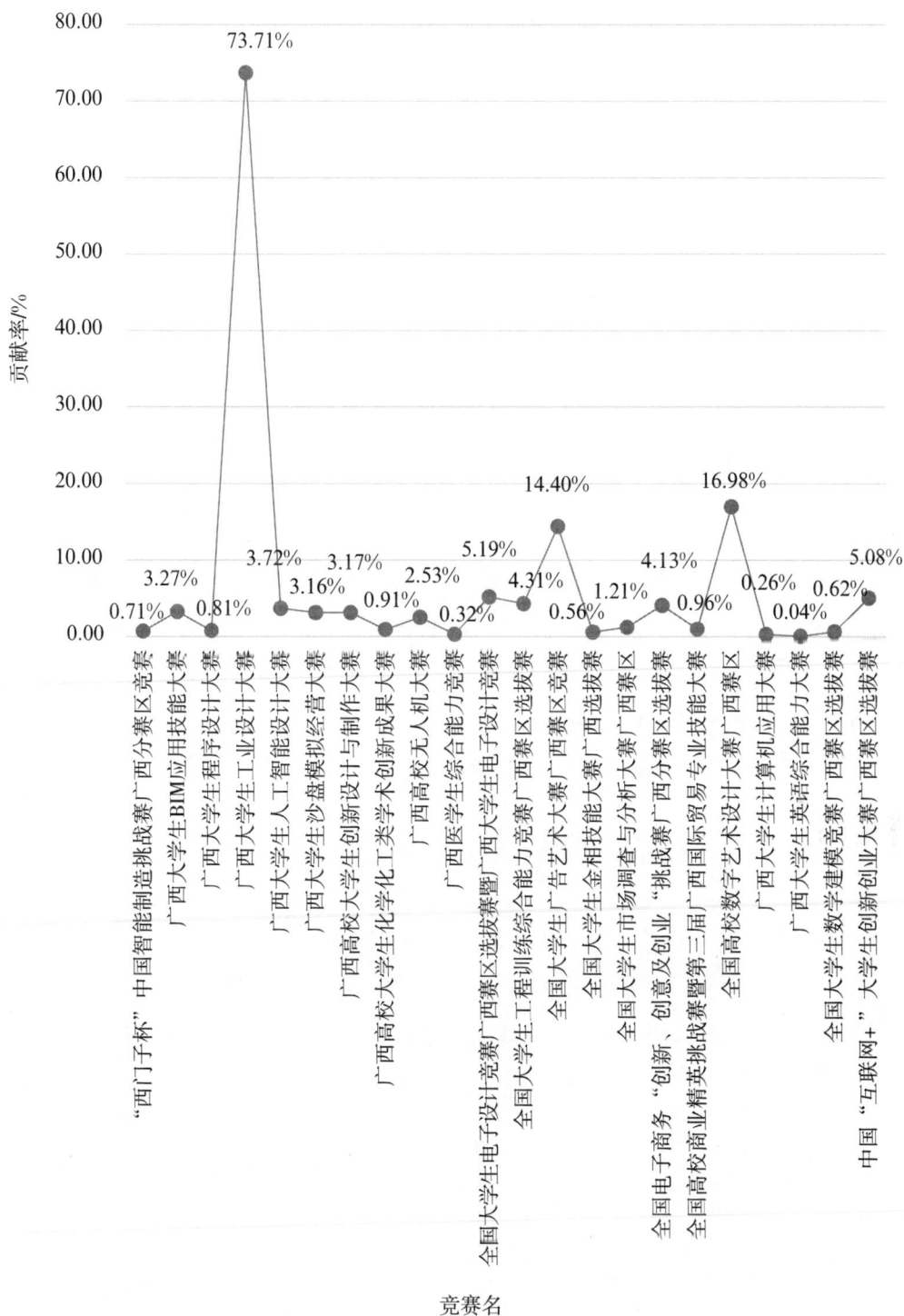

图 8-7  2021 年广西本科院校各竞赛贡献率

# 9
## 2017—2021年四川省大学生竞赛发展概况

# 9.1 四川省本科院校大学生竞赛发展概况

四川省在 2017－2021 年全国普通高校学科竞赛评估结果中，共有 52 所本科院校被覆盖，占四川省本科院校总数的 100％。其中前 100 名的有 5 所，101 至 200 名之间有 4 所，201 至 300 名之间有 5 所，300 名以外有 38 所。2017－2021 年全国学科竞赛排行榜省份排行中，四川省本科院校奖项数 9961 个，位居全国第 5 位，校均分 233.85，位居全国第 6 位。四川省得分占西部地区省份得分的 25.49％，高于陕西省的 24.61％ 和重庆市的 13.25％，在全国处于较高水平，奖项数排名略校均排名，省内高校之间差异发展方向不一致，总体差异较大。

从省内各高校排序来看，300 至 900 名之前的高校分布相对均衡，学校之间得分的差距较均匀。四川省本科院校大学生竞赛的归一得分与排名见图 9-1。

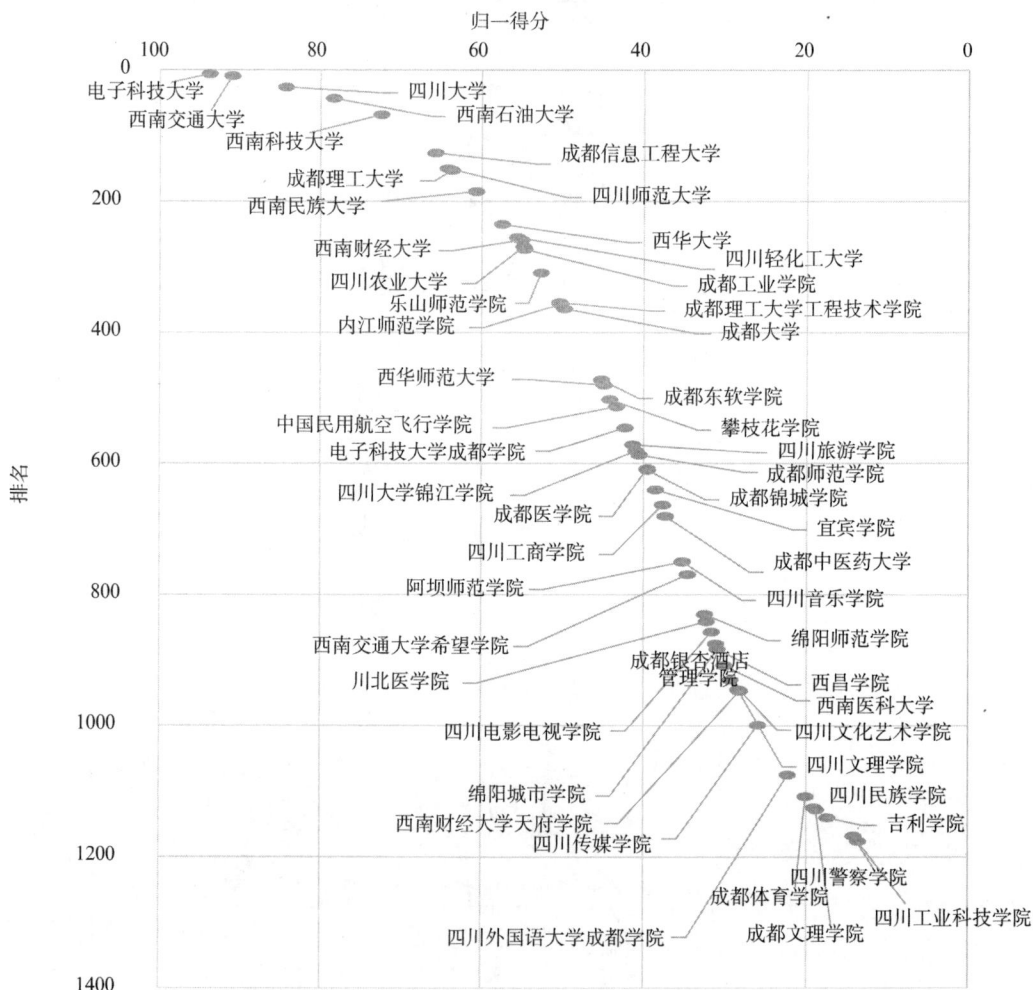

图 9-1 四川省本科院校归一得分与排名示意

### 9.1.1　四川省本科院校学生竞赛高段排名情况

四川省有 5 所本科院校进入最新一轮排行榜的前 100 名,以占比 9.62％位于全国第 7 位,基本与上一轮排行榜持平。可以说,前 100 名高校中,四川省在数量及其占比上有一定优势,高于全国平均水平。

四川省共有 14 所本科院校进入前 300 名,以 26.92％的占比位居第 8 位。与上一轮排行榜相比,略有上升。四川省进入前 300 名的绝对数量和相对比例均高于全国平均水平。

### 9.1.2　四川省民办及独立学院排名情况

2017—2021 年全国本科院校大学生竞赛评估状态数据共覆盖 373 所民办及独立学院,四川共有 17 所被覆盖(见表 9-1)。在排名中,共有 6 所院校进入民办及独立学院排名的前 100 名。其中,成都理工大学工程技术学院位列 11 位,成都东软学院位列 34 位,电子科技大学成都学院位列 56 位,四川大学锦江学院位列第 69 位,成都锦城学院位列 81 位,四川工商学院位列 93 位。

表 9-1　四川省民办及独立学院排名情况

| 全国序 | 类型内序 | 学校名称 | 奖项数量 | 总分 |
|---|---|---|---|---|
| 354 | 11 | 成都理工大学工程技术学院 | 171.598 | 117 |
| 472 | 34 | 成都东软学院 | 111.652 | 156 |
| 545 | 56 | 电子科技大学成都学院 | 85.567 | 94 |
| 581 | 69 | 四川大学锦江学院 | 74.882 | 76 |
| 610 | 81 | 成都锦城学院 | 65.244 | 139 |
| 663 | 93 | 四川工商学院 | 54.034 | 56 |
| 769 | 136 | 西南交通大学希望学院 | 38.516 | 35 |
| 857 | 184 | 四川电影电视学院 | 27.181 | 45 |
| 876 | 197 | 成都银杏酒店管理学院 | 25.307 | 32 |
| 883 | 203 | 绵阳城市学院 | 24.699 | 47 |
| 930 | 223 | 四川文化艺术学院 | 20.048 | 18 |
| 948 | 234 | 西南财经大学天府学院 | 16.991 | 53 |
| 999 | 263 | 四川传媒学院 | 12.279 | 22 |
| 1075 | 300 | 四川外国语大学成都学院 | 6.701 | 2 |
| 1129 | 332 | 成都文理学院 | 3.355 | 12 |
| 1140 | 337 | 吉利学院 | 2.462 | 14 |
| 1176 | 360 | 四川工业科技学院 | 0.922 | 9 |

## 9.2 四川省高职院校大学生竞赛发展概况

四川省在 2017—2021 年全国普通高校学科竞赛评估结果（高职）中，共有 51 所高职院校被覆盖，占四川高职院校总数的 62.20%，31 所未被覆盖，与上一轮排行榜覆盖率基本持平，覆盖率相对于本科院校而言更低，未被覆盖的学校相对于本科院校而言更多。各高职院校大学生竞赛具体归一得分与排名情况见图 9-2。

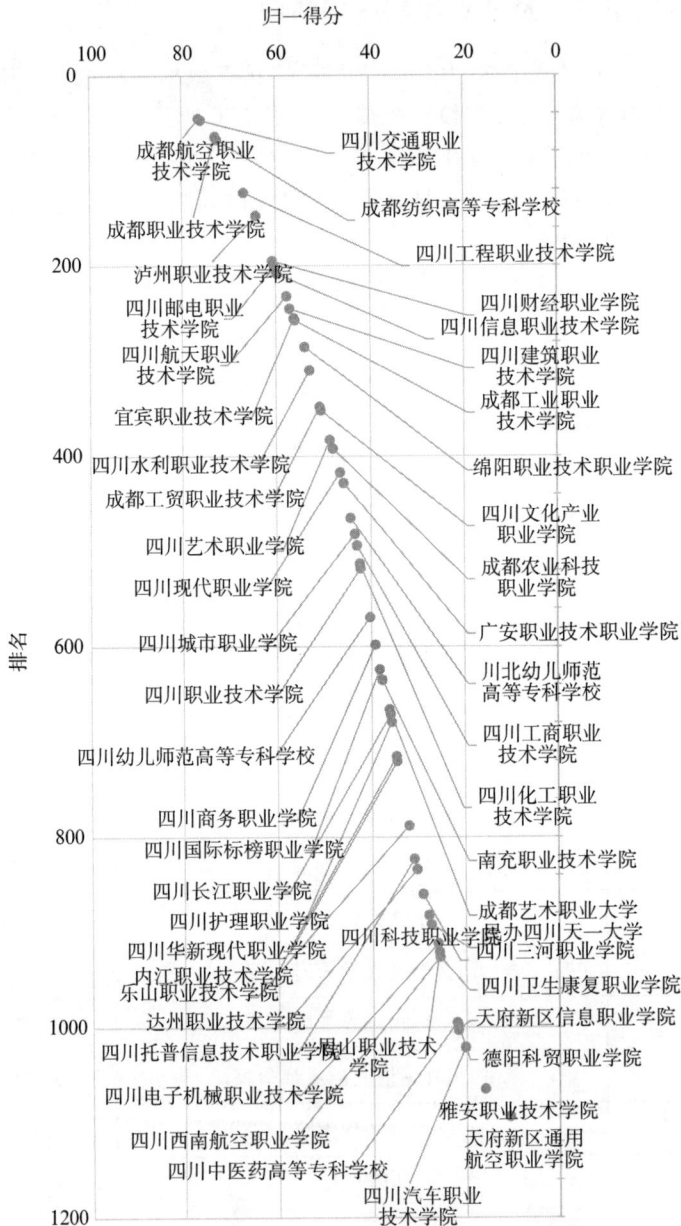

图 9-2 四川省高职院校归一得分与排名示意

在高段排名中,四川省有 4 所高职院校进入全国前 100 名,101 至 200 名之间有 3 所,201 至 300 名之间有 7 所,300 名以外有 37 所,与上一轮排行榜相比,进入前 100 名的学校数持平,201 至 300 名之间的稍多,300 名以外的持平。从排名分布来看,四川省高职院校在高校学科竞赛评估中的排名相对中等偏后。其中,成都航空职业技术学院、四川科技职业学院、成都职业技术学院和成都纺织高等专科学校在四川省高职院校中优势明显,远超其他院校,处于四川省高职院校学生竞赛的绝对引领位置。如何发挥 4 所院校的"领头羊"作用,突出该校在学生竞赛内部治理方面的经验辐射,带动第二梯队进步或通过结对帮扶、经验输出的方式实现强校对弱小的"精准帮扶"是值得尝试的治理举措之一。

### 9.2.1　四川省高职院校学生竞赛高段排名情况

基于最新一轮高职院校大学生竞赛状态数据,以进入前 300 名和前 100 名的情况来分析各省高校大学生竞赛高段排名情况。进入前 100 名的高职院校共覆盖 24 个省份,进入高职院校数量较多的省分别为江苏省(11 所)、浙江省(9 所)和安徽省(8 所),占比前 3 名的是浙江省(17.65%)、北京市(16.00%)和重庆市(15.91%)。从进入前 100 名的绝对数来看,四川的数量只有 4 所;从相对数来看,四川省只有 4.88%,落后全国平均水平(6.61%),位居全国第 17 位,与上一轮排行榜相比排名有所下降,整体实力偏弱。

进入前 300 名的高职院校覆盖了 31 个省份,进入高职院校数量较多的省市分别为江苏省(28 所)、山东省(25 所)和浙江省(22 所),而高职院校数量占比较高的为浙江省(44.00%)、重庆市(34.09%)和江苏省(33.33%)。从进入前 300 的绝对数来看,四川的数量只有 14 所,从相对数来看,四川省只有 17.07%,落后全国平均水平(19.82%),位居全国第 18 位,与上一轮排行榜相比排名有所上升,反映出四川省整体实力偏弱。

### 9.2.2　四川省民办高职院校排名情况

2017 年至 2021 年全国高职院校大学生竞赛评估状态数据共覆盖 184 所民办高职院校,四川省 35 所民办高职院校中共有 16 所被覆盖(见表 9-2)。其中四川现代职业学院进入民办高职院校排名第 29,四川城市职业学院进入民办高职院校排名 33 名。

**表 9-2　四川省民办高职院校排名情况**

| 全国序 | 类型内序 | 学校名称 | 奖项数量 | 总分 |
|---|---|---|---|---|
| 417 | 29 | 四川现代职业学院 | 35 | 36.18 |
| 482 | 33 | 四川城市职业学院 | 21 | 27.418 |
| 624 | 56 | 四川国际标榜职业学院 | 12 | 16.635 |
| 666 | 63 | 成都艺术职业大学 | 26 | 13.381 |
| 671 | 66 | 四川长江职业学院 | 19 | 13.089 |
| 720 | 76 | 四川华新现代职业学院 | 9 | 11.137 |
| 823 | 100 | 四川托普信息技术职业学院 | 9 | 7.156 |
| 860 | 110 | 四川三河职业学院 | 5 | 5.617 |

续表

| 全国序 | 类型内序 | 学校名称 | 奖项数量 | 总分 |
|---|---|---|---|---|
| 882 | 115 | 四川科技职业学院 | 13 | 4.706 |
| 892 | 118 | 民办四川天一学院 | 14 | 4.406 |
| 912 | 125 | 四川电子机械职业技术学院 | 16 | 3.536 |
| 928 | 128 | 四川西南航空职业学院 | 3 | 3.309 |
| 997 | 147 | 德阳科贸职业学院 | 2 | 1.763 |
| 1003 | 150 | 天府新区信息职业学院 | 2 | 1.728 |
| 1021 | 156 | 四川汽车职业技术学院 | 3 | 1.299 |
| 1094 | 187 | 天府新区通用航空职业学院 | 1 | 0.099 |

综上，总体上四川省高职院校学科竞赛整体实力尚有较大的提升空间，进入前 100 名和 300 名以内高段排名的学校不是很多，特别是民办高职院校的竞赛参与度还不是很高，校际差距很大。建议四川省教育相关行政部门和各高职院校积极开展交流研讨活动，通过典型示范、经验学习等形式，推进四川省高职院校学科竞赛的总体进步。

# 10

# 榜单内竞赛介绍

# 10.1 中国"互联网＋"大学生创新创业大赛

竞赛介绍：中国"互联网＋"大学生创新创业大赛，由教育部与政府、各高校共同主办。大赛旨在深化高等教育综合改革，激发大学生的创造力，培养造就"大众创业、万众创新"的主力军；推动赛事成果转化，促进"互联网＋"新业态形成，服务经济提质增效升级；以创新引领创业、创业带动就业，推动高校毕业生更高质量创业就业。

竞赛影响力：中国"互联网＋"大学生创新创业大赛首次举办于 2014 年，目前大赛已成为覆盖全国所有高校、面向全体高校学生、影响最大的赛事活动之一。

竞赛赛程：

(1)参赛报名，每年 4 月

(2)初赛复赛，每年 6 月－8 月

(3)总决赛，每年 10 月下旬

竞赛网址：cy. ncss. cn

秘书处单位：教育部学生服务与素质发展中心

邮箱：jybdcw@chsi. com. cn

大赛 LOGO：     关注大赛：

大赛官方微信号

# 10.2 "挑战杯"全国大学生课外学术科技作品竞赛

竞赛介绍："挑战杯"全国大学生课外学术科技作品竞赛是一项全国性的竞赛活动，简称"大挑"（与挑战杯创业计划大赛对应）。该比赛创办于 1986 年，由教育部、共青团中央、中国科学技术协会、中华全国学生联合会、省级人民政府主办，承办高校为国内著名大学，"挑战杯"系列竞赛被誉为中国大学生学术科技"奥林匹克"，是目前国内大学生最关注最热门的全国性竞赛，也是全国最具代表性、权威性、示范性、导向性的大学生竞赛。该竞赛每两年举办一次，旨在鼓励大学生勇于创新、迎接挑战的精神，培养跨世纪创新人才。

竞赛影响力：由于"挑战杯"竞赛活动在较高层次上展示了我国各高校的育人成果和推动了高校与社会间的交流，已成为学校学生课余科技文化活动中的一项主导性活动，成为高校与社会交流与合作的重要窗口，也越来越在社会上产生广泛而良好的影响，其声誉远播港澳地区甚至欧美发达国家。

竞赛赛程：赛程安排（仅做参考，具体赛程以大赛组委会公告为准）：

① 11 月，下发通知，组织发动阶段；

② 3 月至 6 月，省级初评和组织申报阶段；

③ 7月至10月,全国复赛和参赛准备阶段;

④ 10月,全国决赛和表彰阶段。

竞赛网址:http://www.tiaozhanbei.net

秘书处单位:共青团中央

大赛LOGO:

# 10.3 "挑战杯"中国大学生创业计划大赛

竞赛介绍:"挑战杯"中国大学生创业计划竞赛(简称"小挑"),由共青团中央、中国科协、教育部、全国学联主办的大学生课外科技文化活动中一项具有导向性、示范性和群众性的创新创业竞赛活动,每两年举办一届。根据参赛对象,分普通高校、职业院校两类。设科技创新和未来产业、乡村振兴和脱贫攻坚、城市治理和社会服务、生态环保和可持续发展、文化创意和区域合作五个组别。

竞赛影响力:大力实施"科教兴国"战略,努力培养广大青年的创新、创业意识,造就一代符合未来挑战要求的高素质人才,已经成为实现中华民族伟大复兴的时代要求。作为学生科技活动的新载体,创业计划竞赛在培养复合型、创新型人才,促进高校产学研结合,推动国内风险投资体系建立方面发挥出越来越积极的作用。

竞赛赛程:竞赛采取学校、省(自治区、直辖市)和全国三级赛制;分预赛、复赛、决赛三个赛段进行。参赛作品须经过各省(区、市)组织协调委员会进行资格及形式审查和各省(区、市)评审委员会初步评定,方可上报全国组织委员会办公室。

竞赛网址:http://www.tiaozhanbei.net

秘书处单位:共青团中央

# 10.4 ACM-ICPC国际大学生程序设计竞赛

竞赛介绍:ACM国际大学生程序设计竞赛(ACM International Collegiate Programming Contest,简称ACM-ICPC或ICPC)由国际计算机协会(ACM)主办,旨在展示大学生创新能力、团队精神,在压力下编写程序、分析和解决问题能力的年度竞赛。经过40多年的发展,ACM国际大学生程序设计竞赛已经发展成为全球最具影响力的大学生程序设计竞赛。

竞赛影响力:ACM-ICPC大赛是一项旨在展示大学生创新能力、团队精神和在压力下编写程序、分析和解决问题能力的竞赛,是世界上公认的规模最大、水平最高、最负盛名的编程竞赛。

竞赛赛程:赛事由各大洲区域预赛和全球总决赛两个阶段组成。决赛安排在每年的

3—5 月举行,而区域预赛一般安排在上一年的 9—12 月举行。

  竞赛网址：https://icpc.global/（ICPC 全球总部）

       http://icpc.pku.edu.cn/ssxx/130706.htm（ICPC 北京总部官网）

  秘书处单位：ICPC Global Headquarters（ICPC 全球总部）

  邮箱：manager@icpc.global

  大赛 LOGO：      关注大赛：

# 10.5  全国大学生数学建模竞赛

  竞赛介绍：全国大学生数学建模竞赛是中国工业与应用数学学会主办的面向全国大学生的群众性科技活动,目的在于激励学生学习数学的积极性,提高学生建立数学模型和运用计算机技术解决实际问题的综合能力,鼓励广大学生踊跃参加课外科技活动、开拓知识面,培养创造精神及合作意识,推动大学数学教学体系、教学内容和方法的改革。自1992 年创办以来,该项竞赛每年举行一届,已成功举办 30 届。30 年来,在各级教育主管部门和广大教师的积极指导和参与下,竞赛始终坚持以"创新意识、团队精神、重在参与、公平竞争"为宗旨,保持了快速健康发展,影响力持续扩大,社会声誉不断提高,受广大师生的热烈欢迎。

  竞赛影响力：本项竞赛是世界上规模最大的大学生数学建模竞赛,也是全国高校规模最大、历史最悠久的基础性学科竞赛之一和首批被列入"高校学科竞赛排行榜"的 19 项竞赛之一,在高校和社会上具有良好的声誉和广泛的影响力。

  竞赛赛程：

  ①大学生以队为单位参赛,每队 3 人（须属于同一所学校）,专业不限。

  ②竞赛一般在每年 9 月中上旬（连续 3 天 72 小时）举行,分本科、专科两组：本科组竞赛所有大学生均可参加,专科组竞赛只有专科生（高职、高专生）可以参加。研究生不得参加本竞赛。

  ③全国统一竞赛题目,采取通信方式进行。竞赛期间参赛队员可以使用各种图书资料（包括互联网上的公开资料）、计算机和软件,但不得与队外任何人（包括在网上）讨论。竞赛开始后,赛题将公布在指定的网址供参赛队下载,参赛队在规定时间内完成答卷,并按要求准时交卷。

  竞赛网址：www.mcm.edu.cn

  秘书处单位：清华大学

  邮箱：cumcm@csiam.org.cn

  大赛 LOGO：

## 10.6　全国大学生电子设计竞赛

竞赛介绍:全国大学生电子设计竞赛是教育部倡导的大学生学科竞赛之一,由教育部高等教育司和信息产业部人事司共同主办,是面向大学生的群众性科技活动,目的在于推动高等学校促进信息与电子类学科课程体系和课程内容的改革,有助于高等学校实施素质教育,培养大学生的实践创新意识与基本能力、团队协作的人文精神和理论联系实际的学风;有助于学生工程实践素质的培养、提高学生针对实际问题进行电子设计制作的能力;有助于吸引、鼓励广大青年学生踊跃参加课外科技活动,为优秀人才的脱颖而出创造条件。

竞赛影响力:全国大学生电子设计竞赛是教育部、工业和信息化部共同发起的全国影响力最高、规模最大的专业学科竞赛之一。

竞赛赛程:全国大学生电子设计竞赛创办于 1994 年,从 1995 年开始,逢单数年份每两年举办一次。各省在全国竞赛间歇年份各自组织竞赛,赛事主要流程为:(1)组织竞赛报名;(2)举办竞赛培训;(3)公布竞赛参考元器件及设备清单;(4)召开组织工作会,部署竞赛工作;(5)封闭场地内展开竞赛;(6)将作品和设计报告送至指定场地封存;(7)竞赛作品和报告的测试评审;(8)公布测试评审结果;(9)召开总结颁奖大会。

竞赛网址:大学生电子设计竞赛(xjtu.edu.cn)

秘书处单位:西安交通大学

邮箱:nuedc@mail.xjtu.edu.cn

大赛:LOGO

全国大学生电子设计竞赛

## 10.7　中国大学生医学技术技能大赛

竞赛介绍:中国大学生医学技术技能大赛旨在服务大健康大卫生,坚持医德医术并重、中医西医并举、医疗护理协同、临床公卫融通、医工文理结合,打造独具中国特色的高端医学教育赛事,建设推动中国医学实践教学改革的精品工程,选拔服务人民健康新需求的高水平医学人才,以赛促学、以赛促教、以赛促改,全面提升医学人才培养质量,助力健康中国建设。

竞赛影响力:旨在推动临床实践教学,促进临床实践教学水平的提高。大赛至今已连续举办十届,竞赛覆盖面广,影响力大,展示了各医学院校的教学成就。

竞赛赛程:

(1)参赛报名:各参赛高校登录"中国大学生医学技术技能大赛"网站报名,截止时间为当年 1 月。临床医学专业八年制赛道直接报名总决赛;临床医学专业五年制赛道、预防医学专业赛道、护理学专业赛道先报名分区赛,中医学专业赛道报名预选赛,总决赛报名由大赛组委会另行通知。

（2）分区赛/预选赛:临床医学专业五年制赛道、预防医学专业赛道和护理学专业赛道设分区赛,中医学专业赛道设预选赛,选拔参加总决赛的高校。当年 4 月完成分区赛/预选赛。

（3）总决赛:当年 5 月中旬

竞赛网址:http://medu.bjmu.edu.cn/jnds/

秘书处单位:教育部高教司

邮箱:liuxiaomeng@bjmu.edu.cn

大赛 LOGO:

# 10.8　全国大学生机械创新设计大赛

竞赛介绍:全国大学生机械创新设计大赛是以杨叔子院士为代表的老一代机械学科前辈和机械基础课程教指委一起倡导、发起并持续推进的竞赛项目。自 2003 年教育部批示试办第一届大赛、2005 年教育部组建大赛组委会至今,历经了 20 年、举办大赛 10 届,全国参赛高校达 700 多所。大赛以"实物参赛、机电结合、系统训练、创新应用、科技创业"的突出特色,获得了全国高校机械类、近机类及工程类等专业广大师生高度赞誉和积极响应。机械创新设计大赛平台,以及近年来加入智能、数字和 5G 技术的竞赛作品研制,已在促进高校创新实验室建设、拓展实践教学内容的深度与广度、提升教师教学和工程实践能力、培养学生创新精神和实践能力、提高学校教学水平等方面发挥了积极的作用。

竞赛影响力:全国 95% 以上的省份和 95% 以上的本科机械类、近机类和工程机械类等专业广大师生积极参与了本赛事,每届参与大赛的学生近 10 万人,已成为国内最具影响力、培养学生工程实践能力和综合素质效果显著的大学生竞赛项目。

竞赛赛程:全国大赛每两年举办一次。第十届大赛在 2021 年 3 月发布了大赛主题与内容的通知。各学校用约一年时间动员和组织学生制作并举办选拔赛,遴选参加省赛作品;受新冠疫情影响,全国 30 个赛区最迟在 2022 年 6 月底完成预赛、并上报参加全国决赛作品;大赛组委会在 2022 年 7 月 25 日完成全国决赛初评,8 月下旬在深圳技术大学举行全国总决赛。

竞赛网址:http://umic.ckcest.cn

秘书处单位:西安交通大学机械工程学院

邮箱:jwang@xjtu.edu.cn

大赛 LOGO:第十届全国大学生机械创新设计　　　关注大赛:

# 10.9　全国大学生结构设计竞赛

竞赛介绍：全国大学生结构设计竞赛是培养大学生创新意识、合作精神和工程实践能力的学科性竞赛，以创造、协作、实践为宗旨；遵循"公平、公正、公开"原则；践行"展示才华、提升能力、培养协作、享受过程"理念；实现"以赛促学、以赛促教、以赛促建、以赛促改"目标，推进高校实践教育教学改革，培养大学生创意、创新、创业意识和团队挑战、协作和工程实践能力，提高人才培养质量。

竞赛影响力：本竞赛为高等学校开展创新教育和实践教学改革、加强高校与企业之间联系、推动学科创新活动起到积极示范作用。

竞赛赛程：竞赛分省（市）分区赛和全国竞赛两个阶段进行。全国竞赛时间安排在每年10月中下旬举行。省（市）分区赛一般由省（市）教育等行政部门或委托相关学会主办，由各省（市）竞赛秘书处组织完成分区赛任务，每年4月至7月上旬举行分赛区竞赛。

竞赛网址：http://www.structurecontest.com/

秘书处单位：浙江大学

邮箱：jdjg@xauat.edu.cn

大赛LOGO：

# 10.10　全国大学生广告艺术大赛

竞赛介绍：全国大学生广告艺术大赛（简称大广赛）遵循"促进教改、启迪智慧、强化能力、提高素质、立德树人"的竞赛宗旨，以立德树人为根本，以强教兴才为己任，搭建了以赛促练、以赛促学、以赛促教、以赛促改、以赛立德的实践教学改革平台。大赛的特点是一次参赛，三级评选（校、省、全国）。大广赛整合社会资源、服务教学改革，以企业真实营销项目作为命题，与教学相结合，在真题真做、了解受众、调研分析、提出策略，在现场提案的过程中实现教学与市场相关联。在大广赛平台上，实现了高校与企业、行业交互、线上与线下联动，学生实践能力得以提升，同时也让企业文化与当代大学生所学专业课程相融，强化了创新创业协同育人的理念。

竞赛影响力：大广赛自2005年第1届至今，成功举办了13届14次赛事，全国共有1679所高校参与其中，超过百万学生提交作品。大广赛是迄今为止全国规模大、覆盖高等院校广、参与师生人数多、作品水准高、受高校教师欢迎、有较大社会影响力的全国性高校文科竞赛。

竞赛赛程：

竞赛网址：http://www.sun-ada.net

秘书处单位：全国大学生广告艺术大赛组委会秘书处

邮箱：sun_ada@126.com

大赛 LOGO：

关注大赛：

大广赛官网　　大广赛官方微博　　大广赛抖音号　　大广赛订阅号　　大广赛服务号　　小程序二维码

# 10.11　全国大学生智能汽车竞赛

竞赛介绍：全国大学生智能汽车竞赛是以智能汽车为研究对象的创意性科技竞赛，是面向全国大学生的一种具有探索性工程实践活动，是教育部倡导的大学生科技竞赛之一。竞赛以"立足培养，重在参与，鼓励探索，追求卓越"为指导思想，旨在促进高等学校素质教育，培养大学生的综合知识运用能力、基本工程实践能力和创新意识，激发大学生从事科学研究与探索的兴趣和潜能，倡导理论联系实际、求真务实的学风和团队协作的人文精神，为优秀人才的脱颖而出创造条件。

竞赛影响力：全国大学生智能汽车竞赛组织运行模式贯彻"政府倡导、专家主办、学生主体、社会参与"的 16 字方针，充分调动各方面参与的积极性。

竞赛赛程：

① 前一年 11 月发布竞赛通知，公布技术要求。

② 3 月进行网上统一培训答疑。

③ 7 月举办分赛区比赛。

④ 8 月举办全国总决赛。

竞赛网址：大学生智能车网站（cdstm.cn）

秘书处单位：清华大学

邮箱：zhuoqing@tsinghua.edu.cn

# 10.12    全国大学生交通运输科技大赛

竞赛名称:全国大学生交通运输科技大赛

竞赛介绍:

全国大学生交通运输科技大赛是由教育部高等学校交通运输与工程学科教学指导委员会交通工程教学指导分委员会主办的交通科技创新竞赛。大赛专业范围包括交通运输、交通工程、载运工具运用工程、交通信息工程与控制、物流等专业,同时涵盖了土木工程(道路与铁建方向)、管理学(交通运输相关)等多个学科领域。

竞赛影响力:

全国大学生交通运输科技大赛是国内第一个由诸多在交通运输工程领域拥有优势地位的高校通力合作促成的大学生学科竞赛,是一个以大学生为主体参与者的全国性、学术性的交通科技创新竞赛项目。

竞赛赛程:

以第十七届全国大学生交通运输科技大赛为例,大赛各阶段评审流程如下:

(1)预赛阶段:各高校在相应时间内自行组织校级选拔赛,并严格按照相关要求向大赛推荐优秀作品。

(2)初评阶段:按照竞赛类或分赛道的分工,大赛执行委员会委托交通运输类各教学指导分委员会独立或联合组织,采用网评的方式,按竞赛类或分赛道参赛作品数量不超过20%的比例,推荐参加决赛的作品数,进入决赛作品总数原则上不超过120件。评审过程中综合考虑参赛作品对大赛主题的响应程度和作品自身质量。如果承办高校没有作品通过初评,承办单位可以将其不同竞赛组的、得分最高的、仅限两件作品直接进入决赛。

(3)决赛阶段:采用现场公开答辩方式进行,由大赛执行委员会委托交通运输类教学指导委员会按照竞赛类或分赛道,评定出一等奖、二等奖、三等奖和优秀作品奖的推荐名单。每一竞赛类或分赛道大约每20项作品划分一个竞赛组,由不少于7位专家组成答辩组,同一答辩组内不得有2人来自同一单位的专家担任评委。各竞赛类或分赛道推荐的一等奖,由学术委员会会同执行委员会组织复审答辩,参加各竞赛组答辩的全体专家及大赛嘉宾为评委,进行综合评定。本阶段不设问答环节。

竞赛网址:http://www.nactrans.com.cn/

秘书处单位:北京交通大学

秘书处单位地址:

北京市海淀区上园村3号北京交通大学研究生院

秘书处联系电话:021-38282370,16621716928

邮箱:NACTRANS2022@SHMTU.EDU.CN

大赛LOGO:

关注大赛:

## 10.13  全国大学生电子商务"创新、创意及创业"挑战赛

竞赛介绍:全国大学生电子商务"创新、创意及创业"挑战赛(简称三创赛)是在 2009 年由教育部委托教育部高校电子商务类专业教学指导委员会根据教育部、财政部(教高函〔2010〕13 号)文件精神主办的全国性在校大学生学科性竞赛。从第十届开始,主办单位由教育部电商教指委转变为西安交通大学和全国电子商务产教融合创新联盟。以此为契机,三创赛竞组委对大赛的生态服务体系进行了多方面创新建设与探索。三创赛一直致力于激发大学生兴趣与潜能,为高校师生搭建一个专业知识与社会实践相结合的平台,提供一个自由创造、自主运营的空间。大赛的目的:强化创新意识、引导创意思维、锻炼创业能力、倡导团队精神。大赛的宗旨:促进教学,促进实践,促进创造,促进育人。

竞赛影响力:2009 年创办至今,已成功举办了十一届。经过多年的发展,大赛的参赛队伍从最初的一千五百多支增长到第十一届的十万多支;第十二届报名队伍数量超十三万支,涉及全国一千多所高校,近百万师生参赛。

竞赛赛程:大赛通常于每年 10 月启动,省赛安排在来年的 4 月至 6 月,全国总决赛在来年的 7 月。

竞赛网址:http://www.3chuang.net

秘书处单位:西安交通大学经济与金融学院

邮箱:3chuang@xjtu.edu.cn(工作邮箱)

　　　sanchuangnet@126.com(申诉邮箱)

大赛 LOGO:

关注大赛:

电子商务三创赛
微信扫描二维码,关注我们的公众号

## 10.14  全国大学生节能减排社会实践与科技竞赛

竞赛介绍:通过竞赛增强大学生节能环保意识、科技创新意识和团队协作精神,扩大大学生科学视野,提高大学生创新设计能力、工程实践能力和社会调查能力。

竞赛影响力:全国大学生节能减排社会实践与科技竞赛充分体现"节能减排、绿色能源"的主题;紧密围绕国家能源与环境政策,结合国家重大需求;竞赛起点高、规模大、精品多,覆盖面广,是一项具有导向性、示范性和群众性的全国大学生竞赛,得到了各省教育厅、各高校的高度重视。

竞赛赛程:原则上各校申报作品时间为每年1月份,全国决赛时间为8月份。各校根据全国组委会分派的参赛作品名额在官方网站进行申报,申报的作品通过网评选拔全国决赛作品。进入全国决赛的作品进行集中场展览或演示,专家委员会进行现场答辩与评审决定获奖作品。

竞赛网址:http://www.jienengjianpai.org/

秘书处单位:浙江大学

邮箱:jnjp_15@vip.163.com

大赛LOGO:

# 10.15 中国大学生工程实践与创新能力大赛

竞赛介绍:中国大学生工程实践与创新能力大赛是列入《教育部评审评估和竞赛清单(2021年版)》(教政法厅函(2021)2号)的重要赛事,是全国大学生工程训练综合能力竞赛的升级和完善。根据《教育部高等教育司关于委托2018-2022年教育部工程训练教学指导委员会举办2021年中国大学生工程实践与创新能力大赛的通知》(教高司函〔2021〕6号),2018-2022年教育部工程训练教学指导委员会成立"2021年中国大学生工程实践与创新能力大赛组委会",将严格遵守《教育部评审评比评估和竞赛管理暂行办法》相关要求,坚持公平、公正、公开原则,统筹考虑赛事举办和防疫要求,完善竞赛组织、运行、监管机制,保障竞赛活动安全、高效、有序运行。

竞赛影响力:全国大学生工程训练综合能力竞赛是公益性的大学生科技创新竞技活动,是有较大影响力的国家级大学生科技创新竞赛,是教育部、财政部资助的大学生竞赛项目,目的是加强学生创新能力和实践能力培养,提高本科教育水平和人才培养质量。

竞赛赛程:

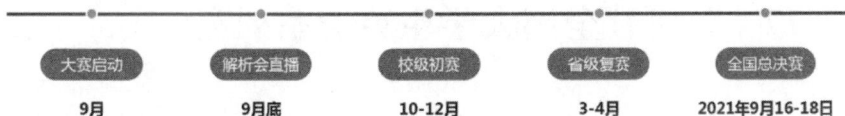

大赛时间安排

| 大赛启动 | 解析会直播 | 校级初赛 | 省级复赛 | 全国总决赛 |
| --- | --- | --- | --- | --- |
| 9月 | 9月底 | 10-12月 | 3-4月 | 2021年9月16-18日 |

竞赛网址:http://www.gcxl.edu.cn/

秘书处单位:大连理工大学

邮箱:lizhe111@dlut.edu.cn

大赛LOGO:

# 10.16  全国大学生物流设计大赛

竞赛介绍：全国大学生物流设计大赛是由中国物流与采购联合会举办的一项面向全国大学生的大型物流教学实践方面的竞赛活动，是教育部实施"质量工程"中的几项专业设计大赛之一。大赛每年选取一家行业标杆企业作为案例企业（历届案例企业包括安得物流、邯运集团、顺丰、安吉物流、郑明物流、马钢集团和中国外运），由案例编写小组根据企业真实情况和需求形成 10 至 15 个案例，案例涵盖企业战略、运营和运作各个层面，内容包括企业战略与组织管理、财务与人力资源管理、业务流程再造与优化、信息化以及物流业务各环节的优化与设计等方面。参赛队需在大赛案例中选择若干案例进行设计，形成完整的设计方案，设计方案可以是文字材料、数学模型、软件或工程设计等。

竞赛影响力："全国大学生物流设计大赛"于 2007 年被列入教育部"质量工程"项目，并连续多年纳入全国高校学科竞赛排行榜。自 2006 年启动以来，已成功举办七届。第七届竞赛中全国参加校园赛的学生规模达到 45000 人，指导教师 4000 人，报名期间共注册参赛队 1036 个，提交有效报名资料 720 份，创历史新高。

竞赛赛程：大赛分为校园赛、省赛以及国赛初赛、复赛、决赛等多个阶段，每个学校通过校园赛选拔 2 支队伍报名国赛初赛，经过筛选，最终将有 90 支入围决赛的队伍通过"网评＋现场答辩"的方式决出名次。大赛每两年举办一次，竞赛赛程通常为 5 月正式启动，10 月公布案例，11 月全国赛报名开始，12 月公布合格参赛队名单，来年 1 月底完成初赛，3 月完成复赛，4 月底进行决赛。

竞赛网址：http://wlsjds.clpp.org.cn

秘书处单位：中国物流与采购联合会教育培训部

邮箱：wlsjds@vip.163.com

大赛 LOGO：　　　　　关注大赛：

# 10.17  外研社全国大学生英语系列赛

竞赛介绍：外研社全国大学生英语系列赛共包括四项子赛事——演讲、辩论、写作和阅读大赛，由外语教学与研究出版社和中国外语与教育研究中心联合主办，北京外研在线数字科技有限公司和中国外语测评中心承办，是大学生展示外语能力、沟通能力与思辨能力的综合平台，也是外语教育领域体现智慧、展现创新的沟通平台。

辩论赛自 1997 年起创办，演讲赛创办于 2002 年，写作赛于 2013 年开启，阅读赛于 2015 年启动。大赛深耕二十余载，坚守育人初心，启发教学创新，服务国家战略，致力于培养具有家国情怀、全球视野、专业能力的国际化人才。赛制设计上紧跟国家发展步伐，引导学生磨砺语言技能、强化实际运用的同时增强民族自信、文化自信,鼓励选手参与中外交流、传播中国智慧。

竞赛影响力:外研社英语系列赛覆盖全国 31 个省份,每年参与院校千余所,参赛人数近百万。截至 2021 年,22 个省份将比赛纳入省厅级项目,大赛以赛促学、以赛促教、以赛育人的成果获得学界和教育主管部门认可。

竞赛赛程:演讲大赛包括"地面赛场"和"网络赛场"两种形式。"地面赛场"初赛时间为 5—9 月,各院校选拔选手参加省份级决赛,省级决赛时间为 10—11 月;各省份选拔 3 名选手参加全国决赛,全国决赛时间为 12 月。"网络赛场"为选手个人报名参赛,外籍留学生也可报名参赛。网络赛场分初赛、复赛、决赛三轮选拔,时间为 6—11 月,最终选拔 90 名选手晋级全国决赛,与地面赛场晋级的选手共同竞技。

写作、阅读大赛赛程包括校园初赛、省级决赛和全国决赛。每年 6—10 月,各参赛院校开展校园初赛,大赛组委会举办多场线上初赛帮助院校进行选拔;10—11 月,各省份举办省级决赛;12 月,大赛组委会举办全国决赛。

辩论赛分为 3 个阶段:校园选拔赛、复赛及决赛。每年 12 月至次年 3 月,各高校组织校园选拔赛;次年 4 月,举行复赛;次年 6 月,举办决赛。

竞赛网址:uchallenge. unipus. cn

秘书处单位:外语教学与研究出版社

邮箱:uchallenge@unipus. cn

大赛标志:演讲  写作  阅读  辩论

关注大赛:

演讲、写作、阅读赛      辩论赛

# 10.18  全国职业院校技能大赛

竞赛介绍:全国职业院校技能大赛,是教育部发起并牵头,联合国务院有关部门以及有关行业、人民团体、学术团体和地方共同举办的一项公益性、全国性职业院校学生综合技能竞赛活动。每年举办一届。

为充分展示职业教育改革发展的丰硕成果,集中展现职业院校师生的风采,努力营造全社会关心、支持职业教育发展的良好氛围,促进职业院校与行业企业的产教结合,更好地为中国经济建设和社会发展服务。是专业覆盖面最广、参赛选手最多、社会影响最大、联合主办部门最全的国家级职业院校技能赛事。

竞赛影响力:由教育部发起并牵头,联合国务院有关部门以及有关行业、人民团体、学术团体和地方共同举办的一项公益性、全国性职业院校学生综合技能竞赛活动,属于国家级比赛。

竞赛赛程：每年举办一届，分为中等职业教育组、高等职业教育组（含本科层次职业教育）各分设 3 个报名组别，分为初赛和决赛两场。根据项目不同，分为不同的赛项规程，中职组拟设赛项规程 40 个，高职组拟设赛项规程 62 个，每个赛项规程的具体安排不同，大概时间安排：

（1）报名：每年 9 月 30 日前。

（2）作品提交：每年 10 月，各代表队按要求完成所有参赛作品材料的网上提交。

（3）决赛：每年 12 月。

竞赛网址：http://www.chinaskills-jsw.org/

秘书处单位：全国职业院校技能大赛执委会办公室

邮箱：2022@chinaskills-jsw.org

大赛标志 LOGO：

# 10.19　两岸新锐设计竞赛·华灿奖

竞赛介绍：两岸新锐设计竞赛·华灿奖（简称华灿奖）由中国高等教育学会、中华中山文化交流协会、北京歌华文化发展集团共同主办。华灿奖面向海峡两岸暨香港、澳门 45 岁以下高校师生和青年设计师，以发现和推介青年设计师，增进两岸青年文化交流，推动两岸文化创意及相关产业的合作为宗旨。大赛采取赛区赛和全国赛二级赛制，设东北、华北、华东、华中、华南、西南、西北、台湾、香港和澳门十个分赛区，在促进设计人才培养质量提升、两岸文化交流、教育融合发展等方面发挥了重要作用。华灿奖先后以"互·融""融·创""融·和"为主题举办了七届，积极推动产业化改革，加强与城市合作，促进与地方文旅产业融合，助力中华传统文化传承与公益事业发展，为两岸及港澳地区青年分享祖国大陆新阶段发展机遇与成果搭建有力平台。

竞赛影响力：华灿奖活动自举办以来得到了中央统战部、国台办、教育部等单位的高度重视，被中央统战部将列为重点对台交流工作和重点对港澳交流工作，被国台办列为重点对台交流项目，被列入教育部直属单位三评一赛保留项目清单。

竞赛赛程：

（1）稿件征集：每年 5 月－12 月。

（2）赛区赛评审：次年 1－2 月。

（3）全国赛评审：次年 3－4 月。

（4）颁奖仪式：次年 5－7 月。

竞赛网址：http://www.huacanjiang.com

秘书处单位：中国高等教育学会事业发展部

邮箱：hongjia@moe.edu.cn

大赛 LOGO：  关注大赛：

# 10.20　全国大学生创新创业训练计划年会展示

　　竞赛介绍：教育部高等教育司从 2008 年起，委托高校举办全国大学生创新论坛（2012年更名为全国大学生创新创业年会），年会遴选国家级大学生创新创业训练计划（以下简称"国创计划"）参与项目学生进行学术交流和成果推介。年会主要内容包括大学生创新学术年会：遴选参加"国创计划"中创新训练项目学生的学术论文，以学术报告的形式进行学术交流。大学生创新创业项目展示：遴选"国创计划"中创新训练项目、创业训练项目和创业实践项目，以展板和实物作品演示的形式进行项目交流。大学生创新创业交流活动：参加年会的大学生可前往中国"互联网＋"大学生创新创业大赛承办校参加相关活动。

　　竞赛影响力：年会总结实施大学生创新创业训练计划的经验，展示各高校近年来在创新创业教育方面的成果；建设创新文化，形成良好的创新人才培养的氛围，营造大胆实践、敢为人先、敢冒风险、宽容失败的氛围环境，鼓励大学生在创新基础上追逐创业梦想，培养造就创新创业生力军。

　　竞赛赛程：由教育部高等教育司主办的全国大学生创新创业年会每年召开一次，一般在 10 月的某个周末举行。

　　竞赛网址：http://gjcxcy.bjtu.edu.cn/Index.aspx

　　秘书处单位：天津大学

# 10.21　全国大学生化工设计竞赛

　　竞赛介绍：全国大学生化工设计竞赛是面向全日制本科生的学科性竞赛，专注于化工领域实现先进制造人才的培养，通过虚拟化工厂设计的实战模式，提升大学生对先进制造技术和工具的自主学习和实际运用能力，强化创新意识、合作精神和工程设计与实践能力。本竞赛为高等学校开展创新教育和实践教学改革、加强高校与企业之间联系、推动学科创新活动起到积极示范作用。

　　竞赛影响力：大赛已发展成为国内化工类级别最高、参赛队伍最多、影响最大的比赛。竞赛对专业教育和工程实践教育效果的促进和提升作用已经得到化工高等教育界的普遍认可，在高校化工类院系的专业评估和工程教育认证环节，本科生参加本竞赛的参赛率已经入选评价指标。几乎所有参赛学校在研究生招生中都给予本竞赛获奖学生加分鼓励。有条件的学校都为获全国一等奖以上的学生提供免试保研机会。获奖学生更是受到专业领域就业市场的普遍欢迎（如列入中石化、中石油等企业的优才招聘范围）。

竞赛赛程：每年3月初公布竞赛题目并组队报名，4月初公布合格参赛队名单，7月20号提交参赛作品，7月底完成省级赛，8月上旬完成赛区决赛，8月下旬完成全国总决赛。各阶段的具体时间安排请关注大赛官网。

竞赛网址：http://iche.zju.edu.cn/

秘书处单位：浙江大学

秘书处单位地址：

浙江省杭州市余杭塘路866号浙江大学紫金港校区和同苑2幢909

秘书处联系电话：13706704094

邮箱：ichezju@foxmail.com

大赛 LOGO： 　　关注大赛：

# 10.22　全国大学生机器人大赛

竞赛介绍：全国大学生机器人大赛是由亚洲－太平洋广播联盟（ABU）发起的一项国际性大学生机器人赛事 ABU Robocon 发展而来。自 2002 年至今，包含 ROBOCON、RoboMaster、ROBOTAC 三个子赛项，于2014年开始由共青团中央主办。

ROBOCON 赛事每年推出一个新的主题，由国际赛主办国根据本国的历史文化特点制定比赛的内容和规则，参赛者综合运用机械、电子、控制等技术和工具，制作机器人完成规则设置的任务，全国大学生机器人大赛 ROBOCON 选拔冠军队代表中国参加亚太大学生机器人大赛（ABU Robocon）。

RoboMaster 机甲大师赛由大疆创新发起，专为全球科技爱好者打造的机器人竞技与学术交流平台。自 2013 年创办至今，始终秉承"为青春赋予荣耀，让思考拥有力量，服务全球青年工程师成为追求极致、有实干精神的梦想家"的理念，致力于培养与吸纳具有工程思维的综合素质人才，并将科技之美、科技创新理念向公众广泛传递。

ROBOTAC（Robot＋Tactic）是中国原创的国家级机器人竞技赛事。赛事融合了体育竞赛的趣味性和科技竞赛的技术性。比赛以机器人设计制作为基础，参赛双方的多台机器人组成战队，采用对抗竞技的形式进行比赛。

全国大学生机器人大赛要求参赛队员走出课堂，组成参赛队伍，自主研发制作多种机器人参与团队竞技。参赛队需要在十个月内完成机器人的设计、制作、调试、迭代、训练，直至通往赛场，是一个完整的机器人开发流程。在这里，学生需要组成跨学科、跨专业的项目团队，除了进行机器人技术开发，团队还需要完成进度控制、物资管理、财务、宣传等非技术任务。

竞赛影响力：全国大学生机器人大赛每年吸引近 600 所高校、逾万名学子参与竞技，包括清华大学、上海交通大学、麻省理工学院等海内外知名院校；每年通过网络直播观赛的观众量突破 3000 万,覆盖 20 多个国家和地区,在现场观赛的观众量也突破 8 万人次。全国大学生机器人大赛有效推动了中国机器人技术领域的创新创业。参赛队员创业的企业数超过 180 余家,如:大疆创新、北京极智嘉、普渡科技等,创业人数约 600 人,安置就业人数约 16000 人。为我国机器人产业培育了大量的卓越工程师和优秀企业家。

竞赛赛程:ROBOCON 赛事每年 8 月根据 ABU Robocon 组委会发布的当年规则,发布国内选拔赛规则。12 月开始预报名,1 月组织培训,2—3 月各校举行校内选拔赛,4 月进行中期检查,通过中期检查的队伍将在 5 月进行区域赛选拔,区域赛选拔出 32 支队伍,进入 6 月份的全国总决赛,全国总决赛冠军将代表中国赴当年 ABU Robocon 主办国参加国际赛。

RoboMaster 赛事于每年 9 月至 11 月面向全球高校开放报名,经过长达半年的备赛及系列的技术考核,于次年 4 月确定最终获得参赛资格的队伍名单,并于 5 月参加区域赛。

在区域赛中表现优异的队伍,将获得 8 月全国赛的参赛资格。

ROBOTAC 赛事每年 10 月发布规则,12 月开始预报名,1 月组织培训,2—3 月各校开展校内选拔赛,优秀的队伍将按照国赛标准接受中期检查。5 月进行中期检查,通过中期检查的队伍将在 7 月份进行全国赛,在条件允许的情况下邀请海内外队伍参赛。

ROBOCON 竞赛网址:http://cnrobocon.net/#/

邮箱:chinarobocon@163.com

RoboMaster 竞赛网址:www.robomaster.com

邮箱:robomaster@dji.com

ROBOTAC 竞赛网址:http://www.robotac.cn/

邮箱:robotac@126.com

秘书处单位:北京科技大学

大赛 LOGO:

ROBOCON　　　RoboMaster　　　ROBOTAC

关注大赛:

ROBOCON　　RoboMaster　　ROBOTAC

# 10.23　全国大学生市场调查与分析大赛

竞赛介绍:全国大学生市场调查与分析大赛(简称市调大赛)是基于大数据时代背景,以市调大赛为核心,海峡两岸及港澳四地联动、学术交流、成果转换与教师培训为一体的综合实践教学平台。学生团队通过一个具体的研究问题,在专业教师和企业导师的指导下,分析问题,制定调查方案,组织调查实施,数据建模和分析,得出研究结论和建议,从而为政府或企业提供决策服务。市调大赛倡导"真题真做",旨在通过大赛的调查实践,引导学生观察社会、感知社会,增强爱国意识。全日制在读专科生、本科生、研究生均可参赛,专业不限。大赛设置本科组、专科组和研究生组三个竞赛组别,设知识赛和实践赛两个竞赛环节。

竞赛影响力:市调大赛创办于 2010 年,已连续举办 11 届,大陆赛区累计有 3700 余校次,37 万多人次参赛。正在进行的第 12 届市调大赛共有 815 所学校,近 18 万名大学生报名参赛。市调大赛已连续四年纳入《全国普通高校大学生竞赛榜单》。

竞赛赛程:市调大赛每年 9 月下旬报名启动,历时 8 个月,通过知识赛、校赛、省赛、全国赛等多层现场展示答辩加报告评审综合得分的比赛形式。

个人知识赛(70%通过),竞赛启动当年 11 月底完成线上统一测试。

校赛(10%晋级省赛),团队实践赛形式,次年 3 月底前由各参赛校完成。

省赛(5%晋级全国赛),团队实践赛形式,次年 4 月底前由各赛区组织完成。

全国总决赛,次年 5 月底前完成。前 10 名团队参加海峡两岸暨港澳大学生市调大赛大陆赛区选拔赛。

海峡两岸暨港澳大学生市调大赛于每年的 8 月下旬举行,由海峡两岸及港澳四地赛区主办单位轮流承办,各赛区选拔赛前 6 名团队参赛。

竞赛网址:http://www.china－cssc.org/list-55-1.html

秘书处单位:中国商业统计学会

邮箱:cssc1987@126.com

大赛 LOGO:

关注大赛:

市调大赛公众号　　市调大赛官网

## 10.24　全国大学生先进成图技术与产品信息建模创新大赛

竞赛介绍:全国大学生先进成图技术与产品信息建模创新大赛最先由教育部高等学校工程图学教学指导委员会、中国图学学会制图技术专业委员会联合发起,并与中国图学学会产品信息建模专业委员会共同主办的一项全国性赛事。自 2008 年开始,每年举办一届,迄今已连续成功举办了十四届,第十五届赛事将于今年 7 月举行。大赛面向卓越工程技术人才培养,对标《工程教育认证标准》《普通高等学校本科专业类教学质量国家标准》和"新工科"建设要求,聚焦大学生工程素质和创新实践能力的提升。大赛赛题注重基础与应用并重,理论与实践结合,要求选手能够创建面向几何特征的产品信息模型,规范性地表达各种工程产品的图形信息,突出展现先进成图技术和先进制造技术。借此推动工程图学课程的教学改革,并努力搭建中国 CAD 工业软件的创新实践平台。

竞赛影响力:历届大赛吸引了包括浙大、交大、哈工大、华中大、北航等近百所"双一流"高校参与比赛,参赛学校覆盖了除台湾、澳门之外的所有省份。2021 年有 30 个省份、近 20 万大学生参加了该项赛事。其中,551 所高校、1045 支队伍、6743 名选手参加了全国总决赛。随着大赛对工程实践教育效果的促进和提升作用的日益凸显,每届脱颖而出的获奖选手受到就业市场的普遍欢迎,许多毕业生已成为相关专业领域的技术精英和中流砥柱。作为中国高等教育教学改革和创新人才培养的重要竞赛项目,于 2018 年成功入选《全国普通高校学科竞赛排行榜》。

赛制:采用校级选拔赛、省级预选赛、全国总决赛三级赛制。

赛程:每年 2 月初发布竞赛通知,4 月初组织校级选拔赛,5 月底组织省级预选赛,6 月中旬确定入围高校和选手名单,7 月中下旬进行全国总决赛。

竞赛网址:www.chengtudasai.com

秘书处单位:华南农业大学

电子邮箱:948628196@qq.com、2685199570@qq.com

大赛 LOGO:  关注大赛:

# 10.25　全国三维数字化创新设计大赛

竞赛介绍:全国三维数字化创新设计大赛(Digital－Design－Dimensions Show,简称:3D 大赛,3DDS 或 3DShow)以"推动三维数字化技术普及、提升自主创新能力"为主题,以"学 3D! 用 3D! 我创造! 我快乐!"为口号,以"以赛促教、以赛促学、以赛促用、以赛促新"为宗旨,倡导"数字经济＋创新文化＋工匠精神"融合发展,培育"数字工匠",孵化"数字工坊"、营建"数字生态",引领数字经济与战略新兴产业,助力万众创新热潮,支撑产业转型升级,践行创新型国家建设。全国三维数字化创新设计大赛以"三维数字化"与"创新设计"为特色,以"创意、创造、创新、创业"为核心,突出体现三维数字化技术对创新、创业的支持和引领作用。大赛设置"职业组""研究生组""本科生组""高职高专组""青少年组"与"企业/产业组"六个组别。

竞赛影响力:全国三维数字化创新设计大赛自 2008 年发起举办以来,已连续成功举办至第 15 届,受到各地方、高校和企业的重视,赛事规模稳定扩大,参赛高校连续每届超过 600 所、参赛企业每年超过 1000 家,初赛参赛人数累计突破 800 万人,省赛表彰获奖选手累计突破 18 万人、国赛表彰获奖选手累计突破 1.8 万人;参赛项目水平不断提升,涌现出了一大批优秀设计项目与团队,并快速成长为行业新锐与翘楚,备受业界关注;同时大赛一头链接教育、一头链接产业、一头链接行业与政府,产教融合不断深化,政产学研用资互动不断加强,技术、人才与产业项目合作对接及产业生态平台作用日益突显,已成为全国规模最大、规格最高、水平最强、影响最广的全国大型公益品牌赛事与"数字化＋创新创造"行业盛会，被业界称为"创客嘉年华、3D奥林匹克、创新设计奥斯卡"。

竞赛赛程：全国三维数字化创新设计大赛每年举办一届，赛制赛程分为年度竞赛（3月－12月）与精英联赛（9月－次年7月）。

年度竞赛（3月－12月）：大赛报名/初赛（3－6月）、复赛选拔（9－10月）、年度竞赛总决赛与颁奖（12月）。

精英联赛（9月－次年7月）：大赛报名/初赛（9－12月）、复赛选拔（次年5－6月）、精英联赛总决赛与颁奖（次年7月）。

竞赛网址：https://3DDS.3DDL.net

秘书处单位：国家制造业信息化培训中心3D办（北京昆仑三迪科技发展有限公司）

邮箱：3240768699@qq.com

大赛LOGO：

关注大赛：

全国3D大赛官网　　全国3D大赛微信公众号

# 10.26　世界技能大赛

竞赛介绍：世界技能大赛由世界技能组织举办，被誉为"技能奥林匹克"，是世界技能组织成员展示和交流职业技能的重要平台。世界技能大赛比赛项目共分为6个大类，分别为结构与建筑技术、创意艺术和时尚、信息与通信技术、制造与工程技术、社会与个人服务、运输与物流，共计46个竞赛项目。大部分竞赛项目对参赛选手的年龄限制为22岁，制造团队挑战赛、机电一体化、信息网络布线和飞机维修四个有工作经验要求的综合性项目。

竞赛影响力：世界技能大赛是全球地位最高、规模最大、影响力最大的职业技能竞赛，代表了职业技能发展的世界先进水平，是世界技能组织成员展示和交流职业技能的重要平台。世界技能大赛由世界技能组织（World Skills International）举办，每两年一届，截至目前已成功举办45届。每两年举办一次，被誉为"世界技能奥林匹克"。

竞赛赛程：世界技能大赛，两年举办一次，一般为单年举办，月份不定。

竞赛网址：https://worldskills.org/

秘书处单位：邮箱：WSC_msc@163.com

大赛LOGO：

## 10.27　世界技能大赛中国选拔赛

竞赛介绍:世界技能大赛中国选拔赛目的是选拔世界技能大赛中国集训队选手,世界技能大赛全国选拔赛是中国技能大赛的一项重要赛事,涉及建筑与结构技术、艺术与创意、信息与通信、制造与工程技术、个人与社会服务和交通与物流等 6 大领域共 45 个项目,将分别在北京、天津、上海等 13 个赛区组织开展全国选拔赛。全国将有近千名选手参加,竞赛规模、参赛人数和竞技水平都将创历史之最。当今世界,人才资源是最重要的战略资源。技能人才是我国人才队伍的重要组成部分,在推动经济发展和社会进步中发挥着不可或缺的重要作用。

竞赛影响力:世界技能大赛中国选拔赛各项目符合入围集训条件且无违规情况的参赛选手,可入围世界技能大赛中国集训队。全面加强技能人才队伍建设,加快培养造就数量充足、结构合理、素质优良、技艺精湛的技能人才大军,为促进就业创业,推动中国制造转型升级、中国经济跃上中高端提供保障和支撑。

竞赛赛程:配合世界技能大赛,两年举办一次,一般为双年举办。部分项目会在单年有增加选拔。

竞赛网址:http://worldskillschina.mohrss.gov.cn/

秘书处单位:世界技能大赛中国组委会

邮箱:WSC_msc@163.com

大赛 LOGO:

## 10.28　"西门子杯"中国智能制造挑战赛

竞赛介绍:"西门子杯"中国智能制造挑战赛受教育部国际合作与交流司指导,由中国仿真学会和西门子(中国)有限公司联合主办,方向涉及智能制造领域中的科技创新、产品研发、工程设计和智能应用等,是针对智能制造发展所需的技术及创新人才进行培养及选拔的工程类竞赛。大赛内容涉及智能制造领域中的科技创新、产品研发、工程设计和智能应用等,为我国智能制造发展培养和选拔具备解决复杂工程问题的技术及创新人才。大赛以企业真实的工程项目和科研项目作为竞赛赛题,以真实的工业设备和工业环境作为赛场,以工业企业的工程标准作为考核评分指标,全面锻炼学生解决复杂工程问题的综合能力、系统思维。

竞赛影响力:2006 年至今,大赛在教育部、各省份教育主管部门、制造业企业和全国近 800 所高校、2000 余学院的支持下,已成为中国智能制造领域规模最大竞赛之一。设立 30 多个分赛区,每年参赛师生 2 万余人,覆盖 29 个省、自治区、直辖市。

竞赛赛程:

| 报名与组队 | 3 月 1 日—5 月 31 日 |
|---|---|
| 校赛与晋级 | 3 月 1 日—6 月 5 日 |
| 初赛参赛方案提交与审核 | 6 月 6 日—6 月 30 日 |
| 全国初赛 | 7 月 |
| 全国总决赛 | 8 月 |

竞赛网址:siemenscup-cimc.org.cn

秘书处单位:北京化工大学

邮箱:siemenscup@163.com

大赛 LOGO: 　　　关注大赛:

# 10.29　中国大学生服务外包创新创业大赛

竞赛介绍:为促进服务外包人才培养,助推服务外包产业发展,2010 年起,教育部、商务部和无锡市人民政府共同发起主办中国大学生服务外包创新创业大赛(以下简称大赛)。大赛以创新驱动发展战略为引领,着力激发大学生创新创业潜力,搭建服务外包产教融合平台,至今已连续举办了十三届。大赛设置东部、中部和西部 3 个区域赛,相应区域内高校参赛团队通过区域赛评审晋级全国总决赛。

大赛紧贴现代服务经济,强调应用导向和产学互动,引导社会公众和青年学生关注现代服务产业,促进高校教育改革贴合新兴产业发展需求,引导和促进高校加强服务外包人才培养,为产业发展营造良好氛围,逐渐成为国内一流的服务外包行业青年创新创业展示盛典。

竞赛影响力:第十三届大赛有 899 所全国院校的 7763 支团队报名参赛,其中双一流高校 113 所,占全部双一流高校总数的 76.9%。累计吸引了 1600 余所院校、40 余万名大学生参赛,累计为服务外包产业输送了 15 余万名创新人才。

竞赛赛程:

(1) 报名及赛题申报:每年 11 月至次年 2 月。

(2) 初赛作品提交时间:次年 4 月。

(3) 初赛线上评审时间:次年 5 月。

(4) 区域赛决赛时间:次年 5 月中下旬。

(5) 全国总决赛:次年 7 月下旬。

竞赛网址:http://wwww.b.org.cn/

秘书处单位:无锡市投资促进中心

邮箱:fwwb20090909@163.com

大赛 LOGO：

关注大赛：

# 10.30　中国大学生计算机设计大赛

竞赛介绍：中国大学生计算机设计大赛是我国高校面向本科生最早的赛事之一，自2008年开赛至2019年，一直由教育部高校与计算机相关教指委等或独立或联合主办。大赛每年举办一次，分校赛、省级赛和国家级赛。大赛国赛的参赛对象，是中国大陆高等院校中所有专业的在籍本科生（含来华本科生），重点是激发学生学习计算机知识和技能的兴趣和潜能，提高学生运用信息技术解决实际问题的综合能力，以赛促学，以赛促教，以赛促创，为国家培养德智体美劳全面发展的创新型、复合型、应用型人才服务。大赛的参赛作品分为：软件应用与开发、微课与教学辅助、物联网应用、大数据应用、人工智能应用、信息可视化设计、数媒、计算机音乐创作等类别。

竞赛影响力：大赛秉承公开、公平、公正的原则，以学生为中心，在全国已有良好声誉，赛事的影响力逐年提升，参赛作品质量也逐年提高。本科院校的参赛超过六成，"双一流"院校的参赛超过八成；有些作品被CCTV采用，有些已商品化。

竞赛赛程：

(1)1—2月份，发布大赛通知，公布竞赛内容分类、参赛要求、承办院校与决赛时间等。

(2)3—4月份，各参赛院校组织校赛，并推荐优秀作品参加省级赛。

(3)4—5月份，各省级赛组委会组织省级赛，并上推优秀作品入围国赛。

(4)5—6月份，入围国赛作品的资格审查与国赛初评。

(5)7—8月份，国赛决赛参赛作品的奖项评定、特色作品点评等。

(6)9—10月份，国赛获奖作品的公示与公告。

(7)11—12月份，下一年大赛作品主题、赛题的征集。

竞赛网址：http://jsjds.blcu.edu.cn/

秘书处单位：北京语言大学

邮箱：ljm@blcu.edu.cn；290105757@qq.com

大赛 LOGO：　　关注大赛：

# 10.31　中国高校计算机大赛

　　竞赛介绍："中国高校计算机大赛"（China Collegiate Computing Contest，简称 C4）是面向全国高校在校学生的科技类竞赛活动，2016 年由教育部高等学校计算机类专业教学指导委员会、教育部高等学校软件工程专业教学指导委员会、教育部高等学校大学计算机课程教学指导委员会、全国高等学校计算机教育研究会联合创办。大赛影响广泛，近 5 年来参赛人数突破 15 万，2018－2020 年期间均入选全国普通高校学科竞赛排行榜。大赛旨在促进计算机课程教学改革，强化学生创新意识，提升学生计算机问题求解水平，特别是计算机程序设计、大数据处理、移动应用、网络应用、人工智能创意等方面的能力，培养团队合作精神，丰富校园学术气氛，促进校际交流。大赛包含大数据挑战赛、团体程序设计天梯赛、移动应用创新赛、网络技术挑战赛、人工智能创意赛等子赛事。

　　大数据挑战赛由清华大学和腾讯微信事业群联合举办，由腾讯云提供大赛资源支持。大赛旨在通过竞技的方式，提升参赛者对数据分析与处理的算法研究与技术应用能力，探索大数据的核心科学与技术问题，尝试创新大数据技术，推动大数据的产学研用。大赛分为报名、初赛、复赛和决赛 4 个阶段。4 月－6 月为报名和初赛阶段，由参赛队伍下载数据在本地进行算法设计和调试，并通过大赛报名官网提交结果文件。7 月－8 月上旬为复赛阶段，要求参赛队伍在大赛官网平台上进行数据处理、算法调试和生成结果，数据不可下载，可使用平台提供的计算资源和工具包。8 月下旬为决赛阶段，要求参赛者进行现场演示和答辩。

　　团体程序设计天梯赛由浙江大学承办。竞赛自开展以来，在促进全国高校程序设计课程质量和水平的提高，提升学生程序设计能力等方面发挥了重要作用，产生了广泛影响。竞赛分为珠峰争鼎、华山论剑、沧海竞舟 3 个组别。本科生限参加"华山论剑"组或"珠峰争鼎"组；专科生可参加任一组。竞赛题目为编程题，竞赛语言包括 C、C＋＋和 Java。参赛队在规定的时间和地点通过互联网登录竞赛网站答题，根据提交程序的得分排序确定奖项。竞赛的 3 个组别分别设置全国高校奖、全国团队奖、个人特等奖、特别奖、成功参赛奖等。竞赛一般安排在每年 3－4 月举行。正式比赛之前会有一场非正式线上模拟赛，不设奖项。一般两周后举办正式的全国总决赛。颁奖典礼安排在每年 5 月举行。

　　移动应用创新赛由浙江大学、苹果公司联合承办，累计超过 2 万人次参赛。竞赛旨在激发学生的创新创业意识，促进学生将前沿技术与移动应用设计与开发融合的能力，培养团队合作精神，促进高校计算机课程教学内容和教学方法改革，提高高校移动应用开发类课程的教学水平。竞赛一般于 5 月预报名，6 月中旬提交初赛作品，7 月上旬公布初赛晋级名单，8 月公布复赛晋级名单并组织暑期集训营，10 月下旬开展决赛。

　　网络技术挑战赛由温州大学承办，与思科系统、思博伦、华为等单位深度合作。竞赛旨在对接经济社会人才需求，促进新工科人才培养与课程体系变革，促进学生科创成果的产业转化与创业孵化。竞赛采用作品赛形式，分为创意、攻关、创业三大系列。创意系列作品聚焦解决经济社会热点难点问题，攻关系列作品以行业企业工程技术问题为导向，创业系列的作品在创意系列和攻关系列作品中遴选,要求作品与成果具有产业转化与创业孵化价值。竞赛包括资格赛、选拔赛和挑战赛3个阶段。3月上旬开展报名,5月初公布入围参赛名单;7月初提交选拔赛参赛作品,7月中旬完成选拔赛,9月初提交挑战赛参赛作品,9月中旬进行总决赛。

人工智能创意赛由浙江大学牵头联合百度公司承办。竞赛旨在联合学界、企业和政府,以赛促训,共同推进人工智能的科研和应用,加强"人工智能＋X"知识体系下的人才培养,推进科技创新、产业发展和人才培养形成合力,促进人工智能发展。竞赛已发展成为国内规格最高、覆盖最广的高校人工智能大赛之一,累计吸引4800余支队伍报名,参赛人数1.2万余人,覆盖高校1200余所,全国"双一流"高校覆盖率高达100%。竞赛在全国设立七大分赛区组委会,全面覆盖各省份。竞赛一般于4月份启动,6月份初赛,7月下旬进行复赛,10月上旬进行全国决赛。

表 10-1 中国高校计算机大赛各子竞赛基本信息

| 子赛事 | 大数据挑战赛 | 团体程序设计天梯赛 | 移动应用创新赛 | 网络技术挑战赛 | 人工智能创意赛 |
|---|---|---|---|---|---|
| LOGO | / | GPLT | maic CCCC MAIC | / | CCCC AI |
| 网站 | algo. weixin. qq. com | gplt. patest. cn | www. appcontest. net | net. c4best. cn | aicontest. baidu. com/ |
| 秘书处单位 | 清华大学 | 浙江大学 | 浙江大学计算机科学与技术学院 | 温州大学 | 浙江大学计算机科学与技术学院 |
| 邮箱 | data@tsinghua. edu. cn | cccc_admin@163. com | appcontest@zju. edu. cn | netcontest@ wzu. edu. cn | wuchencc@zju. edu. cn |

# 10.32 蓝桥杯全国软件和信息技术专业人才大赛

竞赛介绍:蓝桥杯全国软件和信息技术专业人才大赛是由工业和信息化部人才交流中心主办,国信蓝桥教育科技(杭州)股份有限公司承办的一项全国性IT类学科赛事。截至目前,蓝桥杯大赛已连续举办十三届,参赛选手总数超过60万人。大赛始终坚持"立足行业,突出实践,广泛参与,促进就业"的宗旨,围绕当前社会发展急需的信息技术专业重点领域开展人才选拔工作。当前,蓝桥杯大赛包含软件、电子、设计、数字科技创新等竞赛类别。经过多年发展,蓝桥杯大赛对于培养大学生实践能力和创新能力、提升高校人才培养质量,加深高校实践教学模式和创新型人才培养模式改革具有较大的促进作用。

竞赛影响力:江苏、四川、辽宁等多个省份将蓝桥杯大赛纳入省级竞赛名录,北京大学、清华大学等1600多所高校踊跃参赛,年参赛人数超过10万名。国际国内知名企业认可蓝桥杯选拔方式,一大批竞赛选手进入IBM、微软、华为、阿里巴巴等一流企业工作。

竞赛赛程:每年10至12月组织报名,次年4月组织省赛,5月底6月初组织全国总决赛。

竞赛网址：dasai.lanqiao.cn

秘书处单位：国信蓝桥教育科技（杭州）股份有限公司

邮箱：lanqiao@lanqiao.cn

大赛 LOGO：

关注大赛：

## 10.33 米兰设计周－中国高校设计学科师生优秀作品展

竞赛介绍：本赛事由中国教育国际交流协会、中国高等教育学会于 2016 至 2019 年期间联合发起并主办，旨在利用每年于意大利米兰举行的米兰设计周这一国际知名的设计行业盛会，搭建展示全国高校设计学科师生水平的国际化交流学习平台。赛事面向全国高等院校艺术、设计专业师生开放作品征集投稿，展览每年举办一次，迄今已成功在米兰设计周展出优秀作品 1200 余件。赛事本着以赛促展、以展促教、教赛展联动的指导思想，旨在推动我国设计学科高等教育人才培养创新，为国内优秀的设计学科专业人才提供国际化、高规格的学习、交流和展示平台，从而推动我国设计教育交流与进步。

竞赛影响力：作为唯一专注于设计学科的学科竞赛排行榜赛事，始终保持国际性、学术性、专业性，每年千所高校、十万余人次参赛。由国务院学位委员会设计学科评议组成员、教育部设计学类专业教学指导委员会专家、教育部新文科研究与改革项目负责人、国家级一流专业和一流课程负责人等近千名学科教授、行业专家组建评委库，连续推荐中国设计学科优秀作品在国际舞台亮相。

竞赛赛程：

(1)赛事启动：当年 9 月－10 月：新赛季启动、巡展开展、命题宣讲。

(2)线上报名：当年 11 月－次年 3 月：线上注册、提交作品。

(3)省赛评审：次年 3 月－4 月：省赛评审。

(4)国赛评审：次年 4 月－5 月：国赛评审。

(5)获奖发布：次年 6 月：国赛获奖信息发布。

(6)系列活动：次年 7 月－8 月：大赛系列活动、新赛季命题征集。

竞赛网址：https://www.dandad.cn/

秘书处单位：湖北工业大学

邮箱：Milandesignweek@163.com

大赛 LOGO：　　　　　关注大赛：

## 10.34　全国大学生地质技能竞赛

竞赛介绍：全国大学生地质技能竞赛由中国地质学会主办，地质教育研究分会具体组织策划，地质类高校轮流承办，竞赛已成功举办5届，两年举办一次。分为初赛和决赛两个环节，决赛设地质技能综合应用、野外地质技能、地质标本鉴定、地学知识竞赛4个单元，历时3天，以考查素质教育、实践能力、野外技能为主，以团队形式参与，考验了团队协作能力。

竞赛宗旨是形成高水平的人才培养体系，深化教育体制改革，健全立德树人落实机制，着重培养创新型、复合型、应用型人才。竞赛地质教育研究分会精心组织策划，规范管理，订立章程，组成了竞赛组委会、专家组、仲裁组，成员涵盖了全国主要地质类院校，重要决策经组委会开会讨论通过。承办院校要成立竞赛工作领导小组，及时向组委会汇报工作进展，参赛学校要成立初赛选拔工作领导小组，负责培训和初选工作。

竞赛影响力：全国大学生地质技能竞赛是地学领域唯一一个全国性竞赛，得到全国地质类高校的充分认可，在行业内享有较高的声誉，参赛院校将竞赛成绩作为实践教学改革的动力；参与院校几乎涵盖了全国所有的地质学类和地质类高校和职业学校，是地学类大学生保研、评奖学金、就业的重要衡量指标。从第五届竞赛开始，组委会经研究允许在华就读的地质类专业留学生报名参赛，各高校在原有"3+1"组队的基础上，单独报送"留学生队"，逐步推进竞赛国际化的进程和为"一带一路"做出贡献。

竞赛赛程：2月组委会会议，修订章程，确定专家组、仲裁组；3月专家组、仲裁组第一次会议；4月各参赛院校初赛选拔；5月报复赛名单；6—7月专家组、仲裁组第二次会议，公布竞赛方案；9月中旬决赛，决赛前组委会第二次会议，专家组、仲裁组第三次会议，确保竞赛顺利进行。

竞赛网址：https://yuanxi.cugb.edu.cn/competition/

秘书处单位：中国地质学会地质教育研究分会

邮箱：djx2180@cugb.edu.cn

大赛标志：

## 10.35　全国大学生光电设计竞赛

竞赛介绍：由中国光学学会主办、中国光学学会光学教育专业委员会代表主办机构、全国大学生光电设计竞赛委员会具体负责的一项专业学科竞赛，创设于2008年。竞赛专注于光电领域，为各高校学生提供了解和运用光电知识解决实际问题、激发创意思维、领略光电魅力的机会。2008—2018年，两年一届，偶数年举行实物决赛；2019年及之后一年一届,奇数年创意赛,偶数年实物赛。竞赛主要面向本科生,鼓励学生跨校、跨专业、跨学科、跨境组合参赛,每人只能参加一支赛队,每支赛队至少包含 2 名本科生。竞赛设立全国大学生光电设计竞赛委员会和七个分区竞赛委员会,分别负责全国和各分区竞赛的宏观管理和可持续发展等。每届竞赛设立当届竞赛组织委员会,负责该届竞赛的组织实施。

竞赛影响力:累计有全国千余所次高校、3 万余人次学生参赛。2021 年第九届竞赛首次开辟境外赛道,吸引了 5 所境外高校 7 支队报名参赛,是竞赛从内陆扩大到境外的新起点。2019—2021 连续三年被纳入全国普通高校大学生学科竞赛排行榜。

竞赛赛程:3 月中下旬成立国赛组委会→4 月中旬确定七个分区承办单位→7 月上旬各学校推荐队伍参加所在分区的区赛→8 月上旬完成七大分区赛暨国赛初赛→8 月中下旬全国总决赛。

竞赛网址:http://gd.p.moocollege.com/,http://opt.zju.edu.cn/gdjs

秘书处单位:浙江大学

邮箱:oeccos@zju.edu.cn

大赛 LOGO:

# 10.36　全国大学生集成电路创新创业大赛

竞赛介绍:全国大学生集成电路创新创业大赛(简称集创赛)是由工业和信息化部人才交流中心主办,北京智芯国信运营,创建于 2017 年,已连续举办 6 届,为国内集成电路领域最大规模高校赛事。大赛秉承"前沿引领,产学合作"宗旨,设立 7 大技术赛道,每届 20 家行业领军企业设立企业杯赛,带来工业界最新课题,指导和支持参赛学生完成完整工程实训赛题。参赛高校超过 300 所,覆盖 28 所国家示范性微电子学院以及主要的集成电路相关院校本硕博学生。每届参赛团队超过 4000 支。

竞赛影响力:每届参赛高校 300＋所,团队 4000＋支,覆盖 28 所国家示范性微电子学院以及主要集成电路院校。每届合作企业 100＋家,其中超过 20 家为杯赛企业,其他为大赛人才服务和行业活动合作企业。累计为 20000＋名专业学生提供了完整工程项目实训。

竞赛赛程:赛程从 1 月持续到 8 月,包括初赛、七大分赛区决赛和总决赛三个阶段。

(1)报名时间:2022 年 1 月—2022 年 3 月 15 日,报名截止日期:2022 年 3 月 15 日。

(2)作品设计时间:2022 年 1 月—2022 年 5 月。

(3)校园选拔赛时间(可选):2022 年 5 月 30 日之前。

(4)作品提交截止时间:2022 年 6 月 1 日。

(5)初赛评审时间:2022 年 6 月。

(6)分赛区比赛:2022 年 7 月。

(7)全国总决赛:2022 年 8 月。

竞赛网址：univ. ciciec. com

秘书处单位：工业和信息化部人才交流中心

邮箱：icabaoming@miitec. org. cn

大赛LOGO：     关注大赛：

# 10.37 全国大学生金相技能大赛

竞赛介绍：全国大学生金相技能大赛（简称金相大赛）是由教育部高等学校材料类专业教学指导委员会主办的一项大学生实验技能赛事。具体比赛内容为：参赛选手通过预磨（使用砂纸或者预磨机）、抛光（使用抛光机）、腐蚀等程序对一块材料样品的表面进行处理，以使其在光学显微镜下显示出清晰的显微结构。大赛旨在促进各高校加强学生基本实验技能的培训，引导学生重视基本实验技能的培训，在我国高校材料学科的实验教学中营造出一种重视基础实验教学、重视基本实验技能培训的浓厚氛围。大赛已经形成了成熟的大赛章程、竞赛规则、评审工作条例等规章制度，确保了竞赛流程和评审机制的公平、公正、公开。

竞赛影响力：因为制度公正完善、评审公开透明，中国大陆除西藏自治区外，其他省（市、自治区）均有高校参赛，单年参赛高校数达400余所。金相大赛已经在国内产生了广泛的影响力。

竞赛赛程：金相大赛原则上每年举办一届，每届比赛分预赛、复赛和决赛三个阶段。预赛阶段比赛由各参赛高校自行组织，原则上要求在七月中旬之前完成。复赛及决赛阶段比赛由竞赛委员会组织，委托一所或多所高校承办，一般安排在下半年举办。

竞赛网址：http://www.mse-cn.com

秘书处单位：清华大学

邮箱：jxds_2012@163.com

大赛LOGO：     关注大赛：

# 10.38 全国大学生信息安全竞赛

竞赛介绍：全国大学生信息安全竞赛由教育部高等学校网络空间安全专业教学指导委员会发起并主办，是一项公益性大学生科技活动，旨在培养、选拔、推荐优秀信息安全专业人才，普及信息安全知识，培养大学生的创新意识和团队合作精神，拓展大学生的科学视野,促进高等学校信息安全专业课程体系、教学内容和方法的改革。

竞赛影响力:该竞赛已连续举办 14 届,并于 2020 年正式入选全国高校学科竞赛排行榜,是我国级别最高、覆盖范围最广、影响力最大的大学生信息安全类竞赛。2021 年第十四届全国大学生信息安全竞赛—作品赛共有 839 支队伍报名,征集作品 718 项,参赛人数达 2603 人,参赛队伍分别来自全国 156 所学校。创新实践能力赛参赛队伍 2042 支,参赛选手达 7013 人,参赛的高校、战队和人员数量均创历届之最。

竞赛赛程:http://www.ciscn.cn/competitioncharter

竞赛网址:www.ciscn.cn

秘书处单位:北京电子科技学院

邮箱:info@ciscn.cn

大赛 LOGO:      关注大赛:

# 10.39　未来设计师·全国高校数字艺术设计大赛

竞赛介绍:未来设计师·全国高校数字艺术设计大赛(简称未来设计师 NCDA),由工信部人才交流中心主办,NACG 数字艺术人才培养办公室联合各省份赛区高校承办,始于 2012 年,每年举办一届,已连续举办九届,是大学生积极参与的赛事之一。大赛秉承"设计为人民服务,培养未来设计师"的理念,坚持"科技与艺术并重,学术与公益并重",专注于艺术设计人才培养。赛事设置非命题、公益、命题、国际四个赛道,率先设立联合国可持续发展目标、可持续设计、人工智能＋设计、数字音乐等内容,提升大学生设计创新与实践能力,拓展国际视野,培养团队协作精神,成为未来的主力设计师。大赛贯彻新发展格局,高起点定位,高规格组织,高质量办赛,得到"学习强国"学习平台,联合国工业发展组织,省级教育厅等单位的肯定与支持。参赛作品类别有视觉传达、数字影像、交互设计、环境空间、造型设计、时尚与服饰、数字绘画、数字音乐、人工智能＋设计等。

竞赛影响力:2021 年第九届大赛设立 28 个省级分赛区,来自 31 个省、自治区、直辖市的 1,456 所高校,含近 90％的 985、一流大学和 95％的知名设计院校,约 100 万人次大学生和教师参赛,征集作品 119,785 件,国赛一等奖作品全部在"学习强国"学习平台专栏展示。

竞赛赛程:

报名参赛:每年 11 月接受报名。

作品征集:每年 11 月 — 次年 6 月 20 日截止。

作品评审:7 月 1 日－8 月 30 日。

公布奖项:8 月 15 日公布省级奖项;8 月 31 日公布全国奖项。

颁奖典礼:每年 11 月上旬,颁发证书,首发获奖作品集。

竞赛网址:www.ncda.org.cn

秘书处单位:NACG 数字艺术人才培养办公室/上海工艺美术学会数字艺术设计专委会

邮箱:ncda@ncda.org.cn

大赛 LOGO:

关注大赛:

未来设计师NCDA大赛订阅号　　未来设计师NCDA大赛服务号

# 10.40　全国周培源大学生力学竞赛

竞赛介绍:全国周培源大学生力学竞赛为教育部委托主办的大学生科技活动,旨在服务于教学和育人。它是一项为促进高等学校力学基础课程的改革、提高学生学习基础力学的兴趣的科技活动;也是一项为加强对理工科高校学生的素质教育和培养他们的动手能力、创新能力和团队协作精神的赛事;更是一项考验广大青年学生课堂力学知识能不能灵活运用、发现和选拔后继创新人才的课外活动。全国周培源大学生力学竞赛分为个人赛和团体赛,其中团体赛分为"理论设计与操作"和"基础力学实验"两部分。个人赛由《力学与实践》编委会承办。"理论设计与操作"团体赛由《力学与实践》编委会承办,"基础力学实验"团体赛由中国力学学会教育工作委员会承办。

竞赛影响力:力学竞赛自 1988 年开展以来,参加该项竞赛的大学生人数多达 21 万以上,许多获奖者现在已成为力学学科的创新领军人才。

竞赛赛程:单数年举办,5 月份举办个人赛,7-8 月份举办团体赛。

竞赛网址:http://zpy.cstam.org.cn

秘书处单位:《力学与实践》编辑部

邮箱:lxsj@cstam.org.cn

大赛 LOGO:

关注大赛:

# 10.41　中国大学生机械工程创新创意大赛

竞赛介绍:中国大学生机械工程创新创意大赛(以下简称"大赛")由中国机械工程学会主办,是面向全国高校机械类、材料类、工业工程类等相关专业大学生开展的一项公益性竞赛活动。目前,大赛已发展成为教育部认可的大学生竞赛项目。大赛在教育部高等学校机械类专业教学指导委员会、材料类专业教学指导委员会、工业工程类专业教学指导委员会指导下,始终以"立足机械、面向工程、激发创意、促进创新"为目标,旨在引导和鼓励机械类、材料类、工业工程类等相关专业的大学生主动跟踪科技发展前沿,积极投身科技创新与工程实践活动,培养团队协作意识和工匠精神,提升大学生工程实践与创新能力,服务国家建设制造强国战略,加快装备制造业创新创业人才培养。

竞赛影响力:大赛自 2017 年起已成功举办了 5 届,每年有来自全国包括"双一流"高校在内的 320 所以上高校及近万名大学生参加竞赛,是国内最具影响力的机械工程领域学科专业赛事之一,是高校学生竞赛与教师教学成果展示的平台和载体。

竞赛赛程:大赛每年举办一次,每年从 3 月起发布大赛公告并陆续开通报名通道,大赛赛制为校内赛、复赛、省赛/区域赛、总决赛,竞赛时间一般从 5 月陆续开始至 11 月底结束。大赛采用"赛道－赛项"模式,目前设置了"创意赛道""专业创新赛道"和"毕业设计赛道"3 个赛道,下设 13 个赛项。其中,纳入竞赛榜单的子赛项分别是过程装备实践与创新赛、铸造工艺设计赛、材料热处理创新创业赛、起重机创意赛、智能制造大赛。

秘书处单位:中国机械工程学会

邮箱:meicc@cmes.org

大赛 LOGO:

# 10.42　中国机器人大赛暨 RoboCup 机器人世界杯中国赛

竞赛介绍:RoboCup 机器人世界杯中国赛(RoboCup China Open)是 RoboCup 机器人世界杯的正式地区性赛事,1999 年中国自动化学会举办了首届 RoboCup 机器人世界杯中国赛,并于 2006 年发展为 RoboCup 国际联合会认定的最有影响力的五大国际区域赛之一。同年开始,该项赛事每年与"中国机器人大赛"合并举办,冠名"中国机器人大赛暨 RoboCup 机器人世界杯中国赛",赛制为每年举办一次,至今已成功举办 22 届。作为我国面向大学生、研究生开展,影响力最大、综合技术水平最高的机器人学科竞赛之一,致力于推进机器人相关学科,特别是自动化、机器人、人工智能等学科的发展。

竞赛影响力:RoboCup 机器人世界杯中国赛目前已经成为 RoboCup 国际联合会认定最有影响力的五大国际区域赛之一。同时,也得到教育部高等学校自动化类专业教学指导委员会的大力支持。大赛于 2020 年成功入选中国高等教育学会《2015—2019 年全国普通高校学科竞赛排行榜》榜单。

竞赛赛程:本年度 4 月—5 月发布 RoboCup 机器人世界杯中国赛比赛通知及规则并开始报名,现场决赛时间将根据疫情情况进行确定,6 月发布中国机器人大赛赛区通知并开始报名,6—7 月进行各项目预选赛,预选赛结束后公布进入决赛名单,8 月进行决赛。

竞赛网址:http://crc.drct-caa.org.cn

秘书处单位:中国自动化学会机器人竞赛与培训部

邮箱:liukuan@caa.org.cn

大赛 LOGO：

关注大赛：

# 10.43 "中国软件杯"大学生软件设计大赛

竞赛介绍："中国软件杯"大学生软件设计大赛是由工业和信息化部、教育部和江苏省人民政府共同主办的面向高等学校在校生的公益性赛事。大赛自 2011 年启动至今已连续成功举办十届。十年来大赛旨在贯彻落实国家软件发展战略，培养特色化软件人才，将聚焦关键基础软件、大型工业软件、新兴平台软件、行业应用软件、嵌入式软件等重点领域体系化技术攻关对专业化、高端化、复合型人才的迫切需求，持续推动校企合作、教学改革。进一步探索具有中国特色的软件人才产教融合培养路径，推动关键软件技术突破、软件产业生态构建、国民软件素养提升。

竞赛影响力：大赛为两部一省共同主办的国家一类赛事，自举办以来囊括了 31 个省区市的 1300 余所院校的 4 万支团队，16 万余名师生参赛，帮助国内百余家软件企业解决共性技术难题 200 余项。大赛 2019 年入选《全国普通高校大学生竞赛榜单》。

竞赛赛程：每届大赛历时一年，主要包括：赛题征集、赛题修订与发布、报名组织、校园巡讲、线上辅导、作品提交、初赛评审、分赛区（专题赛）决赛、全国总决赛（同期启动下届赛事）。

(1)赛题征集与审订（当年 12 月—次年 3 月）。

(2)报名阶段（次年 3 月—5 月）。

(3)校园宣讲（次年 5 月）。

(3)线上辅导（次年 3 月—6 月）。

(4)作品提交及初赛阶段（次年 7 月）。

(5)总决赛及颁奖典礼（次年 8 月）。

竞赛网址：http://www.cnsoftbei.com/

秘书处单位：中国电子信息产业发展研究院

邮箱：cnsoftbei@qq.com

大赛 LOGO： 　　　关注大赛：

# 10.44　中美青年创客大赛

竞赛介绍：中美青年创客大赛由中华人民共和国教育部主办，中国（教育部）留学服务中心、清华大学、北京歌华文化发展集团、谷歌信息技术（中国）有限公司和中国大学科技园联盟共同承办。2019 年来自中美 14 个赛区百余所中美高校的近万名学生报名参赛。

竞赛影响力：大赛以"共创未来"为主题，倡导参赛者关注社区、教育、环保、健康、能源、交通等可持续发展领域，结合创新理念和前沿科技，打造具有社会和产业价值的全新作品。大赛通过比赛的形式促进中美两国人文交流，为两国青年搭建交流沟通的平台，已成为中美社会和人文对话的品牌活动之一。前五届大赛已分别纳入第五轮、第六轮、第七轮中美人文交流高层磋商机制成果清单和首轮中美社会和人文对话教育领域成果清单。

竞赛赛程：每年 3 月—7 月大赛正式启动，开始报名并进行分赛区选拔赛；7 月—8 月决赛入围团队进行作品优化；8 月底或 9 月初进行大赛决赛。

竞赛网址：http://www.chinaus-maker.org.cn

秘书处单位：中国（教育部）留学服务中心

邮箱：sybao@cscse.edu.cn

大赛 LOGO：

# 10.45　RoboCom 机器人开发者大赛

竞赛介绍：睿抗机器人开发者大赛（RoboCom）旨在检验与提升参赛者在智能机器人技术的创新应用能力，由此设立了 CAIA 数字创意、CAIR 工程竞技和 CAIP 编程设计 3 个主赛道。

· CAIA 数字创意赛道包括四项主题赛和两项专题赛。其中主题赛包括传统文化类、智能生活类、视觉创意类、未来体验类；专题赛包括中国历代绘画大系数字创意类、智能网联汽车交互设计类。

· CAIR 工程竞技赛道作为大赛的核心赛道，通过前沿技术仿真赛、智能机器人场地赛、创新技术路演赛、伦理辩论赛等多种比赛方式，经过一定规程的设计，让参赛者通过使用机器人设备装置完成场地任务或对抗比赛。

· CAIP 编程设计赛道（编程技能普及赛），从编程能力、综合素质、学术氛围、校际交流等方面，组织比赛形式，能全面提升大学生程序设计的能力，进一步推动我国机器人应用开发水平。

竞赛影响力：依托工业和信息化领域产业人才工作，基于各地方机器人产业发展需要，结合"中国历代绘画大系"等国家重大文化工程，国内 300 余所院校共同参与，辐射人群数十万,大赛成果和作品在省部级、国家级活动上得以展示和发布。

竞赛赛程:

(1)立项申请阶段:每年1月,发布立项申请说明,接收立项申请书,由RoboCom组委会和秘书处成立赛项评审小组,整理并组织评审。

(2)赛项发布阶段:每年1月末,发布2022年赛项说明,接受各赛项组委会、执委会、专委会成员申请表。

(3)竞赛启动阶段:每年2月,召开竞赛启动工作会议、制定竞赛规程和工作制度、发布竞赛启动通知和竞赛规程,发布各赛项组委会、执委会、专委会成员名单,讨论决赛时间、遴选决赛地点等。

(4)参赛动员和比赛报名:每年3月-5月,组织竞赛动员和报名工作,整理报名信息,发布竞赛样题并组织召开竞赛技术说明会议。

(5)省赛选拔阶段:每年6月-7月,各高校完成校赛,省赛由省级组委会组织选拔,并将参加决赛(国赛)的队伍名单及项目信息报送组委会,由组委会审核后、通过官网发布晋级名单以及决赛筹备等。

(6)决赛阶段:每年7月-8月总决赛,组织专家组长、裁判长工作会议,组织裁判员培训,召开领队工作会议,领队抽签、熟悉场地,召开媒体工作会议,选手报到,大赛开幕式,技能实操比赛,理论答辩比赛,裁判长汇报比赛成绩,大赛闭幕表彰,决赛期间国际交流活动等事宜。

(7)竞赛成果转化阶段:每年9-12月,召开竞赛成果转化工作会议,落实专家组长成果转化工作,进一步推进赛事成果与地方产业的对接,制作各赛项专刊,赛项成果向各上级单位申报。

竞赛网址:https://www.robocom.com.cn

秘书处单位:北京搜获科技有限公司

邮箱:robocom@163.com

大赛LOGO:

关注大赛:

# 10.46　"大唐杯"全国大学生移动通信5G技术大赛

竞赛介绍:"大唐杯"全国大学生移动通信5G技术大赛是由工信部人才交流中心与中国通信企业协会联合主办,中信科移动通信技术股份有限公司、北京市教委北京高校电子信息类专业群共同组织承办的全国性电子信息类相关专业创新实践型的竞赛。大赛贯彻"以赛促学、以赛促教、以赛促练、以赛促建、以赛促改"的原则,服务于信息通信产业发展大局,创新高校人才培养机制,以产教融合形式为国家信息通信产业培养技术人才。大赛以在校大学生为主体参与者,以提升学生专业技能、协同高校学科建设、推动行业创新发展为目的,依托中信科移动深厚的技术底蕴,实现了从产业认知、理论培训、模拟仿真到工程实践的全流程突破;为信息通信行业输送具有创新能力和实践能力的高端人才,提升高校毕业生的就业竞争力。

竞赛影响力:"大唐杯"5G 技术大赛是教育部高等教育学会"全国大学生竞赛排行榜"内排名最具有影响力的电子信息通信类竞赛;目前已成功举办 8 届,2022 年第九届大赛已吸引近 25000 名高校学生参赛,3500 余名指导教师参与,覆盖 30 个省份、400 余所高校,连续三年实现参赛规模 150% 的增长,持续为社会人才培养和校企合作贡献力量。

竞赛赛程:大赛根据行业岗位用人需求和参赛对象的不同,分为省赛阶段和全国赛阶段,并按学段划分不同参赛赛道。省赛报名时间每年 2 月,竞赛时间为每年 4 月;国赛报名时间一般为每年 4 月—5 月,决赛时间为每年 6 月。

竞赛网址:http://dtcup.dtxiaotangren.com

秘书处单位:中信科移动通信技术股份有限公司(大唐移动)

邮箱:yuanxing@cictmobile.com

大赛 LOGO:

关注大赛:

# 10.47　华为 ICT 大赛

大赛介绍:"华为 ICT 大赛"是华为公司打造的面向全球大学生的年度 ICT 赛事,为高校学生提供国际化竞技 和交流平台,提升学生的 ICT 知识水平,加强学生的实践动手能力,培养学生运用新技术、新平台 的创新创造能力。同时,大赛也成为国际人才交流合作平台。华为 ICT 大赛于 2015 年在中国启动,奠定了华为 ICT 大赛"联接 荣耀 未来"的基调,迄今已成功举办了六届。华为中国大学生 ICT 大赛分为实践赛和创新赛。实践赛包含网络赛道和云赛道,重点考查学生的 ICT 理论知识储备量、上机实践能力和团队协作能力。创新赛则聚焦物联网、大数据、人工智能、鸿蒙等方向,考查学生的创新与合作开发能力。

大赛影响力(100 字以内):截至目前,第六届华为 ICT 大赛共吸引了全球 85 个国家和地区、2000 多所院校,15 万学生报名参赛。华为中国大学生 ICT 大赛 2021 参赛高校950 多所,参赛学生 45000+,大赛举办期间,华为举办人才联盟双选会 20 多场,550 余家产业伙伴提供优质岗位 6000 多个,达成就业意向 2000+。

大赛赛程:

➡ **实践赛**

(1)报名时间:每年9月。

(2)中国区省赛:每年10月—11月。

(3)中国区总决赛:每年12月。

(4)中国区总决赛颁奖:每年12月下旬。

(5)全球总决赛:次年6月。

➡ **创新赛**

(1)报名时间:每年9月。

(2)方案初稿提交:每年10月。

(3)方案初审:每年10月下旬。

(4)作品设计和提交:每年11月—12月。

(5)线上初评答辩:每年12月。

(6)中国区总决赛答辩:每年12月中旬。

(7)中国区总决赛颁奖:2021年12月下旬。

(8)全球总决赛:次年6月。

竞赛网址:https://e.huawei.com/cn

秘书处单位:华为技术有限公司

邮箱:wangchengjie@huawei.com

大赛LOGO:

关注大赛:

## 10.48 全国大学生 RoboCom 机器人开发者大赛与系统设计竞赛

竞赛介绍:为服务国家嵌入式芯片与相关应用产业的发展大局,加强全国高校学生在相关领域的创新设计与工程实践能力,深化产教融合,培养具有创新思维、团队合作精神、解决复杂工程问题能力等新工科要求的优秀人才,先后由电子信息类教指委、中国电子学会主办的"全国大学生嵌入式芯片与系统设计竞赛"。2018首届"全国大学生嵌入式芯片与系统设计竞赛"成功举办后,得到了行业广泛认可,在2019成立了以电子科技大学、上海交通大学、厦门大学、华中科技大学和北京邮电大学为支撑的西部、东部、南部、中部和北部五大分赛区。经过五年的发展,大赛几乎覆盖了全国所有电子信息类高校,在促进在校大学生创新人才成长、提升工程实践能力等方面发挥了积极作用,在广大高校和行业产生了广泛而良好的影响。

竞赛影响力：2018 首届"竞赛"成功举办后，得到了行业广泛认可，在 2022 年第五届大赛中，取得了超过 400 所高校的近 5000 支队伍、14000 余人参与。

同时大赛积极以真实化企业选题方向引领、带动各个学校工程实践教学水平，系列化师资研修活动带动广大高校青年教师团队进行教学技术革新，促进高校交流，推进参赛团队加深产业认识。

竞赛赛程：大赛分初赛、分赛区复赛及全国总决赛三阶段进行。

报名资格审核：每年 2 月中旬－3 月底。

作品设计时间：每年 4 月－7 月。

作品提交时间：每年 7 月。

初赛评审时间：每年 7 月。

分赛区复赛时间：每年 7 月。

全国总决赛时间：每年 8 月。

竞赛网址：www.socchina.net

秘书处单位：东南大学、南京集成电路培训基地

邮箱：soc@nicu.cn

大赛 LOGO：

关注大赛：

# 10.49　全国大学生生命科学竞赛

竞赛介绍：全国大学生生命科学竞赛是由教育部高等学校大学生物学课程教学指导委员会、教育部高等学校生物科学类专业教学指导委员会、教育部高等学校生物技术与生物工程类专业教学指导委员会、教育部高等学校食品科学与工程类专业教学指导委员会、高等学校国家级实验教学示范中心联席会和《高校生物学教学研究（电子版）》杂志共同倡议举办的全国高校大学生生命科学领域的全国性赛事，竞赛分科学探究类和创新创业类两个赛道，每年举办一届。竞赛旨在培养大学生的创新意识、实践能力和团队精神，拓宽科学视野，增强社会责任感，促进生命科学学科教学改革，提高人才培养质量，为全国高校生命科学相关专业学生搭建实践活动的交流与展示平台。

竞赛影响力：竞赛从 2016 年举办至今，赛事规模逐年扩大。参赛范围覆盖全国 31 个省份，最新一届竞赛参赛高校 400 余所，参赛师生 40000 余人，参赛学生不仅分布在生命科学领域，还有其他跨专业领域，赛事得到了全国高校的认可。

竞赛赛程：每年 3 月，发布通知，报名组队。

每年 4 月,科学探究类提交立项报告,在网络评审前提交实验记录等材料。创新创业类提交作品申报书。

每年 5 月,创新创业类进行资格审查。

每年 6 月,创新创业类网络评审。

每年 7 月,创新创业类省赛全国决赛。

每年 10 月,科学探究类网络评审。

每年 11 月,科学探究类省赛及全国决赛。

竞赛网址:www.culsc.cn

秘书处单位:科学探究类赛道:浙江大学

创新创业类赛道:上海交通大学

邮箱:gy934@zju.edu.cn

大赛 LOGO:

# 10.50　全国大学生物理实验竞赛

竞赛介绍:为进一步激发我国大学生对大学物理和物理实验课程的学习兴趣和学习潜能,在实践中培养学生的创新精神和实践能力,在竞争中提升学生的团队协作意识和综合素质,竞赛搭台,教学唱戏,不断深化我国高校的物理实验教学改革,着力提高物理实验教学质量和高素质创新型人才培养质量,经国家级实验教学示范中心联席会物理学科组、全国高等学校实验物理教学研究会、教育部大学物理课程教学指导委员会大学物理实验专项委员会和中国物理学会物理教学委员会研究决定,联合举办全国大学生物理实验竞赛。全国大学生物理实验竞赛由教学赛、创新赛两大类组成。创新赛(命题、自主、讲课)每年举办;教学赛为现场命题(基础、综合)、操作、定时完成,奇数年举办。

竞赛影响力:全国大学生物理实验竞赛是教育部(高教司函(2010)13 号)批准的大学生竞赛项目。120 所高校参加教学赛决赛,每年近 500 所高校上万名学生两千多个项目参加创新赛,教学相长、师生双赢,提升了我国大学物理实验教学水平。

竞赛赛程:

(1)元月份发布第一轮竞赛通知,公开竞赛题目,选手组队在本校进行准备,各参赛高校在 5 月 15 日前,通过网络填报预赛报名表。

(2)8 月中下旬发布第二轮通知,明确各参赛高校将赛题要求的参赛资料包括(实验报告、演示 PPT、视频资料等)在 9 月 1 日—9 月 15 日向竞赛组委会提交正式报名、上传参赛资料、完成缴费。

(3)9 月下旬竞赛组委会拟从各高校遴选评审专家,对各个项目进行网络初评,专家本着"公平、公正、科学、规范"的原则,通过评阅项目资料和实验视频资料,对每件作品进行评分。组委会将在 10 月下旬公开发布初评结果及第三轮竞赛(决赛)通知。

(4)11月初进入决赛的作品,采取线上答辩的形式或者现场答辩的形式进行评比和展示,具体形式和规则在第三轮通知里明确;11月底组委会在答辩赛结束公示决赛成绩,公布获奖名单。

竞赛网址:http://wlsycx.moocollege.com/

秘书处单位:中国科学技术大学

邮箱:zpwang@ustc.edu.cn

# 10.51　全国高校 BIM 毕业设计创新大赛

竞赛介绍:全国高校 BIM 毕业设计大赛以拓宽大学生的建筑专业视野、培养 BIM 应用型创新型人才、遵循 BIM 在实际项目生命周期中各阶段的应用需求为基础,发挥大赛其创新能力、设计能力、工程实践能力以及创业能力为目标,将行业新技术、新需求与传统教学更好地融合,为 BIM 技术高校落地应用探索提供了新途径,为开设 BIM 相关的课程和课题研究提供了思路、提高了学生的就业率和就业质量、有助于 BIM 师资团队的建设,参赛院校已将或计划将 BIM 技术融入毕业设计或综合实训中。大赛面向全日制本科或专科院校,建筑相关专业在校学生。覆盖了工程造价、工程管理、土木工程、建筑工程技术、建设项目管理、智能建造、建筑设备、建筑装饰等相关专业,着重关注毕业设计的核心内容,同时也结合了行业应用较为成熟的 VR 技术,为建筑全专业师生提供更专业的竞技平台。

竞赛影响力:自 2015 年起,大赛已在全国范围内成功举办七届,作为全国规模最大、涵盖专业最多的高校建筑专业赛事之一,参与院校共计 1800 余所、提交 BIM 优秀作品累计达 6000 余份、参赛师生达 7 万余名。2021 年 3 月,入选《2020 年普通高校大学生竞赛排行榜》,成为全国大学生建筑类专业比赛 BIM 方向唯一入选赛事。

竞赛赛程:

报名时间:2020 年 11 月－2021 年 1 月。

校内赛时间:2021 年 3 月－4 月。

作品上传时间:2021 年 4 月。

全国网络竞赛评审时间:2021 年 5 月。

全国总决赛时间:2021 年 6 月。

竞赛网址:http://gxbsxs.glodonedu.com/index

秘书处单位:广联达科技股份有限公司

邮箱:501294652@qq.com

大赛 LOGO: 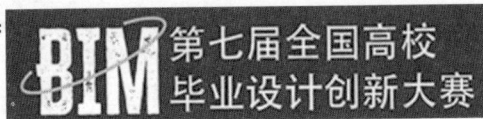 关注大赛:

# 10.52 全国高校商业精英挑战赛

竞赛介绍:全国高校商业精英挑战赛是由中国国际贸易促进委员会商业行业委员会牵头,会同有关专业协会、学会、事业单位联合主办的全国高校商业精英挑战赛,简称CUBEC。竞赛设置品牌策划、会展专业创新创业实践、国际贸易、创新创业等多项专业竞赛,累计参赛院校数量一千余所。总决赛举办地遍及境内 21 个城市及境外 7 个国家和地区(包括新加坡、澳大利亚、马来西亚、美国、韩国等),全国高校商业精英挑战赛各专业赛事均实现了境内与境外竞赛相衔接。全国高校商业精英挑战赛(CUBEC)已于 2018 年注册商标,大赛组委会为了进一步规范化、流程化办赛,于 2018 年牵头起草了《全国高校商业精英挑战赛运营服务规范》团体标准,竞赛严格按照此标准执行。由此体现了全国高校商业精英挑战赛(CUBEC)的专业化、国际化、品牌化、标准化的特点。

竞赛影响力:经过多年的发展,全国高校商业精英挑战赛业已培育成为我国高等商科教育领域中,专业全覆盖、赛项最齐全、校企合作最深入、国际交流最广泛的赛事活动;集学科竞赛、产学合作与国际交流三位一体的创新实践平台,形成了政府认可、企业肯定、媒体关注和院校欢迎的良好局面。

根据中国高等教育学会高校竞赛评估与管理体系研究工作组发布的《全国普通高校大学生竞赛排行榜》,全国高校商业精英挑战赛——品牌策划竞赛、会展专业创新创业实践竞赛、国际贸易竞赛、创新创业竞赛等赛项已连续两年纳入全国普通高校大学生竞赛排行榜目录。

竞赛赛程:竞赛设置四级竞赛(校赛、知识赛、区域赛/省赛、全国总决赛)。

·院校报名后先自行组织校赛选拔队伍然后通过知识赛考核即可进入到区域赛/省赛环节。

·区域赛/省赛的参赛团队,组委会通过组织评审专家评筛选出全国各区域/省入围全国总决赛的团队。

·全国总决赛环节将根据参赛团队的表现进行评选出具体奖项。

竞赛网址:http://www.ccpitedu.org/

秘书处单位:中国贸易促进委员会商业行业委员会

邮箱:ccpithq@163.com

大赛 LOGO: 　　　　关注大赛:

# 10.53 "学创杯"全国大学生创业综合模拟大赛

竞赛介绍:"学创杯"全国大学生创业综合模拟大赛面向全国本科与高职院校学生,定位于国家级创业模拟赛事,侧重于大学生创新创业能力训练。大赛通过模拟经营一家初创企业,在共同市场环境中与其他团队展开激烈竞争,帮助企业成长壮大。通过对真实创业环境的仿真模拟,学生在模拟实战中学习初创企业的运营管理,培养学生发现问题、分析问题和解决问题的能力,真正掌握创业企相关知识的综合运用能力。

竞赛影响力:自 2014 年至今已经成功举办八届,从首届大赛 276 所高校参赛,到 2021 年第七届大赛 1075 所高校参赛。赛事的覆盖度,参赛院校的水准都日趋提升。"学创杯"已经成为各层次院校广泛参与的全国性大赛之一。

竞赛赛程:1 月大赛启动,3－5 月校内初赛,5－10 月各地区省级选拔赛,11 月进行全国总决赛。

竞赛网址:www.xcbds.com

秘书处单位:山东大学

邮箱:xjc@bster.cn

大赛 LOGO:  关注大赛:

# 10.54 中国高校智能机器人创意大赛

竞赛介绍:2017 年首届中国高校智能机器人创意大赛由中国高等教育学会、教育部工程图学课程教学指导委员会、中国高校智能机器人创意大赛组委会共同主办,浙江大学机器人研究院承办,决赛由浙江省余姚市人民政府承办。

本竞赛包括 3 个主题赛和 3 个专项赛。以"更好、更快、更强"为竞赛口号,嵌入式芯片既培养学生解决问题的能力,也培养学生提问题的能力。

主题一:"创意设计智能机器人——让生活更美好",激发创意赋能机器人让生活更美好的愿望。

主题二:"魔方机器人——挑战极限",则承载了人们对类人机器人更快速度的探索。

主题三:"创意格斗——智能机器人格斗",将人工智能、机器人技术与中国的传统武术结合,承载了人类对更强赋能的追求。

竞赛影响力:国内技术挑战性最强、影响力最大的机器人竞赛平台之一。从第一届 168 所高校发展到第四届 345 所高校参赛。新华社、人民网、光明网等权威媒体均对本竞赛进行报道,新华社单条新闻点击量突破了 111.8 万。

竞赛赛程:大赛采用省赛和国赛两级赛制。

参赛报名时间:每年 4 月—6 月。

参赛作品提交时间:每年 7 月。

全国决赛时间:每年 8 月。

竞赛网址:http://www.robotcontest.cn

秘书处单位:浙江大学

邮箱:robotcontest@126.com

大赛 LOGO:

## 10.55　中国好创意暨全国数字艺术设计大赛

竞赛介绍:简称 3C 大赛或"中国创意挑战大赛",是由中国电子视像行业协会主办的全国数字艺术设计创意及电子技术创新领域综合类赛事,旨在促进"产、学、研"结合,深度挖掘创意精英,搭建高端、公平、公正、公开的选拔平台。

竞赛影响力:已连续举办十六届,累计有 1800 多所院校系的数十万名学生携数十万件作品参赛。为了给高校创意搭建产业转化合作平台,大赛与政府、企业、行业协会之间建立了良好的产业转化平台,成为优质作品寻找产业对接的重要窗口。

竞赛赛程:网站提交时间:每年 3 月—6 月底。

分赛区评奖:每年 7 月中旬之前将评选出的作品提交至国赛。

总赛区评奖:每年 7 月底。

一等奖答辩:每年 8 月。

最终获奖名单公布:每年 8 月底之前。

竞赛网址:http://www.cdec.org.cn/

竞赛作品提交网站:http://1xianxian.cn/

秘书处单位:全国高等院校计算机基础教育研究会

邮箱:peixun3000@163.com、afcec_msc@163.com

大赛 LOGO: 　　　关注大赛:

## 10.56　中国机器人及人工智能大赛

竞赛介绍:中国机器人及人工智能大赛自 1999 年举办以来,至今已经成功举办 23 届,历届比赛由国际机器人足球联盟中国分会、教育部高等学校计算机课程教学指导委员会、中国人工智能学会举办。经过 23 年的发展,大赛已经形成"强基础、重实践、强过程、重创新"的"两强两重"鲜明特色,大赛科研育人、实践育人、产教融合的人才优势更加突出。中国机器人及人工智能大赛面向全日制研究生、本科生、专科生。大赛专注于机器人技术、人工智能等核心关键技术,以机器人的感知技术、运动控制技术、人机交互技术、导航和路径规划技术以及人工智能的学习技术、识别技术、自然语言理解为核心考核内容,同企业紧密结合,以完成相关任务为手段,在实践中提高大学生对机器人技术和人工智能等前沿技术、工具的自主学习和实际运用能力。同时也创设开放式的创新赛道,让学生自由在机器人技术、人工智能技术、文化与艺术方面自由发挥,融合创新,不断强化参赛选手的创新意识、合作精神和工程设计与实践能力。

竞赛影响力:本项赛事从 1997 年专家学者提出机器人战胜人类世界足球世界关键为契机,开展足球机器人相关竞赛开始,由全球顶级专家学者设置的 FIRA 机器人世界杯竞赛的中国区域选拔赛,历年来得到广大参赛学校和参赛选手的广泛参与。并在 2017 年更名为中国机器人及人工智能大赛,近年来约 400 多所高校参与该项赛事,并孕育出如乐聚科技等一批机器人相关创业公司,对促进机器人工程专业、机械工程、控制科学与工程、自动化专业、人工智能相关专业(含智能科学与技术)、计算机科学与技术等相关专业的学生培养发挥了重要作用,比赛也被包括中央电视台、新华社以及各地方媒体的广泛宣传和报道。

竞赛赛程:大赛分为初赛阶段(各省赛赛区)、决赛阶段。

每年 3 月公布竞赛类别,4 月公布竞赛规则,开放报名系统,6 月底结束报名,7 月上旬前完成省级赛,7 月中旬完成竞赛资格核审工作,7 月下旬进行全国总决赛。

竞赛网址:https://www.caairobot.com

秘书处单位:哈尔滨工业大学

邮箱:craaic@126.com

大赛 LOGO: 　　　　关注大赛:

# 10.57　中国大学生方程式系列赛事

竞赛介绍:中国大学生方程式系列赛事 2010 年举办首届油车赛(FSCC),相继开展了电车赛(FSEC)、巴哈赛(BSC)、无人驾驶赛(FSAC)。大赛注册车队 420 支,参与学生超 4.7 万余名。赛事具备学科融合性高、专业性强、学生实践能力培养全面等特点。赛事主导大学生组织团队独立自主设计、制造、调校和操控试验一台赛车。设计制造过程不仅考验团队工程实践能力,还考核团队工程管理、商业营销、成本控制、招商宣传等全方位实力。赛事是一项政、产、学、研、用的融合创新平台,每台赛车都是一群有志青年倾注 1 年时间的智慧和工程成果,也是工匠精神的真实写照。依托赛事举办的教育部 24365 校园招聘服务"汽车产业专项人才对接会"吸引了近百家企业踊跃参与,完善了人才培养至就业的项目闭环。

竞赛影响力：大赛注册参与院校 244 所，注册车队 420 支，获得国际奖项 35 项，参与企业近百家，2018－2020 连续三年登上中国政府网报道。

竞赛赛程：

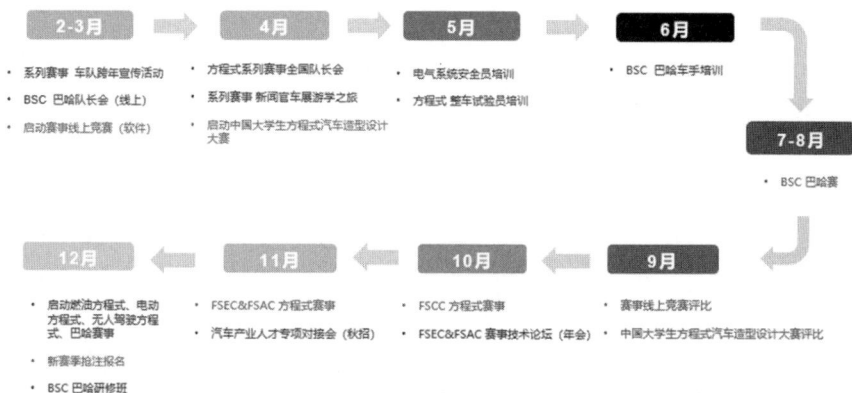

中国大学生方程式系列赛事赛程

| 2-3月 | 4月 | 5月 | 6月 |
|---|---|---|---|
| • 系列赛事 车队跨年宣传活动<br>• BSC 巴哈队长会（线上）<br>• 启动赛事线上竞赛（软件） | • 方程式系列赛事全国队长会<br>• 系列赛事 新闻官车展游学之旅<br>• 启动中国大学生方程式汽车造型设计大赛 | • 电气系统安全员培训<br>• 方程式 整车试验员培训 | • BSC 巴哈车手培训 |

**7-8月**
• BSC 巴哈赛

| 12月 | 11月 | 10月 | 9月 |
|---|---|---|---|
| • 启动燃油方程式、电动方程式、无人驾驶方程式、巴哈赛事<br>• 新赛季抢注报名<br>• BSC 巴哈研修班 | • FSEC&FSAC 方程式赛事<br>• 汽车产业人才专项对接会（秋招） | • FSCC 方程式赛事<br>• FSEC&FSAC 赛事技术论坛（年会） | • 赛事线上竞赛评比<br>• 中国大学生方程式汽车造型设计大赛评比 |

竞赛网址：http://www.formulastudent.com.cn

秘书处单位：中国汽车工程学会

邮箱：yxj@sae-china.org

大赛 LOGO：

中国大学生方程式系列赛事
FORMULA STUDENT CHINA

关注大赛：

# 11

# 2021年学生竞赛榜单（本科）

# 11.1　全国普通高校大学生竞赛六轮总榜单(本科)

续表

| 排名 | 学校名称 | 奖项数 | 总分 | 省份 | 排名 | 学校名称 | 奖项数 | 总分 | 省份 |
|---|---|---|---|---|---|---|---|---|---|
| 1 | 哈尔滨工业大学 | 1725 | 100 | 黑龙江省 | 32 | 西北工业大学 | 949 | 84.22 | 陕西省 |
| 2 | 浙江大学 | 991 | 98.65 | 浙江省 | 33 | 北京邮电大学 | 695 | 83.93 | 北京市 |
| 3 | 上海交通大学 | 847 | 97.27 | 上海市 | 34 | 北京科技大学 | 649 | 81.93 | 北京市 |
| 4 | 电子科技大学 | 1137 | 97.2 | 四川省 | 35 | 天津大学 | 766 | 81.38 | 天津市 |
| 5 | 华中科技大学 | 1192 | 97.07 | 湖北省 | 36 | 华北电力大学 | 764 | 81.22 | 北京市 |
| 6 | 武汉大学 | 1509 | 96.47 | 湖北省 | 37 | 南京大学 | 410 | 80.61 | 江苏省 |
| 7 | 西安交通大学 | 1072 | 94.99 | 陕西省 | 38 | 哈尔滨工程大学 | 701 | 80.55 | 黑龙江省 |
| 8 | 山东大学 | 1100 | 93.98 | 山东省 | 39 | 广东工业大学 | 858 | 80.42 | 广东省 |
| 9 | 西南交通大学 | 1529 | 93.39 | 四川省 | 40 | 太原理工大学 | 931 | 80.1 | 山西省 |
| 10 | 清华大学 | 628 | 93.22 | 北京市 | 40 | 南昌大学 | 986 | 80.1 | 江西省 |
| 11 | 东北大学 | 1585 | 93.1 | 辽宁省 | 42 | 湖南大学 | 708 | 79.71 | 湖南省 |
| 12 | 东南大学 | 941 | 92.42 | 江苏省 | 43 | 南京航空航天大学 | 622 | 79.57 | 江苏省 |
| 13 | 武汉理工大学 | 1301 | 91.03 | 湖北省 | 44 | 桂林电子科技大学 | 1112 | 78.44 | 广西壮族自治区 |
| 14 | 北京理工大学 | 958 | 90.97 | 北京市 | 45 | 宁波大学 | 622 | 77.78 | 浙江省 |
| 15 | 北京航空航天大学 | 1028 | 90.06 | 北京市 | 46 | 南京理工大学 | 839 | 77.77 | 江苏省 |
| 16 | 杭州电子科技大学 | 847 | 89.62 | 浙江省 | 47 | 郑州大学 | 1036 | 76.89 | 河南省 |
| 17 | 华南理工大学 | 782 | 89.53 | 广东省 | 48 | 南京邮电大学 | 824 | 76.52 | 江苏省 |
| 18 | 中南大学 | 912 | 89.08 | 湖南省 | 49 | 燕山大学 | 840 | 76.16 | 河北省 |
| 19 | 浙江工业大学 | 879 | 88.97 | 浙江省 | 50 | 上海大学 | 719 | 75.8 | 上海市 |
| 20 | 同济大学 | 925 | 88.95 | 上海市 | 51 | 河海大学 | 1011 | 75.75 | 江苏省 |
| 21 | 吉林大学 | 1356 | 88.5 | 吉林省 | 52 | 北京交通大学 | 557 | 75.41 | 北京市 |
| 22 | 重庆大学 | 1135 | 88.15 | 重庆市 | 53 | 长春理工大学 | 735 | 75.33 | 吉林省 |
| 23 | 大连理工大学 | 1012 | 87.47 | 辽宁省 | 54 | 重庆邮电大学 | 997 | 75.32 | 重庆市 |
| 24 | 复旦大学 | 487 | 87.34 | 上海市 | 55 | 华东师范大学 | 744 | 75.14 | 上海市 |
| 25 | 中山大学 | 555 | 87.09 | 广东省 | 56 | 中国石油大学(华东) | 669 | 75.13 | 山东省 |
| 26 | 福州大学 | 871 | 86.98 | 福建省 | 57 | 长沙理工大学 | 746 | 74.84 | 湖南省 |
| 27 | 西安电子科技大学 | 776 | 86.5 | 陕西省 | 58 | 浙江师范大学 | 765 | 74.78 | 浙江省 |
| 28 | 北京大学 | 573 | 86.41 | 北京市 | 59 | 中北大学 | 1191 | 74.2 | 山西省 |
| 29 | 厦门大学 | 798 | 86.2 | 福建省 | 60 | 昆明理工大学 | 862 | 73.93 | 云南省 |
| 30 | 合肥工业大学 | 1056 | 84.88 | 安徽省 | | | | | |
| 31 | 四川大学 | 929 | 84.28 | 四川省 | | | | | |

续表

| 排名 | 学校名称 | 奖项数 | 总分 | 省份 |
|---|---|---|---|---|
| 61 | 山东科技大学 | 1303 | 73.74 | 山东省 |
| 62 | 西南科技大学 | 657 | 73.58 | 四川省 |
| 63 | 东北林业大学 | 721 | 73.42 | 黑龙江省 |
| 64 | 江苏大学 | 630 | 73.06 | 江苏省 |
| 65 | 南开大学 | 381 | 72.82 | 天津市 |
| 66 | 西南石油大学 | 807 | 72.71 | 四川省 |
| 67 | 中国计量大学 | 437 | 72.69 | 浙江省 |
| 68 | 大连海事大学 | 607 | 72.54 | 辽宁省 |
| 69 | 北京师范大学 | 351 | 72.49 | 北京市 |
| 70 | 华南农业大学 | 544 | 71.89 | 广东省 |
| 71 | 湖北工业大学 | 793 | 71.57 | 湖北省 |
| 72 | 中国矿业大学 | 603 | 71.54 | 江苏省 |
| 73 | 广西大学 | 503 | 71.29 | 广西壮族自治区 |
| 74 | 武汉科技大学 | 714 | 71.11 | 湖北省 |
| 75 | 北京工业大学 | 518 | 71 | 北京市 |
| 76 | 华中师范大学 | 441 | 70.94 | 湖北省 |
| 77 | 青岛理工大学 | 493 | 70.9 | 山东省 |
| 78 | 上海理工大学 | 601 | 70.86 | 上海市 |
| 79 | 浙江理工大学 | 497 | 70.83 | 浙江省 |
| 80 | 华东理工大学 | 526 | 70.74 | 上海市 |
| 81 | 河北工业大学 | 466 | 70.64 | 河北省 |
| 82 | 中国科学技术大学 | 282 | 70.53 | 安徽省 |
| 83 | 中国人民大学 | 489 | 70.32 | 北京市 |
| 84 | 天津工业大学 | 608 | 70.31 | 天津市 |
| 85 | 海南大学 | 411 | 70.01 | 海南省 |
| 86 | 福建农林大学 | 423 | 69.68 | 福建省 |
| 87 | 南京师范大学 | 387 | 69.62 | 江苏省 |
| 88 | 安徽大学 | 532 | 69.55 | 安徽省 |
| 89 | 长安大学 | 536 | 69.49 | 陕西省 |
| 90 | 青岛大学 | 1077 | 69.44 | 山东省 |
| 91 | 苏州大学 | 763 | 69.42 | 江苏省 |
| 92 | 深圳大学 | 813 | 69.07 | 广东省 |
| 93 | 华侨大学 | 411 | 68.97 | 福建省 |
| 94 | 青岛科技大学 | 638 | 68.88 | 山东省 |

续表

| 排名 | 学校名称 | 奖项数 | 总分 | 省份 |
|---|---|---|---|---|
| 95 | 兰州大学 | 412 | 68.73 | 甘肃省 |
| 95 | 华南师范大学 | 609 | 68.73 | 广东省 |
| 97 | 杭州师范大学 | 536 | 68.63 | 浙江省 |
| 98 | 南京工业大学 | 624 | 68.51 | 江苏省 |
| 99 | 湘潭大学 | 682 | 68.45 | 湖南省 |
| 100 | 安徽理工大学 | 435 | 68.36 | 安徽省 |
| 101 | 南昌航空大学 | 627 | 68.32 | 江西省 |
| 102 | 南京信息工程大学 | 831 | 68.25 | 江苏省 |
| 103 | 中国地质大学（武汉） | 358 | 68.15 | 湖北省 |
| 104 | 河南理工大学 | 560 | 68 | 河南省 |
| 105 | 河南科技大学 | 602 | 67.97 | 河南省 |
| 106 | 扬州大学 | 566 | 67.75 | 江苏省 |
| 107 | 山东理工大学 | 744 | 67.52 | 山东省 |
| 108 | 三峡大学 | 613 | 67.34 | 湖北省 |
| 109 | 哈尔滨理工大学 | 688 | 66.9 | 黑龙江省 |
| 110 | 长春工业大学 | 569 | 66.86 | 吉林省 |
| 111 | 江南大学 | 631 | 66.8 | 江苏省 |
| 112 | 中南民族大学 | 577 | 66.78 | 湖北省 |
| 113 | 中国海洋大学 | 333 | 66.73 | 山东省 |
| 114 | 江西师范大学 | 685 | 66.7 | 江西省 |
| 115 | 东华大学 | 482 | 66.63 | 上海市 |
| 116 | 兰州理工大学 | 658 | 66.61 | 甘肃省 |
| 117 | 浙江工商大学 | 422 | 66.53 | 浙江省 |
| 118 | 华中农业大学 | 345 | 66.49 | 湖北省 |
| 119 | 上海工程技术大学 | 460 | 66.45 | 上海市 |
| 120 | 暨南大学 | 403 | 66.34 | 广东省 |
| 121 | 成都信息工程大学 | 521 | 66.24 | 四川省 |
| 122 | 西安建筑科技大学 | 548 | 66.22 | 陕西省 |
| 123 | 安徽工业大学 | 476 | 66.21 | 安徽省 |
| 124 | 郑州轻工业大学 | 782 | 66.09 | 河南省 |
| 125 | 重庆交通大学 | 560 | 65.95 | 重庆市 |
| 125 | 江西理工大学 | 635 | 65.95 | 江西省 |
| 127 | 山东师范大学 | 395 | 65.86 | 山东省 |
| 128 | 广州大学 | 526 | 65.73 | 广东省 |

续表

| 排名 | 学校名称 | 奖项数 | 总分 | 省份 |
|---|---|---|---|---|
| 128 | 河南大学 | 756 | 65.73 | 河南省 |
| 130 | 贵州大学 | 446 | 65.72 | 贵州省 |
| 131 | 中原工学院 | 501 | 65.58 | 河南省 |
| 132 | 福建师范大学 | 366 | 65.53 | 福建省 |
| 133 | 天津职业技术师范大学 | 240 | 65.41 | 天津市 |
| 134 | 西安理工大学 | 425 | 65.32 | 陕西省 |
| 135 | 温州大学 | 319 | 65.24 | 浙江省 |
| 136 | 湖南师范大学 | 404 | 65.18 | 湖南省 |
| 137 | 兰州交通大学 | 399 | 65.1 | 甘肃省 |
| 138 | 常州大学 | 371 | 64.97 | 江苏省 |
| 139 | 河北科技大学 | 339 | 64.96 | 河北省 |
| 140 | 陕西科技大学 | 450 | 64.95 | 陕西省 |
| 141 | 云南大学 | 380 | 64.86 | 云南省 |
| 142 | 辽宁工业大学 | 475 | 64.69 | 辽宁省 |
| 143 | 西北大学 | 580 | 64.66 | 陕西省 |
| 144 | 安徽工程大学 | 385 | 64.61 | 安徽省 |
| 145 | 南通大学 | 450 | 64.54 | 江苏省 |
| 146 | 华北理工大学 | 353 | 64.51 | 河北省 |
| 147 | 石河子大学 | 477 | 64.34 | 新疆维吾尔自治区 |
| 148 | 济南大学 | 359 | 64.17 | 山东省 |
| 149 | 太原工业学院 | 249 | 64.13 | 山西省 |
| 150 | 内蒙古科技大学 | 415 | 63.86 | 内蒙古自治区 |
| 151 | 东北电力大学 | 403 | 63.8 | 吉林省 |
| 152 | 南华大学 | 486 | 63.75 | 湖南省 |
| 153 | 辽宁工程技术大学 | 467 | 63.66 | 辽宁省 |
| 154 | 厦门理工学院 | 360 | 63.63 | 福建省 |
| 155 | 新疆大学 | 429 | 63.46 | 新疆维吾尔自治区 |
| 156 | 西北农林科技大学 | 702 | 63.32 | 陕西省 |
| 157 | 河北大学 | 519 | 63.13 | 河北省 |
| 158 | 重庆工商大学 | 330 | 62.82 | 重庆市 |

续表

| 排名 | 学校名称 | 奖项数 | 总分 | 省份 |
|---|---|---|---|---|
| 159 | 广西师范大学 | 665 | 62.81 | 广西壮族自治区 |
| 160 | 上海海事大学 | 290 | 62.65 | 上海市 |
| 161 | 重庆理工大学 | 433 | 62.63 | 重庆市 |
| 162 | 河南工业大学 | 490 | 62.54 | 河南省 |
| 163 | 温州医科大学 | 136 | 62.43 | 浙江省 |
| 164 | 湖南科技大学 | 412 | 62.37 | 湖南省 |
| 165 | 齐鲁工业大学 | 485 | 62.28 | 山东省 |
| 166 | 桂林理工大学 | 602 | 62.08 | 广西壮族自治区 |
| 167 | 安徽财经大学 | 418 | 61.92 | 安徽省 |
| 168 | 江苏科技大学 | 460 | 61.85 | 江苏省 |
| 169 | 北华大学 | 347 | 61.76 | 吉林省 |
| 170 | 集美大学 | 409 | 61.46 | 福建省 |
| 171 | 西南大学 | 316 | 61.39 | 重庆市 |
| 172 | 山西大学 | 361 | 61.35 | 山西省 |
| 173 | 山东财经大学 | 209 | 61.25 | 山东省 |
| 174 | 北方工业大学 | 732 | 60.94 | 北京市 |
| 175 | 烟台大学 | 451 | 60.8 | 山东省 |
| 176 | 东北农业大学 | 317 | 60.6 | 黑龙江省 |
| 177 | 东北师范大学 | 362 | 60.51 | 吉林省 |
| 178 | 沈阳航空航天大学 | 518 | 60.24 | 辽宁省 |
| 179 | 华东交通大学 | 366 | 59.93 | 江西省 |
| 180 | 沈阳工业大学 | 357 | 59.56 | 辽宁省 |
| 181 | 厦门大学嘉庚学院 | 244 | 59.49 | 福建省 |
| 182 | 江西财经大学 | 451 | 59.47 | 江西省 |
| 183 | 广东技术师范大学 | 391 | 59.35 | 广东省 |
| 184 | 西南财经大学 | 180 | 59.29 | 四川省 |
| 185 | 太原科技大学 | 342 | 59.22 | 山西省 |
| 186 | 成都理工大学 | 554 | 59.06 | 四川省 |
| 187 | 浙江科技学院 | 345 | 59.05 | 浙江省 |
| 188 | 北京联合大学 | 387 | 59.03 | 北京市 |
| 189 | 北方民族大学 | 339 | 58.9 | 宁夏回族自治区 |

续表

| 排名 | 学校名称 | 奖项数 | 总分 | 省份 |
|------|----------|--------|------|------|
| 190 | 四川师范大学 | 623 | 58.87 | 四川省 |
| 191 | 重庆科技学院 | 416 | 58.85 | 重庆市 |
| 192 | 常熟理工学院 | 422 | 58.79 | 江苏省 |
| 193 | 上海师范大学 | 344 | 58.69 | 上海市 |
| 194 | 北京化工大学 | 306 | 58.63 | 北京市 |
| 195 | 沈阳建筑大学 | 274 | 58.43 | 辽宁省 |
| 196 | 内蒙古工业大学 | 277 | 58.28 | 内蒙古自治区 |
| 197 | 西南民族大学 | 376 | 58.18 | 四川省 |
| 198 | 南京林业大学 | 570 | 58.08 | 江苏省 |
| 199 | 浙江财经大学 | 289 | 57.99 | 浙江省 |
| 200 | 宁波工程学院 | 297 | 57.98 | 浙江省 |
| 201 | 吉首大学 | 437 | 57.94 | 湖南省 |
| 202 | 鲁东大学 | 374 | 57.93 | 山东省 |
| 203 | 武汉工程大学 | 592 | 57.89 | 湖北省 |
| 204 | 云南师范大学 | 164 | 57.79 | 云南省 |
| 205 | 江汉大学 | 421 | 57.63 | 湖北省 |
| 206 | 中央民族大学 | 373 | 57.52 | 北京市 |
| 207 | 中国民航大学 | 198 | 57.44 | 天津市 |
| 208 | 宁夏大学 | 313 | 57.41 | 宁夏回族自治区 |
| 209 | 洛阳理工学院 | 266 | 57.36 | 河南省 |
| 210 | 重庆师范大学 | 258 | 57.32 | 重庆市 |
| 210 | 中国石油大学（北京） | 328 | 57.32 | 北京市 |
| 212 | 西安邮电大学 | 373 | 57.29 | 陕西省 |
| 212 | 浙江农林大学 | 446 | 57.29 | 浙江省 |
| 214 | 德州学院 | 286 | 57.12 | 山东省 |
| 215 | 东华理工大学 | 381 | 57.1 | 江西省 |
| 216 | 南方医科大学 | 97 | 57.02 | 广东省 |
| 217 | 合肥学院 | 280 | 56.99 | 安徽省 |
| 218 | 中国农业大学 | 240 | 56.91 | 北京市 |
| 219 | 惠州学院 | 343 | 56.9 | 广东省 |
| 220 | 西华大学 | 381 | 56.89 | 四川省 |
| 221 | 江苏师范大学 | 207 | 56.88 | 江苏省 |

续表

| 排名 | 学校名称 | 奖项数 | 总分 | 省份 |
|------|----------|--------|------|------|
| 222 | 福建工程学院 | 269 | 56.83 | 福建省 |
| 222 | 中国地质大学（北京） | 344 | 56.83 | 北京市 |
| 224 | 东莞理工学院 | 347 | 56.75 | 广东省 |
| 225 | 上海电力大学 | 205 | 56.67 | 上海市 |
| 226 | 长沙学院 | 482 | 56.61 | 湖南省 |
| 227 | 上海财经大学 | 170 | 56.52 | 上海市 |
| 228 | 东北石油大学 | 212 | 56.47 | 黑龙江省 |
| 229 | 西安科技大学 | 287 | 56.43 | 陕西省 |
| 230 | 集美大学诚毅学院 | 165 | 56.4 | 福建省 |
| 231 | 东北财经大学 | 143 | 56.24 | 辽宁省 |
| 232 | 贵州师范大学 | 248 | 56.19 | 贵州省 |
| 233 | 对外经济贸易大学 | 118 | 56.18 | 北京市 |
| 234 | 中南财经政法大学 | 223 | 56.11 | 湖北省 |
| 235 | 青海大学 | 216 | 56.02 | 青海省 |
| 236 | 盐城工学院 | 257 | 55.95 | 江苏省 |
| 237 | 大连大学 | 272 | 55.93 | 辽宁省 |
| 238 | 湖北文理学院 | 377 | 55.86 | 湖北省 |
| 239 | 塔里木大学 | 233 | 55.77 | 新疆维吾尔自治区 |
| 240 | 南阳理工学院 | 429 | 55.76 | 河南省 |
| 241 | 山东交通学院 | 215 | 55.71 | 山东省 |
| 241 | 广西艺术学院 | 769 | 55.71 | 广西壮族自治区 |
| 243 | 汕头大学 | 140 | 55.68 | 广东省 |
| 244 | 阜阳师范大学 | 431 | 55.49 | 安徽省 |
| 245 | 中南林业科技大学 | 318 | 55.4 | 湖南省 |
| 246 | 安徽师范大学 | 307 | 55.35 | 安徽省 |
| 247 | 浙大城市学院 | 323 | 55.34 | 浙江省 |
| 248 | 天津科技大学 | 247 | 55.32 | 天津市 |
| 249 | 河北师范大学 | 307 | 55.22 | 河北省 |
| 250 | 湖南理工学院 | 284 | 55.2 | 湖南省 |
| 251 | 内蒙古大学 | 197 | 55.17 | 内蒙古自治区 |
| 252 | 曲阜师范大学 | 354 | 55.16 | 山东省 |

续表

| 排名 | 学校名称 | 奖项数 | 总分 | 省份 |
|---|---|---|---|---|
| 253 | 南京工程学院 | 298 | 55.15 | 江苏省 |
| 254 | 河南财经政法大学 | 248 | 55.1 | 河南省 |
| 255 | 广东财经大学 | 262 | 55.02 | 广东省 |
| 255 | 河北农业大学 | 405 | 55.02 | 河北省 |
| 257 | 湖北大学 | 222 | 54.95 | 湖北省 |
| 258 | 湖北汽车工业学院 | 193 | 54.91 | 湖北省 |
| 259 | 临沂大学 | 271 | 54.75 | 山东省 |
| 260 | 江西科技师范大学 | 215 | 54.74 | 江西省 |
| 261 | 陕西师范大学 | 178 | 54.64 | 陕西省 |
| 262 | 湖南工业大学 | 373 | 54.43 | 湖南省 |
| 263 | 河南工程学院 | 275 | 54.32 | 河南省 |
| 264 | 辽宁石油化工大学 | 308 | 54.27 | 辽宁省 |
| 265 | 大连民族大学 | 447 | 54.26 | 辽宁省 |
| 266 | 南京农业大学 | 192 | 54.23 | 江苏省 |
| 267 | 乐山师范学院 | 314 | 54.21 | 四川省 |
| 268 | 杭州电子科技大学信息工程学院 | 139 | 54.2 | 浙江省 |
| 268 | 辽宁科技大学 | 284 | 54.2 | 辽宁省 |
| 270 | 天津理工大学 | 302 | 54.09 | 天津市 |
| 271 | 黑龙江大学 | 284 | 53.92 | 黑龙江省 |
| 272 | 四川农业大学 | 290 | 53.78 | 四川省 |
| 273 | 湖南农业大学 | 200 | 53.75 | 湖南省 |
| 274 | 佛山科学技术学院 | 234 | 53.71 | 广东省 |
| 275 | 长江师范学院 | 472 | 53.69 | 重庆市 |
| 276 | 五邑大学 | 175 | 53.55 | 广东省 |
| 276 | 四川轻化工大学 | 262 | 53.55 | 四川省 |
| 278 | 山东建筑大学 | 282 | 53.46 | 山东省 |
| 279 | 北京林业大学 | 272 | 53.32 | 北京市 |
| 280 | 辽宁大学 | 195 | 53.22 | 辽宁省 |
| 280 | 广东外语外贸大学 | 200 | 53.22 | 广东省 |
| 282 | 南京中医药大学 | 98 | 53.2 | 江苏省 |
| 283 | 广西科技大学 | 194 | 53.18 | 广西壮族自治区 |
| 284 | 西藏大学 | 115 | 53.13 | 西藏自治区 |

续表

| 排名 | 学校名称 | 奖项数 | 总分 | 省份 |
|---|---|---|---|---|
| 285 | 绍兴文理学院 | 188 | 53.09 | 浙江省 |
| 286 | 天津商业大学 | 141 | 53.04 | 天津市 |
| 287 | 天津师范大学 | 212 | 53.02 | 天津市 |
| 288 | 西北师范大学 | 251 | 52.94 | 甘肃省 |
| 289 | 上海第二工业大学 | 232 | 52.83 | 上海市 |
| 290 | 嘉兴学院 | 275 | 52.82 | 浙江省 |
| 291 | 江苏理工学院 | 222 | 52.81 | 江苏省 |
| 292 | 安徽信息工程学院 | 263 | 52.71 | 安徽省 |
| 293 | 徐州工程学院 | 278 | 52.7 | 江苏省 |
| 294 | 中国科学院大学 | 116 | 52.43 | 北京市 |
| 295 | 南昌工程学院 | 159 | 52.3 | 江西省 |
| 296 | 苏州科技大学 | 272 | 52.23 | 江苏省 |
| 297 | 河南农业大学 | 301 | 52.22 | 河南省 |
| 298 | 大连交通大学 | 238 | 52.17 | 辽宁省 |
| 299 | 北京印刷学院 | 366 | 52.14 | 北京市 |
| 300 | 成都工业学院 | 230 | 52.12 | 四川省 |
| 301 | 皖西学院 | 172 | 52.01 | 安徽省 |
| 302 | 山西财经大学 | 121 | 52 | 山西省 |
| 303 | 黑龙江科技大学 | 143 | 51.97 | 黑龙江省 |
| 303 | 北京建筑大学 | 182 | 51.97 | 北京市 |
| 305 | 陕西理工大学 | 246 | 51.69 | 陕西省 |
| 306 | 海南师范大学 | 185 | 51.6 | 海南省 |
| 307 | 北京工商大学 | 283 | 51.56 | 北京市 |
| 308 | 浙江传媒学院 | 225 | 51.3 | 浙江省 |
| 309 | 浙大宁波理工学院 | 255 | 51.15 | 浙江省 |
| 310 | 石家庄铁道大学 | 352 | 51.05 | 河北省 |
| 311 | 大连工业大学 | 193 | 50.97 | 辽宁省 |
| 312 | 内蒙古农业大学 | 198 | 50.96 | 内蒙古自治区 |
| 313 | 河北工程大学 | 179 | 50.71 | 河北省 |
| 314 | 南阳师范学院 | 487 | 50.7 | 河南省 |
| 315 | 广西财经学院 | 130 | 50.56 | 广西壮族自治区 |
| 316 | 中国矿业大学(北京) | 175 | 50.51 | 北京市 |

续表

| 排名 | 学校名称 | 奖项数 | 总分 | 省份 |
|---|---|---|---|---|
| 317 | 西安工程大学 | 323 | 50.48 | 陕西省 |
| 318 | 安徽农业大学 | 245 | 50.39 | 安徽省 |
| 319 | 青岛农业大学 | 205 | 50.34 | 山东省 |
| 320 | 北京信息科技大学 | 287 | 50.22 | 北京市 |
| 321 | 湖南文理学院 | 221 | 50.21 | 湖南省 |
| 322 | 滨州学院 | 343 | 50.17 | 山东省 |
| 323 | 内江师范学院 | 164 | 50.06 | 四川省 |
| 324 | 电子科技大学中山学院 | 208 | 49.98 | 广东省 |
| 325 | 成都大学 | 301 | 49.97 | 四川省 |
| 326 | 三明学院 | 183 | 49.89 | 福建省 |
| 327 | 滁州学院 | 279 | 49.88 | 安徽省 |
| 328 | 长春大学 | 141 | 49.8 | 吉林省 |
| 329 | 浙江师范大学行知学院 | 90 | 49.76 | 浙江省 |
| 329 | 辽宁师范大学 | 268 | 49.76 | 辽宁省 |
| 331 | 淮南师范学院 | 145 | 49.69 | 安徽省 |
| 332 | 景德镇陶瓷大学 | 160 | 49.68 | 江西省 |
| 332 | 贺州学院 | 382 | 49.68 | 广西壮族自治区 |
| 334 | 重庆文理学院 | 303 | 49.67 | 重庆市 |
| 335 | 河南师范大学 | 181 | 49.61 | 河南省 |
| 336 | 四川外国语大学 | 73 | 49.6 | 重庆市 |
| 337 | 湖南工程学院 | 169 | 49.58 | 湖南省 |
| 337 | 湖北经济学院 | 352 | 49.58 | 湖北省 |
| 339 | 聊城大学 | 228 | 49.54 | 山东省 |
| 340 | 天津财经大学 | 109 | 49.44 | 天津市 |
| 340 | 安徽建筑大学 | 206 | 49.44 | 安徽省 |
| 342 | 吉林农业大学 | 151 | 49.39 | 吉林省 |
| 343 | 哈尔滨医科大学 | 67 | 49.31 | 黑龙江省 |
| 344 | 韶关学院 | 214 | 49.19 | 广东省 |
| 345 | 华北水利水电大学 | 297 | 49.04 | 河南省 |
| 346 | 闽江学院 | 213 | 49 | 福建省 |
| 347 | 北京外国语大学 | 41 | 48.99 | 北京市 |
| 347 | 贵州师范学院 | 231 | 48.99 | 贵州省 |

续表

| 排名 | 学校名称 | 奖项数 | 总分 | 省份 |
|---|---|---|---|---|
| 349 | 沈阳工学院 | 254 | 48.98 | 辽宁省 |
| 350 | 浙江万里学院 | 233 | 48.97 | 浙江省 |
| 351 | 广州软件学院 | 230 | 48.9 | 广东省 |
| 352 | 长春工程学院 | 216 | 48.89 | 吉林省 |
| 353 | 长江大学 | 162 | 48.75 | 湖北省 |
| 354 | 安阳工学院 | 251 | 48.71 | 河南省 |
| 355 | 广州城市理工学院 | 130 | 48.68 | 广东省 |
| 356 | 中国医科大学 | 69 | 48.61 | 辽宁省 |
| 357 | 北华航天工业学院 | 114 | 48.57 | 河北省 |
| 357 | 河北经贸大学 | 151 | 48.57 | 河北省 |
| 359 | 浙江中医药大学 | 184 | 48.47 | 浙江省 |
| 360 | 安庆师范大学 | 135 | 48.38 | 安徽省 |
| 361 | 北京理工大学珠海学院 | 230 | 48.37 | 广东省 |
| 362 | 大连东软信息学院 | 386 | 48.31 | 辽宁省 |
| 363 | 黄山学院 | 165 | 48.25 | 安徽省 |
| 364 | 黄河科技学院 | 262 | 48.23 | 河南省 |
| 365 | 巢湖学院 | 116 | 48.15 | 安徽省 |
| 366 | 青海民族大学 | 94 | 48.14 | 青海省 |
| 367 | 武汉纺织大学 | 269 | 48.11 | 湖北省 |
| 368 | 天津中德应用技术大学 | 105 | 48.1 | 天津市 |
| 369 | 韩山师范学院 | 130 | 48.09 | 广东省 |
| 370 | 吉林建筑大学 | 238 | 48.07 | 吉林省 |
| 371 | 台州学院 | 288 | 48.06 | 浙江省 |
| 372 | 广东海洋大学 | 257 | 48.01 | 广东省 |
| 373 | 武汉轻工大学 | 155 | 47.95 | 湖北省 |
| 374 | 上海应用技术大学 | 120 | 47.86 | 上海市 |
| 375 | 井冈山大学 | 212 | 47.83 | 江西省 |
| 376 | 中国传媒大学 | 266 | 47.77 | 北京市 |
| 377 | 宜春学院 | 262 | 47.76 | 江西省 |
| 378 | 湖北工程学院 | 174 | 47.75 | 湖北省 |
| 379 | 浙江海洋大学 | 81 | 47.74 | 浙江省 |
| 379 | 衢州学院 | 146 | 47.74 | 浙江省 |
| 381 | 贵州理工学院 | 98 | 47.7 | 贵州省 |

续表

| 排名 | 学校名称 | 奖项数 | 总分 | 省份 |
|---|---|---|---|---|
| 382 | 成都理工大学工程技术学院 | 126 | 47.62 | 四川省 |
| 383 | 中国政法大学 | 107 | 47.57 | 北京市 |
| 383 | 西京学院 | 201 | 47.57 | 陕西省 |
| 385 | 闽南师范大学 | 231 | 47.55 | 福建省 |
| 386 | 上海海洋大学 | 196 | 47.41 | 上海市 |
| 386 | 南宁学院 | 218 | 47.41 | 广西壮族自治区 |
| 388 | 湖南人文科技学院 | 144 | 47.39 | 湖南省 |
| 389 | 江西科技学院 | 129 | 47.38 | 江西省 |
| 390 | 沈阳师范大学 | 331 | 47.37 | 辽宁省 |
| 391 | 燕山大学里仁学院 | 118 | 47.31 | 河北省 |
| 391 | 黄冈师范学院 | 254 | 47.31 | 湖北省 |
| 393 | 淮阴工学院 | 238 | 47.29 | 江苏省 |
| 394 | 浙江工业大学之江学院 | 146 | 47.21 | 浙江省 |
| 395 | 怀化学院 | 265 | 47.2 | 湖南省 |
| 396 | 西安欧亚学院 | 124 | 47.19 | 陕西省 |
| 397 | 三江学院 | 138 | 47.16 | 江苏省 |
| 398 | 沈阳农业大学 | 125 | 47.13 | 辽宁省 |
| 399 | 九江学院 | 151 | 47.11 | 江西省 |
| 399 | 山东工商学院 | 165 | 47.11 | 山东省 |
| 401 | 黑龙江八一农垦大学 | 135 | 47.02 | 黑龙江省 |
| 402 | 沈阳化工大学 | 181 | 46.98 | 辽宁省 |
| 403 | 广西民族大学 | 279 | 46.91 | 广西壮族自治区 |
| 404 | 湖南工商大学 | 123 | 46.88 | 湖南省 |
| 405 | 吉林师范大学 | 229 | 46.84 | 吉林省 |
| 406 | 渤海大学 | 133 | 46.82 | 辽宁省 |
| 407 | 北部湾大学 | 133 | 46.73 | 广西壮族自治区 |
| 407 | 珠海科技学院 | 214 | 46.73 | 广东省 |
| 409 | 桂林航天工业学院 | 210 | 46.69 | 广西壮族自治区 |

续表

| 排名 | 学校名称 | 奖项数 | 总分 | 省份 |
|---|---|---|---|---|
| 410 | 西安石油大学 | 139 | 46.67 | 陕西省 |
| 411 | 盐城师范学院 | 135 | 46.66 | 江苏省 |
| 412 | 合肥师范学院 | 128 | 46.64 | 安徽省 |
| 413 | 哈尔滨商业大学 | 133 | 46.62 | 黑龙江省 |
| 414 | 北京石油化工学院 | 178 | 46.59 | 北京市 |
| 415 | 青岛黄海学院 | 251 | 46.53 | 山东省 |
| 416 | 黑龙江工程学院 | 95 | 46.51 | 黑龙江省 |
| 417 | 吉林化工学院 | 87 | 46.38 | 吉林省 |
| 418 | 南京医科大学 | 90 | 46.35 | 江苏省 |
| 418 | 许昌学院 | 124 | 46.35 | 河南省 |
| 420 | 甘肃农业大学 | 91 | 46.32 | 甘肃省 |
| 421 | 宁夏医科大学 | 65 | 46.29 | 宁夏回族自治区 |
| 421 | 西安工业大学 | 248 | 46.29 | 陕西省 |
| 423 | 吉林财经大学 | 84 | 46.18 | 吉林省 |
| 424 | 玉林师范学院 | 160 | 46.17 | 广西壮族自治区 |
| 425 | 赣南科技学院 | 162 | 46.14 | 江西省 |
| 426 | 内蒙古师范大学 | 256 | 46.13 | 内蒙古自治区 |
| 427 | 金陵科技学院 | 265 | 46.11 | 江苏省 |
| 428 | 贵州民族大学 | 149 | 46.1 | 贵州省 |
| 429 | 中央财经大学 | 90 | 46.05 | 北京市 |
| 429 | 梧州学院 | 186 | 46.05 | 广西壮族自治区 |
| 431 | 鲁迅美术学院 | 340 | 46.01 | 辽宁省 |
| 432 | 河北地质大学 | 103 | 46 | 河北省 |
| 433 | 云南大学滇池学院 | 123 | 45.97 | 云南省 |
| 434 | 云南财经大学 | 132 | 45.94 | 云南省 |
| 435 | 安徽新华学院 | 122 | 45.92 | 安徽省 |
| 436 | 哈尔滨师范大学 | 204 | 45.88 | 黑龙江省 |
| 437 | 武汉工商学院 | 131 | 45.84 | 湖北省 |
| 438 | 湖州师范学院 | 196 | 45.63 | 浙江省 |
| 439 | 云南农业大学 | 76 | 45.61 | 云南省 |
| 440 | 运城学院 | 185 | 45.58 | 山西省 |

续表

| 排名 | 学校名称 | 奖项数 | 总分 | 省份 |
|---|---|---|---|---|
| 441 | 青海师范大学 | 120 | 45.49 | 青海省 |
| 442 | 兰州财经大学 | 105 | 45.44 | 甘肃省 |
| 443 | 洛阳师范学院 | 127 | 45.37 | 河南省 |
| 444 | 新疆农业大学 | 114 | 45.35 | 新疆维吾尔自治区 |
| 445 | 郑州航空工业管理学院 | 208 | 45.34 | 河南省 |
| 446 | 邵阳学院 | 139 | 45.28 | 湖南省 |
| 447 | 福州外语外贸学院 | 155 | 45.22 | 福建省 |
| 448 | 南京财经大学 | 109 | 45.2 | 江苏省 |
| 449 | 安阳师范学院 | 143 | 45.11 | 河南省 |
| 450 | 西北民族大学 | 189 | 45.07 | 甘肃省 |
| 451 | 唐山师范学院 | 43 | 45.05 | 河北省 |
| 451 | 南宁师范大学 | 155 | 45.05 | 广西壮族自治区 |
| 453 | 铜陵学院 | 238 | 45.03 | 安徽省 |
| 454 | 天津医科大学 | 33 | 44.96 | 天津市 |
| 455 | 南方科技大学 | 124 | 44.94 | 广东省 |
| 456 | 首都经济贸易大学 | 128 | 44.92 | 北京市 |
| 457 | 上海电机学院 | 97 | 44.9 | 上海市 |
| 458 | 华北科技学院 | 123 | 44.88 | 河北省 |
| 459 | 泉州师范学院 | 207 | 44.81 | 福建省 |
| 460 | 池州学院 | 178 | 44.78 | 安徽省 |
| 461 | 西华师范大学 | 189 | 44.77 | 四川省 |
| 462 | 西安文理学院 | 148 | 44.75 | 陕西省 |
| 463 | 天津仁爱学院 | 162 | 44.74 | 天津市 |
| 464 | 内蒙古财经大学 | 76 | 44.7 | 内蒙古自治区 |
| 465 | 海口经济学院 | 103 | 44.48 | 海南省 |
| 466 | 仲恺农业工程学院 | 216 | 44.43 | 广东省 |
| 467 | 山西医科大学 | 64 | 44.42 | 山西省 |
| 468 | 西安财经大学 | 111 | 44.41 | 陕西省 |
| 469 | 贵州财经大学 | 107 | 44.38 | 贵州省 |
| 469 | 延边大学 | 128 | 44.38 | 吉林省 |
| 471 | 西南林业大学 | 104 | 44.37 | 云南省 |

续表

| 排名 | 学校名称 | 奖项数 | 总分 | 省份 |
|---|---|---|---|---|
| 472 | 百色学院 | 179 | 44.29 | 广西壮族自治区 |
| 473 | 大连医科大学 | 28 | 44.26 | 辽宁省 |
| 473 | 天津城建大学 | 69 | 44.26 | 天津市 |
| 475 | 文华学院 | 114 | 44.24 | 湖北省 |
| 476 | 贵阳学院 | 41 | 44.22 | 贵州省 |
| 477 | 新疆师范大学 | 139 | 44.17 | 新疆维吾尔自治区 |
| 478 | 湖南中医药大学 | 109 | 44.16 | 湖南省 |
| 479 | 浙江外国语学院 | 44 | 44.13 | 浙江省 |
| 480 | 山东农业大学 | 120 | 44.11 | 山东省 |
| 481 | 广西医科大学 | 40 | 44.1 | 广西壮族自治区 |
| 482 | 大连海洋大学 | 118 | 44 | 辽宁省 |
| 483 | 广东石油化工学院 | 111 | 43.99 | 广东省 |
| 484 | 河南城建学院 | 161 | 43.97 | 河南省 |
| 485 | 山西农业大学 | 94 | 43.88 | 山西省 |
| 486 | 佳木斯大学 | 122 | 43.86 | 黑龙江省 |
| 487 | 沈阳理工大学 | 178 | 43.77 | 辽宁省 |
| 488 | 新疆财经大学 | 92 | 43.76 | 新疆维吾尔自治区 |
| 489 | 福建医科大学 | 28 | 43.6 | 福建省 |
| 490 | 齐齐哈尔大学 | 94 | 43.59 | 黑龙江省 |
| 490 | 首都师范大学 | 107 | 43.59 | 北京市 |
| 492 | 安徽医科大学 | 75 | 43.46 | 安徽省 |
| 493 | 淮阴师范学院 | 138 | 43.43 | 江苏省 |
| 494 | 重庆工程学院 | 293 | 43.42 | 重庆市 |
| 495 | 莆田学院 | 128 | 43.38 | 福建省 |
| 496 | 昆明学院 | 88 | 43.32 | 云南省 |
| 496 | 海南热带海洋学院 | 99 | 43.32 | 海南省 |
| 498 | 中国计量大学现代科技学院 | 74 | 43.29 | 浙江省 |
| 499 | 桂林信息科技学院 | 221 | 43.21 | 广西壮族自治区 |

续表

| 排名 | 学校名称 | 奖项数 | 总分 | 省份 |
|---|---|---|---|---|
| 500 | 西藏民族大学 | 83 | 43.18 | 西藏自治区 |
| 501 | 龙岩学院 | 107 | 43.15 | 福建省 |
| 502 | 湖北理工学院 | 182 | 43.12 | 湖北省 |
| 503 | 福建江夏学院 | 141 | 43.09 | 福建省 |
| 504 | 广东金融学院 | 102 | 43.07 | 广东省 |
| 505 | 湖北民族大学 | 165 | 43.06 | 湖北省 |
| 506 | 新疆医科大学 | 38 | 43.02 | 新疆维吾尔自治区 |
| 507 | 山东石油化工学院 | 88 | 42.7 | 山东省 |
| 508 | 江苏海洋大学 | 183 | 42.68 | 江苏省 |
| 509 | 宿州学院 | 67 | 42.63 | 安徽省 |
| 510 | 云南民族大学 | 118 | 42.58 | 云南省 |
| 511 | 武汉东湖学院 | 175 | 42.52 | 湖北省 |
| 512 | 曲靖师范学院 | 119 | 42.51 | 云南省 |
| 513 | 安徽中医药大学 | 59 | 42.42 | 安徽省 |
| 514 | 湖南科技学院 | 128 | 42.38 | 湖南省 |
| 515 | 赣南师范大学 | 140 | 42.27 | 江西省 |
| 516 | 南京审计大学 | 71 | 42.24 | 江苏省 |
| 517 | 滨州医学院 | 34 | 42.22 | 山东省 |
| 518 | 南昌理工学院 | 159 | 42.16 | 江西省 |
| 519 | 西南政法大学 | 39 | 42.13 | 重庆市 |
| 520 | 天津农学院 | 92 | 42.1 | 天津市 |
| 521 | 长治医学院 | 22 | 42.09 | 山西省 |
| 521 | 新疆工程学院 | 94 | 42.09 | 新疆维吾尔自治区 |
| 523 | 首都医科大学 | 17 | 42.04 | 北京市 |
| 523 | 岭南师范学院 | 132 | 42.04 | 广东省 |
| 525 | 绍兴文理学院元培学院 | 95 | 42.02 | 浙江省 |
| 526 | 武夷学院 | 72 | 41.95 | 福建省 |
| 527 | 吉林医药学院 | 61 | 41.92 | 吉林省 |
| 528 | 蚌埠医学院 | 42 | 41.9 | 安徽省 |
| 529 | 上海对外经贸大学 | 62 | 41.89 | 上海市 |
| 530 | 石家庄学院 | 74 | 41.88 | 河北省 |

续表

| 排名 | 学校名称 | 奖项数 | 总分 | 省份 |
|---|---|---|---|---|
| 531 | 宁波大学科学技术学院 | 78 | 41.87 | 浙江省 |
| 531 | 河北民族师范学院 | 123 | 41.87 | 河北省 |
| 533 | 武汉商学院 | 170 | 41.82 | 湖北省 |
| 534 | 云南工商学院 | 126 | 41.8 | 云南省 |
| 535 | 成都医学院 | 48 | 41.69 | 四川省 |
| 536 | 丽水学院 | 84 | 41.67 | 浙江省 |
| 537 | 信阳师范学院 | 68 | 41.59 | 河南省 |
| 538 | 淮北师范大学 | 104 | 41.52 | 安徽省 |
| 539 | 吉林工程技术师范学院 | 86 | 41.51 | 吉林省 |
| 540 | 四川工商学院 | 67 | 41.45 | 四川省 |
| 541 | 山西师范大学 | 89 | 41.37 | 山西省 |
| 541 | 肇庆学院 | 133 | 41.37 | 广东省 |
| 543 | 陇东学院 | 109 | 41.36 | 甘肃省 |
| 544 | 湖南城市学院 | 100 | 41.27 | 湖南省 |
| 545 | 常州工学院 | 179 | 41.17 | 江苏省 |
| 546 | 重庆城市科技学院 | 175 | 41.13 | 重庆市 |
| 547 | 武昌理工学院 | 113 | 41.09 | 湖北省 |
| 548 | 新乡医学院 | 33 | 41.08 | 河南省 |
| 549 | 北京师范大学珠海分校 | 163 | 41.06 | 广东省 |
| 550 | 广东东软学院 | 197 | 41.05 | 广东省 |
| 551 | 宁波财经学院 | 164 | 40.98 | 浙江省 |
| 552 | 内蒙古民族大学 | 92 | 40.94 | 内蒙古自治区 |
| 553 | 江西中医药大学 | 71 | 40.87 | 江西省 |
| 554 | 防灾科技学院 | 99 | 40.86 | 河北省 |
| 555 | 吕梁学院 | 121 | 40.77 | 山西省 |
| 556 | 中国药科大学 | 50 | 40.74 | 江苏省 |
| 557 | 江西工程学院 | 58 | 40.71 | 江西省 |
| 558 | 新乡学院 | 97 | 40.7 | 河南省 |
| 559 | 四川大学锦江学院 | 86 | 40.69 | 四川省 |
| 560 | 安徽三联学院 | 70 | 40.59 | 安徽省 |
| 561 | 西安航空学院 | 131 | 40.57 | 陕西省 |

续表

| 排名 | 学校名称 | 奖项数 | 总分 | 省份 |
|---|---|---|---|---|
| 562 | 重庆医科大学 | 41 | 40.53 | 重庆市 |
| 563 | 山东第一医科大学 | 26 | 40.52 | 山东省 |
| 564 | 湖北工业大学工程技术学院 | 121 | 40.47 | 湖北省 |
| 565 | 重庆三峡学院 | 159 | 40.45 | 重庆市 |
| 566 | 河北医科大学 | 31 | 40.44 | 河北省 |
| 567 | 成都东软学院 | 167 | 40.34 | 四川省 |
| 568 | 郑州西亚斯学院 | 110 | 40.24 | 河南省 |
| 569 | 湖北第二师范学院 | 127 | 40.12 | 湖北省 |
| 570 | 烟台南山学院 | 121 | 40.08 | 山东省 |
| 571 | 上海建桥学院 | 97 | 40 | 上海市 |
| 572 | 海南医学院 | 37 | 39.9 | 海南省 |
| 573 | 福建师范大学协和学院 | 134 | 39.82 | 福建省 |
| 574 | 长春人文学院 | 88 | 39.8 | 吉林省 |
| 575 | 山东女子学院 | 71 | 39.79 | 山东省 |
| 575 | 商丘师范学院 | 95 | 39.79 | 河南省 |
| 577 | 沈阳工程学院 | 90 | 39.76 | 辽宁省 |
| 578 | 电子科技大学成都学院 | 102 | 39.71 | 四川省 |
| 579 | 湖南第一师范学院 | 55 | 39.68 | 湖南省 |
| 579 | 吉林农业科技学院 | 90 | 39.68 | 吉林省 |
| 581 | 安徽科技学院 | 45 | 39.66 | 安徽省 |
| 582 | 武汉华夏理工学院 | 135 | 39.65 | 湖北省 |
| 583 | 皖南医学院 | 31 | 39.63 | 安徽省 |
| 584 | 广州南方学院 | 87 | 39.57 | 广东省 |
| 585 | 宜宾学院 | 99 | 39.56 | 四川省 |
| 586 | 中国矿业大学徐海学院 | 84 | 39.53 | 江苏省 |
| 587 | 潍坊科技学院 | 73 | 39.52 | 山东省 |
| 588 | 南京理工大学紫金学院 | 136 | 39.51 | 江苏省 |
| 589 | 山东英才学院 | 45 | 39.5 | 山东省 |
| 590 | 河西学院 | 77 | 39.48 | 甘肃省 |

续表

| 排名 | 学校名称 | 奖项数 | 总分 | 省份 |
|---|---|---|---|---|
| 591 | 福州大学至诚学院 | 69 | 39.46 | 福建省 |
| 592 | 北京语言大学 | 74 | 39.41 | 北京市 |
| 592 | 湖南工学院 | 117 | 39.41 | 湖南省 |
| 594 | 三峡大学科技学院 | 152 | 39.3 | 湖北省 |
| 595 | 上海中医药大学 | 25 | 39.25 | 上海市 |
| 595 | 山东中医药大学 | 48 | 39.25 | 山东省 |
| 597 | 遵义师范学院 | 60 | 39.23 | 贵州省 |
| 598 | 郑州经贸学院 | 160 | 39.21 | 河南省 |
| 599 | 周口师范学院 | 78 | 39 | 河南省 |
| 599 | 吉林动画学院 | 123 | 39 | 吉林省 |
| 599 | 重庆移通学院 | 235 | 39 | 重庆市 |
| 602 | 长春中医药大学 | 55 | 38.99 | 吉林省 |
| 602 | 黔南民族师范学院 | 87 | 38.99 | 贵州省 |
| 604 | 湘南学院 | 42 | 38.92 | 湖南省 |
| 604 | 山西大同大学 | 159 | 38.92 | 山西省 |
| 606 | 上海体育学院 | 33 | 38.89 | 上海市 |
| 607 | 汉口学院 | 127 | 38.83 | 湖北省 |
| 608 | 西南医科大学 | 23 | 38.82 | 四川省 |
| 608 | 河北大学工商学院 | 59 | 38.82 | 河北省 |
| 610 | 三亚学院 | 85 | 38.76 | 海南省 |
| 610 | 河南牧业经济学院 | 87 | 38.76 | 河南省 |
| 612 | 河池学院 | 73 | 38.72 | 广西壮族自治区 |
| 613 | 晋中学院 | 49 | 38.7 | 山西省 |
| 613 | 西安外国语大学 | 55 | 38.7 | 陕西省 |
| 615 | 西藏农牧学院 | 51 | 38.57 | 西藏自治区 |
| 616 | 潍坊学院 | 99 | 38.56 | 山东省 |
| 617 | 湖北师范大学 | 180 | 38.55 | 湖北省 |
| 618 | 南昌工学院 | 57 | 38.54 | 江西省 |
| 619 | 丽江文化旅游学院 | 72 | 38.47 | 云南省 |
| 620 | 北京城市学院 | 190 | 38.44 | 北京市 |
| 621 | 攀枝花学院 | 151 | 38.43 | 四川省 |
| 622 | 大庆师范学院 | 71 | 38.41 | 黑龙江省 |

续表

| 排名 | 学校名称 | 奖项数 | 总分 | 省份 |
|---|---|---|---|---|
| 622 | 上海商学院 | 79 | 38.41 | 上海市 |
| 624 | 内蒙古医科大学 | 34 | 38.38 | 内蒙古自治区 |
| 624 | 通化师范学院 | 122 | 38.38 | 吉林省 |
| 626 | 河北金融学院 | 51 | 38.34 | 河北省 |
| 626 | 玉溪师范学院 | 70 | 38.34 | 云南省 |
| 628 | 湖北汽车工业学院科技学院 | 60 | 38.32 | 湖北省 |
| 629 | 南昌大学科学技术学院 | 66 | 38.26 | 江西省 |
| 630 | 长沙理工大学城南学院 | 17 | 38.21 | 湖南省 |
| 630 | 长春财经学院 | 30 | 38.21 | 吉林省 |
| 632 | 渭南师范学院 | 76 | 38.2 | 陕西省 |
| 633 | 上海外国语大学 | 48 | 38.09 | 上海市 |
| 633 | 成都锦城学院 | 147 | 38.09 | 四川省 |
| 633 | 河南科技学院 | 166 | 38.09 | 河南省 |
| 636 | 泰山学院 | 50 | 38.06 | 山东省 |
| 637 | 辽宁科技学院 | 137 | 38.02 | 辽宁省 |
| 638 | 广东药科大学 | 62 | 37.97 | 广东省 |
| 638 | 兰州工业学院 | 90 | 37.97 | 甘肃省 |
| 640 | 河南工学院 | 56 | 37.95 | 河南省 |
| 641 | 枣庄学院 | 79 | 37.93 | 山东省 |
| 641 | 黄淮学院 | 123 | 37.93 | 河南省 |
| 643 | 新余学院 | 99 | 37.88 | 江西省 |
| 644 | 桂林学院 | 171 | 37.86 | 广西壮族自治区 |
| 645 | 长春师范大学 | 114 | 37.78 | 吉林省 |
| 646 | 阳光学院 | 76 | 37.75 | 福建省 |
| 647 | 中国民用航空飞行学院 | 59 | 37.72 | 四川省 |
| 648 | 广州医科大学 | 34 | 37.7 | 广东省 |
| 649 | 东南大学成贤学院 | 76 | 37.61 | 江苏省 |
| 650 | 浙江树人学院 | 44 | 37.59 | 浙江省 |
| 650 | 沈阳大学 | 128 | 37.59 | 辽宁省 |

续表

| 排名 | 学校名称 | 奖项数 | 总分 | 省份 |
|---|---|---|---|---|
| 652 | 中国人民警察大学 | 73 | 37.5 | 河北省 |
| 653 | 宝鸡文理学院 | 101 | 37.47 | 陕西省 |
| 654 | 太原学院 | 42 | 37.43 | 山西省 |
| 655 | 赣南医学院 | 16 | 37.41 | 江西省 |
| 656 | 西安培华学院 | 95 | 37.4 | 陕西省 |
| 657 | 桂林医学院 | 12 | 37.37 | 广西壮族自治区 |
| 658 | 北京服装学院 | 113 | 37.36 | 北京市 |
| 659 | 浙江水利水电学院 | 53 | 37.35 | 浙江省 |
| 660 | 闽南理工学院 | 234 | 37.31 | 福建省 |
| 661 | 华东政法大学 | 31 | 37.27 | 上海市 |
| 662 | 唐山学院 | 77 | 37.26 | 河北省 |
| 663 | 哈尔滨华德学院 | 106 | 37.19 | 黑龙江省 |
| 664 | 柳州工学院 | 66 | 37.09 | 广西壮族自治区 |
| 665 | 南昌师范学院 | 79 | 37.04 | 江西省 |
| 666 | 宁夏大学新华学院 | 50 | 36.99 | 宁夏回族自治区 |
| 666 | 兰州信息科技学院 | 68 | 36.99 | 甘肃省 |
| 668 | 吉林艺术学院 | 121 | 36.96 | 吉林省 |
| 669 | 贵州医科大学 | 44 | 36.95 | 贵州省 |
| 670 | 南开大学滨海学院 | 67 | 36.89 | 天津市 |
| 671 | 烟台理工学院 | 36 | 36.87 | 山东省 |
| 672 | 延安大学 | 70 | 36.85 | 陕西省 |
| 673 | 南昌交通学院 | 73 | 36.83 | 江西省 |
| 674 | 重庆第二师范学院 | 47 | 36.81 | 重庆市 |
| 675 | 天津中医药大学 | 32 | 36.69 | 天津市 |
| 676 | 云南经济管理学院 | 52 | 36.65 | 云南省 |
| 677 | 南京艺术学院 | 133 | 36.6 | 江苏省 |
| 678 | 青岛工学院 | 45 | 36.59 | 山东省 |
| 679 | 嘉应学院 | 141 | 36.5 | 广东省 |
| 680 | 华北理工大学轻工学院 | 55 | 36.45 | 河北省 |
| 681 | 兰州城市学院 | 80 | 36.44 | 甘肃省 |
| 682 | 四川美术学院 | 121 | 36.41 | 重庆市 |

续表

| 排名 | 学校名称 | 奖项数 | 总分 | 省份 |
|---|---|---|---|---|
| 683 | 江西农业大学 | 97 | 36.35 | 江西省 |
| 684 | 杭州师范大学钱江学院 | 34 | 36.34 | 浙江省 |
| 685 | 宁德师范学院 | 34 | 36.27 | 福建省 |
| 686 | 北京师范大学—香港浸会大学联合国际学院 | 29 | 36.23 | 广东省 |
| 687 | 温州理工学院 | 82 | 36.19 | 浙江省 |
| 688 | 大连外国语大学 | 63 | 36.15 | 辽宁省 |
| 689 | 贵州商学院 | 61 | 36.14 | 贵州省 |
| 690 | 成都师范学院 | 73 | 36.12 | 四川省 |
| 691 | 吉林外国语大学 | 38 | 36.1 | 吉林省 |
| 691 | 四川旅游学院 | 88 | 36.1 | 四川省 |
| 691 | 南通理工学院 | 160 | 36.1 | 江苏省 |
| 694 | 衡阳师范学院 | 67 | 36.04 | 湖南省 |
| 695 | 蚌埠学院 | 90 | 35.83 | 安徽省 |
| 696 | 河北建筑工程学院 | 68 | 35.82 | 河北省 |
| 697 | 南京晓庄学院 | 131 | 35.79 | 江苏省 |
| 698 | 山西工学院 | 50 | 35.72 | 山西省 |
| 699 | 平顶山学院 | 100 | 35.7 | 河南省 |
| 700 | 上海健康医学院 | 27 | 35.68 | 上海市 |
| 700 | 马鞍山学院 | 46 | 35.68 | 安徽省 |
| 702 | 昆明医科大学 | 17 | 35.66 | 云南省 |
| 703 | 大理大学 | 38 | 35.65 | 云南省 |
| 704 | 云南艺术学院 | 134 | 35.64 | 云南省 |
| 705 | 宁夏师范学院 | 92 | 35.63 | 宁夏回族自治区 |
| 706 | 长春科技学院 | 40 | 35.62 | 吉林省 |
| 707 | 郑州工业应用技术学院 | 149 | 35.56 | 河南省 |
| 708 | 北京物资学院 | 29 | 35.49 | 北京市 |
| 709 | 西安美术学院 | 66 | 35.46 | 陕西省 |
| 710 | 银川科技学院 | 40 | 35.42 | 宁夏回族自治区 |
| 711 | 西安翻译学院 | 49 | 35.38 | 陕西省 |

续表

| 排名 | 学校名称 | 奖项数 | 总分 | 省份 |
|---|---|---|---|---|
| 712 | 南京航空航天大学金城学院 | 96 | 35.37 | 江苏省 |
| 713 | 凯里学院 | 60 | 35.3 | 贵州省 |
| 714 | 辽东学院 | 55 | 35.27 | 辽宁省 |
| 715 | 济宁学院 | 35 | 35.25 | 山东省 |
| 716 | 长治学院 | 74 | 35.24 | 山西省 |
| 717 | 江苏科技大学苏州理工学院 | 47 | 35.16 | 江苏省 |
| 718 | 沧州交通学院 | 64 | 35.15 | 河北省 |
| 719 | 广东白云学院 | 126 | 34.98 | 广东省 |
| 720 | 哈尔滨学院 | 117 | 34.97 | 黑龙江省 |
| 721 | 琼台师范学院 | 31 | 34.83 | 海南省 |
| 722 | 天水师范学院 | 39 | 34.81 | 甘肃省 |
| 722 | 衡水学院 | 79 | 34.81 | 河北省 |
| 724 | 南昌航空大学科技学院 | 46 | 34.79 | 江西省 |
| 724 | 西安明德理工学院 | 106 | 34.79 | 陕西省 |
| 726 | 文山学院 | 45 | 34.78 | 云南省 |
| 727 | 河北农业大学现代科技学院 | 33 | 34.73 | 河北省 |
| 727 | 长春光华学院 | 63 | 34.73 | 吉林省 |
| 729 | 晋中信息学院 | 57 | 34.7 | 山西省 |
| 730 | 红河学院 | 36 | 34.66 | 云南省 |
| 730 | 温州商学院 | 67 | 34.66 | 浙江省 |
| 732 | 上海海关学院 | 27 | 34.58 | 上海市 |
| 733 | 辽宁对外经贸学院 | 106 | 34.53 | 辽宁省 |
| 734 | 山西传媒学院 | 93 | 34.52 | 山西省 |
| 735 | 辽宁中医药大学 | 26 | 34.49 | 辽宁省 |
| 736 | 河套学院 | 26 | 34.48 | 内蒙古自治区 |
| 737 | 赣南师范大学科技学院 | 30 | 34.47 | 江西省 |
| 738 | 楚雄师范学院 | 63 | 34.45 | 云南省 |
| 739 | 中原科技学院 | 94 | 34.43 | 河南省 |
| 740 | 长沙医学院 | 13 | 34.41 | 湖南省 |

续表

| 排名 | 学校名称 | 奖项数 | 总分 | 省份 |
|---|---|---|---|---|
| 740 | 成都中医药大学 | 56 | 34.41 | 四川省 |
| 742 | 湖南涉外经济学院 | 34 | 34.38 | 湖南省 |
| 743 | 广州中医药大学 | 33 | 34.34 | 广东省 |
| 744 | 中国美术学院 | 93 | 34.29 | 浙江省 |
| 745 | 皖江工学院 | 26 | 34.19 | 安徽省 |
| 746 | 上海科技大学 | 51 | 34.05 | 上海市 |
| 746 | 长春建筑学院 | 57 | 34.05 | 吉林省 |
| 748 | 牡丹江师范学院 | 66 | 34 | 黑龙江省 |
| 749 | 宁夏理工学院 | 57 | 33.95 | 宁夏回族自治区 |
| 750 | 济宁医学院 | 5 | 33.92 | 山东省 |
| 751 | 武汉传媒学院 | 103 | 33.76 | 湖北省 |
| 752 | 湖州学院 | 33 | 33.73 | 浙江省 |
| 753 | 喀什大学 | 89 | 33.67 | 新疆维吾尔自治区 |
| 754 | 邯郸学院 | 68 | 33.64 | 河北省 |
| 755 | 香港中文大学(深圳) | 34 | 33.55 | 广东省 |
| 756 | 深圳技术大学 | 85 | 33.5 | 广东省 |
| 757 | 广州航海学院 | 23 | 33.48 | 广东省 |
| 758 | 广东科技学院 | 105 | 33.42 | 广东省 |
| 759 | 东莞城市学院 | 63 | 33.41 | 广东省 |
| 759 | 山东协和学院 | 64 | 33.41 | 山东省 |
| 759 | 武昌首义学院 | 86 | 33.41 | 湖北省 |
| 762 | 郑州工程技术学院 | 228 | 33.38 | 河南省 |
| 763 | 青岛城市学院 | 66 | 33.36 | 山东省 |
| 764 | 贵州工程应用技术学院 | 48 | 33.35 | 贵州省 |
| 765 | 广东第二师范学院 | 76 | 33.2 | 广东省 |
| 766 | 吉林建筑科技学院 | 111 | 33.18 | 吉林省 |
| 767 | 天津外国语大学 | 18 | 33.12 | 天津市 |
| 767 | 福建中医药大学 | 25 | 33.12 | 福建省 |
| 769 | 西安交通大学城市学院 | 62 | 33.1 | 陕西省 |
| 770 | 榆林学院 | 34 | 33.06 | 陕西省 |

续表

| 排名 | 学校名称 | 奖项数 | 总分 | 省份 |
|---|---|---|---|---|
| 771 | 萍乡学院 | 88 | 32.98 | 江西省 |
| 772 | 武汉晴川学院 | 54 | 32.95 | 湖北省 |
| 772 | 武汉城市学院 | 140 | 32.95 | 湖北省 |
| 774 | 河北科技师范学院 | 69 | 32.91 | 河北省 |
| 775 | 浙江工商大学杭州商学院 | 96 | 32.86 | 浙江省 |
| 776 | 无锡学院 | 64 | 32.76 | 江苏省 |
| 777 | 西北政法大学 | 16 | 32.75 | 陕西省 |
| 778 | 西安医学院 | 5 | 32.72 | 陕西省 |
| 779 | 中国青年政治学院 | 14 | 32.71 | 北京市 |
| 779 | 潍坊医学院 | 15 | 32.71 | 山东省 |
| 781 | 西交利物浦大学 | 30 | 32.69 | 江苏省 |
| 781 | 沈阳体育学院 | 64 | 32.69 | 辽宁省 |
| 783 | 北京科技大学天津学院 | 26 | 32.67 | 天津市 |
| 784 | 银川能源学院 | 46 | 32.61 | 宁夏回族自治区 |
| 785 | 铜仁学院 | 24 | 32.51 | 贵州省 |
| 786 | 山东华宇工学院 | 89 | 32.49 | 山东省 |
| 787 | 重庆对外经贸学院 | 106 | 32.48 | 重庆市 |
| 788 | 河南中医药大学 | 26 | 32.47 | 河南省 |
| 789 | 徐州医科大学 | 28 | 32.41 | 江苏省 |
| 790 | 山西科技学院 | 24 | 32.39 | 山西省 |
| 791 | 安顺学院 | 52 | 32.36 | 贵州省 |
| 792 | 天津财经大学珠江学院 | 45 | 32.31 | 天津市 |
| 793 | 西南交通大学希望学院 | 39 | 32.29 | 四川省 |
| 793 | 广州商学院 | 43 | 32.29 | 广东省 |
| 795 | 上海立信会计金融学院 | 28 | 32.27 | 上海市 |
| 796 | 湖北中医药大学 | 45 | 32.24 | 湖北省 |
| 796 | 沈阳城市建设学院 | 54 | 32.24 | 辽宁省 |
| 798 | 武汉生物工程学院 | 38 | 32.15 | 湖北省 |
| 799 | 哈尔滨剑桥学院 | 28 | 32.14 | 黑龙江省 |

续表

| 排名 | 学校名称 | 奖项数 | 总分 | 省份 |
|---|---|---|---|---|
| 800 | 阿坝师范学院 | 24 | 32.12 | 四川省 |
| 801 | 北海艺术设计学院 | 167 | 32.09 | 广西壮族自治区 |
| 802 | 北京农学院 | 50 | 32.08 | 北京市 |
| 802 | 四川音乐学院 | 107 | 32.08 | 四川省 |
| 804 | 外交学院 | 9 | 32.06 | 北京市 |
| 805 | 荆楚理工学院 | 63 | 31.85 | 湖北省 |
| 806 | 安康学院 | 43 | 31.83 | 陕西省 |
| 806 | 菏泽学院 | 52 | 31.83 | 山东省 |
| 808 | 长沙师范学院 | 59 | 31.82 | 湖南省 |
| 809 | 黑龙江工业学院 | 20 | 31.8 | 黑龙江省 |
| 810 | 湖南科技大学潇湘学院 | 14 | 31.71 | 湖南省 |
| 811 | 湖南理工学院南湖学院 | 35 | 31.64 | 湖南省 |
| 811 | 南京理工大学泰州科技学院 | 67 | 31.64 | 江苏省 |
| 813 | 六盘水师范学院 | 31 | 31.55 | 贵州省 |
| 814 | 西昌学院 | 51 | 31.52 | 四川省 |
| 815 | 遵义医科大学 | 14 | 31.47 | 贵州省 |
| 816 | 白城师范学院 | 37 | 31.43 | 吉林省 |
| 817 | 伊犁师范大学 | 23 | 31.4 | 新疆维吾尔自治区 |
| 818 | 川北医学院 | 18 | 31.38 | 四川省 |
| 818 | 武汉体育学院 | 86 | 31.38 | 湖北省 |
| 820 | 宿迁学院 | 58 | 31.33 | 江苏省 |
| 821 | 中国人民公安大学 | 26 | 31.27 | 北京市 |
| 821 | 河北工程大学科信学院 | 33 | 31.27 | 河北省 |
| 823 | 昆明理工大学津桥学院 | 49 | 31.26 | 云南省 |
| 824 | 上海杉达学院 | 49 | 31.15 | 上海市 |
| 824 | 浙江理工大学科技与艺术学院 | 58 | 31.15 | 浙江省 |

续表

| 排名 | 学校名称 | 奖项数 | 总分 | 省份 |
|---|---|---|---|---|
| 826 | 鄂尔多斯应用技术学院 | 19 | 31.12 | 内蒙古自治区 |
| 827 | 贵州中医药大学 | 19 | 31.07 | 贵州省 |
| 828 | 新疆理工学院 | 32 | 31.05 | 新疆维吾尔自治区 |
| 829 | 兰州文理学院 | 54 | 31.04 | 甘肃省 |
| 830 | 福建农林大学金山学院 | 28 | 30.95 | 福建省 |
| 831 | 锦州医科大学 | 9 | 30.93 | 辽宁省 |
| 832 | 广州华立学院 | 58 | 30.9 | 广东省 |
| 833 | 南京师范大学中北学院 | 51 | 30.88 | 江苏省 |
| 834 | 首都师范大学科德学院 | 27 | 30.85 | 北京市 |
| 835 | 嘉兴南湖学院 | 64 | 30.77 | 浙江省 |
| 836 | 湛江科技学院 | 76 | 30.76 | 广东省 |
| 837 | 太原师范学院 | 49 | 30.72 | 山西省 |
| 838 | 西安外事学院 | 26 | 30.71 | 陕西省 |
| 838 | 哈尔滨金融学院 | 40 | 30.71 | 黑龙江省 |
| 838 | 湖北科技学院 | 64 | 30.71 | 湖北省 |
| 841 | 西安建筑科技大学华清学院 | 16 | 30.65 | 陕西省 |
| 842 | 陕西中医药大学 | 7 | 30.64 | 陕西省 |
| 843 | 齐齐哈尔医学院 | 6 | 30.57 | 黑龙江省 |
| 844 | 兰州工商学院 | 19 | 30.54 | 甘肃省 |
| 844 | 甘肃政法大学 | 35 | 30.54 | 甘肃省 |
| 844 | 大连科技学院 | 93 | 30.54 | 辽宁省 |
| 847 | 无锡太湖学院 | 39 | 30.52 | 江苏省 |
| 848 | 呼伦贝尔学院 | 30 | 30.5 | 内蒙古自治区 |
| 849 | 广州新华学院 | 49 | 30.48 | 广东省 |
| 849 | 安徽师范大学皖江学院 | 92 | 30.48 | 安徽省 |
| 851 | 湖北美术学院 | 73 | 30.42 | 湖北省 |

续表

| 排名 | 学校名称 | 奖项数 | 总分 | 省份 |
|---|---|---|---|---|
| 852 | 浙江警察学院 | 29 | 30.4 | 浙江省 |
| 852 | 郑州师范学院 | 47 | 30.4 | 河南省 |
| 854 | 山西工商学院 | 56 | 30.39 | 山西省 |
| 855 | 聊城大学东昌学院 | 19 | 30.37 | 山东省 |
| 856 | 江西应用科技学院 | 32 | 30.35 | 江西省 |
| 857 | 内蒙古艺术学院 | 84 | 30.3 | 内蒙古自治区 |
| 858 | 浙江农林大学暨阳学院 | 37 | 30.21 | 浙江省 |
| 859 | 北京电子科技学院 | 29 | 30.18 | 北京市 |
| 860 | 黑龙江中医药大学 | 12 | 30.14 | 黑龙江省 |
| 861 | 天津美术学院 | 23 | 30.09 | 天津市 |
| 862 | 贵阳人文科技学院 | 27 | 30.04 | 贵州省 |
| 863 | 厦门华厦学院 | 55 | 30.03 | 福建省 |
| 863 | 大连理工大学城市学院 | 58 | 30.03 | 辽宁省 |
| 865 | 广东培正学院 | 127 | 30.02 | 广东省 |
| 866 | 河南开封科技传媒学院 | 78 | 30.01 | 河南省 |
| 867 | 商洛学院 | 42 | 30 | 陕西省 |
| 868 | 沈阳药科大学 | 14 | 29.98 | 辽宁省 |
| 869 | 西安思源学院 | 10 | 29.94 | 陕西省 |
| 870 | 郑州科技学院 | 35 | 29.87 | 河南省 |
| 870 | 北京体育大学 | 72 | 29.87 | 北京市 |
| 872 | 山东艺术学院 | 58 | 29.82 | 山东省 |
| 873 | 阜阳师范大学信息工程学院 | 32 | 29.81 | 安徽省 |
| 874 | 黑河学院 | 56 | 29.76 | 黑龙江省 |
| 875 | 湖南农业大学东方科学学院 | 11 | 29.74 | 湖南省 |
| 875 | 南京大学金陵学院 | 96 | 29.74 | 江苏省 |
| 877 | 苏州城市学院 | 64 | 29.71 | 江苏省 |
| 878 | 齐鲁理工学院 | 42 | 29.7 | 山东省 |
| 879 | 广州美术学院 | 48 | 29.67 | 广东省 |

| 排名 | 学校名称 | 奖项数 | 总分 | 省份 |
|---|---|---|---|---|
| 880 | 山东青年政治学院 | 38 | 29.66 | 山东省 |
| 881 | 中国刑事警察学院 | 18 | 29.65 | 辽宁省 |
| 882 | 湖北商贸学院 | 62 | 29.63 | 湖北省 |
| 883 | 邢台学院 | 49 | 29.55 | 河北省 |
| 884 | 中国社会科学院大学 | 30 | 29.54 | 北京市 |
| 885 | 烟台科技学院 | 23 | 29.52 | 山东省 |
| 886 | 赤峰学院 | 28 | 29.49 | 内蒙古自治区 |
| 887 | 广东理工学院 | 51 | 29.47 | 广东省 |
| 888 | 沈阳科技学院 | 50 | 29.44 | 辽宁省 |
| 889 | 上海财经大学浙江学院 | 17 | 29.43 | 浙江省 |
| 890 | 上海视觉艺术学院 | 28 | 29.39 | 上海市 |
| 891 | 山西工程技术学院 | 50 | 29.37 | 山西省 |
| 892 | 扬州大学广陵学院 | 36 | 29.26 | 江苏省 |
| 893 | 武汉工程大学邮电与信息工程学院 | 27 | 29.23 | 湖北省 |
| 893 | 重庆外语外事学院 | 72 | 29.23 | 重庆市 |
| 895 | 广州理工学院 | 54 | 29.18 | 广东省 |
| 896 | 江苏师范大学科文学院 | 32 | 29.17 | 江苏省 |
| 896 | 浙江财经大学东方学院 | 49 | 29.17 | 浙江省 |
| 898 | 青岛恒星科技学院 | 23 | 29.16 | 山东省 |
| 899 | 营口理工学院 | 61 | 29.14 | 辽宁省 |
| 900 | 南京体育学院 | 4 | 29.13 | 江苏省 |
| 901 | 天津商业大学宝德学院 | 12 | 29.07 | 天津市 |
| 902 | 兴义民族师范学院 | 20 | 29.03 | 贵州省 |
| 903 | 中国音乐学院 | 19 | 28.99 | 北京市 |
| 903 | 上海师范大学天华学院 | 81 | 28.99 | 上海市 |
| 905 | 潍坊理工学院 | 50 | 28.94 | 山东省 |
| 906 | 沈阳城市学院 | 109 | 28.91 | 辽宁省 |

续表

| 排名 | 学校名称 | 奖项数 | 总分 | 省份 |
|------|---------|--------|------|------|
| 907 | 鞍山师范学院 | 45 | 28.88 | 辽宁省 |
| 908 | 陕西国际商贸学院 | 35 | 28.8 | 陕西省 |
| 909 | 信阳学院 | 31 | 28.68 | 河南省 |
| 910 | 保山学院 | 41 | 28.64 | 云南省 |
| 910 | 武汉设计工程学院 | 47 | 28.64 | 湖北省 |
| 912 | 绵阳师范学院 | 81 | 28.61 | 四川省 |
| 913 | 哈尔滨石油学院 | 23 | 28.58 | 黑龙江省 |
| 914 | 保定学院 | 71 | 28.56 | 河北省 |
| 915 | 燕京理工学院 | 44 | 28.55 | 河北省 |
| 916 | 大连艺术学院 | 60 | 28.43 | 辽宁省 |
| 917 | 长春工业大学人文信息学院 | 14 | 28.42 | 吉林省 |
| 918 | 湖南工业大学科技学院 | 24 | 28.34 | 湖南省 |
| 919 | 青岛滨海学院 | 34 | 28.3 | 山东省 |
| 919 | 桂林旅游学院 | 37 | 28.3 | 广西壮族自治区 |
| 921 | 重庆财经学院 | 27 | 28.29 | 重庆市 |
| 922 | 山东警察学院 | 11 | 28.19 | 山东省 |
| 922 | 长春电子科技学院 | 29 | 28.19 | 吉林省 |
| 924 | 南京师范大学泰州学院 | 18 | 28.15 | 江苏省 |
| 924 | 苏州大学应用技术学院 | 41 | 28.15 | 江苏省 |
| 926 | 浙江越秀外国语学院 | 55 | 28.11 | 浙江省 |
| 927 | 南京邮电大学通达学院 | 68 | 28.04 | 江苏省 |
| 928 | 泰山科技学院 | 16 | 27.99 | 山东省 |
| 929 | 北京邮电大学世纪学院 | 27 | 27.92 | 北京市 |
| 930 | 武昌工学院 | 63 | 27.89 | 湖北省 |
| 931 | 辽宁财贸学院 | 54 | 27.82 | 辽宁省 |
| 932 | 中央美术学院 | 7 | 27.75 | 北京市 |
| 933 | 湘潭大学兴湘学院 | 11 | 27.7 | 湖南省 |

续表

| 排名 | 学校名称 | 奖项数 | 总分 | 省份 |
|------|---------|--------|------|------|
| 934 | 上海音乐学院 | 25 | 27.68 | 上海市 |
| 935 | 苏州科技大学天平学院 | 18 | 27.65 | 江苏省 |
| 936 | 成都体育学院 | 5 | 27.61 | 四川省 |
| 937 | 赣东学院 | 32 | 27.53 | 江西省 |
| 938 | 信阳农林学院 | 13 | 27.47 | 河南省 |
| 939 | 四川电影电视学院 | 45 | 27.39 | 四川省 |
| 940 | 广州工商学院 | 83 | 27.36 | 广东省 |
| 941 | 南京传媒学院 | 68 | 27.35 | 江苏省 |
| 942 | 华南农业大学珠江学院 | 34 | 27.34 | 广东省 |
| 943 | 河北工程技术学院 | 27 | 27.32 | 河北省 |
| 944 | 昆明文理学院 | 15 | 27.31 | 云南省 |
| 945 | 山西能源学院 | 17 | 27.28 | 山西省 |
| 946 | 福建商学院 | 20 | 27.27 | 福建省 |
| 947 | 山东农业工程学院 | 17 | 27.26 | 山东省 |
| 947 | 四川传媒学院 | 25 | 27.26 | 四川省 |
| 947 | 山东工艺美术学院 | 32 | 27.26 | 山东省 |
| 950 | 吉林体育学院 | 3 | 27.25 | 吉林省 |
| 951 | 上海政法学院 | 9 | 27.23 | 上海市 |
| 952 | 天津外国语大学滨海外事学院 | 7 | 27.18 | 天津市 |
| 953 | 南昌大学共青学院 | 9 | 27.07 | 江西省 |
| 954 | 中华女子学院 | 32 | 26.95 | 北京市 |
| 955 | 辽宁何氏医学院 | 13 | 26.91 | 辽宁省 |
| 956 | 成都银杏酒店管理学院 | 32 | 26.9 | 四川省 |
| 957 | 闽南科技学院 | 27 | 26.86 | 福建省 |
| 958 | 昆明城市学院 | 36 | 26.81 | 云南省 |
| 959 | 河南财政金融学院 | 46 | 26.8 | 河南省 |
| 960 | 安徽大学江淮学院 | 62 | 26.78 | 安徽省 |
| 961 | 南宁理工学院 | 22 | 26.74 | 广西壮族自治区 |
| 961 | 绵阳城市学院 | 47 | 26.74 | 四川省 |
| 963 | 天津音乐学院 | 10 | 26.73 | 天津市 |

续表

| 排名 | 学校名称 | 奖项数 | 总分 | 省份 |
|---|---|---|---|---|
| 964 | 北京工业大学耿丹学院 | 31 | 26.69 | 北京市 |
| 965 | 四川文理学院 | 45 | 26.68 | 四川省 |
| 966 | 汉江师范学院 | 22 | 26.6 | 湖北省 |
| 967 | 大连财经学院 | 34 | 26.54 | 辽宁省 |
| 968 | 江苏第二师范学院 | 34 | 26.53 | 江苏省 |
| 969 | 右江民族医学院 | 5 | 26.51 | 广西壮族自治区 |
| 970 | 四川文化艺术学院 | 22 | 26.47 | 四川省 |
| 971 | 江西师范大学科学技术学院 | 40 | 26.42 | 江西省 |
| 972 | 滇西科技师范学院 | 22 | 26.4 | 云南省 |
| 973 | 河北北方学院 | 24 | 26.39 | 河北省 |
| 974 | 新疆艺术学院 | 22 | 26.38 | 新疆维吾尔自治区 |
| 974 | 山东政法学院 | 60 | 26.38 | 山东省 |
| 976 | 山西财经大学华商学院 | 6 | 26.36 | 山西省 |
| 977 | 湖南女子学院 | 54 | 26.34 | 湖南省 |
| 978 | 齐鲁师范学院 | 26 | 26.31 | 山东省 |
| 979 | 兰州博文科技学院 | 26 | 26.28 | 甘肃省 |
| 980 | 内蒙古大学创业学院 | 16 | 26.16 | 内蒙古自治区 |
| 981 | 常州大学怀德学院 | 14 | 26.13 | 江苏省 |
| 982 | 西南财经大学天府学院 | 57 | 26.12 | 四川省 |
| 983 | 浙江音乐学院 | 45 | 26.11 | 浙江省 |
| 984 | 湖北医药学院 | 5 | 26.1 | 湖北省 |
| 985 | 黑龙江外国语学院 | 64 | 26.08 | 黑龙江省 |
| 986 | 湖北文理学院理工学院 | 30 | 26.05 | 湖北省 |
| 987 | 西安工商学院 | 23 | 26 | 陕西省 |
| 988 | 郑州商学院 | 48 | 25.98 | 河南省 |
| 989 | 长春大学旅游学院 | 61 | 25.94 | 吉林省 |

续表

| 排名 | 学校名称 | 奖项数 | 总分 | 省份 |
|---|---|---|---|---|
| 990 | 河北地质大学华信学院 | 9 | 25.88 | 河北省 |
| 991 | 广州华商学院 | 81 | 25.78 | 广东省 |
| 992 | 咸阳师范学院 | 28 | 25.74 | 陕西省 |
| 993 | 广西民族师范学院 | 41 | 25.72 | 广西壮族自治区 |
| 994 | 广西外国语学院 | 24 | 25.71 | 广西壮族自治区 |
| 995 | 浙江中医药大学滨江学院 | 9 | 25.7 | 浙江省 |
| 996 | 上饶师范学院 | 46 | 25.49 | 江西省 |
| 997 | 郑州升达经贸管理学院 | 77 | 25.47 | 河南省 |
| 998 | 甘肃中医药大学 | 12 | 25.42 | 甘肃省 |
| 999 | 中国劳动关系学院 | 4 | 25.41 | 北京市 |
| 999 | 福州理工学院 | 29 | 25.41 | 福建省 |
| 1001 | 黑龙江财经学院 | 25 | 25.4 | 黑龙江省 |
| 1002 | 哈尔滨广厦学院 | 18 | 25.39 | 黑龙江省 |
| 1003 | 沈阳医学院 | 18 | 25.31 | 辽宁省 |
| 1004 | 保定理工学院 | 44 | 25.29 | 河北省 |
| 1005 | 山西中医药大学 | 8 | 25.28 | 山西省 |
| 1006 | 衡阳师范学院南岳学院 | 16 | 25.12 | 湖南省 |
| 1007 | 河北美术学院 | 53 | 25.1 | 河北省 |
| 1008 | 南通大学杏林学院 | 25 | 25.09 | 江苏省 |
| 1009 | 江西农业大学南昌商学院 | 10 | 25.04 | 江西省 |
| 1010 | 辽宁理工学院 | 18 | 24.98 | 辽宁省 |
| 1010 | 四川民族学院 | 25 | 24.98 | 四川省 |
| 1012 | 同济大学浙江学院 | 29 | 24.91 | 浙江省 |
| 1013 | 普洱学院 | 12 | 24.89 | 云南省 |
| 1014 | 长江大学文理学院 | 40 | 24.87 | 湖北省 |
| 1015 | 南宁师范大学师园学院 | 15 | 24.85 | 广西壮族自治区 |

续表

| 排名 | 学校名称 | 奖项数 | 总分 | 省份 |
|---|---|---|---|---|
| 1016 | 湖南应用技术学院 | 23 | 24.84 | 湖南省 |
| 1017 | 齐齐哈尔工程学院 | 35 | 24.81 | 黑龙江省 |
| 1018 | 吉林工商学院 | 40 | 24.67 | 吉林省 |
| 1019 | 重庆人文科技学院 | 66 | 24.55 | 重庆市 |
| 1020 | 江西财经大学现代经济管理学院 | 16 | 24.35 | 江西省 |
| 1021 | 宁波诺丁汉大学 | 14 | 24.28 | 浙江省 |
| 1022 | 忻州师范学院 | 9 | 24.24 | 山西省 |
| 1022 | 西安交通工程学院 | 18 | 24.24 | 陕西省 |
| 1024 | 泰州学院 | 38 | 24.21 | 江苏省 |
| 1025 | 石家庄铁道大学四方学院 | 21 | 24.2 | 河北省 |
| 1026 | 河北环境工程学院 | 40 | 24.16 | 河北省 |
| 1027 | 广东外语外贸大学南国商学院 | 17 | 24.15 | 广东省 |
| 1028 | 北京电影学院 | 17 | 24.11 | 北京市 |
| 1029 | 广西民族大学相思湖学院 | 30 | 24.05 | 广西壮族自治区 |
| 1029 | 亳州学院 | 39 | 24.05 | 安徽省 |
| 1031 | 湖南警察学院 | 30 | 23.97 | 湖南省 |
| 1032 | 南华大学船山学院 | 12 | 23.95 | 湖南省 |
| 1033 | 武汉工程科技学院 | 37 | 23.94 | 湖北省 |
| 1034 | 延安大学西安创新学院 | 7 | 23.93 | 陕西省 |
| 1035 | 广西中医药大学 | 17 | 23.7 | 广西壮族自治区 |
| 1036 | 黑龙江东方学院 | 23 | 23.68 | 黑龙江省 |
| 1037 | 廊坊师范学院 | 34 | 23.65 | 河北省 |
| 1038 | 山西晋中理工学院 | 13 | 23.64 | 山西省 |
| 1038 | 绥化学院 | 14 | 23.64 | 黑龙江省 |
| 1040 | 湖北经济学院法商学院 | 15 | 23.61 | 湖北省 |
| 1041 | 沧州师范学院 | 22 | 23.6 | 河北省 |
| 1042 | 黄河交通学院 | 29 | 23.58 | 河南省 |
| 1043 | 厦门工学院 | 35 | 23.44 | 福建省 |

续表

| 排名 | 学校名称 | 奖项数 | 总分 | 省份 |
|---|---|---|---|---|
| 1044 | 天津师范大学津沽学院 | 11 | 23.4 | 天津市 |
| 1045 | 南京特殊教育师范学院 | 21 | 23.39 | 江苏省 |
| 1046 | 黑龙江工商学院 | 13 | 23.31 | 黑龙江省 |
| 1046 | 山东管理学院 | 26 | 23.31 | 山东省 |
| 1048 | 湖南信息学院 | 33 | 23.29 | 湖南省 |
| 1049 | 上海外国语大学贤达经济人文学院 | 17 | 23.22 | 上海市 |
| 1050 | 泉州信息工程学院 | 40 | 23.21 | 福建省 |
| 1051 | 成都文理学院 | 15 | 23.14 | 四川省 |
| 1052 | 北京工商大学嘉华学院 | 10 | 23.08 | 北京市 |
| 1053 | 杭州医学院 | 10 | 23 | 浙江省 |
| 1054 | 新乡工程学院 | 12 | 22.95 | 河南省 |
| 1055 | 湖南财政经济学院 | 19 | 22.92 | 湖南省 |
| 1056 | 集宁师范学院 | 13 | 22.91 | 内蒙古自治区 |
| 1057 | 河北经贸大学经济管理学院 | 11 | 22.87 | 河北省 |
| 1058 | 湖北大学知行学院 | 30 | 22.73 | 湖北省 |
| 1059 | 武汉学院 | 61 | 22.71 | 湖北省 |
| 1060 | 天津理工大学中环信息学院 | 21 | 22.7 | 天津市 |
| 1061 | 福州工商学院 | 26 | 22.67 | 福建省 |
| 1062 | 云南中医药大学 | 8 | 22.44 | 云南省 |
| 1063 | 中央戏剧学院 | 2 | 22.41 | 北京市 |
| 1064 | 荆州学院 | 38 | 22.39 | 湖北省 |
| 1065 | 湘潭理工学院 | 3 | 22.37 | 湖南省 |
| 1065 | 中央音乐学院 | 8 | 22.37 | 北京市 |
| 1067 | 河北传媒学院 | 19 | 22.34 | 河北省 |
| 1068 | 湖南交通工程学院 | 9 | 22.33 | 湖南省 |
| 1068 | 河北师范大学汇华学院 | 18 | 22.33 | 河北省 |

续表

| 排名 | 学校名称 | 奖项数 | 总分 | 省份 |
|---|---|---|---|---|
| 1070 | 南京工业大学浦江学院 | 18 | 22.32 | 江苏省 |
| 1071 | 湖南工程学院应用技术学院 | 9 | 22.28 | 湖南省 |
| 1071 | 吉首大学张家界学院 | 36 | 22.28 | 湖南省 |
| 1073 | 湖北恩施学院 | 20 | 22.27 | 湖北省 |
| 1074 | 西藏藏医药大学 | 5 | 22.23 | 西藏自治区 |
| 1075 | 河北中医学院 | 6 | 22.14 | 河北省 |
| 1076 | 南京森林警察学院 | 10 | 21.99 | 江苏省 |
| 1077 | 上海戏剧学院 | 13 | 21.84 | 上海市 |
| 1078 | 安徽艺术学院 | 23 | 21.67 | 安徽省 |
| 1079 | 广州应用科技学院 | 29 | 21.64 | 广东省 |
| 1080 | 山西师范大学现代文理学院 | 3 | 21.59 | 山西省 |
| 1081 | 呼和浩特民族学院 | 11 | 21.57 | 内蒙古自治区 |
| 1082 | 河北水利电力学院 | 31 | 21.55 | 河北省 |
| 1083 | 广东医科大学 | 11 | 21.52 | 广东省 |
| 1084 | 北京中医药大学 | 6 | 21.42 | 北京市 |
| 1084 | 郑州财经学院 | 10 | 21.42 | 河南省 |
| 1086 | 江苏大学京江学院 | 25 | 21.4 | 江苏省 |
| 1087 | 西安财经大学行知学院 | 7 | 21.36 | 陕西省 |
| 1088 | 承德医学院 | 5 | 21.35 | 河北省 |
| 1089 | 武汉音乐学院 | 26 | 21.31 | 湖北省 |
| 1090 | 广东警官学院 | 2 | 21.29 | 广东省 |
| 1091 | 国际关系学院 | 7 | 21.23 | 北京市 |
| 1092 | 江西警察学院 | 2 | 21.18 | 江西省 |
| 1093 | 铁道警察学院 | 2 | 21.12 | 河南省 |
| 1094 | 北京第二外国语学院 | 8 | 21.1 | 北京市 |
| 1095 | 吉利学院 | 16 | 21.03 | 四川省 |

续表

| 排名 | 学校名称 | 奖项数 | 总分 | 省份 |
|---|---|---|---|---|
| 1096 | 陕西科技大学镐京学院 | 9 | 20.92 | 陕西省 |
| 1097 | 天津体育学院 | 8 | 20.84 | 天津市 |
| 1098 | 合肥经济学院 | 22 | 20.77 | 安徽省 |
| 1099 | 昌吉学院 | 22 | 20.66 | 新疆维吾尔自治区 |
| 1100 | 温州医科大学仁济学院 | 5 | 20.57 | 浙江省 |
| 1101 | 南京审计大学金审学院 | 14 | 20.48 | 江苏省 |
| 1102 | 安徽文达信息工程学院 | 32 | 20.41 | 安徽省 |
| 1103 | 昭通学院 | 3 | 20.33 | 云南省 |
| 1104 | 山西警察学院 | 3 | 20.24 | 山西省 |
| 1105 | 哈尔滨体育学院 | 2 | 20.21 | 黑龙江省 |
| 1106 | 沈阳音乐学院 | 24 | 20.16 | 辽宁省 |
| 1107 | 天津传媒学院 | 12 | 20.09 | 天津市 |
| 1108 | 郑州工商学院 | 29 | 20.03 | 河南省 |
| 1109 | 中国戏曲学院 | 16 | 20.02 | 北京市 |
| 1110 | 武汉文理学院 | 37 | 19.89 | 湖北省 |
| 1111 | 中央司法警官学院 | 3 | 19.87 | 河北省 |
| 1111 | 仰恩大学 | 38 | 19.87 | 福建省 |
| 1113 | 星海音乐学院 | 22 | 19.84 | 广东省 |
| 1114 | 茅台学院 | 5 | 19.54 | 贵州省 |
| 1114 | 西安音乐学院 | 21 | 19.54 | 陕西省 |
| 1116 | 西安理工大学高科学院 | 2 | 19.51 | 陕西省 |
| 1116 | 大连工业大学艺术与信息工程学院 | 11 | 19.51 | 辽宁省 |
| 1118 | 湖南师范大学树达学院 | 5 | 19.45 | 湖南省 |
| 1119 | 四川外国语大学成都学院 | 2 | 19.3 | 四川省 |
| 1120 | 山西应用科技学院 | 36 | 19.28 | 山西省 |

续表

| 排名 | 学校名称 | 奖项数 | 总分 | 省份 |
|------|----------|--------|------|------|
| 1121 | 中南林业科技大学涉外学院 | 11 | 19.21 | 湖南省 |
| 1122 | 甘肃医学院 | 7 | 19.15 | 甘肃省 |
| 1123 | 武汉纺织大学外经贸学院 | 8 | 19.06 | 湖北省 |
| 1123 | 贵州黔南科技学院 | 10 | 19.06 | 贵州省 |
| 1125 | 湖北工程学院新技术学院 | 44 | 18.95 | 湖北省 |
| 1126 | 商丘学院 | 26 | 18.88 | 河南省 |
| 1127 | 云南警官学院 | 9 | 18.63 | 云南省 |
| 1128 | 上海立达学院 | 29 | 18.62 | 上海市 |
| 1129 | 江西服装学院 | 19 | 18.39 | 江西省 |
| 1130 | 天津天狮学院 | 15 | 18.24 | 天津市 |
| 1131 | 新疆农业大学科学技术学院 | 4 | 18.09 | 新疆维吾尔自治区 |
| 1132 | 牡丹江医学院 | 3 | 18.08 | 黑龙江省 |
| 1133 | 深圳北理莫斯科大学 | 7 | 17.98 | 广东省 |
| 1134 | 南京中医药大学翰林学院 | 2 | 17.97 | 江苏省 |
| 1135 | 商丘工学院 | 4 | 17.93 | 河南省 |
| 1136 | 北京协和医学院 | 2 | 17.74 | 北京市 |
| 1137 | 福建技术师范学院 | 10 | 17.59 | 福建省 |
| 1138 | 淮北理工学院 | 1 | 17.55 | 安徽省 |
| 1139 | 陕西学前师范学院 | 3 | 17.49 | 陕西省 |
| 1140 | 辽宁传媒学院 | 11 | 17.46 | 辽宁省 |
| 1140 | 哈尔滨远东理工学院 | 14 | 17.46 | 黑龙江省 |
| 1142 | 新疆科技学院 | 7 | 17.33 | 新疆维吾尔自治区 |
| 1143 | 广西科技师范学院 | 13 | 17.25 | 广西壮族自治区 |
| 1144 | 安阳学院 | 2 | 17.13 | 河南省 |
| 1145 | 内蒙古鸿德文理学院 | 2 | 17.01 | 内蒙古自治区 |

续表

| 排名 | 学校名称 | 奖项数 | 总分 | 省份 |
|------|----------|--------|------|------|
| 1146 | 山东财经大学东方学院 | 4 | 16.99 | 山东省 |
| 1147 | 湖南医药学院 | 3 | 16.9 | 湖南省 |
| 1148 | 山东财经大学燕山学院 | 1 | 16.87 | 山东省 |
| 1149 | 吉林师范大学博达学院 | 12 | 16.84 | 吉林省 |
| 1150 | 蚌埠工商学院 | 22 | 16.82 | 安徽省 |
| 1151 | 青海大学昆仑学院 | 3 | 16.72 | 青海省 |
| 1152 | 哈尔滨信息工程学院 | 25 | 16.68 | 黑龙江省 |
| 1153 | 贵阳信息科技学院 | 7 | 16.53 | 贵州省 |
| 1154 | 张家口学院 | 2 | 16.51 | 河北省 |
| 1155 | 首钢工学院 | 1 | 16.4 | 北京市 |
| 1155 | 沈阳航空航天大学北方科技学院 | 1 | 16.4 | 辽宁省 |
| 1155 | 安徽医科大学临床医学院 | 1 | 16.4 | 安徽省 |
| 1155 | 北京航空航天大学北海学院 | 1 | 16.4 | 广西壮族自治区 |
| 1159 | 厦门医学院 | 3 | 16.39 | 福建省 |
| 1160 | 山东体育学院 | 4 | 16.19 | 山东省 |
| 1161 | 甘肃民族师范学院 | 9 | 15.65 | 甘肃省 |
| 1162 | 豫章师范学院 | 2 | 15.61 | 江西省 |
| 1163 | 昆明医科大学海源学院 | 1 | 15.53 | 云南省 |
| 1164 | 山东现代学院 | 8 | 15.47 | 山东省 |
| 1165 | 广西职业师范学院 | 10 | 15.4 | 广西壮族自治区 |
| 1166 | 辽宁警察学院 | 1 | 15.12 | 辽宁省 |
| 1167 | 景德镇学院 | 3 | 14.93 | 江西省 |
| 1168 | 贵州黔南经济学院 | 1 | 14.91 | 贵州省 |
| 1169 | 青岛农业大学海都学院 | 5 | 14.33 | 山东省 |
| 1170 | 南京医科大学康达学院 | 7 | 14.09 | 江苏省 |

续表

| 排名 | 学校名称 | 奖项数 | 总分 | 省份 |
|---|---|---|---|---|
| 1171 | 湖南中医药大学湘杏学院 | 1 | 14.05 | 湖南省 |
| 1171 | 重庆工商大学派斯学院 | 4 | 14.05 | 重庆市 |
| 1173 | 陕西服装工程学院 | 3 | 14.01 | 陕西省 |
| 1174 | 滇西应用技术大学 | 1 | 13.6 | 云南省 |
| 1175 | 武汉体育学院体育科技学院 | 11 | 13.58 | 湖北省 |
| 1176 | 河北科技学院 | 11 | 13.48 | 河北省 |
| 1177 | 福建警察学院 | 2 | 13.43 | 福建省 |
| 1178 | 西安体育学院 | 1 | 13.32 | 陕西省 |
| 1179 | 辽宁中医药大学杏林学院 | 1 | 13.2 | 辽宁省 |
| 1180 | 中国消防救援学院 | 3 | 13.15 | 北京市 |
| 1181 | 广西警察学院 | 1 | 13 | 广西壮族自治区 |
| 1182 | 温州肯恩大学 | 2 | 12.8 | 浙江省 |
| 1183 | 南昌应用技术师范学院 | 5 | 12.69 | 江西省 |
| 1184 | 青岛电影学院 | 5 | 12.42 | 山东省 |
| 1185 | 合肥城市学院 | 2 | 12.31 | 安徽省 |
| 1186 | 四川警察学院 | 4 | 12.23 | 四川省 |
| 1187 | 西安科技大学高新学院 | 6 | 12.21 | 陕西省 |
| 1188 | 广东以色列理工学院 | 1 | 12.08 | 广东省 |
| 1189 | 安徽外国语学院 | 4 | 12.07 | 安徽省 |
| 1190 | 河北医科大学临床学院 | 1 | 11.87 | 河北省 |
| 1191 | 新乡医学院三全学院 | 2 | 11.85 | 河南省 |
| 1192 | 四川工业科技学院 | 9 | 11.75 | 四川省 |
| 1193 | 齐鲁医药学院 | 5 | 11.6 | 山东省 |
| 1194 | 首都体育学院 | 1 | 11.46 | 北京市 |
| 1195 | 西北大学现代学院 | 4 | 11.37 | 陕西省 |

续表

| 排名 | 学校名称 | 奖项数 | 总分 | 省份 |
|---|---|---|---|---|
| 1196 | 云南艺术学院文华学院 | 1 | 11.13 | 云南省 |
| 1197 | 辽宁师范大学海华学院 | 9 | 11.1 | 辽宁省 |
| 1198 | 河南警察学院 | 2 | 10.33 | 河南省 |
| 1199 | 吉林警察学院 | 9 | 9.92 | 吉林省 |
| 1200 | 湖南文理学院芙蓉学院 | 6 | 8.71 | 湖南省 |
| 1201 | 哈尔滨音乐学院 | 2 | 8.46 | 黑龙江省 |
| 1202 | 河北东方学院 | 3 | 7.06 | 河北省 |
| 1203 | 河北外国语学院 | 3 | 6.38 | 河北省 |
| 1204 | 大连医科大学中山学院 | 2 | 5.61 | 辽宁省 |
| 1205 | 北京舞蹈学院 | 1 | 5.15 | 北京市 |
| 1205 | 广州体育学院 | 1 | 5.15 | 广东省 |
| 1207 | 湖北师范大学文理学院 | 1 | 2.8 | 湖北省 |

# 11.2　2017—2021年全国普通高校大学生竞赛榜单(本科)

续表

| 排名 | 学校名称 | 奖项数 | 总分 | 省份 | 排名 | 学校名称 | 奖项数 | 总分 | 省份 |
|---|---|---|---|---|---|---|---|---|---|
| 1 | 哈尔滨工业大学 | 1388 | 100 | 黑龙江省 | 32 | 广东工业大学 | 723 | 80.71 | 广东省 |
| 2 | 浙江大学 | 723 | 95.16 | 浙江省 | 33 | 复旦大学 | 308 | 80.49 | 上海市 |
| 3 | 华中科技大学 | 945 | 94.8 | 湖北省 | 34 | 太原理工大学 | 774 | 80.35 | 山西省 |
| 4 | 西安交通大学 | 831 | 94.79 | 陕西省 | 35 | 南京航空航天大学 | 504 | 79.85 | 江苏省 |
| 5 | 武汉大学 | 1194 | 94.62 | 湖北省 | 36 | 南京邮电大学 | 696 | 79.82 | 江苏省 |
| 6 | 电子科技大学 | 897 | 93.73 | 四川省 | 37 | 湖南大学 | 538 | 79.53 | 湖南省 |
| 7 | 东北大学 | 1297 | 91.53 | 辽宁省 | 38 | 天津大学 | 597 | 79.34 | 天津市 |
| 8 | 山东大学 | 793 | 91.06 | 山东省 | 39 | 中山大学 | 368 | 79.17 | 广东省 |
| 9 | 西南交通大学 | 1252 | 90.89 | 四川省 | 40 | 南京理工大学 | 726 | 79.01 | 江苏省 |
| 10 | 上海交通大学 | 584 | 90.5 | 上海市 | 41 | 华东师范大学 | 663 | 78.43 | 上海市 |
| 11 | 东南大学 | 710 | 90.32 | 江苏省 | 42 | 北京邮电大学 | 500 | 78.39 | 北京市 |
| 12 | 武汉理工大学 | 1019 | 90 | 湖北省 | 43 | 西南石油大学 | 751 | 78.38 | 四川省 |
| 13 | 重庆大学 | 929 | 89.23 | 重庆市 | 44 | 北京大学 | 415 | 78.35 | 北京市 |
| 14 | 北京理工大学 | 750 | 88.24 | 北京市 | 44 | 桂林电子科技大学 | 939 | 78.35 | 广西壮族自治区 |
| 15 | 华南理工大学 | 574 | 87.93 | 广东省 | 46 | 燕山大学 | 728 | 78.04 | 河北省 |
| 16 | 西北工业大学 | 784 | 87.66 | 陕西省 | 47 | 山东科技大学 | 1210 | 77.97 | 山东省 |
| 17 | 杭州电子科技大学 | 642 | 87.25 | 浙江省 | 48 | 河海大学 | 894 | 77.49 | 江苏省 |
| 18 | 同济大学 | 701 | 86.9 | 上海市 | 49 | 哈尔滨工程大学 | 527 | 77.45 | 黑龙江省 |
| 19 | 合肥工业大学 | 862 | 86.82 | 安徽省 | 50 | 中国石油大学(华东) | 559 | 76.66 | 山东省 |
| 20 | 北京航空航天大学 | 825 | 86.36 | 北京市 | 51 | 郑州大学 | 900 | 76.63 | 河南省 |
| 21 | 浙江工业大学 | 666 | 86.23 | 浙江省 | 52 | 长春理工大学 | 604 | 76.13 | 吉林省 |
| 22 | 中南大学 | 663 | 85.55 | 湖南省 | 53 | 南京大学 | 264 | 75.97 | 江苏省 |
| 23 | 大连理工大学 | 743 | 85.41 | 辽宁省 | 54 | 中国矿业大学 | 526 | 75.61 | 江苏省 |
| 24 | 西安电子科技大学 | 604 | 84.69 | 陕西省 | 54 | 上海大学 | 600 | 75.61 | 上海市 |
| 25 | 福州大学 | 673 | 84.42 | 福建省 | 50 | 中北大学 | 1080 | 75.53 | 山西省 |
| 26 | 四川大学 | 774 | 84.33 | 四川省 | 57 | 浙江师范大学 | 647 | 75.36 | 浙江省 |
| 27 | 厦门大学 | 576 | 83.8 | 福建省 | 58 | 长沙理工大学 | 633 | 74.88 | 湖南省 |
| 28 | 南昌大学 | 873 | 83.59 | 江西省 | 59 | 东北林业大学 | 604 | 74.87 | 黑龙江省 |
| 29 | 清华大学 | 404 | 82.79 | 北京市 | 60 | 重庆邮电大学 | 813 | 74.6 | 重庆市 |
| 30 | 吉林大学 | 1066 | 82.24 | 吉林省 | | | | | |
| 31 | 北京科技大学 | 511 | 80.98 | 北京市 | | | | | |

续表

| 排名 | 学校名称 | 奖项数 | 总分 | 省份 |
|---|---|---|---|---|
| 61 | 大连海事大学 | 511 | 74.54 | 辽宁省 |
| 62 | 华北电力大学 | 450 | 74.51 | 北京市 |
| 63 | 宁波大学 | 463 | 74.46 | 浙江省 |
| 64 | 昆明理工大学 | 720 | 74.1 | 云南省 |
| 65 | 深圳大学 | 694 | 73.87 | 广东省 |
| 66 | 北京交通大学 | 432 | 73.53 | 北京市 |
| 67 | 江苏大学 | 538 | 72.81 | 江苏省 |
| 68 | 西南科技大学 | 556 | 72.5 | 四川省 |
| 69 | 中国计量大学 | 312 | 72.42 | 浙江省 |
| 70 | 湖北工业大学 | 704 | 71.74 | 湖北省 |
| 71 | 青岛理工大学 | 395 | 71.64 | 山东省 |
| 72 | 武汉科技大学 | 627 | 71.58 | 湖北省 |
| 73 | 天津工业大学 | 494 | 71.25 | 天津市 |
| 74 | 西安建筑科技大学 | 490 | 70.93 | 陕西省 |
| 75 | 河南科技大学 | 497 | 70.87 | 河南省 |
| 76 | 江南大学 | 578 | 70.51 | 江苏省 |
| 77 | 上海理工大学 | 514 | 70.47 | 上海市 |
| 78 | 南昌航空大学 | 547 | 70.39 | 江西省 |
| 79 | 南京工业大学 | 555 | 70.26 | 江苏省 |
| 80 | 青岛科技大学 | 541 | 70.12 | 山东省 |
| 81 | 长安大学 | 451 | 69.85 | 陕西省 |
| 82 | 青岛大学 | 989 | 69.68 | 山东省 |
| 83 | 郑州轻工业大学 | 703 | 69.6 | 河南省 |
| 84 | 太原工业学院 | 217 | 69.56 | 山西省 |
| 85 | 河北工业大学 | 359 | 69.49 | 河北省 |
| 86 | 安徽理工大学 | 360 | 69.44 | 安徽省 |
| 87 | 江西理工大学 | 552 | 69.41 | 江西省 |
| 88 | 南京信息工程大学 | 747 | 69.24 | 江苏省 |
| 89 | 华侨大学 | 324 | 69.09 | 福建省 |
| 90 | 华南师范大学 | 535 | 68.96 | 广东省 |
| 91 | 河南理工大学 | 455 | 68.77 | 河南省 |
| 92 | 河南大学 | 683 | 68.52 | 河南省 |
| 93 | 兰州理工大学 | 569 | 68.48 | 甘肃省 |
| 94 | 海南大学 | 297 | 68.42 | 海南省 |
| 95 | 安徽工业大学 | 419 | 68.31 | 安徽省 |

续表

| 排名 | 学校名称 | 奖项数 | 总分 | 省份 |
|---|---|---|---|---|
| 95 | 杭州师范大学 | 428 | 68.31 | 浙江省 |
| 97 | 三峡大学 | 531 | 68.02 | 湖北省 |
| 98 | 上海工程技术大学 | 363 | 67.97 | 上海市 |
| 99 | 中原工学院 | 424 | 67.87 | 河南省 |
| 100 | 苏州大学 | 680 | 67.84 | 江苏省 |
| 101 | 安徽工程大学 | 333 | 67.82 | 安徽省 |
| 102 | 北京工业大学 | 389 | 67.79 | 北京市 |
| 103 | 浙江理工大学 | 387 | 67.77 | 浙江省 |
| 104 | 常州大学 | 313 | 67.67 | 江苏省 |
| 105 | 湘潭大学 | 555 | 67.63 | 湖南省 |
| 106 | 西北农林科技大学 | 656 | 67.59 | 陕西省 |
| 107 | 南开大学 | 271 | 67.47 | 天津市 |
| 108 | 山东理工大学 | 651 | 67.35 | 山东省 |
| 109 | 安徽大学 | 426 | 67.33 | 安徽省 |
| 110 | 扬州大学 | 482 | 67.24 | 江苏省 |
| 111 | 华东理工大学 | 412 | 67.07 | 上海市 |
| 112 | 华南农业大学 | 410 | 66.88 | 广东省 |
| 113 | 南通大学 | 408 | 66.79 | 江苏省 |
| 114 | 天津职业技术师范大学 | 189 | 66.57 | 天津市 |
| 114 | 广州大学 | 437 | 66.57 | 广东省 |
| 116 | 浙江工商大学 | 351 | 66.54 | 浙江省 |
| 117 | 南京师范大学 | 296 | 66.49 | 江苏省 |
| 118 | 福建农林大学 | 330 | 66.48 | 福建省 |
| 119 | 中国地质大学(武汉) | 264 | 66.27 | 湖北省 |
| 120 | 中国海洋大学 | 250 | 66.26 | 山东省 |
| 121 | 江西师范大学 | 585 | 66.17 | 江西省 |
| 122 | 华北理工大学 | 301 | 66 | 河北省 |
| 123 | 齐鲁工业大学 | 438 | 65.92 | 山东省 |
| 124 | 广西大学 | 309 | 65.91 | 广西壮族自治区 |
| 125 | 华中师范大学 | 333 | 65.9 | 湖北省 |
| 126 | 成都信息工程大学 | 457 | 65.71 | 四川省 |
| 127 | 山东师范大学 | 332 | 65.68 | 山东省 |

续表

| 排名 | 学校名称 | 奖项数 | 总分 | 省份 |
|---|---|---|---|---|
| 128 | 烟台大学 | 416 | 65.64 | 山东省 |
| 129 | 北京师范大学 | 235 | 65.62 | 北京市 |
| 129 | 西安理工大学 | 344 | 65.62 | 陕西省 |
| 131 | 河北科技大学 | 273 | 65.55 | 河北省 |
| 132 | 西北大学 | 494 | 65.5 | 陕西省 |
| 133 | 哈尔滨理工大学 | 579 | 65.44 | 黑龙江省 |
| 134 | 暨南大学 | 311 | 65.38 | 广东省 |
| 135 | 桂林理工大学 | 540 | 65.32 | 广西壮族自治区 |
| 136 | 兰州大学 | 319 | 65.27 | 甘肃省 |
| 137 | 北方工业大学 | 698 | 65.22 | 北京市 |
| 138 | 集美大学 | 368 | 65.18 | 福建省 |
| 139 | 贵州大学 | 356 | 65.14 | 贵州省 |
| 140 | 内蒙古科技大学 | 346 | 65.11 | 内蒙古自治区 |
| 141 | 温州大学 | 248 | 65.03 | 浙江省 |
| 142 | 长春工业大学 | 401 | 65 | 吉林省 |
| 143 | 辽宁工业大学 | 346 | 64.65 | 辽宁省 |
| 144 | 辽宁工程技术大学 | 394 | 64.61 | 辽宁省 |
| 145 | 中南民族大学 | 446 | 64.54 | 湖北省 |
| 146 | 陕西科技大学 | 374 | 64.43 | 陕西省 |
| 147 | 石河子大学 | 406 | 64.42 | 新疆维吾尔自治区 |
| 148 | 东华大学 | 395 | 64.38 | 上海市 |
| 149 | 厦门理工学院 | 305 | 64.37 | 福建省 |
| 150 | 四川师范大学 | 587 | 64.17 | 四川省 |
| 151 | 南华大学 | 410 | 64.09 | 湖南省 |
| 152 | 江苏科技大学 | 421 | 64.02 | 江苏省 |
| 153 | 成都理工大学 | 525 | 63.64 | 四川省 |
| 154 | 云南大学 | 297 | 63.48 | 云南省 |
| 155 | 中国科学技术大学 | 178 | 63.41 | 安徽省 |
| 155 | 福建师范大学 | 276 | 63.41 | 福建省 |
| 157 | 兰州交通大学 | 309 | 63.39 | 甘肃省 |
| 158 | 中国人民大学 | 343 | 63.36 | 北京市 |

续表

| 排名 | 学校名称 | 奖项数 | 总分 | 省份 |
|---|---|---|---|---|
| 159 | 新疆大学 | 343 | 63.35 | 新疆维吾尔自治区 |
| 160 | 上海海事大学 | 219 | 63.18 | 上海市 |
| 161 | 重庆交通大学 | 462 | 63.17 | 重庆市 |
| 162 | 重庆理工大学 | 325 | 63.05 | 重庆市 |
| 163 | 沈阳工业大学 | 320 | 63.01 | 辽宁省 |
| 163 | 广西师范大学 | 529 | 63.01 | 广西壮族自治区 |
| 165 | 湖南师范大学 | 297 | 62.92 | 湖南省 |
| 166 | 安徽财经大学 | 280 | 62.89 | 安徽省 |
| 167 | 东北电力大学 | 283 | 62.63 | 吉林省 |
| 168 | 沈阳航空航天大学 | 435 | 62.53 | 辽宁省 |
| 169 | 宁波工程学院 | 274 | 62.51 | 浙江省 |
| 170 | 湖北文理学院 | 367 | 62.1 | 湖北省 |
| 171 | 重庆科技学院 | 353 | 62.07 | 重庆市 |
| 172 | 重庆工商大学 | 241 | 62.06 | 重庆市 |
| 173 | 东莞理工学院 | 328 | 62.04 | 广东省 |
| 174 | 太原科技大学 | 304 | 61.96 | 山西省 |
| 175 | 武汉工程大学 | 565 | 61.92 | 湖北省 |
| 176 | 北华大学 | 271 | 61.83 | 吉林省 |
| 177 | 常熟理工学院 | 399 | 61.79 | 江苏省 |
| 178 | 江西财经大学 | 396 | 61.55 | 江西省 |
| 179 | 鲁东大学 | 332 | 61.45 | 山东省 |
| 180 | 华东交通大学 | 304 | 61.38 | 江西省 |
| 181 | 西南大学 | 262 | 61.37 | 重庆市 |
| 182 | 江汉大学 | 356 | 60.91 | 湖北省 |
| 183 | 中央民族大学 | 335 | 60.9 | 北京市 |
| 184 | 南京工程学院 | 282 | 60.83 | 江苏省 |
| 185 | 合肥学院 | 250 | 60.69 | 安徽省 |
| 185 | 西南民族大学 | 337 | 60.69 | 四川省 |
| 187 | 河北农业大学 | 384 | 60.67 | 河北省 |
| 188 | 广东技术师范大学 | 316 | 60.58 | 广东省 |
| 189 | 华中农业大学 | 241 | 60.52 | 湖北省 |
| 190 | 山东财经大学 | 161 | 60.5 | 山东省 |
| 191 | 厦门大学嘉庚学院 | 194 | 60.47 | 福建省 |

续表

| 排名 | 学校名称 | 奖项数 | 总分 | 省份 |
|---|---|---|---|---|
| 192 | 北京化工大学 | 258 | 60.41 | 北京市 |
| 193 | 浙江科技学院 | 309 | 60.4 | 浙江省 |
| 194 | 河南工业大学 | 402 | 60.33 | 河南省 |
| 195 | 济南大学 | 262 | 60.32 | 山东省 |
| 196 | 盐城工学院 | 240 | 60.26 | 江苏省 |
| 197 | 河北大学 | 354 | 60.2 | 河北省 |
| 198 | 北京联合大学 | 301 | 60.01 | 北京市 |
| 199 | 福建工程学院 | 234 | 59.98 | 福建省 |
| 200 | 西安邮电大学 | 320 | 59.89 | 陕西省 |
| 201 | 临沂大学 | 256 | 59.84 | 山东省 |
| 202 | 中国农业大学 | 208 | 59.59 | 北京市 |
| 203 | 安徽信息工程学院 | 251 | 59.49 | 安徽省 |
| 204 | 浙江农林大学 | 399 | 59.47 | 浙江省 |
| 205 | 阜阳师范大学 | 357 | 59.29 | 安徽省 |
| 206 | 长江师范学院 | 444 | 59.14 | 重庆市 |
| 207 | 温州医科大学 | 97 | 59.08 | 浙江省 |
| 208 | 东华理工大学 | 315 | 59.05 | 江西省 |
| 209 | 浙江财经大学 | 230 | 58.99 | 浙江省 |
| 210 | 内蒙古工业大学 | 216 | 58.98 | 内蒙古自治区 |
| 211 | 南京林业大学 | 471 | 58.97 | 江苏省 |
| 212 | 上海电力大学 | 169 | 58.95 | 上海市 |
| 213 | 大连大学 | 238 | 58.92 | 辽宁省 |
| 214 | 中南财经政法大学 | 176 | 58.89 | 湖北省 |
| 215 | 塔里木大学 | 189 | 58.82 | 新疆维吾尔自治区 |
| 216 | 东北农业大学 | 234 | 58.73 | 黑龙江省 |
| 217 | 南阳理工学院 | 395 | 58.69 | 河南省 |
| 218 | 长沙学院 | 412 | 58.65 | 湖南省 |
| 219 | 山西大学 | 251 | 58.53 | 山西省 |
| 220 | 重庆师范大学 | 206 | 58.51 | 重庆市 |
| 220 | 中国石油大学（北京） | 278 | 58.51 | 北京市 |
| 222 | 北方民族大学 | 271 | 58.49 | 宁夏回族自治区 |

续表

| 排名 | 学校名称 | 奖项数 | 总分 | 省份 |
|---|---|---|---|---|
| 223 | 宁夏大学 | 269 | 58.36 | 宁夏回族自治区 |
| 224 | 江苏理工学院 | 214 | 58.33 | 江苏省 |
| 225 | 中国民航大学 | 162 | 58.27 | 天津市 |
| 226 | 湖南理工学院 | 231 | 58.22 | 湖南省 |
| 227 | 中南林业科技大学 | 279 | 58.06 | 湖南省 |
| 228 | 集美大学诚毅学院 | 135 | 58.01 | 福建省 |
| 229 | 湖南科技大学 | 303 | 57.94 | 湖南省 |
| 230 | 西安科技大学 | 252 | 57.76 | 陕西省 |
| 231 | 湖南工业大学 | 320 | 57.7 | 湖南省 |
| 232 | 湖北汽车工业学院 | 179 | 57.6 | 湖北省 |
| 232 | 天津科技大学 | 213 | 57.6 | 天津市 |
| 234 | 东北财经大学 | 108 | 57.51 | 辽宁省 |
| 235 | 西华大学 | 347 | 57.47 | 四川省 |
| 236 | 辽宁科技大学 | 248 | 57.43 | 辽宁省 |
| 237 | 洛阳理工学院 | 191 | 57.36 | 河南省 |
| 238 | 吉首大学 | 369 | 57.33 | 湖南省 |
| 239 | 江西科技师范大学 | 179 | 57.23 | 江西省 |
| 240 | 中国地质大学（北京） | 299 | 57.14 | 北京市 |
| 241 | 佛山科学技术学院 | 216 | 56.96 | 广东省 |
| 242 | 青海大学 | 173 | 56.83 | 青海省 |
| 243 | 江苏师范大学 | 156 | 56.79 | 江苏省 |
| 244 | 贵州师范大学 | 205 | 56.73 | 贵州省 |
| 245 | 北京工商大学 | 253 | 56.5 | 北京市 |
| 246 | 上海第二工业大学 | 201 | 56.27 | 上海市 |
| 247 | 惠州学院 | 300 | 56.11 | 广东省 |
| 248 | 曲阜师范大学 | 292 | 56.05 | 山东省 |
| 249 | 安徽农业大学 | 224 | 56 | 安徽省 |
| 250 | 沈阳建筑大学 | 207 | 55.94 | 辽宁省 |
| 251 | 南京农业大学 | 168 | 55.91 | 江苏省 |
| 252 | 皖西学院 | 144 | 55.87 | 安徽省 |
| 253 | 大连民族大学 | 412 | 55.75 | 辽宁省 |
| 254 | 湖南农业大学 | 168 | 55.66 | 湖南省 |
| 255 | 四川轻化工大学 | 234 | 55.58 | 四川省 |

续表

| 排名 | 学校名称 | 奖项数 | 总分 | 省份 |
|---|---|---|---|---|
| 256 | 西北师范大学 | 191 | 55.33 | 甘肃省 |
| 257 | 浙江传媒学院 | 204 | 55.18 | 浙江省 |
| 258 | 滁州学院 | 257 | 55.17 | 安徽省 |
| 259 | 西南财经大学 | 115 | 55 | 四川省 |
| 260 | 广西科技大学 | 164 | 54.98 | 广西壮族自治区 |
| 261 | 东北师范大学 | 277 | 54.95 | 吉林省 |
| 262 | 东北石油大学 | 159 | 54.93 | 黑龙江省 |
| 263 | 石家庄铁道大学 | 326 | 54.87 | 河北省 |
| 264 | 上海师范大学 | 254 | 54.83 | 上海市 |
| 265 | 衢州学院 | 144 | 54.82 | 浙江省 |
| 266 | 中国矿业大学(北京) | 150 | 54.79 | 北京市 |
| 267 | 湖北大学 | 184 | 54.78 | 湖北省 |
| 267 | 嘉兴学院 | 247 | 54.78 | 浙江省 |
| 269 | 四川农业大学 | 256 | 54.77 | 四川省 |
| 270 | 河南工程学院 | 235 | 54.72 | 河南省 |
| 271 | 山东建筑大学 | 227 | 54.67 | 山东省 |
| 272 | 重庆文理学院 | 277 | 54.66 | 重庆市 |
| 273 | 成都工业学院 | 209 | 54.64 | 四川省 |
| 274 | 天津理工大学 | 255 | 54.6 | 天津市 |
| 275 | 内蒙古大学 | 150 | 54.59 | 内蒙古自治区 |
| 276 | 湖北经济学院 | 336 | 54.5 | 湖北省 |
| 277 | 广东财经大学 | 184 | 54.49 | 广东省 |
| 278 | 天津中德应用技术大学 | 97 | 54.44 | 天津市 |
| 279 | 黑龙江科技大学 | 121 | 54.41 | 黑龙江省 |
| 280 | 安徽师范大学 | 246 | 54.38 | 安徽省 |
| 281 | 五邑大学 | 151 | 54.19 | 广东省 |
| 282 | 河南财经政法大学 | 180 | 54.07 | 河南省 |
| 283 | 安阳工学院 | 240 | 54.03 | 河南省 |
| 284 | 河北工程大学 | 158 | 53.98 | 河北省 |
| 285 | 上海财经大学 | 118 | 53.97 | 上海市 |
| 286 | 浙大城市学院 | 270 | 53.82 | 浙江省 |

续表

| 排名 | 学校名称 | 奖项数 | 总分 | 省份 |
|---|---|---|---|---|
| 287 | 杭州电子科技大学信息工程学院 | 111 | 53.8 | 浙江省 |
| 288 | 南阳师范学院 | 405 | 53.73 | 河南省 |
| 289 | 陕西师范大学 | 127 | 53.67 | 陕西省 |
| 290 | 浙江中医药大学 | 170 | 53.61 | 浙江省 |
| 291 | 云南师范大学 | 99 | 53.56 | 云南省 |
| 292 | 河北经贸大学 | 141 | 53.47 | 河北省 |
| 293 | 北京信息科技大学 | 265 | 53.46 | 北京市 |
| 294 | 陕西理工大学 | 226 | 53.39 | 陕西省 |
| 295 | 贵州理工学院 | 90 | 53.31 | 贵州省 |
| 296 | 绍兴文理学院 | 153 | 53.27 | 浙江省 |
| 297 | 滨州学院 | 311 | 53.21 | 山东省 |
| 298 | 台州学院 | 272 | 53.16 | 浙江省 |
| 299 | 内蒙古农业大学 | 169 | 53.14 | 内蒙古自治区 |
| 300 | 湖南工程学院 | 141 | 53.1 | 湖南省 |
| 301 | 大连交通大学 | 204 | 53.08 | 辽宁省 |
| 302 | 广东海洋大学 | 232 | 53.02 | 广东省 |
| 303 | 西安工程大学 | 307 | 52.97 | 陕西省 |
| 304 | 汕头大学 | 103 | 52.92 | 广东省 |
| 305 | 大连工业大学 | 174 | 52.82 | 辽宁省 |
| 306 | 徐州工程学院 | 242 | 52.79 | 江苏省 |
| 307 | 山东交通学院 | 180 | 52.75 | 山东省 |
| 308 | 河南农业大学 | 274 | 52.69 | 河南省 |
| 309 | 乐山师范学院 | 281 | 52.59 | 四川省 |
| 310 | 广西财经学院 | 109 | 52.57 | 广西壮族自治区 |
| 311 | 辽宁石油化工大学 | 235 | 52.56 | 辽宁省 |
| 312 | 浙江师范大学行知学院 | 72 | 52.47 | 浙江省 |
| 312 | 华北水利水电大学 | 278 | 52.47 | 河南省 |
| 314 | 浙江万里学院 | 213 | 52.43 | 浙江省 |
| 315 | 贵州师范学院 | 201 | 52.41 | 贵州省 |
| 316 | 黑龙江大学 | 228 | 52.33 | 黑龙江省 |
| 317 | 天津财经大学 | 88 | 52.3 | 天津市 |

续表

| 排名 | 学校名称 | 奖项数 | 总分 | 省份 |
|------|----------|--------|------|------|
| 318 | 沈阳工学院 | 233 | 52.02 | 辽宁省 |
| 319 | 湖南文理学院 | 178 | 52 | 湖南省 |
| 320 | 海南师范大学 | 158 | 51.98 | 海南省 |
| 321 | 西安工业大学 | 241 | 51.94 | 陕西省 |
| 322 | 淮阴工学院 | 222 | 51.93 | 江苏省 |
| 323 | 北京林业大学 | 216 | 51.87 | 北京市 |
| 324 | 南昌工程学院 | 128 | 51.72 | 江西省 |
| 325 | 巢湖学院 | 101 | 51.63 | 安徽省 |
| 326 | 天津师范大学 | 143 | 51.5 | 天津市 |
| 326 | 青岛农业大学 | 186 | 51.5 | 山东省 |
| 328 | 北京石油化工学院 | 167 | 51.47 | 北京市 |
| 329 | 聊城大学 | 204 | 51.37 | 山东省 |
| 330 | 德州学院 | 216 | 51.34 | 山东省 |
| 331 | 中国科学院大学 | 84 | 51.32 | 北京市 |
| 331 | 安徽建筑大学 | 182 | 51.32 | 安徽省 |
| 333 | 韶关学院 | 197 | 51.28 | 广东省 |
| 334 | 闽江学院 | 191 | 51.04 | 福建省 |
| 335 | 电子科技大学中山学院 | 179 | 51.03 | 广东省 |
| 336 | 天津商业大学 | 95 | 51 | 天津市 |
| 337 | 三江学院 | 131 | 50.91 | 江苏省 |
| 337 | 黄山学院 | 151 | 50.91 | 安徽省 |
| 339 | 山西财经大学 | 76 | 50.89 | 山西省 |
| 340 | 青岛黄海学院 | 238 | 50.86 | 山东省 |
| 341 | 甘肃农业大学 | 78 | 50.82 | 甘肃省 |
| 342 | 浙大宁波理工学院 | 222 | 50.79 | 浙江省 |
| 343 | 大连东软信息学院 | 366 | 50.78 | 辽宁省 |
| 344 | 南方科技大学 | 119 | 50.77 | 广东省 |
| 345 | 辽宁大学 | 138 | 50.76 | 辽宁省 |
| 346 | 三明学院 | 160 | 50.72 | 福建省 |
| 346 | 郑州航空工业管理学院 | 203 | 50.72 | 河南省 |
| 348 | 苏州科技大学 | 243 | 50.71 | 江苏省 |
| 349 | 宜春学院 | 203 | 50.68 | 江西省 |
| 350 | 南京中医药大学 | 75 | 50.64 | 江苏省 |

续表

| 排名 | 学校名称 | 奖项数 | 总分 | 省份 |
|------|----------|--------|------|------|
| 351 | 北京外国语大学 | 28 | 50.57 | 北京市 |
| 352 | 中国传媒大学 | 235 | 50.56 | 北京市 |
| 353 | 北华航天工业学院 | 99 | 50.32 | 河北省 |
| 354 | 成都理工大学工程技术学院 | 117 | 50.31 | 四川省 |
| 355 | 西京学院 | 183 | 50.27 | 陕西省 |
| 356 | 河南师范大学 | 146 | 50.21 | 河南省 |
| 357 | 内江师范学院 | 130 | 50.19 | 四川省 |
| 358 | 广州软件学院 | 204 | 50.06 | 广东省 |
| 359 | 燕山大学里仁学院 | 100 | 50.04 | 河北省 |
| 360 | 北京建筑大学 | 133 | 49.98 | 北京市 |
| 361 | 武汉纺织大学 | 244 | 49.87 | 湖北省 |
| 362 | 辽宁师范大学 | 236 | 49.79 | 辽宁省 |
| 363 | 北京理工大学珠海学院 | 188 | 49.75 | 广东省 |
| 364 | 成都大学 | 277 | 49.72 | 四川省 |
| 365 | 淮南师范学院 | 123 | 49.71 | 安徽省 |
| 366 | 广州城市理工学院 | 107 | 49.68 | 广东省 |
| 367 | 景德镇陶瓷大学 | 136 | 49.61 | 江西省 |
| 368 | 中国医科大学 | 61 | 49.57 | 辽宁省 |
| 369 | 河北师范大学 | 224 | 49.56 | 河北省 |
| 370 | 鲁迅美术学院 | 266 | 49.55 | 辽宁省 |
| 371 | 安庆师范大学 | 114 | 49.49 | 安徽省 |
| 372 | 北部湾大学 | 108 | 49.48 | 广西壮族自治区 |
| 373 | 南方医科大学 | 55 | 49.43 | 广东省 |
| 374 | 湖北工程学院 | 132 | 49.42 | 湖北省 |
| 375 | 江西科技学院 | 103 | 49.34 | 江西省 |
| 376 | 赣南科技学院 | 141 | 49.33 | 江西省 |
| 377 | 沈阳农业大学 | 105 | 49.32 | 辽宁省 |
| 378 | 福建江夏学院 | 135 | 49.25 | 福建省 |
| 379 | 闽南师范大学 | 184 | 49.24 | 福建省 |
| 380 | 吉林建筑大学 | 209 | 49.08 | 吉林省 |
| 381 | 井冈山大学 | 176 | 49 | 江西省 |
| 382 | 上海应用技术大学 | 101 | 48.89 | 上海市 |

续表

| 排名 | 学校名称 | 奖项数 | 总分 | 省份 |
|------|----------|--------|------|------|
| 383 | 广东外语外贸大学 | 175 | 48.85 | 广东省 |
| 384 | 长江大学 | 120 | 48.82 | 湖北省 |
| 385 | 西安石油大学 | 118 | 48.72 | 陕西省 |
| 386 | 渤海大学 | 116 | 48.69 | 辽宁省 |
| 387 | 金陵科技学院 | 249 | 48.68 | 江苏省 |
| 388 | 西安文理学院 | 139 | 48.57 | 陕西省 |
| 389 | 福州外语外贸学院 | 144 | 48.51 | 福建省 |
| 390 | 北京印刷学院 | 202 | 48.46 | 北京市 |
| 391 | 浙江外国语学院 | 33 | 48.45 | 浙江省 |
| 392 | 湖州师范学院 | 173 | 48.44 | 浙江省 |
| 393 | 云南工商学院 | 126 | 48.43 | 云南省 |
| 394 | 安徽新华学院 | 113 | 48.41 | 安徽省 |
| 395 | 南宁学院 | 159 | 48.38 | 广西壮族自治区 |
| 396 | 吉林农业大学 | 115 | 48.29 | 吉林省 |
| 397 | 云南大学滇池学院 | 109 | 48.27 | 云南省 |
| 398 | 广东石油化工学院 | 102 | 48.21 | 广东省 |
| 399 | 长春工程学院 | 174 | 48.13 | 吉林省 |
| 399 | 泉州师范学院 | 180 | 48.13 | 福建省 |
| 401 | 武汉轻工大学 | 137 | 48.12 | 湖北省 |
| 402 | 四川外国语大学 | 54 | 48.11 | 重庆市 |
| 403 | 南宁师范大学 | 137 | 48.1 | 广西壮族自治区 |
| 404 | 中国政法大学 | 86 | 48.07 | 北京市 |
| 404 | 内蒙古师范大学 | 224 | 48.07 | 内蒙古自治区 |
| 406 | 上海海洋大学 | 181 | 48.05 | 上海市 |
| 407 | 广西民族大学 | 238 | 48.04 | 广西壮族自治区 |
| 408 | 贺州学院 | 234 | 47.95 | 广西壮族自治区 |
| 409 | 怀化学院 | 224 | 47.84 | 湖南省 |
| 410 | 湖北理工学院 | 175 | 47.81 | 湖北省 |
| 411 | 沈阳师范大学 | 298 | 47.78 | 辽宁省 |
| 412 | 长春大学 | 101 | 47.77 | 吉林省 |

续表

| 排名 | 学校名称 | 奖项数 | 总分 | 省份 |
|------|----------|--------|------|------|
| 412 | 沈阳化工大学 | 163 | 47.77 | 辽宁省 |
| 414 | 延边大学 | 115 | 47.75 | 吉林省 |
| 415 | 淮阴师范学院 | 122 | 47.73 | 江苏省 |
| 416 | 哈尔滨医科大学 | 48 | 47.68 | 黑龙江省 |
| 417 | 西藏大学 | 65 | 47.57 | 西藏自治区 |
| 417 | 西安欧亚学院 | 106 | 47.57 | 陕西省 |
| 419 | 湖南工商大学 | 92 | 47.49 | 湖南省 |
| 420 | 南京医科大学 | 83 | 47.3 | 江苏省 |
| 421 | 黑龙江工程学院 | 74 | 47.29 | 黑龙江省 |
| 422 | 对外经济贸易大学 | 53 | 47.22 | 北京市 |
| 423 | 铜陵学院 | 219 | 47.2 | 安徽省 |
| 424 | 黑龙江八一农垦大学 | 110 | 47.1 | 黑龙江省 |
| 425 | 莆田学院 | 116 | 47.09 | 福建省 |
| 426 | 青海民族大学 | 67 | 47.04 | 青海省 |
| 427 | 盐城师范学院 | 122 | 47.03 | 江苏省 |
| 428 | 湖南中医药大学 | 100 | 46.9 | 湖南省 |
| 429 | 浙江海洋大学 | 63 | 46.76 | 浙江省 |
| 429 | 天津仁爱学院 | 149 | 46.76 | 天津市 |
| 429 | 珠海科技学院 | 166 | 46.76 | 广东省 |
| 432 | 广东东软学院 | 187 | 46.75 | 广东省 |
| 433 | 安徽医科大学 | 69 | 46.74 | 安徽省 |
| 434 | 九江学院 | 118 | 46.73 | 江西省 |
| 435 | 上海电机学院 | 85 | 46.66 | 上海市 |
| 436 | 武汉商学院 | 167 | 46.63 | 湖北省 |
| 437 | 合肥师范学院 | 107 | 46.62 | 安徽省 |
| 438 | 河北民族师范学院 | 90 | 46.59 | 河北省 |
| 439 | 常州工学院 | 169 | 46.57 | 江苏省 |
| 440 | 江苏海洋大学 | 174 | 46.52 | 江苏省 |
| 441 | 华北科技学院 | 105 | 46.48 | 河北省 |
| 442 | 湖北民族大学 | 147 | 46.36 | 湖北省 |
| 443 | 山东石油化工学院 | 84 | 46.35 | 山东省 |
| 444 | 黄河科技学院 | 238 | 46.31 | 河南省 |

续表

| 排名 | 学校名称 | 奖项数 | 总分 | 省份 |
|------|----------|--------|------|------|
| 445 | 梧州学院 | 162 | 46.26 | 广西壮族自治区 |
| 445 | 仲恺农业工程学院 | 202 | 46.26 | 广东省 |
| 447 | 安阳师范学院 | 124 | 46.17 | 河南省 |
| 448 | 宁波大学科学技术学院 | 66 | 46.12 | 浙江省 |
| 449 | 重庆工程学院 | 274 | 45.97 | 重庆市 |
| 450 | 山西医科大学 | 52 | 45.96 | 山西省 |
| 451 | 武夷学院 | 63 | 45.86 | 福建省 |
| 452 | 广西艺术学院 | 419 | 45.82 | 广西壮族自治区 |
| 453 | 吉林化工学院 | 68 | 45.8 | 吉林省 |
| 454 | 池州学院 | 168 | 45.79 | 安徽省 |
| 455 | 武汉华夏理工学院 | 134 | 45.76 | 湖北省 |
| 456 | 武汉工商学院 | 96 | 45.67 | 湖北省 |
| 457 | 江西中医药大学 | 66 | 45.66 | 江西省 |
| 458 | 湖南人文科技学院 | 102 | 45.64 | 湖南省 |
| 459 | 西安财经大学 | 92 | 45.58 | 陕西省 |
| 460 | 运城学院 | 148 | 45.57 | 山西省 |
| 461 | 贵州民族大学 | 120 | 45.56 | 贵州省 |
| 462 | 西南林业大学 | 93 | 45.47 | 云南省 |
| 462 | 桂林航天工业学院 | 164 | 45.47 | 广西壮族自治区 |
| 464 | 云南民族大学 | 96 | 45.44 | 云南省 |
| 465 | 齐齐哈尔大学 | 81 | 45.41 | 黑龙江省 |
| 466 | 南京财经大学 | 84 | 45.4 | 江苏省 |
| 467 | 兰州财经大学 | 78 | 45.39 | 甘肃省 |
| 468 | 黄冈师范学院 | 232 | 45.36 | 湖北省 |
| 469 | 防灾科技学院 | 93 | 45.29 | 河北省 |
| 470 | 新疆农业大学 | 95 | 45.24 | 新疆维吾尔自治区 |
| 471 | 佳木斯大学 | 103 | 45.2 | 黑龙江省 |
| 472 | 成都东软学院 | 156 | 45.18 | 四川省 |
| 473 | 新疆财经大学 | 80 | 45.15 | 新疆维吾尔自治区 |

续表

| 排名 | 学校名称 | 奖项数 | 总分 | 省份 |
|------|----------|--------|------|------|
| 473 | 玉林师范学院 | 122 | 45.15 | 广西壮族自治区 |
| 475 | 青海师范大学 | 99 | 45.02 | 青海省 |
| 476 | 首都经济贸易大学 | 105 | 45.01 | 北京市 |
| 477 | 石家庄学院 | 62 | 45 | 河北省 |
| 478 | 重庆城市科技学院 | 168 | 44.99 | 重庆市 |
| 479 | 哈尔滨商业大学 | 102 | 44.91 | 黑龙江省 |
| 480 | 西华师范大学 | 163 | 44.85 | 四川省 |
| 481 | 潍坊科技学院 | 70 | 44.84 | 山东省 |
| 482 | 西北民族大学 | 154 | 44.8 | 甘肃省 |
| 483 | 山东工商学院 | 143 | 44.71 | 山东省 |
| 484 | 河南城建学院 | 148 | 44.68 | 河南省 |
| 485 | 山东中医药大学 | 46 | 44.66 | 山东省 |
| 486 | 海口经济学院 | 74 | 44.65 | 海南省 |
| 487 | 龙岩学院 | 100 | 44.63 | 福建省 |
| 488 | 沈阳理工大学 | 134 | 44.62 | 辽宁省 |
| 489 | 绍兴文理学院元培学院 | 83 | 44.52 | 浙江省 |
| 490 | 许昌学院 | 99 | 44.47 | 河南省 |
| 491 | 山东农业大学 | 105 | 44.42 | 山东省 |
| 492 | 宁波财经学院 | 141 | 44.38 | 浙江省 |
| 493 | 文华学院 | 92 | 44.33 | 湖北省 |
| 493 | 吕梁学院 | 111 | 44.33 | 山西省 |
| 493 | 吉林师范大学 | 173 | 44.33 | 吉林省 |
| 496 | 西藏农牧学院 | 50 | 44.32 | 西藏自治区 |
| 497 | 宿州学院 | 59 | 44.3 | 安徽省 |
| 497 | 丽水学院 | 72 | 44.3 | 浙江省 |
| 499 | 重庆移通学院 | 215 | 44.27 | 重庆市 |
| 500 | 唐山师范学院 | 32 | 44.25 | 河北省 |
| 501 | 烟台南山学院 | 118 | 44.2 | 山东省 |
| 502 | 攀枝花学院 | 149 | 44.15 | 四川省 |
| 503 | 重庆三峡学院 | 145 | 44.06 | 重庆市 |
| 504 | 河北地质大学 | 69 | 43.84 | 河北省 |

续表

| 排名 | 学校名称 | 奖项数 | 总分 | 省份 |
|---|---|---|---|---|
| 504 | 新疆师范大学 | 118 | 43.84 | 新疆维吾尔自治区 |
| 506 | 中央财经大学 | 61 | 43.83 | 北京市 |
| 507 | 云南农业大学 | 53 | 43.68 | 云南省 |
| 508 | 三峡大学科技学院 | 147 | 43.64 | 湖北省 |
| 509 | 赣南师范大学 | 117 | 43.41 | 江西省 |
| 510 | 吉林医药学院 | 46 | 43.39 | 吉林省 |
| 510 | 安徽三联学院 | 67 | 43.39 | 安徽省 |
| 512 | 上海建桥学院 | 87 | 43.38 | 上海市 |
| 513 | 中国民用航空飞行学院 | 58 | 43.31 | 四川省 |
| 514 | 西安航空学院 | 123 | 43.3 | 陕西省 |
| 515 | 新乡学院 | 84 | 43.27 | 河南省 |
| 516 | 福州大学至诚学院 | 66 | 43.25 | 福建省 |
| 517 | 闽南理工学院 | 234 | 43.24 | 福建省 |
| 518 | 吉林工程技术师范学院 | 73 | 43.21 | 吉林省 |
| 519 | 淮北师范大学 | 97 | 43.13 | 安徽省 |
| 520 | 西藏民族大学 | 65 | 43.07 | 西藏自治区 |
| 520 | 邵阳学院 | 91 | 43.07 | 湖南省 |
| 522 | 西安外国语大学 | 50 | 43 | 陕西省 |
| 523 | 唐山学院 | 73 | 42.96 | 河北省 |
| 524 | 广西医科大学 | 26 | 42.94 | 广西壮族自治区 |
| 525 | 湖南科技学院 | 106 | 42.87 | 湖南省 |
| 526 | 天津农学院 | 75 | 42.8 | 天津市 |
| 527 | 吉林动画学院 | 97 | 42.78 | 吉林省 |
| 528 | 安徽中医药大学 | 49 | 42.77 | 安徽省 |
| 528 | 百色学院 | 145 | 42.77 | 广西壮族自治区 |
| 530 | 哈尔滨师范大学 | 137 | 42.74 | 黑龙江省 |
| 531 | 上海商学院 | 74 | 42.72 | 上海市 |

续表

| 排名 | 学校名称 | 奖项数 | 总分 | 省份 |
|---|---|---|---|---|
| 532 | 中国计量大学现代科技学院 | 57 | 42.69 | 浙江省 |
| 533 | 南京理工大学紫金学院 | 133 | 42.66 | 江苏省 |
| 534 | 中国矿业大学徐海学院 | 75 | 42.63 | 江苏省 |
| 535 | 首都师范大学 | 86 | 42.6 | 北京市 |
| 536 | 汉口学院 | 124 | 42.57 | 湖北省 |
| 537 | 吉林财经大学 | 46 | 42.53 | 吉林省 |
| 538 | 内蒙古民族大学 | 79 | 42.48 | 内蒙古自治区 |
| 538 | 郑州西亚斯学院 | 92 | 42.48 | 河南省 |
| 540 | 新疆工程学院 | 81 | 42.45 | 新疆维吾尔自治区 |
| 540 | 辽宁科技学院 | 129 | 42.45 | 辽宁省 |
| 542 | 南昌工学院 | 50 | 42.31 | 江西省 |
| 542 | 南昌理工学院 | 128 | 42.31 | 江西省 |
| 544 | 贵阳学院 | 27 | 42.28 | 贵州省 |
| 545 | 电子科技大学成都学院 | 94 | 42.27 | 四川省 |
| 546 | 黄淮学院 | 116 | 42.24 | 河南省 |
| 547 | 福建医科大学 | 21 | 42.22 | 福建省 |
| 548 | 湖北汽车工业学院科技学院 | 58 | 42.19 | 湖北省 |
| 548 | 岭南师范学院 | 122 | 42.19 | 广东省 |
| 550 | 枣庄学院 | 74 | 42.1 | 山东省 |
| 551 | 宁夏医科大学 | 38 | 42.09 | 宁夏回族自治区 |
| 552 | 渭南师范学院 | 70 | 42.03 | 陕西省 |
| 553 | 浙江树人学院 | 39 | 42.02 | 浙江省 |
| 554 | 广州南方学院 | 61 | 41.93 | 广东省 |
| 555 | 河南工学院 | 51 | 41.91 | 河南省 |
| 556 | 长春中医药大学 | 47 | 41.85 | 吉林省 |
| 557 | 南通理工学院 | 160 | 41.82 | 江苏省 |

续表

| 排名 | 学校名称 | 奖项数 | 总分 | 省份 |
|---|---|---|---|---|
| 558 | 福建师范大学协和学院 | 114 | 41.8 | 福建省 |
| 559 | 内蒙古财经大学 | 57 | 41.7 | 内蒙古自治区 |
| 559 | 武汉东湖学院 | 154 | 41.7 | 湖北省 |
| 561 | 吉林农业科技学院 | 79 | 41.63 | 吉林省 |
| 562 | 湖南工学院 | 106 | 41.56 | 湖南省 |
| 563 | 海南热带海洋学院 | 79 | 41.54 | 海南省 |
| 564 | 昆明学院 | 67 | 41.51 | 云南省 |
| 565 | 云南经济管理学院 | 50 | 41.48 | 云南省 |
| 566 | 浙江工业大学之江学院 | 90 | 41.47 | 浙江省 |
| 567 | 大连医科大学 | 18 | 41.43 | 辽宁省 |
| 568 | 山西农业大学 | 73 | 41.4 | 山西省 |
| 569 | 郑州经贸学院 | 153 | 41.39 | 河南省 |
| 570 | 海南医学院 | 26 | 41.34 | 海南省 |
| 571 | 四川旅游学院 | 87 | 41.33 | 四川省 |
| 572 | 商丘师范学院 | 58 | 41.27 | 河南省 |
| 573 | 郑州工业应用技术学院 | 144 | 41.2 | 河南省 |
| 574 | 陇东学院 | 88 | 41.19 | 甘肃省 |
| 575 | 云南财经大学 | 95 | 41.18 | 云南省 |
| 576 | 湖北师范大学 | 153 | 41.17 | 湖北省 |
| 577 | 桂林信息科技学院 | 198 | 41.15 | 广西壮族自治区 |
| 578 | 长春师范大学 | 100 | 41.01 | 吉林省 |
| 579 | 山西大同大学 | 146 | 40.95 | 山西省 |
| 580 | 湖北工业大学工程技术学院 | 111 | 40.91 | 湖北省 |
| 581 | 四川大学锦江学院 | 76 | 40.89 | 四川省 |
| 582 | 江苏科技大学苏州理工学院 | 47 | 40.74 | 江苏省 |
| 583 | 肇庆学院 | 115 | 40.66 | 广东省 |
| 584 | 延安大学 | 64 | 40.59 | 陕西省 |

续表

| 排名 | 学校名称 | 奖项数 | 总分 | 省份 |
|---|---|---|---|---|
| 585 | 长沙理工大学城南学院 | 12 | 40.58 | 湖南省 |
| 585 | 江西工程学院 | 43 | 40.58 | 江西省 |
| 587 | 成都师范学院 | 71 | 40.55 | 四川省 |
| 587 | 宝鸡文理学院 | 94 | 40.55 | 陕西省 |
| 589 | 长春财经学院 | 26 | 40.49 | 吉林省 |
| 590 | 长春科技学院 | 38 | 40.48 | 吉林省 |
| 591 | 云南艺术学院 | 127 | 40.46 | 云南省 |
| 592 | 西安翻译学院 | 48 | 40.45 | 陕西省 |
| 593 | 湖北第二师范学院 | 117 | 40.4 | 湖北省 |
| 594 | 贵州财经大学 | 62 | 40.38 | 贵州省 |
| 595 | 东南大学成贤学院 | 70 | 40.36 | 江苏省 |
| 595 | 桂林学院 | 159 | 40.36 | 广西壮族自治区 |
| 597 | 吉林艺术学院 | 117 | 40.33 | 吉林省 |
| 598 | 宁德师范学院 | 32 | 40.3 | 福建省 |
| 599 | 天津医科大学 | 18 | 40.29 | 天津市 |
| 600 | 沈阳大学 | 120 | 40.2 | 辽宁省 |
| 601 | 西安培华学院 | 90 | 40.18 | 陕西省 |
| 602 | 西南政法大学 | 22 | 40.08 | 重庆市 |
| 603 | 三亚学院 | 60 | 40.04 | 海南省 |
| 604 | 广州医科大学 | 31 | 39.78 | 广东省 |
| 605 | 辽宁对外经贸学院 | 101 | 39.74 | 辽宁省 |
| 606 | 新乡医学院 | 28 | 39.68 | 河南省 |
| 607 | 滨州医学院 | 28 | 39.6 | 山东省 |
| 608 | 成都医学院 | 40 | 39.58 | 四川省 |
| 609 | 黔南民族师范学院 | 70 | 39.55 | 贵州省 |
| 610 | 上海外国语大学 | 42 | 39.5 | 上海市 |
| 610 | 成都锦城学院 | 139 | 39.5 | 四川省 |
| 612 | 上海科技大学 | 51 | 39.45 | 上海市 |
| 613 | 河西学院 | 60 | 39.4 | 甘肃省 |
| 613 | 蚌埠学院 | 75 | 39.4 | 安徽省 |
| 615 | 南京航空航天大学金城学院 | 94 | 39.39 | 江苏省 |

续表

| 排名 | 学校名称 | 奖项数 | 总分 | 省份 |
|---|---|---|---|---|
| 615 | 四川美术学院 | 111 | 39.39 | 重庆市 |
| 617 | 蚌埠医学院 | 36 | 39.23 | 安徽省 |
| 618 | 河南科技学院 | 157 | 39.18 | 河南省 |
| 619 | 河北金融学院 | 42 | 39.15 | 河北省 |
| 620 | 南京审计大学 | 59 | 39.14 | 江苏省 |
| 621 | 大理大学 | 32 | 39.13 | 云南省 |
| 622 | 山西师范大学 | 62 | 39.1 | 山西省 |
| 622 | 阳光学院 | 71 | 39.1 | 福建省 |
| 624 | 潍坊学院 | 90 | 39.03 | 山东省 |
| 625 | 南昌交通学院 | 66 | 38.99 | 江西省 |
| 626 | 中国药科大学 | 42 | 38.95 | 江苏省 |
| 627 | 河池学院 | 59 | 38.94 | 广西壮族自治区 |
| 628 | 香港中文大学（深圳） | 34 | 38.87 | 广东省 |
| 629 | 周口师范学院 | 59 | 38.83 | 河南省 |
| 630 | 深圳技术大学 | 85 | 38.82 | 广东省 |
| 631 | 河北农业大学现代科技学院 | 32 | 38.81 | 河北省 |
| 632 | 安徽科技学院 | 37 | 38.75 | 安徽省 |
| 633 | 山东女子学院 | 59 | 38.74 | 山东省 |
| 634 | 首都医科大学 | 10 | 38.73 | 北京市 |
| 634 | 上海对外经贸大学 | 47 | 38.73 | 上海市 |
| 636 | 山东协和学院 | 64 | 38.71 | 山东省 |
| 636 | 北京师范大学珠海分校 | 127 | 38.71 | 广东省 |
| 638 | 山东第一医科大学 | 19 | 38.61 | 山东省 |
| 638 | 河南牧业经济学院 | 78 | 38.61 | 河南省 |
| 640 | 湖南城市学院 | 76 | 38.56 | 湖南省 |
| 640 | 宜宾学院 | 82 | 38.56 | 四川省 |
| 642 | 南京艺术学院 | 112 | 38.53 | 江苏省 |
| 643 | 新疆医科大学 | 22 | 38.45 | 新疆维吾尔自治区 |
| 644 | 天津中医药大学 | 26 | 38.44 | 天津市 |

续表

| 排名 | 学校名称 | 奖项数 | 总分 | 省份 |
|---|---|---|---|---|
| 645 | 柳州工学院 | 58 | 38.41 | 广西壮族自治区 |
| 646 | 河北医科大学 | 22 | 38.32 | 河北省 |
| 647 | 大连海洋大学 | 84 | 38.31 | 辽宁省 |
| 648 | 宁夏大学新华学院 | 42 | 38.27 | 宁夏回族自治区 |
| 649 | 洛阳师范学院 | 91 | 38.26 | 河南省 |
| 650 | 泰山学院 | 41 | 38.23 | 山东省 |
| 651 | 中国美术学院 | 87 | 38.22 | 浙江省 |
| 652 | 韩山师范学院 | 85 | 38.14 | 广东省 |
| 653 | 山东英才学院 | 32 | 38.04 | 山东省 |
| 654 | 新余学院 | 88 | 37.99 | 江西省 |
| 655 | 上海体育学院 | 22 | 37.97 | 上海市 |
| 656 | 西北政法大学 | 16 | 37.95 | 陕西省 |
| 657 | 山西传媒学院 | 75 | 37.94 | 山西省 |
| 658 | 西交利物浦大学 | 30 | 37.88 | 江苏省 |
| 659 | 武汉晴川学院 | 53 | 37.87 | 湖北省 |
| 660 | 郑州工程技术学院 | 222 | 37.75 | 河南省 |
| 661 | 榆林学院 | 33 | 37.71 | 陕西省 |
| 662 | 湖南涉外经济学院 | 30 | 37.7 | 湖南省 |
| 663 | 四川工商学院 | 56 | 37.68 | 四川省 |
| 664 | 上海健康医学院 | 20 | 37.65 | 上海市 |
| 665 | 内蒙古医科大学 | 26 | 37.64 | 内蒙古自治区 |
| 666 | 萍乡学院 | 83 | 37.61 | 江西省 |
| 667 | 广东药科大学 | 55 | 37.57 | 广东省 |
| 667 | 南京晓庄学院 | 126 | 37.57 | 江苏省 |
| 669 | 徐州医科大学 | 28 | 37.56 | 江苏省 |
| 670 | 信阳师范学院 | 50 | 37.55 | 河南省 |
| 671 | 温州理工学院 | 67 | 37.54 | 浙江省 |
| 672 | 山西科技学院 | 23 | 37.53 | 山西省 |
| 673 | 平顶山学院 | 91 | 37.52 | 河南省 |
| 674 | 太原学院 | 30 | 37.48 | 山西省 |
| 675 | 哈尔滨学院 | 110 | 37.45 | 黑龙江省 |
| 676 | 兰州工业学院 | 73 | 37.43 | 甘肃省 |

续表

| 排名 | 学校名称 | 奖项数 | 总分 | 省份 |
|------|----------|--------|------|------|
| 677 | 吉林外国语大学 | 33 | 37.42 | 吉林省 |
| 677 | 马鞍山学院 | 40 | 37.42 | 安徽省 |
| 677 | 曲靖师范学院 | 95 | 37.42 | 云南省 |
| 680 | 成都中医药大学 | 52 | 37.34 | 四川省 |
| 681 | 烟台理工学院 | 30 | 37.3 | 山东省 |
| 681 | 湖南第一师范学院 | 38 | 37.3 | 湖南省 |
| 683 | 丽江文化旅游学院 | 58 | 37.29 | 云南省 |
| 684 | 中原科技学院 | 86 | 37.26 | 河南省 |
| 685 | 广东科技学院 | 102 | 37.23 | 广东省 |
| 686 | 天津城建大学 | 45 | 37.2 | 天津市 |
| 687 | 衡水学院 | 65 | 37.13 | 河北省 |
| 688 | 东莞城市学院 | 62 | 37.09 | 广东省 |
| 689 | 北京城市学院 | 129 | 37.07 | 北京市 |
| 690 | 南昌师范学院 | 53 | 36.99 | 江西省 |
| 691 | 辽宁中医药大学 | 21 | 36.98 | 辽宁省 |
| 692 | 杭州师范大学钱江学院 | 30 | 36.96 | 浙江省 |
| 692 | 青岛城市学院 | 63 | 36.96 | 山东省 |
| 694 | 上海中医药大学 | 15 | 36.95 | 上海市 |
| 695 | 广东白云学院 | 117 | 36.91 | 广东省 |
| 696 | 河北科技师范学院 | 66 | 36.9 | 河北省 |
| 697 | 浙江工商大学杭州商学院 | 90 | 36.89 | 浙江省 |
| 698 | 大庆师范学院 | 58 | 36.88 | 黑龙江省 |
| 699 | 华东政法大学 | 24 | 36.8 | 上海市 |
| 699 | 邯郸学院 | 64 | 36.8 | 河北省 |
| 701 | 沈阳体育学院 | 62 | 36.75 | 辽宁省 |
| 702 | 北京师范大学—香港浸会大学联合国际学院 | 20 | 36.73 | 广东省 |
| 703 | 银川科技学院 | 33 | 36.67 | 宁夏回族自治区 |
| 704 | 晋中信息学院 | 54 | 36.65 | 山西省 |
| 705 | 兰州城市学院 | 68 | 36.48 | 甘肃省 |
| 706 | 山西工学院 | 41 | 36.44 | 山西省 |

续表

| 排名 | 学校名称 | 奖项数 | 总分 | 省份 |
|------|----------|--------|------|------|
| 707 | 银川能源学院 | 42 | 36.43 | 宁夏回族自治区 |
| 708 | 北京物资学院 | 26 | 36.39 | 北京市 |
| 709 | 河北建筑工程学院 | 60 | 36.27 | 河北省 |
| 709 | 江西农业大学 | 86 | 36.27 | 江西省 |
| 711 | 荆楚理工学院 | 60 | 36.23 | 湖北省 |
| 712 | 黑龙江工业学院 | 19 | 36.11 | 黑龙江省 |
| 712 | 浙江水利水电学院 | 45 | 36.11 | 浙江省 |
| 712 | 衡阳师范学院 | 45 | 36.11 | 湖南省 |
| 715 | 上海杉达学院 | 49 | 36.1 | 上海市 |
| 716 | 武昌理工学院 | 95 | 36.09 | 湖北省 |
| 717 | 遵义师范学院 | 42 | 36.07 | 贵州省 |
| 717 | 宁夏理工学院 | 54 | 36.07 | 宁夏回族自治区 |
| 719 | 鄂尔多斯应用技术学院 | 19 | 36.06 | 内蒙古自治区 |
| 719 | 沈阳工程学院 | 67 | 36.06 | 辽宁省 |
| 721 | 南昌航空大学科技学院 | 40 | 36.05 | 江西省 |
| 722 | 沈阳城市建设学院 | 52 | 36.04 | 辽宁省 |
| 723 | 辽东学院 | 51 | 35.99 | 辽宁省 |
| 724 | 南京理工大学泰州科技学院 | 66 | 35.98 | 江苏省 |
| 725 | 新疆理工学院 | 32 | 35.97 | 新疆维吾尔自治区 |
| 726 | 北京服装学院 | 68 | 35.96 | 北京市 |
| 727 | 上海海关学院 | 20 | 35.92 | 上海市 |
| 728 | 中国人民公安大学 | 24 | 35.88 | 北京市 |
| 729 | 六盘水师范学院 | 29 | 35.87 | 贵州省 |
| 730 | 北海艺术设计学院 | 159 | 35.77 | 广西壮族自治区 |
| 731 | 通化师范学院 | 98 | 35.76 | 吉林省 |
| 732 | 昆明医科大学 | 9 | 35.75 | 云南省 |
| 732 | 首都师范大学科德学院 | 26 | 35.75 | 北京市 |

续表

| 排名 | 学校名称 | 奖项数 | 总分 | 省份 |
|---|---|---|---|---|
| 734 | 西安明德理工学院 | 102 | 35.7 | 陕西省 |
| 735 | 北京科技大学天津学院 | 24 | 35.66 | 天津市 |
| 736 | 湛江科技学院 | 76 | 35.64 | 广东省 |
| 737 | 河北工程大学科信学院 | 32 | 35.6 | 河北省 |
| 738 | 宁夏师范学院 | 85 | 35.58 | 宁夏回族自治区 |
| 739 | 重庆第二师范学院 | 38 | 35.56 | 重庆市 |
| 740 | 长治医学院 | 11 | 35.53 | 山西省 |
| 741 | 文山学院 | 37 | 35.52 | 云南省 |
| 742 | 湘南学院 | 18 | 35.5 | 湖南省 |
| 743 | 广州航海学院 | 19 | 35.46 | 广东省 |
| 743 | 重庆医科大学 | 31 | 35.46 | 重庆市 |
| 745 | 山东华宇工学院 | 87 | 35.45 | 山东省 |
| 746 | 贵州医科大学 | 30 | 35.43 | 贵州省 |
| 747 | 贵州商学院 | 46 | 35.4 | 贵州省 |
| 748 | 无锡太湖学院 | 39 | 35.37 | 江苏省 |
| 749 | 四川音乐学院 | 96 | 35.29 | 四川省 |
| 750 | 阿坝师范学院 | 23 | 35.27 | 四川省 |
| 751 | 华北理工大学轻工学院 | 46 | 35.26 | 河北省 |
| 752 | 晋中学院 | 39 | 35.25 | 山西省 |
| 753 | 湖北美术学院 | 71 | 35.24 | 湖北省 |
| 754 | 广州中医药大学 | 26 | 35.23 | 广东省 |
| 755 | 南开大学滨海学院 | 55 | 35.15 | 天津市 |
| 756 | 湖南科技大学潇湘学院 | 13 | 35.13 | 湖南省 |
| 756 | 楚雄师范学院 | 54 | 35.13 | 云南省 |
| 758 | 内蒙古艺术学院 | 84 | 35.11 | 内蒙古自治区 |
| 759 | 吉林建筑科技学院 | 106 | 35.1 | 吉林省 |
| 760 | 赣南医学院 | 12 | 35.07 | 江西省 |
| 761 | 嘉兴南湖学院 | 63 | 35 | 浙江省 |

续表

| 排名 | 学校名称 | 奖项数 | 总分 | 省份 |
|---|---|---|---|---|
| 762 | 武汉生物工程学院 | 36 | 34.92 | 湖北省 |
| 763 | 无锡学院 | 62 | 34.88 | 江苏省 |
| 764 | 武汉城市学院 | 133 | 34.82 | 湖北省 |
| 765 | 贵阳人文科技学院 | 26 | 34.81 | 贵州省 |
| 766 | 厦门华厦学院 | 55 | 34.8 | 福建省 |
| 767 | 商洛学院 | 42 | 34.77 | 陕西省 |
| 768 | 喀什大学 | 83 | 34.71 | 新疆维吾尔自治区 |
| 769 | 西南交通大学希望学院 | 35 | 34.62 | 四川省 |
| 770 | 济宁学院 | 26 | 34.61 | 山东省 |
| 770 | 郑州科技学院 | 35 | 34.61 | 河南省 |
| 770 | 北京体育大学 | 72 | 34.61 | 北京市 |
| 773 | 福建中医药大学 | 20 | 34.6 | 福建省 |
| 774 | 西安医学院 | 4 | 34.58 | 陕西省 |
| 775 | 北京农学院 | 45 | 34.57 | 北京市 |
| 776 | 中国人民警察大学 | 56 | 34.53 | 河北省 |
| 777 | 南昌大学科学技术学院 | 39 | 34.51 | 江西省 |
| 778 | 天水师范学院 | 28 | 34.48 | 甘肃省 |
| 779 | 南京大学金陵学院 | 96 | 34.46 | 江苏省 |
| 780 | 苏州城市学院 | 61 | 34.43 | 江苏省 |
| 781 | 湖州学院 | 29 | 34.4 | 浙江省 |
| 782 | 大连外国语大学 | 60 | 34.39 | 辽宁省 |
| 783 | 广东培正学院 | 121 | 34.37 | 广东省 |
| 784 | 长春光华学院 | 52 | 34.26 | 吉林省 |
| 785 | 中国社会科学院大学 | 30 | 34.23 | 北京市 |
| 786 | 烟台科技学院 | 21 | 34.21 | 山东省 |
| 787 | 沧州交通学院 | 58 | 34.2 | 河北省 |
| 788 | 广州商学院 | 41 | 34.16 | 广东省 |
| 789 | 山东艺术学院 | 52 | 34.14 | 山东省 |
| 790 | 上海财经大学浙江学院 | 17 | 34.11 | 浙江省 |

续表

| 排名 | 学校名称 | 奖项数 | 总分 | 省份 |
|---|---|---|---|---|
| 791 | 白城师范学院 | 33 | 34.06 | 吉林省 |
| 792 | 天津财经大学珠江学院 | 40 | 34.05 | 天津市 |
| 793 | 广东第二师范学院 | 67 | 33.94 | 广东省 |
| 793 | 河南开封科技传媒学院 | 70 | 33.94 | 河南省 |
| 795 | 扬州大学广陵学院 | 33 | 33.9 | 江苏省 |
| 796 | 广州理工学院 | 53 | 33.82 | 广东省 |
| 797 | 营口理工学院 | 61 | 33.76 | 辽宁省 |
| 798 | 玉溪师范学院 | 52 | 33.71 | 云南省 |
| 799 | 大连科技学院 | 91 | 33.65 | 辽宁省 |
| 800 | 浙江警察学院 | 27 | 33.63 | 浙江省 |
| 801 | 哈尔滨金融学院 | 36 | 33.62 | 黑龙江省 |
| 802 | 中国音乐学院 | 19 | 33.6 | 北京市 |
| 802 | 浙江农林大学暨阳学院 | 27 | 33.6 | 浙江省 |
| 804 | 湖北商贸学院 | 60 | 33.59 | 湖北省 |
| 805 | 中国刑事警察学院 | 17 | 33.52 | 辽宁省 |
| 806 | 河北大学工商学院 | 16 | 33.46 | 河北省 |
| 807 | 安顺学院 | 35 | 33.43 | 贵州省 |
| 808 | 红河学院 | 27 | 33.35 | 云南省 |
| 808 | 长春建筑学院 | 47 | 33.35 | 吉林省 |
| 810 | 安徽师范大学皖江学院 | 83 | 33.19 | 安徽省 |
| 811 | 郑州师范学院 | 43 | 33.17 | 河南省 |
| 812 | 皖南医学院 | 24 | 33.15 | 安徽省 |
| 812 | 沈阳科技学院 | 49 | 33.15 | 辽宁省 |
| 814 | 广州华立学院 | 56 | 33.11 | 广东省 |
| 815 | 燕京理工学院 | 44 | 33.09 | 河北省 |
| 816 | 上海视觉艺术学院 | 27 | 33.08 | 上海市 |
| 817 | 江西应用科技学院 | 30 | 33.05 | 江西省 |
| 818 | 兰州工商学院 | 15 | 32.93 | 甘肃省 |
| 818 | 广东金融学院 | 70 | 32.93 | 广东省 |
| 820 | 山东青年政治学院 | 36 | 32.86 | 山东省 |

续表

| 排名 | 学校名称 | 奖项数 | 总分 | 省份 |
|---|---|---|---|---|
| 820 | 西安交通大学城市学院 | 55 | 32.86 | 陕西省 |
| 822 | 河套学院 | 16 | 32.79 | 内蒙古自治区 |
| 822 | 桂林旅游学院 | 37 | 32.79 | 广西壮族自治区 |
| 824 | 哈尔滨剑桥学院 | 24 | 32.76 | 黑龙江省 |
| 825 | 菏泽学院 | 49 | 32.7 | 山东省 |
| 826 | 武昌首义学院 | 82 | 32.59 | 湖北省 |
| 827 | 宿迁学院 | 50 | 32.58 | 江苏省 |
| 828 | 广州新华学院 | 47 | 32.57 | 广东省 |
| 829 | 湖南理工学院南湖学院 | 21 | 32.56 | 湖南省 |
| 830 | 绵阳师范学院 | 80 | 32.55 | 四川省 |
| 831 | 大连理工大学城市学院 | 52 | 32.54 | 辽宁省 |
| 832 | 武汉传媒学院 | 93 | 32.52 | 湖北省 |
| 833 | 邢台学院 | 47 | 32.49 | 河北省 |
| 834 | 沈阳城市学院 | 105 | 32.48 | 辽宁省 |
| 835 | 西安美术学院 | 60 | 32.47 | 陕西省 |
| 836 | 潍坊理工学院 | 48 | 32.46 | 山东省 |
| 837 | 安康学院 | 38 | 32.43 | 陕西省 |
| 838 | 北京语言大学 | 70 | 32.42 | 北京市 |
| 839 | 赤峰学院 | 26 | 32.4 | 内蒙古自治区 |
| 840 | 广州美术学院 | 44 | 32.31 | 广东省 |
| 841 | 川北医学院 | 13 | 32.3 | 四川省 |
| 842 | 哈尔滨石油学院 | 22 | 32.28 | 黑龙江省 |
| 843 | 嘉应学院 | 132 | 32.25 | 广东省 |
| 844 | 信阳学院 | 30 | 32.19 | 河南省 |
| 845 | 北京电子科技学院 | 27 | 32.14 | 北京市 |
| 846 | 上海师范大学天华学院 | 79 | 32.08 | 上海市 |
| 846 | 哈尔滨华德学院 | 88 | 32.08 | 黑龙江省 |

续表

| 排名 | 学校名称 | 奖项数 | 总分 | 省份 |
|---|---|---|---|---|
| 848 | 上海音乐学院 | 25 | 32.07 | 上海市 |
| 849 | 武汉工程大学邮电与信息工程学院 | 25 | 32.05 | 湖北省 |
| 850 | 苏州科技大学天平学院 | 18 | 32.04 | 江苏省 |
| 851 | 武汉体育学院 | 77 | 32.03 | 湖北省 |
| 852 | 皖江工学院 | 21 | 31.88 | 安徽省 |
| 853 | 重庆财经学院 | 26 | 31.81 | 重庆市 |
| 854 | 武昌工学院 | 60 | 31.8 | 湖北省 |
| 855 | 青岛滨海学院 | 30 | 31.78 | 山东省 |
| 856 | 青岛工学院 | 37 | 31.74 | 山东省 |
| 857 | 太原师范学院 | 44 | 31.73 | 山西省 |
| 857 | 四川电影电视学院 | 45 | 31.73 | 四川省 |
| 859 | 广州工商学院 | 83 | 31.7 | 广东省 |
| 860 | 浙江越秀外国语学院 | 54 | 31.69 | 浙江省 |
| 860 | 南京传媒学院 | 64 | 31.69 | 江苏省 |
| 862 | 长春电子科技学院 | 26 | 31.68 | 吉林省 |
| 863 | 重庆对外经贸学院 | 86 | 31.67 | 重庆市 |
| 864 | 青岛恒星科技学院 | 22 | 31.66 | 山东省 |
| 864 | 河北工程技术学院 | 26 | 31.66 | 河北省 |
| 866 | 山西能源学院 | 17 | 31.61 | 山西省 |
| 867 | 山东工艺美术学院 | 27 | 31.59 | 山东省 |
| 868 | 山东农业工程学院 | 17 | 31.58 | 山东省 |
| 869 | 西安建筑科技大学华清学院 | 13 | 31.56 | 陕西省 |
| 870 | 陕西国际商贸学院 | 32 | 31.45 | 陕西省 |
| 871 | 外交学院 | 8 | 31.4 | 北京市 |
| 872 | 西安思源学院 | 8 | 31.35 | 陕西省 |
| 873 | 湖南工业大学科技学院 | 20 | 31.28 | 湖南省 |
| 874 | 昆明理工大学津桥学院 | 44 | 31.24 | 云南省 |
| 875 | 成都银杏酒店管理学院 | 32 | 31.17 | 四川省 |

续表

| 排名 | 学校名称 | 奖项数 | 总分 | 省份 |
|---|---|---|---|---|
| 875 | 山西工程技术学院 | 41 | 31.17 | 山西省 |
| 877 | 齐鲁理工学院 | 38 | 31.16 | 山东省 |
| 878 | 武汉设计工程学院 | 45 | 31.1 | 湖北省 |
| 879 | 南京师范大学中北学院 | 49 | 31.08 | 江苏省 |
| 880 | 浙江财经大学东方学院 | 33 | 31.07 | 浙江省 |
| 880 | 兰州信息科技学院 | 55 | 31.07 | 甘肃省 |
| 882 | 河南财政金融学院 | 45 | 31.05 | 河南省 |
| 883 | 绵阳城市学院 | 47 | 30.98 | 四川省 |
| 883 | 西昌学院 | 48 | 30.98 | 四川省 |
| 885 | 呼伦贝尔学院 | 25 | 30.97 | 内蒙古自治区 |
| 886 | 北京邮电大学世纪学院 | 24 | 30.92 | 北京市 |
| 887 | 大连艺术学院 | 56 | 30.84 | 辽宁省 |
| 888 | 河南中医药大学 | 19 | 30.83 | 河南省 |
| 889 | 长沙师范学院 | 47 | 30.77 | 湖南省 |
| 890 | 天津美术学院 | 21 | 30.74 | 天津市 |
| 890 | 江苏第二师范学院 | 34 | 30.74 | 江苏省 |
| 892 | 西安外事学院 | 22 | 30.73 | 陕西省 |
| 893 | 温州商学院 | 40 | 30.72 | 浙江省 |
| 894 | 赣南师范大学科技学院 | 15 | 30.63 | 江西省 |
| 895 | 长春工业大学人文信息学院 | 13 | 30.61 | 吉林省 |
| 896 | 新疆艺术学院 | 19 | 30.57 | 新疆维吾尔自治区 |
| 896 | 山东政法学院 | 60 | 30.57 | 山东省 |
| 898 | 天津外国语大学 | 11 | 30.54 | 天津市 |
| 899 | 保定学院 | 69 | 30.51 | 河北省 |
| 900 | 桂林医学院 | 6 | 30.45 | 广西壮族自治区 |
| 901 | 南京邮电大学通达学院 | 65 | 30.39 | 江苏省 |

续表

| 排名 | 学校名称 | 奖项数 | 总分 | 省份 |
|---|---|---|---|---|
| 902 | 浙江音乐学院 | 45 | 30.26 | 浙江省 |
| 903 | 南昌大学共青学院 | 7 | 30.25 | 江西省 |
| 904 | 湖北医药学院 | 5 | 30.24 | 湖北省 |
| 905 | 黑龙江外国语学院 | 63 | 30.22 | 黑龙江省 |
| 906 | 潍坊医学院 | 13 | 30.21 | 山东省 |
| 907 | 湖北文理学院理工学院 | 30 | 30.19 | 湖北省 |
| 908 | 西南医科大学 | 17 | 30.16 | 四川省 |
| 909 | 西安工商学院 | 22 | 30.12 | 陕西省 |
| 910 | 闽南科技学院 | 25 | 29.92 | 福建省 |
| 911 | 沈阳药科大学 | 9 | 29.91 | 辽宁省 |
| 912 | 长治学院 | 55 | 29.9 | 山西省 |
| 913 | 凯里学院 | 39 | 29.86 | 贵州省 |
| 914 | 阜阳师范大学信息工程学院 | 29 | 29.85 | 安徽省 |
| 915 | 浙江中医药大学滨江学院 | 9 | 29.78 | 浙江省 |
| 916 | 昆明城市学院 | 35 | 29.77 | 云南省 |
| 917 | 中央美术学院 | 5 | 29.71 | 北京市 |
| 917 | 福建商学院 | 19 | 29.71 | 福建省 |
| 919 | 铜仁学院 | 14 | 29.69 | 贵州省 |
| 920 | 上海立信会计金融学院 | 20 | 29.61 | 上海市 |
| 921 | 兰州文理学院 | 41 | 29.59 | 甘肃省 |
| 922 | 牡丹江师范学院 | 52 | 29.58 | 黑龙江省 |
| 923 | 苏州大学应用技术学院 | 37 | 29.57 | 江苏省 |
| 924 | 黑河学院 | 50 | 29.53 | 黑龙江省 |
| 925 | 兴义民族师范学院 | 16 | 29.5 | 贵州省 |
| 925 | 大连财经学院 | 31 | 29.5 | 辽宁省 |
| 927 | 中国劳动关系学院 | 4 | 29.44 | 北京市 |
| 927 | 福州理工学院 | 29 | 29.44 | 福建省 |
| 927 | 广东理工学院 | 44 | 29.44 | 广东省 |
| 930 | 四川文化艺术学院 | 18 | 29.41 | 四川省 |
| 931 | 保定理工学院 | 44 | 29.3 | 河北省 |

续表

| 排名 | 学校名称 | 奖项数 | 总分 | 省份 |
|---|---|---|---|---|
| 932 | 山西中医药大学 | 8 | 29.29 | 山西省 |
| 933 | 齐鲁师范学院 | 25 | 29.26 | 山东省 |
| 933 | 贵州工程应用技术学院 | 37 | 29.26 | 贵州省 |
| 935 | 福建农林大学金山学院 | 21 | 29.21 | 福建省 |
| 936 | 长沙医学院 | 8 | 29.01 | 湖南省 |
| 937 | 辽宁理工学院 | 16 | 28.94 | 辽宁省 |
| 938 | 内蒙古大学创业学院 | 15 | 28.9 | 内蒙古自治区 |
| 939 | 同济大学浙江学院 | 28 | 28.87 | 浙江省 |
| 940 | 长江大学文理学院 | 40 | 28.82 | 湖北省 |
| 941 | 长春大学旅游学院 | 55 | 28.71 | 吉林省 |
| 942 | 琼台师范学院 | 20 | 28.67 | 海南省 |
| 943 | 咸阳师范学院 | 27 | 28.51 | 陕西省 |
| 944 | 重庆人文科技学院 | 60 | 28.44 | 重庆市 |
| 945 | 四川文理学院 | 42 | 28.41 | 四川省 |
| 946 | 汉江师范学院 | 20 | 28.3 | 湖北省 |
| 947 | 江苏师范大学科文学院 | 29 | 28.22 | 江苏省 |
| 947 | 西南财经大学天府学院 | 53 | 28.22 | 四川省 |
| 949 | 安徽大学江淮学院 | 61 | 28.16 | 安徽省 |
| 950 | 西安交通工程学院 | 18 | 28.08 | 陕西省 |
| 951 | 泰州学院 | 38 | 28.06 | 江苏省 |
| 952 | 山东警察学院 | 7 | 28.02 | 山东省 |
| 953 | 兰州博文科技学院 | 22 | 28.01 | 甘肃省 |
| 954 | 滇西科技师范学院 | 20 | 28 | 云南省 |
| 954 | 河北环境工程学院 | 40 | 28 | 河北省 |
| 956 | 北京电影学院 | 17 | 27.93 | 北京市 |
| 957 | 广州华商学院 | 67 | 27.89 | 广东省 |
| 958 | 广西民族师范学院 | 39 | 27.86 | 广西壮族自治区 |
| 959 | 广西外国语学院 | 22 | 27.85 | 广西壮族自治区 |

续表

| 排名 | 学校名称 | 奖项数 | 总分 | 省份 |
|---|---|---|---|---|
| 960 | 泰山科技学院 | 12 | 27.84 | 山东省 |
| 961 | 南华大学船山学院 | 12 | 27.75 | 湖南省 |
| 962 | 河北北方学院 | 22 | 27.74 | 河北省 |
| 963 | 南通大学杏林学院 | 17 | 27.65 | 江苏省 |
| 964 | 济宁医学院 | 2 | 27.59 | 山东省 |
| 965 | 重庆外语外事学院 | 66 | 27.47 | 重庆市 |
| 966 | 南京体育学院 | 3 | 27.43 | 江苏省 |
| 967 | 廊坊师范学院 | 34 | 27.41 | 河北省 |
| 968 | 湖北中医药大学 | 38 | 27.4 | 湖北省 |
| 968 | 山西工商学院 | 47 | 27.4 | 山西省 |
| 970 | 沧州师范学院 | 22 | 27.35 | 河北省 |
| 971 | 黄河交通学院 | 29 | 27.32 | 河南省 |
| 972 | 厦门工学院 | 35 | 27.16 | 福建省 |
| 973 | 甘肃政法大学 | 28 | 27.13 | 甘肃省 |
| 974 | 湖北科技学院 | 46 | 27.12 | 湖北省 |
| 975 | 遵义医科大学 | 7 | 27.1 | 贵州省 |
| 976 | 伊犁师范大学 | 14 | 27.03 | 新疆维吾尔自治区 |
| 977 | 黑龙江工商学院 | 13 | 27.02 | 黑龙江省 |
| 978 | 山东管理学院 | 25 | 27.01 | 山东省 |
| 979 | 齐齐哈尔工程学院 | 34 | 27 | 黑龙江省 |
| 980 | 宁波诺丁汉大学 | 13 | 26.95 | 浙江省 |
| 981 | 上海外国语大学贤达经济人文学院 | 17 | 26.91 | 上海市 |
| 982 | 泉州信息工程学院 | 40 | 26.89 | 福建省 |
| 983 | 亳州学院 | 36 | 26.87 | 安徽省 |
| 984 | 新乡工程学院 | 12 | 26.59 | 河南省 |
| 984 | 上饶师范学院 | 43 | 26.59 | 江西省 |
| 986 | 河北经贸大学经济管理学院 | 11 | 26.5 | 河北省 |
| 987 | 常州大学怀德学院 | 13 | 26.43 | 江苏省 |
| 987 | 石家庄铁道大学四方学院 | 20 | 26.43 | 河北省 |
| 989 | 湖北大学知行学院 | 30 | 26.34 | 湖北省 |
| 990 | 武汉学院 | 61 | 26.32 | 湖北省 |

续表

| 排名 | 学校名称 | 奖项数 | 总分 | 省份 |
|---|---|---|---|---|
| 991 | 天津理工大学中环信息学院 | 21 | 26.3 | 天津市 |
| 992 | 福州工商学院 | 26 | 26.27 | 福建省 |
| 993 | 衡阳师范学院南岳学院 | 3 | 26.14 | 湖南省 |
| 993 | 郑州商学院 | 44 | 26.14 | 河南省 |
| 995 | 聊城大学东昌学院 | 14 | 26.09 | 山东省 |
| 996 | 湖南信息学院 | 31 | 26.07 | 湖南省 |
| 997 | 黑龙江中医药大学 | 6 | 26.06 | 黑龙江省 |
| 998 | 保山学院 | 36 | 26.04 | 云南省 |
| 999 | 四川传媒学院 | 22 | 26.02 | 四川省 |
| 1000 | 广西民族大学相思湖学院 | 23 | 26 | 广西壮族自治区 |
| 1001 | 中央戏剧学院 | 2 | 25.97 | 北京市 |
| 1001 | 锦州医科大学 | 7 | 25.97 | 辽宁省 |
| 1003 | 浙江理工大学科技与艺术学院 | 37 | 25.95 | 浙江省 |
| 1004 | 荆州学院 | 38 | 25.94 | 湖北省 |
| 1005 | 中央音乐学院 | 8 | 25.93 | 北京市 |
| 1006 | 鞍山师范学院 | 37 | 25.92 | 辽宁省 |
| 1007 | 湖南交通工程学院 | 9 | 25.87 | 湖南省 |
| 1008 | 南京工业大学浦江学院 | 18 | 25.86 | 江苏省 |
| 1009 | 北京工商大学嘉华学院 | 8 | 25.81 | 北京市 |
| 1010 | 湖北恩施学院 | 19 | 25.8 | 湖北省 |
| 1011 | 湖南女子学院 | 46 | 25.74 | 湖南省 |
| 1012 | 河北中医学院 | 6 | 25.65 | 河北省 |
| 1013 | 长春人文学院 | 26 | 25.61 | 吉林省 |
| 1014 | 广东外语外贸大学南国商学院 | 16 | 25.56 | 广东省 |
| 1015 | 贵州中医药大学 | 12 | 25.52 | 贵州省 |
| 1016 | 南京森林警察学院 | 10 | 25.48 | 江苏省 |
| 1017 | 山西晋中理工学院 | 12 | 25.46 | 山西省 |

续表

| 排名 | 学校名称 | 奖项数 | 总分 | 省份 |
|------|---------|--------|------|------|
| 1018 | 南宁理工学院 | 18 | 25.42 | 广西壮族自治区 |
| 1019 | 上海戏剧学院 | 13 | 25.31 | 上海市 |
| 1020 | 江西师范大学科学技术学院 | 33 | 25.22 | 江西省 |
| 1021 | 安徽艺术学院 | 23 | 25.11 | 安徽省 |
| 1022 | 南京师范大学泰州学院 | 13 | 25.02 | 江苏省 |
| 1023 | 呼和浩特民族学院 | 11 | 24.99 | 内蒙古自治区 |
| 1024 | 哈尔滨广厦学院 | 15 | 24.98 | 黑龙江省 |
| 1025 | 河北水利电力学院 | 31 | 24.97 | 河北省 |
| 1026 | 广东医科大学 | 11 | 24.94 | 广东省 |
| 1027 | 郑州财经学院 | 10 | 24.83 | 河南省 |
| 1028 | 江苏大学京江学院 | 25 | 24.8 | 江苏省 |
| 1029 | 西安财经大学行知学院 | 7 | 24.75 | 陕西省 |
| 1030 | 河北美术学院 | 48 | 24.73 | 河北省 |
| 1031 | 武汉音乐学院 | 26 | 24.7 | 湖北省 |
| 1032 | 广东警官学院 | 2 | 24.66 | 广东省 |
| 1033 | 中华女子学院 | 21 | 24.65 | 北京市 |
| 1034 | 湘潭大学兴湘学院 | 6 | 24.6 | 湖南省 |
| 1034 | 国际关系学院 | 7 | 24.6 | 北京市 |
| 1034 | 集宁师范学院 | 12 | 24.6 | 内蒙古自治区 |
| 1037 | 湖南财政经济学院 | 16 | 24.55 | 湖南省 |
| 1038 | 江西警察学院 | 2 | 24.54 | 江西省 |
| 1039 | 铁道警察学院 | 2 | 24.48 | 河南省 |
| 1040 | 甘肃中医药大学 | 8 | 24.24 | 甘肃省 |
| 1041 | 湖南应用技术学院 | 21 | 24.22 | 湖南省 |
| 1042 | 湖北经济学院法商学院 | 13 | 24.2 | 湖北省 |
| 1043 | 天津体育学院 | 8 | 24.15 | 天津市 |
| 1044 | 合肥经济学院 | 21 | 24.07 | 安徽省 |

续表

| 排名 | 学校名称 | 奖项数 | 总分 | 省份 |
|------|---------|--------|------|------|
| 1045 | 昌吉学院 | 18 | 23.93 | 新疆维吾尔自治区 |
| 1046 | 吉林工商学院 | 19 | 23.89 | 吉林省 |
| 1047 | 温州医科大学仁济学院 | 5 | 23.84 | 浙江省 |
| 1048 | 陕西中医药大学 | 5 | 23.75 | 陕西省 |
| 1049 | 南京审计大学金审学院 | 14 | 23.73 | 江苏省 |
| 1050 | 安徽文达信息工程学院 | 32 | 23.65 | 安徽省 |
| 1051 | 江西财经大学现代经济管理学院 | 13 | 23.62 | 江西省 |
| 1052 | 云南中医药大学 | 7 | 23.61 | 云南省 |
| 1053 | 昭通学院 | 3 | 23.56 | 云南省 |
| 1053 | 广西中医药大学 | 14 | 23.56 | 广西壮族自治区 |
| 1055 | 山西警察学院 | 3 | 23.45 | 山西省 |
| 1056 | 赣东学院 | 28 | 23.43 | 江西省 |
| 1057 | 哈尔滨体育学院 | 2 | 23.42 | 黑龙江省 |
| 1058 | 沈阳音乐学院 | 24 | 23.36 | 辽宁省 |
| 1059 | 武汉工程科技学院 | 32 | 23.32 | 湖北省 |
| 1060 | 忻州师范学院 | 5 | 23.3 | 山西省 |
| 1061 | 郑州工商学院 | 29 | 23.21 | 河南省 |
| 1062 | 中国戏曲学院 | 15 | 23.2 | 北京市 |
| 1063 | 华南农业大学珠江学院 | 32 | 23.18 | 广东省 |
| 1064 | 北京工业大学耿丹学院 | 24 | 23.17 | 北京市 |
| 1065 | 武汉文理学院 | 35 | 23.05 | 湖北省 |
| 1066 | 中央司法警官学院 | 3 | 23.03 | 河北省 |
| 1067 | 仰恩大学 | 36 | 23.02 | 福建省 |
| 1068 | 星海音乐学院 | 22 | 22.99 | 广东省 |
| 1069 | 北京第二外国语学院 | 7 | 22.9 | 北京市 |

续表

| 排名 | 学校名称 | 奖项数 | 总分 | 省份 |
|------|----------|--------|------|------|
| 1070 | 右江民族医学院 | 4 | 22.89 | 广西壮族自治区 |
| 1071 | 西安音乐学院 | 21 | 22.65 | 陕西省 |
| 1072 | 茅台学院 | 5 | 22.64 | 贵州省 |
| 1073 | 大连工业大学艺术与信息工程学院 | 11 | 22.61 | 辽宁省 |
| 1074 | 郑州升达经贸管理学院 | 65 | 22.55 | 河南省 |
| 1075 | 四川外国语大学成都学院 | 2 | 22.36 | 四川省 |
| 1076 | 山西应用科技学院 | 36 | 22.34 | 山西省 |
| 1077 | 天津外国语大学滨海外事学院 | 2 | 22.24 | 天津市 |
| 1078 | 杭州医学院 | 8 | 22.21 | 浙江省 |
| 1079 | 甘肃医学院 | 7 | 22.19 | 甘肃省 |
| 1080 | 湖南工程学院应用技术学院 | 5 | 22.12 | 湖南省 |
| 1081 | 吉首大学张家界学院 | 28 | 22.11 | 湖南省 |
| 1082 | 武汉纺织大学外经贸学院 | 8 | 22.09 | 湖北省 |
| 1083 | 河北地质大学华信学院 | 6 | 22.02 | 河北省 |
| 1084 | 北京中医药大学 | 5 | 21.97 | 北京市 |
| 1085 | 湖北工程学院新技术学院 | 36 | 21.95 | 湖北省 |
| 1086 | 商丘学院 | 26 | 21.88 | 河南省 |
| 1087 | 昆明文理学院 | 5 | 21.66 | 云南省 |
| 1088 | 云南警官学院 | 9 | 21.58 | 云南省 |
| 1089 | 上海立达学院 | 29 | 21.57 | 上海市 |
| 1090 | 南宁师范大学师园学院 | 7 | 21.53 | 广西壮族自治区 |
| 1090 | 陕西科技大学镐京学院 | 8 | 21.53 | 陕西省 |
| 1092 | 黑龙江东方学院 | 18 | 21.35 | 黑龙江省 |

续表

| 排名 | 学校名称 | 奖项数 | 总分 | 省份 |
|------|----------|--------|------|------|
| 1093 | 江西服装学院 | 19 | 21.31 | 江西省 |
| 1094 | 天津天狮学院 | 10 | 21.14 | 天津市 |
| 1095 | 绥化学院 | 12 | 21.11 | 黑龙江省 |
| 1096 | 新疆农业大学科学技术学院 | 4 | 20.96 | 新疆维吾尔自治区 |
| 1097 | 齐齐哈尔医学院 | 2 | 20.95 | 黑龙江省 |
| 1098 | 湘潭理工学院 | 1 | 20.89 | 湖南省 |
| 1099 | 深圳北理莫斯科大学 | 7 | 20.84 | 广东省 |
| 1100 | 南京中医药大学翰林学院 | 2 | 20.83 | 江苏省 |
| 1101 | 商丘工学院 | 4 | 20.77 | 河南省 |
| 1102 | 北京协和医学院 | 2 | 20.56 | 北京市 |
| 1103 | 福建技术师范学院 | 10 | 20.38 | 福建省 |
| 1104 | 普洱学院 | 8 | 20.3 | 云南省 |
| 1105 | 陕西学前师范学院 | 3 | 20.26 | 陕西省 |
| 1106 | 辽宁传媒学院 | 11 | 20.23 | 辽宁省 |
| 1106 | 哈尔滨远东理工学院 | 12 | 20.23 | 黑龙江省 |
| 1108 | 成都体育学院 | 1 | 20.13 | 四川省 |
| 1109 | 新疆科技学院 | 7 | 20.08 | 新疆维吾尔自治区 |
| 1110 | 中南林业科技大学涉外学院 | 10 | 20 | 湖南省 |
| 1111 | 承德医学院 | 3 | 19.91 | 河北省 |
| 1112 | 湖南警察学院 | 29 | 19.89 | 湖南省 |
| 1113 | 西藏藏医药大学 | 3 | 19.72 | 西藏自治区 |
| 1114 | 辽宁财贸学院 | 17 | 19.7 | 辽宁省 |
| 1115 | 山东财经大学东方学院 | 4 | 19.68 | 山东省 |
| 1115 | 天津传媒学院 | 9 | 19.68 | 天津市 |
| 1117 | 江西农业大学南昌商学院 | 9 | 19.65 | 江西省 |

续表

| 排名 | 学校名称 | 奖项数 | 总分 | 省份 |
|---|---|---|---|---|
| 1118 | 天津师范大学津沽学院 | 8 | 19.64 | 天津市 |
| 1119 | 湖南医药学院 | 3 | 19.58 | 湖南省 |
| 1120 | 青海大学昆仑学院 | 3 | 19.37 | 青海省 |
| 1121 | 哈尔滨信息工程学院 | 25 | 19.33 | 黑龙江省 |
| 1122 | 贵阳信息科技学院 | 7 | 19.16 | 贵州省 |
| 1123 | 广州应用科技学院 | 22 | 19.15 | 广东省 |
| 1124 | 张家口学院 | 2 | 19.13 | 河北省 |
| 1125 | 四川民族学院 | 23 | 19.11 | 四川省 |
| 1126 | 厦门医学院 | 3 | 18.99 | 福建省 |
| 1127 | 牡丹江医学院 | 2 | 18.86 | 黑龙江省 |
| 1128 | 天津音乐学院 | 4 | 18.81 | 天津市 |
| 1128 | 成都文理学院 | 12 | 18.81 | 四川省 |
| 1130 | 山东体育学院 | 4 | 18.76 | 山东省 |
| 1130 | 沈阳医学院 | 17 | 18.76 | 辽宁省 |
| 1132 | 甘肃民族师范学院 | 8 | 18.14 | 甘肃省 |
| 1133 | 豫章师范学院 | 2 | 18.09 | 江西省 |
| 1134 | 昆明医科大学海源学院 | 1 | 18 | 云南省 |
| 1135 | 山东现代学院 | 8 | 17.93 | 山东省 |
| 1136 | 广西职业师范学院 | 10 | 17.85 | 广西壮族自治区 |
| 1137 | 黑龙江财经学院 | 19 | 17.69 | 黑龙江省 |
| 1138 | 辽宁警察学院 | 1 | 17.52 | 辽宁省 |
| 1139 | 河北传媒学院 | 4 | 17.5 | 河北省 |
| 1140 | 吉利学院 | 14 | 17.41 | 四川省 |
| 1141 | 吉林体育学院 | 1 | 17.34 | 吉林省 |
| 1142 | 景德镇学院 | 3 | 17.29 | 江西省 |
| 1143 | 贵州黔南经济学院 | 1 | 17.28 | 贵州省 |
| 1144 | 南京特殊教育师范学院 | 19 | 17.05 | 江苏省 |
| 1145 | 南京医科大学康达学院 | 7 | 16.33 | 江苏省 |
| 1146 | 湖南中医药大学湘杏学院 | 1 | 16.28 | 湖南省 |
| 1146 | 重庆工商大学派斯学院 | 3 | 16.28 | 重庆市 |
| 1148 | 延安大学西安创新学院 | 3 | 16.24 | 陕西省 |
| 1149 | 陕西服装工程学院 | 3 | 16.23 | 陕西省 |
| 1150 | 辽宁何氏医学院 | 9 | 16.16 | 辽宁省 |
| 1151 | 蚌埠工商学院 | 7 | 15.81 | 安徽省 |
| 1152 | 滇西应用技术大学 | 1 | 15.76 | 云南省 |
| 1153 | 武汉体育学院体育科技学院 | 9 | 15.74 | 湖北省 |
| 1154 | 信阳农林学院 | 11 | 15.64 | 河南省 |
| 1155 | 河北科技学院 | 11 | 15.62 | 河北省 |
| 1156 | 福建警察学院 | 2 | 15.56 | 福建省 |
| 1157 | 西安体育学院 | 1 | 15.43 | 陕西省 |
| 1158 | 辽宁中医药大学杏林学院 | 1 | 15.3 | 辽宁省 |
| 1159 | 中国消防救援学院 | 3 | 15.24 | 北京市 |
| 1160 | 湖南师范大学树达学院 | 2 | 15.16 | 湖南省 |
| 1161 | 广西警察学院 | 1 | 15.06 | 广西壮族自治区 |
| 1162 | 温州肯恩大学 | 2 | 14.83 | 浙江省 |
| 1163 | 南昌应用技术师范学院 | 3 | 14.7 | 江西省 |
| 1164 | 上海政法学院 | 5 | 14.53 | 上海市 |
| 1165 | 青岛电影学院 | 5 | 14.39 | 山东省 |
| 1166 | 合肥城市学院 | 2 | 14.26 | 安徽省 |
| 1167 | 天津商业大学宝德学院 | 3 | 14.2 | 天津市 |
| 1168 | 四川警察学院 | 4 | 14.17 | 四川省 |
| 1169 | 西安科技大学高新学院 | 6 | 14.15 | 陕西省 |

续表

| 排名 | 学校名称 | 奖项数 | 总分 | 省份 |
|---|---|---|---|---|
| 1170 | 广东以色列理工学院 | 1 | 14 | 广东省 |
| 1171 | 安徽外国语学院 | 4 | 13.98 | 安徽省 |
| 1172 | 河北医科大学临床学院 | 1 | 13.76 | 河北省 |
| 1172 | 河北师范大学汇华学院 | 4 | 13.76 | 河北省 |
| 1172 | 湖南农业大学东方科技学院 | 5 | 13.76 | 湖南省 |
| 1175 | 新乡医学院三全学院 | 2 | 13.73 | 河南省 |
| 1176 | 四川工业科技学院 | 9 | 13.62 | 四川省 |
| 1177 | 贵州黔南科技学院 | 7 | 13.47 | 贵州省 |
| 1178 | 齐鲁医药学院 | 5 | 13.44 | 山东省 |
| 1179 | 首都体育学院 | 1 | 13.28 | 北京市 |
| 1180 | 西北大学现代学院 | 4 | 13.17 | 陕西省 |
| 1181 | 广西科技师范学院 | 12 | 13.08 | 广西壮族自治区 |
| 1182 | 云南艺术学院文华学院 | 1 | 12.9 | 云南省 |
| 1183 | 辽宁师范大学海华学院 | 6 | 12.86 | 辽宁省 |
| 1184 | 安阳学院 | 1 | 12.55 | 河南省 |
| 1185 | 河南警察学院 | 2 | 11.97 | 河南省 |
| 1186 | 吉林警察学院 | 8 | 11.5 | 吉林省 |
| 1187 | 吉林师范大学博达学院 | 7 | 10.96 | 吉林省 |
| 1188 | 湖南文理学院芙蓉学院 | 2 | 9.99 | 湖南省 |
| 1189 | 哈尔滨音乐学院 | 2 | 9.8 | 黑龙江省 |
| 1190 | 青岛农业大学海都学院 | 3 | 9.36 | 山东省 |
| 1191 | 内蒙古鸿德文理学院 | 1 | 8.33 | 内蒙古自治区 |
| 1192 | 河北东方学院 | 3 | 8.18 | 河北省 |

续表

| 排名 | 学校名称 | 奖项数 | 总分 | 省份 |
|---|---|---|---|---|
| 1193 | 河北外国语学院 | 3 | 7.39 | 河北省 |
| 1194 | 大连医科大学中山学院 | 2 | 6.5 | 辽宁省 |
| 1195* | 广州体育学院 | 1 | 5.96 | 广东省 |
| 1195 | 北京舞蹈学院 | 1 | 5.96 | 北京市 |

# 11.3　2021 年全国普通高校大学生竞赛榜单(本科)

续表

| 排名 | 学校名称 | 奖项数 | 总分 | 省份 | 排名 | 学校名称 | 奖项数 | 总分 | 省份 |
|---|---|---|---|---|---|---|---|---|---|
| 1 | 哈尔滨工业大学 | 639 | 100 | 黑龙江省 | 31 | 江苏大学 | 281 | 81.51 | 江苏省 |
| 2 | 电子科技大学 | 402 | 94.56 | 四川省 | 32 | 大连理工大学 | 287 | 81.43 | 辽宁省 |
| 3 | 武汉大学 | 449 | 93.92 | 湖北省 | 33 | 吉林大学 | 447 | 81.38 | 吉林省 |
| 4 | 华中科技大学 | 392 | 92.17 | 湖北省 | 34 | 华南理工大学 | 157 | 80.74 | 广东省 |
| 5 | 西南交通大学 | 576 | 90.69 | 四川省 | 35 | 中国石油大学(华东) | 230 | 80.7 | 山东省 |
| 6 | 武汉理工大学 | 446 | 90.54 | 湖北省 | | | | | |
| 7 | 东北大学 | 516 | 90.13 | 辽宁省 | 36 | 北京航空航天大学 | 319 | 80.59 | 北京市 |
| 8 | 合肥工业大学 | 332 | 89.28 | 安徽省 | 37 | 浙江师范大学 | 283 | 80.15 | 浙江省 |
| 9 | 南昌大学 | 368 | 88.34 | 江西省 | 38 | 广东工业大学 | 257 | 79.66 | 广东省 |
| 10 | 山东大学 | 251 | 88.3 | 山东省 | 39 | 郑州大学 | 461 | 79.5 | 河南省 |
| 11 | 浙江大学 | 281 | 87.92 | 浙江省 | 40 | 西安建筑科技大学 | 239 | 79.49 | 陕西省 |
| 12 | 北京理工大学 | 294 | 86.41 | 北京市 | 41 | 燕山大学 | 333 | 79.45 | 河北省 |
| 13 | 西南石油大学 | 310 | 86.19 | 四川省 | 42 | 山东科技大学 | 520 | 79.31 | 山东省 |
| 14 | 杭州电子科技大学 | 227 | 85.51 | 浙江省 | 43 | 湖南大学 | 237 | 79.26 | 湖南省 |
| 15 | 上海交通大学 | 212 | 85.49 | 上海市 | 44 | 浙江工业大学 | 215 | 78.82 | 浙江省 |
| 16 | 中南大学 | 281 | 85.43 | 湖南省 | 45 | 青岛科技大学 | 283 | 78.75 | 山东省 |
| 17 | 桂林电子科技大学 | 394 | 85.37 | 广西壮族自治区 | 46 | 福州大学 | 243 | 78.74 | 福建省 |
| | | | | | 47 | 大连海事大学 | 227 | 78.67 | 辽宁省 |
| 18 | 重庆大学 | 424 | 84.26 | 重庆市 | 48 | 南京理工大学 | 325 | 78.38 | 江苏省 |
| 19 | 西安交通大学 | 338 | 84.11 | 陕西省 | 49 | 深圳大学 | 251 | 78.29 | 广东省 |
| 20 | 中北大学 | 433 | 83.46 | 山西省 | 50 | 北京科技大学 | 146 | 78.07 | 北京市 |
| 21 | 四川大学 | 338 | 83.12 | 四川省 | 51 | 昆明理工大学 | 325 | 77.86 | 云南省 |
| 22 | 长沙理工大学 | 332 | 82.84 | 湖南省 | 52 | 兰州理工大学 | 221 | 77.29 | 甘肃省 |
| 23 | 华东师范大学 | 276 | 82.8 | 上海市 | 53 | 四川师范大学 | 235 | 77.23 | 四川省 |
| 24 | 太原理工大学 | 323 | 82.57 | 山西省 | 54 | 青岛大学 | 395 | 77.18 | 山东省 |
| 25 | 同济大学 | 256 | 82.52 | 上海市 | 55 | 南京信息工程大学 | 328 | 76.95 | 江苏省 |
| 26 | 南京邮电大学 | 221 | 82.51 | 江苏省 | 56 | 江南大学 | 279 | 76.68 | 江苏省 |
| 27 | 东南大学 | 249 | 82.5 | 江苏省 | 57 | 扬州大学 | 245 | 76.55 | 江苏省 |
| 28 | 西安电子科技大学 | 213 | 82.42 | 陕西省 | 58 | 上海大学 | 232 | 76.54 | 上海市 |
| 29 | 天津大学 | 293 | 82.18 | 天津市 | 59 | 桂林理工大学 | 225 | 76.48 | 广西壮族自治区 |
| 30 | 西北工业大学 | 295 | 81.65 | 陕西省 | | | | | |

续表

| 排名 | 学校名称 | 奖项数 | 总分 | 省份 |
|---|---|---|---|---|
| 60 | 厦门大学 | 157 | 76.19 | 福建省 |
| 61 | 湖北工业大学 | 284 | 76.1 | 湖北省 |
| 62 | 中山大学 | 113 | 76.05 | 广东省 |
| 63 | 东北林业大学 | 241 | 76.03 | 黑龙江省 |
| 64 | 长春理工大学 | 252 | 75.77 | 吉林省 |
| 65 | 哈尔滨工程大学 | 184 | 75.51 | 黑龙江省 |
| 66 | 南京工业大学 | 217 | 75.39 | 江苏省 |
| 67 | 苏州大学 | 331 | 75.17 | 江苏省 |
| 68 | 山东理工大学 | 289 | 75.02 | 山东省 |
| 69 | 北京邮电大学 | 173 | 74.9 | 北京市 |
| 70 | 郑州轻工业大学 | 298 | 74.78 | 河南省 |
| 71 | 武汉科技大学 | 295 | 74.48 | 湖北省 |
| 72 | 江西理工大学 | 236 | 74.39 | 江西省 |
| 73 | 南昌航空大学 | 257 | 74.07 | 江西省 |
| 74 | 南京航空航天大学 | 164 | 73.6 | 江苏省 |
| 75 | 长春工业大学 | 159 | 73.46 | 吉林省 |
| 76 | 南华大学 | 189 | 73.32 | 湖南省 |
| 77 | 江西师范大学 | 246 | 73.24 | 江西省 |
| 78 | 北京交通大学 | 164 | 73.22 | 北京市 |
| 79 | 广州大学 | 199 | 73.12 | 广东省 |
| 80 | 清华大学 | 145 | 73.03 | 北京市 |
| 81 | 武汉工程大学 | 276 | 73.01 | 湖北省 |
| 82 | 成都理工大学 | 236 | 72.79 | 四川省 |
| 83 | 西北农林科技大学 | 248 | 72.59 | 陕西省 |
| 84 | 河南大学 | 275 | 72.5 | 河南省 |
| 85 | 华南师范大学 | 203 | 72.09 | 广东省 |
| 86 | 西南科技大学 | 228 | 71.99 | 四川省 |
| 87 | 重庆交通大学 | 236 | 71.97 | 重庆市 |
| 88 | 齐鲁工业大学 | 192 | 71.94 | 山东省 |
| 89 | 北京大学 | 137 | 71.92 | 北京市 |
| 90 | 集美大学 | 192 | 71.86 | 福建省 |
| 91 | 浙江理工大学 | 158 | 71.79 | 浙江省 |
| 92 | 东华大学 | 146 | 71.62 | 上海市 |
| 93 | 河海大学 | 376 | 71.46 | 江苏省 |
| 94 | 南通大学 | 185 | 71.3 | 江苏省 |

续表

| 排名 | 学校名称 | 奖项数 | 总分 | 省份 |
|---|---|---|---|---|
| 95 | 中原工学院 | 168 | 71.17 | 河南省 |
| 96 | 贵州大学 | 158 | 71.13 | 贵州省 |
| 97 | 青岛理工大学 | 164 | 71.1 | 山东省 |
| 98 | 上海理工大学 | 203 | 71.07 | 上海市 |
| 99 | 河南理工大学 | 192 | 70.81 | 河南省 |
| 100 | 烟台大学 | 210 | 70.68 | 山东省 |
| 101 | 安徽大学 | 163 | 70.56 | 安徽省 |
| 102 | 石河子大学 | 174 | 70.31 | 新疆维吾尔自治区 |
| 103 | 复旦大学 | 88 | 70.1 | 上海市 |
| 104 | 厦门理工学院 | 136 | 70.09 | 福建省 |
| 105 | 长安大学 | 178 | 70 | 陕西省 |
| 106 | 天津工业大学 | 150 | 69.9 | 天津市 |
| 107 | 湘潭大学 | 180 | 69.86 | 湖南省 |
| 108 | 海南大学 | 109 | 69.83 | 海南省 |
| 108 | 河南科技大学 | 175 | 69.83 | 河南省 |
| 110 | 中国计量大学 | 112 | 69.81 | 浙江省 |
| 110 | 长沙学院 | 223 | 69.81 | 湖南省 |
| 112 | 华南农业大学 | 159 | 69.74 | 广东省 |
| 113 | 浙江农林大学 | 199 | 69.73 | 浙江省 |
| 114 | 常熟理工学院 | 209 | 69.7 | 江苏省 |
| 115 | 重庆邮电大学 | 305 | 69.66 | 重庆市 |
| 116 | 安徽工业大学 | 142 | 69.49 | 安徽省 |
| 117 | 西安邮电大学 | 126 | 69.48 | 陕西省 |
| 118 | 东莞理工学院 | 131 | 69.44 | 广东省 |
| 119 | 中国矿业大学 | 192 | 69.43 | 江苏省 |
| 120 | 云南大学 | 132 | 69.37 | 云南省 |
| 121 | 上海工程技术大学 | 137 | 69.36 | 上海市 |
| 122 | 沈阳航空航天大学 | 198 | 69.22 | 辽宁省 |
| 123 | 宁波工程学院 | 132 | 69.13 | 浙江省 |
| 124 | 三峡大学 | 184 | 69.12 | 湖北省 |
| 125 | 南开大学 | 86 | 69.07 | 天津市 |
| 126 | 北京工业大学 | 140 | 69.02 | 北京市 |
| 127 | 安徽工程大学 | 117 | 68.75 | 安徽省 |
| 128 | 华侨大学 | 107 | 68.63 | 福建省 |

续表

| 排名 | 学校名称 | 奖项数 | 总分 | 省份 |
|---|---|---|---|---|
| 129 | 浙江工商大学 | 117 | 68.49 | 浙江省 |
| 130 | 太原工业学院 | 65 | 68.45 | 山西省 |
| 131 | 天津职业技术师范大学 | 90 | 68.34 | 天津市 |
| 132 | 宁波大学 | 174 | 68.19 | 浙江省 |
| 133 | 华东理工大学 | 125 | 68.18 | 上海市 |
| 134 | 南京林业大学 | 179 | 68.09 | 江苏省 |
| 135 | 北方工业大学 | 326 | 68.06 | 北京市 |
| 136 | 青岛黄海学院 | 181 | 67.8 | 山东省 |
| 137 | 广西师范大学 | 202 | 67.71 | 广西壮族自治区 |
| 138 | 西安理工大学 | 130 | 67.49 | 陕西省 |
| 139 | 浙江科技学院 | 131 | 67.38 | 浙江省 |
| 140 | 南京大学 | 75 | 67.33 | 江苏省 |
| 141 | 江苏科技大学 | 140 | 67.25 | 江苏省 |
| 142 | 安徽理工大学 | 109 | 67.15 | 安徽省 |
| 143 | 东北电力大学 | 102 | 66.64 | 吉林省 |
| 144 | 沈阳工业大学 | 142 | 66.53 | 辽宁省 |
| 145 | 湖南师范大学 | 138 | 66.51 | 湖南省 |
| 146 | 华北理工大学 | 125 | 66.46 | 河北省 |
| 147 | 暨南大学 | 92 | 66.4 | 广东省 |
| 148 | 重庆理工大学 | 114 | 66.3 | 重庆市 |
| 149 | 鲁东大学 | 158 | 66.29 | 山东省 |
| 150 | 华中师范大学 | 101 | 66.03 | 湖北省 |
| 151 | 哈尔滨理工大学 | 187 | 65.96 | 黑龙江省 |
| 152 | 江汉大学 | 132 | 65.8 | 湖北省 |
| 153 | 山东师范大学 | 124 | 65.6 | 山东省 |
| 154 | 北京化工大学 | 105 | 65.53 | 北京市 |
| 155 | 河北科技大学 | 113 | 65.49 | 河北省 |
| 155 | 河北工业大学 | 146 | 65.49 | 河北省 |
| 157 | 河南工业大学 | 164 | 65.38 | 河南省 |
| 158 | 西南民族大学 | 146 | 65.25 | 四川省 |
| 159 | 南京工程学院 | 106 | 65.2 | 江苏省 |
| 160 | 兰州大学 | 110 | 65.07 | 甘肃省 |
| 161 | 北京联合大学 | 123 | 64.99 | 北京市 |

续表

| 排名 | 学校名称 | 奖项数 | 总分 | 省份 |
|---|---|---|---|---|
| 162 | 中国地质大学(武汉) | 78 | 64.98 | 湖北省 |
| 163 | 江西财经大学 | 162 | 64.92 | 江西省 |
| 164 | 洛阳理工学院 | 75 | 64.83 | 河南省 |
| 164 | 台州学院 | 145 | 64.83 | 浙江省 |
| 166 | 西北大学 | 132 | 64.81 | 陕西省 |
| 167 | 华北电力大学 | 171 | 64.79 | 北京市 |
| 167 | 长江师范学院 | 177 | 64.79 | 重庆市 |
| 169 | 南阳理工学院 | 154 | 64.61 | 河南省 |
| 170 | 安徽信息工程学院 | 100 | 64.45 | 安徽省 |
| 171 | 新疆大学 | 125 | 64.37 | 新疆维吾尔自治区 |
| 172 | 西南大学 | 119 | 64.26 | 重庆市 |
| 173 | 中南林业科技大学 | 130 | 64.24 | 湖南省 |
| 174 | 南京师范大学 | 107 | 64.22 | 江苏省 |
| 175 | 四川轻化工大学 | 116 | 64.18 | 四川省 |
| 176 | 安阳工学院 | 97 | 64.17 | 河南省 |
| 177 | 湖北经济学院 | 140 | 64.11 | 湖北省 |
| 178 | 湖南工业大学 | 138 | 64.07 | 湖南省 |
| 179 | 常州大学 | 103 | 63.93 | 江苏省 |
| 180 | 盐城工学院 | 95 | 63.91 | 江苏省 |
| 181 | 西安工程大学 | 138 | 63.86 | 陕西省 |
| 182 | 重庆文理学院 | 135 | 63.74 | 重庆市 |
| 183 | 中国人民大学 | 109 | 63.72 | 北京市 |
| 184 | 内蒙古师范大学 | 138 | 63.55 | 内蒙古自治区 |
| 185 | 南方科技大学 | 55 | 63.5 | 广东省 |
| 186 | 集美大学诚毅学院 | 78 | 63.49 | 福建省 |
| 186 | 石家庄铁道大学 | 191 | 63.49 | 河北省 |
| 188 | 湖南工程学院 | 76 | 63.47 | 湖南省 |
| 189 | 河北大学 | 159 | 63.39 | 河北省 |
| 190 | 温州大学 | 79 | 63.38 | 浙江省 |
| 191 | 陕西科技大学 | 144 | 63.32 | 陕西省 |
| 192 | 安徽农业大学 | 86 | 63.23 | 安徽省 |
| 192 | 中央民族大学 | 113 | 63.23 | 北京市 |

续表

| 排名 | 学校名称 | 奖项数 | 总分 | 省份 |
|------|----------|--------|------|------|
| 194 | 武汉纺织大学 | 128 | 63.16 | 湖北省 |
| 195 | 湖北文理学院 | 140 | 63.15 | 湖北省 |
| 196 | 山西大学 | 86 | 63.06 | 山西省 |
| 197 | 东华理工大学 | 152 | 62.99 | 江西省 |
| 198 | 杭州师范大学 | 174 | 62.81 | 浙江省 |
| 199 | 成都信息工程大学 | 199 | 62.7 | 四川省 |
| 200 | 重庆科技学院 | 137 | 62.6 | 重庆市 |
| 201 | 广西大学 | 95 | 62.54 | 广西壮族自治区 |
| 202 | 中国地质大学(北京) | 129 | 62.26 | 北京市 |
| 203 | 中南民族大学 | 152 | 62.12 | 湖北省 |
| 204 | 中国农业大学 | 77 | 61.91 | 北京市 |
| 205 | 湖南理工学院 | 104 | 61.9 | 湖南省 |
| 206 | 太原科技大学 | 132 | 61.89 | 山西省 |
| 207 | 大连交通大学 | 110 | 61.87 | 辽宁省 |
| 208 | 西安科技大学 | 123 | 61.8 | 陕西省 |
| 209 | 重庆师范大学 | 78 | 61.64 | 重庆市 |
| 210 | 乐山师范学院 | 109 | 61.6 | 四川省 |
| 211 | 北京工商大学 | 94 | 61.57 | 北京市 |
| 212 | 福建农林大学 | 127 | 61.54 | 福建省 |
| 213 | 河南工程学院 | 98 | 61.42 | 河南省 |
| 214 | 兰州交通大学 | 78 | 61.36 | 甘肃省 |
| 215 | 天津理工大学 | 120 | 61.34 | 天津市 |
| 216 | 济南大学 | 97 | 61.13 | 山东省 |
| 217 | 上海海事大学 | 64 | 61.11 | 上海市 |
| 218 | 重庆工商大学 | 86 | 61.02 | 重庆市 |
| 219 | 浙大城市学院 | 130 | 60.96 | 浙江省 |
| 220 | 河北农业大学 | 154 | 60.85 | 河北省 |
| 221 | 北京师范大学 | 84 | 60.83 | 北京市 |
| 222 | 山东交通学院 | 101 | 60.72 | 山东省 |
| 223 | 郑州航空工业管理学院 | 101 | 60.69 | 河南省 |
| 223 | 中国石油大学(北京) | 109 | 60.69 | 北京市 |

续表

| 排名 | 学校名称 | 奖项数 | 总分 | 省份 |
|------|----------|--------|------|------|
| 225 | 福建师范大学 | 81 | 60.65 | 福建省 |
| 226 | 辽宁工程技术大学 | 87 | 60.46 | 辽宁省 |
| 227 | 惠州学院 | 136 | 60.44 | 广东省 |
| 228 | 成都大学 | 119 | 60.42 | 四川省 |
| 229 | 辽宁科技大学 | 91 | 60.32 | 辽宁省 |
| 230 | 临沂大学 | 104 | 60.23 | 山东省 |
| 231 | 北京石油化工学院 | 81 | 60.17 | 北京市 |
| 232 | 徐州工程学院 | 118 | 60.06 | 江苏省 |
| 233 | 南京农业大学 | 63 | 59.83 | 江苏省 |
| 234 | 西华大学 | 110 | 59.71 | 四川省 |
| 235 | 绍兴文理学院 | 73 | 59.7 | 浙江省 |
| 236 | 吉首大学 | 135 | 59.57 | 湖南省 |
| 237 | 辽宁工业大学 | 80 | 59.45 | 辽宁省 |
| 238 | 广东技术师范大学 | 91 | 59.38 | 广东省 |
| 239 | 东北师范大学 | 118 | 59.27 | 吉林省 |
| 240 | 东北石油大学 | 62 | 59.18 | 黑龙江省 |
| 241 | 浙江中医药大学 | 63 | 59.14 | 浙江省 |
| 242 | 大连民族大学 | 160 | 59.11 | 辽宁省 |
| 243 | 湖南文理学院 | 81 | 59.05 | 湖南省 |
| 244 | 汕头大学 | 46 | 58.92 | 广东省 |
| 245 | 内蒙古科技大学 | 112 | 58.9 | 内蒙古自治区 |
| 246 | 三明学院 | 73 | 58.83 | 福建省 |
| 247 | 湖南农业大学 | 81 | 58.76 | 湖南省 |
| 248 | 北方民族大学 | 136 | 58.72 | 宁夏回族自治区 |
| 249 | 天津科技大学 | 82 | 58.63 | 天津市 |
| 250 | 广东海洋大学 | 92 | 58.58 | 广东省 |
| 250 | 华东交通大学 | 119 | 58.58 | 江西省 |
| 252 | 三江学院 | 55 | 58.52 | 江苏省 |
| 253 | 华中农业大学 | 75 | 58.36 | 湖北省 |
| 254 | 中国传媒大学 | 87 | 58.35 | 北京市 |
| 255 | 华北水利水电大学 | 151 | 58.3 | 河南省 |
| 256 | 中南财经政法大学 | 53 | 58.18 | 湖北省 |
| 256 | 湖北大学 | 76 | 58.18 | 湖北省 |

续表

| 排名 | 学校名称 | 奖项数 | 总分 | 省份 |
|---|---|---|---|---|
| 258 | 安徽建筑大学 | 81 | 58.17 | 安徽省 |
| 259 | 四川农业大学 | 95 | 58.15 | 四川省 |
| 260 | 曲阜师范大学 | 119 | 58.1 | 山东省 |
| 261 | 中国科学技术大学 | 44 | 58.01 | 安徽省 |
| 262 | 湖南科技大学 | 116 | 57.99 | 湖南省 |
| 263 | 滨州学院 | 110 | 57.98 | 山东省 |
| 264 | 衢州学院 | 70 | 57.94 | 浙江省 |
| 265 | 九江学院 | 62 | 57.86 | 江西省 |
| 266 | 西安工业大学 | 101 | 57.85 | 陕西省 |
| 267 | 中国海洋大学 | 71 | 57.77 | 山东省 |
| 268 | 景德镇陶瓷大学 | 64 | 57.68 | 江西省 |
| 269 | 聊城大学 | 97 | 57.57 | 山东省 |
| 270 | 佛山科学技术学院 | 72 | 57.49 | 广东省 |
| 271 | 德州学院 | 78 | 57.46 | 山东省 |
| 272 | 北华大学 | 88 | 57.38 | 吉林省 |
| 272 | 宁夏大学 | 143 | 57.38 | 宁夏回族自治区 |
| 274 | 南宁学院 | 83 | 57.34 | 广西壮族自治区 |
| 275 | 云南工商学院 | 50 | 57.31 | 云南省 |
| 276 | 安徽师范大学 | 82 | 57.24 | 安徽省 |
| 277 | 浙江师范大学行知学院 | 44 | 57.21 | 浙江省 |
| 277 | 中国矿业大学(北京) | 49 | 57.21 | 北京市 |
| 279 | 嘉兴学院 | 84 | 57.11 | 浙江省 |
| 280 | 湖北汽车工业学院 | 65 | 57.04 | 湖北省 |
| 281 | 青岛农业大学 | 102 | 57.03 | 山东省 |
| 282 | 合肥学院 | 57 | 56.99 | 安徽省 |
| 283 | 南阳师范学院 | 87 | 56.91 | 河南省 |
| 284 | 成都工业学院 | 79 | 56.87 | 四川省 |
| 285 | 五邑大学 | 56 | 56.82 | 广东省 |
| 285 | 福建工程学院 | 75 | 56.82 | 福建省 |
| 287 | 广东东软学院 | 79 | 56.78 | 广东省 |

续表

| 排名 | 学校名称 | 奖项数 | 总分 | 省份 |
|---|---|---|---|---|
| 288 | 北京理工大学珠海学院 | 63 | 56.77 | 广东省 |
| 289 | 上海电力大学 | 42 | 56.74 | 上海市 |
| 289 | 中国民航大学 | 86 | 56.74 | 天津市 |
| 291 | 阜阳师范大学 | 123 | 56.69 | 安徽省 |
| 292 | 上海财经大学 | 30 | 56.66 | 上海市 |
| 293 | 河南财经政法大学 | 62 | 56.64 | 河南省 |
| 294 | 西北师范大学 | 64 | 56.54 | 甘肃省 |
| 295 | 上海海洋大学 | 78 | 56.46 | 上海市 |
| 296 | 上海师范大学 | 84 | 56.37 | 上海市 |
| 297 | 上海第二工业大学 | 67 | 56.34 | 上海市 |
| 298 | 江苏理工学院 | 61 | 56.2 | 江苏省 |
| 299 | 滁州学院 | 91 | 56.14 | 安徽省 |
| 300 | 河南农业大学 | 124 | 55.97 | 河南省 |
| 301 | 长江大学 | 52 | 55.78 | 湖北省 |
| 301 | 闽江学院 | 58 | 55.78 | 福建省 |
| 303 | 西安文理学院 | 67 | 55.73 | 陕西省 |
| 304 | 青海大学 | 75 | 55.6 | 青海省 |
| 305 | 浙江财经大学 | 88 | 55.57 | 浙江省 |
| 306 | 苏州科技大学 | 81 | 55.47 | 江苏省 |
| 307 | 安徽财经大学 | 82 | 55.31 | 安徽省 |
| 308 | 闽南理工学院 | 79 | 55.12 | 福建省 |
| 308 | 鲁迅美术学院 | 129 | 55.12 | 辽宁省 |
| 310 | 西京学院 | 72 | 55.02 | 陕西省 |
| 311 | 吉林建筑大学 | 93 | 54.97 | 吉林省 |
| 312 | 内蒙古工业大学 | 77 | 54.95 | 内蒙古自治区 |
| 313 | 西南财经大学 | 34 | 54.87 | 四川省 |
| 314 | 东北农业大学 | 66 | 54.86 | 黑龙江省 |
| 315 | 贵州师范大学 | 50 | 54.82 | 贵州省 |
| 316 | 山东建筑大学 | 105 | 54.76 | 山东省 |
| 317 | 内蒙古大学 | 76 | 54.64 | 内蒙古自治区 |
| 318 | 北京建筑大学 | 47 | 54.58 | 北京市 |

续表

| 排名 | 学校名称 | 奖项数 | 总分 | 省份 |
|------|----------|--------|------|------|
| 319 | 大连大学 | 89 | 54.57 | 辽宁省 |
| 320 | 塔里木大学 | 74 | 54.5 | 新疆维吾尔自治区 |
| 321 | 广西科技大学 | 56 | 54.49 | 广西壮族自治区 |
| 322 | 内蒙古农业大学 | 70 | 54.47 | 内蒙古自治区 |
| 323 | 河南师范大学 | 62 | 54.43 | 河南省 |
| 324 | 常州工学院 | 81 | 54.41 | 江苏省 |
| 325 | 淮阴工学院 | 91 | 54.4 | 江苏省 |
| 326 | 湖南中医药大学 | 47 | 54.33 | 湖南省 |
| 326 | 江西科技师范大学 | 76 | 54.33 | 江西省 |
| 328 | 沈阳理工大学 | 64 | 54.3 | 辽宁省 |
| 329 | 闽南师范大学 | 70 | 54.25 | 福建省 |
| 330 | 电子科技大学中山学院 | 03 | 54.18 | 广东省 |
| 331 | 北京信息科技大学 | 69 | 54.12 | 北京市 |
| 332 | 武汉商学院 | 67 | 53.94 | 湖北省 |
| 333 | 杭州电子科技大学信息工程学院 | 47 | 53.87 | 浙江省 |
| 334 | 江苏海洋大学 | 86 | 53.8 | 江苏省 |
| 335 | 厦门大学嘉庚学院 | 79 | 53.72 | 福建省 |
| 336 | 广东财经大学 | 56 | 53.71 | 广东省 |
| 337 | 陕西理工大学 | 71 | 53.68 | 陕西省 |
| 338 | 辽宁大学 | 51 | 53.64 | 辽宁省 |
| 338 | 金陵科技学院 | 122 | 53.64 | 江苏省 |
| 340 | 重庆工程学院 | 77 | 53.62 | 重庆市 |
| 341 | 北京林业大学 | 79 | 53.61 | 北京市 |
| 342 | 浙江传媒学院 | 58 | 53.59 | 浙江省 |
| 343 | 泉州师范学院 | 79 | 53.38 | 福建省 |
| 344 | 南京中医药大学 | 23 | 53.37 | 江苏省 |
| 345 | 陕西师范大学 | 34 | 53.32 | 陕西省 |
| 346 | 云南艺术学院 | 53 | 53.27 | 云南省 |
| 347 | 内江师范学院 | 39 | 53.15 | 四川省 |
| 348 | 贵州理工学院 | 38 | 53.12 | 贵州省 |

续表

| 排名 | 学校名称 | 奖项数 | 总分 | 省份 |
|------|----------|--------|------|------|
| 348 | 沈阳师范大学 | 96 | 53.12 | 辽宁省 |
| 350 | 辽宁石油化工大学 | 66 | 53 | 辽宁省 |
| 351 | 上海应用技术大学 | 44 | 52.76 | 上海市 |
| 352 | 广东石油化工学院 | 44 | 52.75 | 广东省 |
| 353 | 天津师范大学 | 54 | 52.65 | 天津市 |
| 353 | 南昌理工学院 | 65 | 52.65 | 江西省 |
| 355 | 西安石油大学 | 47 | 52.59 | 陕西省 |
| 355 | 桂林航天工业学院 | 68 | 52.59 | 广西壮族自治区 |
| 357 | 湖州师范学院 | 76 | 52.52 | 浙江省 |
| 358 | 安阳师范学院 | 46 | 52.41 | 河南省 |
| 358 | 成都理工大学工程技术学院 | 47 | 52.41 | 四川省 |
| 360 | 广西艺术学院 | 135 | 52.4 | 广西壮族自治区 |
| 361 | 温州医科大学 | 28 | 52.37 | 浙江省 |
| 362 | 河北工程大学 | 64 | 52.36 | 河北省 |
| 363 | 贺州学院 | 68 | 52.33 | 广西壮族自治区 |
| 364 | 湖北第二师范学院 | 64 | 52.3 | 湖北省 |
| 365 | 东北财经大学 | 31 | 52.25 | 辽宁省 |
| 366 | 潍坊科技学院 | 39 | 52.19 | 山东省 |
| 367 | 黄河科技学院 | 113 | 52.08 | 河南省 |
| 368 | 铜陵学院 | 65 | 52.03 | 安徽省 |
| 369 | 黑龙江工程学院 | 33 | 52.01 | 黑龙江省 |
| 370 | 湖南工学院 | 50 | 51.98 | 湖南省 |
| 371 | 黄淮学院 | 52 | 51.82 | 河南省 |
| 372 | 成都锦城学院 | 76 | 51.77 | 四川省 |
| 373 | 广州软件学院 | 49 | 51.76 | 广东省 |
| 374 | 运城学院 | 48 | 51.69 | 山西省 |
| 375 | 仲恺农业工程学院 | 77 | 51.55 | 广东省 |
| 376 | 怀化学院 | 69 | 51.35 | 湖南省 |
| 376 | 黑龙江大学 | 83 | 51.35 | 黑龙江省 |
| 378 | 成都师范学院 | 39 | 51.34 | 四川省 |
| 378 | 沈阳建筑大学 | 65 | 51.34 | 辽宁省 |

续表

| 排名 | 学校名称 | 奖项数 | 总分 | 省份 |
|---|---|---|---|---|
| 380 | 广西民族大学 | 73 | 51.33 | 广西壮族自治区 |
| 381 | 宿州学院 | 31 | 51.31 | 安徽省 |
| 382 | 井冈山大学 | 76 | 51.28 | 江西省 |
| 383 | 龙岩学院 | 49 | 51.25 | 福建省 |
| 384 | 首都师范大学 | 29 | 51.04 | 北京市 |
| 385 | 武汉华夏理工学院 | 60 | 51.02 | 湖北省 |
| 386 | 浙大宁波理工学院 | 78 | 50.82 | 浙江省 |
| 387 | 西华师范大学 | 49 | 50.81 | 四川省 |
| 388 | 许昌学院 | 33 | 50.66 | 河南省 |
| 388 | 北华航天工业学院 | 38 | 50.66 | 河北省 |
| 388 | 贵州民族大学 | 55 | 50.66 | 贵州省 |
| 391 | 辽宁师范大学 | 43 | 50.62 | 辽宁省 |
| 392 | 安徽中医药大学 | 29 | 50.6 | 安徽省 |
| 393 | 天津商业大学 | 35 | 50.55 | 天津市 |
| 394 | 山东协和学院 | 33 | 50.38 | 山东省 |
| 395 | 天津财经大学 | 39 | 50.29 | 天津市 |
| 396 | 哈尔滨医科大学 | 14 | 50.27 | 黑龙江省 |
| 397 | 玉林师范学院 | 37 | 50.24 | 广西壮族自治区 |
| 397 | 南通理工学院 | 70 | 50.24 | 江苏省 |
| 399 | 烟台南山学院 | 57 | 50.19 | 山东省 |
| 400 | 南京医科大学 | 28 | 50.16 | 江苏省 |
| 401 | 巢湖学院 | 29 | 50.11 | 安徽省 |
| 402 | 武汉东湖学院 | 67 | 50.04 | 湖北省 |
| 403 | 阳光学院 | 30 | 50.02 | 福建省 |
| 404 | 福州外语外贸学院 | 43 | 49.98 | 福建省 |
| 405 | 广东外语外贸大学 | 60 | 49.93 | 广东省 |
| 406 | 山东财经大学 | 45 | 49.85 | 山东省 |
| 407 | 上海电机学院 | 41 | 49.81 | 上海市 |
| 408 | 中国美术学院 | 50 | 49.79 | 浙江省 |
| 409 | 天津中德应用技术大学 | 33 | 49.77 | 天津市 |
| 410 | 上海商学院 | 27 | 49.75 | 上海市 |
| 411 | 皖西学院 | 38 | 49.68 | 安徽省 |

续表

| 排名 | 学校名称 | 奖项数 | 总分 | 省份 |
|---|---|---|---|---|
| 412 | 浙江工商大学杭州商学院 | 49 | 49.62 | 浙江省 |
| 412 | 大连工业大学 | 50 | 49.62 | 辽宁省 |
| 414 | 宁波大学科学技术学院 | 30 | 49.59 | 浙江省 |
| 415 | 福州大学至诚学院 | 30 | 49.57 | 福建省 |
| 415 | 河北经贸大学 | 40 | 49.57 | 河北省 |
| 417 | 深圳技术大学 | 52 | 49.44 | 广东省 |
| 417 | 浙江万里学院 | 68 | 49.44 | 浙江省 |
| 419 | 天津中医药大学 | 8 | 49.4 | 天津市 |
| 420 | 河北地质大学 | 27 | 49.39 | 河北省 |
| 421 | 中央财经大学 | 23 | 49.38 | 北京市 |
| 421 | 淮阴师范学院 | 37 | 49.38 | 江苏省 |
| 421 | 河北师范大学 | 91 | 49.38 | 河北省 |
| 424 | 西安外国语大学 | 23 | 49.31 | 陕西省 |
| 425 | 西安培华学院 | 39 | 49.24 | 陕西省 |
| 426 | 赣南师范大学 | 54 | 49.23 | 江西省 |
| 427 | 西安航空学院 | 44 | 49.17 | 陕西省 |
| 428 | 哈尔滨师范大学 | 70 | 49.14 | 黑龙江省 |
| 429 | 延边大学 | 40 | 49.11 | 吉林省 |
| 430 | 丽水学院 | 34 | 49.1 | 浙江省 |
| 431 | 大连东软信息学院 | 65 | 49.04 | 辽宁省 |
| 432 | 吉林工程技术师范学院 | 36 | 49.03 | 吉林省 |
| 433 | 吕梁学院 | 30 | 48.99 | 山西省 |
| 434 | 新疆师范大学 | 44 | 48.92 | 新疆维吾尔自治区 |
| 435 | 海南师范大学 | 43 | 48.89 | 海南省 |
| 436 | 长春工程学院 | 75 | 48.87 | 吉林省 |
| 437 | 赣南科技学院 | 56 | 48.8 | 江西省 |
| 438 | 广州城市理工学院 | 38 | 48.79 | 广东省 |
| 439 | 黑龙江科技大学 | 35 | 48.77 | 黑龙江省 |
| 440 | 西南林业大学 | 39 | 48.73 | 云南省 |
| 441 | 湖北理工学院 | 61 | 48.71 | 湖北省 |
| 442 | 信阳师范学院 | 26 | 48.63 | 河南省 |

续表

| 排名 | 学校名称 | 奖项数 | 总分 | 省份 |
|---|---|---|---|---|
| 443 | 无锡学院 | 32 | 48.61 | 江苏省 |
| 444 | 南京艺术学院 | 46 | 48.57 | 江苏省 |
| 445 | 广西财经学院 | 30 | 48.5 | 广西壮族自治区 |
| 446 | 沈阳工学院 | 63 | 48.47 | 辽宁省 |
| 447 | 盐城师范学院 | 43 | 48.41 | 江苏省 |
| 448 | 四川美术学院 | 66 | 48.34 | 重庆市 |
| 449 | 重庆三峡学院 | 53 | 48.27 | 重庆市 |
| 449 | 黄冈师范学院 | 73 | 48.27 | 湖北省 |
| 451 | 沈阳农业大学 | 31 | 48.23 | 辽宁省 |
| 452 | 重庆城市科技学院 | 46 | 48.16 | 重庆市 |
| 453 | 上海杉达学院 | 26 | 48.11 | 上海市 |
| 454 | 四川外国语大学 | 12 | 48.06 | 重庆市 |
| 455 | 北海艺术设计学院 | 52 | 48.05 | 广西壮族自治区 |
| 456 | 韶关学院 | 66 | 47.92 | 广东省 |
| 457 | 珠海科技学院 | 44 | 47.91 | 广东省 |
| 458 | 郑州经贸学院 | 70 | 47.8 | 河南省 |
| 459 | 南方医科大学 | 12 | 47.76 | 广东省 |
| 459 | 西安欧亚学院 | 38 | 47.76 | 陕西省 |
| 459 | 桂林信息科技学院 | 93 | 47.76 | 广西壮族自治区 |
| 462 | 内蒙古艺术学院 | 77 | 47.74 | 内蒙古自治区 |
| 463 | 辽宁对外经贸学院 | 29 | 47.72 | 辽宁省 |
| 464 | 合肥师范学院 | 32 | 47.67 | 安徽省 |
| 465 | 绍兴文理学院元培学院 | 31 | 47.66 | 浙江省 |
| 466 | 长春大学 | 41 | 47.6 | 吉林省 |
| 467 | 吉林艺术学院 | 48 | 47.58 | 吉林省 |
| 468 | 湖南工商大学 | 39 | 47.53 | 湖南省 |
| 469 | 南宁师范大学 | 44 | 47.45 | 广西壮族自治区 |
| 470 | 山西财经大学 | 23 | 47.37 | 山西省 |
| 470 | 山东石油化工学院 | 35 | 47.37 | 山东省 |

续表

| 排名 | 学校名称 | 奖项数 | 总分 | 省份 |
|---|---|---|---|---|
| 472 | 黄山学院 | 38 | 47.35 | 安徽省 |
| 473 | 防灾科技学院 | 39 | 47.3 | 河北省 |
| 474 | 重庆移通学院 | 92 | 47.29 | 重庆市 |
| 475 | 山东第一医科大学 | 10 | 47.28 | 山东省 |
| 475 | 黑龙江八一农垦大学 | 26 | 47.28 | 黑龙江省 |
| 477 | 武汉工商学院 | 36 | 47.27 | 湖北省 |
| 478 | 郑州工业应用技术学院 | 52 | 47.19 | 河南省 |
| 479 | 湖北工程学院 | 45 | 47.15 | 湖北省 |
| 480 | 广东白云学院 | 48 | 47.14 | 广东省 |
| 481 | 西交利物浦大学 | 21 | 47.13 | 江苏省 |
| 482 | 攀枝花学院 | 36 | 47.12 | 四川省 |
| 482 | 哈尔滨商业大学 | 42 | 47.12 | 黑龙江省 |
| 484 | 天津医科大学 | 8 | 47 1 | 天津市 |
| 485 | 南昌工程学院 | 52 | 47.09 | 江西省 |
| 486 | 莆田学院 | 34 | 47.06 | 福建省 |
| 487 | 周口师范学院 | 31 | 47.05 | 河南省 |
| 488 | 武汉轻工大学 | 62 | 47.04 | 湖北省 |
| 489 | 宜春学院 | 54 | 46.94 | 江西省 |
| 490 | 南昌交通学院 | 40 | 46.89 | 江西省 |
| 491 | 山西大同大学 | 48 | 46.85 | 山西省 |
| 492 | 吉林化工学院 | 32 | 46.82 | 吉林省 |
| 493 | 安徽医科大学 | 21 | 46.81 | 安徽省 |
| 494 | 香港中文大学（深圳） | 20 | 46.8 | 广东省 |
| 495 | 南京审计大学 | 28 | 46.78 | 江苏省 |
| 495 | 山东工商学院 | 44 | 46.78 | 山东省 |
| 497 | 萍乡学院 | 26 | 46.76 | 江西省 |
| 498 | 安徽三联学院 | 19 | 46.74 | 安徽省 |
| 499 | 贵州师范学院 | 52 | 46.72 | 贵州省 |
| 500 | 潍坊学院 | 44 | 46.68 | 山东省 |
| 500 | 西安美术学院 | 55 | 46.68 | 陕西省 |
| 502 | 桂林学院 | 46 | 46.67 | 广西壮族自治区 |

续表

| 排名 | 学校名称 | 奖项数 | 总分 | 省份 |
|------|---------|-------|------|------|
| 503 | 湖北工业大学工程技术学院 | 48 | 46.65 | 湖北省 |
| 504 | 湖南城市学院 | 21 | 46.64 | 湖南省 |
| 504 | 成都中医药大学 | 25 | 46.64 | 四川省 |
| 506 | 温州理工学院 | 39 | 46.52 | 浙江省 |
| 507 | 长春中医药大学 | 17 | 46.49 | 吉林省 |
| 508 | 湖北民族大学 | 51 | 46.47 | 湖北省 |
| 509 | 浙江工业大学之江学院 | 24 | 46.4 | 浙江省 |
| 510 | 中国民用航空飞行学院 | 22 | 46.38 | 四川省 |
| 511 | 中国药科大学 | 19 | 46.37 | 江苏省 |
| 511 | 广东科技学院 | 45 | 46.37 | 广东省 |
| 513 | 沈阳化工大学 | 53 | 46.35 | 辽宁省 |
| 514 | 新余学院 | 45 | 46.31 | 江西省 |
| 515 | 新疆工程学院 | 45 | 46.3 | 新疆维吾尔自治区 |
| 516 | 中国科学院大学 | 25 | 46.24 | 北京市 |
| 517 | 上海建桥学院 | 23 | 46.1 | 上海市 |
| 517 | 山东农业大学 | 29 | 46.1 | 山东省 |
| 519 | 蚌埠学院 | 29 | 46.06 | 安徽省 |
| 520 | 新乡学院 | 30 | 46.04 | 河南省 |
| 521 | 西藏大学 | 22 | 45.98 | 西藏自治区 |
| 522 | 新疆农业大学 | 55 | 45.97 | 新疆维吾尔自治区 |
| 523 | 天津仁爱学院 | 60 | 45.95 | 天津市 |
| 524 | 山东政法学院 | 43 | 45.89 | 山东省 |
| 525 | 四川大学锦江学院 | 30 | 45.87 | 四川省 |
| 526 | 郑州西亚斯学院 | 44 | 45.86 | 河南省 |
| 527 | 三峡大学科技学院 | 50 | 45.85 | 湖北省 |
| 528 | 荆楚理工学院 | 28 | 45.82 | 湖北省 |
| 529 | 云南师范大学 | 28 | 45.79 | 云南省 |
| 530 | 上海外国语大学 | 15 | 45.75 | 上海市 |
| 531 | 郑州工程技术学院 | 71 | 45.72 | 河南省 |

续表

| 排名 | 学校名称 | 奖项数 | 总分 | 省份 |
|------|---------|-------|------|------|
| 532 | 海口经济学院 | 25 | 45.56 | 海南省 |
| 533 | 南京财经大学 | 32 | 45.53 | 江苏省 |
| 534 | 安徽新华学院 | 31 | 45.52 | 安徽省 |
| 535 | 安庆师范大学 | 32 | 45.49 | 安徽省 |
| 536 | 梧州学院 | 39 | 45.28 | 广西壮族自治区 |
| 537 | 四川旅游学院 | 25 | 45.23 | 四川省 |
| 538 | 西北民族大学 | 37 | 45.2 | 甘肃省 |
| 539 | 通化师范学院 | 40 | 45.16 | 吉林省 |
| 540 | 吉林师范大学 | 45 | 45.11 | 吉林省 |
| 541 | 北京农学院 | 22 | 45.05 | 北京市 |
| 541 | 渭南师范学院 | 26 | 45.05 | 陕西省 |
| 541 | 河南牧业经济学院 | 33 | 45.05 | 河南省 |
| 544 | 武汉传媒学院 | 50 | 45.03 | 湖北省 |
| 545 | 西藏民族大学 | 24 | 45 | 西藏自治区 |
| 545 | 福建师范大学协和学院 | 70 | 45 | 福建省 |
| 547 | 宁德师范学院 | 18 | 44.95 | 福建省 |
| 548 | 北京印刷学院 | 61 | 44.93 | 北京市 |
| 549 | 昆明学院 | 26 | 44.9 | 云南省 |
| 550 | 江西工程学院 | 20 | 44.86 | 江西省 |
| 550 | 云南财经大学 | 29 | 44.86 | 云南省 |
| 552 | 淮北师范大学 | 22 | 44.81 | 安徽省 |
| 553 | 广州医科大学 | 18 | 44.8 | 广东省 |
| 554 | 宜宾学院 | 29 | 44.79 | 四川省 |
| 555 | 山东华宇工学院 | 46 | 44.77 | 山东省 |
| 556 | 湖南科技学院 | 36 | 44.72 | 湖南省 |
| 557 | 对外经济贸易大学 | 17 | 44.68 | 北京市 |
| 558 | 泰山学院 | 17 | 44.66 | 山东省 |
| 558 | 四川工商学院 | 22 | 44.66 | 四川省 |
| 560 | 枣庄学院 | 33 | 44.58 | 山东省 |
| 561 | 北部湾大学 | 31 | 44.57 | 广西壮族自治区 |
| 562 | 山东女子学院 | 22 | 44.51 | 山东省 |

续表

| 排名 | 学校名称 | 奖项数 | 总分 | 省份 |
|---|---|---|---|---|
| 563 | 广州美术学院 | 31 | 44.5 | 广东省 |
| 564 | 广西医科大学 | 10 | 44.49 | 广西壮族自治区 |
| 564 | 百色学院 | 47 | 44.49 | 广西壮族自治区 |
| 566 | 吉林医药学院 | 19 | 44.42 | 吉林省 |
| 567 | 佳木斯大学 | 31 | 44.33 | 黑龙江省 |
| 567 | 浙江越秀外国语学院 | 34 | 44.33 | 浙江省 |
| 569 | 沈阳大学 | 47 | 44.3 | 辽宁省 |
| 570 | 吉林农业科技学院 | 28 | 44.29 | 吉林省 |
| 571 | 云南农业大学 | 25 | 44.27 | 云南省 |
| 572 | 福建江夏学院 | 31 | 44.26 | 福建省 |
| 573 | 辽东学院 | 21 | 44.24 | 辽宁省 |
| 574 | 云南大学滇池学院 | 30 | 44.2 | 云南省 |
| 575 | 中国政法大学 | 14 | 44.14 | 北京市 |
| 576 | 北京服装学院 | 33 | 44.13 | 北京市 |
| 577 | 贵阳人文科技学院 | 16 | 44.09 | 贵州省 |
| 577 | 河南城建学院 | 75 | 44.09 | 河南省 |
| 579 | 华北科技学院 | 42 | 44.05 | 河北省 |
| 580 | 宿迁学院 | 26 | 43.93 | 江苏省 |
| 581 | 太原学院 | 17 | 43.92 | 山西省 |
| 582 | 吉林财经大学 | 18 | 43.88 | 吉林省 |
| 582 | 湖北商贸学院 | 36 | 43.88 | 湖北省 |
| 584 | 江苏师范大学 | 36 | 43.85 | 江苏省 |
| 585 | 中国医科大学 | 13 | 43.76 | 辽宁省 |
| 586 | 河西学院 | 22 | 43.7 | 甘肃省 |
| 587 | 江西科技学院 | 38 | 43.65 | 江西省 |
| 588 | 东南大学成贤学院 | 30 | 43.6 | 江苏省 |
| 589 | 燕山大学里仁学院 | 30 | 43.45 | 河北省 |
| 590 | 齐齐哈尔大学 | 20 | 43.42 | 黑龙江省 |
| 591 | 浙江外国语学院 | 7 | 43.36 | 浙江省 |
| 592 | 渤海大学 | 39 | 43.32 | 辽宁省 |
| 593 | 长春光华学院 | 14 | 43.3 | 吉林省 |
| 593 | 山西传媒学院 | 33 | 43.3 | 山西省 |

续表

| 排名 | 学校名称 | 奖项数 | 总分 | 省份 |
|---|---|---|---|---|
| 595 | 北京物资学院 | 12 | 43.28 | 北京市 |
| 596 | 上海财经大学浙江学院 | 10 | 43.27 | 浙江省 |
| 597 | 武夷学院 | 27 | 43.2 | 福建省 |
| 597 | 首都经济贸易大学 | 28 | 43.2 | 北京市 |
| 599 | 北京科技大学天津学院 | 13 | 43.19 | 天津市 |
| 600 | 文华学院 | 27 | 43.05 | 湖北省 |
| 601 | 北京外国语大学 | 9 | 42.97 | 北京市 |
| 601 | 湖北师范大学 | 50 | 42.97 | 湖北省 |
| 603 | 内蒙古财经大学 | 22 | 42.96 | 内蒙古自治区 |
| 604 | 江西中医药大学 | 18 | 42.95 | 江西省 |
| 604 | 甘肃农业大学 | 21 | 42.95 | 甘肃省 |
| 606 | 重庆医科大学 | 13 | 42.92 | 重庆市 |
| 607 | 云南民族大学 | 30 | 42.85 | 云南省 |
| 608 | 邵阳学院 | 33 | 42.82 | 湖南省 |
| 609 | 广东药科大学 | 15 | 42.81 | 广东省 |
| 609 | 吉林农业大学 | 28 | 42.81 | 吉林省 |
| 611 | 南京晓庄学院 | 38 | 42.8 | 江苏省 |
| 612 | 青海师范大学 | 17 | 42.78 | 青海省 |
| 613 | 辽宁科技学院 | 25 | 42.72 | 辽宁省 |
| 614 | 广东培正学院 | 24 | 42.69 | 广东省 |
| 615 | 山东中医药大学 | 17 | 42.66 | 山东省 |
| 616 | 青岛滨海学院 | 17 | 42.57 | 山东省 |
| 617 | 南京航空航天大学金城学院 | 37 | 42.3 | 江苏省 |
| 618 | 大连医科大学 | 3 | 42.28 | 辽宁省 |
| 618 | 浙江水利水电学院 | 24 | 42.28 | 浙江省 |
| 620 | 韩山师范学院 | 23 | 42.26 | 广东省 |
| 621 | 吉林动画学院 | 43 | 42.24 | 吉林省 |
| 622 | 广州理工学院 | 21 | 42.15 | 广东省 |
| 623 | 淮南师范学院 | 28 | 42.1 | 安徽省 |
| 624 | 湖北汽车工业学院科技学院 | 23 | 42.05 | 湖北省 |

续表

| 排名 | 学校名称 | 奖项数 | 总分 | 省份 |
|------|----------|--------|------|------|
| 625 | 青岛城市学院 | 27 | 42.03 | 山东省 |
| 626 | 湖南人文科技学院 | 24 | 42.02 | 湖南省 |
| 627 | 蚌埠医学院 | 14 | 41.9 | 安徽省 |
| 627 | 唐山学院 | 31 | 41.9 | 河北省 |
| 629 | 青岛恒星科技学院 | 19 | 41.82 | 山东省 |
| 630 | 长春科技学院 | 17 | 41.78 | 吉林省 |
| 631 | 喀什大学 | 44 | 41.75 | 新疆维吾尔自治区 |
| 632 | 武汉设计工程学院 | 21 | 41.73 | 湖北省 |
| 633 | 兰州工业学院 | 32 | 41.71 | 甘肃省 |
| 634 | 中国矿业大学徐海学院 | 34 | 41.67 | 江苏省 |
| 635 | 山西农业大学 | 23 | 41.66 | 山西省 |
| 636 | 长春师范大学 | 29 | 41.58 | 吉林省 |
| 637 | 上海科技大学 | 22 | 41.55 | 上海市 |
| 638 | 大连艺术学院 | 20 | 41.52 | 辽宁省 |
| 639 | 曲靖师范学院 | 25 | 41.5 | 云南省 |
| 640 | 平顶山学院 | 39 | 41.49 | 河南省 |
| 641 | 闽南科技学院 | 14 | 41.43 | 福建省 |
| 642 | 河南科技学院 | 65 | 41.37 | 河南省 |
| 643 | 大连海洋大学 | 25 | 41.36 | 辽宁省 |
| 644 | 江苏第二师范学院 | 15 | 41.31 | 江苏省 |
| 645 | 遵义师范学院 | 14 | 41.3 | 贵州省 |
| 646 | 肇庆学院 | 34 | 41.23 | 广东省 |
| 647 | 西安财经大学 | 27 | 41.19 | 陕西省 |
| 648 | 黄河交通学院 | 27 | 41.16 | 河南省 |
| 649 | 南京理工大学泰州科技学院 | 25 | 41.08 | 江苏省 |
| 650 | 广州商学院 | 11 | 41.04 | 广东省 |
| 651 | 西安翻译学院 | 17 | 40.97 | 陕西省 |
| 652 | 桂林旅游学院 | 20 | 40.94 | 广西壮族自治区 |
| 652 | 绵阳师范学院 | 35 | 40.94 | 四川省 |
| 654 | 福州理工学院 | 22 | 40.93 | 福建省 |

续表

| 排名 | 学校名称 | 奖项数 | 总分 | 省份 |
|------|----------|--------|------|------|
| 655 | 河北民族师范学院 | 30 | 40.91 | 河北省 |
| 656 | 北京城市学院 | 32 | 40.87 | 北京市 |
| 657 | 陇东学院 | 33 | 40.86 | 甘肃省 |
| 658 | 南昌工学院 | 22 | 40.81 | 江西省 |
| 658 | 广州工商学院 | 33 | 40.81 | 广东省 |
| 660 | 河南财政金融学院 | 23 | 40.78 | 河南省 |
| 660 | 吉林建筑科技学院 | 30 | 40.78 | 吉林省 |
| 662 | 洛阳师范学院 | 34 | 40.74 | 河南省 |
| 663 | 岭南师范学院 | 31 | 40.7 | 广东省 |
| 664 | 徐州医科大学 | 12 | 40.69 | 江苏省 |
| 664 | 云南经济管理学院 | 17 | 40.69 | 云南省 |
| 666 | 广西民族师范学院 | 20 | 40.66 | 广西壮族自治区 |
| 667 | 三亚学院 | 20 | 40.65 | 海南省 |
| 668 | 滨州医学院 | 14 | 40.58 | 山东省 |
| 669 | 贵州商学院 | 17 | 40.57 | 贵州省 |
| 670 | 宁波财经学院 | 21 | 40.53 | 浙江省 |
| 671 | 咸阳师范学院 | 15 | 40.48 | 陕西省 |
| 672 | 苏州大学应用技术学院 | 16 | 40.44 | 江苏省 |
| 673 | 延安大学 | 19 | 40.41 | 陕西省 |
| 674 | 兰州财经大学 | 16 | 40.37 | 甘肃省 |
| 674 | 宝鸡文理学院 | 24 | 40.37 | 陕西省 |
| 676 | 齐鲁师范学院 | 16 | 40.25 | 山东省 |
| 676 | 北京师范大学珠海分校 | 29 | 40.25 | 广东省 |
| 678 | 福建中医药大学 | 9 | 40.13 | 福建省 |
| 679 | 东莞城市学院 | 25 | 40.04 | 广东省 |
| 680 | 武昌工学院 | 27 | 39.99 | 湖北省 |
| 681 | 苏州城市学院 | 22 | 39.96 | 江苏省 |
| 682 | 上海对外经贸大学 | 12 | 39.94 | 上海市 |
| 683 | 中国人民警察大学 | 27 | 39.86 | 河北省 |
| 684 | 湖南理工学院南湖学院 | 11 | 39.8 | 湖南省 |

续表

| 排名 | 学校名称 | 奖项数 | 总分 | 省份 |
|---|---|---|---|---|
| 684 | 北京电影学院 | 15 | 39.8 | 北京市 |
| 686 | 西藏农牧学院 | 11 | 39.75 | 西藏自治区 |
| 686 | 南京理工大学紫金学院 | 52 | 39.75 | 江苏省 |
| 688 | 山西医科大学 | 11 | 39.74 | 山西省 |
| 689 | 柳州工学院 | 31 | 39.59 | 广西壮族自治区 |
| 690 | 白城师范学院 | 16 | 39.58 | 吉林省 |
| 691 | 杭州师范大学钱江学院 | 10 | 39.56 | 浙江省 |
| 692 | 电子科技大学成都学院 | 31 | 39.54 | 四川省 |
| 693 | 嘉应学院 | 61 | 39.53 | 广东省 |
| 694 | 亳州学院 | 20 | 39.52 | 安徽省 |
| 695 | 衡阳师范学院 | 16 | 39.5 | 湖南省 |
| 696 | 新乡医学院 | 11 | 39.36 | 河南省 |
| 697 | 河南工学院 | 12 | 39.32 | 河南省 |
| 698 | 楚雄师范学院 | 18 | 39.31 | 云南省 |
| 699 | 新疆财经大学 | 16 | 39.28 | 新疆维吾尔自治区 |
| 699 | 南京传媒学院 | 34 | 39.28 | 江苏省 |
| 701 | 成都东软学院 | 50 | 39.27 | 四川省 |
| 702 | 武昌首义学院 | 21 | 39.25 | 湖北省 |
| 703 | 重庆第二师范学院 | 11 | 39.22 | 重庆市 |
| 704 | 四川文理学院 | 14 | 39.2 | 四川省 |
| 705 | 烟台科技学院 | 12 | 39.16 | 山东省 |
| 706 | 广州华立学院 | 31 | 39.12 | 广东省 |
| 707 | 西昌学院 | 23 | 39.11 | 四川省 |
| 708 | 哈尔滨学院 | 41 | 39.1 | 黑龙江省 |
| 709 | 兰州信息科技学院 | 27 | 39.07 | 甘肃省 |
| 710 | 泉州信息工程学院 | 23 | 39.06 | 福建省 |
| 711 | 广东第二师范学院 | 17 | 39.02 | 广东省 |
| 712 | 福建医科大学 | 6 | 39 | 福建省 |

续表

| 排名 | 学校名称 | 奖项数 | 总分 | 省份 |
|---|---|---|---|---|
| 713 | 内蒙古民族大学 | 22 | 38.97 | 内蒙古自治区 |
| 714 | 湖州学院 | 14 | 38.93 | 浙江省 |
| 714 | 昆明城市学院 | 25 | 38.93 | 云南省 |
| 716 | 湖南第一师范学院 | 16 | 38.9 | 湖南省 |
| 717 | 齐鲁理工学院 | 22 | 38.87 | 山东省 |
| 718 | 沧州交通学院 | 30 | 38.86 | 河北省 |
| 719 | 嘉兴南湖学院 | 14 | 38.82 | 浙江省 |
| 720 | 丽江文化旅游学院 | 28 | 38.78 | 云南省 |
| 721 | 西南交通大学希望学院 | 21 | 38.76 | 四川省 |
| 721 | 西安明德理工学院 | 26 | 38.76 | 陕西省 |
| 721 | 南昌航空大学科技学院 | 26 | 38.76 | 江西省 |
| 724 | 北京语言大学 | 17 | 38.75 | 北京市 |
| 725 | 首都师范大学科德学院 | 7 | 38.74 | 北京市 |
| 726 | 马鞍山学院 | 19 | 38.67 | 安徽省 |
| 727 | 南昌师范学院 | 17 | 38.63 | 江西省 |
| 727 | 上海师范大学天华学院 | 21 | 38.63 | 上海市 |
| 729 | 长春大学旅游学院 | 19 | 38.6 | 吉林省 |
| 730 | 湖南交通工程学院 | 6 | 38.59 | 湖南省 |
| 731 | 商丘师范学院 | 12 | 38.56 | 河南省 |
| 732 | 商洛学院 | 14 | 38.47 | 陕西省 |
| 733 | 浙江树人学院 | 15 | 38.46 | 浙江省 |
| 734 | 沈阳体育学院 | 19 | 38.38 | 辽宁省 |
| 735 | 江西农业大学 | 35 | 38.26 | 江西省 |
| 736 | 中国人民公安大学 | 14 | 38.25 | 北京市 |
| 736 | 衡水学院 | 20 | 38.25 | 河北省 |
| 738 | 宁夏师范学院 | 57 | 38.24 | 宁夏回族自治区 |
| 739 | 鄂尔多斯应用技术学院 | 7 | 38.21 | 内蒙古自治区 |

续表

| 排名 | 学校名称 | 奖项数 | 总分 | 省份 |
|---|---|---|---|---|
| 739 | 郑州科技学院 | 19 | 38.21 | 河南省 |
| 739 | 石家庄学院 | 26 | 38.21 | 河北省 |
| 742 | 天水师范学院 | 15 | 38.19 | 甘肃省 |
| 743 | 四川电影电视学院 | 22 | 38.18 | 四川省 |
| 744 | 湖北美术学院 | 22 | 38.14 | 湖北省 |
| 745 | 绵阳城市学院 | 18 | 38.1 | 四川省 |
| 746 | 邯郸学院 | 18 | 38.09 | 河北省 |
| 747 | 西安交通工程学院 | 12 | 38.07 | 陕西省 |
| 747 | 菏泽学院 | 20 | 38.07 | 山东省 |
| 749 | 天津农学院 | 14 | 38.03 | 天津市 |
| 749 | 晋中信息学院 | 17 | 38.03 | 山西省 |
| 749 | 牡丹江师范学院 | 22 | 38.03 | 黑龙江省 |
| 749 | 广东理工学院 | 27 | 38.03 | 广东省 |
| 753 | 河池学院 | 18 | 38 | 广西壮族自治区 |
| 754 | 福建商学院 | 15 | 37.96 | 福建省 |
| 755 | 石家庄铁道大学四方学院 | 13 | 37.93 | 河北省 |
| 756 | 保定学院 | 23 | 37.88 | 河北省 |
| 756 | 河北建筑工程学院 | 34 | 37.88 | 河北省 |
| 758 | 山东青年政治学院 | 17 | 37.83 | 山东省 |
| 759 | 营口理工学院 | 23 | 37.81 | 辽宁省 |
| 760 | 浙江警察学院 | 15 | 37.76 | 浙江省 |
| 761 | 天津城建大学 | 22 | 37.73 | 天津市 |
| 762 | 西安交通大学城市学院 | 23 | 37.7 | 陕西省 |
| 763 | 赣南医学院 | 9 | 37.64 | 江西省 |
| 764 | 哈尔滨金融学院 | 16 | 37.61 | 黑龙江省 |
| 765 | 大庆师范学院 | 29 | 37.51 | 黑龙江省 |
| 766 | 山西工程技术学院 | 23 | 37.47 | 山西省 |
| 767 | 黔南民族师范学院 | 17 | 37.45 | 贵州省 |
| 768 | 浙江财经大学东方学院 | 14 | 37.41 | 浙江省 |
| 768 | 山西师范大学 | 17 | 37.41 | 山西省 |
| 770 | 黑龙江工商学院 | 7 | 37.4 | 黑龙江省 |

续表

| 排名 | 学校名称 | 奖项数 | 总分 | 省份 |
|---|---|---|---|---|
| 771 | 内蒙古医科大学 | 9 | 37.39 | 内蒙古自治区 |
| 772 | 河北农业大学现代科技学院 | 12 | 37.36 | 河北省 |
| 773 | 南京大学金陵学院 | 25 | 37.33 | 江苏省 |
| 774 | 内蒙古大学创业学院 | 12 | 37.28 | 内蒙古自治区 |
| 775 | 山东艺术学院 | 21 | 37.22 | 山东省 |
| 776 | 天津美术学院 | 14 | 37.17 | 天津市 |
| 777 | 无锡太湖学院 | 18 | 37.09 | 江苏省 |
| 778 | 北京电子科技学院 | 15 | 37.06 | 北京市 |
| 779 | 湖南信息学院 | 14 | 37.05 | 湖南省 |
| 780 | 沈阳城市学院 | 32 | 37.03 | 辽宁省 |
| 781 | 成都医学院 | 13 | 37.01 | 四川省 |
| 782 | 大连财经学院 | 14 | 36.98 | 辽宁省 |
| 783 | 红河学院 | 10 | 36.96 | 云南省 |
| 783 | 陕西国际商贸学院 | 11 | 36.96 | 陕西省 |
| 785 | 武汉城市学院 | 33 | 36.91 | 湖北省 |
| 786 | 中原科技学院 | 28 | 36.88 | 河南省 |
| 787 | 青海民族大学 | 25 | 36.81 | 青海省 |
| 788 | 吉林外国语大学 | 14 | 36.78 | 吉林省 |
| 789 | 黑龙江工业学院 | 7 | 36.77 | 黑龙江省 |
| 789 | 武昌理工学院 | 31 | 36.77 | 湖北省 |
| 791 | 山东管理学院 | 13 | 36.76 | 山东省 |
| 792 | 上海音乐学院 | 9 | 36.74 | 上海市 |
| 792 | 济宁学院 | 10 | 36.74 | 山东省 |
| 792 | 晋中学院 | 12 | 36.74 | 山西省 |
| 795 | 南京邮电大学通达学院 | 21 | 36.67 | 江苏省 |
| 795 | 湛江科技学院 | 22 | 36.67 | 广东省 |
| 797 | 汉江师范学院 | 11 | 36.61 | 湖北省 |
| 798 | 西南财经大学天府学院 | 16 | 36.54 | 四川省 |
| 799 | 江苏科技大学苏州理工学院 | 18 | 36.52 | 江苏省 |

续表

| 排名 | 学校名称 | 奖项数 | 总分 | 省份 |
|---|---|---|---|---|
| 800 | 西安建筑科技大学华清学院 | 7 | 36.48 | 陕西省 |
| 801 | 河北金融学院 | 6 | 36.45 | 河北省 |
| 802 | 烟台理工学院 | 12 | 36.4 | 山东省 |
| 803 | 武汉晴川学院 | 26 | 36.39 | 湖北省 |
| 804 | 广东外语外贸大学南国商学院 | 7 | 36.38 | 广东省 |
| 805 | 昆明理工大学津桥学院 | 22 | 36.37 | 云南省 |
| 806 | 汉口学院 | 21 | 36.36 | 湖北省 |
| 807 | 广州南方学院 | 10 | 36.3 | 广东省 |
| 808 | 玉溪师范学院 | 12 | 36.25 | 云南省 |
| 808 | 厦门华厦学院 | 16 | 36.25 | 福建省 |
| 810 | 贵阳学院 | 10 | 36.22 | 贵州省 |
| 811 | 合肥经济学院 | 15 | 36.21 | 安徽省 |
| 812 | 上海健康医学院 | 11 | 36.18 | 上海市 |
| 813 | 长春建筑学院 | 19 | 36.14 | 吉林省 |
| 814 | 厦门工学院 | 15 | 36.12 | 福建省 |
| 815 | 宁波诺丁汉大学 | 9 | 36.07 | 浙江省 |
| 815 | 阜阳师范大学信息工程学院 | 17 | 36.07 | 安徽省 |
| 817 | 长沙理工大学城南学院 | 4 | 35.95 | 湖南省 |
| 818 | 浙江海洋大学 | 10 | 35.94 | 浙江省 |
| 818 | 凯里学院 | 15 | 35.94 | 贵州省 |
| 820 | 武汉工程大学邮电与信息工程学院 | 12 | 35.91 | 湖北省 |
| 821 | 宁夏医科大学 | 9 | 35.83 | 宁夏回族自治区 |
| 822 | 海南热带海洋学院 | 26 | 35.79 | 海南省 |
| 823 | 河北工程大学科信学院 | 13 | 35.77 | 河北省 |
| 824 | 青岛工学院 | 13 | 35.75 | 山东省 |
| 825 | 潍坊理工学院 | 19 | 35.72 | 山东省 |
| 826 | 安徽科技学院 | 11 | 35.68 | 安徽省 |

续表

| 排名 | 学校名称 | 奖项数 | 总分 | 省份 |
|---|---|---|---|---|
| 827 | 贵州财经大学 | 14 | 35.61 | 贵州省 |
| 828 | 赣南师范大学科技学院 | 5 | 35.42 | 江西省 |
| 829 | 哈尔滨剑桥学院 | 13 | 35.41 | 黑龙江省 |
| 830 | 文山学院 | 8 | 35.39 | 云南省 |
| 830 | 大连科技学院 | 16 | 35.39 | 辽宁省 |
| 832 | 宁夏大学新华学院 | 20 | 35.37 | 宁夏回族自治区 |
| 833 | 黑龙江外国语学院 | 13 | 35.36 | 黑龙江省 |
| 834 | 湖北大学知行学院 | 14 | 35.34 | 湖北省 |
| 835 | 新疆理工学院 | 11 | 35.33 | 新疆维吾尔自治区 |
| 836 | 湖北文理学院理工学院 | 19 | 35.25 | 湖北省 |
| 837 | 天津财经大学珠江学院 | 10 | 35.19 | 天津市 |
| 838 | 山西晋中理工学院 | 7 | 35.15 | 山西省 |
| 838 | 南开大学滨海学院 | 14 | 35.15 | 天津市 |
| 840 | 武汉生物工程学院 | 16 | 35.13 | 湖北省 |
| 841 | 潍坊医学院 | 6 | 35.11 | 山东省 |
| 842 | 保定理工学院 | 23 | 35.09 | 河北省 |
| 843 | 贵州医科大学 | 11 | 35.08 | 贵州省 |
| 844 | 黑河学院 | 15 | 35.02 | 黑龙江省 |
| 845 | 武汉学院 | 14 | 35 | 湖北省 |
| 846 | 兰州城市学院 | 15 | 34.96 | 甘肃省 |
| 847 | 江西师范大学科学技术学院 | 19 | 34.72 | 江西省 |
| 848 | 江西应用科技学院 | 17 | 34.63 | 江西省 |
| 849 | 中国计量大学现代科技学院 | 21 | 34.62 | 浙江省 |
| 850 | 四川音乐学院 | 20 | 34.57 | 四川省 |
| 851 | 池州学院 | 28 | 34.48 | 安徽省 |
| 852 | 中国戏曲学院 | 8 | 34.4 | 北京市 |
| 853 | 太原师范学院 | 11 | 34.39 | 山西省 |

续表

| 排名 | 学校名称 | 奖项数 | 总分 | 省份 |
|---|---|---|---|---|
| 854 | 江苏师范大学科文学院 | 14 | 34.36 | 江苏省 |
| 854 | 河北环境工程学院 | 24 | 34.36 | 河北省 |
| 856 | 四川传媒学院 | 15 | 34.08 | 四川省 |
| 857 | 中国社会科学院大学 | 9 | 33.98 | 北京市 |
| 858 | 上海外国语大学贤达经济人文学院 | 8 | 33.97 | 上海市 |
| 859 | 长治学院 | 12 | 33.89 | 山西省 |
| 860 | 银川能源学院 | 13 | 33.75 | 宁夏回族自治区 |
| 861 | 长春人文学院 | 7 | 33.74 | 吉林省 |
| 862 | 长沙师范学院 | 10 | 33.73 | 湖南省 |
| 863 | 常州大学怀德学院 | 6 | 33.55 | 江苏省 |
| 864 | 首都医科大学 | 3 | 33.47 | 北京市 |
| 865 | 天津理工大学中环信息学院 | 13 | 33.45 | 天津市 |
| 866 | 浙江理工大学科技与艺术学院 | 13 | 33.44 | 浙江省 |
| 867 | 江苏大学京江学院 | 18 | 33.41 | 江苏省 |
| 868 | 赤峰学院 | 7 | 33.39 | 内蒙古自治区 |
| 869 | 北京体育大学 | 16 | 33.35 | 北京市 |
| 870 | 昌吉学院 | 8 | 33.23 | 新疆维吾尔自治区 |
| 871 | 山东英才学院 | 9 | 33.21 | 山东省 |
| 872 | 右江民族医学院 | 3 | 33.17 | 广西壮族自治区 |
| 873 | 齐齐哈尔工程学院 | 14 | 33.16 | 黑龙江省 |
| 874 | 燕京理工学院 | 15 | 33.15 | 河北省 |
| 875 | 广州航海学院 | 8 | 33.06 | 广东省 |
| 876 | 大理大学 | 7 | 33.05 | 云南省 |
| 877 | 辽宁中医药大学 | 8 | 33.04 | 辽宁省 |
| 878 | 山西工学院 | 8 | 32.93 | 山西省 |

续表

| 排名 | 学校名称 | 奖项数 | 总分 | 省份 |
|---|---|---|---|---|
| 879 | 南昌大学科学技术学院 | 11 | 32.85 | 江西省 |
| 880 | 南京师范大学中北学院 | 23 | 32.84 | 江苏省 |
| 881 | 中国刑事警察学院 | 5 | 32.75 | 辽宁省 |
| 881 | 海南医学院 | 6 | 32.75 | 海南省 |
| 883 | 六盘水师范学院 | 9 | 32.71 | 贵州省 |
| 884 | 上饶师范学院 | 12 | 32.67 | 江西省 |
| 885 | 呼伦贝尔学院 | 12 | 32.65 | 内蒙古自治区 |
| 886 | 山西中医药大学 | 4 | 32.61 | 山西省 |
| 887 | 苏州科技大学天平学院 | 10 | 32.56 | 江苏省 |
| 888 | 北京工商大学嘉华学院 | 2 | 32.55 | 北京市 |
| 888 | 上海立信会计金融学院 | 7 | 32.55 | 上海市 |
| 890 | 南宁理工学院 | 10 | 32.51 | 广西壮族自治区 |
| 891 | 安徽艺术学院 | 17 | 32.43 | 安徽省 |
| 892 | 河南开封科技传媒学院 | 13 | 32.4 | 河南省 |
| 893 | 南京审计大学金审学院 | 6 | 32.31 | 江苏省 |
| 894 | 陕西中医药大学 | 4 | 32.3 | 陕西省 |
| 895 | 重庆财经学院 | 14 | 32.28 | 重庆市 |
| 896 | 长春财经学院 | 8 | 32.2 | 吉林省 |
| 897 | 锦州医科大学 | 4 | 32.13 | 辽宁省 |
| 898 | 山西警察学院 | 2 | 32.12 | 山西省 |
| 899 | 天津体育学院 | 6 | 32.09 | 天津市 |
| 899 | 上海视觉艺术学院 | 9 | 32.09 | 上海市 |
| 901 | 江西服装学院 | 12 | 32.01 | 江西省 |
| 902 | 北京邮电大学世纪学院 | 11 | 31.97 | 北京市 |

续表

| 排名 | 学校名称 | 奖项数 | 总分 | 省份 |
|---|---|---|---|---|
| 903 | 湘潭大学兴湘学院 | 3 | 31.86 | 湖南省 |
| 903 | 西安外事学院 | 9 | 31.86 | 陕西省 |
| 905 | 西南医科大学 | 8 | 31.82 | 四川省 |
| 905 | 银川科技学院 | 18 | 31.82 | 宁夏回族自治区 |
| 907 | 宁夏理工学院 | 30 | 31.71 | 宁夏回族自治区 |
| 908 | 河南中医药大学 | 4 | 31.68 | 河南省 |
| 909 | 山西能源学院 | 9 | 31.67 | 山西省 |
| 910 | 茅台学院 | 3 | 31.64 | 贵州省 |
| 910 | 河北科技师范学院 | 11 | 31.64 | 河北省 |
| 912 | 武汉体育学院 | 17 | 31.59 | 湖北省 |
| 913 | 河北水利电力学院 | 17 | 31.55 | 河北省 |
| 914 | 湖北科技学院 | 13 | 31.5 | 湖北省 |
| 915 | 阿坝师范学院 | 2 | 31.48 | 四川省 |
| 916 | 福州工商学院 | 14 | 31.46 | 福建省 |
| 917 | 伊犁师范大学 | 7 | 31.45 | 新疆维吾尔自治区 |
| 918 | 浙江农林大学暨阳学院 | 11 | 31.41 | 浙江省 |
| 919 | 广西中医药大学 | 6 | 31.38 | 广西壮族自治区 |
| 920 | 上海海关学院 | 4 | 31.37 | 上海市 |
| 920 | 聊城大学东昌学院 | 8 | 31.37 | 山东省 |
| 922 | 华东政法大学 | 5 | 31.34 | 上海市 |
| 923 | 上海体育学院 | 3 | 31.23 | 上海市 |
| 924 | 郑州财经学院 | 5 | 31.17 | 河南省 |
| 924 | 湘南学院 | 6 | 31.17 | 湖南省 |
| 926 | 武汉文理学院 | 16 | 31.13 | 湖北省 |
| 927 | 河北北方学院 | 8 | 31.1 | 河北省 |
| 928 | 南昌大学共青学院 | 3 | 30.98 | 江西省 |
| 929 | 南京森林警察学院 | 5 | 30.95 | 江苏省 |
| 930 | 成都银杏酒店管理学院 | 10 | 30.92 | 四川省 |
| 931 | 四川文化艺术学院 | 8 | 30.86 | 四川省 |
| 932 | 郑州工商学院 | 7 | 30.77 | 河南省 |
| 933 | 集宁师范学院 | 5 | 30.74 | 内蒙古自治区 |
| 933 | 大连理工大学城市学院 | 12 | 30.74 | 辽宁省 |
| 935 | 沈阳城市建设学院 | 15 | 30.72 | 辽宁省 |
| 936 | 山西工商学院 | 18 | 30.7 | 山西省 |
| 937 | 星海音乐学院 | 6 | 30.65 | 广东省 |
| 938 | 泰州学院 | 11 | 30.51 | 江苏省 |
| 938 | 重庆外语外事学院 | 27 | 30.51 | 重庆市 |
| 940 | 华北理工大学轻工学院 | 10 | 30.46 | 河北省 |
| 941 | 山东农业工程学院 | 7 | 30.4 | 山东省 |
| 941 | 安徽大学江淮学院 | 18 | 30.4 | 安徽省 |
| 943 | 安顺学院 | 6 | 30.39 | 贵州省 |
| 943 | 哈尔滨华德学院 | 24 | 30.39 | 黑龙江省 |
| 945 | 武汉工程科技学院 | 11 | 30.25 | 湖北省 |
| 946 | 长江大学文理学院 | 11 | 30.23 | 湖北省 |
| 947 | 沈阳科技学院 | 11 | 30.19 | 辽宁省 |
| 947 | 荆州学院 | 12 | 30.19 | 湖北省 |
| 949 | 铜仁学院 | 3 | 30.17 | 贵州省 |
| 950 | 广西外国语学院 | 9 | 30.14 | 广西壮族自治区 |
| 951 | 天津外国语大学 | 3 | 30.13 | 天津市 |
| 952 | 南华大学船山学院 | 3 | 29.92 | 湖南省 |
| 953 | 安徽文达信息工程学院 | 14 | 29.85 | 安徽省 |
| 954 | 温州商学院 | 9 | 29.79 | 浙江省 |
| 955 | 大连工业大学艺术与信息工程学院 | 5 | 29.78 | 辽宁省 |
| 956 | 外交学院 | 3 | 29.75 | 北京市 |
| 957 | 湖北工程学院新技术学院 | 13 | 29.66 | 湖北省 |
| 958 | 榆林学院 | 6 | 29.55 | 陕西省 |
| 959 | 长治医学院 | 3 | 29.51 | 山西省 |

续表

| 排名 | 学校名称 | 奖项数 | 总分 | 省份 |
|---|---|---|---|---|
| 960 | 廊坊师范学院 | 7 | 29.5 | 河北省 |
| 961 | 山西科技学院 | 6 | 29.42 | 山西省 |
| 962 | 安康学院 | 7 | 29.39 | 陕西省 |
| 962 | 唐山师范学院 | 8 | 29.39 | 河北省 |
| 964 | 长春工业大学人文信息学院 | 2 | 29.37 | 吉林省 |
| 965 | 广州中医药大学 | 4 | 29.35 | 广东省 |
| 966 | 广东金融学院 | 18 | 29.31 | 广东省 |
| 967 | 江西财经大学现代经济管理学院 | 7 | 29.28 | 江西省 |
| 968 | 沧州师范学院 | 8 | 29.2 | 河北省 |
| 969 | 大连外国语大学 | 16 | 29.17 | 辽宁省 |
| 970 | 沈阳工程学院 | 12 | 29.15 | 辽宁省 |
| 971 | 沈阳药科大学 | 3 | 29.13 | 辽宁省 |
| 972 | 山西应用科技学院 | 15 | 29.12 | 山西省 |
| 973 | 上海中医药大学 | 2 | 29 | 上海市 |
| 973 | 福建农林大学金山学院 | 8 | 29 | 福建省 |
| 975 | 河北美术学院 | 5 | 28.99 | 河北省 |
| 976 | 辽宁传媒学院 | 3 | 28.9 | 辽宁省 |
| 977 | 杭州医学院 | 5 | 28.89 | 浙江省 |
| 978 | 兰州文理学院 | 12 | 28.78 | 甘肃省 |
| 979 | 中央美术学院 | 3 | 28.72 | 北京市 |
| 980 | 南通大学杏林学院 | 5 | 28.69 | 江苏省 |
| 981 | 新乡工程学院 | 4 | 28.49 | 河南省 |
| 982 | 浙江中医药大学滨江学院 | 2 | 28.46 | 浙江省 |
| 983 | 长春电子科技学院 | 10 | 28.36 | 吉林省 |
| 984 | 湖南女子学院 | 8 | 28.34 | 湖南省 |
| 985 | 广州华商学院 | 25 | 28.08 | 广东省 |
| 986 | 湖南警察学院 | 21 | 28.05 | 湖南省 |
| 987 | 山东警察学院 | 2 | 27.96 | 山东省 |
| 988 | 北京协和医学院 | 1 | 27.94 | 北京市 |
| 989 | 成都文理学院 | 9 | 27.93 | 四川省 |
| 990 | 川北医学院 | 4 | 27.89 | 四川省 |

续表

| 排名 | 学校名称 | 奖项数 | 总分 | 省份 |
|---|---|---|---|---|
| 991 | 湖南财政经济学院 | 6 | 27.87 | 湖南省 |
| 992 | 扬州大学广陵学院 | 5 | 27.8 | 江苏省 |
| 993 | 西北政法大学 | 1 | 27.77 | 陕西省 |
| 993 | 南京体育学院 | 1 | 27.77 | 江苏省 |
| 993 | 西安医学院 | 1 | 27.77 | 陕西省 |
| 993 | 河北中医学院 | 1 | 27.77 | 河北省 |
| 993 | 天津天狮学院 | 8 | 27.77 | 天津市 |
| 998 | 武汉音乐学院 | 5 | 27.73 | 湖北省 |
| 999 | 保山学院 | 14 | 27.7 | 云南省 |
| 1000 | 哈尔滨石油学院 | 9 | 27.66 | 黑龙江省 |
| 1001 | 贵州中医药大学 | 4 | 27.52 | 贵州省 |
| 1002 | 湖南工程学院应用技术学院 | 3 | 27.5 | 湖南省 |
| 1002 | 国际关系学院 | 4 | 27.5 | 北京市 |
| 1004 | 湖北恩施学院 | 13 | 27.47 | 湖北省 |
| 1005 | 昆明医科大学海源学院 | 1 | 27.46 | 云南省 |
| 1006 | 陕西科技大学镐京学院 | 5 | 27.45 | 陕西省 |
| 1007 | 商丘工学院 | 1 | 27.28 | 河南省 |
| 1008 | 郑州商学院 | 13 | 27.24 | 河南省 |
| 1009 | 承德医学院 | 2 | 27.16 | 河北省 |
| 1009 | 贵州工程应用技术学院 | 13 | 27.16 | 贵州省 |
| 1011 | 天津师范大学津沽学院 | 1 | 27.13 | 天津市 |
| 1012 | 云南中医药大学 | 4 | 27.12 | 云南省 |
| 1013 | 昆明医科大学 | 3 | 26.92 | 云南省 |
| 1014 | 北京师范大学—香港浸会大学联合国际学院 | 3 | 26.91 | 广东省 |
| 1015 | 新疆医科大学 | 4 | 26.8 | 新疆维吾尔自治区 |
| 1016 | 皖江工学院 | 7 | 26.76 | 安徽省 |
| 1017 | 兰州博文科技学院 | 1 | 26.73 | 甘肃省 |

续表

| 排名 | 学校名称 | 奖项数 | 总分 | 省份 |
|---|---|---|---|---|
| 1017 | 辽宁警察学院 | 1 | 26.73 | 辽宁省 |
| 1019 | 福建技术师范学院 | 7 | 26.72 | 福建省 |
| 1020 | 山东工艺美术学院 | 8 | 26.65 | 山东省 |
| 1021 | 吉林工商学院 | 10 | 26.62 | 吉林省 |
| 1022 | 温州医科大学仁济学院 | 3 | 26.46 | 浙江省 |
| 1022 | 西安财经大学行知学院 | 4 | 26.46 | 陕西省 |
| 1024 | 邢台学院 | 7 | 26.4 | 河北省 |
| 1025 | 景德镇学院 | 3 | 26.39 | 江西省 |
| 1026 | 河北医科大学 | 8 | 26.23 | 河北省 |
| 1027 | 广州新华学院 | 10 | 26.18 | 广东省 |
| 1028 | 西安工商学院 | 8 | 26.05 | 陕西省 |
| 1029 | 吉利学院 | 9 | 26.04 | 四川省 |
| 1030 | 浙江音乐学院 | 7 | 26 | 浙江省 |
| 1031 | 华南农业大学珠江学院 | 11 | 25.92 | 广东省 |
| 1032 | 广西民族大学相思湖学院 | 7 | 25.87 | 广西壮族自治区 |
| 1033 | 沈阳音乐学院 | 7 | 25.77 | 辽宁省 |
| 1034 | 重庆人文科技学院 | 19 | 25.69 | 重庆市 |
| 1035 | 兴义民族师范学院 | 5 | 25.64 | 贵州省 |
| 1036 | 上海立达学院 | 7 | 25.61 | 上海市 |
| 1037 | 黑龙江财经学院 | 8 | 25.6 | 黑龙江省 |
| 1038 | 黑龙江东方学院 | 7 | 25.51 | 黑龙江省 |
| 1039 | 广州应用科技学院 | 11 | 25.47 | 广东省 |
| 1040 | 赣东学院 | 14 | 25.43 | 江西省 |
| 1041 | 山东现代学院 | 4 | 25.36 | 山东省 |
| 1042 | 信阳学院 | 10 | 25.35 | 河南省 |
| 1043 | 琼台师范学院 | 8 | 25.2 | 海南省 |
| 1044 | 郑州升达经贸管理学院 | 14 | 25.12 | 河南省 |
| 1045 | 湖南涉外经济学院 | 4 | 24.94 | 湖南省 |
| 1046 | 中华女子学院 | 8 | 24.89 | 北京市 |

续表

| 排名 | 学校名称 | 奖项数 | 总分 | 省份 |
|---|---|---|---|---|
| 1047 | 湖南中医药大学湘杏学院 | 1 | 24.85 | 湖南省 |
| 1047 | 南京中医药大学翰林学院 | 1 | 24.85 | 江苏省 |
| 1049 | 皖南医学院 | 5 | 24.79 | 安徽省 |
| 1050 | 辽宁理工学院 | 7 | 24.76 | 辽宁省 |
| 1051 | 西安音乐学院 | 4 | 24.74 | 陕西省 |
| 1052 | 长沙医学院 | 3 | 24.56 | 湖南省 |
| 1053 | 湖北中医药大学 | 9 | 24.46 | 湖北省 |
| 1054 | 北京中医药大学 | 2 | 24.38 | 北京市 |
| 1055 | 仰恩大学 | 14 | 23.88 | 福建省 |
| 1056 | 蚌埠工商学院 | 5 | 23.83 | 安徽省 |
| 1057 | 甘肃政法大学 | 6 | 23.65 | 甘肃省 |
| 1058 | 重庆对外经贸学院 | 18 | 23.6 | 重庆市 |
| 1059 | 北京第二外国语学院 | 2 | 23.46 | 北京市 |
| 1060 | 新疆艺术学院 | 2 | 23.41 | 新疆维吾尔自治区 |
| 1061 | 哈尔滨远东理工学院 | 7 | 23.38 | 黑龙江省 |
| 1062 | 呼和浩特民族学院 | 5 | 23.35 | 内蒙古自治区 |
| 1063 | 中国消防救援学院 | 3 | 23.25 | 北京市 |
| 1064 | 吉首大学张家界学院 | 5 | 23.19 | 湖南省 |
| 1065 | 贵阳信息科技学院 | 2 | 23.17 | 贵州省 |
| 1066 | 新疆科技学院 | 5 | 23.14 | 新疆维吾尔自治区 |
| 1067 | 河北工程技术学院 | 10 | 23.1 | 河北省 |
| 1068 | 同济大学浙江学院 | 10 | 23.02 | 浙江省 |
| 1069 | 甘肃中医药大学 | 1 | 22.95 | 甘肃省 |
| 1070 | 南宁师范大学师园学院 | 4 | 22.74 | 广西壮族自治区 |
| 1071 | 湖北经济学院法商学院 | 5 | 22.69 | 湖北省 |

续表

| 排名 | 学校名称 | 奖项数 | 总分 | 省份 |
|---|---|---|---|---|
| 1072 | 绥化学院 | 6 | 22.64 | 黑龙江省 |
| 1073 | 湖南应用技术学院 | 8 | 22.62 | 湖南省 |
| 1074 | 甘肃医学院 | 2 | 22.43 | 甘肃省 |
| 1075 | 哈尔滨信息工程学院 | 11 | 22.31 | 黑龙江省 |
| 1076 | 南京工业大学浦江学院 | 3 | 22.25 | 江苏省 |
| 1077 | 河套学院 | 3 | 22.06 | 内蒙古自治区 |
| 1078 | 云南警官学院 | 4 | 21.77 | 云南省 |
| 1079 | 安徽师范大学皖江学院 | 8 | 21.7 | 安徽省 |
| 1080 | 天津商业大学宝德学院 | 3 | 21.67 | 天津市 |
| 1081 | 南京师范大学泰州学院 | 3 | 21.45 | 江苏省 |
| 1082 | 武汉体育学院体育科技学院 | 5 | 21.38 | 湖北省 |
| 1083 | 安徽外国语学院 | 4 | 21.34 | 安徽省 |
| 1084 | 牡丹江医学院 | 1 | 21.23 | 黑龙江省 |
| 1084 | 桂林医学院 | 1 | 21.23 | 广西壮族自治区 |
| 1084 | 湖南医药学院 | 1 | 21.23 | 湖南省 |
| 1087 | 广西职业师范学院 | 7 | 21.08 | 广西壮族自治区 |
| 1088 | 商丘学院 | 6 | 20.91 | 河南省 |
| 1089 | 哈尔滨体育学院 | 1 | 20.81 | 黑龙江省 |
| 1090 | 中国音乐学院 | 3 | 20.8 | 北京市 |
| 1091 | 齐鲁医药学院 | 5 | 20.51 | 山东省 |
| 1092 | 四川民族学院 | 5 | 20.48 | 四川省 |
| 1093 | 山东财经大学东方学院 | 2 | 20.26 | 山东省 |
| 1094 | 江西农业大学南昌商学院 | 2 | 19.91 | 江西省 |
| 1095 | 滇西科技师范学院 | 5 | 19.89 | 云南省 |

续表

| 排名 | 学校名称 | 奖项数 | 总分 | 省份 |
|---|---|---|---|---|
| 1096 | 四川外国语大学成都学院 | 1 | 19.76 | 四川省 |
| 1097 | 青海大学昆仑学院 | 1 | 19.69 | 青海省 |
| 1097 | 南昌应用技术师范学院 | 1 | 19.69 | 江西省 |
| 1097 | 张家口学院 | 1 | 19.69 | 河北省 |
| 1097 | 湖北医药学院 | 1 | 19.69 | 湖北省 |
| 1097 | 云南艺术学院文华学院 | 1 | 19.69 | 云南省 |
| 1097 | 西藏藏医药大学 | 1 | 19.69 | 西藏自治区 |
| 1097 | 厦门医学院 | 1 | 19.69 | 福建省 |
| 1104 | 南京医科大学康达学院 | 2 | 19.67 | 江苏省 |
| 1105 | 鞍山师范学院 | 5 | 19.57 | 辽宁省 |
| 1106 | 甘肃民族师范学院 | 4 | 19.55 | 甘肃省 |
| 1107 | 郑州师范学院 | 5 | 19.54 | 河南省 |
| 1108 | 信阳农林学院 | 4 | 19.16 | 河南省 |
| 1109 | 辽宁财贸学院 | 3 | 18.85 | 辽宁省 |
| 1110 | 四川工业科技学院 | 4 | 18.79 | 四川省 |
| 1110 | 广西科技师范学院 | 7 | 18.79 | 广西壮族自治区 |
| 1112 | 北京工业大学耿丹学院 | 2 | 18.56 | 北京市 |
| 1113 | 四川警察学院 | 1 | 18.31 | 四川省 |
| 1113 | 广东医科大学 | 1 | 18.31 | 广东省 |
| 1113 | 西安科技大学高新学院 | 1 | 18.31 | 陕西省 |
| 1116 | 普洱学院 | 3 | 18.3 | 云南省 |
| 1117 | 河南警察学院 | 2 | 18.27 | 河南省 |
| 1118 | 南京特殊教育师范学院 | 8 | 17.77 | 江苏省 |
| 1119 | 河北师范大学汇华学院 | 2 | 17.57 | 河北省 |
| 1120 | 江西警察学院 | 1 | 16.65 | 江西省 |

续表

| 排名 | 学校名称 | 奖项数 | 总分 | 省份 |
|---|---|---|---|---|
| 1121 | 天津音乐学院 | 2 | 16.54 | 天津市 |
| 1121 | 沈阳医学院 | 2 | 16.54 | 辽宁省 |
| 1123 | 中南林业科技大学涉外学院 | 3 | 16.41 | 湖南省 |
| 1124 | 哈尔滨广厦学院 | 5 | 16.26 | 黑龙江省 |
| 1125 | 中国劳动关系学院 | 1 | 16.13 | 北京市 |
| 1126 | 河北科技学院 | 7 | 15.87 | 河北省 |
| 1127 | 吉林师范大学博达学院 | 2 | 15.48 | 吉林省 |
| 1127 | 湖南工业大学科技学院 | 2 | 15.48 | 湖南省 |
| 1129 | 上海戏剧学院 | 1 | 15.44 | 上海市 |
| 1130 | 陕西学前师范学院 | 1 | 15.13 | 陕西省 |
| 1131 | 湖南文理学院芙蓉学院 | 1 | 14.99 | 湖南省 |
| 1131 | 湖南农业大学东方科技学院 | 1 | 14.99 | 湖南省 |
| 1133 | 武汉纺织大学外经贸学院 | 2 | 14.02 | 湖北省 |
| 1134 | 延安大学西安创新学院 | 1 | 13.9 | 陕西省 |
| 1135 | 西安思源学院 | 2 | 13.85 | 陕西省 |
| 1136 | 豫章师范学院 | 1 | 13.26 | 江西省 |
| 1137 | 内蒙古鸿德文理学院 | 1 | 12.71 | 内蒙古自治区 |
| 1138 | 温州肯恩大学 | 1 | 12.15 | 浙江省 |
| 1139 | 忻州师范学院 | 1 | 11.77 | 山西省 |
| 1140 | 上海政法学院 | 2 | 10.83 | 上海市 |
| 1141 | 福建警察学院 | 1 | 10.17 | 福建省 |
| 1141 | 陕西服装工程学院 | 1 | 10.17 | 陕西省 |
| 1141 | 深圳北理莫斯科大学 | 1 | 10.17 | 广东省 |
| 1144 | 青岛电影学院 | 1 | 9.1 | 山东省 |
| 1144 | 北京舞蹈学院 | 1 | 9.1 | 北京市 |
| 1144 | 辽宁何氏医学院 | 1 | 9.1 | 辽宁省 |

续表

| 排名 | 学校名称 | 奖项数 | 总分 | 省份 |
|---|---|---|---|---|
| 1144 | 河北大学工商学院 | 1 | 9.1 | 河北省 |
| 1144 | 广州体育学院 | 1 | 9.1 | 广东省 |
| 1144 | 重庆工商大学派斯学院 | 1 | 9.1 | 重庆市 |
| 1144 | 吉林警察学院 | 1 | 9.1 | 吉林省 |
| 1144 | 河北外国语学院 | 1 | 9.1 | 河北省 |
| 1144 | 贵州黔南科技学院 | 1 | 9.1 | 贵州省 |

## 11.4 2017－2021 年全国"双一流"建设高校大学生竞赛榜单

续表

| 排名 | 学校名称 | 奖项数 | 总分 | 省份 | 排名 | 学校名称 | 奖项数 | 总分 | 省份 |
|---|---|---|---|---|---|---|---|---|---|
| 1 | 哈尔滨工业大学 | 1388 | 100 | 黑龙江省 | 32 | 南京航空航天大学 | 504 | 79.85 | 江苏省 |
| 2 | 浙江大学 | 723 | 95.16 | 浙江省 | 33 | 南京邮电大学 | 696 | 79.82 | 江苏省 |
| 3 | 华中科技大学 | 945 | 94.8 | 湖北省 | 34 | 湖南大学 | 538 | 79.53 | 湖南省 |
| 4 | 西安交通大学 | 831 | 94.79 | 陕西省 | 35 | 天津大学 | 597 | 79.34 | 天津市 |
| 5 | 武汉大学 | 1194 | 94.62 | 湖北省 | 36 | 中山大学 | 368 | 79.17 | 广东省 |
| 6 | 电子科技大学 | 897 | 93.73 | 四川省 | 37 | 南京理工大学 | 726 | 79.01 | 江苏省 |
| 7 | 东北大学 | 1297 | 91.53 | 辽宁省 | 38 | 华东师范大学 | 663 | 78.43 | 上海市 |
| 8 | 山东大学 | 793 | 91.06 | 山东省 | 39 | 北京邮电大学 | 500 | 78.39 | 北京市 |
| 9 | 西南交通大学 | 1252 | 90.89 | 四川省 | 40 | 西南石油大学 | 751 | 78.38 | 四川省 |
| 10 | 上海交通大学 | 584 | 90.5 | 上海市 | 41 | 北京大学 | 415 | 78.35 | 北京市 |
| 11 | 东南大学 | 710 | 90.32 | 江苏省 | 42 | 河海大学 | 894 | 77.49 | 江苏省 |
| 12 | 武汉理工大学 | 1019 | 90 | 湖北省 | 43 | 哈尔滨工程大学 | 527 | 77.45 | 黑龙江省 |
| 13 | 重庆大学 | 929 | 89.23 | 重庆市 | 44 | 中国石油大学（华东） | 559 | 76.66 | 山东省 |
| 14 | 北京理工大学 | 750 | 88.24 | 北京市 | 45 | 郑州大学 | 900 | 76.63 | 河南省 |
| 15 | 华南理工大学 | 574 | 87.93 | 广东省 | 46 | 南京大学 | 264 | 75.97 | 江苏省 |
| 16 | 西北工业大学 | 784 | 87.66 | 陕西省 | 47 | 中国矿业大学 | 526 | 75.61 | 江苏省 |
| 17 | 同济大学 | 701 | 86.9 | 上海市 | 47 | 上海大学 | 600 | 75.61 | 上海市 |
| 18 | 合肥工业大学 | 862 | 86.82 | 安徽省 | 49 | 东北林业大学 | 604 | 74.87 | 黑龙江省 |
| 19 | 北京航空航天大学 | 825 | 86.36 | 北京市 | 50 | 大连海事大学 | 511 | 74.54 | 辽宁省 |
| 20 | 中南大学 | 663 | 85.55 | 湖南省 | 51 | 华北电力大学 | 450 | 74.51 | 北京市 |
| 21 | 大连理工大学 | 743 | 85.41 | 辽宁省 | 52 | 宁波大学 | 463 | 74.46 | 浙江省 |
| 22 | 西安电子科技大学 | 604 | 84.69 | 陕西省 | 53 | 北京交通大学 | 432 | 73.53 | 北京市 |
| 23 | 福州大学 | 673 | 84.42 | 福建省 | 54 | 天津工业大学 | 494 | 71.25 | 天津市 |
| 24 | 四川大学 | 774 | 84.33 | 四川省 | 55 | 江南大学 | 578 | 70.51 | 江苏省 |
| 25 | 厦门大学 | 576 | 83.8 | 福建省 | 56 | 长安大学 | 451 | 69.85 | 陕西省 |
| 26 | 南昌大学 | 873 | 83.59 | 江西省 | 57 | 河北工业大学 | 359 | 69.49 | 河北省 |
| 27 | 清华大学 | 404 | 82.79 | 北京市 | 58 | 南京信息工程大学 | 747 | 69.24 | 江苏省 |
| 28 | 吉林大学 | 1066 | 82.24 | 吉林省 | 59 | 华南师范大学 | 535 | 68.96 | 广东省 |
| 29 | 北京科技大学 | 511 | 80.98 | 北京市 | 60 | 河南大学 | 683 | 68.52 | 河南省 |
| 30 | 复旦大学 | 308 | 80.49 | 上海市 | 61 | 海南大学 | 297 | 68.42 | 海南省 |
| 31 | 太原理工大学 | 774 | 80.35 | 山西省 | | | | | |

续表

| 排名 | 学校名称 | 奖项数 | 总分 | 省份 |
|---|---|---|---|---|
| 62 | 苏州大学 | 680 | 67.84 | 江苏省 |
| 63 | 北京工业大学 | 389 | 67.79 | 北京市 |
| 64 | 湘潭大学 | 555 | 67.63 | 湖南省 |
| 65 | 西北农林科技大学 | 656 | 67.59 | 陕西省 |
| 66 | 南开大学 | 271 | 67.47 | 天津市 |
| 67 | 安徽大学 | 426 | 67.33 | 安徽省 |
| 68 | 华东理工大学 | 412 | 67.07 | 上海市 |
| 69 | 华南农业大学 | 410 | 66.88 | 广东省 |
| 70 | 南京师范大学 | 296 | 66.49 | 江苏省 |
| 71 | 中国地质大学（武汉） | 264 | 66.27 | 湖北省 |
| 72 | 中国海洋大学 | 250 | 66.26 | 山东省 |
| 73 | 广西大学 | 309 | 65.91 | 广西壮族自治区 |
| 74 | 华中师范大学 | 333 | 65.9 | 湖北省 |
| 75 | 北京师范大学 | 235 | 65.62 | 北京市 |
| 76 | 西北大学 | 494 | 65.5 | 陕西省 |
| 77 | 暨南大学 | 311 | 65.38 | 广东省 |
| 78 | 兰州大学 | 319 | 65.27 | 甘肃省 |
| 79 | 贵州大学 | 356 | 65.14 | 贵州省 |
| 80 | 石河子大学 | 406 | 64.42 | 新疆维吾尔自治区 |
| 81 | 东华大学 | 395 | 64.38 | 上海市 |
| 82 | 成都理工大学 | 525 | 63.64 | 四川省 |
| 83 | 云南大学 | 297 | 63.48 | 云南省 |
| 84 | 中国科学技术大学 | 178 | 63.41 | 安徽省 |
| 85 | 中国人民大学 | 343 | 63.36 | 北京市 |
| 86 | 新疆大学 | 343 | 63.35 | 新疆维吾尔自治区 |
| 87 | 湖南师范大学 | 297 | 62.92 | 湖南省 |
| 88 | 西南大学 | 262 | 61.37 | 重庆市 |
| 89 | 中央民族大学 | 335 | 60.9 | 北京市 |
| 90 | 华中农业大学 | 241 | 60.52 | 湖北省 |
| 91 | 北京化工大学 | 258 | 60.41 | 北京市 |
| 92 | 中国农业大学 | 208 | 59.59 | 北京市 |

续表

| 排名 | 学校名称 | 奖项数 | 总分 | 省份 |
|---|---|---|---|---|
| 93 | 南京林业大学 | 471 | 58.97 | 江苏省 |
| 94 | 中南财经政法大学 | 176 | 58.89 | 湖北省 |
| 95 | 东北农业大学 | 234 | 58.73 | 黑龙江省 |
| 96 | 山西大学 | 251 | 58.53 | 山西省 |
| 97 | 中国石油大学（北京） | 278 | 58.51 | 北京市 |
| 98 | 宁夏大学 | 269 | 58.36 | 宁夏回族自治区 |
| 99 | 中国地质大学（北京） | 299 | 57.14 | 北京市 |
| 100 | 青海大学 | 173 | 56.83 | 青海省 |
| 101 | 南京农业大学 | 168 | 55.91 | 江苏省 |
| 102 | 西南财经大学 | 115 | 55 | 四川省 |
| 103 | 东北师范大学 | 277 | 54.95 | 吉林省 |
| 104 | 中国矿业大学（北京） | 150 | 54.79 | 北京市 |
| 105 | 四川农业大学 | 256 | 54.77 | 四川省 |
| 106 | 内蒙古大学 | 150 | 54.59 | 内蒙古自治区 |
| 107 | 上海财经大学 | 118 | 53.97 | 上海市 |
| 108 | 陕西师范大学 | 127 | 53.67 | 陕西省 |
| 109 | 北京林业大学 | 216 | 51.87 | 北京市 |
| 110 | 中国科学院大学 | 84 | 51.32 | 北京市 |
| 111 | 南方科技大学 | 119 | 50.77 | 广东省 |
| 112 | 辽宁大学 | 138 | 50.76 | 辽宁省 |
| 113 | 南京中医药大学 | 75 | 50.64 | 江苏省 |
| 114 | 北京外国语大学 | 28 | 50.57 | 北京市 |
| 115 | 中国传媒大学 | 235 | 50.56 | 北京市 |
| 116 | 中国政法大学 | 86 | 48.07 | 北京市 |
| 117 | 上海海洋大学 | 181 | 48.05 | 上海市 |
| 118 | 延边大学 | 115 | 47.75 | 吉林省 |
| 119 | 西藏大学 | 65 | 47.57 | 西藏自治区 |
| 120 | 南京医科大学 | 83 | 47.3 | 江苏省 |
| 121 | 对外经济贸易大学 | 53 | 47.22 | 北京市 |

续表

| 排名 | 学校名称 | 奖项数 | 总分 | 省份 |
|------|----------|--------|------|------|
| 122 | 中央财经大学 | 61 | 43.83 | 北京市 |
| 123 | 首都师范大学 | 86 | 42.6 | 北京市 |
| 124 | 天津医科大学 | 18 | 40.29 | 天津市 |
| 125 | 广州医科大学 | 31 | 39.78 | 广东省 |
| 126 | 上海外国语大学 | 42 | 39.5 | 上海市 |
| 127 | 上海科技大学 | 51 | 39.45 | 上海市 |
| 128 | 中国药科大学 | 42 | 38.95 | 江苏省 |
| 129 | 天津中医药大学 | 26 | 38.44 | 天津市 |
| 130 | 中国美术学院 | 87 | 38.22 | 浙江省 |
| 131 | 上海体育学院 | 22 | 37.97 | 上海市 |
| 132 | 成都中医药大学 | 52 | 37.34 | 四川省 |
| 133 | 上海中医药大学 | 15 | 36.95 | 上海市 |
| 134 | 中国人民公安大学 | 24 | 35.88 | 北京市 |
| 135 | 广州中医药大学 | 26 | 35.23 | 广东省 |
| 136 | 北京体育大学 | 72 | 34.61 | 北京市 |
| 137 | 中国音乐学院 | 19 | 33.6 | 北京市 |
| 138 | 上海音乐学院 | 25 | 32.07 | 上海市 |
| 139 | 外交学院 | 8 | 31.4 | 北京市 |
| 140 | 中央美术学院 | 5 | 29.71 | 北京市 |
| 141 | 中央戏剧学院 | 2 | 25.97 | 北京市 |
| 142 | 中央音乐学院 | 8 | 25.93 | 北京市 |
| 143 | 北京中医药大学 | 5 | 21.97 | 北京市 |
| 144 | 北京协和医学院 | 2 | 20.56 | 北京市 |

# 11.5 2017-2021年全国地方本科院校大学生竞赛榜单

续表

| 排名 | 学校名称 | 奖项数 | 总分 | 省份 |
|---|---|---|---|---|
| 1 | 杭州电子科技大学 | 642 | 87.25 | 浙江省 |
| 2 | 浙江工业大学 | 666 | 86.23 | 浙江省 |
| 3 | 福州大学 | 673 | 84.42 | 福建省 |
| 4 | 南昌大学 | 873 | 83.59 | 江西省 |
| 5 | 广东工业大学 | 723 | 80.71 | 广东省 |
| 6 | 太原理工大学 | 774 | 80.35 | 山西省 |
| 7 | 南京邮电大学 | 696 | 79.82 | 江苏省 |
| 8 | 西南石油大学 | 751 | 78.38 | 四川省 |
| 9 | 桂林电子科技大学 | 939 | 78.35 | 广西壮族自治区 |
| 10 | 燕山大学 | 728 | 78.04 | 河北省 |
| 11 | 山东科技大学 | 1210 | 77.97 | 山东省 |
| 12 | 郑州大学 | 900 | 76.63 | 河南省 |
| 13 | 长春理工大学 | 604 | 76.13 | 吉林省 |
| 14 | 上海大学 | 600 | 75.61 | 上海市 |
| 15 | 中北大学 | 1080 | 75.53 | 山西省 |
| 16 | 浙江师范大学 | 647 | 75.36 | 浙江省 |
| 17 | 长沙理工大学 | 633 | 74.88 | 湖南省 |
| 18 | 重庆邮电大学 | 813 | 74.6 | 重庆市 |
| 19 | 宁波大学 | 463 | 74.46 | 浙江省 |
| 20 | 昆明理工大学 | 720 | 74.1 | 云南省 |
| 21 | 深圳大学 | 694 | 73.87 | 广东省 |
| 22 | 江苏大学 | 538 | 72.81 | 江苏省 |
| 23 | 西南科技大学 | 556 | 72.5 | 四川省 |
| 24 | 中国计量大学 | 312 | 72.42 | 浙江省 |
| 25 | 湖北工业大学 | 704 | 71.74 | 湖北省 |
| 26 | 青岛理工大学 | 395 | 71.64 | 山东省 |
| 27 | 武汉科技大学 | 627 | 71.58 | 湖北省 |
| 28 | 天津工业大学 | 494 | 71.25 | 天津市 |
| 29 | 西安建筑科技大学 | 490 | 70.93 | 陕西省 |
| 30 | 河南科技大学 | 497 | 70.87 | 河南省 |
| 31 | 上海理工大学 | 514 | 70.47 | 上海市 |
| 32 | 南昌航空大学 | 547 | 70.39 | 江西省 |
| 33 | 南京工业大学 | 555 | 70.26 | 江苏省 |
| 34 | 青岛科技大学 | 541 | 70.12 | 山东省 |
| 35 | 青岛大学 | 989 | 69.68 | 山东省 |
| 36 | 郑州轻工业大学 | 703 | 69.6 | 河南省 |
| 37 | 太原工业学院 | 217 | 69.56 | 山西省 |
| 38 | 河北工业大学 | 359 | 69.49 | 河北省 |
| 39 | 安徽理工大学 | 360 | 69.44 | 安徽省 |
| 40 | 江西理工大学 | 552 | 69.41 | 江西省 |
| 41 | 南京信息工程大学 | 747 | 69.24 | 江苏省 |
| 42 | 华南师范大学 | 535 | 68.96 | 广东省 |
| 43 | 河南理工大学 | 455 | 68.77 | 河南省 |
| 44 | 河南大学 | 683 | 68.52 | 河南省 |
| 45 | 兰州理工大学 | 569 | 68.48 | 甘肃省 |
| 46 | 海南大学 | 297 | 68.42 | 海南省 |
| 47 | 安徽工业大学 | 419 | 68.31 | 安徽省 |
| 47 | 杭州师范大学 | 428 | 68.31 | 浙江省 |
| 49 | 三峡大学 | 531 | 68.02 | 湖北省 |
| 50 | 上海工程技术大学 | 363 | 67.97 | 上海市 |
| 51 | 中原工学院 | 424 | 67.87 | 河南省 |
| 52 | 苏州大学 | 680 | 67.84 | 江苏省 |
| 53 | 安徽工程大学 | 333 | 67.82 | 安徽省 |
| 54 | 北京工业大学 | 389 | 67.79 | 北京市 |
| 55 | 浙江理工大学 | 387 | 67.77 | 浙江省 |
| 56 | 常州大学 | 313 | 67.67 | 江苏省 |
| 57 | 湘潭大学 | 555 | 67.63 | 湖南省 |
| 58 | 山东理工大学 | 651 | 67.35 | 山东省 |
| 59 | 安徽大学 | 426 | 67.33 | 安徽省 |
| 60 | 扬州大学 | 482 | 67.24 | 江苏省 |
| 61 | 华南农业大学 | 410 | 66.88 | 广东省 |

续表

| 排名 | 学校名称 | 奖项数 | 总分 | 省份 |
|---|---|---|---|---|
| 62 | 南通大学 | 408 | 66.79 | 江苏省 |
| 63 | 天津职业技术师范大学 | 189 | 66.57 | 天津市 |
| 63 | 广州大学 | 437 | 66.57 | 广东省 |
| 65 | 浙江工商大学 | 351 | 66.54 | 浙江省 |
| 66 | 南京师范大学 | 296 | 66.49 | 江苏省 |
| 67 | 福建农林大学 | 330 | 66.48 | 福建省 |
| 68 | 江西师范大学 | 585 | 66.17 | 江西省 |
| 69 | 华北理工大学 | 301 | 66 | 河北省 |
| 70 | 齐鲁工业大学 | 438 | 65.92 | 山东省 |
| 71 | 广西大学 | 309 | 65.91 | 广西壮族自治区 |
| 72 | 成都信息工程大学 | 457 | 65.71 | 四川省 |
| 73 | 山东师范大学 | 332 | 65.68 | 山东省 |
| 74 | 烟台大学 | 416 | 65.64 | 山东省 |
| 75 | 西安理工大学 | 344 | 65.62 | 陕西省 |
| 76 | 河北科技大学 | 273 | 65.55 | 河北省 |
| 77 | 西北大学 | 494 | 65.5 | 陕西省 |
| 78 | 哈尔滨理工大学 | 579 | 65.44 | 黑龙江省 |
| 79 | 桂林理工大学 | 540 | 65.32 | 广西壮族自治区 |
| 80 | 北方工业大学 | 698 | 65.22 | 北京市 |
| 81 | 集美大学 | 368 | 65.18 | 福建省 |
| 82 | 贵州大学 | 356 | 65.14 | 贵州省 |
| 83 | 内蒙古科技大学 | 346 | 65.11 | 内蒙古自治区 |
| 84 | 温州大学 | 248 | 65.03 | 浙江省 |
| 85 | 长春工业大学 | 401 | 65 | 吉林省 |
| 86 | 辽宁工业大学 | 346 | 64.65 | 辽宁省 |
| 87 | 辽宁工程技术大学 | 394 | 64.61 | 辽宁省 |
| 88 | 陕西科技大学 | 374 | 64.43 | 陕西省 |
| 89 | 石河子大学 | 406 | 64.42 | 新疆维吾尔自治区 |
| 90 | 厦门理工学院 | 305 | 64.37 | 福建省 |

续表

| 排名 | 学校名称 | 奖项数 | 总分 | 省份 |
|---|---|---|---|---|
| 91 | 四川师范大学 | 587 | 64.17 | 四川省 |
| 92 | 南华大学 | 410 | 64.09 | 湖南省 |
| 93 | 江苏科技大学 | 421 | 64.02 | 江苏省 |
| 94 | 成都理工大学 | 525 | 63.64 | 四川省 |
| 95 | 云南大学 | 297 | 63.48 | 云南省 |
| 96 | 福建师范大学 | 276 | 63.41 | 福建省 |
| 97 | 兰州交通大学 | 309 | 63.39 | 甘肃省 |
| 98 | 新疆大学 | 343 | 63.35 | 新疆维吾尔自治区 |
| 99 | 上海海事大学 | 219 | 63.18 | 上海市 |
| 100 | 重庆交通大学 | 462 | 63.17 | 重庆市 |
| 101 | 重庆理工大学 | 325 | 63.05 | 重庆市 |
| 102 | 沈阳工业大学 | 320 | 63.01 | 辽宁省 |
| 102 | 广西师范大学 | 529 | 63.01 | 广西壮族自治区 |
| 104 | 湖南师范大学 | 297 | 62.92 | 湖南省 |
| 105 | 安徽财经大学 | 280 | 62.89 | 安徽省 |
| 106 | 东北电力大学 | 283 | 62.63 | 吉林省 |
| 107 | 沈阳航空航天大学 | 435 | 62.53 | 辽宁省 |
| 108 | 宁波工程学院 | 274 | 62.51 | 浙江省 |
| 109 | 湖北文理学院 | 367 | 62.1 | 湖北省 |
| 110 | 重庆科技学院 | 353 | 62.07 | 重庆市 |
| 111 | 重庆工商大学 | 241 | 62.06 | 重庆市 |
| 112 | 东莞理工学院 | 328 | 62.04 | 广东省 |
| 113 | 太原科技大学 | 304 | 61.96 | 山西省 |
| 114 | 武汉工程大学 | 565 | 61.92 | 湖北省 |
| 115 | 北华大学 | 271 | 61.83 | 吉林省 |
| 116 | 常熟理工学院 | 399 | 61.79 | 江苏省 |
| 117 | 江西财经大学 | 396 | 61.55 | 江西省 |
| 118 | 鲁东大学 | 332 | 61.45 | 山东省 |
| 119 | 华东交通大学 | 304 | 61.38 | 江西省 |
| 120 | 江汉大学 | 356 | 60.91 | 湖北省 |
| 121 | 南京工程学院 | 282 | 60.83 | 江苏省 |
| 122 | 合肥学院 | 250 | 60.69 | 安徽省 |
| 123 | 河北农业大学 | 384 | 60.67 | 河北省 |

续表

| 排名 | 学校名称 | 奖项数 | 总分 | 省份 |
|------|---------|--------|------|------|
| 124 | 广东技术师范大学 | 316 | 60.58 | 广东省 |
| 125 | 山东财经大学 | 161 | 60.5 | 山东省 |
| 126 | 厦门大学嘉庚学院 | 194 | 60.47 | 福建省 |
| 127 | 浙江科技学院 | 309 | 60.4 | 浙江省 |
| 128 | 河南工业大学 | 402 | 60.33 | 河南省 |
| 129 | 济南大学 | 262 | 60.32 | 山东省 |
| 130 | 盐城工学院 | 240 | 60.26 | 江苏省 |
| 131 | 河北大学 | 354 | 60.2 | 河北省 |
| 132 | 北京联合大学 | 301 | 60.01 | 北京市 |
| 133 | 福建工程学院 | 234 | 59.98 | 福建省 |
| 134 | 西安邮电大学 | 320 | 59.89 | 陕西省 |
| 135 | 临沂大学 | 256 | 59.84 | 山东省 |
| 136 | 安徽信息工程学院 | 251 | 59.49 | 安徽省 |
| 137 | 浙江农林大学 | 399 | 59.47 | 浙江省 |
| 138 | 阜阳师范大学 | 357 | 59.29 | 安徽省 |
| 139 | 长江师范学院 | 444 | 59.14 | 重庆市 |
| 140 | 温州医科大学 | 97 | 59.08 | 浙江省 |
| 141 | 东华理工大学 | 315 | 59.05 | 江西省 |
| 142 | 浙江财经大学 | 230 | 58.99 | 浙江省 |
| 143 | 内蒙古工业大学 | 216 | 58.98 | 内蒙古自治区 |
| 144 | 南京林业大学 | 471 | 58.97 | 江苏省 |
| 145 | 上海电力大学 | 169 | 58.95 | 上海市 |
| 146 | 大连大学 | 238 | 58.92 | 辽宁省 |
| 147 | 塔里木大学 | 189 | 58.82 | 新疆维吾尔自治区 |
| 148 | 东北农业大学 | 234 | 58.73 | 黑龙江省 |
| 149 | 南阳理工学院 | 395 | 58.69 | 河南省 |
| 150 | 长沙学院 | 412 | 58.65 | 湖南省 |
| 151 | 山西大学 | 251 | 58.53 | 山西省 |
| 152 | 重庆师范大学 | 206 | 58.51 | 重庆市 |
| 153 | 宁夏大学 | 269 | 58.36 | 宁夏回族自治区 |
| 154 | 江苏理工学院 | 214 | 58.33 | 江苏省 |
| 155 | 湖南理工学院 | 231 | 58.22 | 湖南省 |

续表

| 排名 | 学校名称 | 奖项数 | 总分 | 省份 |
|------|---------|--------|------|------|
| 156 | 中南林业科技大学 | 279 | 58.06 | 湖南省 |
| 157 | 集美大学诚毅学院 | 135 | 58.01 | 福建省 |
| 158 | 湖南科技大学 | 303 | 57.94 | 湖南省 |
| 159 | 西安科技大学 | 252 | 57.76 | 陕西省 |
| 160 | 湖南工业大学 | 320 | 57.7 | 湖南省 |
| 161 | 湖北汽车工业学院 | 179 | 57.6 | 湖北省 |
| 161 | 天津科技大学 | 213 | 57.6 | 天津市 |
| 163 | 东北财经大学 | 108 | 57.51 | 辽宁省 |
| 164 | 西华大学 | 347 | 57.47 | 四川省 |
| 165 | 辽宁科技大学 | 248 | 57.43 | 辽宁省 |
| 166 | 洛阳理工学院 | 191 | 57.36 | 河南省 |
| 167 | 吉首大学 | 369 | 57.33 | 湖南省 |
| 168 | 江西科技师范大学 | 179 | 57.23 | 江西省 |
| 169 | 佛山科学技术学院 | 216 | 56.96 | 广东省 |
| 170 | 青海大学 | 173 | 56.83 | 青海省 |
| 171 | 江苏师范大学 | 156 | 56.79 | 江苏省 |
| 172 | 贵州师范大学 | 205 | 56.73 | 贵州省 |
| 173 | 北京工商大学 | 253 | 56.5 | 北京市 |
| 174 | 上海第二工业大学 | 201 | 56.27 | 上海市 |
| 175 | 惠州学院 | 300 | 56.11 | 广东省 |
| 176 | 曲阜师范大学 | 292 | 56.05 | 山东省 |
| 177 | 安徽农业大学 | 224 | 56 | 安徽省 |
| 178 | 沈阳建筑大学 | 207 | 55.94 | 辽宁省 |
| 179 | 皖西学院 | 144 | 55.87 | 安徽省 |
| 180 | 湖南农业大学 | 168 | 55.66 | 湖南省 |
| 181 | 四川轻化工大学 | 234 | 55.58 | 四川省 |
| 182 | 西北师范大学 | 191 | 55.33 | 甘肃省 |
| 183 | 浙江传媒学院 | 204 | 55.18 | 浙江省 |
| 184 | 滁州学院 | 257 | 55.17 | 安徽省 |
| 185 | 广西科技大学 | 164 | 54.98 | 广西壮族自治区 |
| 186 | 东北石油大学 | 159 | 54.93 | 黑龙江省 |
| 187 | 石家庄铁道大学 | 326 | 54.87 | 河北省 |
| 188 | 上海师范大学 | 254 | 54.83 | 上海市 |
| 189 | 衢州学院 | 144 | 54.82 | 浙江省 |

续表

| 排名 | 学校名称 | 奖项数 | 总分 | 省份 |
|---|---|---|---|---|
| 190 | 湖北大学 | 184 | 54.78 | 湖北省 |
| 190 | 嘉兴学院 | 247 | 54.78 | 浙江省 |
| 192 | 四川农业大学 | 256 | 54.77 | 四川省 |
| 193 | 河南工程学院 | 235 | 54.72 | 河南省 |
| 194 | 山东建筑大学 | 227 | 54.67 | 山东省 |
| 195 | 重庆文理学院 | 277 | 54.66 | 重庆市 |
| 196 | 成都工业学院 | 209 | 54.64 | 四川省 |
| 197 | 天津理工大学 | 255 | 54.6 | 天津市 |
| 198 | 内蒙古大学 | 150 | 54.59 | 内蒙古自治区 |
| 199 | 湖北经济学院 | 336 | 54.5 | 湖北省 |
| 200 | 广东财经大学 | 184 | 54.49 | 广东省 |
| 201 | 天津中德应用技术大学 | 97 | 54.44 | 天津市 |
| 202 | 黑龙江科技大学 | 121 | 54.41 | 黑龙江省 |
| 203 | 安徽师范大学 | 246 | 54.38 | 安徽省 |
| 204 | 五邑大学 | 151 | 54.19 | 广东省 |
| 205 | 河南财经政法大学 | 180 | 54.07 | 河南省 |
| 206 | 安阳工学院 | 240 | 54.03 | 河南省 |
| 207 | 河北工程大学 | 158 | 53.98 | 河北省 |
| 208 | 浙大城市学院 | 270 | 53.82 | 浙江省 |
| 209 | 杭州电子科技大学信息工程学院 | 111 | 53.8 | 浙江省 |
| 210 | 南阳师范学院 | 405 | 53.73 | 河南省 |
| 211 | 浙江中医药大学 | 170 | 53.61 | 浙江省 |
| 212 | 云南师范大学 | 99 | 53.56 | 云南省 |
| 213 | 河北经贸大学 | 141 | 53.47 | 河北省 |
| 214 | 北京信息科技大学 | 265 | 53.46 | 北京市 |
| 215 | 陕西理工大学 | 226 | 53.39 | 陕西省 |
| 216 | 贵州理工学院 | 90 | 53.31 | 贵州省 |
| 217 | 绍兴文理学院 | 153 | 53.27 | 浙江省 |
| 218 | 滨州学院 | 311 | 53.21 | 山东省 |
| 219 | 台州学院 | 272 | 53.16 | 浙江省 |
| 220 | 内蒙古农业大学 | 169 | 53.14 | 内蒙古自治区 |

续表

| 排名 | 学校名称 | 奖项数 | 总分 | 省份 |
|---|---|---|---|---|
| 221 | 湖南工程学院 | 141 | 53.1 | 湖南省 |
| 222 | 大连交通大学 | 204 | 53.08 | 辽宁省 |
| 223 | 广东海洋大学 | 232 | 53.02 | 广东省 |
| 224 | 西安工程大学 | 307 | 52.97 | 陕西省 |
| 225 | 汕头大学 | 103 | 52.92 | 广东省 |
| 226 | 大连工业大学 | 174 | 52.82 | 辽宁省 |
| 227 | 徐州工程学院 | 242 | 52.79 | 江苏省 |
| 228 | 山东交通学院 | 180 | 52.75 | 山东省 |
| 229 | 河南农业大学 | 274 | 52.69 | 河南省 |
| 230 | 乐山师范学院 | 281 | 52.59 | 四川省 |
| 231 | 广西财经学院 | 109 | 52.57 | 广西壮族自治区 |
| 232 | 辽宁石油化工大学 | 235 | 52.56 | 辽宁省 |
| 233 | 浙江师范大学行知学院 | 72 | 52.47 | 浙江省 |
| 233 | 华北水利水电大学 | 278 | 52.47 | 河南省 |
| 235 | 浙江万里学院 | 213 | 52.43 | 浙江省 |
| 236 | 贵州师范学院 | 201 | 52.41 | 贵州省 |
| 237 | 黑龙江大学 | 228 | 52.33 | 黑龙江省 |
| 238 | 天津财经大学 | 88 | 52.3 | 天津市 |
| 239 | 沈阳工学院 | 233 | 52.02 | 辽宁省 |
| 240 | 湖南文理学院 | 178 | 52 | 湖南省 |
| 241 | 海南师范大学 | 158 | 51.98 | 海南省 |
| 242 | 西安工业大学 | 241 | 51.94 | 陕西省 |
| 243 | 淮阴工学院 | 222 | 51.93 | 江苏省 |
| 244 | 南昌工程学院 | 128 | 51.72 | 江西省 |
| 245 | 巢湖学院 | 101 | 51.63 | 安徽省 |
| 246 | 天津师范大学 | 143 | 51.5 | 天津市 |
| 246 | 青岛农业大学 | 186 | 51.5 | 山东省 |
| 248 | 北京石油化工学院 | 167 | 51.47 | 北京市 |
| 249 | 聊城大学 | 204 | 51.37 | 山东省 |
| 250 | 德州学院 | 216 | 51.34 | 山东省 |
| 251 | 安徽建筑大学 | 182 | 51.32 | 安徽省 |
| 252 | 韶关学院 | 197 | 51.28 | 广东省 |
| 253 | 闽江学院 | 191 | 51.04 | 福建省 |

续表

| 排名 | 学校名称 | 奖项数 | 总分 | 省份 |
|---|---|---|---|---|
| 254 | 电子科技大学中山学院 | 179 | 51.03 | 广东省 |
| 255 | 天津商业大学 | 95 | 51 | 天津市 |
| 256 | 三江学院 | 131 | 50.91 | 江苏省 |
| 256 | 黄山学院 | 151 | 50.91 | 安徽省 |
| 258 | 山西财经大学 | 76 | 50.89 | 山西省 |
| 259 | 青岛黄海学院 | 238 | 50.86 | 山东省 |
| 260 | 甘肃农业大学 | 78 | 50.82 | 甘肃省 |
| 261 | 浙大宁波理工学院 | 222 | 50.79 | 浙江省 |
| 262 | 大连东软信息学院 | 366 | 50.78 | 辽宁省 |
| 263 | 南方科技大学 | 119 | 50.77 | 广东省 |
| 264 | 辽宁大学 | 138 | 50.76 | 辽宁省 |
| 265 | 三明学院 | 160 | 50.72 | 福建省 |
| 265 | 郑州航空工业管理学院 | 203 | 50.72 | 河南省 |
| 267 | 苏州科技大学 | 243 | 50.71 | 江苏省 |
| 268 | 宜春学院 | 203 | 50.68 | 江西省 |
| 269 | 南京中医药大学 | 75 | 50.64 | 江苏省 |
| 270 | 北华航天工业学院 | 99 | 50.32 | 河北省 |
| 271 | 成都理工大学工程技术学院 | 117 | 50.31 | 四川省 |
| 272 | 西京学院 | 183 | 50.27 | 陕西省 |
| 273 | 河南师范大学 | 146 | 50.21 | 河南省 |
| 274 | 内江师范学院 | 130 | 50.19 | 四川省 |
| 275 | 广州软件学院 | 204 | 50.06 | 广东省 |
| 276 | 燕山大学里仁学院 | 100 | 50.04 | 河北省 |
| 277 | 北京建筑大学 | 133 | 49.98 | 北京市 |
| 278 | 武汉纺织大学 | 244 | 49.87 | 湖北省 |
| 279 | 辽宁师范大学 | 236 | 49.79 | 辽宁省 |
| 280 | 北京理工大学珠海学院 | 188 | 49.75 | 广东省 |
| 281 | 成都大学 | 277 | 49.72 | 四川省 |
| 282 | 淮南师范学院 | 123 | 49.71 | 安徽省 |
| 283 | 广州城市理工学院 | 107 | 49.68 | 广东省 |
| 284 | 景德镇陶瓷大学 | 136 | 49.61 | 江西省 |

续表

| 排名 | 学校名称 | 奖项数 | 总分 | 省份 |
|---|---|---|---|---|
| 285 | 中国医科大学 | 61 | 49.57 | 辽宁省 |
| 286 | 河北师范大学 | 224 | 49.56 | 河北省 |
| 287 | 鲁迅美术学院 | 266 | 49.55 | 辽宁省 |
| 288 | 安庆师范大学 | 114 | 49.49 | 安徽省 |
| 289 | 北部湾大学 | 108 | 49.48 | 广西壮族自治区 |
| 290 | 南方医科大学 | 55 | 49.43 | 广东省 |
| 291 | 湖北工程学院 | 132 | 49.42 | 湖北省 |
| 292 | 江西科技学院 | 103 | 49.34 | 江西省 |
| 293 | 赣南科技学院 | 141 | 49.33 | 江西省 |
| 294 | 沈阳农业大学 | 105 | 49.32 | 辽宁省 |
| 295 | 福建江夏学院 | 135 | 49.25 | 福建省 |
| 296 | 闽南师范大学 | 184 | 49.24 | 福建省 |
| 297 | 吉林建筑大学 | 209 | 49.08 | 吉林省 |
| 298 | 井冈山大学 | 176 | 49 | 江西省 |
| 299 | 上海应用技术大学 | 101 | 48.89 | 上海市 |
| 300 | 广东外语外贸大学 | 175 | 48.85 | 广东省 |
| 301 | 长江大学 | 120 | 48.82 | 湖北省 |
| 302 | 西安石油大学 | 118 | 48.72 | 陕西省 |
| 303 | 渤海大学 | 116 | 48.69 | 辽宁省 |
| 304 | 金陵科技学院 | 249 | 48.68 | 江苏省 |
| 305 | 西安文理学院 | 139 | 48.57 | 陕西省 |
| 306 | 福州外语外贸学院 | 144 | 48.51 | 福建省 |
| 307 | 北京印刷学院 | 202 | 48.46 | 北京市 |
| 308 | 浙江外国语学院 | 33 | 48.45 | 浙江省 |
| 309 | 湖州师范学院 | 173 | 48.44 | 浙江省 |
| 310 | 云南工商学院 | 126 | 48.43 | 云南省 |
| 311 | 安徽新华学院 | 113 | 48.41 | 安徽省 |
| 312 | 南宁学院 | 159 | 48.38 | 广西壮族自治区 |
| 313 | 吉林农业大学 | 115 | 48.29 | 吉林省 |
| 314 | 云南大学滇池学院 | 109 | 48.27 | 云南省 |
| 315 | 广东石油化工学院 | 102 | 48.21 | 广东省 |
| 316 | 长春工程学院 | 174 | 48.13 | 吉林省 |
| 316 | 泉州师范学院 | 180 | 48.13 | 福建省 |

续表

| 排名 | 学校名称 | 奖项数 | 总分 | 省份 |
|---|---|---|---|---|
| 318 | 武汉轻工大学 | 137 | 48.12 | 湖北省 |
| 319 | 四川外国语大学 | 54 | 48.11 | 重庆市 |
| 320 | 南宁师范大学 | 137 | 48.1 | 广西壮族自治区 |
| 321 | 内蒙古师范大学 | 224 | 48.07 | 内蒙古自治区 |
| 322 | 上海海洋大学 | 181 | 48.05 | 上海市 |
| 323 | 广西民族大学 | 238 | 48.04 | 广西壮族自治区 |
| 324 | 贺州学院 | 234 | 47.95 | 广西壮族自治区 |
| 325 | 怀化学院 | 224 | 47.84 | 湖南省 |
| 326 | 湖北理工学院 | 175 | 47.81 | 湖北省 |
| 327 | 沈阳师范大学 | 298 | 47.78 | 辽宁省 |
| 328 | 长春大学 | 101 | 47.77 | 吉林省 |
| 328 | 沈阳化工大学 | 163 | 47.77 | 辽宁省 |
| 330 | 延边大学 | 115 | 47.75 | 吉林省 |
| 331 | 淮阴师范学院 | 122 | 47.73 | 江苏省 |
| 332 | 哈尔滨医科大学 | 48 | 47.68 | 黑龙江省 |
| 333 | 西藏大学 | 65 | 47.57 | 西藏自治区 |
| 333 | 西安欧亚学院 | 106 | 47.57 | 陕西省 |
| 335 | 湖南工商大学 | 92 | 47.49 | 湖南省 |
| 336 | 南京医科大学 | 83 | 47.3 | 江苏省 |
| 337 | 黑龙江工程学院 | 74 | 47.29 | 黑龙江省 |
| 338 | 铜陵学院 | 219 | 47.2 | 安徽省 |
| 339 | 黑龙江八一农垦大学 | 110 | 47.1 | 黑龙江省 |
| 340 | 莆田学院 | 116 | 47.09 | 福建省 |
| 341 | 青海民族大学 | 67 | 47.04 | 青海省 |
| 342 | 盐城师范学院 | 122 | 47.03 | 江苏省 |
| 343 | 湖南中医药大学 | 100 | 46.9 | 湖南省 |
| 344 | 浙江海洋大学 | 63 | 46.76 | 浙江省 |
| 344 | 天津仁爱学院 | 149 | 46.76 | 天津市 |
| 344 | 珠海科技学院 | 166 | 46.76 | 广东省 |

续表

| 排名 | 学校名称 | 奖项数 | 总分 | 省份 |
|---|---|---|---|---|
| 347 | 广东东软学院 | 187 | 46.75 | 广东省 |
| 348 | 安徽医科大学 | 69 | 46.74 | 安徽省 |
| 349 | 九江学院 | 118 | 46.73 | 江西省 |
| 350 | 上海电机学院 | 85 | 46.66 | 上海市 |
| 351 | 武汉商学院 | 167 | 46.63 | 湖北省 |
| 352 | 合肥师范学院 | 107 | 46.62 | 安徽省 |
| 353 | 河北民族师范学院 | 90 | 46.59 | 河北省 |
| 354 | 常州工学院 | 169 | 46.57 | 江苏省 |
| 355 | 江苏海洋大学 | 174 | 46.52 | 江苏省 |
| 356 | 湖北民族大学 | 147 | 46.36 | 湖北省 |
| 357 | 山东石油化工学院 | 84 | 46.35 | 山东省 |
| 358 | 黄河科技学院 | 238 | 46.31 | 河南省 |
| 359 | 梧州学院 | 162 | 46.26 | 广西壮族自治区 |
| 359 | 仲恺农业工程学院 | 202 | 46.26 | 广东省 |
| 361 | 安阳师范学院 | 124 | 46.17 | 河南省 |
| 362 | 宁波大学科学技术学院 | 66 | 46.12 | 浙江省 |
| 363 | 重庆工程学院 | 274 | 45.97 | 重庆市 |
| 364 | 山西医科大学 | 52 | 45.96 | 山西省 |
| 365 | 武夷学院 | 63 | 45.86 | 福建省 |
| 366 | 广西艺术学院 | 419 | 45.82 | 广西壮族自治区 |
| 367 | 吉林化工学院 | 68 | 45.8 | 吉林省 |
| 368 | 池州学院 | 168 | 45.79 | 安徽省 |
| 369 | 武汉华夏理工学院 | 134 | 45.76 | 湖北省 |
| 370 | 武汉工商学院 | 96 | 45.67 | 湖北省 |
| 371 | 江西中医药大学 | 66 | 45.66 | 江西省 |
| 372 | 湖南人文科技学院 | 102 | 45.64 | 湖南省 |
| 373 | 西安财经大学 | 92 | 45.58 | 陕西省 |
| 374 | 运城学院 | 148 | 45.57 | 山西省 |
| 375 | 贵州民族大学 | 120 | 45.56 | 贵州省 |
| 376 | 西南林业大学 | 93 | 45.47 | 云南省 |
| 376 | 桂林航天工业学院 | 164 | 45.47 | 广西壮族自治区 |

续表

| 排名 | 学校名称 | 奖项数 | 总分 | 省份 |
|---|---|---|---|---|
| 378 | 云南民族大学 | 96 | 45.44 | 云南省 |
| 379 | 齐齐哈尔大学 | 81 | 45.41 | 黑龙江省 |
| 380 | 南京财经大学 | 84 | 45.4 | 江苏省 |
| 381 | 兰州财经大学 | 78 | 45.39 | 甘肃省 |
| 382 | 黄冈师范学院 | 232 | 45.36 | 湖北省 |
| 383 | 新疆农业大学 | 95 | 45.24 | 新疆维吾尔自治区 |
| 384 | 佳木斯大学 | 103 | 45.2 | 黑龙江省 |
| 385 | 成都东软学院 | 156 | 45.18 | 四川省 |
| 386 | 新疆财经大学 | 80 | 45.15 | 新疆维吾尔自治区 |
| 386 | 玉林师范学院 | 122 | 45.15 | 广西壮族自治区 |
| 388 | 青海师范大学 | 99 | 45.02 | 青海省 |
| 389 | 首都经济贸易大学 | 105 | 45.01 | 北京市 |
| 390 | 石家庄学院 | 62 | 45 | 河北省 |
| 391 | 重庆城市科技学院 | 168 | 44.99 | 重庆市 |
| 392 | 哈尔滨商业大学 | 102 | 44.91 | 黑龙江省 |
| 393 | 西华师范大学 | 163 | 44.85 | 四川省 |
| 394 | 潍坊科技学院 | 70 | 44.84 | 山东省 |
| 395 | 山东工商学院 | 143 | 44.71 | 山东省 |
| 396 | 河南城建学院 | 148 | 44.68 | 河南省 |
| 397 | 山东中医药大学 | 46 | 44.66 | 山东省 |
| 398 | 海口经济学院 | 74 | 44.65 | 海南省 |
| 399 | 龙岩学院 | 100 | 44.63 | 福建省 |
| 400 | 沈阳理工大学 | 134 | 44.62 | 辽宁省 |
| 401 | 绍兴文理学院元培学院 | 83 | 44.52 | 浙江省 |
| 402 | 许昌学院 | 99 | 44.47 | 河南省 |
| 403 | 山东农业大学 | 105 | 44.42 | 山东省 |
| 404 | 宁波财经学院 | 141 | 44.38 | 浙江省 |
| 405 | 文华学院 | 92 | 44.33 | 湖北省 |
| 405 | 吕梁学院 | 111 | 44.33 | 山西省 |
| 405 | 吉林师范大学 | 173 | 44.33 | 吉林省 |

续表

| 排名 | 学校名称 | 奖项数 | 总分 | 省份 |
|---|---|---|---|---|
| 408 | 西藏农牧学院 | 50 | 44.32 | 西藏自治区 |
| 409 | 宿州学院 | 59 | 44.3 | 安徽省 |
| 409 | 丽水学院 | 72 | 44.3 | 浙江省 |
| 411 | 重庆移通学院 | 215 | 44.27 | 重庆市 |
| 412 | 唐山师范学院 | 32 | 44.25 | 河北省 |
| 413 | 烟台南山学院 | 118 | 44.2 | 山东省 |
| 414 | 攀枝花学院 | 149 | 44.15 | 四川省 |
| 415 | 重庆三峡学院 | 145 | 44.06 | 重庆市 |
| 416 | 河北地质大学 | 69 | 43.84 | 河北省 |
| 416 | 新疆师范大学 | 118 | 43.84 | 新疆维吾尔自治区 |
| 418 | 云南农业大学 | 53 | 43.68 | 云南省 |
| 419 | 三峡大学科技学院 | 147 | 43.64 | 湖北省 |
| 420 | 赣南师范大学 | 117 | 43.41 | 江西省 |
| 421 | 吉林医药学院 | 46 | 43.39 | 吉林省 |
| 421 | 安徽三联学院 | 67 | 43.39 | 安徽省 |
| 423 | 上海建桥学院 | 87 | 43.38 | 上海市 |
| 424 | 西安航空学院 | 123 | 43.3 | 陕西省 |
| 425 | 新乡学院 | 84 | 43.27 | 河南省 |
| 426 | 福州大学至诚学院 | 66 | 43.25 | 福建省 |
| 427 | 闽南理工学院 | 234 | 43.24 | 福建省 |
| 428 | 吉林工程技术师范学院 | 73 | 43.21 | 吉林省 |
| 429 | 淮北师范大学 | 97 | 43.13 | 安徽省 |
| 430 | 西藏民族大学 | 65 | 43.07 | 西藏自治区 |
| 430 | 邵阳学院 | 91 | 43.07 | 湖南省 |
| 432 | 西安外国语大学 | 50 | 43 | 陕西省 |
| 433 | 唐山学院 | 73 | 42.96 | 河北省 |
| 434 | 广西医科大学 | 26 | 42.94 | 广西壮族自治区 |
| 435 | 湖南科技学院 | 106 | 42.87 | 湖南省 |
| 436 | 天津农学院 | 75 | 42.8 | 天津市 |
| 437 | 吉林动画学院 | 97 | 42.78 | 吉林省 |

续表

| 排名 | 学校名称 | 奖项数 | 总分 | 省份 |
|---|---|---|---|---|
| 438 | 安徽中医药大学 | 49 | 42.77 | 安徽省 |
| 438 | 百色学院 | 145 | 42.77 | 广西壮族自治区 |
| 440 | 哈尔滨师范大学 | 137 | 42.74 | 黑龙江省 |
| 441 | 上海商学院 | 74 | 42.72 | 上海市 |
| 442 | 中国计量大学现代科技学院 | 57 | 42.69 | 浙江省 |
| 443 | 南京理工大学紫金学院 | 133 | 42.66 | 江苏省 |
| 444 | 中国矿业大学徐海学院 | 75 | 42.63 | 江苏省 |
| 445 | 首都师范大学 | 86 | 42.6 | 北京市 |
| 446 | 汉口学院 | 124 | 42.57 | 湖北省 |
| 447 | 吉林财经大学 | 46 | 42.53 | 吉林省 |
| 448 | 内蒙古民族大学 | 79 | 42.48 | 内蒙古自治区 |
| 448 | 郑州西亚斯学院 | 92 | 42.48 | 河南省 |
| 450 | 新疆工程学院 | 81 | 42.45 | 新疆维吾尔自治区 |
| 450 | 辽宁科技学院 | 129 | 42.45 | 辽宁省 |
| 452 | 南昌工学院 | 50 | 42.31 | 江西省 |
| 452 | 南昌理工学院 | 128 | 42.31 | 江西省 |
| 454 | 贵阳学院 | 27 | 42.28 | 贵州省 |
| 455 | 电子科技大学成都学院 | 94 | 42.27 | 四川省 |
| 456 | 黄淮学院 | 116 | 42.24 | 河南省 |
| 457 | 福建医科大学 | 21 | 42.22 | 福建省 |
| 458 | 湖北汽车工业学院科技学院 | 58 | 42.19 | 湖北省 |
| 458 | 岭南师范学院 | 122 | 42.19 | 广东省 |
| 460 | 枣庄学院 | 74 | 42.1 | 山东省 |
| 461 | 宁夏医科大学 | 38 | 42.09 | 宁夏回族自治区 |
| 462 | 渭南师范学院 | 70 | 42.03 | 陕西省 |

续表

| 排名 | 学校名称 | 奖项数 | 总分 | 省份 |
|---|---|---|---|---|
| 463 | 浙江树人学院 | 39 | 42.02 | 浙江省 |
| 464 | 广州南方学院 | 61 | 41.93 | 广东省 |
| 465 | 河南工学院 | 51 | 41.91 | 河南省 |
| 466 | 长春中医药大学 | 47 | 41.85 | 吉林省 |
| 467 | 南通理工学院 | 160 | 41.82 | 江苏省 |
| 468 | 福建师范大学协和学院 | 114 | 41.8 | 福建省 |
| 469 | 内蒙古财经大学 | 57 | 41.7 | 内蒙古自治区 |
| 469 | 武汉东湖学院 | 154 | 41.7 | 湖北省 |
| 471 | 吉林农业科技学院 | 79 | 41.63 | 吉林省 |
| 472 | 湖南工学院 | 106 | 41.56 | 湖南省 |
| 473 | 海南热带海洋学院 | 79 | 41.54 | 海南省 |
| 474 | 昆明学院 | 67 | 41.51 | 云南省 |
| 475 | 云南经济管理学院 | 50 | 41.48 | 云南省 |
| 476 | 浙江工业大学之江学院 | 90 | 41.47 | 浙江省 |
| 477 | 大连医科大学 | 18 | 41.43 | 辽宁省 |
| 478 | 山西农业大学 | 73 | 41.4 | 山西省 |
| 479 | 郑州经贸学院 | 153 | 41.39 | 河南省 |
| 480 | 海南医学院 | 26 | 41.34 | 海南省 |
| 481 | 四川旅游学院 | 87 | 41.33 | 四川省 |
| 482 | 商丘师范学院 | 58 | 41.27 | 河南省 |
| 483 | 郑州工业应用技术学院 | 144 | 41.2 | 河南省 |
| 484 | 陇东学院 | 88 | 41.19 | 甘肃省 |
| 485 | 云南财经大学 | 95 | 41.18 | 云南省 |
| 486 | 湖北师范大学 | 153 | 41.17 | 湖北省 |
| 487 | 桂林信息科技学院 | 198 | 41.15 | 广西壮族自治区 |
| 488 | 长春师范大学 | 100 | 41.01 | 吉林省 |
| 489 | 山西大同大学 | 146 | 40.95 | 山西省 |
| 490 | 湖北工业大学工程技术学院 | 111 | 40.91 | 湖北省 |

续表

| 排名 | 学校名称 | 奖项数 | 总分 | 省份 |
|---|---|---|---|---|
| 491 | 四川大学锦江学院 | 76 | 40.89 | 四川省 |
| 492 | 江苏科技大学苏州理工学院 | 47 | 40.74 | 江苏省 |
| 493 | 肇庆学院 | 115 | 40.66 | 广东省 |
| 494 | 延安大学 | 64 | 40.59 | 陕西省 |
| 495 | 长沙理工大学城南学院 | 12 | 40.58 | 湖南省 |
| 495 | 江西工程学院 | 43 | 40.58 | 江西省 |
| 497 | 成都师范学院 | 71 | 40.55 | 四川省 |
| 497 | 宝鸡文理学院 | 94 | 40.55 | 陕西省 |
| 499 | 长春财经学院 | 26 | 40.49 | 吉林省 |
| 500 | 长春科技学院 | 38 | 40.48 | 吉林省 |
| 501 | 云南艺术学院 | 127 | 40.46 | 云南省 |
| 502 | 西安翻译学院 | 48 | 40.45 | 陕西省 |
| 503 | 湖北第二师范学院 | 117 | 40.4 | 湖北省 |
| 504 | 贵州财经大学 | 62 | 40.38 | 贵州省 |
| 505 | 东南大学成贤学院 | 70 | 40.36 | 江苏省 |
| 505 | 桂林学院 | 159 | 40.36 | 广西壮族自治区 |
| 507 | 吉林艺术学院 | 117 | 40.33 | 吉林省 |
| 508 | 宁德师范学院 | 32 | 40.3 | 福建省 |
| 509 | 天津医科大学 | 18 | 40.29 | 天津市 |
| 510 | 沈阳大学 | 120 | 40.2 | 辽宁省 |
| 511 | 西安培华学院 | 90 | 40.18 | 陕西省 |
| 512 | 西南政法大学 | 22 | 40.08 | 重庆市 |
| 513 | 三亚学院 | 60 | 40.04 | 海南省 |
| 514 | 广州医科大学 | 31 | 39.78 | 广东省 |
| 515 | 辽宁对外经贸学院 | 101 | 39.74 | 辽宁省 |
| 516 | 新乡医学院 | 28 | 39.68 | 河南省 |
| 517 | 滨州医学院 | 28 | 39.6 | 山东省 |
| 518 | 成都医学院 | 40 | 39.58 | 四川省 |
| 519 | 黔南民族师范学院 | 70 | 39.55 | 贵州省 |
| 520 | 成都锦城学院 | 139 | 39.5 | 四川省 |
| 521 | 上海科技大学 | 51 | 39.45 | 上海市 |
| 522 | 河西学院 | 60 | 39.4 | 甘肃省 |

续表

| 排名 | 学校名称 | 奖项数 | 总分 | 省份 |
|---|---|---|---|---|
| 522 | 蚌埠学院 | 75 | 39.4 | 安徽省 |
| 524 | 南京航空航天大学金城学院 | 94 | 39.39 | 江苏省 |
| 524 | 四川美术学院 | 111 | 39.39 | 重庆市 |
| 526 | 蚌埠医学院 | 36 | 39.23 | 安徽省 |
| 527 | 河南科技学院 | 157 | 39.18 | 河南省 |
| 528 | 河北金融学院 | 42 | 39.15 | 河北省 |
| 529 | 南京审计大学 | 59 | 39.14 | 江苏省 |
| 530 | 大理大学 | 32 | 39.13 | 云南省 |
| 531 | 山西师范大学 | 62 | 39.1 | 山西省 |
| 531 | 阳光学院 | 71 | 39.1 | 福建省 |
| 533 | 潍坊学院 | 90 | 39.03 | 山东省 |
| 534 | 南昌交通学院 | 66 | 38.99 | 江西省 |
| 535 | 河池学院 | 59 | 38.94 | 广西壮族自治区 |
| 536 | 香港中文大学（深圳） | 34 | 38.87 | 广东省 |
| 537 | 周口师范学院 | 59 | 38.83 | 河南省 |
| 538 | 深圳技术大学 | 85 | 38.82 | 广东省 |
| 539 | 河北农业大学现代科技学院 | 32 | 38.81 | 河北省 |
| 540 | 安徽科技学院 | 37 | 38.75 | 安徽省 |
| 541 | 山东女子学院 | 59 | 38.74 | 山东省 |
| 542 | 首都医科大学 | 10 | 38.73 | 北京市 |
| 542 | 上海对外经贸大学 | 47 | 38.73 | 上海市 |
| 544 | 山东协和学院 | 64 | 38.71 | 山东省 |
| 544 | 北京师范大学珠海分校 | 127 | 38.71 | 广东省 |
| 546 | 山东第一医科大学 | 19 | 38.61 | 山东省 |
| 546 | 河南牧业经济学院 | 78 | 38.61 | 河南省 |
| 548 | 湖南城市学院 | 76 | 38.56 | 湖南省 |
| 548 | 宜宾学院 | 82 | 38.56 | 四川省 |
| 550 | 南京艺术学院 | 112 | 38.53 | 江苏省 |
| 551 | 新疆医科大学 | 22 | 38.45 | 新疆维吾尔自治区 |

续表

| 排名 | 学校名称 | 奖项数 | 总分 | 省份 |
|---|---|---|---|---|
| 552 | 天津中医药大学 | 26 | 38.44 | 天津市 |
| 553 | 柳州工学院 | 58 | 38.41 | 广西壮族自治区 |
| 554 | 河北医科大学 | 22 | 38.32 | 河北省 |
| 555 | 大连海洋大学 | 84 | 38.31 | 辽宁省 |
| 556 | 宁夏大学新华学院 | 42 | 38.27 | 宁夏回族自治区 |
| 557 | 洛阳师范学院 | 91 | 38.26 | 河南省 |
| 558 | 泰山学院 | 41 | 38.23 | 山东省 |
| 559 | 中国美术学院 | 87 | 38.22 | 浙江省 |
| 560 | 韩山师范学院 | 85 | 38.14 | 广东省 |
| 561 | 山东英才学院 | 32 | 38.04 | 山东省 |
| 562 | 新余学院 | 88 | 37.99 | 江西省 |
| 563 | 上海体育学院 | 22 | 37.97 | 上海市 |
| 564 | 西北政法大学 | 16 | 37.95 | 陕西省 |
| 565 | 山西传媒学院 | 75 | 37.94 | 山西省 |
| 566 | 西交利物浦大学 | 30 | 37.88 | 江苏省 |
| 567 | 武汉晴川学院 | 53 | 37.87 | 湖北省 |
| 568 | 郑州工程技术学院 | 222 | 37.75 | 河南省 |
| 569 | 榆林学院 | 33 | 37.71 | 陕西省 |
| 570 | 湖南涉外经济学院 | 30 | 37.7 | 湖南省 |
| 571 | 四川工商学院 | 56 | 37.68 | 四川省 |
| 572 | 上海健康医学院 | 20 | 37.65 | 上海市 |
| 573 | 内蒙古医科大学 | 26 | 37.64 | 内蒙古自治区 |
| 574 | 萍乡学院 | 83 | 37.61 | 江西省 |
| 575 | 广东药科大学 | 55 | 37.57 | 广东省 |
| 575 | 南京晓庄学院 | 126 | 37.57 | 江苏省 |
| 577 | 徐州医科大学 | 28 | 37.56 | 江苏省 |
| 578 | 信阳师范学院 | 50 | 37.55 | 河南省 |
| 579 | 温州理工学院 | 67 | 37.54 | 浙江省 |
| 580 | 山西科技学院 | 23 | 37.53 | 山西省 |
| 581 | 平顶山学院 | 91 | 37.52 | 河南省 |
| 582 | 太原学院 | 30 | 37.48 | 山西省 |
| 583 | 哈尔滨学院 | 110 | 37.45 | 黑龙江省 |

续表

| 排名 | 学校名称 | 奖项数 | 总分 | 省份 |
|---|---|---|---|---|
| 584 | 兰州工业学院 | 73 | 37.43 | 甘肃省 |
| 585 | 吉林外国语大学 | 33 | 37.42 | 吉林省 |
| 585 | 马鞍山学院 | 40 | 37.42 | 安徽省 |
| 585 | 曲靖师范学院 | 95 | 37.42 | 云南省 |
| 588 | 成都中医药大学 | 52 | 37.34 | 四川省 |
| 589 | 烟台理工学院 | 30 | 37.3 | 山东省 |
| 589 | 湖南第一师范学院 | 38 | 37.3 | 湖南省 |
| 591 | 丽江文化旅游学院 | 58 | 37.29 | 云南省 |
| 592 | 中原科技学院 | 86 | 37.26 | 河南省 |
| 593 | 广东科技学院 | 102 | 37.23 | 广东省 |
| 594 | 天津城建大学 | 45 | 37.2 | 天津市 |
| 595 | 衡水学院 | 65 | 37.13 | 河北省 |
| 596 | 东莞城市学院 | 62 | 37.09 | 广东省 |
| 597 | 北京城市学院 | 129 | 37.07 | 北京市 |
| 598 | 南昌师范学院 | 53 | 36.99 | 江西省 |
| 599 | 辽宁中医药大学 | 21 | 36.98 | 辽宁省 |
| 600 | 杭州师范大学钱江学院 | 30 | 36.96 | 浙江省 |
| 600 | 青岛城市学院 | 63 | 36.96 | 山东省 |
| 602 | 上海中医药大学 | 15 | 36.95 | 上海市 |
| 603 | 广东白云学院 | 117 | 36.91 | 广东省 |
| 604 | 河北科技师范学院 | 66 | 36.9 | 河北省 |
| 605 | 浙江工商大学杭州商学院 | 90 | 36.89 | 浙江省 |
| 606 | 大庆师范学院 | 58 | 36.88 | 黑龙江省 |
| 607 | 华东政法大学 | 24 | 36.8 | 上海市 |
| 607 | 邯郸学院 | 64 | 36.8 | 河北省 |
| 609 | 沈阳体育学院 | 62 | 36.75 | 辽宁省 |
| 610 | 北京师范大学—香港浸会大学联合国际学院 | 20 | 36.73 | 广东省 |
| 611 | 银川科技学院 | 33 | 36.67 | 宁夏回族自治区 |
| 612 | 晋中信息学院 | 54 | 36.65 | 山西省 |
| 613 | 兰州城市学院 | 68 | 36.48 | 甘肃省 |

续表

| 排名 | 学校名称 | 奖项数 | 总分 | 省份 |
|------|----------|--------|------|------|
| 614 | 山西工学院 | 41 | 36.44 | 山西省 |
| 615 | 银川能源学院 | 42 | 36.43 | 宁夏回族自治区 |
| 616 | 北京物资学院 | 26 | 36.39 | 北京市 |
| 617 | 河北建筑工程学院 | 60 | 36.27 | 河北省 |
| 617 | 江西农业大学 | 86 | 36.27 | 江西省 |
| 619 | 荆楚理工学院 | 60 | 36.23 | 湖北省 |
| 620 | 黑龙江工业学院 | 19 | 36.11 | 黑龙江省 |
| 620 | 浙江水利水电学院 | 45 | 36.11 | 浙江省 |
| 620 | 衡阳师范学院 | 45 | 36.11 | 湖南省 |
| 623 | 上海杉达学院 | 49 | 36.1 | 上海市 |
| 624 | 武昌理工学院 | 95 | 36.09 | 湖北省 |
| 625 | 遵义师范学院 | 42 | 36.07 | 贵州省 |
| 625 | 宁夏理工学院 | 54 | 36.07 | 宁夏回族自治区 |
| 627 | 鄂尔多斯应用技术学院 | 19 | 36.06 | 内蒙古自治区 |
| 627 | 沈阳工程学院 | 67 | 36.06 | 辽宁省 |
| 629 | 南昌航空大学科技学院 | 40 | 36.05 | 江西省 |
| 630 | 沈阳城市建设学院 | 52 | 36.04 | 辽宁省 |
| 631 | 辽东学院 | 51 | 35.99 | 辽宁省 |
| 632 | 南京理工大学泰州科技学院 | 66 | 35.98 | 江苏省 |
| 633 | 新疆理工学院 | 32 | 35.97 | 新疆维吾尔自治区 |
| 634 | 北京服装学院 | 68 | 35.96 | 北京市 |
| 635 | 六盘水师范学院 | 29 | 35.87 | 贵州省 |
| 636 | 北海艺术设计学院 | 159 | 35.77 | 广西壮族自治区 |
| 637 | 通化师范学院 | 98 | 35.76 | 吉林省 |
| 638 | 昆明医科大学 | 9 | 35.75 | 云南省 |
| 638 | 首都师范大学科德学院 | 26 | 35.75 | 北京市 |
| 640 | 西安明德理工学院 | 102 | 35.7 | 陕西省 |

续表

| 排名 | 学校名称 | 奖项数 | 总分 | 省份 |
|------|----------|--------|------|------|
| 641 | 北京科技大学天津学院 | 24 | 35.66 | 天津市 |
| 642 | 湛江科技学院 | 76 | 35.64 | 广东省 |
| 643 | 河北工程大学科信学院 | 32 | 35.6 | 河北省 |
| 644 | 宁夏师范学院 | 85 | 35.58 | 宁夏回族自治区 |
| 645 | 重庆第二师范学院 | 38 | 35.56 | 重庆市 |
| 646 | 长治医学院 | 11 | 35.53 | 山西省 |
| 647 | 文山学院 | 37 | 35.52 | 云南省 |
| 648 | 湘南学院 | 18 | 35.5 | 湖南省 |
| 649 | 广州航海学院 | 19 | 35.46 | 广东省 |
| 649 | 重庆医科大学 | 31 | 35.46 | 重庆市 |
| 651 | 山东华宇工学院 | 87 | 35.45 | 山东省 |
| 652 | 贵州医科大学 | 30 | 35,43 | 贵州省 |
| 653 | 贵州商学院 | 46 | 35.4 | 贵州省 |
| 654 | 无锡太湖学院 | 39 | 35.37 | 江苏省 |
| 655 | 四川音乐学院 | 96 | 35.29 | 四川省 |
| 656 | 阿坝师范学院 | 23 | 35.27 | 四川省 |
| 657 | 华北理工大学轻工学院 | 46 | 35.26 | 河北省 |
| 658 | 晋中学院 | 39 | 35.25 | 山西省 |
| 659 | 湖北美术学院 | 71 | 35.24 | 湖北省 |
| 660 | 广州中医药大学 | 26 | 35.23 | 广东省 |
| 661 | 南开大学滨海学院 | 55 | 35.15 | 天津市 |
| 662 | 湖南科技大学潇湘学院 | 13 | 35.13 | 湖南省 |
| 662 | 楚雄师范学院 | 54 | 35.13 | 云南省 |
| 664 | 内蒙古艺术学院 | 84 | 35.11 | 内蒙古自治区 |
| 665 | 吉林建筑科技学院 | 106 | 35.1 | 吉林省 |
| 666 | 赣南医学院 | 12 | 35.07 | 江西省 |
| 667 | 嘉兴南湖学院 | 63 | 35 | 浙江省 |
| 668 | 武汉生物工程学院 | 36 | 34.92 | 湖北省 |
| 669 | 无锡学院 | 62 | 34.88 | 江苏省 |

续表

| 排名 | 学校名称 | 奖项数 | 总分 | 省份 |
|---|---|---|---|---|
| 670 | 武汉城市学院 | 133 | 34.82 | 湖北省 |
| 671 | 贵阳人文科技学院 | 26 | 34.81 | 贵州省 |
| 672 | 厦门华厦学院 | 55 | 34.8 | 福建省 |
| 673 | 商洛学院 | 42 | 34.77 | 陕西省 |
| 674 | 喀什大学 | 83 | 34.71 | 新疆维吾尔自治区 |
| 675 | 西南交通大学希望学院 | 35 | 34.62 | 四川省 |
| 676 | 济宁学院 | 26 | 34.61 | 山东省 |
| 676 | 郑州科技学院 | 35 | 34.61 | 河南省 |
| 678 | 福建中医药大学 | 20 | 34.6 | 福建省 |
| 679 | 西安医学院 | 4 | 34.58 | 陕西省 |
| 680 | 北京农学院 | 45 | 34.57 | 北京市 |
| 681 | 南昌大学科学技术学院 | 39 | 34.51 | 江西省 |
| 682 | 天水师范学院 | 28 | 34.48 | 甘肃省 |
| 683 | 南京大学金陵学院 | 96 | 34.46 | 江苏省 |
| 684 | 苏州城市学院 | 61 | 34.43 | 江苏省 |
| 685 | 湖州学院 | 29 | 34.4 | 浙江省 |
| 686 | 大连外国语大学 | 60 | 34.39 | 辽宁省 |
| 687 | 广东培正学院 | 121 | 34.37 | 广东省 |
| 688 | 长春光华学院 | 52 | 34.26 | 吉林省 |
| 689 | 烟台科技学院 | 21 | 34.21 | 山东省 |
| 690 | 沧州交通学院 | 58 | 34.2 | 河北省 |
| 691 | 广州商学院 | 41 | 34.16 | 广东省 |
| 692 | 山东艺术学院 | 52 | 34.14 | 山东省 |
| 693 | 上海财经大学浙江学院 | 17 | 34.11 | 浙江省 |
| 694 | 白城师范学院 | 33 | 34.06 | 吉林省 |
| 695 | 天津财经大学珠江学院 | 40 | 34.05 | 天津市 |
| 696 | 广东第二师范学院 | 67 | 33.94 | 广东省 |
| 696 | 河南开封科技传媒学院 | 70 | 33.94 | 河南省 |
| 698 | 扬州大学广陵学院 | 33 | 33.9 | 江苏省 |

续表

| 排名 | 学校名称 | 奖项数 | 总分 | 省份 |
|---|---|---|---|---|
| 699 | 广州理工学院 | 53 | 33.82 | 广东省 |
| 700 | 营口理工学院 | 61 | 33.76 | 辽宁省 |
| 701 | 玉溪师范学院 | 52 | 33.71 | 云南省 |
| 702 | 大连科技学院 | 91 | 33.65 | 辽宁省 |
| 703 | 浙江警察学院 | 27 | 33.63 | 浙江省 |
| 704 | 哈尔滨金融学院 | 36 | 33.62 | 黑龙江省 |
| 705 | 中国音乐学院 | 19 | 33.6 | 北京市 |
| 705 | 浙江农林大学暨阳学院 | 27 | 33.6 | 浙江省 |
| 707 | 湖北商贸学院 | 60 | 33.59 | 湖北省 |
| 708 | 河北大学工商学院 | 16 | 33.46 | 河北省 |
| 709 | 安顺学院 | 35 | 33.43 | 贵州省 |
| 710 | 红河学院 | 27 | 33.35 | 云南省 |
| 710 | 长春建筑学院 | 47 | 33.35 | 吉林省 |
| 712 | 安徽师范大学皖江学院 | 83 | 33.19 | 安徽省 |
| 713 | 郑州师范学院 | 43 | 33.17 | 河南省 |
| 714 | 皖南医学院 | 24 | 33.15 | 安徽省 |
| 714 | 沈阳科技学院 | 49 | 33.15 | 辽宁省 |
| 716 | 广州华立学院 | 56 | 33.11 | 广东省 |
| 717 | 燕京理工学院 | 44 | 33.09 | 河北省 |
| 718 | 上海视觉艺术学院 | 27 | 33.08 | 上海市 |
| 719 | 江西应用科技学院 | 30 | 33.05 | 江西省 |
| 720 | 兰州工商学院 | 15 | 32.93 | 甘肃省 |
| 720 | 广东金融学院 | 70 | 32.93 | 广东省 |
| 722 | 山东青年政治学院 | 36 | 32.86 | 山东省 |
| 722 | 西安交通大学城市学院 | 55 | 32.86 | 陕西省 |
| 724 | 河套学院 | 16 | 32.79 | 内蒙古自治区 |
| 724 | 桂林旅游学院 | 37 | 32.79 | 广西壮族自治区 |
| 726 | 哈尔滨剑桥学院 | 24 | 32.76 | 黑龙江省 |
| 727 | 菏泽学院 | 49 | 32.7 | 山东省 |
| 728 | 武昌首义学院 | 82 | 32.59 | 湖北省 |

续表

| 排名 | 学校名称 | 奖项数 | 总分 | 省份 |
|---|---|---|---|---|
| 729 | 宿迁学院 | 50 | 32.58 | 江苏省 |
| 730 | 广州新华学院 | 47 | 32.57 | 广东省 |
| 731 | 湖南理工学院南湖学院 | 21 | 32.56 | 湖南省 |
| 732 | 绵阳师范学院 | 80 | 32.55 | 四川省 |
| 733 | 大连理工大学城市学院 | 52 | 32.54 | 辽宁省 |
| 734 | 武汉传媒学院 | 93 | 32.52 | 湖北省 |
| 735 | 邢台学院 | 47 | 32.49 | 河北省 |
| 736 | 沈阳城市学院 | 105 | 32.48 | 辽宁省 |
| 737 | 西安美术学院 | 60 | 32.47 | 陕西省 |
| 738 | 潍坊理工学院 | 48 | 32.46 | 山东省 |
| 739 | 安康学院 | 38 | 32.43 | 陕西省 |
| 740 | 赤峰学院 | 26 | 32.4 | 内蒙古自治区 |
| 741 | 广州美术学院 | 44 | 32.31 | 广东省 |
| 742 | 川北医学院 | 13 | 32.3 | 四川省 |
| 743 | 哈尔滨石油学院 | 22 | 32.28 | 黑龙江省 |
| 744 | 嘉应学院 | 132 | 32.25 | 广东省 |
| 745 | 信阳学院 | 30 | 32.19 | 河南省 |
| 746 | 上海师范大学天华学院 | 79 | 32.08 | 上海市 |
| 746 | 哈尔滨华德学院 | 88 | 32.08 | 黑龙江省 |
| 748 | 上海音乐学院 | 25 | 32.07 | 上海市 |
| 749 | 武汉工程大学邮电与信息工程学院 | 25 | 32.05 | 湖北省 |
| 750 | 苏州科技大学天平学院 | 18 | 32.04 | 江苏省 |
| 751 | 武汉体育学院 | 77 | 32.03 | 湖北省 |
| 752 | 皖江工学院 | 21 | 31.88 | 安徽省 |
| 753 | 重庆财经学院 | 26 | 31.81 | 重庆市 |
| 754 | 武昌工学院 | 60 | 31.8 | 湖北省 |
| 755 | 青岛滨海学院 | 30 | 31.78 | 山东省 |
| 756 | 青岛工学院 | 37 | 31.74 | 山东省 |
| 757 | 太原师范学院 | 44 | 31.73 | 山西省 |

续表

| 排名 | 学校名称 | 奖项数 | 总分 | 省份 |
|---|---|---|---|---|
| 757 | 四川电影电视学院 | 45 | 31.73 | 四川省 |
| 759 | 广州工商学院 | 83 | 31.7 | 广东省 |
| 760 | 浙江越秀外国语学院 | 54 | 31.69 | 浙江省 |
| 760 | 南京传媒学院 | 64 | 31.69 | 江苏省 |
| 762 | 长春电子科技学院 | 26 | 31.68 | 吉林省 |
| 763 | 重庆对外经贸学院 | 86 | 31.67 | 重庆市 |
| 764 | 青岛恒星科技学院 | 22 | 31.66 | 山东省 |
| 764 | 河北工程技术学院 | 26 | 31.66 | 河北省 |
| 766 | 山西能源学院 | 17 | 31.61 | 山西省 |
| 767 | 山东工艺美术学院 | 27 | 31.59 | 山东省 |
| 768 | 山东农业工程学院 | 17 | 31.58 | 山东省 |
| 769 | 西安建筑科技大学华清学院 | 13 | 31.56 | 陕西省 |
| 770 | 陕西国际商贸学院 | 32 | 31.45 | 陕西省 |
| 771 | 西安思源学院 | 8 | 31.35 | 陕西省 |
| 772 | 湖南工业大学科技学院 | 20 | 31.28 | 湖南省 |
| 773 | 昆明理工大学津桥学院 | 44 | 31.24 | 云南省 |
| 774 | 成都银杏酒店管理学院 | 32 | 31.17 | 四川省 |
| 774 | 山西工程技术学院 | 41 | 31.17 | 山西省 |
| 776 | 齐鲁理工学院 | 38 | 31.16 | 山东省 |
| 777 | 武汉设计工程学院 | 45 | 31.1 | 湖北省 |
| 778 | 南京师范大学中北学院 | 49 | 31.08 | 江苏省 |
| 779 | 浙江财经大学东方学院 | 33 | 31.07 | 浙江省 |
| 779 | 兰州信息科技学院 | 55 | 31.07 | 甘肃省 |
| 781 | 河南财政金融学院 | 45 | 31.05 | 河南省 |
| 782 | 绵阳城市学院 | 47 | 30.98 | 四川省 |
| 782 | 西昌学院 | 48 | 30.98 | 四川省 |
| 784 | 呼伦贝尔学院 | 25 | 30.97 | 内蒙古自治区 |

续表

| 排名 | 学校名称 | 奖项数 | 总分 | 省份 |
|---|---|---|---|---|
| 785 | 北京邮电大学世纪学院 | 24 | 30.92 | 北京市 |
| 786 | 大连艺术学院 | 56 | 30.84 | 辽宁省 |
| 787 | 河南中医药大学 | 19 | 30.83 | 河南省 |
| 788 | 长沙师范学院 | 47 | 30.77 | 湖南省 |
| 789 | 天津美术学院 | 21 | 30.74 | 天津市 |
| 789 | 江苏第二师范学院 | 34 | 30.74 | 江苏省 |
| 791 | 西安外事学院 | 22 | 30.73 | 陕西省 |
| 792 | 温州商学院 | 40 | 30.72 | 浙江省 |
| 793 | 赣南师范大学科技学院 | 15 | 30.63 | 江西省 |
| 794 | 长春工业大学人文信息学院 | 13 | 30.61 | 吉林省 |
| 795 | 新疆艺术学院 | 19 | 30.57 | 新疆维吾尔自治区 |
| 795 | 山东政法学院 | 60 | 30.57 | 山东省 |
| 797 | 天津外国语大学 | 11 | 30.54 | 天津市 |
| 798 | 保定学院 | 69 | 30.51 | 河北省 |
| 799 | 桂林医学院 | 6 | 30.45 | 广西壮族自治区 |
| 800 | 南京邮电大学通达学院 | 65 | 30.39 | 江苏省 |
| 801 | 浙江音乐学院 | 45 | 30.26 | 浙江省 |
| 802 | 南昌大学共青学院 | 7 | 30.25 | 江西省 |
| 803 | 湖北医药学院 | 5 | 30.24 | 湖北省 |
| 804 | 黑龙江外国语学院 | 63 | 30.22 | 黑龙江省 |
| 805 | 潍坊医学院 | 13 | 30.21 | 山东省 |
| 806 | 湖北文理学院理工学院 | 30 | 30.19 | 湖北省 |
| 807 | 西南医科大学 | 17 | 30.16 | 四川省 |
| 808 | 西安工商学院 | 22 | 30.12 | 陕西省 |
| 809 | 闽南科技学院 | 25 | 29.92 | 福建省 |
| 810 | 沈阳药科大学 | 9 | 29.91 | 辽宁省 |
| 811 | 长治学院 | 55 | 29.9 | 山西省 |
| 812 | 凯里学院 | 39 | 29.86 | 贵州省 |

续表

| 排名 | 学校名称 | 奖项数 | 总分 | 省份 |
|---|---|---|---|---|
| 813 | 阜阳师范大学信息工程学院 | 29 | 29.85 | 安徽省 |
| 814 | 浙江中医药大学滨江学院 | 9 | 29.78 | 浙江省 |
| 815 | 昆明城市学院 | 35 | 29.77 | 云南省 |
| 816 | 福建商学院 | 19 | 29.71 | 福建省 |
| 817 | 铜仁学院 | 14 | 29.69 | 贵州省 |
| 818 | 上海立信会计金融学院 | 20 | 29.61 | 上海市 |
| 819 | 兰州文理学院 | 41 | 29.59 | 甘肃省 |
| 820 | 牡丹江师范学院 | 52 | 29.58 | 黑龙江省 |
| 821 | 苏州大学应用技术学院 | 37 | 29.57 | 江苏省 |
| 822 | 黑河学院 | 50 | 29.53 | 黑龙江省 |
| 823 | 兴义民族师范学院 | 16 | 29.5 | 贵州省 |
| 823 | 大连财经学院 | 31 | 29.5 | 辽宁省 |
| 825 | 福州理工学院 | 29 | 29.44 | 福建省 |
| 825 | 广东理工学院 | 44 | 29.44 | 广东省 |
| 827 | 四川文化艺术学院 | 18 | 29.41 | 四川省 |
| 828 | 保定理工学院 | 44 | 29.3 | 河北省 |
| 829 | 山西中医药大学 | 8 | 29.29 | 山西省 |
| 830 | 齐鲁师范学院 | 25 | 29.26 | 山东省 |
| 830 | 贵州工程应用技术学院 | 37 | 29.26 | 贵州省 |
| 832 | 福建农林大学金山学院 | 21 | 29.21 | 福建省 |
| 833 | 长沙医学院 | 8 | 29.01 | 湖南省 |
| 834 | 辽宁理工学院 | 16 | 28.94 | 辽宁省 |
| 835 | 内蒙古大学创业学院 | 15 | 28.9 | 内蒙古自治区 |
| 836 | 同济大学浙江学院 | 28 | 28.87 | 浙江省 |
| 837 | 长江大学文理学院 | 40 | 28.82 | 湖北省 |
| 838 | 长春大学旅游学院 | 55 | 28.71 | 吉林省 |
| 839 | 琼台师范学院 | 20 | 28.67 | 海南省 |
| 840 | 咸阳师范学院 | 27 | 28.51 | 陕西省 |

续表

| 排名 | 学校名称 | 奖项数 | 总分 | 省份 |
|---|---|---|---|---|
| 841 | 重庆人文科技学院 | 60 | 28.44 | 重庆市 |
| 842 | 四川文理学院 | 42 | 28.41 | 四川省 |
| 843 | 汉江师范学院 | 20 | 28.3 | 湖北省 |
| 844 | 江苏师范大学科文学院 | 29 | 28.22 | 江苏省 |
| 844 | 西南财经大学天府学院 | 53 | 28.22 | 四川省 |
| 846 | 安徽大学江淮学院 | 61 | 28.16 | 安徽省 |
| 847 | 西安交通工程学院 | 18 | 28.08 | 陕西省 |
| 848 | 泰州学院 | 38 | 28.06 | 江苏省 |
| 849 | 山东警察学院 | 7 | 28.02 | 山东省 |
| 850 | 兰州博文科技学院 | 22 | 28.01 | 甘肃省 |
| 851 | 滇西科技师范学院 | 20 | 28 | 云南省 |
| 851 | 河北环境工程学院 | 40 | 28 | 河北省 |
| 853 | 北京电影学院 | 17 | 27.93 | 北京市 |
| 854 | 广州华商学院 | 67 | 27.89 | 广东省 |
| 855 | 广西民族师范学院 | 39 | 27.86 | 广西壮族自治区 |
| 856 | 广西外国语学院 | 22 | 27.85 | 广西壮族自治区 |
| 857 | 泰山科技学院 | 12 | 27.84 | 山东省 |
| 858 | 南华大学船山学院 | 12 | 27.75 | 湖南省 |
| 859 | 河北北方学院 | 22 | 27.74 | 河北省 |
| 860 | 南通大学杏林学院 | 17 | 27.65 | 江苏省 |
| 861 | 济宁医学院 | 2 | 27.59 | 山东省 |
| 862 | 重庆外语外事学院 | 66 | 27.47 | 重庆市 |
| 863 | 南京体育学院 | 3 | 27.43 | 江苏省 |
| 864 | 廊坊师范学院 | 34 | 27.41 | 河北省 |
| 865 | 湖北中医药大学 | 38 | 27.4 | 湖北省 |
| 865 | 山西工商学院 | 47 | 27.4 | 山西省 |
| 867 | 沧州师范学院 | 22 | 27.35 | 河北省 |
| 868 | 黄河交通学院 | 29 | 27.32 | 河南省 |
| 869 | 厦门工学院 | 35 | 27.16 | 福建省 |
| 870 | 甘肃政法大学 | 28 | 27.13 | 甘肃省 |

续表

| 排名 | 学校名称 | 奖项数 | 总分 | 省份 |
|---|---|---|---|---|
| 871 | 湖北科技学院 | 46 | 27.12 | 湖北省 |
| 872 | 遵义医科大学 | 7 | 27.1 | 贵州省 |
| 873 | 伊犁师范大学 | 14 | 27.03 | 新疆维吾尔自治区 |
| 874 | 黑龙江工商学院 | 13 | 27.02 | 黑龙江省 |
| 875 | 山东管理学院 | 25 | 27.01 | 山东省 |
| 876 | 齐齐哈尔工程学院 | 34 | 27 | 黑龙江省 |
| 877 | 宁波诺丁汉大学 | 13 | 26.95 | 浙江省 |
| 878 | 上海外国语大学贤达经济人文学院 | 17 | 26.91 | 上海市 |
| 879 | 泉州信息工程学院 | 40 | 26.89 | 福建省 |
| 880 | 亳州学院 | 36 | 26.87 | 安徽省 |
| 881 | 新乡工程学院 | 12 | 26.59 | 河南省 |
| 881 | 上饶师范学院 | 43 | 26.59 | 江西省 |
| 883 | 河北经贸大学经济管理学院 | 11 | 26.5 | 河北省 |
| 884 | 常州大学怀德学院 | 13 | 26.43 | 江苏省 |
| 884 | 石家庄铁道大学四方学院 | 20 | 26.43 | 河北省 |
| 886 | 湖北大学知行学院 | 30 | 26.34 | 湖北省 |
| 887 | 武汉学院 | 61 | 26.32 | 湖北省 |
| 888 | 天津理工大学中环信息学院 | 21 | 26.3 | 天津市 |
| 889 | 福州工商学院 | 26 | 26.27 | 福建省 |
| 890 | 衡阳师范学院南岳学院 | 3 | 26.14 | 湖南省 |
| 890 | 郑州商学院 | 44 | 26.14 | 河南省 |
| 892 | 聊城大学东昌学院 | 14 | 26.09 | 山东省 |
| 893 | 湖南信息学院 | 31 | 26.07 | 湖南省 |
| 894 | 黑龙江中医药大学 | 6 | 26.06 | 黑龙江省 |
| 895 | 保山学院 | 36 | 26.04 | 云南省 |
| 896 | 四川传媒学院 | 22 | 26.02 | 四川省 |
| 897 | 广西民族大学相思湖学院 | 23 | 26 | 广西壮族自治区 |

续表

| 排名 | 学校名称 | 奖项数 | 总分 | 省份 |
|---|---|---|---|---|
| 898 | 锦州医科大学 | 7 | 25.97 | 辽宁省 |
| 899 | 浙江理工大学科技与艺术学院 | 37 | 25.95 | 浙江省 |
| 900 | 荆州学院 | 38 | 25.94 | 湖北省 |
| 901 | 鞍山师范学院 | 37 | 25.92 | 辽宁省 |
| 902 | 湖南交通工程学院 | 9 | 25.87 | 湖南省 |
| 903 | 南京工业大学浦江学院 | 18 | 25.86 | 江苏省 |
| 904 | 北京工商大学嘉华学院 | 8 | 25.81 | 北京市 |
| 905 | 湖北恩施学院 | 19 | 25.8 | 湖北省 |
| 906 | 湖南女子学院 | 46 | 25.74 | 湖南省 |
| 907 | 河北中医学院 | 6 | 25.65 | 河北省 |
| 908 | 长春人文学院 | 26 | 25.61 | 吉林省 |
| 909 | 广东外语外贸大学南国商学院 | 16 | 25.56 | 广东省 |
| 910 | 贵州中医药大学 | 12 | 25.52 | 贵州省 |
| 911 | 山西晋中理工学院 | 12 | 25.46 | 山西省 |
| 912 | 南宁理工学院 | 18 | 25.42 | 广西壮族自治区 |
| 913 | 上海戏剧学院 | 13 | 25.31 | 上海市 |
| 914 | 江西师范大学科学技术学院 | 33 | 25.22 | 江西省 |
| 915 | 安徽艺术学院 | 23 | 25.11 | 安徽省 |
| 916 | 南京师范大学泰州学院 | 13 | 25.02 | 江苏省 |
| 917 | 呼和浩特民族学院 | 11 | 24.99 | 内蒙古自治区 |
| 918 | 哈尔滨广厦学院 | 15 | 24.98 | 黑龙江省 |
| 919 | 河北水利电力学院 | 31 | 24.97 | 河北省 |
| 920 | 广东医科大学 | 11 | 24.94 | 广东省 |
| 921 | 郑州财经学院 | 10 | 24.83 | 河南省 |
| 922 | 江苏大学京江学院 | 25 | 24.8 | 江苏省 |
| 923 | 西安财经大学行知学院 | 7 | 24.75 | 陕西省 |

续表

| 排名 | 学校名称 | 奖项数 | 总分 | 省份 |
|---|---|---|---|---|
| 924 | 河北美术学院 | 48 | 24.73 | 河北省 |
| 925 | 武汉音乐学院 | 26 | 24.7 | 湖北省 |
| 926 | 广东警官学院 | 2 | 24.66 | 广东省 |
| 927 | 湘潭大学兴湘学院 | 6 | 24.6 | 湖南省 |
| 927 | 集宁师范学院 | 12 | 24.6 | 内蒙古自治区 |
| 929 | 湖南财政经济学院 | 16 | 24.55 | 湖南省 |
| 930 | 江西警察学院 | 2 | 24.54 | 江西省 |
| 931 | 甘肃中医药大学 | 8 | 24.24 | 甘肃省 |
| 932 | 湖南应用技术学院 | 21 | 24.22 | 湖南省 |
| 933 | 湖北经济学院法商学院 | 13 | 24.2 | 湖北省 |
| 934 | 天津体育学院 | 8 | 24.15 | 天津市 |
| 935 | 合肥经济学院 | 21 | 24.07 | 安徽省 |
| 936 | 昌吉学院 | 18 | 23.93 | 新疆维吾尔自治区 |
| 937 | 吉林工商学院 | 19 | 23.89 | 吉林省 |
| 938 | 温州医科大学仁济学院 | 5 | 23.84 | 浙江省 |
| 939 | 陕西中医药大学 | 5 | 23.75 | 陕西省 |
| 940 | 南京审计大学金审学院 | 14 | 23.73 | 江苏省 |
| 941 | 安徽文达信息工程学院 | 32 | 23.65 | 安徽省 |
| 942 | 江西财经大学现代经济管理学院 | 13 | 23.62 | 江西省 |
| 943 | 云南中医药大学 | 7 | 23.61 | 云南省 |
| 944 | 昭通学院 | 3 | 23.56 | 云南省 |
| 944 | 广西中医药大学 | 14 | 23.56 | 广西壮族自治区 |
| 946 | 山西警察学院 | 3 | 23.45 | 山西省 |
| 947 | 赣东学院 | 28 | 23.43 | 江西省 |
| 948 | 哈尔滨体育学院 | 2 | 23.42 | 黑龙江省 |
| 949 | 沈阳音乐学院 | 24 | 23.36 | 辽宁省 |
| 950 | 武汉工程科技学院 | 32 | 23.32 | 湖北省 |

续表

| 排名 | 学校名称 | 奖项数 | 总分 | 省份 |
|---|---|---|---|---|
| 951 | 忻州师范学院 | 5 | 23.3 | 山西省 |
| 952 | 郑州工商学院 | 29 | 23.21 | 河南省 |
| 953 | 中国戏曲学院 | 15 | 23.2 | 北京市 |
| 954 | 华南农业大学珠江学院 | 32 | 23.18 | 广东省 |
| 955 | 北京工业大学耿丹学院 | 24 | 23.17 | 北京市 |
| 956 | 武汉文理学院 | 35 | 23.05 | 湖北省 |
| 957 | 仰恩大学 | 36 | 23.02 | 福建省 |
| 958 | 星海音乐学院 | 22 | 22.99 | 广东省 |
| 959 | 北京第二外国语学院 | 7 | 22.9 | 北京市 |
| 960 | 右江民族医学院 | 4 | 22.89 | 广西壮族自治区 |
| 961 | 西安音乐学院 | 21 | 22.65 | 陕西省 |
| 962 | 茅台学院 | 5 | 22.64 | 贵州省 |
| 963 | 大连工业大学艺术与信息工程学院 | 11 | 22.61 | 辽宁省 |
| 964 | 郑州升达经贸管理学院 | 65 | 22.55 | 河南省 |
| 965 | 四川外国语大学成都学院 | 2 | 22.36 | 四川省 |
| 966 | 山西应用科技学院 | 36 | 22.34 | 山西省 |
| 967 | 天津外国语大学滨海外事学院 | 2 | 22.24 | 天津市 |
| 968 | 杭州医学院 | 8 | 22.21 | 浙江省 |
| 969 | 甘肃医学院 | 7 | 22.19 | 甘肃省 |
| 970 | 湖南工程学院应用技术学院 | 5 | 22.12 | 湖南省 |
| 971 | 吉首大学张家界学院 | 28 | 22.11 | 湖南省 |
| 972 | 武汉纺织大学外经贸学院 | 8 | 22.09 | 湖北省 |
| 973 | 河北地质大学华信学院 | 6 | 22.02 | 河北省 |

续表

| 排名 | 学校名称 | 奖项数 | 总分 | 省份 |
|---|---|---|---|---|
| 974 | 湖北工程学院新技术学院 | 36 | 21.95 | 湖北省 |
| 975 | 商丘学院 | 26 | 21.88 | 河南省 |
| 976 | 昆明文理学院 | 5 | 21.66 | 云南省 |
| 977 | 云南警官学院 | 9 | 21.58 | 云南省 |
| 978 | 上海立达学院 | 29 | 21.57 | 上海市 |
| 979 | 南宁师范大学师园学院 | 7 | 21.53 | 广西壮族自治区 |
| 979 | 陕西科技大学镐京学院 | 8 | 21.53 | 陕西省 |
| 981 | 黑龙江东方学院 | 18 | 21.35 | 黑龙江省 |
| 982 | 江西服装学院 | 19 | 21.31 | 江西省 |
| 983 | 天津天狮学院 | 10 | 21.14 | 天津市 |
| 984 | 绥化学院 | 12 | 21.11 | 黑龙江省 |
| 985 | 新疆农业大学科学技术学院 | 4 | 20.96 | 新疆维吾尔自治区 |
| 986 | 齐齐哈尔医学院 | 2 | 20.95 | 黑龙江省 |
| 987 | 湘潭理工学院 | 1 | 20.89 | 湖南省 |
| 988 | 深圳北理莫斯科大学 | 7 | 20.84 | 广东省 |
| 989 | 南京中医药大学翰林学院 | 2 | 20.83 | 江苏省 |
| 990 | 商丘工学院 | 4 | 20.77 | 河南省 |
| 991 | 福建技术师范学院 | 10 | 20.38 | 福建省 |
| 992 | 普洱学院 | 8 | 20.3 | 云南省 |
| 993 | 陕西学前师范学院 | 3 | 20.26 | 陕西省 |
| 994 | 辽宁传媒学院 | 11 | 20.23 | 辽宁省 |
| 994 | 哈尔滨远东理工学院 | 12 | 20.23 | 黑龙江省 |
| 996 | 成都体育学院 | 1 | 20.13 | 四川省 |
| 997 | 新疆科技学院 | 7 | 20.08 | 新疆维吾尔自治区 |
| 998 | 中南林业科技大学涉外学院 | 10 | 20 | 湖南省 |
| 999 | 承德医学院 | 3 | 19.91 | 河北省 |

续表

| 排名 | 学校名称 | 奖项数 | 总分 | 省份 |
|---|---|---|---|---|
| 1000 | 湖南警察学院 | 29 | 19.89 | 湖南省 |
| 1001 | 西藏藏医药大学 | 3 | 19.72 | 西藏自治区 |
| 1002 | 辽宁财贸学院 | 17 | 19.7 | 辽宁省 |
| 1003 | 山东财经大学东方学院 | 4 | 19.68 | 山东省 |
| 1003 | 天津传媒学院 | 9 | 19.68 | 天津市 |
| 1005 | 江西农业大学南昌商学院 | 9 | 19.65 | 江西省 |
| 1006 | 天津师范大学津沽学院 | 8 | 19.64 | 天津市 |
| 1007 | 湖南医药学院 | 3 | 19.58 | 湖南省 |
| 1008 | 青海大学昆仑学院 | 3 | 19.37 | 青海省 |
| 1009 | 哈尔滨信息工程学院 | 25 | 19.33 | 黑龙江省 |
| 1010 | 贵阳信息科技学院 | 7 | 19.16 | 贵州省 |
| 1011 | 广州应用科技学院 | 22 | 19.15 | 广东省 |
| 1012 | 张家口学院 | 2 | 19.13 | 河北省 |
| 1013 | 四川民族学院 | 23 | 19.11 | 四川省 |
| 1014 | 厦门医学院 | 3 | 18.99 | 福建省 |
| 1015 | 牡丹江医学院 | 2 | 18.86 | 黑龙江省 |
| 1016 | 天津音乐学院 | 4 | 18.81 | 天津市 |
| 1016 | 成都文理学院 | 12 | 18.81 | 四川省 |
| 1018 | 山东体育学院 | 4 | 18.76 | 山东省 |
| 1018 | 沈阳医学院 | 17 | 18.76 | 辽宁省 |
| 1020 | 甘肃民族师范学院 | 8 | 18.14 | 甘肃省 |
| 1021 | 豫章师范学院 | 2 | 18.09 | 江西省 |
| 1022 | 昆明医科大学海源学院 | 1 | 18 | 云南省 |
| 1023 | 山东现代学院 | 8 | 17.93 | 山东省 |
| 1024 | 广西职业师范学院 | 10 | 17.85 | 广西壮族自治区 |
| 1025 | 黑龙江财经学院 | 19 | 17.69 | 黑龙江省 |
| 1026 | 辽宁警察学院 | 1 | 17.52 | 辽宁省 |
| 1027 | 河北传媒学院 | 4 | 17.5 | 河北省 |

续表

| 排名 | 学校名称 | 奖项数 | 总分 | 省份 |
|---|---|---|---|---|
| 1028 | 吉利学院 | 14 | 17.41 | 四川省 |
| 1029 | 吉林体育学院 | 1 | 17.34 | 吉林省 |
| 1030 | 景德镇学院 | 3 | 17.29 | 江西省 |
| 1031 | 贵州黔南经济学院 | 1 | 17.28 | 贵州省 |
| 1032 | 南京特殊教育师范学院 | 19 | 17.05 | 江苏省 |
| 1033 | 南京医科大学康达学院 | 7 | 16.33 | 江苏省 |
| 1034 | 湖南中医药大学湘杏学院 | 1 | 16.28 | 湖南省 |
| 1034 | 重庆工商大学派斯学院 | 3 | 16.28 | 重庆市 |
| 1036 | 延安大学西安创新学院 | 3 | 16.24 | 陕西省 |
| 1037 | 陕西服装工程学院 | 3 | 16.23 | 陕西省 |
| 1038 | 辽宁何氏医学院 | 9 | 16.16 | 辽宁省 |
| 1039 | 蚌埠工商学院 | 7 | 15.81 | 安徽省 |
| 1040 | 滇西应用技术大学 | 1 | 15.76 | 云南省 |
| 1041 | 武汉体育学院体育科技学院 | 9 | 15.74 | 湖北省 |
| 1042 | 信阳农林学院 | 11 | 15.64 | 河南省 |
| 1043 | 河北科技学院 | 11 | 15.62 | 河北省 |
| 1044 | 福建警察学院 | 2 | 15.56 | 福建省 |
| 1045 | 西安体育学院 | 1 | 15.43 | 陕西省 |
| 1046 | 辽宁中医药大学杏林学院 | 1 | 15.3 | 辽宁省 |
| 1047 | 湖南师范大学树达学院 | 2 | 15.16 | 湖南省 |
| 1048 | 广西警察学院 | 1 | 15.06 | 广西壮族自治区 |
| 1049 | 温州肯恩大学 | 2 | 14.83 | 浙江省 |
| 1050 | 南昌应用技术师范学院 | 3 | 14.7 | 江西省 |
| 1051 | 上海政法学院 | 5 | 14.53 | 上海市 |
| 1052 | 青岛电影学院 | 5 | 14.39 | 山东省 |

续表

| 排名 | 学校名称 | 奖项数 | 总分 | 省份 |
|------|---------|-------|------|------|
| 1053 | 合肥城市学院 | 2 | 14.26 | 安徽省 |
| 1054 | 天津商业大学宝德学院 | 3 | 14.2 | 天津市 |
| 1055 | 四川警察学院 | 4 | 14.17 | 四川省 |
| 1056 | 西安科技大学高新学院 | 6 | 14.15 | 陕西省 |
| 1057 | 广东以色列理工学院 | 1 | 14 | 广东省 |
| 1058 | 安徽外国语学院 | 4 | 13.98 | 安徽省 |
| 1059 | 河北医科大学临床学院 | 1 | 13.76 | 河北省 |
| 1059 | 河北师范大学汇华学院 | 4 | 13.76 | 河北省 |
| 1059 | 湖南农业大学东方科技学院 | 5 | 13.76 | 湖南省 |
| 1062 | 新乡医学院三全学院 | 2 | 13.73 | 河南省 |
| 1063 | 四川工业科技学院 | 9 | 13.62 | 四川省 |
| 1064 | 贵州黔南科技学院 | 7 | 13.47 | 贵州省 |
| 1065 | 齐鲁医药学院 | 5 | 13.44 | 山东省 |
| 1066 | 首都体育学院 | 1 | 13.28 | 北京市 |
| 1067 | 西北大学现代学院 | 4 | 13.17 | 陕西省 |
| 1068 | 广西科技师范学院 | 12 | 13.08 | 广西壮族自治区 |
| 1069 | 云南艺术学院文华学院 | 1 | 12.9 | 云南省 |
| 1070 | 辽宁师范大学海华学院 | 6 | 12.86 | 辽宁省 |
| 1071 | 安阳学院 | 1 | 12.55 | 河南省 |
| 1072 | 河南警察学院 | 2 | 11.97 | 河南省 |
| 1073 | 吉林警察学院 | 8 | 11.5 | 吉林省 |
| 1074 | 吉林师范大学博达学院 | 7 | 10.96 | 吉林省 |
| 1075 | 湖南文理学院芙蓉学院 | 2 | 9.99 | 湖南省 |

续表

| 排名 | 学校名称 | 奖项数 | 总分 | 省份 |
|------|---------|-------|------|------|
| 1076 | 哈尔滨音乐学院 | 2 | 9.8 | 黑龙江省 |
| 1077 | 青岛农业大学海都学院 | 3 | 9.36 | 山东省 |
| 1078 | 内蒙古鸿德文理学院 | 1 | 8.33 | 内蒙古自治区 |
| 1079 | 河北东方学院 | 3 | 8.18 | 河北省 |
| 1080 | 河北外国语学院 | 3 | 7.39 | 河北省 |
| 1081 | 大连医科大学中山学院 | 2 | 6.5 | 辽宁省 |
| 1082 | 广州体育学院 | 1 | 5.96 | 广东省 |
| 1082 | 北京舞蹈学院 | 1 | 5.96 | 北京市 |

# 11.6  2017－2021 年全国综合类本科院校大学生竞赛榜单

续表

| 排名 | 学校名称 | 奖项数 | 总分 | 省份 | 排名 | 学校名称 | 奖项数 | 总分 | 省份 |
|---|---|---|---|---|---|---|---|---|---|
| 1 | 浙江大学 | 723 | 95.16 | 浙江省 | 32 | 广西大学 | 309 | 65.91 | 广西壮族自治区 |
| 2 | 武汉大学 | 1194 | 94.62 | 湖北省 | 33 | 烟台大学 | 416 | 65.64 | 山东省 |
| 3 | 山东大学 | 793 | 91.06 | 山东省 | 34 | 西北大学 | 494 | 65.5 | 陕西省 |
| 4 | 福州大学 | 673 | 84.42 | 福建省 | 35 | 暨南大学 | 311 | 65.38 | 广东省 |
| 5 | 四川大学 | 774 | 84.33 | 四川省 | 36 | 兰州大学 | 319 | 65.27 | 甘肃省 |
| 6 | 厦门大学 | 576 | 83.8 | 福建省 | 37 | 集美大学 | 368 | 65.18 | 福建省 |
| 7 | 南昌大学 | 873 | 83.59 | 江西省 | 38 | 贵州大学 | 356 | 65.14 | 贵州省 |
| 8 | 吉林大学 | 1066 | 82.24 | 吉林省 | 39 | 温州大学 | 248 | 65.03 | 浙江省 |
| 9 | 复旦大学 | 308 | 80.49 | 上海市 | 40 | 中南民族大学 | 446 | 64.54 | 湖北省 |
| 10 | 中山大学 | 368 | 79.17 | 广东省 | 41 | 石河子大学 | 406 | 64.42 | 新疆维吾尔自治区 |
| 11 | 北京大学 | 415 | 78.35 | 北京市 | 42 | 云南大学 | 297 | 63.48 | 云南省 |
| 12 | 郑州大学 | 900 | 76.63 | 河南省 | 43 | 新疆大学 | 343 | 63.35 | 新疆维吾尔自治区 |
| 13 | 南京大学 | 264 | 75.97 | 江苏省 | 44 | 湖北文理学院 | 367 | 62.1 | 湖北省 |
| 14 | 上海大学 | 600 | 75.61 | 上海市 | 45 | 北华大学 | 271 | 61.83 | 吉林省 |
| 15 | 宁波大学 | 463 | 74.46 | 浙江省 | 46 | 江汉大学 | 356 | 60.91 | 湖北省 |
| 16 | 深圳大学 | 694 | 73.87 | 广东省 | 47 | 中央民族大学 | 335 | 60.9 | 北京市 |
| 17 | 江苏大学 | 538 | 72.81 | 江苏省 | 48 | 合肥学院 | 250 | 60.69 | 安徽省 |
| 18 | 江南大学 | 578 | 70.51 | 江苏省 | 48 | 西南民族大学 | 337 | 60.69 | 四川省 |
| 19 | 青岛大学 | 989 | 69.68 | 山东省 | 50 | 厦门大学嘉庚学院 | 194 | 60.47 | 福建省 |
| 20 | 华侨大学 | 324 | 69.09 | 福建省 | 51 | 济南大学 | 262 | 60.32 | 山东省 |
| 21 | 河南大学 | 683 | 68.52 | 河南省 | 52 | 河北大学 | 354 | 60.2 | 河北省 |
| 22 | 海南大学 | 297 | 68.42 | 海南省 | 53 | 北京联合大学 | 301 | 60.01 | 北京市 |
| 23 | 三峡大学 | 531 | 68.02 | 湖北省 | 54 | 临沂大学 | 256 | 59.84 | 山东省 |
| 24 | 苏州大学 | 680 | 67.84 | 江苏省 | 55 | 大连大学 | 238 | 58.92 | 辽宁省 |
| 25 | 湘潭大学 | 555 | 67.63 | 湖南省 | 56 | 长沙学院 | 412 | 58.65 | 湖南省 |
| 26 | 南开大学 | 271 | 67.47 | 天津市 | 57 | 山西大学 | 251 | 58.53 | 山西省 |
| 27 | 安徽大学 | 426 | 67.33 | 安徽省 | 58 | 北方民族大学 | 271 | 58.49 | 宁夏回族自治区 |
| 28 | 扬州大学 | 482 | 67.24 | 江苏省 | | | | | |
| 29 | 南通大学 | 408 | 66.79 | 江苏省 | | | | | |
| 30 | 广州大学 | 437 | 66.57 | 广东省 | | | | | |
| 31 | 华北理工大学 | 301 | 66 | 河北省 | | | | | |

续表

| 排名 | 学校名称 | 奖项数 | 总分 | 省份 |
|---|---|---|---|---|
| 59 | 宁夏大学 | 269 | 58.36 | 宁夏回族自治区 |
| 60 | 集美大学诚毅学院 | 135 | 58.01 | 福建省 |
| 61 | 西华大学 | 347 | 57.47 | 四川省 |
| 62 | 吉首大学 | 369 | 57.33 | 湖南省 |
| 63 | 青海大学 | 173 | 56.83 | 青海省 |
| 64 | 惠州学院 | 300 | 56.11 | 广东省 |
| 65 | 皖西学院 | 144 | 55.87 | 安徽省 |
| 66 | 大连民族大学 | 412 | 55.75 | 辽宁省 |
| 67 | 滁州学院 | 257 | 55.17 | 安徽省 |
| 68 | 衢州学院 | 144 | 54.82 | 浙江省 |
| 69 | 湖北大学 | 184 | 54.78 | 湖北省 |
| 69 | 嘉兴学院 | 247 | 54.78 | 浙江省 |
| 71 | 内蒙古大学 | 150 | 54.59 | 内蒙古自治区 |
| 72 | 五邑大学 | 151 | 54.19 | 广东省 |
| 73 | 浙大城市学院 | 270 | 53.82 | 浙江省 |
| 74 | 绍兴文理学院 | 153 | 53.27 | 浙江省 |
| 75 | 滨州学院 | 311 | 53.21 | 山东省 |
| 76 | 台州学院 | 272 | 53.16 | 浙江省 |
| 77 | 汕头大学 | 103 | 52.92 | 广东省 |
| 78 | 浙江师范大学行知学院 | 72 | 52.47 | 浙江省 |
| 79 | 黑龙江大学 | 228 | 52.33 | 黑龙江省 |
| 80 | 巢湖学院 | 101 | 51.63 | 安徽省 |
| 81 | 德州学院 | 216 | 51.34 | 山东省 |
| 82 | 中国科学院大学 | 84 | 51.32 | 北京市 |
| 83 | 韶关学院 | 197 | 51.28 | 广东省 |
| 84 | 闽江学院 | 191 | 51.04 | 福建省 |
| 85 | 三江学院 | 131 | 50.91 | 江苏省 |
| 85 | 黄山学院 | 151 | 50.91 | 安徽省 |
| 87 | 青岛黄海学院 | 238 | 50.86 | 山东省 |
| 88 | 浙大宁波理工学院 | 222 | 50.79 | 浙江省 |
| 89 | 南方科技大学 | 119 | 50.77 | 广东省 |
| 90 | 辽宁大学 | 138 | 50.76 | 辽宁省 |

续表

| 排名 | 学校名称 | 奖项数 | 总分 | 省份 |
|---|---|---|---|---|
| 91 | 宜春学院 | 203 | 50.68 | 江西省 |
| 92 | 西京学院 | 183 | 50.27 | 陕西省 |
| 93 | 成都大学 | 277 | 49.72 | 四川省 |
| 94 | 井冈山大学 | 176 | 49 | 江西省 |
| 95 | 长江大学 | 120 | 48.82 | 湖北省 |
| 96 | 渤海大学 | 116 | 48.69 | 辽宁省 |
| 97 | 云南大学滇池学院 | 109 | 48.27 | 云南省 |
| 98 | 广东石油化工学院 | 102 | 48.21 | 广东省 |
| 99 | 广西民族大学 | 238 | 48.04 | 广西壮族自治区 |
| 100 | 怀化学院 | 224 | 47.84 | 湖南省 |
| 101 | 长春大学 | 101 | 47.77 | 吉林省 |
| 102 | 延边大学 | 115 | 47.75 | 吉林省 |
| 103 | 西藏大学 | 65 | 47.57 | 西藏自治区 |
| 104 | 铜陵学院 | 219 | 47.2 | 安徽省 |
| 105 | 莆田学院 | 116 | 47.09 | 福建省 |
| 106 | 青海民族大学 | 67 | 47.04 | 青海省 |
| 107 | 珠海科技学院 | 166 | 46.76 | 广东省 |
| 108 | 九江学院 | 118 | 46.73 | 江西省 |
| 109 | 湖北民族大学 | 147 | 46.36 | 湖北省 |
| 110 | 梧州学院 | 162 | 46.26 | 广西壮族自治区 |
| 111 | 宁波大学科学技术学院 | 66 | 46.12 | 浙江省 |
| 112 | 武汉工商学院 | 96 | 45.67 | 湖北省 |
| 113 | 运城学院 | 148 | 45.57 | 山西省 |
| 114 | 贵州民族大学 | 120 | 45.56 | 贵州省 |
| 115 | 云南民族大学 | 96 | 45.44 | 云南省 |
| 116 | 齐齐哈尔大学 | 81 | 45.41 | 黑龙江省 |
| 117 | 佳木斯大学 | 103 | 45.2 | 黑龙江省 |
| 118 | 西北民族大学 | 154 | 44.8 | 甘肃省 |
| 119 | 龙岩学院 | 100 | 44.63 | 福建省 |
| 120 | 绍兴文理学院元培学院 | 83 | 44.52 | 浙江省 |

续表

| 排名 | 学校名称 | 奖项数 | 总分 | 省份 |
|---|---|---|---|---|
| 121 | 许昌学院 | 99 | 44.47 | 河南省 |
| 122 | 吕梁学院 | 111 | 44.33 | 山西省 |
| 123 | 宿州学院 | 59 | 44.3 | 安徽省 |
| 123 | 丽水学院 | 72 | 44.3 | 浙江省 |
| 125 | 烟台南山学院 | 118 | 44.2 | 山东省 |
| 126 | 重庆三峡学院 | 145 | 44.06 | 重庆市 |
| 127 | 三峡大学科技学院 | 147 | 43.64 | 湖北省 |
| 128 | 上海建桥学院 | 87 | 43.38 | 上海市 |
| 129 | 福州大学至诚学院 | 66 | 43.25 | 福建省 |
| 130 | 西藏民族大学 | 65 | 43.07 | 西藏自治区 |
| 130 | 邵阳学院 | 91 | 43.07 | 湖南省 |
| 132 | 唐山学院 | 73 | 42.96 | 河北省 |
| 133 | 湖南科技学院 | 106 | 42.87 | 湖南省 |
| 134 | 内蒙古民族大学 | 79 | 42.48 | 内蒙古自治区 |
| 135 | 贵阳学院 | 27 | 42.28 | 贵州省 |
| 136 | 枣庄学院 | 74 | 42.1 | 山东省 |
| 137 | 广州南方学院 | 61 | 41.93 | 广东省 |
| 138 | 福建师范大学协和学院 | 114 | 41.8 | 福建省 |
| 139 | 海南热带海洋学院 | 79 | 41.54 | 海南省 |
| 140 | 四川旅游学院 | 87 | 41.33 | 四川省 |
| 141 | 四川大学锦江学院 | 76 | 40.89 | 四川省 |
| 142 | 肇庆学院 | 115 | 40.66 | 广东省 |
| 143 | 延安大学 | 64 | 40.59 | 陕西省 |
| 144 | 长春科技学院 | 38 | 40.48 | 吉林省 |
| 145 | 桂林学院 | 159 | 40.36 | 广西壮族自治区 |
| 146 | 沈阳大学 | 120 | 40.2 | 辽宁省 |
| 147 | 三亚学院 | 60 | 40.04 | 海南省 |
| 148 | 成都锦城学院 | 139 | 39.5 | 四川省 |
| 149 | 河西学院 | 60 | 39.4 | 甘肃省 |
| 150 | 大理大学 | 32 | 39.13 | 云南省 |
| 151 | 潍坊学院 | 90 | 39.03 | 山东省 |

续表

| 排名 | 学校名称 | 奖项数 | 总分 | 省份 |
|---|---|---|---|---|
| 152 | 香港中文大学（深圳） | 34 | 38.87 | 广东省 |
| 153 | 北京师范大学珠海分校 | 127 | 38.71 | 广东省 |
| 154 | 宜宾学院 | 82 | 38.56 | 四川省 |
| 155 | 宁夏大学新华学院 | 42 | 38.27 | 宁夏回族自治区 |
| 156 | 泰山学院 | 41 | 38.23 | 山东省 |
| 157 | 山东英才学院 | 32 | 38.04 | 山东省 |
| 158 | 新余学院 | 88 | 37.99 | 江西省 |
| 159 | 西交利物浦大学 | 30 | 37.88 | 江苏省 |
| 160 | 武汉晴川学院 | 53 | 37.87 | 湖北省 |
| 161 | 榆林学院 | 33 | 37.71 | 陕西省 |
| 162 | 萍乡学院 | 83 | 37.61 | 江西省 |
| 163 | 温州理工学院 | 67 | 37.54 | 浙江省 |
| 164 | 山西科技学院 | 23 | 37.53 | 山西省 |
| 165 | 平顶山学院 | 91 | 37.52 | 河南省 |
| 166 | 哈尔滨学院 | 110 | 37.45 | 黑龙江省 |
| 167 | 烟台理工学院 | 30 | 37.3 | 山东省 |
| 168 | 丽江文化旅游学院 | 58 | 37.29 | 云南省 |
| 169 | 北京城市学院 | 129 | 37.07 | 北京市 |
| 170 | 杭州师范大学钱江学院 | 30 | 36.96 | 浙江省 |
| 171 | 北京师范大学—香港浸会大学联合国际学院 | 20 | 36.73 | 广东省 |
| 172 | 辽东学院 | 51 | 35.99 | 辽宁省 |
| 173 | 新疆理工学院 | 32 | 35.97 | 新疆维吾尔自治区 |
| 174 | 文山学院 | 37 | 35.52 | 云南省 |
| 175 | 湘南学院 | 18 | 35.5 | 湖南省 |
| 176 | 无锡太湖学院 | 39 | 35.37 | 江苏省 |
| 177 | 晋中学院 | 39 | 35.25 | 山西省 |
| 178 | 南开大学滨海学院 | 55 | 35.15 | 天津市 |
| 179 | 嘉兴南湖学院 | 63 | 35 | 浙江省 |

续表

| 排名 | 学校名称 | 奖项数 | 总分 | 省份 |
|---|---|---|---|---|
| 180 | 贵阳人文科技学院 | 26 | 34.81 | 贵州省 |
| 181 | 厦门华厦学院 | 55 | 34.8 | 福建省 |
| 182 | 南昌大学科学技术学院 | 39 | 34.51 | 江西省 |
| 183 | 南京大学金陵学院 | 96 | 34.46 | 江苏省 |
| 184 | 苏州城市学院 | 61 | 34.43 | 江苏省 |
| 185 | 湖州学院 | 29 | 34.4 | 浙江省 |
| 186 | 长春光华学院 | 52 | 34.26 | 吉林省 |
| 187 | 中国社会科学院大学 | 30 | 34.23 | 北京市 |
| 188 | 烟台科技学院 | 21 | 34.21 | 山东省 |
| 189 | 广州商学院 | 41 | 34.16 | 广东省 |
| 190 | 河南开封科技传媒学院 | 70 | 33.94 | 河南省 |
| 191 | 扬州大学广陵学院 | 33 | 33.9 | 江苏省 |
| 192 | 广州理工学院 | 53 | 33.82 | 广东省 |
| 193 | 红河学院 | 27 | 33.35 | 云南省 |
| 194 | 安徽师范大学皖江学院 | 83 | 33.19 | 安徽省 |
| 195 | 燕京理工学院 | 44 | 33.09 | 河北省 |
| 196 | 江西应用科技学院 | 30 | 33.05 | 江西省 |
| 197 | 河套学院 | 16 | 32.79 | 内蒙古自治区 |
| 198 | 哈尔滨剑桥学院 | 24 | 32.76 | 黑龙江省 |
| 199 | 菏泽学院 | 49 | 32.7 | 山东省 |
| 200 | 宿迁学院 | 50 | 32.58 | 江苏省 |
| 201 | 广州新华学院 | 47 | 32.57 | 广东省 |
| 202 | 邢台学院 | 47 | 32.49 | 河北省 |
| 203 | 沈阳城市学院 | 105 | 32.48 | 辽宁省 |
| 204 | 潍坊理工学院 | 48 | 32.46 | 山东省 |
| 205 | 嘉应学院 | 132 | 32.25 | 广东省 |
| 206 | 信阳学院 | 30 | 32.19 | 河南省 |
| 207 | 上海师范大学天华学院 | 79 | 32.08 | 上海市 |

续表

| 排名 | 学校名称 | 奖项数 | 总分 | 省份 |
|---|---|---|---|---|
| 208 | 苏州科技大学天平学院 | 18 | 32.04 | 江苏省 |
| 209 | 青岛滨海学院 | 30 | 31.78 | 山东省 |
| 210 | 广州工商学院 | 83 | 31.7 | 广东省 |
| 211 | 青岛恒星科技学院 | 22 | 31.66 | 山东省 |
| 212 | 齐鲁理工学院 | 38 | 31.16 | 山东省 |
| 213 | 南京师范大学中北学院 | 49 | 31.08 | 江苏省 |
| 214 | 西昌学院 | 48 | 30.98 | 四川省 |
| 215 | 呼伦贝尔学院 | 25 | 30.97 | 内蒙古自治区 |
| 216 | 赣南师范大学科技学院 | 15 | 30.63 | 江西省 |
| 217 | 长春工业大学人文信息学院 | 13 | 30.61 | 吉林省 |
| 218 | 南昌大学共青学院 | 7 | 30.25 | 江西省 |
| 219 | 闽南科技学院 | 25 | 29.92 | 福建省 |
| 220 | 兰州文理学院 | 41 | 29.59 | 甘肃省 |
| 221 | 苏州大学应用技术学院 | 37 | 29.57 | 江苏省 |
| 222 | 兴义民族师范学院 | 16 | 29.5 | 贵州省 |
| 223 | 贵州工程应用技术学院 | 37 | 29.26 | 贵州省 |
| 224 | 辽宁理工学院 | 16 | 28.94 | 辽宁省 |
| 225 | 内蒙古大学创业学院 | 15 | 28.9 | 内蒙古自治区 |
| 226 | 长江大学文理学院 | 40 | 28.82 | 湖北省 |
| 227 | 长春大学旅游学院 | 55 | 28.71 | 吉林省 |
| 228 | 重庆人文科技学院 | 60 | 28.44 | 重庆市 |
| 229 | 江苏师范大学科文学院 | 29 | 28.22 | 江苏省 |
| 230 | 安徽大学江淮学院 | 61 | 28.16 | 安徽省 |
| 231 | 河北北方学院 | 22 | 27.74 | 河北省 |
| 232 | 南通大学杏林学院 | 17 | 27.65 | 江苏省 |

续表

| 排名 | 学校名称 | 奖项数 | 总分 | 省份 |
|---|---|---|---|---|
| 233 | 山东管理学院 | 25 | 27.01 | 山东省 |
| 234 | 宁波诺丁汉大学 | 13 | 26.95 | 浙江省 |
| 235 | 亳州学院 | 36 | 26.87 | 安徽省 |
| 236 | 湖北大学知行学院 | 30 | 26.34 | 湖北省 |
| 237 | 衡阳师范学院南岳学院 | 3 | 26.14 | 湖南省 |
| 238 | 聊城大学东昌学院 | 14 | 26.09 | 山东省 |
| 239 | 保山学院 | 36 | 26.04 | 云南省 |
| 240 | 广西民族大学相思湖学院 | 23 | 26 | 广西壮族自治区 |
| 241 | 荆州学院 | 38 | 25.94 | 湖北省 |
| 242 | 湖南交通工程学院 | 9 | 25.87 | 湖南省 |
| 243 | 湖北恩施学院 | 19 | 25.8 | 湖北省 |
| 244 | 长春人文学院 | 26 | 25.61 | 吉林省 |
| 245 | 江西师范大学科学技术学院 | 33 | 25.22 | 江西省 |
| 246 | 呼和浩特民族学院 | 11 | 24.99 | 内蒙古自治区 |
| 247 | 哈尔滨广厦学院 | 15 | 24.98 | 黑龙江省 |
| 248 | 江苏大学京江学院 | 25 | 24.8 | 江苏省 |
| 249 | 中华女子学院 | 21 | 24.65 | 北京市 |
| 250 | 湘潭大学兴湘学院 | 6 | 24.6 | 湖南省 |
| 251 | 湖南应用技术学院 | 21 | 24.22 | 湖南省 |
| 252 | 武汉文理学院 | 35 | 23.05 | 湖北省 |
| 253 | 仰恩大学 | 36 | 23.02 | 福建省 |
| 254 | 山西应用科技学院 | 36 | 22.34 | 山西省 |
| 255 | 吉首大学张家界学院 | 28 | 22.11 | 湖南省 |
| 256 | 商丘学院 | 26 | 21.88 | 河南省 |
| 257 | 上海立达学院 | 29 | 21.57 | 上海市 |
| 258 | 南宁师范大学师园学院 | 7 | 21.53 | 广西壮族自治区 |
| 259 | 黑龙江东方学院 | 18 | 21.35 | 黑龙江省 |
| 260 | 天津天狮学院 | 10 | 21.14 | 天津市 |
| 261 | 绥化学院 | 12 | 21.11 | 黑龙江省 |

续表

| 排名 | 学校名称 | 奖项数 | 总分 | 省份 |
|---|---|---|---|---|
| 262 | 深圳北理莫斯科大学 | 7 | 20.84 | 广东省 |
| 263 | 天津师范大学津沽学院 | 8 | 19.64 | 天津市 |
| 264 | 青海大学昆仑学院 | 3 | 19.37 | 青海省 |
| 265 | 贵阳信息科技学院 | 7 | 19.16 | 贵州省 |
| 266 | 广州应用科学学院 | 22 | 19.15 | 广东省 |
| 267 | 四川民族学院 | 23 | 19.11 | 四川省 |
| 268 | 成都文理学院 | 12 | 18.81 | 四川省 |
| 269 | 山东现代学院 | 8 | 17.93 | 山东省 |
| 270 | 吉利学院 | 14 | 17.41 | 四川省 |
| 271 | 景德镇学院 | 3 | 17.29 | 江西省 |
| 272 | 延安大学西安创新学院 | 3 | 16.24 | 陕西省 |
| 273 | 滇西应用技术大学 | 1 | 15.76 | 云南省 |
| 274 | 中国消防救援学院 | 3 | 15.24 | 北京市 |
| 275 | 湖南师范大学树达学院 | 2 | 15.16 | 湖南省 |
| 276 | 温州肯恩大学 | 2 | 14.83 | 浙江省 |
| 277 | 南昌应用技术师范学院 | 3 | 14.7 | 江西省 |
| 278 | 河北师范大学汇华学院 | 4 | 13.76 | 河北省 |
| 279 | 四川工业科技学院 | 9 | 13.62 | 四川省 |
| 280 | 贵州黔南科技学院 | 7 | 13.47 | 贵州省 |
| 281 | 西北大学现代学院 | 4 | 13.17 | 陕西省 |
| 282 | 辽宁师范大学海华学院 | 6 | 12.86 | 辽宁省 |
| 283 | 安阳学院 | 1 | 12.55 | 河南省 |
| 284 | 吉林师范大学博达学院 | 7 | 10.96 | 吉林省 |
| 285 | 湖南文理学院芙蓉学院 | 2 | 9.99 | 湖南省 |
| 286 | 内蒙古鸿德文理学院 | 1 | 8.33 | 内蒙古自治区 |
| 287 | 河北东方学院 | 3 | 8.18 | 河北省 |

# 11.7　2017－2021年全国理工类本科院校大学生竞赛榜单

续表

| 排名 | 学校名称 | 奖项数 | 总分 | 省份 | 排名 | 学校名称 | 奖项数 | 总分 | 省份 |
|---|---|---|---|---|---|---|---|---|---|
| 1 | 哈尔滨工业大学 | 1388 | 100 | 黑龙江省 | 32 | 西南石油大学 | 751 | 78.38 | 四川省 |
| 2 | 华中科技大学 | 945 | 94.8 | 湖北省 | 33 | 桂林电子科技大学 | 939 | 78.35 | 广西壮族自治区 |
| 3 | 西安交通大学 | 831 | 94.79 | 陕西省 | 34 | 燕山大学 | 728 | 78.04 | 河北省 |
| 4 | 电子科技大学 | 897 | 93.73 | 四川省 | 35 | 山东科技大学 | 1210 | 77.97 | 山东省 |
| 5 | 东北大学 | 1297 | 91.53 | 辽宁省 | 36 | 河海大学 | 894 | 77.49 | 江苏省 |
| 6 | 西南交通大学 | 1252 | 90.89 | 四川省 | 37 | 哈尔滨工程大学 | 527 | 77.45 | 黑龙江省 |
| 7 | 上海交通大学 | 584 | 90.5 | 上海市 | 38 | 中国石油大学（华东） | 559 | 76.66 | 山东省 |
| 8 | 东南大学 | 710 | 90.32 | 江苏省 | 39 | 长春理工大学 | 604 | 76.13 | 吉林省 |
| 9 | 武汉理工大学 | 1019 | 90 | 湖北省 | 40 | 中国矿业大学 | 526 | 75.61 | 江苏省 |
| 10 | 重庆大学 | 929 | 89.23 | 重庆市 | 41 | 中北大学 | 1080 | 75.53 | 山西省 |
| 11 | 北京理工大学 | 750 | 88.24 | 北京市 | 42 | 长沙理工大学 | 633 | 74.88 | 湖南省 |
| 12 | 华南理工大学 | 574 | 87.93 | 广东省 | 43 | 重庆邮电大学 | 813 | 74.6 | 重庆市 |
| 13 | 西北工业大学 | 784 | 87.66 | 陕西省 | 44 | 大连海事大学 | 511 | 74.54 | 辽宁省 |
| 14 | 杭州电子科技大学 | 642 | 87.25 | 浙江省 | 45 | 华北电力大学 | 450 | 74.51 | 北京市 |
| 15 | 同济大学 | 701 | 86.9 | 上海市 | 46 | 昆明理工大学 | 720 | 74.1 | 云南省 |
| 16 | 合肥工业大学 | 862 | 86.82 | 安徽省 | 47 | 北京交通大学 | 432 | 73.53 | 北京市 |
| 17 | 北京航空航天大学 | 825 | 86.36 | 北京市 | 48 | 西南科技大学 | 556 | 72.5 | 四川省 |
| 18 | 浙江工业大学 | 666 | 86.23 | 浙江省 | 49 | 中国计量大学 | 312 | 72.42 | 浙江省 |
| 19 | 中南大学 | 663 | 85.55 | 湖南省 | 50 | 湖北工业大学 | 704 | 71.74 | 湖北省 |
| 20 | 大连理工大学 | 743 | 85.41 | 辽宁省 | 51 | 青岛理工大学 | 395 | 71.64 | 山东省 |
| 21 | 西安电子科技大学 | 604 | 84.69 | 陕西省 | 52 | 武汉科技大学 | 627 | 71.58 | 湖北省 |
| 22 | 清华大学 | 404 | 82.79 | 北京市 | 53 | 天津工业大学 | 494 | 71.25 | 天津市 |
| 23 | 北京科技大学 | 511 | 80.98 | 北京市 | 54 | 西安建筑科技大学 | 490 | 70.93 | 陕西省 |
| 24 | 广东工业大学 | 723 | 80.71 | 广东省 | 55 | 河南科技大学 | 497 | 70.87 | 河南省 |
| 25 | 太原理工大学 | 774 | 80.35 | 山西省 | 56 | 上海理工大学 | 514 | 70.47 | 上海市 |
| 26 | 南京航空航天大学 | 504 | 79.85 | 江苏省 | 57 | 南昌航空大学 | 547 | 70.39 | 江西省 |
| 27 | 南京邮电大学 | 696 | 79.82 | 江苏省 | 58 | 南京工业大学 | 555 | 70.26 | 江苏省 |
| 28 | 湖南大学 | 538 | 79.53 | 湖南省 | 59 | 青岛科技大学 | 541 | 70.12 | 山东省 |
| 29 | 天津大学 | 597 | 79.34 | 天津市 | 60 | 长安大学 | 451 | 69.85 | 陕西省 |
| 30 | 南京理工大学 | 726 | 79.01 | 江苏省 | | | | | |
| 31 | 北京邮电大学 | 500 | 78.39 | 北京市 | | | | | |

续表

| 排名 | 学校名称 | 奖项数 | 总分 | 省份 |
|------|----------|--------|------|------|
| 61 | 郑州轻工业大学 | 703 | 69.6 | 河南省 |
| 62 | 太原工业学院 | 217 | 69.56 | 山西省 |
| 63 | 河北工业大学 | 359 | 69.49 | 河北省 |
| 64 | 安徽理工大学 | 360 | 69.44 | 安徽省 |
| 65 | 江西理工大学 | 552 | 69.41 | 江西省 |
| 66 | 南京信息工程大学 | 747 | 69.24 | 江苏省 |
| 67 | 河南理工大学 | 455 | 68.77 | 河南省 |
| 68 | 兰州理工大学 | 569 | 68.48 | 甘肃省 |
| 69 | 安徽工业大学 | 419 | 68.31 | 安徽省 |
| 70 | 上海工程技术大学 | 363 | 67.97 | 上海市 |
| 71 | 中原工学院 | 424 | 67.87 | 河南省 |
| 72 | 安徽工程大学 | 333 | 67.82 | 安徽省 |
| 73 | 北京工业大学 | 389 | 67.79 | 北京市 |
| 74 | 浙江理工大学 | 387 | 67.77 | 浙江省 |
| 75 | 常州大学 | 313 | 67.67 | 江苏省 |
| 76 | 山东理工大学 | 651 | 67.35 | 山东省 |
| 77 | 华东理工大学 | 412 | 67.07 | 上海市 |
| 78 | 中国地质大学（武汉） | 264 | 66.27 | 湖北省 |
| 79 | 中国海洋大学 | 250 | 66.26 | 山东省 |
| 80 | 齐鲁工业大学 | 438 | 65.92 | 山东省 |
| 81 | 成都信息工程大学 | 457 | 65.71 | 四川省 |
| 82 | 西安理工大学 | 344 | 65.62 | 陕西省 |
| 83 | 河北科技大学 | 273 | 65.55 | 河北省 |
| 84 | 哈尔滨理工大学 | 579 | 65.44 | 黑龙江省 |
| 85 | 桂林理工大学 | 540 | 65.32 | 广西壮族自治区 |
| 86 | 北方工业大学 | 698 | 65.22 | 北京市 |
| 87 | 内蒙古科技大学 | 346 | 65.11 | 内蒙古自治区 |
| 88 | 长春工业大学 | 401 | 65 | 吉林省 |
| 89 | 辽宁工业大学 | 346 | 64.65 | 辽宁省 |
| 90 | 辽宁工程技术大学 | 394 | 64.61 | 辽宁省 |
| 91 | 陕西科技大学 | 374 | 64.43 | 陕西省 |
| 92 | 东华大学 | 395 | 64.38 | 上海市 |

续表

| 排名 | 学校名称 | 奖项数 | 总分 | 省份 |
|------|----------|--------|------|------|
| 93 | 厦门理工学院 | 305 | 64.37 | 福建省 |
| 94 | 南华大学 | 410 | 64.09 | 湖南省 |
| 95 | 江苏科技大学 | 421 | 64.02 | 江苏省 |
| 96 | 成都理工大学 | 525 | 63.64 | 四川省 |
| 97 | 中国科学技术大学 | 178 | 63.41 | 安徽省 |
| 98 | 兰州交通大学 | 309 | 63.39 | 甘肃省 |
| 99 | 上海海事大学 | 219 | 63.18 | 上海市 |
| 100 | 重庆交通大学 | 462 | 63.17 | 重庆市 |
| 101 | 重庆理工大学 | 325 | 63.05 | 重庆市 |
| 102 | 沈阳工业大学 | 320 | 63.01 | 辽宁省 |
| 103 | 东北电力大学 | 283 | 62.63 | 吉林省 |
| 104 | 沈阳航空航天大学 | 435 | 62.53 | 辽宁省 |
| 105 | 宁波工程学院 | 274 | 62.51 | 浙江省 |
| 106 | 重庆科技学院 | 353 | 62.07 | 重庆市 |
| 107 | 东莞理工学院 | 328 | 62.04 | 广东省 |
| 108 | 太原科技大学 | 304 | 61.96 | 山西省 |
| 109 | 武汉工程大学 | 565 | 61.92 | 湖北省 |
| 110 | 常熟理工学院 | 399 | 61.79 | 江苏省 |
| 111 | 华东交通大学 | 304 | 61.38 | 江西省 |
| 112 | 南京工程学院 | 282 | 60.83 | 江苏省 |
| 113 | 北京化工大学 | 258 | 60.41 | 北京市 |
| 114 | 浙江科技学院 | 309 | 60.4 | 浙江省 |
| 115 | 河南工业大学 | 402 | 60.33 | 河南省 |
| 116 | 盐城工学院 | 240 | 60.26 | 江苏省 |
| 117 | 福建工程学院 | 234 | 59.98 | 福建省 |
| 118 | 西安邮电大学 | 320 | 59.89 | 陕西省 |
| 119 | 安徽信息工程学院 | 251 | 59.49 | 安徽省 |
| 120 | 东华理工大学 | 315 | 59.05 | 江西省 |
| 121 | 内蒙古工业大学 | 216 | 58.98 | 内蒙古自治区 |
| 122 | 上海电力大学 | 169 | 58.95 | 上海市 |
| 123 | 南阳理工学院 | 395 | 58.69 | 河南省 |
| 124 | 中国石油大学（北京） | 278 | 58.51 | 北京市 |
| 125 | 中国民航大学 | 162 | 58.27 | 天津市 |

续表

| 排名 | 学校名称 | 奖项数 | 总分 | 省份 |
|------|----------|--------|------|------|
| 126 | 湖南理工学院 | 231 | 58.22 | 湖南省 |
| 127 | 湖南科技大学 | 303 | 57.94 | 湖南省 |
| 128 | 西安科技大学 | 252 | 57.76 | 陕西省 |
| 129 | 湖南工业大学 | 320 | 57.7 | 湖南省 |
| 130 | 湖北汽车工业学院 | 179 | 57.6 | 湖北省 |
| 130 | 天津科技大学 | 213 | 57.6 | 天津市 |
| 132 | 辽宁科技大学 | 248 | 57.43 | 辽宁省 |
| 133 | 洛阳理工学院 | 191 | 57.36 | 河南省 |
| 134 | 中国地质大学（北京） | 299 | 57.14 | 北京市 |
| 135 | 佛山科学技术学院 | 216 | 56.96 | 广东省 |
| 136 | 上海第二工业大学 | 201 | 56.27 | 上海市 |
| 137 | 沈阳建筑大学 | 207 | 55.94 | 辽宁省 |
| 138 | 四川轻化工大学 | 234 | 55.58 | 四川省 |
| 130 | 广西科技大学 | 164 | 54.98 | 广西壮族自治区 |
| 140 | 东北石油大学 | 159 | 54.93 | 黑龙江省 |
| 141 | 石家庄铁道大学 | 326 | 54.87 | 河北省 |
| 142 | 中国矿业大学（北京） | 150 | 54.79 | 北京市 |
| 143 | 河南工程学院 | 235 | 54.72 | 河南省 |
| 144 | 山东建筑大学 | 227 | 54.67 | 山东省 |
| 145 | 重庆文理学院 | 277 | 54.66 | 重庆市 |
| 146 | 成都工业学院 | 209 | 54.64 | 四川省 |
| 147 | 天津理工大学 | 255 | 54.6 | 天津市 |
| 148 | 天津中德应用技术大学 | 97 | 54.44 | 天津市 |
| 149 | 黑龙江科技大学 | 121 | 54.41 | 黑龙江省 |
| 150 | 安阳工学院 | 240 | 54.03 | 河南省 |
| 151 | 河北工程大学 | 158 | 53.98 | 河北省 |
| 152 | 杭州电子科技大学信息工程学院 | 111 | 53.8 | 浙江省 |
| 153 | 北京信息科技大学 | 265 | 53.46 | 北京市 |
| 154 | 陕西理工大学 | 226 | 53.39 | 陕西省 |
| 155 | 贵州理工学院 | 90 | 53.31 | 贵州省 |

续表

| 排名 | 学校名称 | 奖项数 | 总分 | 省份 |
|------|----------|--------|------|------|
| 156 | 湖南工程学院 | 141 | 53.1 | 湖南省 |
| 157 | 大连交通大学 | 204 | 53.08 | 辽宁省 |
| 158 | 西安工程大学 | 307 | 52.97 | 陕西省 |
| 159 | 大连工业大学 | 174 | 52.82 | 辽宁省 |
| 160 | 徐州工程学院 | 242 | 52.79 | 江苏省 |
| 161 | 山东交通学院 | 180 | 52.75 | 山东省 |
| 162 | 辽宁石油化工大学 | 235 | 52.56 | 辽宁省 |
| 163 | 华北水利水电大学 | 278 | 52.47 | 河南省 |
| 164 | 浙江万里学院 | 213 | 52.43 | 浙江省 |
| 165 | 沈阳工学院 | 233 | 52.02 | 辽宁省 |
| 166 | 西安工业大学 | 241 | 51.94 | 陕西省 |
| 167 | 淮阴工学院 | 222 | 51.93 | 江苏省 |
| 168 | 南昌工程学院 | 128 | 51.72 | 江西省 |
| 169 | 北京石油化工学院 | 167 | 51.47 | 北京市 |
| 170 | 安徽建筑大学 | 182 | 51.32 | 安徽省 |
| 171 | 电子科技大学中山学院 | 179 | 51.03 | 广东省 |
| 172 | 大连东软信息学院 | 366 | 50.78 | 辽宁省 |
| 173 | 郑州航空工业管理学院 | 203 | 50.72 | 河南省 |
| 174 | 苏州科技大学 | 243 | 50.71 | 江苏省 |
| 175 | 北华航天工业学院 | 99 | 50.32 | 河北省 |
| 176 | 成都理工大学工程技术学院 | 117 | 50.31 | 四川省 |
| 177 | 广州软件学院 | 204 | 50.06 | 广东省 |
| 178 | 燕山大学里仁学院 | 100 | 50.04 | 河北省 |
| 179 | 北京建筑大学 | 133 | 49.98 | 北京市 |
| 180 | 武汉纺织大学 | 244 | 49.87 | 湖北省 |
| 181 | 北京理工大学珠海学院 | 188 | 49.75 | 广东省 |
| 182 | 广州城市理工学院 | 107 | 49.68 | 广东省 |
| 183 | 景德镇陶瓷大学 | 136 | 49.61 | 江西省 |
| 184 | 湖北工程学院 | 132 | 49.42 | 湖北省 |
| 185 | 江西科技学院 | 103 | 49.34 | 江西省 |
| 186 | 赣南科技学院 | 141 | 49.33 | 江西省 |

续表

| 排名 | 学校名称 | 奖项数 | 总分 | 省份 |
|---|---|---|---|---|
| 187 | 吉林建筑大学 | 209 | 49.08 | 吉林省 |
| 188 | 上海应用技术大学 | 101 | 48.89 | 上海市 |
| 189 | 西安石油大学 | 118 | 48.72 | 陕西省 |
| 190 | 金陵科技学院 | 249 | 48.68 | 江苏省 |
| 191 | 北京印刷学院 | 202 | 48.46 | 北京市 |
| 192 | 安徽新华学院 | 113 | 48.41 | 安徽省 |
| 193 | 南宁学院 | 159 | 48.38 | 广西壮族自治区 |
| 194 | 长春工程学院 | 174 | 48.13 | 吉林省 |
| 195 | 武汉轻工大学 | 137 | 48.12 | 湖北省 |
| 196 | 湖北理工学院 | 175 | 47.81 | 湖北省 |
| 197 | 沈阳化工大学 | 163 | 47.77 | 辽宁省 |
| 198 | 黑龙江工程学院 | 74 | 47.29 | 黑龙江省 |
| 199 | 天津仁爱学院 | 149 | 46.76 | 天津市 |
| 200 | 广东东软学院 | 187 | 46.75 | 广东省 |
| 201 | 上海电机学院 | 85 | 46.66 | 上海市 |
| 202 | 常州工学院 | 169 | 46.57 | 江苏省 |
| 203 | 江苏海洋大学 | 174 | 46.52 | 江苏省 |
| 204 | 华北科技学院 | 105 | 46.48 | 河北省 |
| 205 | 山东石油化工学院 | 84 | 46.35 | 山东省 |
| 206 | 黄河科技学院 | 238 | 46.31 | 河南省 |
| 207 | 重庆工程学院 | 274 | 45.97 | 重庆市 |
| 208 | 吉林化工学院 | 68 | 45.8 | 吉林省 |
| 209 | 武汉华夏理工学院 | 134 | 45.76 | 湖北省 |
| 210 | 桂林航天工业学院 | 164 | 45.47 | 广西壮族自治区 |
| 211 | 防灾科技学院 | 93 | 45.29 | 河北省 |
| 212 | 成都东软学院 | 156 | 45.18 | 四川省 |
| 213 | 重庆城市科技学院 | 168 | 44.99 | 重庆市 |
| 214 | 潍坊科技学院 | 70 | 44.84 | 山东省 |
| 215 | 河南城建学院 | 148 | 44.68 | 河南省 |
| 216 | 沈阳理工大学 | 134 | 44.62 | 辽宁省 |
| 217 | 文华学院 | 92 | 44.33 | 湖北省 |
| 218 | 重庆移通学院 | 215 | 44.27 | 重庆市 |
| 219 | 攀枝花学院 | 149 | 44.15 | 四川省 |

续表

| 排名 | 学校名称 | 奖项数 | 总分 | 省份 |
|---|---|---|---|---|
| 220 | 河北地质大学 | 69 | 43.84 | 河北省 |
| 221 | 安徽三联学院 | 67 | 43.39 | 安徽省 |
| 222 | 中国民用航空飞行学院 | 58 | 43.31 | 四川省 |
| 223 | 西安航空学院 | 123 | 43.3 | 陕西省 |
| 224 | 闽南理工学院 | 234 | 43.24 | 福建省 |
| 225 | 中国计量大学现代科技学院 | 57 | 42.69 | 浙江省 |
| 226 | 南京理工大学紫金学院 | 133 | 42.66 | 江苏省 |
| 227 | 中国矿业大学徐海学院 | 75 | 42.63 | 江苏省 |
| 228 | 汉口学院 | 124 | 42.57 | 湖北省 |
| 229 | 新疆工程学院 | 81 | 42.45 | 新疆维吾尔自治区 |
| 229 | 辽宁科技学院 | 129 | 42.45 | 辽宁省 |
| 231 | 南昌工学院 | 50 | 42.31 | 江西省 |
| 231 | 南昌理工学院 | 128 | 42.31 | 江西省 |
| 233 | 电子科技大学成都学院 | 94 | 42.27 | 四川省 |
| 234 | 湖北汽车工业学院科技学院 | 58 | 42.19 | 湖北省 |
| 235 | 浙江树人学院 | 39 | 42.02 | 浙江省 |
| 236 | 河南工学院 | 51 | 41.91 | 河南省 |
| 237 | 南通理工学院 | 160 | 41.82 | 江苏省 |
| 238 | 武汉东湖学院 | 154 | 41.7 | 湖北省 |
| 239 | 湖南工学院 | 106 | 41.56 | 湖南省 |
| 240 | 浙江工业大学之江学院 | 90 | 41.47 | 浙江省 |
| 241 | 郑州工业应用技术学院 | 144 | 41.2 | 河南省 |
| 242 | 桂林信息科技学院 | 198 | 41.15 | 广西壮族自治区 |
| 243 | 湖北工业大学工程技术学院 | 111 | 40.91 | 湖北省 |

续表

| 排名 | 学校名称 | 奖项数 | 总分 | 省份 |
|---|---|---|---|---|
| 244 | 江苏科技大学苏州理工学院 | 47 | 40.74 | 江苏省 |
| 245 | 长沙理工大学城南学院 | 12 | 40.58 | 湖南省 |
| 245 | 江西工程学院 | 43 | 40.58 | 江西省 |
| 247 | 东南大学成贤学院 | 70 | 40.36 | 江苏省 |
| 248 | 上海科技大学 | 51 | 39.45 | 上海市 |
| 249 | 南京航空航天大学金城学院 | 94 | 39.39 | 江苏省 |
| 250 | 阳光学院 | 71 | 39.1 | 福建省 |
| 251 | 南昌交通学院 | 66 | 38.99 | 江西省 |
| 252 | 深圳技术大学 | 85 | 38.82 | 广东省 |
| 253 | 安徽科技学院 | 37 | 38.75 | 安徽省 |
| 254 | 湖南城市学院 | 76 | 38.56 | 湖南省 |
| 255 | 柳州工学院 | 58 | 38.41 | 广西壮族自治区 |
| 256 | 郑州工程技术学院 | 222 | 37.75 | 河南省 |
| 257 | 太原学院 | 30 | 37.48 | 山西省 |
| 258 | 兰州工业学院 | 73 | 37.43 | 甘肃省 |
| 259 | 马鞍山学院 | 40 | 37.42 | 安徽省 |
| 260 | 广东科技学院 | 102 | 37.23 | 广东省 |
| 261 | 天津城建大学 | 45 | 37.2 | 天津市 |
| 262 | 东莞城市学院 | 62 | 37.09 | 广东省 |
| 263 | 青岛城市学院 | 63 | 36.96 | 山东省 |
| 264 | 广东白云学院 | 117 | 36.91 | 广东省 |
| 265 | 银川科技学院 | 33 | 36.67 | 宁夏回族自治区 |
| 266 | 山西工学院 | 41 | 36.44 | 山西省 |
| 267 | 银川能源学院 | 42 | 36.43 | 宁夏回族自治区 |
| 268 | 河北建筑工程学院 | 60 | 36.27 | 河北省 |
| 269 | 荆楚理工学院 | 60 | 36.23 | 湖北省 |
| 270 | 黑龙江工业学院 | 19 | 36.11 | 黑龙江省 |
| 270 | 浙江水利水电学院 | 45 | 36.11 | 浙江省 |
| 272 | 武昌理工学院 | 95 | 36.09 | 湖北省 |

续表

| 排名 | 学校名称 | 奖项数 | 总分 | 省份 |
|---|---|---|---|---|
| 273 | 宁夏理工学院 | 54 | 36.07 | 宁夏回族自治区 |
| 274 | 鄂尔多斯应用技术学院 | 19 | 36.06 | 内蒙古自治区 |
| 274 | 沈阳工程学院 | 67 | 36.06 | 辽宁省 |
| 276 | 南昌航空大学科技学院 | 40 | 36.05 | 江西省 |
| 277 | 沈阳城市建设学院 | 52 | 36.04 | 辽宁省 |
| 278 | 南京理工大学泰州科技学院 | 66 | 35.98 | 江苏省 |
| 279 | 北京服装学院 | 68 | 35.96 | 北京市 |
| 280 | 西安明德理工学院 | 102 | 35.7 | 陕西省 |
| 281 | 北京科技大学天津学院 | 24 | 35.66 | 天津市 |
| 282 | 河北工程人学科信学院 | 32 | 35.6 | 河北省 |
| 283 | 广州航海学院 | 19 | 35.46 | 广东省 |
| 284 | 山东华宇工学院 | 87 | 35.45 | 山东省 |
| 285 | 华北理工大学轻工学院 | 46 | 35.26 | 河北省 |
| 286 | 湖南科技大学潇湘学院 | 13 | 35.13 | 湖南省 |
| 287 | 吉林建筑科技学院 | 106 | 35.1 | 吉林省 |
| 288 | 武汉生物工程学院 | 36 | 34.92 | 湖北省 |
| 289 | 无锡学院 | 62 | 34.88 | 江苏省 |
| 290 | 武汉城市学院 | 133 | 34.82 | 湖北省 |
| 291 | 西南交通大学希望学院 | 35 | 34.62 | 四川省 |
| 292 | 郑州科技学院 | 35 | 34.61 | 河南省 |
| 293 | 沧州交通学院 | 58 | 34.2 | 河北省 |
| 294 | 营口理工学院 | 61 | 33.76 | 辽宁省 |
| 295 | 大连科技学院 | 91 | 33.65 | 辽宁省 |
| 296 | 长春建筑学院 | 47 | 33.35 | 吉林省 |
| 297 | 沈阳科技学院 | 49 | 33.15 | 辽宁省 |
| 298 | 广州华立学院 | 56 | 33.11 | 广东省 |

续表

| 排名 | 学校名称 | 奖项数 | 总分 | 省份 |
|---|---|---|---|---|
| 299 | 西安交通大学城市学院 | 55 | 32.86 | 陕西省 |
| 300 | 武昌首义学院 | 82 | 32.59 | 湖北省 |
| 301 | 湖南理工学院南湖学院 | 21 | 32.56 | 湖南省 |
| 302 | 大连理工大学城市学院 | 52 | 32.54 | 辽宁省 |
| 303 | 哈尔滨石油学院 | 22 | 32.28 | 黑龙江省 |
| 304 | 北京电子科技学院 | 27 | 32.14 | 北京市 |
| 305 | 哈尔滨华德学院 | 88 | 32.08 | 黑龙江省 |
| 306 | 武汉工程大学邮电与信息工程学院 | 25 | 32.05 | 湖北省 |
| 307 | 皖江工学院 | 21 | 31.88 | 安徽省 |
| 308 | 武昌工学院 | 60 | 31.8 | 湖北省 |
| 309 | 青岛工学院 | 37 | 31.74 | 山东省 |
| 310 | 长春电子科技学院 | 26 | 31.68 | 吉林省 |
| 311 | 河北工程技术学院 | 26 | 31.66 | 河北省 |
| 312 | 山西能源学院 | 17 | 31.61 | 山西省 |
| 313 | 西安建筑科技大学华清学院 | 13 | 31.56 | 陕西省 |
| 314 | 西安思源学院 | 8 | 31.35 | 陕西省 |
| 315 | 湖南工业大学科技学院 | 20 | 31.28 | 湖南省 |
| 316 | 昆明理工大学津桥学院 | 44 | 31.24 | 云南省 |
| 317 | 成都银杏酒店管理学院 | 32 | 31.17 | 四川省 |
| 317 | 山西工程技术学院 | 41 | 31.17 | 山西省 |
| 319 | 兰州信息科技学院 | 55 | 31.07 | 甘肃省 |
| 320 | 绵阳城市学院 | 47 | 30.98 | 四川省 |
| 321 | 北京邮电大学世纪学院 | 24 | 30.92 | 北京市 |
| 322 | 南京邮电大学通达学院 | 65 | 30.39 | 江苏省 |

续表

| 排名 | 学校名称 | 奖项数 | 总分 | 省份 |
|---|---|---|---|---|
| 323 | 湖北文理学院理工学院 | 30 | 30.19 | 湖北省 |
| 324 | 西安工商学院 | 22 | 30.12 | 陕西省 |
| 325 | 阜阳师范大学信息工程学院 | 29 | 29.85 | 安徽省 |
| 326 | 福州理工学院 | 29 | 29.44 | 福建省 |
| 326 | 广东理工学院 | 44 | 29.44 | 广东省 |
| 328 | 保定理工学院 | 44 | 29.3 | 河北省 |
| 329 | 西安交通工程学院 | 18 | 28.08 | 陕西省 |
| 330 | 兰州博文科技学院 | 22 | 28.01 | 甘肃省 |
| 331 | 河北环境工程学院 | 40 | 28 | 河北省 |
| 332 | 泰山科技学院 | 12 | 27.84 | 山东省 |
| 333 | 南华大学船山学院 | 12 | 27.75 | 湖南省 |
| 334 | 黄河交通学院 | 29 | 27.32 | 河南省 |
| 335 | 厦门工学院 | 35 | 27.16 | 福建省 |
| 336 | 湖北科技学院 | 46 | 27.12 | 湖北省 |
| 337 | 齐齐哈尔工程学院 | 34 | 27 | 黑龙江省 |
| 338 | 泉州信息工程学院 | 40 | 26.89 | 福建省 |
| 339 | 新乡工程学院 | 12 | 26.59 | 河南省 |
| 340 | 常州大学怀德学院 | 13 | 26.43 | 江苏省 |
| 340 | 石家庄铁道大学四方学院 | 20 | 26.43 | 河北省 |
| 342 | 天津理工大学中环信息学院 | 21 | 26.3 | 天津市 |
| 343 | 湖南信息学院 | 31 | 26.07 | 湖南省 |
| 344 | 浙江理工大学科技与艺术学院 | 37 | 25.95 | 浙江省 |
| 345 | 南京工业大学浦江学院 | 18 | 25.86 | 江苏省 |
| 346 | 山西晋中理工学院 | 12 | 25.46 | 山西省 |
| 347 | 南宁理工学院 | 18 | 25.42 | 广西壮族自治区 |
| 348 | 河北水利电力学院 | 31 | 24.97 | 河北省 |
| 349 | 安徽文达信息工程学院 | 32 | 23.65 | 安徽省 |

续表

| 排名 | 学校名称 | 奖项数 | 总分 | 省份 |
|---|---|---|---|---|
| 350 | 赣东学院 | 28 | 23.43 | 江西省 |
| 351 | 武汉工程科技学院 | 32 | 23.32 | 湖北省 |
| 352 | 北京工业大学耿丹学院 | 24 | 23.17 | 北京市 |
| 353 | 茅台学院 | 5 | 22.64 | 贵州省 |
| 354 | 大连工业大学艺术与信息工程学院 | 11 | 22.61 | 辽宁省 |
| 355 | 湖南工程学院应用技术学院 | 5 | 22.12 | 湖南省 |
| 356 | 武汉纺织大学外经贸学院 | 8 | 22.09 | 湖北省 |
| 357 | 湖北工程学院新技术学院 | 36 | 21.95 | 湖北省 |
| 358 | 陕西科技大学镐京学院 | 8 | 21.53 | 陕西省 |
| 359 | 江西服装学院 | 19 | 21.31 | 江西省 |
| 360 | 商丘工学院 | 4 | 20.77 | 河南省 |
| 361 | 哈尔滨远东理工学院 | 12 | 20.23 | 黑龙江省 |
| 362 | 哈尔滨信息工程学院 | 25 | 19.33 | 黑龙江省 |
| 363 | 陕西服装工程学院 | 3 | 16.23 | 陕西省 |
| 364 | 河北科技学院 | 11 | 15.62 | 河北省 |
| 365 | 合肥城市学院 | 2 | 14.26 | 安徽省 |
| 366 | 西安科技大学高新学院 | 6 | 14.15 | 陕西省 |
| 367 | 广东以色列理工学院 | 1 | 14 | 广东省 |

## 11.8　2017－2021 年全国人文社科类本科院校大学生竞赛榜单

续表

| 排名 | 学校名称 | 奖项数 | 总分 | 省份 | 排名 | 学校名称 | 奖项数 | 总分 | 省份 |
|---|---|---|---|---|---|---|---|---|---|
| 1 | 浙江工商大学 | 351 | 66.54 | 浙江省 | 31 | 中国政法大学 | 86 | 48.07 | 北京市 |
| 2 | 中国人民大学 | 343 | 63.36 | 北京市 | 32 | 西安欧亚学院 | 106 | 47.57 | 陕西省 |
| 3 | 安徽财经大学 | 280 | 62.89 | 安徽省 | 33 | 湖南工商大学 | 92 | 47.49 | 湖南省 |
| 4 | 重庆工商大学 | 241 | 62.06 | 重庆市 | 34 | 对外经济贸易大学 | 53 | 47.22 | 北京市 |
| 5 | 江西财经大学 | 396 | 61.55 | 江西省 | 35 | 武汉商学院 | 167 | 46.63 | 湖北省 |
| 6 | 山东财经大学 | 161 | 60.5 | 山东省 | 36 | 广西艺术学院 | 419 | 45.82 | 广西壮族自治区 |
| 7 | 浙江财经大学 | 230 | 58.99 | 浙江省 | 37 | 西安财经大学 | 92 | 45.58 | 陕西省 |
| 8 | 中南财经政法大学 | 176 | 58.89 | 湖北省 | 38 | 南京财经大学 | 84 | 45.4 | 江苏省 |
| 9 | 东北财经大学 | 108 | 57.51 | 辽宁省 | 39 | 兰州财经大学 | 78 | 45.39 | 甘肃省 |
| 10 | 北京工商大学 | 253 | 56.5 | 北京市 | 40 | 新疆财经大学 | 80 | 45.15 | 新疆维吾尔自治区 |
| 11 | 浙江传媒学院 | 204 | 55.18 | 浙江省 | 41 | 首都经济贸易大学 | 105 | 45.01 | 北京市 |
| 12 | 西南财经大学 | 115 | 55 | 四川省 | 42 | 哈尔滨商业大学 | 102 | 44.91 | 黑龙江省 |
| 13 | 湖北经济学院 | 336 | 54.5 | 湖北省 | 43 | 山东工商学院 | 143 | 44.71 | 山东省 |
| 14 | 广东财经大学 | 184 | 54.49 | 广东省 | 44 | 海口经济学院 | 74 | 44.65 | 海南省 |
| 15 | 河南财经政法大学 | 180 | 54.07 | 河南省 | 45 | 宁波财经学院 | 141 | 44.38 | 浙江省 |
| 16 | 上海财经大学 | 118 | 53.97 | 上海市 | 46 | 中央财经大学 | 61 | 43.83 | 北京市 |
| 17 | 河北经贸大学 | 141 | 53.47 | 河北省 | 47 | 西安外国语大学 | 50 | 43 | 陕西省 |
| 18 | 广西财经学院 | 109 | 52.57 | 广西壮族自治区 | 48 | 吉林动画学院 | 97 | 42.78 | 吉林省 |
| 19 | 天津财经大学 | 88 | 52.3 | 天津市 | 49 | 上海商学院 | 74 | 42.72 | 上海市 |
| 20 | 天津商业大学 | 95 | 51 | 天津市 | 50 | 吉林财经大学 | 46 | 42.53 | 吉林省 |
| 21 | 山西财经大学 | 76 | 50.89 | 山西省 | 51 | 郑州西亚斯学院 | 92 | 42.48 | 河南省 |
| 22 | 北京外国语大学 | 28 | 50.57 | 北京市 | 52 | 内蒙古财经大学 | 57 | 41.7 | 内蒙古自治区 |
| 23 | 中国传媒大学 | 235 | 50.56 | 北京市 | 53 | 云南经济管理学院 | 50 | 41.48 | 云南省 |
| 24 | 鲁迅美术学院 | 266 | 49.55 | 辽宁省 | 54 | 郑州经贸学院 | 153 | 41.39 | 河南省 |
| 25 | 福建江夏学院 | 135 | 49.25 | 福建省 | 55 | 云南财经大学 | 95 | 41.18 | 云南省 |
| 26 | 广东外语外贸大学 | 175 | 48.85 | 广东省 | 56 | 长春财经学院 | 26 | 40.49 | 吉林省 |
| 27 | 福州外语外贸学院 | 144 | 48.51 | 福建省 | 57 | 云南艺术学院 | 127 | 40.46 | 云南省 |
| 28 | 浙江外国语学院 | 33 | 48.45 | 浙江省 | 58 | 西安翻译学院 | 48 | 40.45 | 陕西省 |
| 29 | 云南工商学院 | 126 | 48.43 | 云南省 | | | | | |
| 30 | 四川外国语大学 | 54 | 48.11 | 重庆市 | | | | | |

续表

| 排名 | 学校名称 | 奖项数 | 总分 | 省份 |
|---|---|---|---|---|
| 59 | 贵州财经大学 | 62 | 40.38 | 贵州省 |
| 60 | 吉林艺术学院 | 117 | 40.33 | 吉林省 |
| 61 | 西安培华学院 | 90 | 40.18 | 陕西省 |
| 62 | 西南政法大学 | 22 | 40.08 | 重庆市 |
| 63 | 辽宁对外经贸学院 | 101 | 39.74 | 辽宁省 |
| 64 | 上海外国语大学 | 42 | 39.5 | 上海市 |
| 65 | 四川美术学院 | 111 | 39.39 | 重庆市 |
| 66 | 河北金融学院 | 42 | 39.15 | 河北省 |
| 67 | 南京审计大学 | 59 | 39.14 | 江苏省 |
| 68 | 河池学院 | 59 | 38.94 | 广西壮族自治区 |
| 69 | 山东女子学院 | 59 | 38.74 | 山东省 |
| 70 | 上海对外经贸大学 | 47 | 38.73 | 上海市 |
| 71 | 南京艺术学院 | 112 | 38.53 | 江苏省 |
| 72 | 中国美术学院 | 87 | 38.22 | 浙江省 |
| 73 | 上海体育学院 | 22 | 37.97 | 上海市 |
| 74 | 西北政法大学 | 16 | 37.95 | 陕西省 |
| 75 | 山西传媒学院 | 75 | 37.94 | 山西省 |
| 76 | 湖南涉外经济学院 | 30 | 37.7 | 湖南省 |
| 77 | 四川工商学院 | 56 | 37.68 | 四川省 |
| 78 | 吉林外国语大学 | 33 | 37.42 | 吉林省 |
| 79 | 浙江工商大学杭州商学院 | 90 | 36.89 | 浙江省 |
| 80 | 华东政法大学 | 24 | 36.8 | 上海市 |
| 81 | 沈阳体育学院 | 62 | 36.75 | 辽宁省 |
| 82 | 北京物资学院 | 26 | 36.39 | 北京市 |
| 83 | 上海杉达学院 | 49 | 36.1 | 上海市 |
| 84 | 上海海关学院 | 20 | 35.92 | 上海市 |
| 85 | 中国人民公安大学 | 24 | 35.88 | 北京市 |
| 86 | 北海艺术设计学院 | 159 | 35.77 | 广西壮族自治区 |
| 87 | 首都师范大学科德学院 | 26 | 35.75 | 北京市 |
| 88 | 贵州商学院 | 46 | 35.4 | 贵州省 |
| 89 | 四川音乐学院 | 96 | 35.29 | 四川省 |

续表

| 排名 | 学校名称 | 奖项数 | 总分 | 省份 |
|---|---|---|---|---|
| 90 | 湖北美术学院 | 71 | 35.24 | 湖北省 |
| 91 | 内蒙古艺术学院 | 84 | 35.11 | 内蒙古自治区 |
| 92 | 北京体育大学 | 72 | 34.61 | 北京市 |
| 93 | 中国人民警察大学 | 56 | 34.53 | 河北省 |
| 94 | 大连外国语大学 | 60 | 34.39 | 辽宁省 |
| 95 | 广东培正学院 | 121 | 34.37 | 广东省 |
| 96 | 山东艺术学院 | 52 | 34.14 | 山东省 |
| 97 | 上海财经大学浙江学院 | 17 | 34.11 | 浙江省 |
| 98 | 天津财经大学珠江学院 | 40 | 34.05 | 天津市 |
| 99 | 浙江警察学院 | 27 | 33.63 | 浙江省 |
| 100 | 哈尔滨金融学院 | 36 | 33.62 | 黑龙江省 |
| 101 | 中国音乐学院 | 19 | 33.6 | 北京市 |
| 102 | 湖北商贸学院 | 60 | 33.59 | 湖北省 |
| 103 | 中国刑事警察学院 | 17 | 33.52 | 辽宁省 |
| 104 | 河北大学工商学院 | 16 | 33.46 | 河北省 |
| 105 | 上海视觉艺术学院 | 27 | 33.08 | 上海市 |
| 106 | 兰州工商学院 | 15 | 32.93 | 甘肃省 |
| 106 | 广东金融学院 | 70 | 32.93 | 广东省 |
| 108 | 山东青年政治学院 | 36 | 32.86 | 山东省 |
| 109 | 桂林旅游学院 | 37 | 32.79 | 广西壮族自治区 |
| 110 | 武汉传媒学院 | 93 | 32.52 | 湖北省 |
| 111 | 西安美术学院 | 60 | 32.47 | 陕西省 |
| 112 | 北京语言大学 | 70 | 32.42 | 北京市 |
| 113 | 广州美术学院 | 44 | 32.31 | 广东省 |
| 114 | 上海音乐学院 | 25 | 32.07 | 上海市 |
| 115 | 武汉体育学院 | 77 | 32.03 | 湖北省 |
| 116 | 重庆财经学院 | 26 | 31.81 | 重庆市 |
| 117 | 四川电影电视学院 | 45 | 31.73 | 四川省 |
| 118 | 浙江越秀外国语学院 | 54 | 31.69 | 浙江省 |
| 118 | 南京传媒学院 | 64 | 31.69 | 江苏省 |

续表

| 排名 | 学校名称 | 奖项数 | 总分 | 省份 |
|---|---|---|---|---|
| 120 | 重庆对外经贸学院 | 86 | 31.67 | 重庆市 |
| 121 | 山东工艺美术学院 | 27 | 31.59 | 山东省 |
| 122 | 陕西国际商贸学院 | 32 | 31.45 | 陕西省 |
| 123 | 外交学院 | 8 | 31.4 | 北京市 |
| 124 | 武汉设计工程学院 | 45 | 31.1 | 湖北省 |
| 125 | 浙江财经大学东方学院 | 33 | 31.07 | 浙江省 |
| 126 | 河南财政金融学院 | 45 | 31.05 | 河南省 |
| 127 | 大连艺术学院 | 56 | 30.84 | 辽宁省 |
| 128 | 天津美术学院 | 21 | 30.74 | 天津市 |
| 129 | 西安外事学院 | 22 | 30.73 | 陕西省 |
| 130 | 温州商学院 | 40 | 30.72 | 浙江省 |
| 131 | 新疆艺术学院 | 19 | 30.57 | 新疆维吾尔自治区 |
| 131 | 山东政法学院 | 60 | 30.57 | 山东省 |
| 133 | 天津外国语大学 | 11 | 30.54 | 天津市 |
| 134 | 浙江音乐学院 | 45 | 30.26 | 浙江省 |
| 135 | 中央美术学院 | 5 | 29.71 | 北京市 |
| 135 | 福建商学院 | 19 | 29.71 | 福建省 |
| 137 | 上海立信会计金融学院 | 20 | 29.61 | 上海市 |
| 138 | 黑河学院 | 50 | 29.53 | 黑龙江省 |
| 139 | 大连财经学院 | 31 | 29.5 | 辽宁省 |
| 140 | 中国劳动关系学院 | 4 | 29.44 | 北京市 |
| 141 | 四川文化艺术学院 | 18 | 29.41 | 四川省 |
| 142 | 同济大学浙江学院 | 28 | 28.87 | 浙江省 |
| 143 | 西南财经大学天府学院 | 53 | 28.22 | 四川省 |
| 144 | 山东警察学院 | 7 | 28.02 | 山东省 |
| 145 | 北京电影学院 | 17 | 27.93 | 北京市 |
| 146 | 广州华商学院 | 67 | 27.89 | 广东省 |
| 147 | 广西外国语学院 | 22 | 27.85 | 广西壮族自治区 |
| 148 | 重庆外语外事学院 | 66 | 27.47 | 重庆市 |

续表

| 排名 | 学校名称 | 奖项数 | 总分 | 省份 |
|---|---|---|---|---|
| 149 | 南京体育学院 | 3 | 27.43 | 江苏省 |
| 150 | 山西工商学院 | 47 | 27.4 | 山西省 |
| 151 | 甘肃政法大学 | 28 | 27.13 | 甘肃省 |
| 152 | 黑龙江工商学院 | 13 | 27.02 | 黑龙江省 |
| 153 | 上海外国语大学贤达经济人文学院 | 17 | 26.91 | 上海市 |
| 154 | 河北经贸大学经济管理学院 | 11 | 26.5 | 河北省 |
| 155 | 武汉学院 | 61 | 26.32 | 湖北省 |
| 156 | 郑州商学院 | 44 | 26.14 | 河南省 |
| 157 | 四川传媒学院 | 22 | 26.02 | 四川省 |
| 158 | 中央戏剧学院 | 2 | 25.97 | 北京市 |
| 159 | 中央音乐学院 | 8 | 25.93 | 北京市 |
| 160 | 北京工商大学嘉华学院 | 8 | 25.81 | 北京市 |
| 161 | 湖南女子学院 | 46 | 25.74 | 湖南省 |
| 162 | 广东外语外贸大学南国商学院 | 16 | 25.56 | 广东省 |
| 163 | 南京森林警察学院 | 10 | 25.48 | 江苏省 |
| 164 | 上海戏剧学院 | 13 | 25.31 | 上海市 |
| 165 | 安徽艺术学院 | 23 | 25.11 | 安徽省 |
| 166 | 郑州财经学院 | 10 | 24.83 | 河南省 |
| 167 | 西安财经大学行知学院 | 7 | 24.75 | 陕西省 |
| 168 | 河北美术学院 | 48 | 24.73 | 河北省 |
| 169 | 武汉音乐学院 | 26 | 24.7 | 湖北省 |
| 170 | 广东警官学院 | 2 | 24.66 | 广东省 |
| 171 | 国际关系学院 | 7 | 24.6 | 北京市 |
| 172 | 湖南财政经济学院 | 16 | 24.55 | 湖南省 |
| 173 | 江西警察学院 | 2 | 24.54 | 江西省 |
| 174 | 铁道警察学院 | 2 | 24.48 | 河南省 |
| 175 | 湖北经济学院法商学院 | 13 | 24.2 | 湖北省 |
| 176 | 天津体育学院 | 8 | 24.15 | 天津市 |

续表

| 排名 | 学校名称 | 奖项数 | 总分 | 省份 |
|---|---|---|---|---|
| 177 | 吉林工商学院 | 19 | 23.89 | 吉林省 |
| 178 | 南京审计大学金审学院 | 14 | 23.73 | 江苏省 |
| 179 | 江西财经大学现代经济管理学院 | 13 | 23.62 | 江西省 |
| 180 | 山西警察学院 | 3 | 23.45 | 山西省 |
| 181 | 哈尔滨体育学院 | 2 | 23.42 | 黑龙江省 |
| 182 | 沈阳音乐学院 | 24 | 23.36 | 辽宁省 |
| 183 | 郑州工商学院 | 29 | 23.21 | 河南省 |
| 184 | 中国戏曲学院 | 15 | 23.2 | 北京市 |
| 185 | 中央司法警官学院 | 3 | 23.03 | 河北省 |
| 186 | 星海音乐学院 | 22 | 22.99 | 广东省 |
| 187 | 北京第二外国语学院 | 7 | 22.9 | 北京市 |
| 188 | 西安音乐学院 | 21 | 22.65 | 陕西省 |
| 189 | 郑州升达经贸管理学院 | 65 | 22.55 | 河南省 |
| 190 | 四川外国语大学成都学院 | 2 | 22.36 | 四川省 |
| 191 | 天津外国语大学滨海外事学院 | 2 | 22.24 | 天津市 |
| 192 | 河北地质大学华信学院 | 6 | 22.02 | 河北省 |
| 193 | 云南警官学院 | 9 | 21.58 | 云南省 |
| 194 | 湘潭理工学院 | 1 | 20.89 | 湖南省 |
| 195 | 辽宁传媒学院 | 11 | 20.23 | 辽宁省 |
| 196 | 成都体育学院 | 1 | 20.13 | 四川省 |
| 197 | 新疆科技学院 | 7 | 20.08 | 新疆维吾尔自治区 |
| 198 | 湖南警察学院 | 29 | 19.89 | 湖南省 |
| 199 | 辽宁财贸学院 | 17 | 19.7 | 辽宁省 |
| 200 | 山东财经大学东方学院 | 4 | 19.68 | 山东省 |
| 200 | 天津传媒学院 | 9 | 19.68 | 天津市 |
| 202 | 天津音乐学院 | 4 | 18.81 | 天津市 |

续表

| 排名 | 学校名称 | 奖项数 | 总分 | 省份 |
|---|---|---|---|---|
| 203 | 山东体育学院 | 4 | 18.76 | 山东省 |
| 204 | 黑龙江财经学院 | 19 | 17.69 | 黑龙江省 |
| 205 | 辽宁警察学院 | 1 | 17.52 | 辽宁省 |
| 206 | 河北传媒学院 | 4 | 17.5 | 河北省 |
| 207 | 吉林体育学院 | 1 | 17.34 | 吉林省 |
| 208 | 贵州黔南经济学院 | 1 | 17.28 | 贵州省 |
| 209 | 重庆工商大学派斯学院 | 3 | 16.28 | 重庆市 |
| 210 | 蚌埠工商学院 | 7 | 15.81 | 安徽省 |
| 211 | 武汉体育学院体育科技学院 | 9 | 15.74 | 湖北省 |
| 212 | 福建警察学院 | 2 | 15.56 | 福建省 |
| 213 | 西安体育学院 | 1 | 15.43 | 陕西省 |
| 214 | 广西警察学院 | 1 | 15.06 | 广西壮族自治区 |
| 215 | 上海政法学院 | 5 | 14.53 | 上海市 |
| 216 | 青岛电影学院 | 5 | 14.39 | 山东省 |
| 217 | 天津商业大学宝德学院 | 3 | 14.2 | 天津市 |
| 218 | 四川警察学院 | 4 | 14.17 | 四川省 |
| 219 | 安徽外国语学院 | 4 | 13.98 | 安徽省 |
| 220 | 首都体育学院 | 1 | 13.28 | 北京市 |
| 221 | 云南艺术学院文华学院 | 1 | 12.9 | 云南省 |
| 222 | 河南警察学院 | 2 | 11.97 | 河南省 |
| 223 | 吉林警察学院 | 8 | 11.5 | 吉林省 |
| 224 | 哈尔滨音乐学院 | 2 | 9.8 | 黑龙江省 |
| 225 | 河北外国语学院 | 3 | 7.39 | 河北省 |
| 226 | 广州体育学院 | 1 | 5.96 | 广东省 |
| 226 | 北京舞蹈学院 | 1 | 5.96 | 北京市 |

# 11.9　2017－2021 年全国农林类本科院校大学生竞赛榜单

续表

| 排名 | 学校名称 | 奖项数 | 总分 | 省份 | 排名 | 学校名称 | 奖项数 | 总分 | 省份 |
|---|---|---|---|---|---|---|---|---|---|
| 1 | 东北林业大学 | 604 | 74.87 | 黑龙江省 | 29 | 西南林业大学 | 93 | 45.47 | 云南省 |
| 2 | 西北农林科技大学 | 656 | 67.59 | 陕西省 | 30 | 新疆农业大学 | 95 | 45.24 | 新疆维吾尔自治区 |
| 3 | 华南农业大学 | 410 | 66.88 | 广东省 | 31 | 山东农业大学 | 105 | 44.42 | 山东省 |
| 4 | 福建农林大学 | 330 | 66.48 | 福建省 | 32 | 西藏农牧学院 | 50 | 44.32 | 西藏自治区 |
| 5 | 河北农业大学 | 384 | 60.67 | 河北省 | 33 | 云南农业大学 | 53 | 43.68 | 云南省 |
| 6 | 华中农业大学 | 241 | 60.52 | 湖北省 | 34 | 天津农学院 | 75 | 42.8 | 天津市 |
| 7 | 中国农业大学 | 208 | 59.59 | 北京市 | 35 | 吉林农业科技学院 | 79 | 41.63 | 吉林省 |
| 8 | 浙江农林大学 | 399 | 59.47 | 浙江省 | 36 | 山西农业大学 | 73 | 41.4 | 山西省 |
| 9 | 南京林业大学 | 471 | 58.97 | 江苏省 | 37 | 河北农业大学现代科技学院 | 32 | 38.81 | 河北省 |
| 10 | 塔里木大学 | 189 | 58.82 | 新疆维吾尔自治区 | 38 | 河南牧业经济学院 | 78 | 38.61 | 河南省 |
| 11 | 东北农业大学 | 234 | 58.73 | 黑龙江省 | 39 | 大连海洋大学 | 84 | 38.31 | 辽宁省 |
| 12 | 中南林业科技大学 | 279 | 58.06 | 湖南省 | 40 | 晋中信息学院 | 54 | 36.65 | 山西省 |
| 13 | 安徽农业大学 | 224 | 56 | 安徽省 | 41 | 江西农业大学 | 86 | 36.27 | 江西省 |
| 14 | 南京农业大学 | 168 | 55.91 | 江苏省 | 42 | 湛江科技学院 | 76 | 35.64 | 广东省 |
| 15 | 湖南农业大学 | 168 | 55.66 | 湖南省 | 43 | 北京农学院 | 45 | 34.57 | 北京市 |
| 16 | 四川农业大学 | 256 | 54.77 | 四川省 | 44 | 浙江农林大学暨阳学院 | 27 | 33.6 | 浙江省 |
| 17 | 内蒙古农业大学 | 169 | 53.14 | 内蒙古自治区 | 45 | 山东农业工程学院 | 17 | 31.58 | 山东省 |
| 18 | 广东海洋大学 | 232 | 53.02 | 广东省 | 46 | 福建农林大学金山学院 | 21 | 29.21 | 福建省 |
| 19 | 河南农业大学 | 274 | 52.69 | 河南省 | 47 | 福州工商学院 | 26 | 26.27 | 福建省 |
| 20 | 北京林业大学 | 216 | 51.87 | 北京市 | 48 | 合肥经济学院 | 21 | 24.07 | 安徽省 |
| 21 | 青岛农业大学 | 186 | 51.5 | 山东省 | 49 | 华南农业大学珠江学院 | 32 | 23.18 | 广东省 |
| 22 | 甘肃农业大学 | 78 | 50.82 | 甘肃省 | 50 | 新疆农业大学科学技术学院 | 4 | 20.96 | 新疆维吾尔自治区 |
| 23 | 沈阳农业大学 | 105 | 49.32 | 辽宁省 | 51 | 中南林业科技大学涉外学院 | 10 | 20 | 湖南省 |
| 24 | 吉林农业大学 | 115 | 48.29 | 吉林省 | | | | | |
| 25 | 上海海洋大学 | 181 | 48.05 | 上海市 | | | | | |
| 26 | 黑龙江八一农垦大学 | 110 | 47.1 | 黑龙江省 | | | | | |
| 27 | 浙江海洋大学 | 63 | 46.76 | 浙江省 | | | | | |
| 28 | 仲恺农业工程学院 | 202 | 46.26 | 广东省 | | | | | |

续表

| 排名 | 学校名称 | 奖项数 | 总分 | 省份 |
|------|---------|-------|------|------|
| 52 | 江西农业大学南昌商学院 | 9 | 19.65 | 江西省 |
| 53 | 信阳农林学院 | 11 | 15.64 | 河南省 |
| 54 | 湖南农业大学东方科技学院 | 5 | 13.76 | 湖南省 |
| 55 | 青岛农业大学海都学院 | 3 | 9.36 | 山东省 |

# 11.10 2017－2021 年全国医药类本科院校大学生竞赛榜单

续表

| 排名 | 学校名称 | 奖项数 | 总分 | 省份 | 排名 | 学校名称 | 奖项数 | 总分 | 省份 |
|---|---|---|---|---|---|---|---|---|---|
| 1 | 温州医科大学 | 97 | 59.08 | 浙江省 | 30 | 山东第一医科大学 | 19 | 38.61 | 山东省 |
| 2 | 浙江中医药大学 | 170 | 53.61 | 浙江省 | 31 | 新疆医科大学 | 22 | 38.45 | 新疆维吾尔自治区 |
| 3 | 南京中医药大学 | 75 | 50.64 | 江苏省 | 32 | 天津中医药大学 | 26 | 38.44 | 天津市 |
| 4 | 中国医科大学 | 61 | 49.57 | 辽宁省 | 33 | 河北医科大学 | 22 | 38.32 | 河北省 |
| 5 | 南方科技大学 | 55 | 49.43 | 广东省 | 34 | 上海健康医学院 | 20 | 37.65 | 上海市 |
| 6 | 哈尔滨医科大学 | 48 | 47.68 | 黑龙江省 | 35 | 内蒙古医科大学 | 26 | 37.64 | 内蒙古自治区 |
| 7 | 南京医科大学 | 83 | 47.3 | 江苏省 | 36 | 广东药科大学 | 55 | 37.57 | 广东省 |
| 8 | 湖南中医药大学 | 100 | 46.9 | 湖南省 | 37 | 徐州医科大学 | 28 | 37.56 | 江苏省 |
| 9 | 安徽医科大学 | 69 | 46.74 | 安徽省 | 38 | 成都中医药大学 | 52 | 37.34 | 四川省 |
| 10 | 山西医科大学 | 52 | 45.96 | 山西省 | 39 | 辽宁中医药大学 | 21 | 36.98 | 辽宁省 |
| 11 | 江西中医药大学 | 66 | 45.66 | 江西省 | 40 | 上海中医药大学 | 15 | 36.95 | 上海市 |
| 12 | 山东中医药大学 | 46 | 44.66 | 山东省 | 41 | 昆明医科大学 | 9 | 35.75 | 云南省 |
| 13 | 吉林医药学院 | 46 | 43.39 | 吉林省 | 42 | 长治医学院 | 11 | 35.53 | 山西省 |
| 14 | 广西医科大学 | 26 | 42.94 | 广西壮族自治区 | 43 | 重庆医科大学 | 31 | 35.46 | 重庆市 |
| 15 | 安徽中医药大学 | 49 | 42.77 | 安徽省 | 44 | 贵州医科大学 | 30 | 35.43 | 贵州省 |
| 16 | 福建医科大学 | 21 | 42.22 | 福建省 | 45 | 广州中医药大学 | 26 | 35.23 | 广东省 |
| 17 | 宁夏医科大学 | 38 | 42.09 | 宁夏回族自治区 | 46 | 赣南医学院 | 12 | 35.07 | 江西省 |
| 18 | 长春中医药大学 | 47 | 41.85 | 吉林省 | 47 | 福建中医药大学 | 20 | 34.6 | 福建省 |
| 19 | 大连医科大学 | 18 | 41.43 | 辽宁省 | 48 | 西安医学院 | 4 | 34.58 | 陕西省 |
| 20 | 海南医学院 | 26 | 41.34 | 海南省 | 49 | 皖南医学院 | 24 | 33.15 | 安徽省 |
| 21 | 天津医科大学 | 18 | 40.29 | 天津市 | 50 | 川北医学院 | 13 | 32.3 | 四川省 |
| 22 | 广州医科大学 | 31 | 39.78 | 广东省 | 51 | 河南中医药大学 | 19 | 30.83 | 河南省 |
| 23 | 新乡医学院 | 28 | 39.68 | 河南省 | 52 | 桂林医学院 | 6 | 30.45 | 广西壮族自治区 |
| 24 | 滨州医学院 | 28 | 39.6 | 山东省 | 53 | 湖北医药学院 | 5 | 30.24 | 湖北省 |
| 25 | 成都医学院 | 40 | 39.58 | 四川省 | 54 | 潍坊医学院 | 13 | 30.21 | 山东省 |
| 26 | 蚌埠医学院 | 36 | 39.23 | 安徽省 | 55 | 西南医科大学 | 17 | 30.16 | 四川省 |
| 27 | 中国药科大学 | 42 | 38.95 | 江苏省 | 56 | 沈阳药科大学 | 9 | 29.91 | 辽宁省 |
| 28 | 首都医科大学 | 10 | 38.73 | 北京市 | | | | | |
| 29 | 山东协和学院 | 64 | 38.71 | 山东省 | | | | | |

续表

| 排名 | 学校名称 | 奖项数 | 总分 | 省份 |
|---|---|---|---|---|
| 57 | 浙江中医药大学滨江学院 | 9 | 29.78 | 浙江省 |
| 58 | 山西中医药大学 | 8 | 29.29 | 山西省 |
| 59 | 长沙医学院 | 8 | 29.01 | 湖南省 |
| 60 | 济宁医学院 | 2 | 27.59 | 山东省 |
| 61 | 湖北中医药大学 | 38 | 27.4 | 湖北省 |
| 62 | 遵义医科大学 | 7 | 27.1 | 贵州省 |
| 63 | 黑龙江中医药大学 | 6 | 26.06 | 黑龙江省 |
| 64 | 锦州医科大学 | 7 | 25.97 | 辽宁省 |
| 65 | 河北中医学院 | 6 | 25.65 | 河北省 |
| 66 | 贵州中医药大学 | 12 | 25.52 | 贵州省 |
| 67 | 广东医科大学 | 11 | 24.94 | 广东省 |
| 68 | 甘肃中医药大学 | 8 | 24.24 | 甘肃省 |
| 69 | 温州医科大学仁济学院 | 5 | 23.84 | 浙江省 |
| 70 | 陕西中医药大学 | 5 | 23.75 | 陕西省 |
| 71 | 云南中医药大学 | 7 | 23.61 | 云南省 |
| 72 | 广西中医药大学 | 14 | 23.56 | 广西壮族自治区 |
| 73 | 右江民族医学院 | 4 | 22.89 | 广西壮族自治区 |
| 74 | 杭州医学院 | 8 | 22.21 | 浙江省 |
| 75 | 甘肃医学院 | 7 | 22.19 | 甘肃省 |
| 76 | 北京中医药大学 | 5 | 21.97 | 北京市 |
| 77 | 齐齐哈尔医学院 | 2 | 20.95 | 黑龙江省 |
| 78 | 南京中医药大学翰林学院 | 2 | 20.83 | 江苏省 |
| 79 | 北京协和医学院 | 2 | 20.56 | 北京市 |
| 80 | 承德医学院 | 3 | 19.91 | 河北省 |
| 81 | 西藏藏医药大学 | 3 | 19.72 | 西藏自治区 |
| 82 | 湖南医药学院 | 3 | 19.58 | 湖南省 |
| 83 | 厦门医学院 | 3 | 18.99 | 福建省 |
| 84 | 牡丹江医学院 | 2 | 18.86 | 黑龙江省 |
| 85 | 沈阳医学院 | 17 | 18.76 | 辽宁省 |

续表

| 排名 | 学校名称 | 奖项数 | 总分 | 省份 |
|---|---|---|---|---|
| 86 | 昆明医科大学海源学院 | 1 | 18 | 云南省 |
| 87 | 南京医科大学康达学院 | 7 | 16.33 | 江苏省 |
| 88 | 湖南中医药大学湘杏学院 | 1 | 16.28 | 湖南省 |
| 89 | 辽宁何氏医学院 | 9 | 16.16 | 辽宁省 |
| 90 | 辽宁中医药大学杏林学院 | 1 | 15.3 | 辽宁省 |
| 91 | 河北医科大学临床学院 | 1 | 13.76 | 河北省 |
| 92 | 新乡医学院三全学院 | 2 | 13.73 | 河南省 |
| 93 | 齐鲁医药学院 | 5 | 13.44 | 山东省 |
| 94 | 大连医科人学中山学院 | 2 | 6.5 | 辽宁省 |

# 11.11 2017－2021年全国师范类本科院校大学生竞赛榜单

续表

| 排名 | 学校名称 | 奖项数 | 总分 | 省份 |
|---|---|---|---|---|
| 1 | 华东师范大学 | 663 | 78.43 | 上海市 |
| 2 | 浙江师范大学 | 647 | 75.36 | 浙江省 |
| 3 | 华南师范大学 | 535 | 68.96 | 广东省 |
| 4 | 杭州师范大学 | 428 | 68.31 | 浙江省 |
| 5 | 天津职业技术师范大学 | 189 | 66.57 | 天津市 |
| 6 | 南京师范大学 | 296 | 66.49 | 江苏省 |
| 7 | 江西师范大学 | 585 | 66.17 | 江西省 |
| 8 | 华中师范大学 | 333 | 65.9 | 湖北省 |
| 9 | 山东师范大学 | 332 | 65.68 | 山东省 |
| 10 | 北京师范大学 | 235 | 65.62 | 北京市 |
| 11 | 四川师范大学 | 587 | 64.17 | 四川省 |
| 12 | 福建师范大学 | 276 | 63.41 | 福建省 |
| 13 | 广西师范大学 | 529 | 63.01 | 广西壮族自治区 |
| 14 | 湖南师范大学 | 297 | 62.92 | 湖南省 |
| 15 | 鲁东大学 | 332 | 61.45 | 山东省 |
| 16 | 西南大学 | 262 | 61.37 | 重庆市 |
| 17 | 广东技术师范大学 | 316 | 60.58 | 广东省 |
| 18 | 阜阳师范大学 | 357 | 59.29 | 安徽省 |
| 19 | 长江师范学院 | 444 | 59.14 | 重庆市 |
| 20 | 重庆师范大学 | 206 | 58.51 | 重庆市 |
| 21 | 江苏理工学院 | 214 | 58.33 | 江苏省 |
| 22 | 江西科技师范大学 | 179 | 57.23 | 江西省 |
| 23 | 江苏师范大学 | 156 | 56.79 | 江苏省 |
| 24 | 贵州师范大学 | 205 | 56.73 | 贵州省 |
| 25 | 曲阜师范大学 | 292 | 56.05 | 山东省 |
| 26 | 西北师范大学 | 191 | 55.33 | 甘肃省 |
| 27 | 东北师范大学 | 277 | 54.95 | 吉林省 |
| 28 | 上海师范大学 | 254 | 54.83 | 上海市 |
| 29 | 安徽师范大学 | 246 | 54.38 | 安徽省 |

| 排名 | 学校名称 | 奖项数 | 总分 | 省份 |
|---|---|---|---|---|
| 30 | 南阳师范学院 | 405 | 53.73 | 河南省 |
| 31 | 陕西师范大学 | 127 | 53.67 | 陕西省 |
| 32 | 云南师范大学 | 99 | 53.56 | 云南省 |
| 33 | 乐山师范学院 | 281 | 52.59 | 四川省 |
| 34 | 贵州师范学院 | 201 | 52.41 | 贵州省 |
| 35 | 湖南文理学院 | 178 | 52 | 湖南省 |
| 36 | 海南师范大学 | 158 | 51.98 | 海南省 |
| 37 | 天津师范大学 | 143 | 51.5 | 天津市 |
| 38 | 聊城大学 | 204 | 51.37 | 山东省 |
| 39 | 三明学院 | 160 | 50.72 | 福建省 |
| 40 | 河南师范大学 | 146 | 50.21 | 河南省 |
| 41 | 内江师范学院 | 130 | 50.19 | 四川省 |
| 42 | 辽宁师范大学 | 236 | 49.79 | 辽宁省 |
| 43 | 淮南师范学院 | 123 | 49.71 | 安徽省 |
| 44 | 河北师范大学 | 224 | 49.56 | 河北省 |
| 45 | 安庆师范大学 | 114 | 49.49 | 安徽省 |
| 46 | 北部湾大学 | 108 | 49.48 | 广西壮族自治区 |
| 47 | 闽南师范大学 | 184 | 49.24 | 福建省 |
| 48 | 西安文理学院 | 139 | 48.57 | 陕西省 |
| 49 | 湖州师范学院 | 173 | 48.44 | 浙江省 |
| 50 | 泉州师范学院 | 180 | 48.13 | 福建省 |
| 51 | 南宁师范大学 | 137 | 48.1 | 广西壮族自治区 |
| 52 | 内蒙古师范大学 | 224 | 48.07 | 内蒙古自治区 |
| 53 | 贺州学院 | 234 | 47.95 | 广西壮族自治区 |
| 54 | 沈阳师范大学 | 298 | 47.78 | 辽宁省 |
| 55 | 淮阴师范学院 | 122 | 47.73 | 江苏省 |
| 56 | 盐城师范学院 | 122 | 47.03 | 江苏省 |

续表

| 排名 | 学校名称 | 奖项数 | 总分 | 省份 |
|---|---|---|---|---|
| 57 | 合肥师范学院 | 107 | 46.62 | 安徽省 |
| 58 | 河北民族师范学院 | 90 | 46.59 | 河北省 |
| 59 | 安阳师范学院 | 124 | 46.17 | 河南省 |
| 60 | 武夷学院 | 63 | 45.86 | 福建省 |
| 61 | 池州学院 | 168 | 45.79 | 安徽省 |
| 62 | 湖南人文科技学院 | 102 | 45.64 | 湖南省 |
| 63 | 黄冈师范学院 | 232 | 45.36 | 湖北省 |
| 64 | 玉林师范学院 | 122 | 45.15 | 广西壮族自治区 |
| 65 | 青海师范大学 | 99 | 45.02 | 青海省 |
| 66 | 石家庄学院 | 62 | 45 | 河北省 |
| 67 | 西华师范大学 | 163 | 44.85 | 四川省 |
| 68 | 吉林师范大学 | 173 | 44.33 | 吉林省 |
| 69 | 唐山师范学院 | 32 | 44.25 | 河北省 |
| 70 | 新疆师范大学 | 118 | 43.84 | 新疆维吾尔自治区 |
| 71 | 赣南师范大学 | 117 | 43.41 | 江西省 |
| 72 | 新乡学院 | 84 | 43.27 | 河南省 |
| 73 | 吉林工程技术师范学院 | 73 | 43.21 | 吉林省 |
| 74 | 淮北师范大学 | 97 | 43.13 | 安徽省 |
| 75 | 百色学院 | 145 | 42.77 | 广西壮族自治区 |
| 76 | 哈尔滨师范大学 | 137 | 42.74 | 黑龙江省 |
| 77 | 首都师范大学 | 86 | 42.6 | 北京市 |
| 78 | 黄淮学院 | 116 | 42.24 | 河南省 |
| 79 | 岭南师范学院 | 122 | 42.19 | 广东省 |
| 80 | 渭南师范学院 | 70 | 42.03 | 陕西省 |
| 81 | 昆明学院 | 67 | 41.51 | 云南省 |
| 82 | 商丘师范学院 | 58 | 41.27 | 河南省 |
| 83 | 陇东学院 | 88 | 41.19 | 甘肃省 |
| 84 | 湖北师范大学 | 153 | 41.17 | 湖北省 |
| 85 | 长春师范大学 | 100 | 41.01 | 吉林省 |
| 86 | 山西大同大学 | 146 | 40.95 | 山西省 |
| 87 | 成都师范学院 | 71 | 40.55 | 四川省 |

续表

| 排名 | 学校名称 | 奖项数 | 总分 | 省份 |
|---|---|---|---|---|
| 87 | 宝鸡文理学院 | 94 | 40.55 | 陕西省 |
| 89 | 湖北第二师范学院 | 117 | 40.4 | 湖北省 |
| 90 | 宁德师范学院 | 32 | 40.3 | 福建省 |
| 91 | 黔南民族师范学院 | 70 | 39.55 | 贵州省 |
| 92 | 蚌埠学院 | 75 | 39.4 | 安徽省 |
| 93 | 河南科技学院 | 157 | 39.18 | 河南省 |
| 94 | 山西师范大学 | 62 | 39.1 | 山西省 |
| 95 | 周口师范学院 | 59 | 38.83 | 河南省 |
| 96 | 洛阳师范学院 | 91 | 38.26 | 河南省 |
| 97 | 韩山师范学院 | 85 | 38.14 | 广东省 |
| 98 | 南京晓庄学院 | 126 | 37.57 | 江苏省 |
| 99 | 信阳师范学院 | 50 | 37.55 | 河南省 |
| 100 | 曲靖师范学院 | 95 | 37.42 | 云南省 |
| 101 | 湖南第一师范学院 | 38 | 37.3 | 湖南省 |
| 102 | 中原科技学院 | 86 | 37.26 | 河南省 |
| 103 | 衡水学院 | 65 | 37.13 | 河北省 |
| 104 | 南昌师范学院 | 53 | 36.99 | 江西省 |
| 105 | 河北科技师范学院 | 66 | 36.9 | 河北省 |
| 106 | 大庆师范学院 | 58 | 36.88 | 黑龙江省 |
| 107 | 邯郸学院 | 64 | 36.8 | 河北省 |
| 108 | 兰州城市学院 | 68 | 36.48 | 甘肃省 |
| 109 | 衡阳师范学院 | 45 | 36.11 | 湖南省 |
| 110 | 遵义师范学院 | 42 | 36.07 | 贵州省 |
| 111 | 六盘水师范学院 | 29 | 35.87 | 贵州省 |
| 112 | 通化师范学院 | 98 | 35.76 | 吉林省 |
| 113 | 宁夏师范学院 | 85 | 35.58 | 宁夏回族自治区 |
| 114 | 重庆第二师范学院 | 38 | 35.56 | 重庆市 |
| 115 | 阿坝师范学院 | 23 | 35.27 | 四川省 |
| 116 | 楚雄师范学院 | 54 | 35.13 | 云南省 |
| 117 | 商洛学院 | 42 | 34.77 | 陕西省 |
| 118 | 喀什大学 | 83 | 34.71 | 新疆维吾尔自治区 |
| 119 | 济宁学院 | 26 | 34.61 | 山东省 |
| 120 | 天水师范学院 | 28 | 34.48 | 甘肃省 |

续表

| 排名 | 学校名称 | 奖项数 | 总分 | 省份 |
|------|---------|-------|------|------|
| 121 | 白城师范学院 | 33 | 34.06 | 吉林省 |
| 122 | 广东第二师范学院 | 67 | 33.94 | 广东省 |
| 123 | 玉溪师范学院 | 52 | 33.71 | 云南省 |
| 124 | 安顺学院 | 35 | 33.43 | 贵州省 |
| 125 | 郑州师范学院 | 43 | 33.17 | 河南省 |
| 126 | 绵阳师范学院 | 80 | 32.55 | 四川省 |
| 127 | 安康学院 | 38 | 32.43 | 陕西省 |
| 128 | 赤峰学院 | 26 | 32.4 | 内蒙古自治区 |
| 129 | 太原师范学院 | 44 | 31.73 | 山西省 |
| 130 | 长沙师范学院 | 47 | 30.77 | 湖南省 |
| 131 | 江苏第二师范学院 | 34 | 30.74 | 江苏省 |
| 132 | 保定学院 | 69 | 30.51 | 河北省 |
| 133 | 黑龙江外国语学院 | 63 | 30.22 | 黑龙江省 |
| 134 | 长治学院 | 55 | 29.9 | 山西省 |
| 135 | 凯里学院 | 39 | 29.86 | 贵州省 |
| 136 | 昆明城市学院 | 35 | 29.77 | 云南省 |
| 137 | 铜仁学院 | 14 | 29.69 | 贵州省 |
| 138 | 牡丹江师范学院 | 52 | 29.58 | 黑龙江省 |
| 139 | 齐鲁师范学院 | 25 | 29.26 | 山东省 |
| 140 | 琼台师范学院 | 20 | 28.67 | 海南省 |
| 141 | 咸阳师范学院 | 27 | 28.51 | 陕西省 |
| 142 | 四川文理学院 | 42 | 28.41 | 四川省 |
| 143 | 汉江师范学院 | 20 | 28.3 | 湖北省 |
| 144 | 泰州学院 | 38 | 28.06 | 江苏省 |
| 145 | 滇西科技师范学院 | 20 | 28 | 云南省 |
| 146 | 广西民族师范学院 | 39 | 27.86 | 广西壮族自治区 |
| 147 | 廊坊师范学院 | 34 | 27.41 | 河北省 |
| 148 | 沧州师范学院 | 22 | 27.35 | 河北省 |
| 149 | 伊犁师范大学 | 14 | 27.03 | 新疆维吾尔自治区 |
| 150 | 上饶师范学院 | 43 | 26.59 | 江西省 |
| 151 | 鞍山师范学院 | 37 | 25.92 | 辽宁省 |

续表

| 排名 | 学校名称 | 奖项数 | 总分 | 省份 |
|------|---------|-------|------|------|
| 152 | 南京师范大学泰州学院 | 13 | 25.02 | 江苏省 |
| 153 | 集宁师范学院 | 12 | 24.6 | 内蒙古自治区 |
| 154 | 昌吉学院 | 18 | 23.93 | 新疆维吾尔自治区 |
| 155 | 昭通学院 | 3 | 23.56 | 云南省 |
| 156 | 忻州师范学院 | 5 | 23.3 | 山西省 |
| 157 | 昆明文理学院 | 5 | 21.66 | 云南省 |
| 158 | 福建技术师范学院 | 10 | 20.38 | 福建省 |
| 159 | 普洱学院 | 8 | 20.3 | 云南省 |
| 160 | 陕西学前师范学院 | 3 | 20.26 | 陕西省 |
| 161 | 张家口学院 | 2 | 19.13 | 河北省 |
| 162 | 甘肃民族师范学院 | 8 | 18.14 | 甘肃省 |
| 163 | 豫章师范学院 | 2 | 18.09 | 江西省 |
| 164 | 广西职业师范学院 | 10 | 17.85 | 广西壮族自治区 |
| 165 | 南京特殊教育师范学院 | 19 | 17.05 | 江苏省 |
| 166 | 广西科技师范学院 | 12 | 13.08 | 广西壮族自治区 |

# 11.12  2017－2021年全国"民办及独立学院"大学生竞赛榜单

续表

| 排名 | 学校名称 | 奖项数 | 总分 | 省份 | 排名 | 学校名称 | 奖项数 | 总分 | 省份 |
|---|---|---|---|---|---|---|---|---|---|
| 1 | 厦门大学嘉庚学院 | 194 | 60.47 | 福建省 | 26 | 广东东软学院 | 187 | 46.75 | 广东省 |
| 2 | 安徽信息工程学院 | 251 | 59.49 | 安徽省 | 27 | 黄河科技学院 | 238 | 46.31 | 河南省 |
| 3 | 集美大学诚毅学院 | 135 | 58.01 | 福建省 | 28 | 宁波大学科学技术学院 | 66 | 46.12 | 浙江省 |
| 4 | 杭州电子科技大学信息工程学院 | 111 | 53.8 | 浙江省 | 29 | 重庆工程学院 | 274 | 45.97 | 重庆市 |
| 5 | 浙江师范大学行知学院 | 72 | 52.47 | 浙江省 | 30 | 武汉华夏理工学院 | 134 | 45.76 | 湖北省 |
| 6 | 沈阳工学院 | 233 | 52.02 | 辽宁省 | 31 | 武汉工商学院 | 96 | 45.67 | 湖北省 |
| 7 | 电子科技大学中山学院 | 179 | 51.03 | 广东省 | 32 | 成都东软学院 | 156 | 45.18 | 四川省 |
| 8 | 三江学院 | 131 | 50.91 | 江苏省 | 33 | 重庆城市科技学院 | 168 | 44.99 | 重庆市 |
| 9 | 青岛黄海学院 | 238 | 50.86 | 山东省 | 34 | 潍坊科技学院 | 70 | 44.84 | 山东省 |
| 10 | 大连东软信息学院 | 366 | 50.78 | 辽宁省 | 35 | 海口经济学院 | 74 | 44.65 | 海南省 |
| 11 | 成都理工大学工程技术学院 | 117 | 50.31 | 四川省 | 36 | 绍兴文理学院元培学院 | 83 | 44.52 | 浙江省 |
| 12 | 西京学院 | 183 | 50.27 | 陕西省 | 37 | 宁波财经学院 | 141 | 44.38 | 浙江省 |
| 13 | 广州软件学院 | 204 | 50.06 | 广东省 | 38 | 文华学院 | 92 | 44.33 | 湖北省 |
| 14 | 燕山大学里仁学院 | 100 | 50.04 | 河北省 | 39 | 重庆移通学院 | 215 | 44.27 | 重庆市 |
| 15 | 北京理工大学珠海学院 | 188 | 49.75 | 广东省 | 40 | 烟台南山学院 | 118 | 44.2 | 山东省 |
| 16 | 广州城市理工学院 | 107 | 49.68 | 广东省 | 41 | 三峡大学科技学院 | 147 | 43.64 | 湖北省 |
| 17 | 江西科技学院 | 103 | 49.34 | 江西省 | 42 | 安徽三联学院 | 67 | 43.39 | 安徽省 |
| 18 | 福州外语外贸学院 | 144 | 48.51 | 福建省 | 43 | 上海建桥学院 | 87 | 43.38 | 上海市 |
| 19 | 云南工商学院 | 126 | 48.43 | 云南省 | 44 | 福州大学至诚学院 | 66 | 43.25 | 福建省 |
| 20 | 安徽新华学院 | 113 | 48.41 | 安徽省 | 45 | 闽南理工学院 | 234 | 43.24 | 福建省 |
| 21 | 南宁学院 | 159 | 48.38 | 广西壮族自治区 | 46 | 吉林动画学院 | 97 | 42.78 | 吉林省 |
| 22 | 云南大学滇池学院 | 109 | 48.27 | 云南省 | 47 | 中国计量大学现代科技学院 | 57 | 42.69 | 浙江省 |
| 23 | 西安欧亚学院 | 106 | 47.57 | 陕西省 | 48 | 南京理工大学紫金学院 | 133 | 42.66 | 江苏省 |
| 24 | 天津仁爱学院 | 149 | 46.76 | 天津市 | 49 | 中国矿业大学徐海学院 | 75 | 42.63 | 江苏省 |
| 24 | 珠海科技学院 | 166 | 46.76 | 广东省 | 50 | 汉口学院 | 124 | 42.57 | 湖北省 |
|  |  |  |  |  | 51 | 郑州西亚斯学院 | 92 | 42.48 | 河南省 |

续表

| 排名 | 学校名称 | 奖项数 | 总分 | 省份 |
|---|---|---|---|---|
| 52 | 南昌工学院 | 50 | 42.31 | 江西省 |
| 52 | 南昌理工学院 | 128 | 42.31 | 江西省 |
| 54 | 电子科技大学成都学院 | 94 | 42.27 | 四川省 |
| 55 | 湖北汽车工业学院科技学院 | 58 | 42.19 | 湖北省 |
| 56 | 浙江树人学院 | 39 | 42.02 | 浙江省 |
| 57 | 广州南方学院 | 61 | 41.93 | 广东省 |
| 58 | 南通理工学院 | 160 | 41.82 | 江苏省 |
| 59 | 福建师范大学协和学院 | 114 | 41.8 | 福建省 |
| 60 | 武汉东湖学院 | 154 | 41.7 | 湖北省 |
| 61 | 云南经济管理学院 | 50 | 41.48 | 云南省 |
| 62 | 浙江工业大学之江学院 | 90 | 41.47 | 浙江省 |
| 63 | 郑州经贸学院 | 153 | 41.39 | 河南省 |
| 64 | 郑州工业应用技术学院 | 144 | 41.2 | 河南省 |
| 65 | 桂林信息科技学院 | 198 | 41.15 | 广西壮族自治区 |
| 66 | 湖北工业大学工程技术学院 | 111 | 40.91 | 湖北省 |
| 67 | 四川大学锦江学院 | 76 | 40.89 | 四川省 |
| 68 | 江苏科技大学苏州理工学院 | 47 | 40.74 | 江苏省 |
| 69 | 长沙理工大学城南学院 | 12 | 40.58 | 湖南省 |
| 69 | 江西工程学院 | 43 | 40.58 | 江西省 |
| 71 | 长春财经学院 | 26 | 40.49 | 吉林省 |
| 72 | 长春科技学院 | 38 | 40.48 | 吉林省 |
| 73 | 西安翻译学院 | 48 | 40.45 | 陕西省 |
| 74 | 东南大学成贤学院 | 70 | 40.36 | 江苏省 |
| 74 | 桂林学院 | 159 | 40.36 | 广西壮族自治区 |
| 76 | 西安培华学院 | 90 | 40.18 | 陕西省 |

续表

| 排名 | 学校名称 | 奖项数 | 总分 | 省份 |
|---|---|---|---|---|
| 77 | 三亚学院 | 60 | 40.04 | 海南省 |
| 78 | 辽宁对外经贸学院 | 101 | 39.74 | 辽宁省 |
| 79 | 成都锦城学院 | 139 | 39.5 | 四川省 |
| 80 | 南京航空航天大学金城学院 | 94 | 39.39 | 江苏省 |
| 81 | 阳光学院 | 71 | 39.1 | 福建省 |
| 82 | 南昌交通学院 | 66 | 38.99 | 江西省 |
| 83 | 河北农业大学现代科技学院 | 32 | 38.81 | 河北省 |
| 84 | 山东协和学院 | 64 | 38.71 | 山东省 |
| 84 | 北京师范大学珠海分校 | 127 | 38.71 | 广东省 |
| 86 | 柳州工学院 | 58 | 38.41 | 广西壮族自治区 |
| 87 | 宁夏大学新华学院 | 42 | 38.27 | 宁夏回族自治区 |
| 88 | 山东英才学院 | 32 | 38.04 | 山东省 |
| 89 | 武汉晴川学院 | 53 | 37.87 | 湖北省 |
| 90 | 湖南涉外经济学院 | 30 | 37.7 | 湖南省 |
| 91 | 四川工商学院 | 56 | 37.68 | 四川省 |
| 92 | 吉林外国语大学 | 33 | 37.42 | 吉林省 |
| 92 | 马鞍山学院 | 40 | 37.42 | 安徽省 |
| 94 | 烟台理工学院 | 30 | 37.3 | 山东省 |
| 95 | 丽江文化旅游学院 | 58 | 37.29 | 云南省 |
| 96 | 中原科技学院 | 86 | 37.26 | 河南省 |
| 97 | 广东科技学院 | 102 | 37.23 | 广东省 |
| 98 | 东莞城市学院 | 62 | 37.09 | 广东省 |
| 99 | 北京城市学院 | 129 | 37.07 | 北京市 |
| 100 | 杭州师范大学钱江学院 | 30 | 36.96 | 浙江省 |
| 100 | 青岛城市学院 | 63 | 36.96 | 山东省 |
| 102 | 广东白云学院 | 117 | 36.91 | 广东省 |
| 103 | 浙江工商大学杭州商学院 | 90 | 36.89 | 浙江省 |

续表

| 排名 | 学校名称 | 奖项数 | 总分 | 省份 |
|---|---|---|---|---|
| 104 | 银川科技学院 | 33 | 36.67 | 宁夏回族自治区 |
| 105 | 晋中信息学院 | 54 | 36.65 | 山西省 |
| 106 | 银川能源学院 | 42 | 36.43 | 宁夏回族自治区 |
| 107 | 上海杉达学院 | 49 | 36.1 | 上海市 |
| 108 | 武昌理工学院 | 95 | 36.09 | 湖北省 |
| 109 | 宁夏理工学院 | 54 | 36.07 | 宁夏回族自治区 |
| 110 | 南昌航空大学科技学院 | 40 | 36.05 | 江西省 |
| 111 | 沈阳城市建设学院 | 52 | 36.04 | 辽宁省 |
| 112 | 南京理工大学泰州科技学院 | 66 | 35.98 | 江苏省 |
| 113 | 北海艺术设计学院 | 159 | 35.77 | 广西壮族自治区 |
| 114 | 首都师范大学科德学院 | 26 | 35.75 | 北京市 |
| 115 | 西安明德理工学院 | 102 | 35.7 | 陕西省 |
| 116 | 北京科技大学天津学院 | 24 | 35.66 | 天津市 |
| 117 | 湛江科技学院 | 76 | 35.64 | 广东省 |
| 118 | 河北工程大学科信学院 | 32 | 35.6 | 河北省 |
| 119 | 山东华宇工学院 | 87 | 35.45 | 山东省 |
| 120 | 无锡太湖学院 | 39 | 35.37 | 江苏省 |
| 121 | 华北理工大学轻工学院 | 46 | 35.26 | 河北省 |
| 122 | 南开大学滨海学院 | 55 | 35.15 | 天津市 |
| 123 | 湖南科技大学潇湘学院 | 13 | 35.13 | 湖南省 |
| 124 | 吉林建筑科技学院 | 106 | 35.1 | 吉林省 |
| 125 | 武汉生物工程学院 | 36 | 34.92 | 湖北省 |
| 126 | 武汉城市学院 | 133 | 34.82 | 湖北省 |

续表

| 排名 | 学校名称 | 奖项数 | 总分 | 省份 |
|---|---|---|---|---|
| 127 | 贵阳人文科技学院 | 26 | 34.81 | 贵州省 |
| 128 | 厦门华厦学院 | 55 | 34.8 | 福建省 |
| 129 | 西南交通大学希望学院 | 35 | 34.62 | 四川省 |
| 130 | 郑州科技学院 | 35 | 34.61 | 河南省 |
| 131 | 南昌大学科学技术学院 | 39 | 34.51 | 江西省 |
| 132 | 南京大学金陵学院 | 96 | 34.46 | 江苏省 |
| 133 | 广东培正学院 | 121 | 34.37 | 广东省 |
| 134 | 长春光华学院 | 52 | 34.26 | 吉林省 |
| 135 | 烟台科技学院 | 21 | 34.21 | 山东省 |
| 136 | 沧州交通学院 | 58 | 34.2 | 河北省 |
| 137 | 广州商学院 | 41 | 34.16 | 广东省 |
| 138 | 上海财经大学浙江学院 | 17 | 34.11 | 浙江省 |
| 139 | 天津财经大学珠江学院 | 40 | 34.05 | 天津市 |
| 140 | 河南开封科技传媒学院 | 70 | 33.94 | 河南省 |
| 141 | 扬州大学广陵学院 | 33 | 33.9 | 江苏省 |
| 142 | 广州理工学院 | 53 | 33.82 | 广东省 |
| 143 | 大连科技学院 | 91 | 33.65 | 辽宁省 |
| 144 | 浙江农林大学暨阳学院 | 27 | 33.6 | 浙江省 |
| 145 | 湖北商贸学院 | 60 | 33.59 | 湖北省 |
| 146 | 河北大学工商学院 | 16 | 33.46 | 河北省 |
| 147 | 长春建筑学院 | 47 | 33.35 | 吉林省 |
| 148 | 安徽师范大学皖江学院 | 83 | 33.19 | 安徽省 |
| 149 | 沈阳科技学院 | 49 | 33.15 | 辽宁省 |
| 150 | 广州华立学院 | 56 | 33.11 | 广东省 |
| 151 | 燕京理工学院 | 44 | 33.09 | 河北省 |
| 152 | 上海视觉艺术学院 | 27 | 33.08 | 上海市 |
| 153 | 江西应用科技学院 | 30 | 33.05 | 江西省 |

续表

| 排名 | 学校名称 | 奖项数 | 总分 | 省份 |
|---|---|---|---|---|
| 154 | 兰州工商学院 | 15 | 32.93 | 甘肃省 |
| 155 | 西安交通大学城市学院 | 55 | 32.86 | 陕西省 |
| 156 | 哈尔滨剑桥学院 | 24 | 32.76 | 黑龙江省 |
| 157 | 武昌首义学院 | 82 | 32.59 | 湖北省 |
| 158 | 广州新华学院 | 47 | 32.57 | 广东省 |
| 159 | 湖南理工学院南湖学院 | 21 | 32.56 | 湖南省 |
| 160 | 大连理工大学城市学院 | 52 | 32.54 | 辽宁省 |
| 161 | 武汉传媒学院 | 93 | 32.52 | 湖北省 |
| 162 | 沈阳城市学院 | 105 | 32.48 | 辽宁省 |
| 163 | 潍坊理工学院 | 48 | 32.46 | 山东省 |
| 164 | 哈尔滨石油学院 | 22 | 32.28 | 黑龙江省 |
| 165 | 信阳学院 | 30 | 32.19 | 河南省 |
| 166 | 上海师范大学天华学院 | 79 | 32.08 | 上海市 |
| 166 | 哈尔滨华德学院 | 88 | 32.08 | 黑龙江省 |
| 168 | 武汉工程大学邮电与信息工程学院 | 25 | 32.05 | 湖北省 |
| 169 | 苏州科技大学天平学院 | 18 | 32.04 | 江苏省 |
| 170 | 皖江工学院 | 21 | 31.88 | 安徽省 |
| 171 | 重庆财经学院 | 26 | 31.81 | 重庆市 |
| 172 | 武昌工学院 | 60 | 31.8 | 湖北省 |
| 173 | 青岛滨海学院 | 30 | 31.78 | 山东省 |
| 174 | 青岛工学院 | 37 | 31.74 | 山东省 |
| 175 | 四川电影电视学院 | 45 | 31.73 | 四川省 |
| 176 | 广州工商学院 | 83 | 31.7 | 广东省 |
| 177 | 浙江越秀外国语学院 | 54 | 31.69 | 浙江省 |
| 177 | 南京传媒学院 | 64 | 31.69 | 江苏省 |
| 179 | 长春电子科技学院 | 26 | 31.68 | 吉林省 |
| 180 | 重庆对外经贸学院 | 86 | 31.67 | 重庆市 |
| 181 | 青岛恒星科技学院 | 22 | 31.66 | 山东省 |

续表

| 排名 | 学校名称 | 奖项数 | 总分 | 省份 |
|---|---|---|---|---|
| 181 | 河北工程技术学院 | 26 | 31.66 | 河北省 |
| 183 | 西安建筑科技大学华清学院 | 13 | 31.56 | 陕西省 |
| 184 | 陕西国际商贸学院 | 32 | 31.45 | 陕西省 |
| 185 | 西安思源学院 | 8 | 31.35 | 陕西省 |
| 186 | 湖南工业大学科技学院 | 20 | 31.28 | 湖南省 |
| 187 | 昆明理工大学津桥学院 | 44 | 31.24 | 云南省 |
| 188 | 成都银杏酒店管理学院 | 32 | 31.17 | 四川省 |
| 189 | 齐鲁理工学院 | 38 | 31.16 | 山东省 |
| 190 | 武汉设计工程学院 | 45 | 31.1 | 湖北省 |
| 191 | 南京师范大学中北学院 | 49 | 31.08 | 江苏省 |
| 192 | 浙江财经大学东方学院 | 33 | 31.07 | 浙江省 |
| 192 | 兰州信息科技学院 | 55 | 31.07 | 甘肃省 |
| 194 | 绵阳城市学院 | 47 | 30.98 | 四川省 |
| 195 | 北京邮电大学世纪学院 | 24 | 30.92 | 北京市 |
| 196 | 大连艺术学院 | 56 | 30.84 | 辽宁省 |
| 197 | 西安外事学院 | 22 | 30.73 | 陕西省 |
| 198 | 温州商学院 | 40 | 30.72 | 浙江省 |
| 199 | 赣南师范大学科技学院 | 15 | 30.63 | 江西省 |
| 200 | 长春工业大学人文信息学院 | 13 | 30.61 | 吉林省 |
| 201 | 南京邮电大学通达学院 | 65 | 30.39 | 江苏省 |
| 202 | 南昌大学共青学院 | 7 | 30.25 | 江西省 |
| 203 | 黑龙江外国语学院 | 63 | 30.22 | 黑龙江省 |
| 204 | 湖北文理学院理工学院 | 30 | 30.19 | 湖北省 |
| 205 | 西安工商学院 | 22 | 30.12 | 陕西省 |

续表

| 排名 | 学校名称 | 奖项数 | 总分 | 省份 |
|---|---|---|---|---|
| 206 | 闽南科技学院 | 25 | 29.92 | 福建省 |
| 207 | 阜阳师范大学信息工程学院 | 29 | 29.85 | 安徽省 |
| 208 | 浙江中医药大学滨江学院 | 9 | 29.78 | 浙江省 |
| 209 | 昆明城市学院 | 35 | 29.77 | 云南省 |
| 210 | 苏州大学应用技术学院 | 37 | 29.57 | 江苏省 |
| 211 | 大连财经学院 | 31 | 29.5 | 辽宁省 |
| 212 | 福州理工学院 | 29 | 29.44 | 福建省 |
| 212 | 广东理工学院 | 44 | 29.44 | 广东省 |
| 214 | 四川文化艺术学院 | 18 | 29.41 | 四川省 |
| 215 | 保定理工学院 | 44 | 29.3 | 河北省 |
| 216 | 福建农林大学金山学院 | 21 | 29.21 | 福建省 |
| 217 | 长沙医学院 | 8 | 29.01 | 湖南省 |
| 218 | 辽宁理工学院 | 16 | 28.94 | 辽宁省 |
| 219 | 内蒙古大学创业学院 | 15 | 28.9 | 内蒙古自治区 |
| 220 | 同济大学浙江学院 | 28 | 28.87 | 浙江省 |
| 221 | 长江大学文理学院 | 40 | 28.82 | 湖北省 |
| 222 | 长春大学旅游学院 | 55 | 28.71 | 吉林省 |
| 223 | 重庆人文科技学院 | 60 | 28.44 | 重庆市 |
| 224 | 江苏师范大学科文学院 | 29 | 28.22 | 江苏省 |
| 224 | 西南财经大学天府学院 | 53 | 28.22 | 四川省 |
| 226 | 安徽大学江淮学院 | 61 | 28.16 | 安徽省 |
| 227 | 西安交通工程学院 | 18 | 28.08 | 陕西省 |
| 228 | 兰州博文科技学院 | 22 | 28.01 | 甘肃省 |
| 229 | 广州华商学院 | 67 | 27.89 | 广东省 |
| 230 | 广西外国语学院 | 22 | 27.85 | 广西壮族自治区 |
| 231 | 泰山科技学院 | 12 | 27.84 | 山东省 |
| 232 | 南华大学船山学院 | 12 | 27.75 | 湖南省 |

续表

| 排名 | 学校名称 | 奖项数 | 总分 | 省份 |
|---|---|---|---|---|
| 233 | 南通大学杏林学院 | 17 | 27.65 | 江苏省 |
| 234 | 重庆外语外事学院 | 66 | 27.47 | 重庆市 |
| 235 | 山西工商学院 | 47 | 27.4 | 山西省 |
| 236 | 黄河交通学院 | 29 | 27.32 | 河南省 |
| 237 | 厦门工学院 | 35 | 27.16 | 福建省 |
| 238 | 黑龙江工商学院 | 13 | 27.02 | 黑龙江省 |
| 239 | 齐齐哈尔工程学院 | 34 | 27 | 黑龙江省 |
| 240 | 上海外国语大学贤达经济人文学院 | 17 | 26.91 | 上海市 |
| 241 | 泉州信息工程学院 | 40 | 26.89 | 福建省 |
| 242 | 新乡工程学院 | 12 | 26.59 | 河南省 |
| 243 | 河北经贸大学经济管理学院 | 11 | 26.5 | 河北省 |
| 244 | 常州大学怀德学院 | 13 | 26.43 | 江苏省 |
| 244 | 石家庄铁道大学四方学院 | 20 | 26.43 | 河北省 |
| 246 | 湖北大学知行学院 | 30 | 26.34 | 湖北省 |
| 247 | 武汉学院 | 61 | 26.32 | 湖北省 |
| 248 | 天津理工大学中环信息学院 | 21 | 26.3 | 天津市 |
| 249 | 福州工商学院 | 26 | 26.27 | 福建省 |
| 250 | 衡阳师范学院南岳学院 | 3 | 26.14 | 湖南省 |
| 250 | 郑州商学院 | 44 | 26.14 | 河南省 |
| 252 | 聊城大学东昌学院 | 14 | 26.09 | 山东省 |
| 253 | 湖南信息学院 | 31 | 26.07 | 湖南省 |
| 254 | 四川传媒学院 | 22 | 26.02 | 四川省 |
| 255 | 广西民族大学相思湖学院 | 23 | 26 | 广西壮族自治区 |
| 256 | 浙江理工大学科技与艺术学院 | 37 | 25.95 | 浙江省 |
| 257 | 荆州学院 | 38 | 25.94 | 湖北省 |
| 258 | 湖南交通工程学院 | 9 | 25.87 | 湖南省 |
| 259 | 南京工业大学浦江学院 | 18 | 25.86 | 江苏省 |

续表

| 排名 | 学校名称 | 奖项数 | 总分 | 省份 |
|---|---|---|---|---|
| 260 | 北京工商大学嘉华学院 | 8 | 25.81 | 北京市 |
| 261 | 湖北恩施学院 | 19 | 25.8 | 湖北省 |
| 262 | 长春人文学院 | 26 | 25.61 | 吉林省 |
| 263 | 广东外语外贸大学南国商学院 | 16 | 25.56 | 广东省 |
| 264 | 山西晋中理工学院 | 12 | 25.46 | 山西省 |
| 265 | 南宁理工学院 | 18 | 25.42 | 广西壮族自治区 |
| 266 | 江西师范大学科学技术学院 | 33 | 25.22 | 江西省 |
| 267 | 南京师范大学泰州学院 | 13 | 25.02 | 江苏省 |
| 268 | 哈尔滨广厦学院 | 15 | 24.98 | 黑龙江省 |
| 269 | 郑州财经学院 | 10 | 24.83 | 河南省 |
| 270 | 江苏大学京江学院 | 25 | 24.8 | 江苏省 |
| 271 | 西安财经大学行知学院 | 7 | 24.75 | 陕西省 |
| 272 | 河北美术学院 | 48 | 24.73 | 河北省 |
| 273 | 湘潭大学兴湘学院 | 6 | 24.6 | 湖南省 |
| 274 | 湖南应用技术学院 | 21 | 24.22 | 湖南省 |
| 275 | 湖北经济学院法商学院 | 13 | 24.2 | 湖北省 |
| 276 | 合肥经济学院 | 21 | 24.07 | 安徽省 |
| 277 | 温州医科大学仁济学院 | 5 | 23.84 | 浙江省 |
| 278 | 南京审计大学金审学院 | 14 | 23.73 | 江苏省 |
| 279 | 安徽文达信息工程学院 | 32 | 23.65 | 安徽省 |
| 280 | 江西财经大学现代经济管理学院 | 13 | 23.62 | 江西省 |
| 281 | 武汉工程科技学院 | 32 | 23.32 | 湖北省 |
| 282 | 郑州工商学院 | 29 | 23.21 | 河南省 |

续表

| 排名 | 学校名称 | 奖项数 | 总分 | 省份 |
|---|---|---|---|---|
| 283 | 华南农业大学珠江学院 | 32 | 23.18 | 广东省 |
| 284 | 北京工业大学耿丹学院 | 24 | 23.17 | 北京市 |
| 285 | 武汉文理学院 | 35 | 23.05 | 湖北省 |
| 286 | 仰恩大学 | 36 | 23.02 | 福建省 |
| 287 | 茅台学院 | 5 | 22.64 | 贵州省 |
| 288 | 大连工业大学艺术与信息工程学院 | 11 | 22.61 | 辽宁省 |
| 289 | 郑州升达经贸管理学院 | 65 | 22.55 | 河南省 |
| 290 | 四川外国语大学成都学院 | 2 | 22.36 | 四川省 |
| 291 | 山西应用科技学院 | 36 | 22.34 | 山西省 |
| 292 | 天津外国语大学滨海外事学院 | 2 | 22.24 | 天津市 |
| 293 | 湖南工程学院应用技术学院 | 5 | 22.12 | 湖南省 |
| 294 | 吉首大学张家界学院 | 28 | 22.11 | 湖南省 |
| 295 | 武汉纺织大学外经贸学院 | 8 | 22.09 | 湖北省 |
| 296 | 河北地质大学华信学院 | 6 | 22.02 | 河北省 |
| 297 | 湖北工程学院新技术学院 | 36 | 21.95 | 湖北省 |
| 298 | 商丘学院 | 26 | 21.88 | 河南省 |
| 299 | 昆明文理学院 | 5 | 21.66 | 云南省 |
| 300 | 上海立达学院 | 29 | 21.57 | 上海市 |
| 301 | 南宁师范大学师园学院 | 7 | 21.53 | 广西壮族自治区 |
| 301 | 陕西科技大学镐京学院 | 8 | 21.53 | 陕西省 |
| 303 | 黑龙江东方学院 | 18 | 21.35 | 黑龙江省 |

续表

| 排名 | 学校名称 | 奖项数 | 总分 | 省份 |
|---|---|---|---|---|
| 304 | 江西服装学院 | 19 | 21.31 | 江西省 |
| 305 | 天津天狮学院 | 10 | 21.14 | 天津市 |
| 306 | 新疆农业大学科学技术学院 | 4 | 20.96 | 新疆维吾尔自治区 |
| 307 | 湘潭理工学院 | 1 | 20.89 | 湖南省 |
| 308 | 南京中医药大学翰林学院 | 2 | 20.83 | 江苏省 |
| 309 | 商丘工学院 | 4 | 20.77 | 河南省 |
| 310 | 辽宁传媒学院 | 11 | 20.23 | 辽宁省 |
| 310 | 哈尔滨远东理工学院 | 12 | 20.23 | 黑龙江省 |
| 312 | 中南林业科技大学涉外学院 | 10 | 20 | 湖南省 |
| 313 | 辽宁财贸学院 | 17 | 19.7 | 辽宁省 |
| 314 | 山东财经大学东方学院 | 4 | 19.68 | 山东省 |
| 314 | 天津传媒学院 | 9 | 19.68 | 天津市 |
| 316 | 江西农业大学南昌商学院 | 9 | 19.65 | 江西省 |
| 317 | 天津师范大学津沽学院 | 8 | 19.64 | 天津市 |
| 318 | 青海大学昆仑学院 | 3 | 19.37 | 青海省 |
| 319 | 哈尔滨信息工程学院 | 25 | 19.33 | 黑龙江省 |
| 320 | 贵阳信息科技学院 | 7 | 19.16 | 贵州省 |
| 321 | 广州应用科技学院 | 22 | 19.15 | 广东省 |
| 322 | 成都文理学院 | 12 | 18.81 | 四川省 |
| 323 | 昆明医科大学海源学院 | 1 | 18 | 云南省 |
| 324 | 山东现代学院 | 8 | 17.93 | 山东省 |
| 325 | 黑龙江财经学院 | 19 | 17.69 | 黑龙江省 |
| 326 | 河北传媒学院 | 4 | 17.5 | 河北省 |
| 327 | 吉利学院 | 14 | 17.41 | 四川省 |
| 328 | 贵州黔南经济学院 | 1 | 17.28 | 贵州省 |

续表

| 排名 | 学校名称 | 奖项数 | 总分 | 省份 |
|---|---|---|---|---|
| 329 | 南京医科大学康达学院 | 7 | 16.33 | 江苏省 |
| 330 | 湖南中医药大学湘杏学院 | 1 | 16.28 | 湖南省 |
| 330 | 重庆工商大学派斯学院 | 3 | 16.28 | 重庆市 |
| 332 | 延安大学西安创新学院 | 3 | 16.24 | 陕西省 |
| 333 | 陕西服装工程学院 | 3 | 16.23 | 陕西省 |
| 334 | 辽宁何氏医学院 | 9 | 16.16 | 辽宁省 |
| 335 | 蚌埠工商学院 | 7 | 15.81 | 安徽省 |
| 336 | 武汉体育学院体育科技学院 | 9 | 15.74 | 湖北省 |
| 337 | 河北科技学院 | 11 | 15.62 | 河北省 |
| 338 | 辽宁中医药大学杏林学院 | 1 | 15.3 | 辽宁省 |
| 339 | 湖南师范大学树达学院 | 2 | 15.16 | 湖南省 |
| 340 | 南昌应用技术师范学院 | 3 | 14.7 | 江西省 |
| 341 | 青岛电影学院 | 5 | 14.39 | 山东省 |
| 342 | 合肥城市学院 | 2 | 14.26 | 安徽省 |
| 343 | 天津商业大学宝德学院 | 3 | 14.2 | 天津市 |
| 344 | 西安科技大学高新学院 | 6 | 14.15 | 陕西省 |
| 345 | 安徽外国语学院 | 4 | 13.98 | 安徽省 |
| 346 | 河北医科大学临床学院 | 1 | 13.76 | 河北省 |
| 346 | 河北师范大学汇华学院 | 4 | 13.76 | 河北省 |
| 346 | 湖南农业大学东方科技学院 | 5 | 13.76 | 湖南省 |
| 349 | 新乡医学院三全学院 | 2 | 13.73 | 河南省 |

续表

| 排名 | 学校名称 | 奖项数 | 总分 | 省份 |
|------|----------|--------|------|------|
| 350 | 四川工业科技学院 | 9 | 13.62 | 四川省 |
| 351 | 贵州黔南科技学院 | 7 | 13.47 | 贵州省 |
| 352 | 齐鲁医药学院 | 5 | 13.44 | 山东省 |
| 353 | 西北大学现代学院 | 4 | 13.17 | 陕西省 |
| 354 | 云南艺术学院文华学院 | 1 | 12.9 | 云南省 |
| 355 | 辽宁师范大学海华学院 | 6 | 12.86 | 辽宁省 |
| 356 | 安阳学院 | 1 | 12.55 | 河南省 |
| 357 | 吉林师范大学博达学院 | 7 | 10.96 | 吉林省 |
| 358 | 湖南文理学院芙蓉学院 | 2 | 9.99 | 湖南省 |
| 359 | 青岛农业大学海都学院 | 3 | 9.36 | 山东省 |
| 360 | 内蒙古鸿德文理学院 | 1 | 8.33 | 内蒙古自治区 |
| 361 | 河北东方学院 | 3 | 8.18 | 河北省 |
| 362 | 河北外国语学院 | 3 | 7.39 | 河北省 |
| 363 | 大连医科大学中山学院 | 2 | 6.5 | 辽宁省 |

# 11.13 2017－2021年全国新建本科院校大学生竞赛榜单

续表

| 排名 | 学校名称 | 奖项数 | 总分 | 省份 | 排名 | 学校名称 | 奖项数 | 总分 | 省份 |
|---|---|---|---|---|---|---|---|---|---|
| 1 | 厦门理工学院 | 305 | 64.37 | 福建省 | 30 | 南阳师范学院 | 405 | 53.73 | 河南省 |
| 2 | 宁波工程学院 | 274 | 62.51 | 浙江省 | 31 | 贵州理工学院 | 90 | 53.31 | 贵州省 |
| 3 | 重庆科技学院 | 353 | 62.07 | 重庆市 | 32 | 滨州学院 | 311 | 53.21 | 山东省 |
| 4 | 东莞理工学院 | 328 | 62.04 | 广东省 | 33 | 台州学院 | 272 | 53.16 | 浙江省 |
| 5 | 常熟理工学院 | 399 | 61.79 | 江苏省 | 34 | 湖南工程学院 | 141 | 53.1 | 湖南省 |
| 6 | 江汉大学 | 356 | 60.91 | 湖北省 | 35 | 徐州工程学院 | 242 | 52.79 | 江苏省 |
| 7 | 南京工程学院 | 282 | 60.83 | 江苏省 | 36 | 山东交通学院 | 180 | 52.75 | 山东省 |
| 8 | 合肥学院 | 250 | 60.69 | 安徽省 | 37 | 乐山师范学院 | 281 | 52.59 | 四川省 |
| 9 | 厦门大学嘉庚学院 | 194 | 60.47 | 福建省 | 38 | 广西财经学院 | 109 | 52.57 | 广西壮族自治区 |
| 10 | 福建工程学院 | 234 | 59.98 | 福建省 | 39 | 浙江万里学院 | 213 | 52.43 | 浙江省 |
| 11 | 安徽信息工程学院 | 251 | 59.49 | 安徽省 | 40 | 贵州师范学院 | 201 | 52.41 | 贵州省 |
| 12 | 长江师范学院 | 444 | 59.14 | 重庆市 | 41 | 沈阳工学院 | 233 | 52.02 | 辽宁省 |
| 13 | 南阳理工学院 | 395 | 58.69 | 河南省 | 42 | 淮阴工学院 | 222 | 51.93 | 江苏省 |
| 14 | 长沙学院 | 412 | 58.65 | 湖南省 | 43 | 南昌工程学院 | 128 | 51.72 | 江西省 |
| 15 | 集美大学诚毅学院 | 135 | 58.01 | 福建省 | 44 | 巢湖学院 | 101 | 51.63 | 安徽省 |
| 16 | 洛阳理工学院 | 191 | 57.36 | 河南省 | 45 | 德州学院 | 216 | 51.34 | 山东省 |
| 17 | 上海第二工业大学 | 201 | 56.27 | 上海市 | 46 | 中国科学院大学 | 84 | 51.32 | 北京市 |
| 18 | 惠州学院 | 300 | 56.11 | 广东省 | 47 | 韶关学院 | 197 | 51.28 | 广东省 |
| 19 | 皖西学院 | 144 | 55.87 | 安徽省 | 48 | 闽江学院 | 191 | 51.04 | 福建省 |
| 20 | 浙江传媒学院 | 204 | 55.18 | 浙江省 | 49 | 电子科技大学中山学院 | 179 | 51.03 | 广东省 |
| 21 | 滁州学院 | 257 | 55.17 | 安徽省 | 50 | 三江学院 | 131 | 50.91 | 江苏省 |
| 22 | 衢州学院 | 144 | 54.82 | 浙江省 | 50 | 黄山学院 | 151 | 50.91 | 安徽省 |
| 23 | 嘉兴学院 | 247 | 54.78 | 浙江省 | 52 | 青岛黄海学院 | 238 | 50.86 | 山东省 |
| 24 | 河南工程学院 | 235 | 54.72 | 河南省 | 53 | 浙大宁波理工学院 | 222 | 50.79 | 浙江省 |
| 25 | 重庆文理学院 | 277 | 54.66 | 重庆市 | 54 | 大连东软信息学院 | 366 | 50.78 | 辽宁省 |
| 26 | 成都工业学院 | 209 | 54.64 | 四川省 | 55 | 南方科技大学 | 119 | 50.77 | 广东省 |
| 27 | 湖北经济学院 | 336 | 54.5 | 湖北省 | 56 | 三明学院 | 160 | 50.72 | 福建省 |
| 28 | 天津中德应用技术大学 | 97 | 54.44 | 天津市 | 57 | 宜春学院 | 203 | 50.68 | 江西省 |
| 29 | 安阳工学院 | 240 | 54.03 | 河南省 | | | | | |

续表

| 排名 | 学校名称 | 奖项数 | 总分 | 省份 |
|---|---|---|---|---|
| 58 | 北华航天工业学院 | 99 | 50.32 | 河北省 |
| 59 | 成都理工大学工程技术学院 | 117 | 50.31 | 四川省 |
| 60 | 西京学院 | 183 | 50.27 | 陕西省 |
| 61 | 内江师范学院 | 130 | 50.19 | 四川省 |
| 62 | 广州软件学院 | 204 | 50.06 | 广东省 |
| 63 | 燕山大学里仁学院 | 100 | 50.04 | 河北省 |
| 64 | 北京理工大学珠海学院 | 188 | 49.75 | 广东省 |
| 65 | 淮南师范学院 | 123 | 49.71 | 安徽省 |
| 66 | 广州城市理工学院 | 107 | 49.68 | 广东省 |
| 67 | 北部湾大学 | 108 | 49.48 | 广西壮族自治区 |
| 68 | 湖北工程学院 | 132 | 49.42 | 湖北省 |
| 69 | 江西科技学院 | 103 | 49.34 | 江西省 |
| 70 | 赣南科技学院 | 141 | 49.33 | 江西省 |
| 71 | 福建江夏学院 | 135 | 49.25 | 福建省 |
| 72 | 井冈山大学 | 176 | 49 | 江西省 |
| 73 | 上海应用技术大学 | 101 | 48.89 | 上海市 |
| 74 | 金陵科技学院 | 249 | 48.68 | 江苏省 |
| 75 | 西安文理学院 | 139 | 48.57 | 陕西省 |
| 76 | 福州外语外贸学院 | 144 | 48.51 | 福建省 |
| 77 | 浙江外国语学院 | 33 | 48.45 | 浙江省 |
| 78 | 云南工商学院 | 126 | 48.43 | 云南省 |
| 79 | 安徽新华学院 | 113 | 48.41 | 安徽省 |
| 80 | 南宁学院 | 159 | 48.38 | 广西壮族自治区 |
| 81 | 云南大学滇池学院 | 109 | 48.27 | 云南省 |
| 82 | 广东石油化工学院 | 102 | 48.21 | 广东省 |
| 83 | 泉州师范学院 | 180 | 48.13 | 福建省 |
| 83 | 长春工程学院 | 174 | 48.13 | 吉林省 |
| 85 | 贺州学院 | 234 | 47.95 | 广西壮族自治区 |
| 86 | 怀化学院 | 224 | 47.84 | 湖南省 |
| 87 | 湖北理工学院 | 175 | 47.81 | 湖北省 |

续表

| 排名 | 学校名称 | 奖项数 | 总分 | 省份 |
|---|---|---|---|---|
| 88 | 西安欧亚学院 | 106 | 47.57 | 陕西省 |
| 89 | 黑龙江工程学院 | 74 | 47.29 | 黑龙江省 |
| 90 | 铜陵学院 | 219 | 47.2 | 安徽省 |
| 91 | 莆田学院 | 116 | 47.09 | 福建省 |
| 92 | 天津仁爱学院 | 149 | 46.76 | 天津市 |
| 92 | 珠海科技学院 | 166 | 46.76 | 广东省 |
| 94 | 广东东软学院 | 187 | 46.75 | 广东省 |
| 95 | 九江学院 | 118 | 46.73 | 江西省 |
| 96 | 上海电机学院 | 85 | 46.66 | 上海市 |
| 97 | 武汉商学院 | 167 | 46.63 | 湖北省 |
| 98 | 合肥师范学院 | 107 | 46.62 | 安徽省 |
| 99 | 河北民族师范学院 | 90 | 46.59 | 河北省 |
| 100 | 常州工学院 | 169 | 46.57 | 江苏省 |
| 101 | 华北科技学院 | 105 | 46.48 | 河北省 |
| 102 | 山东石油化工学院 | 84 | 46.35 | 山东省 |
| 103 | 黄河科技学院 | 238 | 46.31 | 河南省 |
| 104 | 梧州学院 | 162 | 46.26 | 广西壮族自治区 |
| 105 | 安阳师范学院 | 124 | 46.17 | 河南省 |
| 106 | 重庆工程学院 | 274 | 45.97 | 重庆市 |
| 107 | 武夷学院 | 63 | 45.86 | 福建省 |
| 108 | 池州学院 | 168 | 45.79 | 安徽省 |
| 109 | 武汉华夏理工学院 | 134 | 45.76 | 湖北省 |
| 110 | 武汉工商学院 | 96 | 45.67 | 湖北省 |
| 111 | 湖南人文科技学院 | 102 | 45.64 | 湖南省 |
| 112 | 运城学院 | 148 | 45.57 | 山西省 |
| 113 | 桂林航天工业学院 | 164 | 45.47 | 广西壮族自治区 |
| 114 | 防灾科技学院 | 93 | 45.29 | 河北省 |
| 115 | 成都东软学院 | 156 | 45.18 | 四川省 |
| 116 | 玉林师范学院 | 122 | 45.15 | 广西壮族自治区 |
| 117 | 石家庄学院 | 62 | 45 | 河北省 |
| 118 | 重庆城市科技学院 | 168 | 44.99 | 重庆市 |
| 119 | 潍坊科技学院 | 70 | 44.84 | 山东省 |

续表

| 排名 | 学校名称 | 奖项数 | 总分 | 省份 |
|---|---|---|---|---|
| 120 | 河南城建学院 | 148 | 44.68 | 河南省 |
| 121 | 海口经济学院 | 74 | 44.65 | 海南省 |
| 122 | 龙岩学院 | 100 | 44.63 | 福建省 |
| 123 | 绍兴文理学院元培学院 | 83 | 44.52 | 浙江省 |
| 124 | 许昌学院 | 99 | 44.47 | 河南省 |
| 125 | 宁波财经学院 | 141 | 44.38 | 浙江省 |
| 126 | 吕梁学院 | 111 | 44.33 | 山西省 |
| 126 | 文华学院 | 92 | 44.33 | 湖北省 |
| 128 | 宿州学院 | 59 | 44.3 | 安徽省 |
| 128 | 丽水学院 | 72 | 44.3 | 浙江省 |
| 130 | 重庆移通学院 | 215 | 44.27 | 重庆市 |
| 131 | 烟台南山学院 | 118 | 44.2 | 山东省 |
| 132 | 攀枝花学院 | 149 | 44.15 | 四川省 |
| 133 | 三峡大学科技学院 | 147 | 43.64 | 湖北省 |
| 134 | 安徽三联学院 | 67 | 43.39 | 安徽省 |
| 135 | 上海建桥学院 | 87 | 43.38 | 上海市 |
| 136 | 西安航空学院 | 123 | 43.3 | 陕西省 |
| 137 | 新乡学院 | 84 | 43.27 | 河南省 |
| 138 | 福州大学至诚学院 | 66 | 43.25 | 福建省 |
| 139 | 闽南理工学院 | 234 | 43.24 | 福建省 |
| 140 | 唐山学院 | 73 | 42.96 | 河北省 |
| 141 | 湖南科技学院 | 106 | 42.87 | 湖南省 |
| 142 | 吉林动画学院 | 97 | 42.78 | 吉林省 |
| 143 | 百色学院 | 145 | 42.77 | 广西壮族自治区 |
| 144 | 上海商学院 | 74 | 42.72 | 上海市 |
| 145 | 中国矿业大学徐海学院 | 75 | 42.63 | 江苏省 |
| 146 | 汉口学院 | 124 | 42.57 | 湖北省 |
| 147 | 郑州西亚斯学院 | 92 | 42.48 | 河南省 |
| 148 | 新疆工程学院 | 81 | 42.45 | 新疆维吾尔自治区 |
| 148 | 辽宁科技学院 | 129 | 42.45 | 辽宁省 |
| 150 | 南昌理工学院 | 128 | 42.31 | 江西省 |

续表

| 排名 | 学校名称 | 奖项数 | 总分 | 省份 |
|---|---|---|---|---|
| 150 | 南昌工学院 | 50 | 42.31 | 江西省 |
| 152 | 贵阳学院 | 27 | 42.28 | 贵州省 |
| 153 | 电子科技大学成都学院 | 94 | 42.27 | 四川省 |
| 154 | 黄淮学院 | 116 | 42.24 | 河南省 |
| 155 | 湖北汽车工业学院科技学院 | 58 | 42.19 | 湖北省 |
| 156 | 枣庄学院 | 74 | 42.1 | 山东省 |
| 157 | 渭南师范学院 | 70 | 42.03 | 陕西省 |
| 158 | 浙江树人学院 | 39 | 42.02 | 浙江省 |
| 159 | 广州南方学院 | 61 | 41.93 | 广东省 |
| 160 | 河南工学院 | 51 | 41.91 | 河南省 |
| 161 | 南通理工学院 | 160 | 41.82 | 江苏省 |
| 162 | 福建师范大学协和学院 | 114 | 41.8 | 福建省 |
| 163 | 武汉东湖学院 | 154 | 41.7 | 湖北省 |
| 164 | 吉林农业科技学院 | 79 | 41.63 | 吉林省 |
| 165 | 湖南工学院 | 106 | 41.56 | 湖南省 |
| 166 | 海南热带海洋学院 | 79 | 41.54 | 海南省 |
| 167 | 昆明学院 | 67 | 41.51 | 云南省 |
| 168 | 云南经济管理学院 | 50 | 41.48 | 云南省 |
| 169 | 郑州经贸学院 | 153 | 41.39 | 河南省 |
| 170 | 四川旅游学院 | 87 | 41.33 | 四川省 |
| 171 | 商丘师范学院 | 58 | 41.27 | 河南省 |
| 172 | 郑州工业应用技术学院 | 144 | 41.2 | 河南省 |
| 173 | 陇东学院 | 88 | 41.19 | 甘肃省 |
| 174 | 桂林信息科技学院 | 198 | 41.15 | 广西壮族自治区 |
| 175 | 湖北工业大学工程技术学院 | 111 | 40.91 | 湖北省 |
| 176 | 四川大学锦江学院 | 76 | 40.89 | 四川省 |
| 177 | 江苏科技大学苏州理工学院 | 47 | 40.74 | 江苏省 |
| 178 | 肇庆学院 | 115 | 40.66 | 广东省 |

续表

| 排名 | 学校名称 | 奖项数 | 总分 | 省份 |
|---|---|---|---|---|
| 179 | 江西工程学院 | 43 | 40.58 | 江西省 |
| 179 | 长沙理工大学城南学院 | 12 | 40.58 | 湖南省 |
| 181 | 成都师范学院 | 71 | 40.55 | 四川省 |
| 182 | 长春财经学院 | 26 | 40.49 | 吉林省 |
| 183 | 长春科技学院 | 38 | 40.48 | 吉林省 |
| 184 | 西安翻译学院 | 48 | 40.45 | 陕西省 |
| 185 | 湖北第二师范学院 | 117 | 40.4 | 湖北省 |
| 186 | 东南大学成贤学院 | 70 | 40.36 | 江苏省 |
| 186 | 桂林学院 | 159 | 40.36 | 广西壮族自治区 |
| 188 | 宁德师范学院 | 32 | 40.3 | 福建省 |
| 189 | 西安培华学院 | 90 | 40.18 | 陕西省 |
| 190 | 三亚学院 | 60 | 40.04 | 海南省 |
| 191 | 辽宁对外经贸学院 | 101 | 39.74 | 辽宁省 |
| 192 | 黔南民族师范学院 | 70 | 39.55 | 贵州省 |
| 193 | 成都锦城学院 | 139 | 39.5 | 四川省 |
| 194 | 上海科技大学 | 51 | 39.45 | 上海市 |
| 195 | 蚌埠学院 | 75 | 39.4 | 安徽省 |
| 195 | 河西学院 | 60 | 39.4 | 甘肃省 |
| 197 | 河北金融学院 | 42 | 39.15 | 河北省 |
| 198 | 阳光学院 | 71 | 39.1 | 福建省 |
| 199 | 潍坊学院 | 90 | 39.03 | 山东省 |
| 200 | 南昌交通学院 | 66 | 38.99 | 江西省 |
| 201 | 河池学院 | 59 | 38.94 | 广西壮族自治区 |
| 202 | 香港中文大学(深圳) | 34 | 38.87 | 广东省 |
| 203 | 周口师范学院 | 59 | 38.83 | 河南省 |
| 204 | 深圳技术大学 | 85 | 38.82 | 广东省 |
| 205 | 河北农业大学现代科技学院 | 32 | 38.81 | 河北省 |
| 206 | 山东女子学院 | 59 | 38.74 | 山东省 |
| 207 | 北京师范大学珠海分校 | 127 | 38.71 | 广东省 |

续表

| 排名 | 学校名称 | 奖项数 | 总分 | 省份 |
|---|---|---|---|---|
| 207 | 山东协和学院 | 64 | 38.71 | 山东省 |
| 209 | 河南牧业经济学院 | 78 | 38.61 | 河南省 |
| 210 | 湖南城市学院 | 76 | 38.56 | 湖南省 |
| 210 | 宜宾学院 | 82 | 38.56 | 四川省 |
| 212 | 柳州工学院 | 58 | 38.41 | 广西壮族自治区 |
| 213 | 宁夏大学新华学院 | 42 | 38.27 | 宁夏回族自治区 |
| 214 | 洛阳师范学院 | 91 | 38.26 | 河南省 |
| 215 | 泰山学院 | 41 | 38.23 | 山东省 |
| 216 | 山东英才学院 | 32 | 38.04 | 山东省 |
| 217 | 新余学院 | 88 | 37.99 | 江西省 |
| 218 | 山西传媒学院 | 75 | 37.94 | 山西省 |
| 219 | 西交利物浦大学 | 30 | 37.88 | 江苏省 |
| 220 | 武汉晴川学院 | 53 | 37.87 | 湖北省 |
| 221 | 郑州工程技术学院 | 222 | 37.75 | 河南省 |
| 222 | 榆林学院 | 33 | 37.71 | 陕西省 |
| 223 | 湖南涉外经济学院 | 30 | 37.7 | 湖南省 |
| 224 | 四川工商学院 | 56 | 37.68 | 四川省 |
| 225 | 上海健康医学院 | 20 | 37.65 | 上海市 |
| 226 | 萍乡学院 | 83 | 37.61 | 江西省 |
| 227 | 南京晓庄学院 | 126 | 37.57 | 江苏省 |
| 228 | 温州理工学院 | 67 | 37.54 | 浙江省 |
| 229 | 山西科技学院 | 23 | 37.53 | 山西省 |
| 230 | 平顶山学院 | 91 | 37.52 | 河南省 |
| 231 | 太原学院 | 30 | 37.48 | 山西省 |
| 232 | 哈尔滨学院 | 110 | 37.45 | 黑龙江省 |
| 233 | 兰州工业学院 | 73 | 37.43 | 甘肃省 |
| 234 | 马鞍山学院 | 40 | 37.42 | 安徽省 |
| 234 | 曲靖师范学院 | 95 | 37.42 | 云南省 |
| 234 | 吉林外国语大学 | 33 | 37.42 | 吉林省 |
| 237 | 烟台理工学院 | 30 | 37.3 | 山东省 |
| 237 | 湖南第一师范学院 | 38 | 37.3 | 湖南省 |
| 239 | 丽江文化旅游学院 | 58 | 37.29 | 云南省 |
| 240 | 中原科技学院 | 86 | 37.26 | 河南省 |

续表

| 排名 | 学校名称 | 奖项数 | 总分 | 省份 |
|------|---------|-------|------|------|
| 241 | 广东科技学院 | 102 | 37.23 | 广东省 |
| 242 | 衡水学院 | 65 | 37.13 | 河北省 |
| 243 | 东莞城市学院 | 62 | 37.09 | 广东省 |
| 244 | 北京城市学院 | 129 | 37.07 | 北京市 |
| 245 | 南昌师范学院 | 53 | 36.99 | 江西省 |
| 246 | 青岛城市学院 | 63 | 36.96 | 山东省 |
| 247 | 广东白云学院 | 117 | 36.91 | 广东省 |
| 248 | 大庆师范学院 | 58 | 36.88 | 黑龙江省 |
| 249 | 邯郸学院 | 64 | 36.8 | 河北省 |
| 250 | 北京师范大学—香港浸会大学联合国际学院 | 20 | 36.73 | 广东省 |
| 251 | 银川科技学院 | 33 | 36.67 | 宁夏回族自治区 |
| 252 | 晋中信息学院 | 54 | 36.65 | 山西省 |
| 253 | 兰州城市学院 | 68 | 36.48 | 甘肃省 |
| 254 | 山西工学院 | 41 | 36.44 | 山西省 |
| 255 | 银川能源学院 | 42 | 36.43 | 宁夏回族自治区 |
| 256 | 荆楚理工学院 | 60 | 36.23 | 湖北省 |
| 257 | 浙江水利水电学院 | 45 | 36.11 | 浙江省 |
| 257 | 黑龙江工业学院 | 19 | 36.11 | 黑龙江省 |
| 259 | 上海杉达学院 | 49 | 36.1 | 上海市 |
| 260 | 武昌理工学院 | 95 | 36.09 | 湖北省 |
| 261 | 遵义师范学院 | 42 | 36.07 | 贵州省 |
| 261 | 宁夏理工学院 | 54 | 36.07 | 宁夏回族自治区 |
| 263 | 鄂尔多斯应用技术学院 | 19 | 36.06 | 内蒙古自治区 |
| 263 | 沈阳工程学院 | 67 | 36.06 | 辽宁省 |
| 265 | 南昌航空大学科技学院 | 40 | 36.05 | 江西省 |
| 266 | 沈阳城市建设学院 | 52 | 36.04 | 辽宁省 |
| 267 | 辽东学院 | 51 | 35.99 | 辽宁省 |

续表

| 排名 | 学校名称 | 奖项数 | 总分 | 省份 |
|------|---------|-------|------|------|
| 268 | 南京理工大学泰州科技学院 | 66 | 35.98 | 江苏省 |
| 269 | 新疆理工学院 | 32 | 35.97 | 新疆维吾尔自治区 |
| 270 | 上海海关学院 | 20 | 35.92 | 上海市 |
| 271 | 六盘水师范学院 | 29 | 35.87 | 贵州省 |
| 272 | 北海艺术设计学院 | 159 | 35.77 | 广西壮族自治区 |
| 273 | 首都师范大学科德学院 | 26 | 35.75 | 北京市 |
| 274 | 西安明德理工学院 | 102 | 35.7 | 陕西省 |
| 275 | 北京科技大学天津学院 | 24 | 35.66 | 天津市 |
| 276 | 湛江科技学院 | 76 | 35.64 | 广东省 |
| 277 | 河北工程大学科信学院 | 32 | 35.6 | 河北省 |
| 278 | 宁夏师范学院 | 85 | 35.58 | 宁夏回族自治区 |
| 279 | 重庆第二师范学院 | 38 | 35.56 | 重庆市 |
| 280 | 文山学院 | 37 | 35.52 | 云南省 |
| 281 | 湘南学院 | 18 | 35.5 | 湖南省 |
| 282 | 广州航海学院 | 19 | 35.46 | 广东省 |
| 283 | 山东华宇工学院 | 87 | 35.45 | 山东省 |
| 284 | 贵州商学院 | 46 | 35.4 | 贵州省 |
| 285 | 无锡太湖学院 | 39 | 35.37 | 江苏省 |
| 286 | 阿坝师范学院 | 23 | 35.27 | 四川省 |
| 287 | 华北理工大学轻工学院 | 46 | 35.26 | 河北省 |
| 288 | 晋中学院 | 39 | 35.25 | 山西省 |
| 289 | 南开大学滨海学院 | 55 | 35.15 | 天津市 |
| 290 | 楚雄师范学院 | 54 | 35.13 | 云南省 |
| 290 | 湖南科技大学潇湘学院 | 13 | 35.13 | 湖南省 |
| 292 | 吉林建筑科技学院 | 106 | 35.1 | 吉林省 |

续表

| 排名 | 学校名称 | 奖项数 | 总分 | 省份 |
|---|---|---|---|---|
| 293 | 嘉兴南湖学院 | 63 | 35 | 浙江省 |
| 294 | 武汉生物工程学院 | 36 | 34.92 | 湖北省 |
| 295 | 无锡学院 | 62 | 34.88 | 江苏省 |
| 296 | 武汉城市学院 | 133 | 34.82 | 湖北省 |
| 297 | 贵阳人文科技学院 | 26 | 34.81 | 贵州省 |
| 298 | 厦门华厦学院 | 55 | 34.8 | 福建省 |
| 299 | 商洛学院 | 42 | 34.77 | 陕西省 |
| 300 | 西南交通大学希望学院 | 35 | 34.62 | 四川省 |
| 301 | 济宁学院 | 26 | 34.61 | 山东省 |
| 301 | 郑州科技学院 | 35 | 34.61 | 河南省 |
| 303 | 西安医学院 | 4 | 34.58 | 陕西省 |
| 304 | 南昌大学科学技术学院 | 39 | 34.51 | 江西省 |
| 305 | 天水师范学院 | 28 | 34.48 | 甘肃省 |
| 306 | 南京大学金陵学院 | 96 | 34.46 | 江苏省 |
| 307 | 广东培正学院 | 121 | 34.37 | 广东省 |
| 308 | 长春光华学院 | 52 | 34.26 | 吉林省 |
| 309 | 中国社会科学院大学 | 30 | 34.23 | 北京市 |
| 310 | 烟台科技学院 | 21 | 34.21 | 山东省 |
| 311 | 沧州交通学院 | 58 | 34.2 | 河北省 |
| 312 | 广州商学院 | 41 | 34.16 | 广东省 |
| 313 | 上海财经大学浙江学院 | 17 | 34.11 | 浙江省 |
| 314 | 白城师范学院 | 33 | 34.06 | 吉林省 |
| 315 | 天津财经大学珠江学院 | 40 | 34.05 | 天津市 |
| 316 | 广东第二师范学院 | 67 | 33.94 | 广东省 |
| 316 | 河南开封科技传媒学院 | 70 | 33.94 | 河南省 |
| 318 | 广州理工学院 | 53 | 33.82 | 广东省 |
| 319 | 营口理工学院 | 61 | 33.76 | 辽宁省 |
| 320 | 玉溪师范学院 | 52 | 33.71 | 云南省 |
| 321 | 大连科技学院 | 91 | 33.65 | 辽宁省 |

续表

| 排名 | 学校名称 | 奖项数 | 总分 | 省份 |
|---|---|---|---|---|
| 322 | 浙江警察学院 | 27 | 33.63 | 浙江省 |
| 323 | 哈尔滨金融学院 | 36 | 33.62 | 黑龙江省 |
| 324 | 浙江农林大学暨阳学院 | 27 | 33.6 | 浙江省 |
| 325 | 湖北商贸学院 | 60 | 33.59 | 湖北省 |
| 326 | 河北大学工商学院 | 16 | 33.46 | 河北省 |
| 327 | 安顺学院 | 35 | 33.43 | 贵州省 |
| 328 | 红河学院 | 27 | 33.35 | 云南省 |
| 328 | 长春建筑学院 | 47 | 33.35 | 吉林省 |
| 330 | 安徽师范大学皖江学院 | 83 | 33.19 | 安徽省 |
| 331 | 郑州师范学院 | 43 | 33.17 | 河南省 |
| 332 | 广州华立学院 | 56 | 33.11 | 广东省 |
| 333 | 燕京理工学院 | 44 | 33.09 | 河北省 |
| 334 | 上海视觉艺术学院 | 27 | 33.08 | 上海市 |
| 335 | 江西应用科技学院 | 30 | 33.05 | 江西省 |
| 336 | 广东金融学院 | 70 | 32.93 | 广东省 |
| 336 | 兰州工商学院 | 15 | 32.93 | 甘肃省 |
| 338 | 山东青年政治学院 | 36 | 32.86 | 山东省 |
| 338 | 西安交通大学城市学院 | 55 | 32.86 | 陕西省 |
| 340 | 河套学院 | 16 | 32.79 | 内蒙古自治区 |
| 340 | 桂林旅游学院 | 37 | 32.79 | 广西壮族自治区 |
| 342 | 哈尔滨剑桥学院 | 24 | 32.76 | 黑龙江省 |
| 343 | 菏泽学院 | 49 | 32.7 | 山东省 |
| 344 | 武昌首义学院 | 82 | 32.59 | 湖北省 |
| 345 | 宿迁学院 | 50 | 32.58 | 江苏省 |
| 346 | 广州新华学院 | 47 | 32.57 | 广东省 |
| 347 | 湖南理工学院南湖学院 | 21 | 32.56 | 湖南省 |
| 348 | 绵阳师范学院 | 80 | 32.55 | 四川省 |
| 349 | 大连理工大学城市学院 | 52 | 32.54 | 辽宁省 |

续表

| 排名 | 学校名称 | 奖项数 | 总分 | 省份 |
|---|---|---|---|---|
| 350 | 武汉传媒学院 | 93 | 32.52 | 湖北省 |
| 351 | 邢台学院 | 47 | 32.49 | 河北省 |
| 352 | 沈阳城市学院 | 105 | 32.48 | 辽宁省 |
| 353 | 潍坊理工学院 | 48 | 32.46 | 山东省 |
| 354 | 安康学院 | 38 | 32.43 | 陕西省 |
| 355 | 赤峰学院 | 26 | 32.4 | 内蒙古自治区 |
| 356 | 哈尔滨石油学院 | 22 | 32.28 | 黑龙江省 |
| 357 | 嘉应学院 | 132 | 32.25 | 广东省 |
| 358 | 信阳学院 | 30 | 32.19 | 河南省 |
| 359 | 上海师范大学天华学院 | 79 | 32.08 | 上海市 |
| 360 | 武汉工程大学邮电与信息工程学院 | 25 | 32.05 | 湖北省 |
| 361 | 皖江工学院 | 21 | 31.88 | 安徽省 |
| 362 | 重庆财经学院 | 26 | 31.81 | 重庆市 |
| 363 | 武昌工学院 | 60 | 31.8 | 湖北省 |
| 364 | 青岛滨海学院 | 30 | 31.78 | 山东省 |
| 365 | 青岛工学院 | 37 | 31.74 | 山东省 |
| 366 | 四川电影电视学院 | 45 | 31.73 | 四川省 |
| 367 | 广州工商学院 | 83 | 31.7 | 广东省 |
| 368 | 南京传媒学院 | 64 | 31.69 | 江苏省 |
| 368 | 浙江越秀外国语学院 | 54 | 31.69 | 浙江省 |
| 370 | 长春电子科技学院 | 26 | 31.68 | 吉林省 |
| 371 | 重庆对外经贸学院 | 86 | 31.67 | 重庆市 |
| 372 | 青岛恒星科技学院 | 22 | 31.66 | 山东省 |
| 372 | 河北工程技术学院 | 26 | 31.66 | 河北省 |
| 374 | 山西能源学院 | 17 | 31.61 | 山西省 |
| 375 | 山东农业工程学院 | 17 | 31.58 | 山东省 |
| 376 | 西安建筑科技大学华清学院 | 13 | 31.56 | 陕西省 |
| 377 | 陕西国际商贸学院 | 32 | 31.45 | 陕西省 |
| 378 | 西安思源学院 | 8 | 31.35 | 陕西省 |

续表

| 排名 | 学校名称 | 奖项数 | 总分 | 省份 |
|---|---|---|---|---|
| 379 | 湖南工业大学科技学院 | 20 | 31.28 | 湖南省 |
| 380 | 昆明理工大学津桥学院 | 44 | 31.24 | 云南省 |
| 381 | 山西工程技术学院 | 41 | 31.17 | 山西省 |
| 381 | 成都银杏酒店管理学院 | 32 | 31.17 | 四川省 |
| 383 | 齐鲁理工学院 | 38 | 31.16 | 山东省 |
| 384 | 武汉设计工程学院 | 45 | 31.1 | 湖北省 |
| 385 | 兰州信息科技学院 | 55 | 31.07 | 甘肃省 |
| 386 | 河南财政金融学院 | 45 | 31.05 | 河南省 |
| 387 | 绵阳城市学院 | 47 | .98 | 四川省 |
| 387 | 西昌学院 | 48 | 30.98 | 四川省 |
| 389 | 呼伦贝尔学院 | 25 | 30.97 | 内蒙古自治区 |
| 390 | 北京邮电大学世纪学院 | 24 | 30.92 | 北京市 |
| 391 | 大连艺术学院 | 56 | 30.84 | 辽宁省 |
| 392 | 长沙师范学院 | 47 | 30.77 | 湖南省 |
| 393 | 西安外事学院 | 22 | 30.73 | 陕西省 |
| 394 | 温州商学院 | 40 | 30.72 | 浙江省 |
| 395 | 赣南师范大学科技学院 | 15 | 30.63 | 江西省 |
| 396 | 山东政法学院 | 60 | 30.57 | 山东省 |
| 397 | 保定学院 | 69 | 30.51 | 河北省 |
| 398 | 浙江音乐学院 | 45 | 30.26 | 浙江省 |
| 399 | 南昌大学共青学院 | 7 | 30.25 | 江西省 |
| 400 | 黑龙江外国语学院 | 63 | 30.22 | 黑龙江省 |
| 401 | 湖北文理学院理工学院 | 30 | 30.19 | 湖北省 |
| 402 | 西安工商学院 | 22 | 30.12 | 陕西省 |
| 403 | 闽南科技学院 | 25 | 29.92 | 福建省 |
| 404 | 长治学院 | 55 | 29.9 | 山西省 |
| 405 | 凯里学院 | 39 | 29.86 | 贵州省 |

续表

| 排名 | 学校名称 | 奖项数 | 总分 | 省份 |
|---|---|---|---|---|
| 406 | 阜阳师范大学信息工程学院 | 29 | 29.85 | 安徽省 |
| 407 | 昆明城市学院 | 35 | 29.77 | 云南省 |
| 408 | 福建商学院 | 19 | 29.71 | 福建省 |
| 409 | 铜仁学院 | 14 | 29.69 | 贵州省 |
| 410 | 上海立信会计金融学院 | 20 | 29.61 | 上海市 |
| 411 | 兰州文理学院 | 41 | 29.59 | 甘肃省 |
| 412 | 黑河学院 | 50 | 29.53 | 黑龙江省 |
| 413 | 兴义民族师范学院 | 16 | 29.5 | 贵州省 |
| 413 | 大连财经学院 | 31 | 29.5 | 辽宁省 |
| 415 | 福州理工学院 | 29 | 29.44 | 福建省 |
| 415 | 广东理工学院 | 44 | 29.44 | 广东省 |
| 415 | 中国劳动关系学院 | 4 | 29.44 | 北京市 |
| 418 | 四川文化艺术学院 | 18 | 29.41 | 四川省 |
| 419 | 保定理工学院 | 44 | 29.3 | 河北省 |
| 420 | 贵州工程应用技术学院 | 37 | 29.26 | 贵州省 |
| 420 | 齐鲁师范学院 | 25 | 29.26 | 山东省 |
| 422 | 福建农林大学金山学院 | 21 | 29.21 | 福建省 |
| 423 | 长沙医学院 | 8 | 29.01 | 湖南省 |
| 424 | 辽宁理工学院 | 16 | 28.94 | 辽宁省 |
| 425 | 内蒙古大学创业学院 | 15 | 28.9 | 内蒙古自治区 |
| 426 | 同济大学浙江学院 | 28 | 28.87 | 浙江省 |
| 427 | 长江大学文理学院 | 40 | 28.82 | 湖北省 |
| 428 | 长春大学旅游学院 | 55 | 28.71 | 吉林省 |
| 429 | 琼台师范学院 | 20 | 28.67 | 海南省 |
| 430 | 咸阳师范学院 | 27 | 28.51 | 陕西省 |
| 431 | 重庆人文科技学院 | 60 | 28.44 | 重庆市 |
| 432 | 四川文理学院 | 42 | 28.41 | 四川省 |
| 433 | 汉江师范学院 | 20 | 28.3 | 湖北省 |
| 434 | 江苏师范大学科文学院 | 29 | 28.22 | 江苏省 |

续表

| 排名 | 学校名称 | 奖项数 | 总分 | 省份 |
|---|---|---|---|---|
| 434 | 西南财经大学天府学院 | 53 | 28.22 | 四川省 |
| 436 | 安徽大学江淮学院 | 61 | 28.16 | 安徽省 |
| 437 | 西安交通工程学院 | 18 | 28.08 | 陕西省 |
| 438 | 泰州学院 | 38 | 28.06 | 江苏省 |
| 439 | 山东警察学院 | 7 | 28.02 | 山东省 |
| 440 | 兰州博文科技学院 | 22 | 28.01 | 甘肃省 |
| 441 | 河北环境工程学院 | 40 | 28 | 河北省 |
| 441 | 滇西科技师范学院 | 20 | 28 | 云南省 |
| 443 | 广州华商学院 | 67 | 27.89 | 广东省 |
| 444 | 广西民族师范学院 | 39 | 27.86 | 广西壮族自治区 |
| 445 | 广西外国语学院 | 22 | 27.85 | 广西壮族自治区 |
| 446 | 泰山科技学院 | 12 | 27.84 | 山东省 |
| 447 | 南华大学船山学院 | 12 | 27.75 | 湖南省 |
| 448 | 重庆外语外事学院 | 66 | 27.47 | 重庆市 |
| 449 | 廊坊师范学院 | 34 | 27.41 | 河北省 |
| 450 | 山西工商学院 | 47 | 27.4 | 山西省 |
| 451 | 沧州师范学院 | 22 | 27.35 | 河北省 |
| 452 | 黄河交通学院 | 29 | 27.32 | 河南省 |
| 453 | 厦门工学院 | 35 | 27.16 | 福建省 |
| 454 | 黑龙江工商学院 | 13 | 27.02 | 黑龙江省 |
| 455 | 山东管理学院 | 25 | 27.01 | 山东省 |
| 456 | 齐齐哈尔工程学院 | 34 | 27 | 黑龙江省 |
| 457 | 宁波诺丁汉大学 | 13 | 26.95 | 浙江省 |
| 458 | 上海外国语大学贤达经济人文学院 | 17 | 26.91 | 上海市 |
| 459 | 泉州信息工程学院 | 40 | 26.89 | 福建省 |
| 460 | 亳州学院 | 36 | 26.87 | 安徽省 |
| 461 | 新乡工程学院 | 12 | 26.59 | 河南省 |
| 461 | 上饶师范学院 | 43 | 26.59 | 江西省 |
| 463 | 河北经贸大学经济管理学院 | 11 | 26.5 | 河北省 |

续表

| 排名 | 学校名称 | 奖项数 | 总分 | 省份 |
|------|----------|--------|------|------|
| 464 | 石家庄铁道大学四方学院 | 20 | 26.43 | 河北省 |
| 464 | 常州大学怀德学院 | 13 | 26.43 | 江苏省 |
| 466 | 湖北大学知行学院 | 30 | 26.34 | 湖北省 |
| 467 | 武汉学院 | 61 | 26.32 | 湖北省 |
| 468 | 天津理工大学中环信息学院 | 21 | 26.3 | 天津市 |
| 469 | 福州工商学院 | 26 | 26.27 | 福建省 |
| 470 | 衡阳师范学院南岳学院 | 3 | 26.14 | 湖南省 |
| 470 | 郑州商学院 | 44 | 26.14 | 河南省 |
| 472 | 聊城大学东昌学院 | 14 | 26.09 | 山东省 |
| 473 | 湖南信息学院 | 31 | 26.07 | 湖南省 |
| 474 | 保山学院 | 36 | 26.04 | 云南省 |
| 475 | 四川传媒学院 | 22 | 26.02 | 四川省 |
| 476 | 广西民族大学相思湖学院 | 23 | 26 | 广西壮族自治区 |
| 477 | 荆州学院 | 38 | 25.94 | 湖北省 |
| 478 | 湖南交通工程学院 | 9 | 25.87 | 湖南省 |
| 479 | 北京工商大学嘉华学院 | 8 | 25.81 | 北京市 |
| 480 | 湖北恩施学院 | 19 | 25.8 | 湖北省 |
| 481 | 湖南女子学院 | 46 | 25.74 | 湖南省 |
| 482 | 河北中医学院 | 6 | 25.65 | 河北省 |
| 483 | 长春人文学院 | 26 | 25.61 | 吉林省 |
| 484 | 广东外语外贸大学南国商学院 | 16 | 25.56 | 广东省 |
| 485 | 南京森林警察学院 | 10 | 25.48 | 江苏省 |
| 486 | 山西晋中理工学院 | 12 | 25.46 | 山西省 |
| 487 | 南宁理工学院 | 18 | 25.42 | 广西壮族自治区 |
| 488 | 江西师范大学科学技术学院 | 33 | 25.22 | 江西省 |
| 489 | 安徽艺术学院 | 23 | 25.11 | 安徽省 |

续表

| 排名 | 学校名称 | 奖项数 | 总分 | 省份 |
|------|----------|--------|------|------|
| 490 | 南京师范大学泰州学院 | 13 | 25.02 | 江苏省 |
| 491 | 呼和浩特民族学院 | 11 | 24.99 | 内蒙古自治区 |
| 492 | 哈尔滨广厦学院 | 15 | 24.98 | 黑龙江省 |
| 493 | 河北水利电力学院 | 31 | 24.97 | 河北省 |
| 494 | 郑州财经学院 | 10 | 24.83 | 河南省 |
| 495 | 江苏大学京江学院 | 25 | 24.8 | 江苏省 |
| 496 | 西安财经大学行知学院 | 7 | 24.75 | 陕西省 |
| 497 | 河北美术学院 | 48 | 24.73 | 河北省 |
| 498 | 广东警官学院 | 2 | 24.66 | 广东省 |
| 499 | 集宁师范学院 | 12 | 24.6 | 内蒙古自治区 |
| 499 | 湘潭大学兴湘学院 | 6 | 24.6 | 湖南省 |
| 501 | 湖南财政经济学院 | 16 | 24.55 | 湖南省 |
| 502 | 江西警察学院 | 2 | 24.54 | 江西省 |
| 503 | 铁道警察学院 | 2 | 24.48 | 河南省 |
| 504 | 湖南应用技术学院 | 21 | 24.22 | 湖南省 |
| 505 | 湖北经济学院法商学院 | 13 | 24.2 | 湖北省 |
| 506 | 合肥经济学院 | 21 | 24.07 | 安徽省 |
| 507 | 昌吉学院 | 18 | 23.93 | 新疆维吾尔自治区 |
| 508 | 吉林工商学院 | 19 | 23.89 | 吉林省 |
| 509 | 温州医科大学仁济学院 | 5 | 23.84 | 浙江省 |
| 510 | 南京审计大学金审学院 | 14 | 23.73 | 江苏省 |
| 511 | 安徽文达信息工程学院 | 32 | 23.65 | 安徽省 |
| 512 | 江西财经大学现代经济管理学院 | 13 | 23.62 | 江西省 |
| 513 | 昭通学院 | 3 | 23.56 | 云南省 |

续表

| 排名 | 学校名称 | 奖项数 | 总分 | 省份 |
|------|----------|--------|------|------|
| 514 | 山西警察学院 | 3 | 23.45 | 山西省 |
| 515 | 赣东学院 | 28 | 23.43 | 江西省 |
| 516 | 武汉工程科技学院 | 32 | 23.32 | 湖北省 |
| 517 | 忻州师范学院 | 5 | 23.3 | 山西省 |
| 518 | 郑州工商学院 | 29 | 23.21 | 河南省 |
| 519 | 华南农业大学珠江学院 | 32 | 23.18 | 广东省 |
| 520 | 北京工业大学耿丹学院 | 24 | 23.17 | 北京市 |
| 521 | 武汉文理学院 | 35 | 23.05 | 湖北省 |
| 522 | 中央司法警官学院 | 3 | 23.03 | 河北省 |
| 523 | 茅台学院 | 5 | 22.64 | 贵州省 |
| 524 | 大连工业大学艺术与信息工程学院 | 11 | 22.61 | 辽宁省 |
| 525 | 四川外国语大学成都学院 | 2 | 22.36 | 四川省 |
| 526 | 山西应用科技学院 | 36 | 22.34 | 山西省 |
| 527 | 天津外国语大学滨海外事学院 | 2 | 22.24 | 天津市 |
| 528 | 杭州医学院 | 8 | 22.21 | 浙江省 |
| 529 | 甘肃医学院 | 7 | 22.19 | 甘肃省 |
| 530 | 湖南工程学院应用技术学院 | 5 | 22.12 | 湖南省 |
| 531 | 吉首大学张家界学院 | 28 | 22.11 | 湖南省 |
| 532 | 武汉纺织大学外经贸学院 | 8 | 22.09 | 湖北省 |
| 533 | 河北地质大学华信学院 | 6 | 22.02 | 河北省 |
| 534 | 湖北工程学院新技术学院 | 36 | 21.95 | 湖北省 |
| 535 | 商丘学院 | 26 | 21.88 | 河南省 |
| 536 | 昆明文理学院 | 5 | 21.66 | 云南省 |
| 537 | 云南警官学院 | 9 | 21.58 | 云南省 |
| 538 | 上海立达学院 | 29 | 21.57 | 上海市 |

续表

| 排名 | 学校名称 | 奖项数 | 总分 | 省份 |
|------|----------|--------|------|------|
| 539 | 陕西科技大学镐京学院 | 8 | 21.53 | 陕西省 |
| 539 | 南宁师范大学师园学院 | 7 | 21.53 | 广西壮族自治区 |
| 541 | 黑龙江东方学院 | 18 | 21.35 | 黑龙江省 |
| 542 | 江西服装学院 | 19 | 21.31 | 江西省 |
| 543 | 天津天狮学院 | 10 | 21.14 | 天津市 |
| 544 | 绥化学院 | 12 | 21.11 | 黑龙江省 |
| 545 | 新疆农业大学科学技术学院 | 4 | 20.96 | 新疆维吾尔自治区 |
| 546 | 湘潭理工学院 | 1 | 20.89 | 湖南省 |
| 547 | 深圳北理莫斯科大学 | 7 | 20.84 | 广东省 |
| 548 | 南京中医药大学翰林学院 | 2 | 20.83 | 江苏省 |
| 549 | 商丘工学院 | 4 | 20.77 | 河南省 |
| 550 | 福建技术师范学院 | 10 | 20.38 | 福建省 |
| 551 | 普洱学院 | 8 | 20.3 | 云南省 |
| 552 | 陕西学前师范学院 | 3 | 20.26 | 陕西省 |
| 553 | 辽宁传媒学院 | 11 | 20.23 | 辽宁省 |
| 553 | 哈尔滨远东理工学院 | 12 | 20.23 | 黑龙江省 |
| 555 | 新疆科技学院 | 7 | 20.08 | 新疆维吾尔自治区 |
| 556 | 中南林业科技大学涉外学院 | 10 | 20 | 湖南省 |
| 557 | 湖南警察学院 | 29 | 19.89 | 湖南省 |
| 558 | 辽宁财贸学院 | 17 | 19.7 | 辽宁省 |
| 559 | 天津传媒学院 | 9 | 19.68 | 天津市 |
| 559 | 山东财经大学东方学院 | 4 | 19.68 | 山东省 |
| 561 | 江西农业大学南昌商学院 | 9 | 19.65 | 江西省 |
| 562 | 天津师范大学津沽学院 | 8 | 19.64 | 天津市 |

续表

| 排名 | 学校名称 | 奖项数 | 总分 | 省份 |
|---|---|---|---|---|
| 563 | 湖南医药学院 | 3 | 19.58 | 湖南省 |
| 564 | 青海大学昆仑学院 | 3 | 19.37 | 青海省 |
| 565 | 哈尔滨信息工程学院 | 25 | 19.33 | 黑龙江省 |
| 566 | 贵阳信息科技学院 | 7 | 19.16 | 贵州省 |
| 567 | 广州应用科技学院 | 22 | 19.15 | 广东省 |
| 568 | 张家口学院 | 2 | 19.13 | 河北省 |
| 569 | 四川民族学院 | 23 | 19.11 | 四川省 |
| 570 | 厦门医学院 | 3 | 18.99 | 福建省 |
| 571 | 成都文理学院 | 12 | 18.81 | 四川省 |
| 572 | 甘肃民族师范学院 | 8 | 18.14 | 甘肃省 |
| 573 | 豫章师范学院 | 2 | 18.09 | 江西省 |
| 574 | 昆明医科大学海源学院 | 1 | 18 | 云南省 |
| 575 | 山东现代学院 | 8 | 17.93 | 山东省 |
| 576 | 广西职业师范学院 | 10 | 17.85 | 广西壮族自治区 |
| 577 | 黑龙江财经学院 | 19 | 17.69 | 黑龙江省 |
| 578 | 河北传媒学院 | 4 | 17.5 | 河北省 |
| 579 | 吉利学院 | 14 | 17.41 | 四川省 |
| 580 | 景德镇学院 | 3 | 17.29 | 江西省 |
| 581 | 贵州黔南经济学院 | 1 | 17.28 | 贵州省 |
| 582 | 南京特殊教育师范学院 | 19 | 17.05 | 江苏省 |
| 583 | 湖南中医药大学湘杏学院 | 1 | 16.28 | 湖南省 |
| 584 | 延安大学西安创新学院 | 3 | 16.24 | 陕西省 |
| 585 | 陕西服装工程学院 | 3 | 16.23 | 陕西省 |
| 586 | 辽宁何氏医学院 | 9 | 16.16 | 辽宁省 |
| 587 | 蚌埠工商学院 | 7 | 15.81 | 安徽省 |
| 588 | 滇西应用技术大学 | 1 | 15.76 | 云南省 |
| 589 | 武汉体育学院体育科技学院 | 9 | 15.74 | 湖北省 |
| 590 | 信阳农林学院 | 11 | 15.64 | 河南省 |

续表

| 排名 | 学校名称 | 奖项数 | 总分 | 省份 |
|---|---|---|---|---|
| 591 | 河北科技学院 | 11 | 15.62 | 河北省 |
| 592 | 福建警察学院 | 2 | 15.56 | 福建省 |
| 593 | 辽宁中医药大学杏林学院 | 1 | 15.3 | 辽宁省 |
| 594 | 中国消防救援学院 | 3 | 15.24 | 北京市 |
| 595 | 湖南师范大学树达学院 | 2 | 15.16 | 湖南省 |
| 596 | 广西警察学院 | 1 | 15.06 | 广西壮族自治区 |
| 597 | 温州肯恩大学 | 2 | 14.83 | 浙江省 |
| 598 | 南昌应用技术师范学院 | 3 | 14.7 | 江西省 |
| 599 | 上海政法学院 | 5 | 14.53 | 上海市 |
| 600 | 青岛电影学院 | 5 | 14.39 | 山东省 |
| 601 | 合肥城市学院 | 2 | 14.26 | 安徽省 |
| 602 | 天津商业大学宝德学院 | 3 | 14.2 | 天津市 |
| 603 | 四川警察学院 | 4 | 14.17 | 四川省 |
| 604 | 西安科技大学高新学院 | 6 | 14.15 | 陕西省 |
| 605 | 广东以色列理工学院 | 1 | 14 | 广东省 |
| 606 | 安徽外国语学院 | 4 | 13.98 | 安徽省 |
| 607 | 河北医科大学临床学院 | 1 | 13.76 | 河北省 |
| 607 | 湖南农业大学东方科技学院 | 5 | 13.76 | 湖南省 |
| 607 | 河北师范大学汇华学院 | 4 | 13.76 | 河北省 |
| 610 | 新乡医学院三全学院 | 2 | 13.73 | 河南省 |
| 611 | 四川工业科技学院 | 9 | 13.62 | 四川省 |
| 612 | 贵州黔南科技学院 | 7 | 13.47 | 贵州省 |
| 613 | 齐鲁医药学院 | 5 | 13.44 | 山东省 |
| 614 | 西北大学现代学院 | 4 | 13.17 | 陕西省 |

续表

| 排名 | 学校名称 | 奖项数 | 总分 | 省份 |
|------|----------|--------|------|------|
| 615 | 广西科技师范学院 | 12 | 13.08 | 广西壮族自治区 |
| 616 | 云南艺术学院文华学院 | 1 | 12.9 | 云南省 |
| 617 | 辽宁师范大学海华学院 | 6 | 12.86 | 辽宁省 |
| 618 | 安阳学院 | 1 | 12.55 | 河南省 |
| 619 | 河南警察学院 | 2 | 11.97 | 河南省 |
| 620 | 吉林警察学院 | 8 | 11.5 | 吉林省 |
| 621 | 吉林师范大学博达学院 | 7 | 10.96 | 吉林省 |
| 622 | 湖南文理学院芙蓉学院 | 2 | 9.99 | 湖南省 |
| 623 | 哈尔滨音乐学院 | 2 | 9.8 | 黑龙江省 |
| 624 | 青岛农业大学海都学院 | 3 | 9.36 | 山东省 |
| 625 | 内蒙古鸿德文理学院 | 1 | 8.33 | 内蒙古自治区 |
| 626 | 河北东方学院 | 3 | 8.18 | 河北省 |
| 627 | 河北外国语学院 | 3 | 7.39 | 河北省 |

# 12

## 2021年学生竞赛榜单（高职）

# 12.1 全国普通高校大学生竞赛六轮总榜单(高职)

| 排名 | 学校名称 | 奖项数 | 总分 | 省份 |
|---|---|---|---|---|
| 1 | 金华职业技术学院 | 534 | 100 | 浙江省 |
| 2 | 北京工业职业技术学院 | 343 | 92.33 | 北京市 |
| 3 | 南京工业职业技术大学 | 318 | 91.29 | 江苏省 |
| 4 | 北京电子科技职业学院 | 304 | 90.92 | 北京市 |
| 5 | 重庆电子工程职业学院 | 408 | 90.87 | 重庆市 |
| 6 | 深圳职业技术学院 | 495 | 90.79 | 广东省 |
| 7 | 广东轻工职业技术学院 | 599 | 89.39 | 广东省 |
| 8 | 芜湖职业技术学院 | 284 | 87.89 | 安徽省 |
| 9 | 安徽工商职业学院 | 337 | 87.31 | 安徽省 |
| 10 | 重庆工业职业技术学院 | 373 | 86.66 | 重庆市 |
| 11 | 山东商业职业技术学院 | 210 | 86.22 | 山东省 |
| 12 | 长沙民政职业技术学院 | 318 | 85.56 | 湖南省 |
| 13 | 长春职业技术学院 | 373 | 85.26 | 吉林省 |
| 14 | 福建船政交通职业学院 | 387 | 85.13 | 福建省 |
| 15 | 福建信息职业技术学院 | 346 | 85 | 福建省 |
| 16 | 江西应用技术职业学院 | 259 | 84.3 | 江西省 |
| 17 | 陕西工业职业技术学院 | 351 | 83.45 | 陕西省 |
| 18 | 江西环境工程职业学院 | 234 | 83.31 | 江西省 |

| 排名 | 学校名称 | 奖项数 | 总分 | 省份 |
|---|---|---|---|---|
| 19 | 郑州铁路职业技术学院 | 196 | 82.84 | 河南省 |
| 20 | 柳州铁道职业技术学院 | 323 | 81.72 | 广西壮族自治区 |
| 21 | 顺德职业技术学院 | 285 | 81.48 | 广东省 |
| 22 | 安徽机电职业技术学院 | 259 | 81.33 | 安徽省 |
| 23 | 重庆工程职业技术学院 | 317 | 80.94 | 重庆市 |
| 24 | 北京信息职业技术学院 | 224 | 80.88 | 北京市 |
| 25 | 河南职业技术学院 | 245 | 80.74 | 河南省 |
| 26 | 安徽商贸职业技术学院 | 248 | 80.73 | 安徽省 |
| 27 | 黄河水利职业技术学院 | 290 | 80.58 | 河南省 |
| 28 | 淄博职业学院 | 280 | 80.46 | 山东省 |
| 29 | 上海电子信息职业技术学院 | 218 | 79.35 | 上海市 |
| 30 | 安徽职业技术学院 | 300 | 79.31 | 安徽省 |
| 31 | 湖南工业职业技术学院 | 269 | 79.01 | 湖南省 |
| 32 | 深圳信息职业技术学院 | 205 | 78.75 | 广东省 |
| 33 | 潍坊职业学院 | 196 | 78.52 | 山东省 |
| 34 | 山东交通职业学院 | 165 | 78.46 | 山东省 |
| 35 | 天津市职业大学 | 242 | 78.37 | 天津市 |
| 36 | 河南工业职业技术学院 | 343 | 78.31 | 河南省 |
| 37 | 兰州石化职业技术大学 | 266 | 77.79 | 甘肃省 |

续表

| 排名 | 学校名称 | 奖项数 | 总分 | 省份 |
|---|---|---|---|---|
| 38 | 浙江机电职业技术学院 | 236 | 77.29 | 浙江省 |
| 39 | 南京信息职业技术学院 | 171 | 76.77 | 江苏省 |
| 40 | 河南经贸职业学院 | 258 | 76.6 | 河南省 |
| 41 | 漳州职业技术学院 | 225 | 76.55 | 福建省 |
| 42 | 无锡职业技术学院 | 164 | 76.17 | 江苏省 |
| 43 | 常州信息职业技术学院 | 234 | 76.04 | 江苏省 |
| 44 | 无锡商业职业技术学院 | 172 | 76.02 | 江苏省 |
| 45 | 江苏电子信息职业学院 | 145 | 75.91 | 江苏省 |
| 46 | 长春汽车工业高等专科学校 | 118 | 75.58 | 吉林省 |
| 47 | 烟台职业学院 | 174 | 75.13 | 山东省 |
| 48 | 四川交通职业技术学院 | 182 | 75.03 | 四川省 |
| 49 | 山西职业技术学院 | 228 | 74.99 | 山西省 |
| 50 | 重庆城市管理职业学院 | 185 | 74.83 | 重庆市 |
| 51 | 天津电子信息职业技术学院 | 149 | 74.77 | 天津市 |
| 52 | 贵州交通职业技术学院 | 212 | 74.75 | 贵州省 |
| 53 | 九江职业技术学院 | 223 | 74.52 | 江西省 |
| 54 | 江西外语外贸职业学院 | 149 | 74.47 | 江西省 |
| 55 | 浙江经贸职业技术学院 | 144 | 74.08 | 浙江省 |
| 56 | 江苏联合职业技术学院 | 157 | 73.98 | 江苏省 |
| 57 | 宁波职业技术学院 | 158 | 73.9 | 浙江省 |
| 57 | 山西工程职业学院 | 162 | 73.9 | 山西省 |
| 59 | 重庆三峡职业学院 | 174 | 73.31 | 重庆市 |

续表

| 排名 | 学校名称 | 奖项数 | 总分 | 省份 |
|---|---|---|---|---|
| 60 | 南京交通职业技术学院 | 161 | 73.29 | 江苏省 |
| 61 | 武汉软件工程职业学院 | 246 | 73.2 | 湖北省 |
| 62 | 河北科技工程职业技术大学 | 260 | 72.96 | 河北省 |
| 63 | 武汉职业技术学院 | 169 | 72.94 | 湖北省 |
| 64 | 西安航空职业技术学院 | 198 | 72.58 | 陕西省 |
| 65 | 江苏农林职业技术学院 | 93 | 72.55 | 江苏省 |
| 66 | 浙江工业职业技术学院 | 120 | 72.44 | 浙江省 |
| 67 | 南宁职业技术学院 | 299 | 72.2 | 广西壮族自治区 |
| 68 | 安徽财贸职业学院 | 186 | 72.02 | 安徽省 |
| 69 | 常州机电职业技术学院 | 121 | 71.96 | 江苏省 |
| 69 | 广东科学技术职业学院 | 194 | 71.96 | 广东省 |
| 71 | 重庆工商职业学院 | 203 | 71.7 | 重庆市 |
| 72 | 江苏建筑职业技术学院 | 159 | 71.58 | 江苏省 |
| 73 | 湖南汽车工程职业学院 | 131 | 71.29 | 湖南省 |
| 74 | 浙江商业职业技术学院 | 137 | 70.82 | 浙江省 |
| 75 | 上海城建职业学院 | 136 | 70.77 | 上海市 |
| 76 | 广东机电职业技术学院 | 148 | 70.64 | 广东省 |
| 77 | 黎明职业大学 | 215 | 70.55 | 福建省 |
| 78 | 山西机电职业技术学院 | 157 | 70.51 | 山西省 |
| 79 | 青岛酒店管理职业技术学院 | 95 | 70.43 | 山东省 |

续表

| 排名 | 学校名称 | 奖项数 | 总分 | 省份 |
|---|---|---|---|---|
| 80 | 浙江经济职业技术学院 | 144 | 70.31 | 浙江省 |
| 81 | 南京旅游职业学院 | 79 | 70.17 | 江苏省 |
| 81 | 江西现代职业技术学院 | 205 | 70.17 | 江西省 |
| 83 | 杨凌职业技术学院 | 143 | 70.13 | 陕西省 |
| 84 | 浙江纺织服装职业技术学院 | 119 | 70.11 | 浙江省 |
| 85 | 广州番禺职业技术学院 | 137 | 70.07 | 广东省 |
| 86 | 武汉交通职业学院 | 189 | 70.02 | 湖北省 |
| 87 | 广西交通职业技术学院 | 162 | 69.99 | 广西壮族自治区 |
| 88 | 河源职业技术学院 | 143 | 69.98 | 广东省 |
| 89 | 南京铁道职业技术学院 | 95 | 69.58 | 江苏省 |
| 90 | 陕西铁路工程职业技术学院 | 107 | 69.38 | 陕西省 |
| 91 | 杭州职业技术学院 | 125 | 69.28 | 浙江省 |
| 92 | 北京财贸职业学院 | 137 | 69.27 | 北京市 |
| 93 | 武汉城市职业学院 | 140 | 69.21 | 湖北省 |
| 94 | 海南经贸职业技术学院 | 151 | 68.91 | 海南省 |
| 95 | 常州工业职业技术学院 | 122 | 68.89 | 江苏省 |
| 96 | 日照职业技术学院 | 125 | 68.85 | 山东省 |
| 97 | 江西财经职业学院 | 127 | 68.7 | 江西省 |
| 98 | 成都航空职业技术学院 | 166 | 68.64 | 四川省 |
| 99 | 昆明冶金高等专科学校 | 131 | 68.51 | 云南省 |
| 100 | 杭州科技职业技术学院 | 119 | 68.17 | 浙江省 |
| 101 | 山西工程科技职业大学 | 154 | 68.1 | 山西省 |

续表

| 排名 | 学校名称 | 奖项数 | 总分 | 省份 |
|---|---|---|---|---|
| 102 | 成都职业技术学院 | 176 | 68.08 | 四川省 |
| 103 | 安徽水利水电职业技术学院 | 154 | 67.83 | 安徽省 |
| 104 | 山东职业学院 | 94 | 67.63 | 山东省 |
| 105 | 安徽工业经济职业技术学院 | 151 | 67.6 | 安徽省 |
| 106 | 江苏经贸职业技术学院 | 105 | 67.59 | 江苏省 |
| 107 | 湖南交通职业技术学院 | 147 | 67.57 | 湖南省 |
| 108 | 威海职业学院 | 165 | 67.49 | 山东省 |
| 109 | 成都纺织高等专科学校 | 138 | 67.42 | 四川省 |
| 110 | 安徽国际商务职业学院 | 127 | 67.4 | 安徽省 |
| 111 | 北京劳动保障职业学院 | 101 | 67.37 | 北京市 |
| 112 | 山东水利职业学院 | 87 | 67.29 | 山东省 |
| 113 | 浙江旅游职业学院 | 90 | 67.26 | 浙江省 |
| 114 | 天津现代职业技术学院 | 88 | 67.19 | 天津市 |
| 115 | 辽宁机电职业学院 | 124 | 67.08 | 辽宁省 |
| 116 | 广西职业技术学院 | 148 | 67.03 | 广西壮族自治区 |
| 117 | 山东科技职业学院 | 117 | 66.99 | 山东省 |
| 118 | 兰州资源环境职业技术大学 | 114 | 66.96 | 甘肃省 |
| 119 | 中山职业技术学院 | 155 | 66.92 | 广东省 |
| 120 | 济南职业学院 | 97 | 66.9 | 山东省 |
| 120 | 福州职业技术学院 | 181 | 66.9 | 福建省 |
| 122 | 柳州职业技术学院 | 167 | 66.73 | 广西壮族自治区 |
| 123 | 重庆交通职业学院 | 135 | 66.65 | 重庆市 |

续表

| 排名 | 学校名称 | 奖项数 | 总分 | 省份 |
|------|----------|--------|------|------|
| 124 | 黑龙江农业工程职业学院 | 142 | 66.59 | 黑龙江省 |
| 125 | 辽宁省交通高等专科学校 | 132 | 66.51 | 辽宁省 |
| 126 | 西安铁路职业技术学院 | 104 | 66.44 | 陕西省 |
| 127 | 上海工艺美术职业学院 | 140 | 66.27 | 上海市 |
| 128 | 黑龙江职业学院 | 165 | 66.13 | 黑龙江省 |
| 129 | 山东电子职业技术学院 | 103 | 66.01 | 山东省 |
| 130 | 湖南商务职业技术学院 | 115 | 65.78 | 湖南省 |
| 131 | 浙江建设职业技术学院 | 81 | 65.54 | 浙江省 |
| 132 | 丽水职业技术学院 | 85 | 65.52 | 浙江省 |
| 133 | 广东交通职业技术学院 | 127 | 65.48 | 广东省 |
| 134 | 浙江交通职业技术学院 | 113 | 65.07 | 浙江省 |
| 135 | 东营职业学院 | 129 | 64.7 | 山东省 |
| 136 | 湖南化工职业技术学院 | 99 | 64.62 | 湖南省 |
| 137 | 河北石油职业技术大学 | 88 | 64.58 | 河北省 |
| 138 | 浙江工贸职业技术学院 | 68 | 64.54 | 浙江省 |
| 139 | 襄阳职业技术学院 | 85 | 64.4 | 湖北省 |
| 140 | 四川建筑职业技术学院 | 102 | 64.37 | 四川省 |
| 141 | 安徽电子信息职业技术学院 | 158 | 64.28 | 安徽省 |
| 142 | 温州职业技术学院 | 95 | 64.25 | 浙江省 |
| 143 | 广西机电职业技术学院 | 99 | 64.16 | 广西壮族自治区 |

续表

| 排名 | 学校名称 | 奖项数 | 总分 | 省份 |
|------|----------|--------|------|------|
| 144 | 扬州工业职业技术学院 | 79 | 64.09 | 江苏省 |
| 145 | 山西省财政税务专科学校 | 121 | 63.97 | 山西省 |
| 146 | 浙江金融职业学院 | 134 | 63.96 | 浙江省 |
| 147 | 湖南工程职业技术学院 | 137 | 63.95 | 湖南省 |
| 148 | 山东劳动职业技术学院 | 54 | 63.55 | 山东省 |
| 149 | 广西农业职业技术大学 | 153 | 63.47 | 广西壮族自治区 |
| 150 | 武汉船舶职业技术学院 | 101 | 63.46 | 湖北省 |
| 151 | 贵州电子信息职业技术学院 | 170 | 63.39 | 贵州省 |
| 152 | 大连职业技术学院 | 114 | 63.3 | 辽宁省 |
| 153 | 广西建设职业技术学院 | 128 | 63.24 | 广西壮族自治区 |
| 154 | 北京交通运输职业学院 | 83 | 63.13 | 北京市 |
| 155 | 东莞职业技术学院 | 124 | 63.1 | 广东省 |
| 156 | 长沙航空职业技术学院 | 77 | 62.95 | 湖南省 |
| 156 | 许昌职业技术学院 | 153 | 62.95 | 河南省 |
| 158 | 兰州职业技术学院 | 129 | 62.92 | 甘肃省 |
| 159 | 陕西国防工业职业技术学院 | 123 | 62.86 | 陕西省 |
| 160 | 南京科技职业学院 | 81 | 62.84 | 江苏省 |
| 161 | 咸宁职业技术学院 | 86 | 62.69 | 湖北省 |
| 162 | 青岛职业技术学院 | 83 | 62.59 | 山东省 |
| 163 | 江西旅游商贸职业学院 | 90 | 62.57 | 江西省 |
| 164 | 长沙商贸旅游职业技术学院 | 96 | 62.53 | 湖南省 |

续表

| 排名 | 学校名称 | 奖项数 | 总分 | 省份 |
|---|---|---|---|---|
| 165 | 天津轻工职业技术学院 | 87 | 62.35 | 天津市 |
| 166 | 北京青年政治学院 | 101 | 62.32 | 北京市 |
| 167 | 四川财经职业学院 | 81 | 62.26 | 四川省 |
| 168 | 广州工程技术职业学院 | 101 | 62.25 | 广东省 |
| 169 | 安徽国防科技职业学院 | 93 | 62.18 | 安徽省 |
| 170 | 上海农林职业技术学院 | 78 | 62.17 | 上海市 |
| 171 | 厦门城市职业学院 | 204 | 62.07 | 福建省 |
| 172 | 湖北生态工程职业技术学院 | 47 | 62.06 | 湖北省 |
| 173 | 山东商务职业学院 | 85 | 62.03 | 山东省 |
| 174 | 江西交通职业技术学院 | 117 | 61.99 | 江西省 |
| 175 | 河北工业职业技术大学 | 116 | 61.79 | 河北省 |
| 176 | 义乌工商职业技术学院 | 83 | 61.78 | 浙江省 |
| 177 | 嘉兴职业技术学院 | 84 | 61.47 | 浙江省 |
| 178 | 江苏信息职业技术学院 | 75 | 61.42 | 江苏省 |
| 179 | 常州工程职业技术学院 | 58 | 61.37 | 江苏省 |
| 180 | 湖南铁道职业技术学院 | 103 | 61.35 | 湖南省 |
| 181 | 天津渤海职业技术学院 | 67 | 61.13 | 天津市 |
| 182 | 广西理工职业技术学院 | 112 | 61.07 | 广西壮族自治区 |
| 183 | 重庆财经职业学院 | 109 | 61.04 | 重庆市 |
| 184 | 滨州职业学院 | 68 | 61.03 | 山东省 |
| 185 | 海南软件职业技术学院 | 120 | 60.81 | 海南省 |

续表

| 排名 | 学校名称 | 奖项数 | 总分 | 省份 |
|---|---|---|---|---|
| 186 | 重庆航天职业技术学院 | 70 | 60.75 | 重庆市 |
| 187 | 佛山职业技术学院 | 112 | 60.73 | 广东省 |
| 188 | 江苏海事职业技术学院 | 70 | 60.51 | 江苏省 |
| 189 | 天津机电职业技术学院 | 78 | 60.45 | 天津市 |
| 190 | 天津交通职业学院 | 67 | 60.37 | 天津市 |
| 191 | 广西水利电力职业技术学院 | 83 | 60.33 | 广西壮族自治区 |
| 192 | 广州民航职业技术学院 | 54 | 60.2 | 广东省 |
| 193 | 海南科技职业大学 | 92 | 60.08 | 海南省 |
| 194 | 新疆农业职业技术学院 | 92 | 59.94 | 新疆维吾尔自治区 |
| 195 | 合肥职业技术学院 | 76 | 59.83 | 安徽省 |
| 196 | 咸阳职业技术学院 | 117 | 59.73 | 陕西省 |
| 197 | 四川工程职业技术学院 | 67 | 59.55 | 四川省 |
| 198 | 湖南机电职业技术学院 | 102 | 59.42 | 湖南省 |
| 199 | 哈尔滨职业技术学院 | 97 | 59.25 | 黑龙江省 |
| 200 | 绍兴职业技术学院 | 71 | 59.21 | 浙江省 |
| 201 | 吉林电子信息职业技术学院 | 108 | 59.17 | 吉林省 |
| 202 | 苏州工业园区服务外包职业学院 | 65 | 59.12 | 江苏省 |
| 203 | 陕西交通职业技术学院 | 111 | 58.97 | 陕西省 |
| 204 | 宁夏工商职业技术学院 | 84 | 58.96 | 宁夏回族自治区 |
| 204 | 江西机电职业技术学院 | 84 | 58.96 | 江西省 |

| 排名 | 学校名称 | 奖项数 | 总分 | 省份 |
|---|---|---|---|---|
| 206 | 江苏工程职业技术学院 | 57 | 58.9 | 江苏省 |
| 207 | 吉林工业职业技术学院 | 76 | 58.77 | 吉林省 |
| 208 | 广东工贸职业技术学院 | 109 | 58.72 | 广东省 |
| 209 | 湖南工艺美术职业学院 | 49 | 58.69 | 湖南省 |
| 209 | 徽商职业学院 | 67 | 58.69 | 安徽省 |
| 211 | 闽西职业技术学院 | 85 | 58.38 | 福建省 |
| 212 | 德州职业技术学院 | 67 | 58.32 | 山东省 |
| 213 | 辽宁生态工程职业学院 | 87 | 58.2 | 辽宁省 |
| 214 | 湖北职业技术学院 | 53 | 58.15 | 湖北省 |
| 214 | 北京农业职业学院 | 91 | 58.15 | 北京市 |
| 216 | 浙江工商职业技术学院 | 36 | 58.14 | 浙江省 |
| 217 | 广东农工商职业技术学院 | 109 | 58.09 | 广东省 |
| 218 | 湖南财经工业职业技术学院 | 59 | 58.08 | 湖南省 |
| 219 | 上海交通职业技术学院 | 78 | 57.96 | 上海市 |
| 220 | 江苏财经职业技术学院 | 61 | 57.91 | 江苏省 |
| 221 | 新乡职业技术学院 | 58 | 57.84 | 河南省 |
| 222 | 晋中职业技术学院 | 149 | 57.77 | 山西省 |
| 223 | 湖南大众传媒职业技术学院 | 86 | 57.67 | 湖南省 |
| 224 | 徐州工业职业技术学院 | 58 | 57.57 | 江苏省 |
| 225 | 湖北三峡职业技术学院 | 57 | 57.46 | 湖北省 |
| 226 | 长江职业学院 | 87 | 57.37 | 湖北省 |

| 排名 | 学校名称 | 奖项数 | 总分 | 省份 |
|---|---|---|---|---|
| 227 | 山西水利职业技术学院 | 70 | 57.34 | 山西省 |
| 228 | 烟台汽车工程职业学院 | 51 | 57.24 | 山东省 |
| 229 | 湖州职业技术学院 | 53 | 57.22 | 浙江省 |
| 230 | 沈阳职业技术学院 | 114 | 57.15 | 辽宁省 |
| 231 | 北京政法职业学院 | 51 | 57.07 | 北京市 |
| 232 | 重庆化工职业学院 | 63 | 57.06 | 重庆市 |
| 233 | 河南交通职业技术学院 | 61 | 56.86 | 河南省 |
| 234 | 重庆工贸职业技术学院 | 79 | 56.76 | 重庆市 |
| 235 | 苏州工业职业技术学院 | 72 | 56.67 | 江苏省 |
| 236 | 黑龙江林业职业技术学院 | 42 | 56.6 | 黑龙江省 |
| 237 | 内蒙古机电职业技术学院 | 57 | 56.49 | 内蒙古自治区 |
| 238 | 辽宁经济职业技术学院 | 120 | 56.46 | 辽宁省 |
| 239 | 浙江育英职业技术学院 | 160 | 56.31 | 浙江省 |
| 240 | 广东科贸职业学院 | 137 | 56.28 | 广东省 |
| 241 | 天津商务职业学院 | 71 | 56.24 | 天津市 |
| 242 | 陕西财经职业技术学院 | 83 | 56.23 | 陕西省 |
| 243 | 湖北生物科技职业学院 | 83 | 56.12 | 湖北省 |
| 244 | 北京北大方正软件职业技术学院 | 52 | 56.11 | 北京市 |
| 245 | 江苏城乡建设职业学院 | 39 | 56.1 | 江苏省 |
| 246 | 重庆电力高等专科学校 | 53 | 56.09 | 重庆市 |

续表

| 排名 | 学校名称 | 奖项数 | 总分 | 省份 |
|---|---|---|---|---|
| 247 | 河南应用技术职业学院 | 71 | 56.08 | 河南省 |
| 248 | 南通职业大学 | 45 | 56.04 | 江苏省 |
| 249 | 广西电力职业技术学院 | 64 | 56.01 | 广西壮族自治区 |
| 249 | 湖北科技职业学院 | 85 | 56.01 | 湖北省 |
| 251 | 泸州职业技术学院 | 117 | 55.92 | 四川省 |
| 252 | 济源职业技术学院 | 95 | 55.76 | 河南省 |
| 253 | 西藏职业技术学院 | 53 | 55.71 | 西藏自治区 |
| 254 | 北京戏曲艺术职业学院 | 31 | 55.67 | 北京市 |
| 255 | 苏州农业职业技术学院 | 46 | 55.6 | 江苏省 |
| 256 | 广西工业职业技术学院 | 71 | 55.57 | 广西壮族自治区 |
| 257 | 四川信息职业技术学院 | 109 | 55.5 | 四川省 |
| 258 | 广州城建职业学院 | 76 | 55.46 | 广东省 |
| 259 | 湖北城市建设职业技术学院 | 65 | 55.42 | 湖北省 |
| 260 | 湖南科技职业学院 | 130 | 55.29 | 湖南省 |
| 261 | 四川邮电职业技术学院 | 75 | 55.23 | 四川省 |
| 262 | 江苏医药职业学院 | 37 | 55.22 | 江苏省 |
| 263 | 上海出版印刷高等专科学校 | 85 | 55.15 | 上海市 |
| 264 | 海南职业技术学院 | 85 | 55.14 | 海南省 |
| 265 | 上海东海职业技术学院 | 71 | 55.1 | 上海市 |
| 266 | 大同煤炭职业技术学院 | 33 | 55.09 | 山西省 |
| 267 | 辽宁农业职业技术学院 | 74 | 54.86 | 辽宁省 |

续表

| 排名 | 学校名称 | 奖项数 | 总分 | 省份 |
|---|---|---|---|---|
| 268 | 湖南铁路科技职业技术学院 | 44 | 54.8 | 湖南省 |
| 269 | 山西金融职业学院 | 60 | 54.58 | 山西省 |
| 270 | 天津国土资源和房屋职业学院 | 89 | 54.53 | 天津市 |
| 271 | 宁波城市职业技术学院 | 68 | 54.47 | 浙江省 |
| 272 | 广东水利电力职业技术学院 | 101 | 54.38 | 广东省 |
| 273 | 湖南理工职业技术学院 | 49 | 54.31 | 湖南省 |
| 274 | 大连汽车职业技术学院 | 49 | 54.2 | 辽宁省 |
| 275 | 郑州旅游职业学院 | 44 | 54.13 | 河南省 |
| 276 | 石家庄职业技术学院 | 39 | 54.12 | 河北省 |
| 277 | 内蒙古电子信息职业技术学院 | 75 | 54.09 | 内蒙古自治区 |
| 278 | 厦门海洋职业技术学院 | 60 | 54.07 | 福建省 |
| 279 | 江西新能源科技职业学院 | 77 | 54.01 | 江西省 |
| 280 | 常州纺织服装职业技术学院 | 46 | 54 | 江苏省 |
| 281 | 黄冈职业技术学院 | 82 | 53.64 | 湖北省 |
| 282 | 陕西能源职业技术学院 | 58 | 53.6 | 陕西省 |
| 283 | 黑龙江建筑职业技术学院 | 67 | 53.53 | 黑龙江省 |
| 284 | 黑龙江农业经济职业学院 | 67 | 53.37 | 黑龙江省 |
| 285 | 重庆水利电力职业技术学院 | 94 | 53.33 | 重庆市 |

续表

| 排名 | 学校名称 | 奖项数 | 总分 | 省份 |
|---|---|---|---|---|
| 286 | 贵州轻工职业技术学院 | 64 | 53.32 | 贵州省 |
| 287 | 湖北水利水电职业技术学院 | 54 | 53.28 | 湖北省 |
| 288 | 天津石油职业技术学院 | 63 | 53.26 | 天津市 |
| 289 | 苏州职业大学 | 63 | 53.24 | 江苏省 |
| 290 | 聊城职业技术学院 | 56 | 53.23 | 山东省 |
| 291 | 湖南电气职业技术学院 | 37 | 53.18 | 湖南省 |
| 292 | 广州铁路职业技术学院 | 45 | 53.16 | 广东省 |
| 292 | 太原旅游职业学院 | 54 | 53.16 | 山西省 |
| 294 | 河北化工医药职业技术学院 | 81 | 53.06 | 河北省 |
| 295 | 山东外贸职业学院 | 59 | 52.74 | 山东省 |
| 296 | 福建林业职业技术学院 | 50 | 52.7 | 福建省 |
| 297 | 烟台工程职业技术学院 | 52 | 52.66 | 山东省 |
| 298 | 淮南联合大学 | 45 | 52.5 | 安徽省 |
| 299 | 山东理工职业学院 | 50 | 52.47 | 山东省 |
| 300 | 重庆建筑工程职业学院 | 70 | 52.44 | 重庆市 |
| 301 | 安徽城市管理职业学院 | 84 | 52.41 | 安徽省 |
| 302 | 四川航天职业技术学院 | 65 | 52.35 | 四川省 |
| 303 | 西宁城市职业技术学院 | 48 | 52.27 | 青海省 |
| 304 | 重庆科创职业学院 | 86 | 52.25 | 重庆市 |
| 305 | 江苏商贸职业学院 | 42 | 52.2 | 江苏省 |
| 306 | 浙江艺术职业学院 | 34 | 52.14 | 浙江省 |
| 307 | 克拉玛依职业技术学院 | 40 | 52.08 | 新疆维吾尔自治区 |

续表

| 排名 | 学校名称 | 奖项数 | 总分 | 省份 |
|---|---|---|---|---|
| 308 | 山东旅游职业学院 | 26 | 52.02 | 山东省 |
| 309 | 内蒙古商贸职业学院 | 75 | 51.8 | 内蒙古自治区 |
| 310 | 重庆三峡医药高等专科学校 | 42 | 51.79 | 重庆市 |
| 311 | 江苏农牧科技职业学院 | 34 | 51.77 | 江苏省 |
| 312 | 长沙环境保护职业技术学院 | 50 | 51.73 | 湖南省 |
| 313 | 湖南现代物流职业技术学院 | 43 | 51.72 | 湖南省 |
| 314 | 中山火炬职业技术学院 | 57 | 51.63 | 广东省 |
| 315 | 上海旅游高等专科学校 | 42 | 51.62 | 上海市 |
| 316 | 江西工业贸易职业技术学院 | 51 | 51.61 | 江西省 |
| 317 | 广东环境保护工程职业学院 | 58 | 51.58 | 广东省 |
| 318 | 陕西职业技术学院 | 67 | 51.5 | 陕西省 |
| 319 | 辽宁石化职业技术学院 | 49 | 51.48 | 辽宁省 |
| 320 | 济南工程职业技术学院 | 27 | 51.39 | 山东省 |
| 321 | 安徽交通职业技术学院 | 36 | 51.26 | 安徽省 |
| 322 | 广西国际商务职业技术学院 | 71 | 51.18 | 广西壮族自治区 |
| 323 | 山西艺术职业学院 | 37 | 51.15 | 山西省 |
| 324 | 廊坊职业技术学院 | 44 | 51.14 | 河北省 |
| 324 | 湖南水利水电职业技术学院 | 47 | 51.14 | 湖南省 |
| 326 | 苏州经贸职业技术学院 | 38 | 51.01 | 江苏省 |

续表

| 排名 | 学校名称 | 奖项数 | 总分 | 省份 |
|------|----------|--------|------|------|
| 327 | 辽宁现代服务职业技术学院 | 49 | 50.99 | 辽宁省 |
| 328 | 天津医学高等专科学校 | 36 | 50.97 | 天津市 |
| 329 | 湖南生物机电职业技术学院 | 54 | 50.92 | 湖南省 |
| 330 | 马鞍山师范高等专科学校 | 55 | 50.83 | 安徽省 |
| 331 | 河南建筑职业技术学院 | 52 | 50.78 | 河南省 |
| 332 | 武汉铁路职业技术学院 | 39 | 50.7 | 湖北省 |
| 332 | 晋城职业技术学院 | 65 | 50.7 | 山西省 |
| 334 | 鹤壁职业技术学院 | 45 | 50.68 | 河南省 |
| 335 | 山东工业职业学院 | 46 | 50.64 | 山东省 |
| 336 | 锡林郭勒职业学院 | 44 | 50.62 | 内蒙古自治区 |
| 337 | 岳阳职业技术学院 | 33 | 50.6 | 湖南省 |
| 338 | 闽江师范高等专科学校 | 41 | 50.56 | 福建省 |
| 339 | 山西旅游职业学院 | 45 | 50.54 | 山西省 |
| 339 | 广东岭南职业技术学院 | 65 | 50.54 | 广东省 |
| 341 | 唐山工业职业技术学院 | 44 | 50.51 | 河北省 |
| 342 | 安徽电气工程职业技术学院 | 32 | 50.49 | 安徽省 |
| 343 | 江西制造职业技术学院 | 38 | 50.48 | 江西省 |
| 344 | 河北机电职业技术学院 | 46 | 50.44 | 河北省 |
| 345 | 河北艺术职业学院 | 51 | 50.41 | 河北省 |
| 345 | 上海思博职业技术学院 | 85 | 50.41 | 上海市 |
| 347 | 辽宁城市建设职业技术学院 | 27 | 50.36 | 辽宁省 |

续表

| 排名 | 学校名称 | 奖项数 | 总分 | 省份 |
|------|----------|--------|------|------|
| 348 | 宁夏职业技术学院 | 88 | 50.32 | 宁夏回族自治区 |
| 349 | 西安职业技术学院 | 45 | 50.3 | 陕西省 |
| 350 | 衢州职业技术学院 | 42 | 50.04 | 浙江省 |
| 351 | 广东职业技术学院 | 59 | 50.02 | 广东省 |
| 352 | 重庆城市职业学院 | 40 | 49.97 | 重庆市 |
| 353 | 新疆石河子职业技术学院 | 48 | 49.96 | 新疆维吾尔自治区 |
| 354 | 珠海城市职业技术学院 | 45 | 49.84 | 广东省 |
| 355 | 山东城市建设职业学院 | 29 | 49.78 | 山东省 |
| 356 | 湖南城建职业技术学院 | 39 | 49.76 | 湖南省 |
| 357 | 山东工程职业技术大学 | 20 | 49.75 | 山东省 |
| 358 | 河南农业职业学院 | 39 | 49.63 | 河南省 |
| 359 | 绵阳职业技术学院 | 87 | 49.56 | 四川省 |
| 360 | 广西工商职业技术学院 | 37 | 49.52 | 广西壮族自治区 |
| 361 | 宜宾职业技术学院 | 71 | 49.51 | 四川省 |
| 362 | 新疆生产建设兵团兴新职业技术学院 | 36 | 49.47 | 新疆维吾尔自治区 |
| 363 | 马鞍山职业技术学院 | 41 | 49.45 | 安徽省 |
| 364 | 湄洲湾职业技术学院 | 36 | 49.4 | 福建省 |
| 365 | 重庆商务职业学院 | 54 | 49.38 | 重庆市 |
| 366 | 河北软件职业技术学院 | 39 | 49.22 | 河北省 |
| 367 | 湖南民族职业学院 | 47 | 49.07 | 湖南省 |
| 368 | 台州职业技术学院 | 37 | 49 | 浙江省 |
| 369 | 浙江国际海运职业技术学院 | 28 | 48.95 | 浙江省 |

续表

| 排名 | 学校名称 | 奖项数 | 总分 | 省份 |
|------|---------|--------|------|------|
| 370 | 上海科学技术职业学院 | 29 | 48.88 | 上海市 |
| 371 | 安徽邮电职业技术学院 | 26 | 48.87 | 安徽省 |
| 371 | 湖南网络工程职业学院 | 50 | 48.87 | 湖南省 |
| 373 | 陕西旅游烹饪职业学院 | 26 | 48.8 | 陕西省 |
| 374 | 陇南师范高等专科学校 | 26 | 48.79 | 甘肃省 |
| 374 | 上海工商职业技术学院 | 50 | 48.79 | 上海市 |
| 376 | 辽宁轻工职业学院 | 45 | 48.76 | 辽宁省 |
| 376 | 青海交通职业技术学院 | 57 | 48.76 | 青海省 |
| 378 | 晋中师范高等专科学校 | 30 | 48.69 | 山西省 |
| 378 | 成都工业职业技术学院 | 50 | 48.69 | 四川省 |
| 378 | 湖南艺术职业学院 | 67 | 48.69 | 湖南省 |
| 381 | 泉州医学高等专科学校 | 33 | 48.67 | 福建省 |
| 382 | 河南水利与环境职业学院 | 35 | 48.66 | 河南省 |
| 383 | 河北女子职业技术学院 | 43 | 48.6 | 河北省 |
| 384 | 广东理工职业学院 | 79 | 48.5 | 广东省 |
| 385 | 平顶山工业职业技术学院 | 44 | 48.4 | 河南省 |
| 386 | 乌鲁木齐职业大学 | 43 | 48.39 | 新疆维吾尔自治区 |
| 387 | 吉林交通职业技术学院 | 39 | 48.36 | 吉林省 |
| 388 | 浙江警官职业学院 | 16 | 48.33 | 浙江省 |

续表

| 排名 | 学校名称 | 奖项数 | 总分 | 省份 |
|------|---------|--------|------|------|
| 389 | 湖北交通职业技术学院 | 38 | 48.21 | 湖北省 |
| 390 | 安庆职业技术学院 | 33 | 48.02 | 安徽省 |
| 391 | 江门职业技术学院 | 69 | 47.93 | 广东省 |
| 392 | 福建艺术职业学院 | 36 | 47.9 | 福建省 |
| 393 | 福建对外经济贸易职业技术学院 | 16 | 47.85 | 福建省 |
| 394 | 福建卫生职业技术学院 | 27 | 47.83 | 福建省 |
| 395 | 辽宁政法职业学院 | 19 | 47.82 | 辽宁省 |
| 396 | 温州科技职业学院 | 32 | 47.75 | 浙江省 |
| 397 | 山西药科职业学院 | 24 | 47.74 | 山西省 |
| 398 | 贵州职业技术学院 | 32 | 47.69 | 贵州省 |
| 399 | 安徽艺术职业学院 | 47 | 47.65 | 安徽省 |
| 400 | 石家庄铁路职业技术学院 | 43 | 47.61 | 河北省 |
| 401 | 安徽涉外经济职业学院 | 36 | 47.39 | 安徽省 |
| 402 | 北京京北职业技术学院 | 35 | 47.37 | 北京市 |
| 402 | 遵义职业技术学院 | 45 | 47.37 | 贵州省 |
| 404 | 湖北工业职业技术学院 | 38 | 47.26 | 湖北省 |
| 405 | 山东中医药高等专科学校 | 21 | 47.23 | 山东省 |
| 406 | 武汉电力职业技术学院 | 30 | 47.18 | 湖北省 |
| 407 | 开封大学 | 68 | 47.16 | 河南省 |
| 408 | 广东省外语艺术职业学院 | 63 | 47.13 | 广东省 |
| 409 | 莱芜职业技术学院 | 44 | 47.11 | 山东省 |
| 410 | 江西卫生职业学院 | 24 | 47.07 | 江西省 |
| 411 | 三峡旅游职业技术学院 | 30 | 46.94 | 湖北省 |

续表

| 排名 | 学校名称 | 奖项数 | 总分 | 省份 |
|---|---|---|---|---|
| 412 | 北京经济管理职业学院 | 32 | 46.91 | 北京市 |
| 412 | 河北交通职业技术学院 | 34 | 46.91 | 河北省 |
| 414 | 海南外国语职业学院 | 31 | 46.75 | 海南省 |
| 415 | 共青科技职业学院 | 45 | 46.68 | 江西省 |
| 416 | 亳州职业技术学院 | 35 | 46.61 | 安徽省 |
| 417 | 沙洲职业工学院 | 24 | 46.54 | 江苏省 |
| 418 | 福建农业职业技术学院 | 39 | 46.53 | 福建省 |
| 419 | 重庆机电职业技术大学 | 39 | 46.47 | 重庆市 |
| 420 | 浙江同济科技职业学院 | 50 | 46.46 | 浙江省 |
| 421 | 黑龙江交通职业技术学院 | 33 | 46.42 | 黑龙江省 |
| 422 | 枣庄科技职业学院 | 40 | 46.39 | 山东省 |
| 423 | 四川水利职业技术学院 | 66 | 46.34 | 四川省 |
| 424 | 甘肃建筑职业技术学院 | 42 | 46.3 | 甘肃省 |
| 425 | 上饶职业技术学院 | 26 | 46.22 | 江西省 |
| 426 | 滁州职业技术学院 | 54 | 46.2 | 安徽省 |
| 427 | 广西现代职业技术学院 | 35 | 46.18 | 广西壮族自治区 |
| 428 | 扬州市职业大学 | 43 | 46.09 | 江苏省 |
| 429 | 四川化工职业技术学院 | 43 | 46.08 | 四川省 |
| 430 | 四川艺术职业学院 | 43 | 46.03 | 四川省 |
| 431 | 湖南软件职业技术大学 | 50 | 45.94 | 湖南省 |
| 432 | 潍坊工程职业学院 | 51 | 45.85 | 山东省 |
| 433 | 上海民航职业技术学院 | 25 | 45.8 | 上海市 |

续表

| 排名 | 学校名称 | 奖项数 | 总分 | 省份 |
|---|---|---|---|---|
| 434 | 江西建设职业技术学院 | 26 | 45.78 | 江西省 |
| 435 | 福建水利电力职业技术学院 | 45 | 45.72 | 福建省 |
| 436 | 保定职业技术学院 | 49 | 45.7 | 河北省 |
| 437 | 商丘职业技术学院 | 23 | 45.65 | 河南省 |
| 438 | 重庆旅游职业学院 | 39 | 45.61 | 重庆市 |
| 439 | 玉溪农业职业技术学院 | 25 | 45.6 | 云南省 |
| 440 | 江西司法警官职业学院 | 14 | 45.58 | 江西省 |
| 441 | 海南政法职业学院 | 26 | 45.56 | 海南省 |
| 442 | 西安电力高等专科学校 | 19 | 45.51 | 陕西省 |
| 443 | 山东畜牧兽医职业学院 | 17 | 45.5 | 山东省 |
| 444 | 吉林铁道职业技术学院 | 58 | 45.47 | 吉林省 |
| 445 | 广西生态工程职业技术学院 | 46 | 45.45 | 广西壮族自治区 |
| 446 | 泉州职业技术大学 | 47 | 45.42 | 福建省 |
| 447 | 石家庄邮电职业技术学院 | 23 | 45.26 | 河北省 |
| 448 | 铜陵职业技术学院 | 54 | 45.24 | 安徽省 |
| 449 | 安徽中澳科技职业学院 | 22 | 45.16 | 安徽省 |
| 450 | 福建生物工程职业技术学院 | 22 | 45.11 | 福建省 |
| 451 | 上海中侨职业技术大学 | 54 | 45.06 | 上海市 |
| 452 | 河南测绘职业学院 | 16 | 45.05 | 河南省 |
| 453 | 成都农业科技职业学院 | 49 | 44.97 | 四川省 |
| 454 | 成都工贸职业技术学院 | 39 | 44.86 | 四川省 |

| 排名 | 学校名称 | 奖项数 | 总分 | 省份 |
|---|---|---|---|---|
| 455 | 铜仁职业技术学院 | 28 | 44.78 | 贵州省 |
| 456 | 南通科技职业学院 | 28 | 44.72 | 江苏省 |
| 456 | 甘肃工业职业技术学院 | 43 | 44.72 | 甘肃省 |
| 458 | 四川职业技术学院 | 42 | 44.69 | 四川省 |
| 459 | 江苏城市职业学院 | 51 | 44.6 | 江苏省 |
| 460 | 云南国防工业职业技术学院 | 27 | 44.56 | 云南省 |
| 461 | 重庆建筑科技职业学院 | 44 | 44.44 | 重庆市 |
| 462 | 常德职业技术学院 | 33 | 44.42 | 湖南省 |
| 463 | 漳州科技职业学院 | 22 | 44.4 | 福建省 |
| 464 | 长春金融高等专科学校 | 41 | 44.36 | 吉林省 |
| 465 | 陕西工商职业学院 | 38 | 44.35 | 陕西省 |
| 466 | 无锡科技职业学院 | 23 | 44.29 | 江苏省 |
| 467 | 武汉信息传播职业技术学院 | 38 | 44.13 | 湖北省 |
| 468 | 天津滨海职业学院 | 36 | 44.12 | 天津市 |
| 469 | 池州职业技术学院 | 27 | 44.06 | 安徽省 |
| 470 | 天津城市职业学院 | 35 | 44.05 | 天津市 |
| 471 | 九江职业大学 | 33 | 44.04 | 江西省 |
| 472 | 仙桃职业学院 | 42 | 44.03 | 湖北省 |
| 472 | 郑州信息科技职业学院 | 58 | 44.03 | 河南省 |
| 474 | 郑州财税金融职业学院 | 26 | 44 | 河南省 |
| 474 | 广西经贸职业技术学院 | 64 | 44 | 广西壮族自治区 |
| 476 | 云南国土资源职业学院 | 39 | 43.99 | 云南省 |
| 477 | 安徽警官职业学院 | 18 | 43.9 | 安徽省 |
| 478 | 新疆职业大学 | 34 | 43.64 | 新疆维吾尔自治区 |

| 排名 | 学校名称 | 奖项数 | 总分 | 省份 |
|---|---|---|---|---|
| 479 | 湖南安全技术职业学院 | 35 | 43.63 | 湖南省 |
| 480 | 漳州理工职业学院 | 9 | 43.56 | 福建省 |
| 481 | 宁夏财经职业技术学院 | 34 | 43.55 | 宁夏回族自治区 |
| 482 | 内蒙古建筑职业技术学院 | 35 | 43.54 | 内蒙古自治区 |
| 483 | 山东信息职业技术学院 | 30 | 43.41 | 山东省 |
| 484 | 广东食品药品职业学院 | 26 | 43.4 | 广东省 |
| 485 | 四川文化产业职业学院 | 60 | 43.3 | 四川省 |
| 486 | 台州科技职业学院 | 32 | 43.27 | 浙江省 |
| 487 | 安徽医学高等专科学校 | 19 | 43.25 | 安徽省 |
| 488 | 安徽新闻出版职业技术学院 | 63 | 43.17 | 安徽省 |
| 489 | 黑龙江商业职业学院 | 29 | 43.12 | 黑龙江省 |
| 490 | 浙江药科职业大学 | 18 | 43.03 | 浙江省 |
| 491 | 苏州卫生职业技术学院 | 14 | 42.99 | 江苏省 |
| 492 | 辽宁装备制造职业技术学院 | 25 | 42.98 | 辽宁省 |
| 493 | 湖南信息职业技术学院 | 34 | 42.92 | 湖南省 |
| 494 | 天津工业职业学院 | 19 | 42.91 | 天津市 |
| 495 | 重庆幼儿师范高等专科学校 | 14 | 42.87 | 重庆市 |
| 496 | 苏州健雄职业技术学院 | 24 | 42.83 | 江苏省 |
| 496 | 上海行健职业学院 | 40 | 42.83 | 上海市 |
| 498 | 安徽审计职业学院 | 20 | 42.8 | 安徽省 |

续表

| 排名 | 学校名称 | 奖项数 | 总分 | 省份 |
|---|---|---|---|---|
| 499 | 云南林业职业技术学院 | 33 | 42.78 | 云南省 |
| 500 | 永州职业技术学院 | 33 | 42.69 | 湖南省 |
| 501 | 陕西艺术职业学院 | 21 | 42.66 | 陕西省 |
| 502 | 广州科技贸易职业学院 | 23 | 42.53 | 广东省 |
| 503 | 漳州卫生职业学院 | 22 | 42.4 | 福建省 |
| 504 | 甘肃交通职业技术学院 | 38 | 42.38 | 甘肃省 |
| 505 | 重庆能源职业学院 | 26 | 42.37 | 重庆市 |
| 506 | 长沙卫生职业学院 | 16 | 42.36 | 湖南省 |
| 506 | 江西艺术职业学院 | 28 | 42.36 | 江西省 |
| 508 | 三明医学科技职业学院 | 23 | 42.28 | 福建省 |
| 509 | 上海电影艺术职业学院 | 15 | 42.25 | 上海市 |
| 510 | 江苏航运职业技术学院 | 17 | 42.24 | 江苏省 |
| 511 | 三亚航空旅游职业学院 | 21 | 42.23 | 海南省 |
| 511 | 黑龙江生物科技职业学院 | 35 | 42.23 | 黑龙江省 |
| 513 | 上海工商外国语职业学院 | 27 | 42.21 | 上海市 |
| 514 | 安徽工业职业技术学院 | 25 | 42.13 | 安徽省 |
| 514 | 濮阳职业技术学院 | 39 | 42.13 | 河南省 |
| 516 | 枣庄职业学院 | 20 | 42.04 | 山东省 |
| 517 | 福建电力职业技术学院 | 31 | 42.01 | 福建省 |
| 518 | 湖北艺术职业学院 | 14 | 41.99 | 湖北省 |
| 518 | 桂林师范高等专科学校 | 27 | 41.99 | 广西壮族自治区 |
| 520 | 黄山职业技术学院 | 3 | 41.98 | 安徽省 |
| 521 | 广州城市职业学院 | 36 | 41.94 | 广东省 |

续表

| 排名 | 学校名称 | 奖项数 | 总分 | 省份 |
|---|---|---|---|---|
| 522 | 新疆交通职业技术学院 | 26 | 41.93 | 新疆维吾尔自治区 |
| 523 | 北海职业学院 | 94 | 41.83 | 广西壮族自治区 |
| 524 | 湖南中医药高等专科学校 | 15 | 41.75 | 湖南省 |
| 525 | 安徽矿业职业技术学院 | 10 | 41.7 | 安徽省 |
| 526 | 浙江农业商贸职业学院 | 25 | 41.64 | 浙江省 |
| 527 | 海南工商职业学院 | 21 | 41.58 | 海南省 |
| 528 | 四川托普信息技术职业学院 | 30 | 41.57 | 四川省 |
| 529 | 黑龙江护理高等专科学校 | 18 | 41.55 | 黑龙江省 |
| 530 | 天津生物工程职业技术学院 | 18 | 41.47 | 天津市 |
| 531 | 宜春职业技术学院 | 18 | 41.43 | 江西省 |
| 531 | 贵州工业职业技术学院 | 29 | 41.43 | 贵州省 |
| 533 | 秦皇岛职业技术学院 | 42 | 41.31 | 河北省 |
| 534 | 山西林业职业技术学院 | 23 | 41.25 | 山西省 |
| 535 | 洛阳科技职业学院 | 30 | 41.19 | 河南省 |
| 536 | 天津铁道职业技术学院 | 17 | 41.18 | 天津市 |
| 536 | 上海震旦职业学院 | 24 | 41.18 | 上海市 |
| 536 | 浙江广厦建设职业技术大学 | 34 | 41.18 | 浙江省 |
| 539 | 广安职业技术学院 | 36 | 41.14 | 四川省 |
| 540 | 辽宁建筑职业学院 | 33 | 41.1 | 辽宁省 |
| 541 | 上海邦德职业技术学院 | 15 | 41.09 | 上海市 |

续表

| 排名 | 学校名称 | 奖项数 | 总分 | 省份 |
|------|----------|--------|------|------|
| 542 | 包头职业技术学院 | 18 | 41.08 | 内蒙古自治区 |
| 543 | 福州黎明职业技术学院 | 21 | 41.07 | 福建省 |
| 544 | 南京城市职业学院 | 40 | 41.06 | 江苏省 |
| 545 | 贵州工商职业学院 | 29 | 40.93 | 贵州省 |
| 546 | 湖北轻工职业技术学院 | 38 | 40.78 | 湖北省 |
| 547 | 武汉警官职业学院 | 23 | 40.77 | 湖北省 |
| 548 | 云南机电职业技术学院 | 24 | 40.76 | 云南省 |
| 548 | 江西冶金职业技术学院 | 28 | 40.76 | 江西省 |
| 550 | 山东经贸职业学院 | 15 | 40.72 | 山东省 |
| 551 | 襄阳汽车职业技术学院 | 11 | 40.7 | 湖北省 |
| 551 | 成都艺术职业大学 | 45 | 40.7 | 四川省 |
| 553 | 盐城幼儿师范高等专科学校 | 12 | 40.65 | 江苏省 |
| 553 | 广西金融职业技术学院 | 17 | 40.65 | 广西壮族自治区 |
| 555 | 湖南有色金属职业技术学院 | 18 | 40.63 | 湖南省 |
| 555 | 黑龙江农垦职业学院 | 22 | 40.63 | 黑龙江省 |
| 557 | 浙江横店影视职业学院 | 45 | 40.62 | 浙江省 |
| 558 | 江汉艺术职业学院 | 15 | 40.57 | 湖北省 |
| 559 | 四川城市职业学院 | 27 | 40.49 | 四川省 |
| 559 | 长沙职业技术学院 | 51 | 40.49 | 湖南省 |
| 561 | 黔南民族职业技术学院 | 17 | 40.45 | 贵州省 |
| 562 | 武昌职业学院 | 8 | 40.32 | 湖北省 |
| 563 | 贵阳职业技术学院 | 26 | 40.3 | 贵州省 |

续表

| 排名 | 学校名称 | 奖项数 | 总分 | 省份 |
|------|----------|--------|------|------|
| 564 | 保定电力职业技术学院 | 5 | 40.26 | 河北省 |
| 565 | 淮南职业技术学院 | 15 | 40.19 | 安徽省 |
| 566 | 辽宁职业学院 | 23 | 40.17 | 辽宁省 |
| 567 | 宁波卫生职业技术学院 | 15 | 40.16 | 浙江省 |
| 568 | 四川商务职业学院 | 33 | 40.07 | 四川省 |
| 569 | 江西工程职业学院 | 20 | 40.06 | 江西省 |
| 570 | 江苏卫生健康职业学院 | 14 | 39.93 | 江苏省 |
| 571 | 宁夏警官职业学院 | 14 | 39.91 | 宁夏回族自治区 |
| 571 | 四川工商职业技术学院 | 25 | 39.91 | 四川省 |
| 573 | 四川现代职业学院 | 35 | 39.88 | 四川省 |
| 574 | 湖南食品药品职业学院 | 15 | 39.7 | 湖南省 |
| 574 | 云南交通职业技术学院 | 30 | 39.7 | 云南省 |
| 576 | 邯郸职业技术学院 | 18 | 39.67 | 河北省 |
| 577 | 内蒙古化工职业学院 | 12 | 39.66 | 内蒙古自治区 |
| 578 | 湖北财税职业学院 | 19 | 39.49 | 湖北省 |
| 579 | 乐山职业技术学院 | 25 | 39.48 | 四川省 |
| 580 | 湖南邮电职业技术学院 | 16 | 39.43 | 湖南省 |
| 580 | 运城职业技术大学 | 31 | 39.43 | 山西省 |
| 582 | 天津工程职业技术学院 | 13 | 39.34 | 天津市 |
| 588 | 长春医学高等专科学校 | 21 | 39.31 | 吉林省 |
| 584 | 广西卫生职业技术学院 | 16 | 39.27 | 广西壮族自治区 |
| 584 | 鄂州职业大学 | 39 | 39.27 | 湖北省 |

续表

| 排名 | 学校名称 | 奖项数 | 总分 | 省份 |
|------|----------|--------|------|------|
| 586 | 包头轻工职业技术学院 | 11 | 39.26 | 内蒙古自治区 |
| 586 | 郑州职业技术学院 | 17 | 39.26 | 河南省 |
| 588 | 贵州水利水电职业技术学院 | 19 | 39.16 | 贵州省 |
| 589 | 江西师范高等专科学校 | 10 | 39.14 | 江西省 |
| 590 | 苏州信息职业技术学院 | 26 | 39.13 | 江苏省 |
| 591 | 白银矿冶职业技术学院 | 16 | 39.11 | 甘肃省 |
| 592 | 周口职业技术学院 | 14 | 39 | 河南省 |
| 593 | 定西师范高等专科学校 | 9 | 38.97 | 甘肃省 |
| 593 | 甘肃林业职业技术学院 | 23 | 38.97 | 甘肃省 |
| 595 | 湖南高速铁路职业技术学院 | 19 | 38.95 | 湖南省 |
| 596 | 唐山职业技术学院 | 37 | 38.94 | 河北省 |
| 597 | 吉安职业技术学院 | 28 | 38.89 | 江西省 |
| 597 | 广东建设职业技术学院 | 40 | 38.89 | 广东省 |
| 599 | 河北轨道运输职业技术学院 | 21 | 38.77 | 河北省 |
| 600 | 湖南环境生物职业技术学院 | 42 | 38.74 | 湖南省 |
| 601 | 石家庄信息工程职业学院 | 41 | 38.73 | 河北省 |
| 602 | 重庆医药高等专科学校 | 18 | 38.72 | 重庆市 |
| 603 | 皖西卫生职业学院 | 19 | 38.71 | 安徽省 |
| 604 | 上海济光职业技术学院 | 29 | 38.67 | 上海市 |
| 605 | 黔东南民族职业技术学院 | 27 | 38.63 | 贵州省 |

续表

| 排名 | 学校名称 | 奖项数 | 总分 | 省份 |
|------|----------|--------|------|------|
| 606 | 西安信息职业大学 | 16 | 38.56 | 陕西省 |
| 607 | 湖北国土资源职业学院 | 16 | 38.54 | 湖北省 |
| 607 | 贵州航天职业技术学院 | 21 | 38.54 | 贵州省 |
| 609 | 贵州建设职业技术学院 | 5 | 38.52 | 贵州省 |
| 610 | 荆州职业技术学院 | 33 | 38.49 | 湖北省 |
| 611 | 合肥通用职业技术学院 | 12 | 38.48 | 安徽省 |
| 611 | 山东轻工职业学院 | 29 | 38.48 | 山东省 |
| 613 | 毕节医学高等专科学校 | 8 | 38.47 | 贵州省 |
| 614 | 济宁职业技术学院 | 17 | 38.45 | 山东省 |
| 615 | 青海建筑职业技术学院 | 19 | 38.43 | 青海省 |
| 616 | 重庆公共运输职业学院 | 14 | 38.42 | 重庆市 |
| 617 | 娄底职业技术学院 | 31 | 38.38 | 湖南省 |
| 618 | 四川国际标榜职业学院 | 15 | 38.36 | 四川省 |
| 619 | 许昌电气职业学院 | 9 | 38.23 | 河南省 |
| 620 | 沧州医学高等专科学校 | 11 | 38.22 | 河北省 |
| 620 | 北京卫生职业学院 | 17 | 38.22 | 北京市 |
| 622 | 郑州幼儿师范高等专科学校 | 13 | 38.18 | 河南省 |
| 623 | 太原城市职业技术学院 | 25 | 38.17 | 山西省 |
| 623 | 汕尾职业技术学院 | 39 | 38.17 | 广东省 |
| 625 | 贵州电力职业技术学院 | 8 | 38.15 | 贵州省 |
| 626 | 南京机电职业技术学院 | 32 | 38.04 | 江苏省 |

续表

| 排名 | 学校名称 | 奖项数 | 总分 | 省份 |
|---|---|---|---|---|
| 627 | 川北幼儿师范高等专科学校 | 20 | 38.02 | 四川省 |
| 628 | 厦门南洋职业学院 | 10 | 38 | 福建省 |
| 629 | 青海柴达木职业技术学院 | 11 | 37.96 | 青海省 |
| 629 | 安顺职业技术学院 | 27 | 37.96 | 贵州省 |
| 631 | 杭州万向职业技术学院 | 13 | 37.94 | 浙江省 |
| 632 | 广东文艺职业学院 | 29 | 37.92 | 广东省 |
| 633 | 辽宁地质工程职业学院 | 15 | 37.91 | 辽宁省 |
| 634 | 四川华新现代职业学院 | 18 | 37.88 | 四川省 |
| 635 | 广州科技职业技术大学 | 6 | 37.78 | 广东省 |
| 636 | 陕西机电职业技术学院 | 17 | 37.72 | 陕西省 |
| 637 | 无锡工艺职业技术学院 | 30 | 37.64 | 江苏省 |
| 638 | 河南机电职业学院 | 31 | 37.6 | 河南省 |
| 639 | 河北旅游职业学院 | 18 | 37.56 | 河北省 |
| 640 | 漯河职业技术学院 | 30 | 37.53 | 河南省 |
| 641 | 无锡城市职业技术学院 | 10 | 37.48 | 江苏省 |
| 641 | 安徽中医药高等专科学校 | 15 | 37.48 | 安徽省 |
| 643 | 江西中医药高等专科学校 | 15 | 37.39 | 江西省 |
| 644 | 渭南职业技术学院 | 21 | 37.35 | 陕西省 |
| 645 | 广东工程职业技术学院 | 35 | 37.18 | 广东省 |
| 646 | 广东女子职业技术学院 | 25 | 37.03 | 广东省 |
| 647 | 天津艺术职业学院 | 8 | 36.88 | 天津市 |

续表

| 排名 | 学校名称 | 奖项数 | 总分 | 省份 |
|---|---|---|---|---|
| 648 | 湖南劳动人事职业学院 | 10 | 36.83 | 湖南省 |
| 649 | 昌吉职业技术学院 | 22 | 36.74 | 新疆维吾尔自治区 |
| 650 | 云南能源职业技术学院 | 15 | 36.65 | 云南省 |
| 651 | 西安高新科技职业学院 | 16 | 36.6 | 陕西省 |
| 652 | 甘肃畜牧工程职业技术学院 | 8 | 36.58 | 甘肃省 |
| 653 | 河南工业贸易职业学院 | 14 | 36.56 | 河南省 |
| 654 | 眉山职业技术学院 | 12 | 36.52 | 四川省 |
| 655 | 青海畜牧兽医职业技术学院 | 10 | 36.44 | 青海省 |
| 656 | 惠州城市职业学院 | 41 | 36.42 | 广东省 |
| 657 | 威海海洋职业学院 | 10 | 36.35 | 山东省 |
| 658 | 汉中职业技术学院 | 15 | 36.17 | 陕西省 |
| 659 | 武汉工程职业技术学院 | 20 | 36.13 | 湖北省 |
| 660 | 广东创新科技职业学院 | 26 | 36.12 | 广东省 |
| 661 | 辽宁轨道交通职业学院 | 10 | 36.1 | 辽宁省 |
| 661 | 合肥信息技术职业学院 | 13 | 36.1 | 安徽省 |
| 663 | 广东松山职业技术学院 | 43 | 36.03 | 广东省 |
| 664 | 湖北中医药高等专科学校 | 12 | 36.02 | 湖北省 |
| 664 | 浙江邮电职业技术学院 | 19 | 36.02 | 浙江省 |
| 666 | 辽宁医药职业学院 | 14 | 35.92 | 辽宁省 |
| 667 | 江西工业职业技术学院 | 13 | 35.91 | 江西省 |

续表

| 排名 | 学校名称 | 奖项数 | 总分 | 省份 |
|---|---|---|---|---|
| 668 | 荆州理工职业学院 | 5 | 35.89 | 湖北省 |
| 669 | 云南文化艺术职业学院 | 15 | 35.85 | 云南省 |
| 670 | 江西信息应用职业技术学院 | 22 | 35.79 | 江西省 |
| 671 | 阜阳职业技术学院 | 9 | 35.78 | 安徽省 |
| 672 | 清远职业技术学院 | 25 | 35.76 | 广东省 |
| 673 | 泉州幼儿师范高等专科学校 | 14 | 35.73 | 福建省 |
| 674 | 青岛港湾职业技术学院 | 12 | 35.71 | 山东省 |
| 675 | 郴州职业技术学院 | 17 | 35.63 | 湖南省 |
| 676 | 泉州轻工职业学院 | 13 | 35.58 | 福建省 |
| 677 | 新疆轻工职业技术学院 | 25 | 35.5 | 新疆维吾尔自治区 |
| 678 | 三亚中瑞酒店管理职业学院 | 3 | 35.47 | 海南省 |
| 679 | 厦门软件职业技术学院 | 19 | 35.44 | 福建省 |
| 680 | 呼和浩特职业学院 | 16 | 35.43 | 内蒙古自治区 |
| 681 | 松原职业技术学院 | 15 | 35.41 | 吉林省 |
| 682 | 新疆天山职业技术大学 | 20 | 35.4 | 新疆维吾尔自治区 |
| 683 | 云南农业职业技术学院 | 16 | 35.36 | 云南省 |
| 684 | 长垣烹饪职业技术学院 | 18 | 35.24 | 河南省 |
| 685 | 盘锦职业技术学院 | 20 | 35.18 | 辽宁省 |
| 686 | 宝鸡职业技术学院 | 15 | 35.17 | 陕西省 |
| 687 | 酒泉职业技术学院 | 14 | 35.01 | 甘肃省 |
| 688 | 江苏安全技术职业学院 | 4 | 34.94 | 江苏省 |
| 689 | 泰山职业技术学院 | 11 | 34.92 | 山东省 |

续表

| 排名 | 学校名称 | 奖项数 | 总分 | 省份 |
|---|---|---|---|---|
| 690 | 广西幼儿师范高等专科学校 | 26 | 34.91 | 广西壮族自治区 |
| 691 | 广州南洋理工职业学院 | 11 | 34.84 | 广东省 |
| 692 | 厦门华天涉外职业技术学院 | 7 | 34.79 | 福建省 |
| 692 | 天津城市建设管理职业技术学院 | 9 | 34.79 | 天津市 |
| 692 | 山西警官职业学院 | 11 | 34.79 | 山西省 |
| 692 | 延安职业技术学院 | 17 | 34.79 | 陕西省 |
| 696 | 甘肃钢铁职业技术学院 | 2 | 34.71 | 甘肃省 |
| 697 | 淄博师范高等专科学校 | 5 | 34.68 | 山东省 |
| 698 | 山东外国语职业技术大学 | 15 | 34.66 | 山东省 |
| 698 | 广东南华工商职业学院 | 33 | 34.66 | 广东省 |
| 698 | 柳州城市职业学院 | 37 | 34.66 | 广西壮族自治区 |
| 701 | 江西软件职业技术大学 | 27 | 34.6 | 江西省 |
| 702 | 江西农业工程职业学院 | 17 | 34.57 | 江西省 |
| 703 | 四川幼儿师范高等专科学校 | 12 | 34.53 | 四川省 |
| 704 | 阿克苏职业技术学院 | 14 | 34.52 | 新疆维吾尔自治区 |
| 705 | 徐州幼儿师范高等专科学校 | 7 | 34.51 | 江苏省 |
| 706 | 江西泰豪动漫职业学院 | 28 | 34.48 | 江西省 |
| 707 | 民办合肥财经职业学院 | 5 | 34.43 | 安徽省 |

续表

| 排名 | 学校名称 | 奖项数 | 总分 | 省份 |
|------|---------|--------|------|------|
| 707 | 临沂职业学院 | 27 | 34.43 | 山东省 |
| 709 | 哈尔滨铁道职业技术学院 | 8 | 34.39 | 黑龙江省 |
| 710 | 辽宁工程职业学院 | 6 | 34.32 | 辽宁省 |
| 711 | 郑州电力高等专科学校 | 10 | 34.31 | 河南省 |
| 711 | 河北对外经贸职业学院 | 15 | 34.31 | 河北省 |
| 713 | 上海海事职业技术学院 | 6 | 34.28 | 上海市 |
| 714 | 锦州师范高等专科学校 | 13 | 34.26 | 辽宁省 |
| 715 | 泰州职业技术学院 | 19 | 34.23 | 江苏省 |
| 716 | 辽宁广告职业学院 | 13 | 34.21 | 辽宁省 |
| 717 | 辽宁铁道职业技术学院 | 17 | 34.2 | 辽宁省 |
| 718 | 天津海运职业学院 | 14 | 34.14 | 天津市 |
| 719 | 广东工商职业技术大学 | 16 | 34.13 | 广东省 |
| 720 | 贵州电子科技职业学院 | 14 | 34.12 | 贵州省 |
| 721 | 北京汇佳职业学院 | 7 | 34.08 | 北京市 |
| 722 | 长江工程职业技术学院 | 32 | 34.07 | 湖北省 |
| 723 | 宣城职业技术学院 | 22 | 34.05 | 安徽省 |
| 724 | 甘肃有色冶金职业技术学院 | 9 | 34.03 | 甘肃省 |
| 725 | 通辽职业学院 | 12 | 33.98 | 内蒙古自治区 |
| 726 | 重庆安全技术职业学院 | 28 | 33.80 | 重庆市 |
| 727 | 江西工业工程职业技术学院 | 14 | 33.82 | 江西省 |
| 728 | 肇庆医学高等专科学校 | 9 | 33.75 | 广东省 |

续表

| 排名 | 学校名称 | 奖项数 | 总分 | 省份 |
|------|---------|--------|------|------|
| 729 | 黑龙江艺术职业学院 | 12 | 33.73 | 黑龙江省 |
| 730 | 广州卫生职业技术学院 | 5 | 33.7 | 广东省 |
| 731 | 河北能源职业技术学院 | 18 | 33.65 | 河北省 |
| 732 | 安徽汽车职业技术学院 | 11 | 33.62 | 安徽省 |
| 733 | 宁夏建设职业技术学院 | 13 | 33.61 | 宁夏回族自治区 |
| 734 | 德宏师范高等专科学校 | 6 | 33.58 | 云南省 |
| 735 | 贵州城市职业学院 | 23 | 33.56 | 贵州省 |
| 736 | 宁夏民族职业技术学院 | 13 | 33.52 | 宁夏回族自治区 |
| 737 | 湖南国防工业职业技术学院 | 4 | 33.5 | 湖南省 |
| 738 | 辽宁金融职业学院 | 25 | 33.47 | 辽宁省 |
| 739 | 云南城市建设职业学院 | 7 | 33.46 | 云南省 |
| 740 | 淮北职业技术学院 | 22 | 33.42 | 安徽省 |
| 741 | 滁州城市职业学院 | 13 | 33.36 | 安徽省 |
| 742 | 临汾职业技术学院 | 7 | 33.15 | 山西省 |
| 742 | 河北政法职业学院 | 13 | 33.15 | 河北省 |
| 744 | 乌海职业技术学院 | 10 | 33.1 | 内蒙古自治区 |
| 745 | 江苏食品药品职业技术学院 | 13 | 32.89 | 江苏省 |
| 746 | 苏州工艺美术职业技术学院 | 12 | 32.87 | 江苏省 |
| 747 | 济南护理职业学院 | 9 | 32.82 | 山东省 |
| 748 | 六安职业技术学院 | 15 | 32.79 | 安徽省 |
| 749 | 四川长江职业学院 | 23 | 32.72 | 四川省 |
| 750 | 辽阳职业技术学院 | 6 | 32.61 | 辽宁省 |

续表

| 排名 | 学校名称 | 奖项数 | 总分 | 省份 |
|---|---|---|---|---|
| 751 | 山西财贸职业技术学院 | 7 | 32.57 | 山西省 |
| 752 | 承德护理职业学院 | 2 | 32.55 | 河北省 |
| 753 | 青海卫生职业技术学院 | 11 | 32.52 | 青海省 |
| 754 | 渤海理工职业学院 | 3 | 32.46 | 河北省 |
| 755 | 福建幼儿师范高等专科学校 | 8 | 32.39 | 福建省 |
| 756 | 南充职业技术学院 | 13 | 32.37 | 四川省 |
| 757 | 张家界航空工业职业技术学院 | 11 | 32.16 | 湖南省 |
| 758 | 黑龙江农垦科技职业学院 | 13 | 32.14 | 黑龙江省 |
| 759 | 平顶山职业技术学院 | 7 | 32.12 | 河南省 |
| 760 | 南通师范高等专科学校 | 10 | 32.05 | 江苏省 |
| 761 | 云南旅游职业学院 | 12 | 32 | 云南省 |
| 762 | 六盘水职业技术学院 | 10 | 31.98 | 贵州省 |
| 763 | 云南工程职业学院 | 5 | 31.97 | 云南省 |
| 764 | 河南艺术职业学院 | 10 | 31.91 | 河南省 |
| 765 | 衡水职业技术学院 | 8 | 31.88 | 河北省 |
| 765 | 榆林职业技术学院 | 17 | 31.88 | 陕西省 |
| 767 | 山东电力高等专科学校 | 2 | 31.86 | 山东省 |
| 768 | 广东邮电职业技术学院 | 19 | 31.8 | 广东省 |
| 769 | 内江职业技术学院 | 24 | 31.77 | 四川省 |
| 770 | 泰山护理职业学院 | 5 | 31.64 | 山东省 |
| 771 | 广东青年职业学院 | 27 | 31.6 | 广东省 |
| 772 | 江西电力职业技术学院 | 4 | 31.57 | 江西省 |
| 773 | 大庆职业学院 | 13 | 31.56 | 黑龙江省 |

续表

| 排名 | 学校名称 | 奖项数 | 总分 | 省份 |
|---|---|---|---|---|
| 774 | 惠州卫生职业技术学院 | 6 | 31.48 | 广东省 |
| 774 | 湖北工程职业学院 | 8 | 31.48 | 湖北省 |
| 774 | 重庆文化艺术职业学院 | 27 | 31.48 | 重庆市 |
| 777 | 广东生态工程职业学院 | 20 | 31.46 | 广东省 |
| 778 | 黑龙江旅游职业技术学院 | 14 | 31.23 | 黑龙江省 |
| 779 | 贵阳康养职业大学 | 17 | 31.22 | 贵州省 |
| 780 | 辽源职业技术学院 | 10 | 31.12 | 吉林省 |
| 781 | 内蒙古交通职业技术学院 | 10 | 31.06 | 内蒙古自治区 |
| 782 | 伊犁职业技术学院 | 10 | 31.05 | 新疆维吾尔自治区 |
| 783 | 四川电力职业技术学院 | 4 | 31.01 | 四川省 |
| 783 | 昆山登云科技职业学院 | 6 | 31.01 | 江苏省 |
| 785 | 信阳职业技术学院 | 16 | 31 | 河南省 |
| 786 | 南阳职业学院 | 17 | 30.98 | 河南省 |
| 787 | 合肥幼儿师范高等专科学校 | 18 | 30.97 | 安徽省 |
| 788 | 贵州盛华职业学院 | 2 | 30.91 | 贵州省 |
| 789 | 昆明铁道职业技术学院 | 10 | 30.82 | 云南省 |
| 790 | 兰州现代职业学院 | 4 | 30.74 | 甘肃省 |
| 790 | 潍坊护理职业学院 | 5 | 30.74 | 山东省 |
| 792 | 重庆信息技术职业学院 | 7 | 30.73 | 重庆市 |
| 792 | 盐城工业职业技术学院 | 9 | 30.73 | 江苏省 |
| 794 | 山西青年职业学院 | 8 | 30.71 | 山西省 |
| 795 | 潍坊工商职业学院 | 5 | 30.7 | 山东省 |

续表

| 排名 | 学校名称 | 奖项数 | 总分 | 省份 |
|---|---|---|---|---|
| 796 | 山西电力职业技术学院 | 4 | 30.69 | 山西省 |
| 796 | 四川护理职业学院 | 6 | 30.69 | 四川省 |
| 798 | 大庆医学高等专科学校 | 12 | 30.68 | 黑龙江省 |
| 799 | 金肯职业技术学院 | 10 | 30.61 | 江苏省 |
| 800 | 赣州师范高等专科学校 | 2 | 30.59 | 江西省 |
| 801 | 云南工贸职业技术学院 | 2 | 30.55 | 云南省 |
| 802 | 陕西航空职业技术学院 | 3 | 30.52 | 陕西省 |
| 802 | 宁夏艺术职业学院 | 13 | 30.52 | 宁夏回族自治区 |
| 804 | 贵阳幼儿师范高等专科学校 | 10 | 30.35 | 贵州省 |
| 805 | 漳州城市职业学院 | 7 | 30.34 | 福建省 |
| 806 | 广东舞蹈戏剧职业学院 | 8 | 30.27 | 广东省 |
| 806 | 石家庄理工职业学院 | 14 | 30.27 | 河北省 |
| 808 | 黑龙江生态工程职业学院 | 6 | 30.17 | 黑龙江省 |
| 809 | 济南幼儿师范高等专科学校 | 4 | 30.14 | 山东省 |
| 810 | 九州职业技术学院 | 1 | 30.11 | 江苏省 |
| 810 | 扬州环境资源职业技术学院 | 3 | 30.11 | 江苏省 |
| 810 | 惠州经济职业技术学院 | 15 | 30.11 | 广东省 |
| 813 | 广东南方职业学院 | 24 | 30.05 | 广东省 |
| 814 | 贵州经贸职业技术学院 | 14 | 29.98 | 贵州省 |
| 815 | 忻州职业技术学院 | 13 | 29.97 | 山西省 |
| 816 | 山东传媒职业学院 | 41 | 29.95 | 山东省 |

续表

| 排名 | 学校名称 | 奖项数 | 总分 | 省份 |
|---|---|---|---|---|
| 817 | 烟台文化旅游职业学院 | 3 | 29.93 | 山东省 |
| 818 | 镇江市高等专科学校 | 7 | 29.85 | 江苏省 |
| 819 | 巴音郭楞职业技术学院 | 8 | 29.84 | 新疆维吾尔自治区 |
| 820 | 运城幼儿师范高等专科学校 | 7 | 29.8 | 山西省 |
| 821 | 贵州应用技术职业学院 | 2 | 29.73 | 贵州省 |
| 822 | 武汉外语外事职业学院 | 18 | 29.7 | 湖北省 |
| 823 | 长沙南方职业学院 | 6 | 29.63 | 湖南省 |
| 823 | 嘉兴南洋职业技术学院 | 14 | 29.63 | 浙江省 |
| 825 | 湖北黄冈应急管理职业技术学院 | 4 | 29.61 | 湖北省 |
| 826 | 甘肃机电职业技术学院 | 5 | 29.51 | 甘肃省 |
| 826 | 重庆青年职业技术学院 | 18 | 29.51 | 重庆市 |
| 828 | 贵州农业职业学院 | 8 | 29.33 | 贵州省 |
| 829 | 福州墨尔本理工职业学院 | 3 | 29.31 | 福建省 |
| 829 | 朔州职业技术学院 | 8 | 29.31 | 山西省 |
| 831 | 山东胜利职业学院 | 24 | 29.3 | 山东省 |
| 832 | 广西工程职业学院 | 17 | 29.2 | 广西壮族自治区 |
| 833 | 甘肃卫生职业学院 | 10 | 29.19 | 甘肃省 |
| 834 | 长治职业技术学院 | 1 | 29.18 | 山西省 |
| 835 | 浙江舟山群岛新区旅游与健康职业学院 | 4 | 29.14 | 浙江省 |
| 835 | 北京交通职业技术学院 | 9 | 29.14 | 北京市 |

续表

| 排名 | 学校名称 | 奖项数 | 总分 | 省份 |
|------|---------|--------|------|------|
| 837 | 大连枫叶职业技术学院 | 13 | 29.04 | 辽宁省 |
| 838 | 云南锡业职业技术学院 | 4 | 29.01 | 云南省 |
| 838 | 泉州华光职业学院 | 14 | 29.01 | 福建省 |
| 840 | 泉州经贸职业技术学院 | 5 | 28.94 | 福建省 |
| 840 | 湘西民族职业技术学院 | 7 | 28.94 | 湖南省 |
| 842 | 南京视觉艺术职业学院 | 23 | 28.87 | 江苏省 |
| 843 | 山东司法警官职业学院 | 3 | 28.86 | 山东省 |
| 843 | 陕西邮电职业技术学院 | 9 | 28.86 | 陕西省 |
| 845 | 山西经贸职业学院 | 3 | 28.84 | 山西省 |
| 845 | 浙江东方职业技术学院 | 12 | 28.84 | 浙江省 |
| 847 | 黑龙江冰雪体育职业学院 | 2 | 28.81 | 黑龙江省 |
| 847 | 武汉商贸职业学院 | 16 | 28.81 | 湖北省 |
| 849 | 恩施职业技术学院 | 7 | 28.79 | 湖北省 |
| 849 | 江海职业技术学院 | 11 | 28.79 | 江苏省 |
| 851 | 保险职业学院 | 4 | 28.77 | 湖南省 |
| 852 | 昆明卫生职业学院 | 7 | 28.75 | 云南省 |
| 853 | 安徽粮食工程职业学院 | 3 | 28.7 | 安徽省 |
| 853 | 包头钢铁职业技术学院 | 4 | 28.7 | 内蒙古自治区 |
| 853 | 重庆电讯职业学院 | 40 | 28.7 | 重庆市 |
| 856 | 怀化职业技术学院 | 6 | 28.68 | 湖南省 |
| 856 | 昆明工业职业技术学院 | 9 | 28.68 | 云南省 |
| 858 | 大连装备制造职业技术学院 | 2 | 28.41 | 辽宁省 |

续表

| 排名 | 学校名称 | 奖项数 | 总分 | 省份 |
|------|---------|--------|------|------|
| 859 | 江西生物科技职业学院 | 5 | 28.39 | 江西省 |
| 860 | 白城医学高等专科学校 | 4 | 28.36 | 吉林省 |
| 860 | 铁岭卫生职业学院 | 9 | 28.36 | 辽宁省 |
| 862 | 安徽冶金科技职业学院 | 5 | 28.16 | 安徽省 |
| 863 | 北京经济技术职业学院 | 22 | 28.14 | 北京市 |
| 864 | 沧州幼儿师范高等专科学校 | 3 | 28.07 | 河北省 |
| 865 | 石家庄幼儿师范高等专科学校 | 7 | 27.92 | 河北省 |
| 865 | 湖南外贸职业学院 | 8 | 27.92 | 湖南省 |
| 867 | 苏州百年职业学院 | 7 | 27.88 | 江苏省 |
| 868 | 丽江师范高等专科学校 | 5 | 27.83 | 云南省 |
| 869 | 广东碧桂园职业学院 | 10 | 27.79 | 广东省 |
| 870 | 南阳医学高等专科学校 | 4 | 27.76 | 河南省 |
| 871 | 山西运城农业职业技术学院 | 5 | 27.73 | 山西省 |
| 872 | 庆阳职业技术学院 | 4 | 27.71 | 甘肃省 |
| 873 | 郑州理工职业学院 | 11 | 27.62 | 河南省 |
| 874 | 江西水利职业学院 | 22 | 27.58 | 江西省 |
| 875 | 兴安职业技术学院 | 7 | 27.5 | 内蒙古自治区 |
| 875 | 贵州装备制造职业学院 | 8 | 27.5 | 贵州省 |
| 877 | 雅安职业技术学院 | 7 | 27.48 | 四川省 |
| 878 | 厦门兴才职业技术学院 | 14 | 27.46 | 福建省 |
| 879 | 河南信息统计职业学院 | 14 | 27.44 | 河南省 |

续表

| 排名 | 学校名称 | 奖项数 | 总分 | 省份 |
|---|---|---|---|---|
| 880 | 渤海船舶职业学院 | 10 | 27.42 | 辽宁省 |
| 881 | 邵阳职业技术学院 | 9 | 27.35 | 湖南省 |
| 882 | 漯河医学高等专科学校 | 5 | 27.28 | 河南省 |
| 883 | 湖南三一工业职业技术学院 | 6 | 27.26 | 湖南省 |
| 884 | 厦门演艺职业学院 | 3 | 27.25 | 福建省 |
| 885 | 浙江安防职业技术学院 | 11 | 27.18 | 浙江省 |
| 886 | 铜仁幼儿师范高等专科学校 | 5 | 27.16 | 贵州省 |
| 887 | 景德镇艺术职业大学 | 6 | 27.12 | 江西省 |
| 888 | 河南林业职业学院 | 9 | 27.11 | 河南省 |
| 889 | 广东行政职业学院 | 7 | 27.1 | 广东省 |
| 889 | 湖南司法警官职业学院 | 7 | 27.1 | 湖南省 |
| 891 | 山东特殊教育职业学院 | 2 | 27.09 | 山东省 |
| 892 | 湖北幼儿师范高等专科学校 | 3 | 27.03 | 湖北省 |
| 893 | 湘潭医卫职业技术学院 | 5 | 27.02 | 湖南省 |
| 894 | 武汉民政职业学院 | 6 | 27.01 | 湖北省 |
| 894 | 甘肃农业职业技术学院 | 6 | 27.01 | 甘肃省 |
| 896 | 江苏航空职业技术学院 | 15 | 26.97 | 江苏省 |
| 897 | 宿迁泽达职业技术学院 | 7 | 26.95 | 江苏省 |
| 898 | 广东文理职业学院 | 7 | 26.92 | 广东省 |
| 899 | 德州科技职业学院 | 10 | 26.9 | 山东省 |
| 900 | 湖北青年职业学院 | 3 | 26.89 | 湖北省 |
| 900 | 上海民远职业技术学院 | 3 | 26.89 | 上海市 |

续表

| 排名 | 学校名称 | 奖项数 | 总分 | 省份 |
|---|---|---|---|---|
| 900 | 武夷山职业学院 | 5 | 26.89 | 福建省 |
| 903 | 江西陶瓷工艺美术职业技术学院 | 24 | 26.88 | 江西省 |
| 904 | 贵州电子商务职业技术学院 | 11 | 26.87 | 贵州省 |
| 905 | 鄂尔多斯生态环境职业学院 | 2 | 26.83 | 内蒙古自治区 |
| 906 | 科尔沁艺术职业学院 | 8 | 26.82 | 内蒙古自治区 |
| 907 | 新疆师范高等专科学校 | 5 | 26.76 | 新疆维吾尔自治区 |
| 908 | 毕节职业技术学院 | 11 | 26.66 | 贵州省 |
| 909 | 南阳农业职业学院 | 7 | 26.63 | 河南省 |
| 910 | 包头铁道职业技术学院 | 6 | 26.61 | 内蒙古自治区 |
| 910 | 三门峡职业技术学院 | 6 | 26.61 | 河南省 |
| 912 | 郑州城市职业学院 | 8 | 26.6 | 河南省 |
| 913 | 山西铁道职业技术学院 | 2 | 26.48 | 山西省 |
| 914 | 鄂尔多斯职业学院 | 4 | 26.46 | 内蒙古自治区 |
| 915 | 抚顺职业技术学院 | 5 | 26.45 | 辽宁省 |
| 916 | 罗定职业技术学院 | 2 | 26.44 | 广东省 |
| 917 | 苏州高博软件技术职业学院 | 12 | 26.42 | 江苏省 |
| 918 | 阜阳幼儿师范高等专科学校 | 8 | 26.36 | 安徽省 |
| 919 | 哈尔滨科学技术职业学院 | 6 | 26.11 | 黑龙江省 |
| 920 | 安阳职业技术学院 | 7 | 26.09 | 河南省 |
| 921 | 达州职业技术学院 | 2 | 26.08 | 四川省 |
| 921 | 四川卫生康复职业学院 | 2 | 26.08 | 四川省 |
| 921 | 延边职业技术学院 | 6 | 26.08 | 吉林省 |

续表

| 排名 | 学校名称 | 奖项数 | 总分 | 省份 |
|---|---|---|---|---|
| 924 | 河南质量工程职业学院 | 8 | 26.05 | 河南省 |
| 925 | 德宏职业学院 | 5 | 26.03 | 云南省 |
| 926 | 开封文化艺术职业学院 | 7 | 26.02 | 河南省 |
| 927 | 黑龙江幼儿师范高等专科学校 | 9 | 25.95 | 黑龙江省 |
| 928 | 汕头职业技术学院 | 9 | 25.89 | 广东省 |
| 929 | 甘肃财贸职业学院 | 3 | 25.87 | 甘肃省 |
| 930 | 长春师范高等专科学校 | 8 | 25.74 | 吉林省 |
| 931 | 湖南石油化工职业技术学院 | 7 | 25.58 | 湖南省 |
| 932 | 北京社会管理职业学院 | 4 | 25.56 | 北京市 |
| 933 | 揭阳职业技术学院 | 9 | 25.48 | 广东省 |
| 934 | 正德职业技术学院 | 3 | 25.46 | 江苏省 |
| 935 | 广西英华国际职业学院 | 21 | 25.42 | 广西壮族自治区 |
| 936 | 江苏护理职业学院 | 2 | 25.39 | 江苏省 |
| 937 | 广州松田职业学院 | 2 | 25.33 | 广东省 |
| 938 | 云南财经职业学院 | 8 | 25.26 | 云南省 |
| 939 | 菏泽家政职业学院 | 2 | 25.24 | 山东省 |
| 940 | 钟山职业技术学院 | 3 | 25.23 | 江苏省 |
| 941 | 新疆建设职业技术学院 | 7 | 25.22 | 新疆维吾尔自治区 |
| 942 | 邢台医学高等专科学校 | 6 | 25.18 | 河北省 |
| 943 | 广州华立科技职业学院 | 16 | 25.17 | 广东省 |
| 944 | 洛阳职业技术学院 | 2 | 25.15 | 河南省 |
| 945 | 营口职业技术学院 | 1 | 25.13 | 辽宁省 |
| 946 | 湖南体育职业学院 | 1 | 25.11 | 湖南省 |
| 947 | 重庆艺术工程职业学院 | 15 | 25.06 | 重庆市 |

续表

| 排名 | 学校名称 | 奖项数 | 总分 | 省份 |
|---|---|---|---|---|
| 948 | 石家庄工商职业学院 | 10 | 25.04 | 河北省 |
| 949 | 四川三河职业学院 | 5 | 25.03 | 四川省 |
| 950 | 抚顺师范高等专科学校 | 3 | 24.91 | 辽宁省 |
| 951 | 山东外事职业大学 | 7 | 24.83 | 山东省 |
| 952 | 陕西青年职业学院 | 3 | 24.76 | 陕西省 |
| 953 | 泉州工艺美术职业学院 | 6 | 24.71 | 福建省 |
| 954 | 湖南九嶷职业技术学院 | 1 | 24.59 | 湖南省 |
| 955 | 云南医药健康职业学院 | 3 | 24.56 | 云南省 |
| 956 | 江西科技职业学院 | 4 | 24.55 | 江西省 |
| 957 | 贵州财经职业学院 | 5 | 24.45 | 贵州省 |
| 958 | 遵义医药高等专科学校 | 3 | 24.34 | 贵州省 |
| 959 | 茂名职业技术学院 | 9 | 24.14 | 广东省 |
| 960 | 牡丹江大学 | 3 | 24.13 | 黑龙江省 |
| 961 | 江西医学高等专科学校 | 3 | 23.96 | 江西省 |
| 962 | 四川科技职业学院 | 13 | 23.94 | 四川省 |
| 963 | 珠海艺术职业学院 | 8 | 23.92 | 广东省 |
| 964 | 江苏旅游职业学院 | 2 | 23.88 | 江苏省 |
| 965 | 桐城师范高等专科学校 | 2 | 23.81 | 安徽省 |
| 966 | 廊坊燕京职业技术学院 | 7 | 23.74 | 河北省 |
| 967 | 广东酒店管理职业技术学院 | 15 | 23.64 | 广东省 |
| 968 | 曲靖医学高等专科学校 | 2 | 23.56 | 云南省 |
| 968 | 河北司法警官职业学院 | 4 | 23.56 | 河北省 |

续表

| 排名 | 学校名称 | 奖项数 | 总分 | 省份 |
|---|---|---|---|---|
| 968 | 新疆应用职业技术学院 | 4 | 23.56 | 新疆维吾尔自治区 |
| 968 | 黑龙江能源职业学院 | 4 | 23.56 | 黑龙江省 |
| 968 | 北京经贸职业学院 | 5 | 23.56 | 北京市 |
| 973 | 民办四川天一学院 | 14 | 23.55 | 四川省 |
| 974 | 长白山职业技术学院 | 2 | 23.52 | 吉林省 |
| 975 | 江阴职业技术学院 | 3 | 23.5 | 江苏省 |
| 976 | 泉州海洋职业学院 | 2 | 23.38 | 福建省 |
| 977 | 安徽扬子职业技术学院 | 2 | 23.3 | 安徽省 |
| 978 | 焦作师范高等专科学校 | 6 | 23.25 | 河南省 |
| 070 | 河北建材职业技术学院 | 6 | 23.19 | 河北省 |
| 980 | 山东服装职业学院 | 6 | 23.15 | 山东省 |
| 981 | 吉林水利电力职业学院 | 4 | 23.12 | 吉林省 |
| 981 | 石河子工程职业技术学院 | 4 | 23.12 | 新疆维吾尔自治区 |
| 983 | 陕西电子信息职业技术学院 | 2 | 23.04 | 陕西省 |
| 984 | 四川中医药高等专科学校 | 4 | 23.02 | 四川省 |
| 985 | 江西航空职业技术学院 | 3 | 22.84 | 江西省 |
| 985 | 广西城市职业大学 | 4 | 22.84 | 广西壮族自治区 |
| 987 | 安徽广播影视职业技术学院 | 16 | 22.82 | 安徽省 |
| 988 | 新疆铁道职业技术学院 | 1 | 22.56 | 新疆维吾尔自治区 |
| 988 | 哈尔滨应用职业技术学院 | 1 | 22.56 | 黑龙江省 |

续表

| 排名 | 学校名称 | 奖项数 | 总分 | 省份 |
|---|---|---|---|---|
| 990 | 安徽林业职业技术学院 | 3 | 22.55 | 安徽省 |
| 991 | 四川电子机械职业技术学院 | 16 | 22.29 | 四川省 |
| 992 | 广东江门中医药职业学院 | 2 | 22.24 | 广东省 |
| 993 | 赣州职业技术学院 | 6 | 22.23 | 江西省 |
| 994 | 河北劳动关系职业学院 | 2 | 22.09 | 河北省 |
| 995 | 云南经贸外事职业学院 | 4 | 22.08 | 云南省 |
| 996 | 海南健康管理职业技术学院 | 2 | 22.06 | 海南省 |
| 997 | 张家口职业技术学院 | 1 | 22.01 | 河北省 |
| 998 | 江西应用工程职业学院 | 3 | 21.98 | 江西省 |
| 999 | 北京科技经营管理学院 | 1 | 21.93 | 北京市 |
| 999 | 宁德职业技术学院 | 3 | 21.93 | 福建省 |
| 999 | 河南检察职业学院 | 3 | 21.93 | 河南省 |
| 999 | 广东司法警官职业学院 | 3 | 21.93 | 广东省 |
| 999 | 四川西南航空职业学院 | 3 | 21.93 | 四川省 |
| 999 | 四川机电职业技术学院 | 3 | 21.93 | 四川省 |
| 1005 | 北京科技职业学院 | 5 | 21.91 | 北京市 |
| 1006 | 私立华联学院 | 2 | 21.86 | 广东省 |
| 1007 | 山西体育职业学院 | 1 | 21.85 | 山西省 |
| 1008 | 漯河食品职业学院 | 7 | 21.79 | 河南省 |
| 1009 | 山东医学高等专科学校 | 3 | 21.76 | 山东省 |
| 1010 | 运城师范高等专科学校 | 4 | 21.69 | 山西省 |

续表

| 排名 | 学校名称 | 奖项数 | 总分 | 省份 |
|------|----------|--------|------|------|
| 1011 | 苏州工业园区职业技术学院 | 5 | 21.68 | 江苏省 |
| 1012 | 郑州信息工程职业学院 | 2 | 21.58 | 河南省 |
| 1013 | 天津滨海汽车工程职业学院 | 1 | 21.56 | 天津市 |
| 1013 | 湛江幼儿师范专科学校 | 1 | 21.56 | 广东省 |
| 1015 | 海南卫生健康职业学院 | 1 | 21.52 | 海南省 |
| 1016 | 福建华南女子职业学院 | 3 | 21.51 | 福建省 |
| 1017 | 吉林工程职业学院 | 3 | 21.46 | 吉林省 |
| 1018 | 浙江特殊教育职业学院 | 7 | 21.35 | 浙江省 |
| 1019 | 江西传媒职业学院 | 5 | 21.3 | 江西省 |
| 1020 | 西安汽车职业大学 | 1 | 21.14 | 陕西省 |
| 1021 | 昆明艺术职业学院 | 2 | 21.02 | 云南省 |
| 1022 | 苏州托普信息职业技术学院 | 3 | 20.94 | 江苏省 |
| 1023 | 山东铝业职业学院 | 1 | 20.87 | 山东省 |
| 1024 | 郑州亚欧交通职业学院 | 2 | 20.79 | 河南省 |
| 1025 | 临沂科技职业学院 | 1 | 20.67 | 山东省 |
| 1026 | 朝阳师范高等专科学校 | 3 | 20.66 | 辽宁省 |
| 1026 | 永城职业学院 | 8 | 20.66 | 河南省 |
| 1028 | 武威职业学院 | 2 | 20.65 | 甘肃省 |
| 1029 | 上饶幼儿师范高等专科学校 | 4 | 20.64 | 江西省 |
| 1030 | 内蒙古警察职业学院 | 6 | 20.37 | 内蒙古自治区 |
| 1031 | 哈密职业技术学院 | 1 | 20.29 | 新疆维吾尔自治区 |
| 1032 | 运城护理职业学院 | 2 | 20.24 | 山西省 |

续表

| 排名 | 学校名称 | 奖项数 | 总分 | 省份 |
|------|----------|--------|------|------|
| 1033 | 广州华商职业学院 | 12 | 20.23 | 广东省 |
| 1034 | 河南科技职业大学 | 3 | 20.11 | 河南省 |
| 1035 | 湘南幼儿师范高等专科学校 | 2 | 20.08 | 湖南省 |
| 1035 | 徐州生物工程职业技术学院 | 2 | 20.08 | 江苏省 |
| 1037 | 河南护理职业学院 | 2 | 20.07 | 河南省 |
| 1038 | 安徽黄梅戏艺术职业学院 | 1 | 20.02 | 安徽省 |
| 1039 | 山西老区职业技术学院 | 2 | 19.95 | 山西省 |
| 1040 | 山东药品食品职业学院 | 2 | 19.81 | 山东省 |
| 1040 | 安康职业技术学院 | 2 | 19.81 | 陕西省 |
| 1040 | 辽宁冶金职业技术学院 | 2 | 19.81 | 辽宁省 |
| 1040 | 大理护理职业学院 | 2 | 19.81 | 云南省 |
| 1040 | 齐齐哈尔高等师范专科学校 | 2 | 19.81 | 黑龙江省 |
| 1040 | 长春信息技术职业学院 | 3 | 19.81 | 吉林省 |
| 1046 | 福州英华职业学院 | 7 | 19.8 | 福建省 |
| 1047 | 焦作大学 | 6 | 19.6 | 河南省 |
| 1048 | 新疆工业职业技术学院 | 2 | 19.44 | 新疆维吾尔自治区 |
| 1049 | 青岛求实职业技术学院 | 2 | 19.42 | 山东省 |
| 1050 | 天津工艺美术职业学院 | 5 | 19.29 | 天津市 |
| 1051 | 广西自然资源职业技术学院 | 2 | 19.14 | 广西壮族自治区 |
| 1052 | 铁岭师范高等专科学校 | 5 | 19.12 | 辽宁省 |
| 1053 | 宜春幼儿师范高等专科学校 | 1 | 18.92 | 江西省 |

续表

| 排名 | 学校名称 | 奖项数 | 总分 | 省份 |
|---|---|---|---|---|
| 1054 | 湖南幼儿师范高等专科学校 | 6 | 18.9 | 湖南省 |
| 1055 | 德阳科贸职业学院 | 2 | 18.73 | 四川省 |
| 1056 | 重庆电信职业学院 | 11 | 18.69 | 重庆市 |
| 1057 | 益阳医学高等专科学校 | 2 | 18.65 | 湖南省 |
| 1057 | 哈尔滨幼儿师范高等专科学校 | 4 | 18.65 | 黑龙江省 |
| 1057 | 神木职业技术学院 | 4 | 18.65 | 陕西省 |
| 1057 | 辽宁理工职业大学 | 4 | 18.65 | 辽宁省 |
| 1061 | 天府新区信息职业学院 | 2 | 18.64 | 四川省 |
| 1062 | 广西演艺职业学院 | 9 | 18.6 | 广西壮族自治区 |
| 1063 | 云南司法警官职业学院 | 1 | 18.46 | 云南省 |
| 1064 | 闽北职业技术学院 | 4 | 18.4 | 福建省 |
| 1065 | 阳江职业技术学院 | 12 | 18.36 | 广东省 |
| 1066 | 沧州职业技术学院 | 4 | 18.13 | 河北省 |
| 1067 | 广东亚视演艺职业学院 | 4 | 17.85 | 广东省 |
| 1068 | 上海工会管理职业学院 | 2 | 17.76 | 上海市 |
| 1069 | 宣化科技职业学院 | 1 | 17.63 | 河北省 |
| 1069 | 河南推拿职业学院 | 1 | 17.63 | 河南省 |
| 1069 | 云南三鑫职业技术学院 | 1 | 17.63 | 云南省 |
| 1069 | 曲靖职业技术学院 | 1 | 17.63 | 云南省 |
| 1073 | 石家庄科技信息职业学院 | 1 | 17.4 | 河北省 |
| 1073 | 长沙电力职业技术学院 | 1 | 17.4 | 湖南省 |
| 1075 | 山西国际商务职业学院 | 3 | 17.37 | 山西省 |

续表

| 排名 | 学校名称 | 奖项数 | 总分 | 省份 |
|---|---|---|---|---|
| 1076 | 厦门东海职业技术学院 | 1 | 17.35 | 福建省 |
| 1076 | 扎兰屯职业学院 | 3 | 17.35 | 内蒙古自治区 |
| 1076 | 四川汽车职业技术学院 | 3 | 17.35 | 四川省 |
| 1076 | 益阳职业技术学院 | 3 | 17.35 | 湖南省 |
| 1076 | 苏州幼儿师范高等专科学校 | 3 | 17.35 | 江苏省 |
| 1081 | 云南新兴职业学院 | 3 | 17.2 | 云南省 |
| 1082 | 连云港职业技术学院 | 2 | 16.96 | 江苏省 |
| 1083 | 石家庄工程职业学院 | 4 | 16.83 | 河北省 |
| 1084 | 云南外事外语职业学院 | 1 | 16.66 | 云南省 |
| 1084 | 重庆海联职业技术学院 | 1 | 16.66 | 重庆市 |
| 1086 | 连云港师范高等专科学校 | 5 | 16.59 | 江苏省 |
| 1087 | 宿州职业技术学院 | 1 | 16.53 | 安徽省 |
| 1087 | 石家庄医学高等专科学校 | 1 | 16.53 | 河北省 |
| 1087 | 石家庄财经职业学院 | 1 | 16.53 | 河北省 |
| 1087 | 山东化工职业学院 | 1 | 16.53 | 山东省 |
| 1091 | 贵州护理职业技术学院 | 1 | 16.35 | 贵州省 |
| 1091 | 黑龙江农业职业技术学院 | 1 | 16.35 | 黑龙江省 |
| 1091 | 山西卫生健康职业学院 | 1 | 16.35 | 山西省 |
| 1094 | 云南轻纺职业学院 | 3 | 16.28 | 云南省 |
| 1095 | 江苏财会职业学院 | 1 | 16.04 | 江苏省 |

续表

| 排名 | 学校名称 | 奖项数 | 总分 | 省份 |
|------|---------|--------|------|------|
| 1096 | 广州华南商贸职业学院 | 7 | 15.64 | 广东省 |
| 1097 | 鞍山职业技术学院 | 1 | 15.62 | 辽宁省 |
| 1098 | 硅湖职业技术学院 | 2 | 15.59 | 江苏省 |
| 1099 | 河北正定师范高等专科学校 | 3 | 15.44 | 河北省 |
| 1099 | 江西青年职业学院 | 3 | 15.44 | 江西省 |
| 1101 | 呼伦贝尔职业技术学院 | 2 | 15.28 | 内蒙古自治区 |
| 1102 | 安阳幼儿师范高等专科学校 | 2 | 15.26 | 河南省 |
| 1103 | 山东圣翰财贸职业学院 | 2 | 14.94 | 山东省 |
| 1104 | 吉林科技职业技术学院 | 3 | 14.92 | 吉林省 |
| 1105 | 百色职业学院 | 7 | 14.79 | 广西壮族自治区 |
| 1106 | 民办合肥经济技术职业学院 | 2 | 14.52 | 安徽省 |
| 1107 | 广东茂名农林科技职业学院 | 3 | 14.26 | 广东省 |
| 1108 | 无锡南洋职业技术学院 | 2 | 14.02 | 江苏省 |
| 1108 | 南昌职业大学 | 3 | 14.02 | 江西省 |
| 1110 | 三亚理工职业学院 | 4 | 13.82 | 海南省 |
| 1111 | 烟台黄金职业学院 | 4 | 13.6 | 山东省 |
| 1112 | 民办万博科技职业学院 | 2 | 13.48 | 安徽省 |
| 1113 | 浙江金华科贸职业技术学院 | 1 | 13.24 | 浙江省 |
| 1114 | 赣南卫生健康职业学院 | 1 | 13.19 | 江西省 |
| 1114 | 辽宁民族师范高等专科学校 | 1 | 13.19 | 辽宁省 |

续表

| 排名 | 学校名称 | 奖项数 | 总分 | 省份 |
|------|---------|--------|------|------|
| 1114 | 黔西南民族职业技术学院 | 1 | 13.19 | 贵州省 |
| 1117 | 拉萨师范高等专科学校 | 2 | 13.15 | 西藏自治区 |
| 1118 | 大理农林职业技术学院 | 1 | 12.83 | 云南省 |
| 1119 | 潇湘职业学院 | 1 | 12.82 | 湖南省 |
| 1120 | 驻马店职业技术学院 | 2 | 12.79 | 河南省 |
| 1121 | 浙江长征职业技术学院 | 3 | 12.52 | 浙江省 |
| 1122 | 克孜勒苏职业技术学院 | 1 | 12.5 | 新疆维吾尔自治区 |
| 1123 | 郑州电子信息职业技术学院 | 2 | 12.46 | 河南省 |
| 1124 | 广西体育高等专科学校 | 1 | 12.23 | 广西壮族自治区 |
| 1125 | 郑州电力职业技术学院 | 1 | 11.97 | 河南省 |
| 1125 | 广州涉外经济职业技术学院 | 1 | 11.97 | 广东省 |
| 1127 | 梧州职业学院 | 4 | 11.45 | 广西壮族自治区 |
| 1128 | 广西安全工程职业技术学院 | 1 | 11.44 | 广西壮族自治区 |
| 1129 | 云南理工职业学院 | 2 | 10.84 | 云南省 |
| 1130 | 广东信息工程职业学院 | 4 | 10.21 | 广东省 |
| 1131 | 广州华夏职业学院 | 2 | 9.68 | 广东省 |
| 1132 | 黄冈科技职业学院 | 1 | 9.12 | 湖北省 |
| 1132 | 天府新区通用航空职业学院 | 1 | 9.12 | 四川省 |
| 1134 | 山西管理职业学院 | 1 | 8.9 | 山西省 |
| 1135 | 黑龙江司法警官职业学院 | 1 | 8.7 | 黑龙江省 |

续表

| 排名 | 学校名称 | 奖项数 | 总分 | 省份 |
|---|---|---|---|---|
| 1136 | 河南司法警官职业学院 | 2 | 8.24 | 河南省 |
| 1137 | 昆明幼儿师范高等专科学校 | 1 | 8.14 | 云南省 |
| 1137 | 山西华澳商贸职业学院 | 1 | 8.14 | 山西省 |
| 1137 | 宁波幼儿师范高等专科学校 | 1 | 8.14 | 浙江省 |
| 1137 | 重庆轻工职业学院 | 1 | 8.14 | 重庆市 |
| 1141 | 武汉科技职业学院 | 2 | 7.68 | 湖北省 |
| 1142 | 潮汕职业技术学院 | 3 | 5 | 广东省 |
| 1143 | 广州康大职业技术学院 | 1 | 3.8 | 广东省 |

# 12.2 2017－2021 年全国普通高校大学生竞赛榜单(高职)

续表

| 排名 | 学校名称 | 奖项数 | 总分 | 省份 |
|---|---|---|---|---|
| 1 | 金华职业技术学院 | 343 | 100 | 浙江省 |
| 2 | 深圳职业技术学院 | 400 | 95.86 | 广东省 |
| 3 | 重庆电子工程职业学院 | 293 | 94.73 | 重庆市 |
| 4 | 芜湖职业技术学院 | 197 | 91.45 | 安徽省 |
| 5 | 南京工业职业技术大学 | 192 | 89.45 | 江苏省 |
| 6 | 福建信息职业技术学院 | 240 | 89.22 | 福建省 |
| 7 | 郑州铁路职业技术学院 | 134 | 86.45 | 河南省 |
| 8 | 江西环境工程职业学院 | 123 | 86.1 | 江西省 |
| 9 | 广东轻工职业技术学院 | 355 | 85.26 | 广东省 |
| 10 | 陕西工业职业技术学院 | 240 | 84.51 | 陕西省 |
| 11 | 长沙民政职业技术学院 | 183 | 84.37 | 湖南省 |
| 12 | 山东商业职业技术学院 | 102 | 83.73 | 山东省 |
| 13 | 江西应用技术职业学院 | 150 | 83.59 | 江西省 |
| 14 | 兰州石化职业技术大学 | 217 | 83.43 | 甘肃省 |
| 15 | 深圳信息职业技术学院 | 147 | 83.28 | 广东省 |
| 16 | 江西外语外贸职业学院 | 117 | 83 | 江西省 |
| 17 | 北京电子科技职业学院 | 131 | 82.88 | 北京市 |

| 排名 | 学校名称 | 奖项数 | 总分 | 省份 |
|---|---|---|---|---|
| 18 | 安徽机电职业技术学院 | 155 | 82.3 | 安徽省 |
| 19 | 潍坊职业学院 | 142 | 82.03 | 山东省 |
| 20 | 贵州交通职业技术学院 | 146 | 81.75 | 贵州省 |
| 21 | 福建船政交通职业学院 | 221 | 81.5 | 福建省 |
| 22 | 重庆城市管理职业学院 | 137 | 80.97 | 重庆市 |
| 23 | 重庆工业职业技术学院 | 197 | 80.81 | 重庆市 |
| 24 | 湖南工业职业技术学院 | 187 | 80.51 | 湖南省 |
| 25 | 河南经贸职业学院 | 188 | 80.2 | 河南省 |
| 26 | 武汉软件工程职业学院 | 207 | 80.19 | 湖北省 |
| 27 | 安徽职业技术学院 | 197 | 79.68 | 安徽省 |
| 28 | 安徽工商职业学院 | 156 | 79.53 | 安徽省 |
| 29 | 上海城建职业学院 | 99 | 79.25 | 上海市 |
| 30 | 安徽财贸职业学院 | 156 | 79.13 | 安徽省 |
| 31 | 武汉职业技术学院 | 130 | 78.98 | 湖北省 |
| 32 | 重庆工程职业技术学院 | 190 | 78.93 | 重庆市 |
| 33 | 上海电子信息职业技术学院 | 127 | 78.87 | 上海市 |
| 34 | 河南职业技术学院 | 123 | 78.59 | 河南省 |
| 35 | 南京信息职业技术学院 | 135 | 78.43 | 江苏省 |
| 36 | 浙江机电职业技术学院 | 173 | 78.21 | 浙江省 |
| 37 | 九江职业技术学院 | 168 | 78.05 | 江西省 |

续表

| 排名 | 学校名称 | 奖项数 | 总分 | 省份 |
|------|----------|--------|------|------|
| 38 | 常州信息职业技术学院 | 178 | 77.81 | 江苏省 |
| 39 | 淄博职业学院 | 175 | 77.79 | 山东省 |
| 40 | 北京工业职业技术学院 | 143 | 77.75 | 北京市 |
| 41 | 安徽商贸职业技术学院 | 146 | 77.6 | 安徽省 |
| 42 | 长春职业技术学院 | 183 | 77.34 | 吉林省 |
| 43 | 河南工业职业技术学院 | 247 | 76.88 | 河南省 |
| 44 | 黄河水利职业技术学院 | 215 | 76.56 | 河南省 |
| 45 | 成都航空职业技术学院 | 138 | 76.37 | 四川省 |
| 46 | 武汉交通职业学院 | 160 | 76.05 | 湖北省 |
| 47 | 四川交通职业技术学院 | 113 | 75.8 | 四川省 |
| 48 | 天津市职业大学 | 128 | 75.56 | 天津市 |
| 49 | 顺德职业技术学院 | 132 | 74.72 | 广东省 |
| 50 | 无锡职业技术学院 | 98 | 74.71 | 江苏省 |
| 51 | 江苏农林职业技术学院 | 55 | 74.51 | 江苏省 |
| 52 | 西安航空职业技术学院 | 139 | 74.5 | 陕西省 |
| 53 | 江西现代职业技术学院 | 143 | 74.41 | 江西省 |
| 54 | 山西机电职业技术学院 | 93 | 74.34 | 山西省 |
| 55 | 浙江工业职业技术学院 | 77 | 74.13 | 浙江省 |
| 56 | 辽宁机电职业技术学院 | 98 | 73.82 | 辽宁省 |
| 57 | 浙江纺织服装职业技术学院 | 78 | 73.76 | 浙江省 |

续表

| 排名 | 学校名称 | 奖项数 | 总分 | 省份 |
|------|----------|--------|------|------|
| 58 | 天津电子信息职业技术学院 | 85 | 73.67 | 天津市 |
| 59 | 北京信息职业技术学院 | 120 | 73.66 | 北京市 |
| 60 | 湖南汽车工程职业学院 | 77 | 73.64 | 湖南省 |
| 61 | 杨凌职业技术学院 | 95 | 73.51 | 陕西省 |
| 62 | 柳州铁道职业技术学院 | 142 | 73.21 | 广西壮族自治区 |
| 63 | 武汉城市职业学院 | 77 | 72.79 | 湖北省 |
| 64 | 成都职业技术学院 | 134 | 72.75 | 四川省 |
| 65 | 南宁职业技术学院 | 176 | 72.46 | 广西壮族自治区 |
| 66 | 烟台职业学院 | 105 | 72.39 | 山东省 |
| 67 | 成都纺织高等专科学校 | 102 | 72.37 | 四川省 |
| 68 | 重庆三峡职业学院 | 106 | 72.26 | 重庆市 |
| 69 | 安徽国际商务职业学院 | 94 | 72.22 | 安徽省 |
| 70 | 无锡商业职业技术学院 | 98 | 72.06 | 江苏省 |
| 71 | 重庆工商职业学院 | 118 | 72.02 | 重庆市 |
| 72 | 襄阳职业技术学院 | 73 | 71.82 | 湖北省 |
| 73 | 宁波职业技术学院 | 103 | 71.77 | 浙江省 |
| 74 | 浙江金融职业学院 | 115 | 71.58 | 浙江省 |
| 75 | 义乌工商职业技术学院 | 82 | 71.55 | 浙江省 |
| 76 | 江苏经贸职业技术学院 | 79 | 71.51 | 江苏省 |
| 77 | 济南职业学院 | 68 | 71.5 | 山东省 |
| 78 | 湖北生态工程职业技术学院 | 41 | 71.43 | 湖北省 |
| 79 | 常州工业职业技术学院 | 84 | 71.4 | 江苏省 |

续表

| 排名 | 学校名称 | 奖项数 | 总分 | 省份 |
|------|---------|--------|------|------|
| 80 | 河北科技工程职业技术大学 | 166 | 71.28 | 河北省 |
| 81 | 广西交通职业技术学院 | 88 | 71.27 | 广西壮族自治区 |
| 82 | 山东交通职业学院 | 69 | 71.19 | 山东省 |
| 83 | 江苏电子信息职业学院 | 83 | 71.16 | 江苏省 |
| 84 | 广西职业技术学院 | 99 | 71.15 | 广西壮族自治区 |
| 85 | 广东科学技术职业学院 | 140 | 71.07 | 广东省 |
| 86 | 广州番禺职业技术学院 | 84 | 71.02 | 广东省 |
| 87 | 南京铁道职业技术学院 | 69 | 70.92 | 江苏省 |
| 88 | 杭州科技职业技术学院 | 87 | 70.81 | 浙江省 |
| 89 | 重庆交通职业学院 | 108 | 70.68 | 重庆市 |
| 90 | 兰州职业技术学院 | 93 | 70.6 | 甘肃省 |
| 91 | 山西职业技术学院 | 145 | 70.5 | 山西省 |
| 92 | 海南经贸职业技术学院 | 97 | 70.13 | 海南省 |
| 93 | 河北工业职业技术大学 | 102 | 69.88 | 河北省 |
| 94 | 广东交通职业技术学院 | 85 | 69.83 | 广东省 |
| 94 | 柳州职业技术学院 | 102 | 69.83 | 广西壮族自治区 |
| 96 | 杭州职业技术学院 | 86 | 69.81 | 浙江省 |
| 97 | 常州机电职业技术学院 | 68 | 69.77 | 江苏省 |
| 98 | 北京财贸职业学院 | 84 | 69.75 | 北京市 |
| 99 | 贵州电子信息职业技术学院 | 134 | 69.55 | 贵州省 |

续表

| 排名 | 学校名称 | 奖项数 | 总分 | 省份 |
|------|---------|--------|------|------|
| 100 | 安徽工业经济职业技术学院 | 90 | 69.33 | 安徽省 |
| 101 | 扬州工业职业技术学院 | 60 | 69.11 | 江苏省 |
| 102 | 山西工程职业学院 | 83 | 69.08 | 山西省 |
| 103 | 江苏联合职业技术学院 | 76 | 68.97 | 江苏省 |
| 104 | 漳州职业技术学院 | 87 | 68.91 | 福建省 |
| 105 | 长春汽车工业高等专科学校 | 55 | 68.68 | 吉林省 |
| 106 | 厦门城市职业学院 | 173 | 68.66 | 福建省 |
| 107 | 长沙航空职业技术学院 | 51 | 68.65 | 湖南省 |
| 108 | 广西农业职业技术大学 | 115 | 68.52 | 广西壮族自治区 |
| 109 | 江西机电职业技术学院 | 83 | 68.42 | 江西省 |
| 110 | 黑龙江职业学院 | 114 | 68.26 | 黑龙江省 |
| 111 | 合肥职业技术学院 | 65 | 67.87 | 安徽省 |
| 112 | 浙江工贸职业技术学院 | 43 | 67.79 | 浙江省 |
| 113 | 黎明职业大学 | 133 | 67.65 | 福建省 |
| 114 | 日照职业技术学院 | 67 | 67.6 | 山东省 |
| 115 | 西安铁路职业技术学院 | 62 | 67.48 | 陕西省 |
| 116 | 山东科技职业学院 | 72 | 67.47 | 山东省 |
| 117 | 江苏信息职业技术学院 | 63 | 67.38 | 江苏省 |
| 118 | 中山职业技术学院 | 115 | 67.19 | 广东省 |
| 119 | 山东劳动职业技术学院 | 32 | 67.14 | 山东省 |
| 120 | 重庆财经职业学院 | 83 | 66.86 | 重庆市 |
| 121 | 兰州资源环境职业技术大学 | 76 | 66.85 | 甘肃省 |

续表

| 排名 | 学校名称 | 奖项数 | 总分 | 省份 |
|------|----------|--------|------|------|
| 122 | 许昌职业技术学院 | 113 | 66.83 | 河南省 |
| 123 | 四川工程职业技术学院 | 60 | 66.73 | 四川省 |
| 123 | 徽商职业学院 | 60 | 66.73 | 安徽省 |
| 125 | 广西水利电力职业技术学院 | 73 | 66.42 | 广西壮族自治区 |
| 126 | 安徽电子信息职业技术学院 | 105 | 66.21 | 安徽省 |
| 127 | 浙江经贸职业技术学院 | 74 | 66.2 | 浙江省 |
| 128 | 广西理工职业技术学院 | 72 | 66.15 | 广西壮族自治区 |
| 129 | 浙江商业职业技术学院 | 74 | 66.11 | 浙江省 |
| 130 | 青岛职业技术学院 | 63 | 66.07 | 山东省 |
| 131 | 宁夏工商职业技术学院 | 73 | 66.02 | 宁夏回族自治区 |
| 132 | 河源职业技术学院 | 82 | 65.93 | 广东省 |
| 133 | 江西财经职业学院 | 69 | 65.92 | 江西省 |
| 134 | 南京交通职业技术学院 | 80 | 65.8 | 江苏省 |
| 135 | 昆明冶金高等专科学校 | 69 | 65.7 | 云南省 |
| 136 | 浙江育英职业技术学院 | 160 | 65.68 | 浙江省 |
| 137 | 福州职业技术学院 | 103 | 65.64 | 福建省 |
| 138 | 湖南商务职业技术学院 | 74 | 65.62 | 湖南省 |
| 139 | 湖南化工职业技术学院 | 63 | 65.6 | 湖南省 |
| 140 | 温州职业技术学院 | 67 | 65.56 | 浙江省 |
| 141 | 山东电子职业技术学院 | 70 | 65.49 | 山东省 |
| 142 | 上海工艺美术职业学院 | 95 | 65.44 | 上海市 |

续表

| 排名 | 学校名称 | 奖项数 | 总分 | 省份 |
|------|----------|--------|------|------|
| 143 | 绍兴职业技术学院 | 61 | 65.26 | 浙江省 |
| 144 | 广东机电职业技术学院 | 78 | 65.24 | 广东省 |
| 145 | 东莞职业技术学院 | 89 | 64.39 | 广东省 |
| 146 | 天津现代职业技术学院 | 47 | 64.28 | 天津市 |
| 147 | 泸州职业技术学院 | 111 | 64.15 | 四川省 |
| 148 | 山东职业学院 | 41 | 64.11 | 山东省 |
| 149 | 青岛酒店管理职业技术学院 | 40 | 64.1 | 山东省 |
| 150 | 咸阳职业技术学院 | 92 | 64.09 | 陕西省 |
| 151 | 山东商务职业学院 | 65 | 64.06 | 山东省 |
| 152 | 新疆农业职业技术学院 | 56 | 64 | 新疆维吾尔自治区 |
| 153 | 江苏建筑职业技术学院 | 78 | 63.94 | 江苏省 |
| 154 | 湖南交通职业技术学院 | 67 | 63.85 | 湖南省 |
| 155 | 陕西国防工业职业技术学院 | 81 | 63.84 | 陕西省 |
| 156 | 安徽水利水电职业技术学院 | 86 | 63.77 | 安徽省 |
| 157 | 广西机电职业技术学院 | 55 | 63.74 | 广西壮族自治区 |
| 158 | 湖南工艺美术职业学院 | 30 | 63.37 | 湖南省 |
| 159 | 武汉船舶职业技术学院 | 75 | 63.26 | 湖北省 |
| 160 | 浙江经济职业技术学院 | 70 | 63.13 | 浙江省 |
| 161 | 威海职业学院 | 104 | 63.1 | 山东省 |
| 162 | 河北石油职业技术大学 | 55 | 63.02 | 河北省 |
| 163 | 闽西职业技术学院 | 71 | 63 | 福建省 |

续表

| 排名 | 学校名称 | 奖项数 | 总分 | 省份 |
|---|---|---|---|---|
| 163 | 江西交通职业技术学院 | 83 | 63 | 江西省 |
| 165 | 江西旅游商贸职业学院 | 51 | 62.88 | 江西省 |
| 166 | 湖北城市建设职业技术学院 | 52 | 62.85 | 湖北省 |
| 167 | 湖南机电职业技术学院 | 71 | 62.8 | 湖南省 |
| 168 | 新乡职业技术学院 | 39 | 62.68 | 河南省 |
| 169 | 重庆航天职业技术学院 | 45 | 62.63 | 重庆市 |
| 170 | 苏州工业职业技术学院 | 60 | 62.6 | 江苏省 |
| 171 | 江西新能源科技职业学院 | 74 | 62.57 | 江西省 |
| 172 | 湖北三峡职业技术学院 | 43 | 62.56 | 湖北省 |
| 173 | 陕西铁路工程职业技术学院 | 53 | 62.35 | 陕西省 |
| 174 | 海南科技职业大学 | 62 | 62.34 | 海南省 |
| 175 | 上海出版印刷高等专科学校 | 80 | 62.25 | 上海市 |
| 176 | 广州工程技术职业学院 | 48 | 62.21 | 广东省 |
| 177 | 湖南铁道职业技术学院 | 60 | 62.19 | 湖南省 |
| 178 | 大连职业技术学院 | 67 | 61.89 | 辽宁省 |
| 179 | 南京科技职业学院 | 53 | 61.77 | 江苏省 |
| 180 | 湖南大众传媒职业技术学院 | 66 | 61.74 | 湖南省 |
| 181 | 内蒙古机电职业技术学院 | 37 | 61.71 | 内蒙古自治区 |
| 182 | 黑龙江林业职业技术学院 | 18 | 61.64 | 黑龙江省 |

续表

| 排名 | 学校名称 | 奖项数 | 总分 | 省份 |
|---|---|---|---|---|
| 183 | 重庆水利电力职业技术学院 | 90 | 61.61 | 重庆市 |
| 184 | 哈尔滨职业技术学院 | 53 | 61.29 | 黑龙江省 |
| 185 | 山东理工职业学院 | 50 | 61.2 | 山东省 |
| 186 | 徐州工业职业技术学院 | 41 | 61.18 | 江苏省 |
| 187 | 德州职业技术学院 | 47 | 61.17 | 山东省 |
| 188 | 苏州职业大学 | 59 | 61.15 | 江苏省 |
| 189 | 江苏海事职业技术学院 | 48 | 61.03 | 江苏省 |
| 190 | 湖南理工职业技术学院 | 39 | 60.98 | 湖南省 |
| 190 | 浙江交通职业技术学院 | 53 | 60.98 | 浙江省 |
| 192 | 广西建设职业技术学院 | 75 | 60.97 | 广西壮族自治区 |
| 193 | 山西省财政税务专科学校 | 73 | 60.88 | 山西省 |
| 194 | 海南软件职业技术学院 | 87 | 60.84 | 海南省 |
| 195 | 上海农林职业技术学院 | 35 | 60.72 | 上海市 |
| 195 | 四川财经职业学院 | 51 | 60.72 | 四川省 |
| 197 | 湖北科技职业学院 | 67 | 60.56 | 湖北省 |
| 198 | 西宁城市职业技术学院 | 47 | 60.41 | 青海省 |
| 198 | 山西工程科技职业大学 | 78 | 60.41 | 山西省 |
| 200 | 吉林电子信息职业技术学院 | 64 | 60.34 | 吉林省 |
| 201 | 四川邮电职业技术学院 | 47 | 60.32 | 四川省 |
| 202 | 广州城建职业学院 | 58 | 60.25 | 广东省 |

续表

| 排名 | 学校名称 | 奖项数 | 总分 | 省份 |
|---|---|---|---|---|
| 203 | 天津轻工职业技术学院 | 50 | 60.23 | 天津市 |
| 204 | 湖南科技职业学院 | 116 | 60.22 | 湖南省 |
| 205 | 山东水利职业学院 | 33 | 60.19 | 山东省 |
| 206 | 吉林工业职业技术学院 | 45 | 60.1 | 吉林省 |
| 207 | 湖南铁路科技职业技术学院 | 32 | 60.05 | 湖南省 |
| 208 | 四川信息职业技术学院 | 88 | 59.78 | 四川省 |
| 209 | 长江职业学院 | 63 | 59.64 | 湖北省 |
| 209 | 湖北生物科技职业学院 | 67 | 59.64 | 湖北省 |
| 211 | 苏州工业园区服务外包职业学院 | 37 | 59.55 | 江苏省 |
| 212 | 西藏职业技术学院 | 30 | 59.51 | 西藏自治区 |
| 213 | 常州工程职业技术学院 | 34 | 59.22 | 江苏省 |
| 214 | 陕西交通职业技术学院 | 66 | 59.17 | 陕西省 |
| 215 | 东营职业学院 | 87 | 59.09 | 山东省 |
| 216 | 苏州经贸职业技术学院 | 34 | 59 | 江苏省 |
| 217 | 闽江师范高等专科学校 | 41 | 58.98 | 福建省 |
| 218 | 江西制造职业技术学院 | 38 | 58.88 | 江西省 |
| 219 | 湖南财经工业职业技术学院 | 43 | 58.77 | 湖南省 |
| 219 | 马鞍山师范高等专科学校 | 54 | 58.77 | 安徽省 |
| 221 | 咸宁职业技术学院 | 53 | 58.69 | 湖北省 |
| 222 | 浙江工商职业技术学院 | 22 | 58.59 | 浙江省 |

续表

| 排名 | 学校名称 | 奖项数 | 总分 | 省份 |
|---|---|---|---|---|
| 223 | 重庆科创职业学院 | 76 | 58.58 | 重庆市 |
| 224 | 南京旅游职业学院 | 20 | 58.54 | 江苏省 |
| 225 | 河南建筑职业技术学院 | 48 | 58.53 | 河南省 |
| 226 | 重庆电力高等专科学校 | 27 | 58.51 | 重庆市 |
| 227 | 广东农工商职业技术学院 | 74 | 58.48 | 广东省 |
| 228 | 安徽交通职业技术学院 | 32 | 58.41 | 安徽省 |
| 229 | 黑龙江农业工程职业学院 | 55 | 58.21 | 黑龙江省 |
| 230 | 陕西职业技术学院 | 57 | 57.99 | 陕西省 |
| 231 | 广西电力职业技术学院 | 40 | 57.95 | 广西壮族自治区 |
| 232 | 重庆城市职业学院 | 39 | 57.74 | 重庆市 |
| 232 | 四川航天职业技术学院 | 57 | 57.74 | 四川省 |
| 234 | 安徽城市管理职业学院 | 75 | 57.69 | 安徽省 |
| 235 | 广西工业职业技术学院 | 43 | 57.67 | 广西壮族自治区 |
| 236 | 江苏城乡建设职业学院 | 20 | 57.66 | 江苏省 |
| 237 | 佛山职业技术学院 | 59 | 57.65 | 广东省 |
| 238 | 广州民航职业技术学院 | 33 | 57.56 | 广东省 |
| 239 | 浙江旅游职业学院 | 29 | 57.55 | 浙江省 |
| 240 | 江苏工程职业技术学院 | 35 | 57.49 | 江苏省 |
| 241 | 滨州职业学院 | 28 | 57.45 | 山东省 |
| 242 | 天津交通职业学院 | 26 | 57.31 | 天津市 |
| 243 | 安徽国防科技职业学院 | 40 | 57.19 | 安徽省 |

续表

| 排名 | 学校名称 | 奖项数 | 总分 | 省份 |
|---|---|---|---|---|
| 244 | 厦门海洋职业技术学院 | 47 | 57.18 | 福建省 |
| 245 | 四川建筑职业技术学院 | 45 | 57.09 | 四川省 |
| 246 | 黑龙江建筑职业技术学院 | 53 | 56.93 | 黑龙江省 |
| 247 | 上海东海职业技术学院 | 48 | 56.82 | 上海市 |
| 248 | 广东科贸职业学院 | 100 | 56.79 | 广东省 |
| 249 | 浙江建设职业技术学院 | 28 | 56.74 | 浙江省 |
| 250 | 济南工程职业技术学院 | 22 | 56.71 | 山东省 |
| 251 | 陕西能源职业技术学院 | 35 | 56.56 | 陕西省 |
| 252 | 辽宁省交通高等专科学校 | 51 | 56.46 | 辽宁省 |
| 253 | 贵州轻工职业技术学院 | 46 | 56.39 | 贵州省 |
| 254 | 江西工业贸易职业技术学院 | 37 | 56.22 | 江西省 |
| 255 | 宜宾职业技术学院 | 63 | 56.21 | 四川省 |
| 256 | 天津渤海职业技术学院 | 37 | 56.16 | 天津市 |
| 257 | 成都工业职业技术学院 | 46 | 56 | 四川省 |
| 258 | 长沙商贸旅游职业技术学院 | 38 | 55.95 | 湖南省 |
| 259 | 宁夏职业技术学院 | 73 | 55.87 | 宁夏回族自治区 |
| 260 | 中山火炬职业技术学院 | 52 | 55.76 | 广东省 |
| 261 | 北京劳动保障职业学院 | 45 | 55.72 | 北京市 |

续表

| 排名 | 学校名称 | 奖项数 | 总分 | 省份 |
|---|---|---|---|---|
| 262 | 河北机电职业技术学院 | 35 | 55.51 | 河北省 |
| 262 | 晋中职业技术学院 | 105 | 55.51 | 山西省 |
| 264 | 沈阳职业技术学院 | 65 | 55.24 | 辽宁省 |
| 265 | 湖南电气职业技术学院 | 24 | 55.16 | 湖南省 |
| 266 | 山东城市建设职业学院 | 22 | 55.13 | 山东省 |
| 267 | 淮南联合大学 | 35 | 55.09 | 安徽省 |
| 268 | 北京青年政治学院 | 50 | 54.99 | 北京市 |
| 269 | 湄洲湾职业技术学院 | 29 | 54.97 | 福建省 |
| 270 | 湖南现代物流职业技术学院 | 28 | 54.93 | 湖南省 |
| 271 | 武汉铁路职业技术学院 | 30 | 54.87 | 湖北省 |
| 272 | 石家庄铁路职业技术学院 | 37 | 54.83 | 河北省 |
| 273 | 聊城职业技术学院 | 42 | 54.57 | 山东省 |
| 274 | 台州职业技术学院 | 30 | 54.5 | 浙江省 |
| 274 | 北京经济管理职业学院 | 31 | 54.5 | 北京市 |
| 276 | 河南农业职业学院 | 32 | 54.49 | 河南省 |
| 277 | 新疆生产建设兵团兴新职业技术学院 | 28 | 54.47 | 新疆维吾尔自治区 |
| 278 | 共青科技职业学院 | 45 | 54.45 | 江西省 |
| 279 | 山东工业职业学院 | 36 | 54.39 | 山东省 |
| 280 | 大同煤炭职业技术学院 | 13 | 54.22 | 山西省 |
| 280 | 北京农业职业学院 | 45 | 54.22 | 北京市 |
| 280 | 重庆商务职业学院 | 49 | 54.22 | 重庆市 |
| 283 | 西安职业技术学院 | 37 | 54.15 | 陕西省 |
| 284 | 天津机电职业技术学院 | 45 | 54.01 | 天津市 |

续表

| 排名 | 学校名称 | 奖项数 | 总分 | 省份 |
|---|---|---|---|---|
| 285 | 江门职业技术学院 | 62 | 53.93 | 广东省 |
| 285 | 绵阳职业技术学院 | 74 | 53.93 | 四川省 |
| 287 | 广西现代职业技术学院 | 34 | 53.87 | 广西壮族自治区 |
| 288 | 陇南师范高等专科学校 | 20 | 53.82 | 甘肃省 |
| 288 | 河北交通职业技术学院 | 30 | 53.82 | 河北省 |
| 290 | 重庆三峡医药高等专科学校 | 21 | 53.76 | 重庆市 |
| 291 | 黄冈职业技术学院 | 59 | 53.75 | 湖北省 |
| 292 | 山东外贸职业学院 | 44 | 53.72 | 山东省 |
| 292 | 湖南工程职业技术学院 | 77 | 53.72 | 湖南省 |
| 294 | 济源职业技术学院 | 58 | 53.65 | 河南省 |
| 295 | 苏州农业职业技术学院 | 28 | 53.62 | 江苏省 |
| 296 | 内蒙古商贸职业学院 | 39 | 53.53 | 内蒙古自治区 |
| 297 | 宁波城市职业技术学院 | 43 | 53.52 | 浙江省 |
| 298 | 唐山工业职业技术学院 | 33 | 53.51 | 河北省 |
| 299 | 陕西财经职业技术学院 | 42 | 53.36 | 陕西省 |
| 300 | 福建水利电力职业技术学院 | 45 | 53.33 | 福建省 |
| 301 | 广东工贸职业技术学院 | 57 | 53.28 | 广东省 |
| 302 | 福建林业职业技术学院 | 32 | 53.18 | 福建省 |
| 303 | 福建农业职业技术学院 | 36 | 53.13 | 福建省 |
| 304 | 重庆工贸职业技术学院 | 40 | 53.1 | 重庆市 |

续表

| 排名 | 学校名称 | 奖项数 | 总分 | 省份 |
|---|---|---|---|---|
| 305 | 辽宁农业职业技术学院 | 40 | 53.08 | 辽宁省 |
| 306 | 湖北交通职业技术学院 | 35 | 53.04 | 湖北省 |
| 307 | 锡林郭勒职业学院 | 30 | 53 | 内蒙古自治区 |
| 308 | 浙江同济科技职业学院 | 47 | 52.99 | 浙江省 |
| 309 | 山西金融职业学院 | 32 | 52.97 | 山西省 |
| 310 | 四川水利职业技术学院 | 61 | 52.89 | 四川省 |
| 311 | 江苏商贸职业学院 | 28 | 52.76 | 江苏省 |
| 312 | 广州铁路职业技术学院 | 20 | 52.75 | 广东省 |
| 312 | 辽宁经济职业技术学院 | 52 | 52.75 | 辽宁省 |
| 314 | 上海思博职业技术学院 | 70 | 52.49 | 上海市 |
| 315 | 内蒙古电子信息职业技术学院 | 40 | 52.43 | 内蒙古自治区 |
| 316 | 新疆石河子职业技术学院 | 32 | 52.4 | 新疆维吾尔自治区 |
| 317 | 河北女子职业技术学院 | 31 | 52.29 | 河北省 |
| 318 | 安徽电气工程职业技术学院 | 18 | 52.28 | 安徽省 |
| 319 | 烟台工程职业技术学院 | 35 | 52.27 | 山东省 |
| 320 | 克拉玛依职业技术学院 | 20 | 52.26 | 新疆维吾尔自治区 |
| 321 | 衢州职业技术学院 | 28 | 52.25 | 浙江省 |
| 322 | 湖南软件职业技术大学 | 48 | 52.14 | 湖南省 |
| 323 | 广东岭南职业技术学院 | 49 | 52.08 | 广东省 |

续表

| 排名 | 学校名称 | 奖项数 | 总分 | 省份 |
|---|---|---|---|---|
| 324 | 南通职业大学 | 20 | 52.07 | 江苏省 |
| 325 | 石家庄职业技术学院 | 22 | 51.93 | 河北省 |
| 326 | 晋中师范高等专科学校 | 23 | 51.87 | 山西省 |
| 327 | 上海交通职业技术学院 | 24 | 51.85 | 上海市 |
| 328 | 温州科技职业学院 | 27 | 51.82 | 浙江省 |
| 329 | 吉林铁道职业技术学院 | 50 | 51.8 | 吉林省 |
| 330 | 长春金融高等专科学校 | 41 | 51.75 | 吉林省 |
| 331 | 丽水职业技术学院 | 34 | 51.69 | 浙江省 |
| 332 | 湖南网络工程职业学院 | 36 | 51.68 | 湖南省 |
| 333 | 湖南民族职业学院 | 42 | 51.63 | 湖南省 |
| 334 | 河南应用技术职业学院 | 40 | 51.59 | 河南省 |
| 335 | 江苏城市职业学院 | 47 | 51.51 | 江苏省 |
| 336 | 广西国际商务职业技术学院 | 44 | 51.48 | 广西壮族自治区 |
| 337 | 山东工程职业技术大学 | 16 | 51.35 | 山东省 |
| 338 | 江苏医药职业学院 | 16 | 51.27 | 江苏省 |
| 339 | 遵义职业技术学院 | 36 | 51.24 | 贵州省 |
| 339 | 嘉兴职业技术学院 | 44 | 51.24 | 浙江省 |
| 341 | 河北软件职业技术学院 | 26 | 51.2 | 河北省 |
| 342 | 泉州医学高等专科学校 | 22 | 51.17 | 福建省 |
| 343 | 乌鲁木齐职业大学 | 34 | 51.06 | 新疆维吾尔自治区 |
| 344 | 莱芜职业技术学院 | 40 | 51.02 | 山东省 |
| 345 | 江苏财经职业技术学院 | 33 | 50.93 | 江苏省 |

续表

| 排名 | 学校名称 | 奖项数 | 总分 | 省份 |
|---|---|---|---|---|
| 346 | 海南职业技术学院 | 47 | 50.92 | 海南省 |
| 347 | 重庆化工职业学院 | 30 | 50.87 | 重庆市 |
| 348 | 成都工贸职业技术学院 | 37 | 50.76 | 四川省 |
| 349 | 河北化工医药职业技术学院 | 56 | 50.64 | 河北省 |
| 350 | 山东信息职业技术学院 | 30 | 50.63 | 山东省 |
| 351 | 福建生物工程职业技术学院 | 18 | 50.54 | 福建省 |
| 352 | 四川文化产业职业学院 | 60 | 50.51 | 四川省 |
| 353 | 安徽新闻出版职业技术学院 | 61 | 50.35 | 安徽省 |
| 354 | 广东省外语艺术职业学院 | 54 | 50.34 | 广东省 |
| 355 | 辽宁现代服务职业技术学院 | 18 | 50.31 | 辽宁省 |
| 356 | 广东理工职业学院 | 64 | 50.28 | 广东省 |
| 357 | 湖南城建职业技术学院 | 20 | 50.21 | 湖南省 |
| 358 | 辽宁轻工职业学院 | 26 | 50.15 | 辽宁省 |
| 359 | 江西建设职业技术学院 | 22 | 50.14 | 江西省 |
| 360 | 广东职业技术学院 | 44 | 50.1 | 广东省 |
| 361 | 长沙环境保护职业技术学院 | 27 | 50.08 | 湖南省 |
| 362 | 安庆职业技术学院 | 20 | 50.04 | 安徽省 |
| 362 | 潍坊工程职业学院 | 42 | 50.04 | 山东省 |
| 364 | 浙江艺术职业学院 | 16 | 50.02 | 浙江省 |
| 365 | 重庆幼儿师范高等专科学校 | 14 | 50 | 重庆市 |
| 366 | 湖南安全技术职业学院 | 31 | 49.77 | 湖南省 |
| 367 | 池州职业技术学院 | 21 | 49.73 | 安徽省 |

续表

| 排名 | 学校名称 | 奖项数 | 总分 | 省份 |
|------|----------|--------|------|------|
| 368 | 江西卫生职业学院 | 15 | 49.72 | 江西省 |
| 369 | 广东水利电力职业技术学院 | 60 | 49.47 | 广东省 |
| 370 | 九江职业大学 | 30 | 49.42 | 江西省 |
| 371 | 湖南生物机电职业技术学院 | 29 | 49.4 | 湖南省 |
| 372 | 上海旅游高等专科学校 | 13 | 49.31 | 上海市 |
| 373 | 上海工商职业技术学院 | 26 | 49.28 | 上海市 |
| 374 | 珠海城市职业技术学院 | 34 | 49.19 | 广东省 |
| 375 | 天津工业职业学院 | 18 | 49.12 | 天津市 |
| 376 | 黄山职业技术学院 | 3 | 48.97 | 安徽省 |
| 376 | 天津滨海职业学院 | 27 | 48.97 | 天津市 |
| 376 | 广东环境保护工程职业学院 | 33 | 48.97 | 广东省 |
| 379 | 廊坊职业技术学院 | 17 | 48.8 | 河北省 |
| 380 | 贵州职业技术学院 | 19 | 48.75 | 贵州省 |
| 381 | 烟台汽车工程职业学院 | 22 | 48.73 | 山东省 |
| 382 | 台州科技职业学院 | 30 | 48.72 | 浙江省 |
| 383 | 四川艺术职业学院 | 30 | 48.63 | 四川省 |
| 384 | 湖北职业技术学院 | 22 | 48.58 | 湖北省 |
| 385 | 岳阳职业技术学院 | 21 | 48.57 | 湖南省 |
| 386 | 马鞍山职业技术学院 | 22 | 48.43 | 安徽省 |
| 387 | 重庆能源职业学院 | 25 | 48.36 | 重庆市 |
| 388 | 武汉信息传播职业技术学院 | 27 | 48.32 | 湖北省 |
| 389 | 商丘职业技术学院 | 17 | 48.2 | 河南省 |
| 390 | 永州职业技术学院 | 30 | 48.13 | 湖南省 |
| 391 | 广西生态工程职业技术学院 | 40 | 48.05 | 广西壮族自治区 |

续表

| 排名 | 学校名称 | 奖项数 | 总分 | 省份 |
|------|----------|--------|------|------|
| 392 | 成都农业科技职业学院 | 39 | 48 | 四川省 |
| 393 | 晋城职业技术学院 | 37 | 47.94 | 山西省 |
| 394 | 江西冶金职业技术学院 | 28 | 47.54 | 江西省 |
| 395 | 襄阳汽车职业技术学院 | 11 | 47.47 | 湖北省 |
| 396 | 滁州职业技术学院 | 39 | 47.44 | 安徽省 |
| 397 | 盐城幼儿师范高等专科学校 | 12 | 47.42 | 江苏省 |
| 398 | 广西金融职业技术学院 | 17 | 47.41 | 广西壮族自治区 |
| 399 | 天津铁道职业技术学院 | 15 | 47.37 | 天津市 |
| 400 | 武汉电力职业技术学院 | 11 | 47.35 | 湖北省 |
| 401 | 云南机电职业技术学院 | 23 | 47.21 | 云南省 |
| 401 | 开封大学 | 45 | 47.21 | 河南省 |
| 403 | 漳州理工职业学院 | 5 | 47.17 | 福建省 |
| 404 | 云南林业职业技术学院 | 30 | 47.09 | 云南省 |
| 405 | 洛阳科技职业学院 | 29 | 47.05 | 河南省 |
| 406 | 三亚航空旅游职业学院 | 14 | 47.03 | 海南省 |
| 406 | 湖州职业技术学院 | 26 | 47.03 | 浙江省 |
| 408 | 黑龙江农业经济职业学院 | 30 | 47.01 | 黑龙江省 |
| 409 | 天津商务职业学院 | 41 | 46.97 | 天津市 |
| 410 | 包头职业技术学院 | 13 | 46.92 | 内蒙古自治区 |
| 411 | 铜仁职业技术学院 | 25 | 46.89 | 贵州省 |
| 412 | 仙桃职业学院 | 33 | 46.84 | 湖北省 |
| 413 | 重庆机电职业技术大学 | 26 | 46.81 | 重庆市 |

续表

| 排名 | 学校名称 | 奖项数 | 总分 | 省份 |
|---|---|---|---|---|
| 414 | 江西工程职业学院 | 20 | 46.73 | 江西省 |
| 415 | 湖南艺术职业学院 | 52 | 46.68 | 湖南省 |
| 416 | 南通科技职业学院 | 21 | 46.59 | 江苏省 |
| 417 | 四川现代职业学院 | 35 | 46.51 | 四川省 |
| 418 | 广州科技贸易职业学院 | 19 | 46.5 | 广东省 |
| 419 | 上饶职业技术学院 | 22 | 46.44 | 江西省 |
| 420 | 北京北大方正软件职业技术学院 | 16 | 46.43 | 北京市 |
| 421 | 扬州市职业大学 | 38 | 46.39 | 江苏省 |
| 421 | 上海中侨职业技术大学 | 47 | 46.39 | 上海市 |
| 423 | 广西工商职业技术学院 | 23 | 46.37 | 广西壮族自治区 |
| 424 | 江苏农牧科技职业学院 | 17 | 46.28 | 江苏省 |
| 425 | 辽宁石化职业技术学院 | 26 | 46.16 | 辽宁省 |
| 426 | 北海职业学院 | 82 | 46.13 | 广西壮族自治区 |
| 427 | 山东畜牧兽医职业学院 | 11 | 45.93 | 山东省 |
| 428 | 广安职业技术学院 | 34 | 45.79 | 四川省 |
| 429 | 北京戏曲艺术职业学院 | 9 | 45.7 | 北京市 |
| 430 | 贵州水利水电职业技术学院 | 19 | 45.67 | 贵州省 |
| 431 | 江西师范高等专科学校 | 10 | 45.65 | 江西省 |
| 431 | 苏州信息职业技术学院 | 26 | 45.65 | 江苏省 |
| 433 | 辽宁建筑职业学院 | 28 | 45.53 | 辽宁省 |
| 434 | 广西经贸职业技术学院 | 43 | 45.48 | 广西壮族自治区 |
| 435 | 长沙职业技术学院 | 45 | 45.44 | 湖南省 |

续表

| 排名 | 学校名称 | 奖项数 | 总分 | 省份 |
|---|---|---|---|---|
| 436 | 包头轻工职业技术学院 | 10 | 45.41 | 内蒙古自治区 |
| 437 | 山西艺术职业学院 | 12 | 45.39 | 山西省 |
| 438 | 吉安职业技术学院 | 28 | 45.37 | 江西省 |
| 439 | 石家庄邮电职业技术学院 | 15 | 45.36 | 河北省 |
| 440 | 河北轨道运输职业技术学院 | 21 | 45.22 | 河北省 |
| 441 | 石家庄信息工程职业学院 | 41 | 45.18 | 河北省 |
| 442 | 鹤壁职业技术学院 | 14 | 45.15 | 河南省 |
| 443 | 枣庄科技职业学院 | 19 | 45.14 | 山东省 |
| 444 | 甘肃林业职业技术学院 | 22 | 45.09 | 甘肃省 |
| 445 | 安徽审计职业学院 | 15 | 45.01 | 安徽省 |
| 446 | 河南水利与环境职业学院 | 23 | 45 | 河南省 |
| 446 | 太原旅游职业学院 | 25 | 45 | 山西省 |
| 448 | 郑州财税金融职业学院 | 22 | 44.95 | 河南省 |
| 449 | 贵州建设职业技术学院 | 5 | 44.93 | 贵州省 |
| 450 | 合肥通用职业技术学院 | 12 | 44.88 | 安徽省 |
| 451 | 湖南环境生物职业技术学院 | 41 | 44.81 | 湖南省 |
| 452 | 周口职业技术学院 | 12 | 44.71 | 河南省 |
| 453 | 山东旅游职业学院 | 9 | 44.69 | 山东省 |
| 454 | 河南交通职业技术学院 | 17 | 44.65 | 河南省 |
| 454 | 甘肃交通职业技术学院 | 28 | 44.65 | 甘肃省 |
| 456 | 郑州信息科技职业学院 | 49 | 44.61 | 河南省 |
| 457 | 许昌电气职业学院 | 9 | 44.59 | 河南省 |

续表

| 排名 | 学校名称 | 奖项数 | 总分 | 省份 |
|---|---|---|---|---|
| 458 | 郑州幼儿师范高等专科学校 | 13 | 44.53 | 河南省 |
| 459 | 汕尾职业技术学院 | 39 | 44.52 | 广东省 |
| 460 | 荆州职业技术学院 | 32 | 44.5 | 湖北省 |
| 461 | 济宁职业技术学院 | 15 | 44.46 | 山东省 |
| 462 | 湖南高速铁路职业技术学院 | 17 | 44.38 | 湖南省 |
| 463 | 重庆医药高等专科学校 | 16 | 44.37 | 重庆市 |
| 463 | 南京机电职业技术学院 | 32 | 44.37 | 江苏省 |
| 465 | 川北幼儿师范高等专科学校 | 20 | 44.35 | 四川省 |
| 466 | 上海民航职业技术学院 | 13 | 44.34 | 上海市 |
| 466 | 海南外国语职业学院 | 16 | 44.34 | 海南省 |
| 468 | 山东中医药高等专科学校 | 11 | 44.32 | 山东省 |
| 469 | 保定电力职业技术学院 | 4 | 44.23 | 河北省 |
| 470 | 濮阳职业技术学院 | 31 | 44.16 | 河南省 |
| 471 | 重庆建筑科技职业学院 | 34 | 44.15 | 重庆市 |
| 472 | 陕西机电职业技术学院 | 17 | 44 | 陕西省 |
| 473 | 桂林师范高等专科学校 | 16 | 43.96 | 广西壮族自治区 |
| 474 | 重庆建筑工程职业学院 | 24 | 43.95 | 重庆市 |
| 475 | 云南国防工业职业技术学院 | 23 | 43.85 | 云南省 |
| 476 | 天津国土资源和房屋职业学院 | 28 | 43.77 | 天津市 |

续表

| 排名 | 学校名称 | 奖项数 | 总分 | 省份 |
|---|---|---|---|---|
| 477 | 湖北国土资源职业学院 | 13 | 43.73 | 湖北省 |
| 478 | 苏州卫生职业技术学院 | 7 | 43.7 | 江苏省 |
| 479 | 内蒙古建筑职业技术学院 | 19 | 43.66 | 内蒙古自治区 |
| 479 | 黑龙江生物科技职业学院 | 23 | 43.66 | 黑龙江省 |
| 481 | 陕西艺术职业学院 | 15 | 43.44 | 陕西省 |
| 482 | 四川城市职业学院 | 21 | 43.4 | 四川省 |
| 483 | 黑龙江商业职业学院 | 17 | 43.39 | 黑龙江省 |
| 484 | 浙江横店影视职业学院 | 36 | 43.38 | 浙江省 |
| 485 | 泉州职业技术大学 | 31 | 43.33 | 福建省 |
| 486 | 浙江广厦建设职业技术大学 | 30 | 43.29 | 浙江省 |
| 487 | 湖北水利水电职业技术学院 | 17 | 43.22 | 湖北省 |
| 488 | 贵州工商职业学院 | 25 | 43.2 | 贵州省 |
| 489 | 重庆公共运输职业学院 | 12 | 43.06 | 重庆市 |
| 490 | 上海行健职业学院 | 24 | 43.02 | 上海市 |
| 491 | 长春医学高等专科学校 | 14 | 43.01 | 吉林省 |
| 492 | 青海柴达木职业技术学院 | 8 | 42.99 | 青海省 |
| 492 | 河南机电职业学院 | 29 | 42.99 | 河南省 |
| 494 | 四川工商职业技术学院 | 20 | 42.97 | 四川省 |
| 495 | 湖南劳动人事职业学院 | 10 | 42.96 | 湖南省 |
| 496 | 黔南民族职业技术学院 | 14 | 42.89 | 贵州省 |

续表

| 排名 | 学校名称 | 奖项数 | 总分 | 省份 |
|---|---|---|---|---|
| 497 | 常州纺织服装职业技术学院 | 21 | 42.84 | 江苏省 |
| 498 | 贵州工业职业技术学院 | 16 | 42.76 | 贵州省 |
| 498 | 亳州职业技术学院 | 19 | 42.76 | 安徽省 |
| 500 | 云南能源职业技术学院 | 15 | 42.75 | 云南省 |
| 501 | 湖南有色金属职业技术学院 | 12 | 42.72 | 湖南省 |
| 502 | 山东轻工职业学院 | 26 | 42.69 | 山东省 |
| 503 | 天津医学高等专科学校 | 13 | 42.65 | 天津市 |
| 504 | 江汉艺术职业学院 | 9 | 42.63 | 湖北省 |
| 505 | 铜陵职业技术学院 | 34 | 42.6 | 安徽省 |
| 506 | 江苏航运职业技术学院 | 9 | 42.53 | 江苏省 |
| 507 | 苏州健雄职业技术学院 | 15 | 42.51 | 江苏省 |
| 508 | 辽宁生态工程职业学院 | 29 | 42.5 | 辽宁省 |
| 509 | 广东文艺职业学院 | 25 | 42.49 | 广东省 |
| 509 | 惠州城市职业学院 | 40 | 42.49 | 广东省 |
| 511 | 秦皇岛职业技术学院 | 27 | 42.45 | 河北省 |
| 512 | 甘肃建筑职业技术学院 | 15 | 42.43 | 甘肃省 |
| 513 | 四川化工职业技术学院 | 21 | 42.42 | 四川省 |
| 513 | 云南交通职业技术学院 | 23 | 42.42 | 云南省 |
| 515 | 邯郸职业技术学院 | 13 | 42.41 | 河北省 |
| 516 | 威海海洋职业学院 | 10 | 42.39 | 山东省 |
| 517 | 枣庄职业学院 | 14 | 42.34 | 山东省 |
| 518 | 上海震旦职业学院 | 17 | 42.24 | 上海市 |
| 518 | 四川职业技术学院 | 28 | 42.24 | 四川省 |

续表

| 排名 | 学校名称 | 奖项数 | 总分 | 省份 |
|---|---|---|---|---|
| 520 | 武昌职业学院 | 4 | 42.23 | 湖北省 |
| 521 | 上海科学技术职业学院 | 10 | 42.19 | 上海市 |
| 522 | 广东创新科技职业学院 | 25 | 42.13 | 广东省 |
| 523 | 合肥信息技术职业学院 | 13 | 42.11 | 安徽省 |
| 524 | 广东工程职业技术学院 | 32 | 41.99 | 广东省 |
| 525 | 江西艺术职业学院 | 20 | 41.97 | 江西省 |
| 526 | 昌吉职业技术学院 | 20 | 41.91 | 新疆维吾尔自治区 |
| 527 | 黑龙江农垦职业学院 | 16 | 41.88 | 黑龙江省 |
| 528 | 河南测绘职业学院 | 8 | 41.81 | 河南省 |
| 529 | 广东食品药品职业学院 | 13 | 41.68 | 广东省 |
| 530 | 厦门南洋职业学院 | 8 | 41.64 | 福建省 |
| 531 | 黔东南民族职业技术学院 | 19 | 41.57 | 贵州省 |
| 532 | 杭州万向职业技术学院 | 11 | 41.54 | 浙江省 |
| 533 | 新疆交通职业技术学院 | 13 | 41.47 | 新疆维吾尔自治区 |
| 533 | 湖南水利水电职业技术学院 | 27 | 41.47 | 湖南省 |
| 535 | 湖北轻工职业技术学院 | 24 | 41.4 | 湖北省 |
| 536 | 湖北工业职业技术学院 | 14 | 41.38 | 湖北省 |
| 537 | 三亚中瑞酒店管理职业学院 | 3 | 41.37 | 海南省 |
| 538 | 天津城市职业学院 | 21 | 41.35 | 天津市 |
| 539 | 保定职业技术学院 | 18 | 41.34 | 河北省 |

续表

| 排名 | 学校名称 | 奖项数 | 总分 | 省份 |
|---|---|---|---|---|
| 540 | 贵州航天职业技术学院 | 18 | 41.31 | 贵州省 |
| 541 | 上海济光职业技术学院 | 25 | 41.28 | 上海市 |
| 542 | 浙江药科职业大学 | 9 | 41.12 | 浙江省 |
| 543 | 山西旅游职业学院 | 14 | 41.11 | 山西省 |
| 544 | 福建对外经济贸易职业技术学院 | 4 | 41.1 | 福建省 |
| 544 | 山西林业职业技术学院 | 15 | 41.1 | 山西省 |
| 546 | 山西药科职业学院 | 10 | 41.07 | 山西省 |
| 547 | 南京城市职业学院 | 27 | 41.04 | 江苏省 |
| 548 | 唐山职业技术学院 | 26 | 41.01 | 河北省 |
| 549 | 内蒙古化工职业学院 | 5 | 40.9 | 内蒙古自治区 |
| 550 | 安徽中澳科技职业学院 | 15 | 40.87 | 安徽省 |
| 551 | 江苏安全技术职业学院 | 4 | 40.76 | 江苏省 |
| 552 | 湖北艺术职业学院 | 9 | 40.75 | 湖北省 |
| 553 | 山西水利职业技术学院 | 21 | 40.73 | 山西省 |
| 554 | 渭南职业技术学院 | 17 | 40.71 | 陕西省 |
| 555 | 河南工业贸易职业学院 | 10 | 40.68 | 河南省 |
| 556 | 重庆旅游职业学院 | 16 | 40.65 | 重庆市 |
| 557 | 天津工程职业技术学院 | 9 | 40.61 | 天津市 |
| 558 | 厦门华天涉外职业技术学院 | 7 | 40.58 | 福建省 |
| 559 | 广西卫生职业技术学院 | 10 | 40.55 | 广西壮族自治区 |
| 560 | 毕节医学高等专科学校 | 5 | 40.52 | 贵州省 |

续表

| 排名 | 学校名称 | 奖项数 | 总分 | 省份 |
|---|---|---|---|---|
| 561 | 辽宁轨道交通职业学院 | 9 | 40.5 | 辽宁省 |
| 561 | 鄂州职业大学 | 33 | 40.5 | 湖北省 |
| 563 | 西安电力高等专科学校 | 6 | 40.49 | 陕西省 |
| 564 | 甘肃钢铁职业技术学院 | 2 | 40.48 | 甘肃省 |
| 565 | 运城职业技术大学 | 24 | 40.47 | 山西省 |
| 566 | 河北艺术职业学院 | 28 | 40.45 | 河北省 |
| 567 | 江西软件职业技术大学 | 27 | 40.35 | 江西省 |
| 568 | 广东松山职业技术学院 | 37 | 40.33 | 广东省 |
| 569 | 四川幼儿师范高等专科学校 | 12 | 40.28 | 四川省 |
| 570 | 江西工业职业技术学院 | 12 | 40.26 | 江西省 |
| 571 | 徐州幼儿师范高等专科学校 | 7 | 40.25 | 江苏省 |
| 572 | 上海电影艺术职业学院 | 8 | 40.22 | 上海市 |
| 572 | 陕西工商职业学院 | 25 | 40.22 | 陕西省 |
| 574 | 江西泰豪动漫职业学院 | 28 | 40.21 | 江西省 |
| 575 | 平顶山工业职业技术学院 | 23 | 40.17 | 河南省 |
| 576 | 临沂职业学院 | 27 | 40.16 | 山东省 |
| 577 | 哈尔滨铁道职业技术学院 | 8 | 40.12 | 黑龙江省 |
| 578 | 青海交通职业技术学院 | 22 | 40.08 | 青海省 |
| 579 | 郑州电力高等专科学校 | 10 | 40.02 | 河南省 |

续表

| 排名 | 学校名称 | 奖项数 | 总分 | 省份 |
|---|---|---|---|---|
| 579 | 河北对外经贸职业学院 | 15 | 40.02 | 河北省 |
| 579 | 甘肃工业职业技术学院 | 25 | 40.02 | 甘肃省 |
| 582 | 泰州职业技术学院 | 19 | 39.93 | 江苏省 |
| 583 | 安徽医学高等专科学校 | 7 | 39.85 | 安徽省 |
| 584 | 贵州电子科技职业学院 | 14 | 39.79 | 贵州省 |
| 584 | 北京交通运输职业学院 | 16 | 39.79 | 北京市 |
| 586 | 北京政法职业学院 | 15 | 39.76 | 北京市 |
| 587 | 淮南职业技术学院 | 10 | 39.75 | 安徽省 |
| 588 | 新疆职业大学 | 12 | 39.65 | 新疆维吾尔自治区 |
| 589 | 阜阳职业技术学院 | 5 | 39.62 | 安徽省 |
| 590 | 广东建设职业技术学院 | 26 | 39.59 | 广东省 |
| 591 | 上海工商外国语职业学院 | 21 | 39.54 | 上海市 |
| 592 | 广州南洋理工职业学院 | 9 | 39.53 | 广东省 |
| 593 | 江西工业工程职业技术学院 | 14 | 39.45 | 江西省 |
| 594 | 福建卫生职业技术学院 | 10 | 39.41 | 福建省 |
| 595 | 安徽艺术职业学院 | 25 | 39.37 | 安徽省 |
| 596 | 辽宁政法职业学院 | 6 | 39.35 | 辽宁省 |
| 597 | 广州卫生职业技术学院 | 5 | 39.31 | 广东省 |
| 598 | 四川商务职业学院 | 18 | 39.21 | 四川省 |
| 599 | 江西农业工程职业学院 | 15 | 39.18 | 江西省 |
| 600 | 呼和浩特职业学院 | 12 | 39.13 | 内蒙古自治区 |

续表

| 排名 | 学校名称 | 奖项数 | 总分 | 省份 |
|---|---|---|---|---|
| 601 | 广东女子职业技术学院 | 17 | 39.11 | 广东省 |
| 602 | 宁夏民族职业技术学院 | 13 | 39.1 | 宁夏回族自治区 |
| 602 | 太原城市职业技术学院 | 16 | 39.1 | 山西省 |
| 604 | 郑州旅游职业学院 | 9 | 39.06 | 河南省 |
| 605 | 辽宁金融职业学院 | 25 | 39.04 | 辽宁省 |
| 606 | 云南城市建设职业学院 | 7 | 39.03 | 云南省 |
| 607 | 宜春职业技术学院 | 12 | 39 | 江西省 |
| 608 | 滁州城市职业学院 | 13 | 38.92 | 安徽省 |
| 609 | 延安职业技术学院 | 14 | 38.88 | 陕西省 |
| 609 | 湖南信息职业技术学院 | 22 | 38.88 | 湖南省 |
| 611 | 甘肃畜牧工程职业技术学院 | 7 | 38.86 | 甘肃省 |
| 612 | 宁波卫生职业技术学院 | 7 | 38.78 | 浙江省 |
| 612 | 宝鸡职业技术学院 | 13 | 38.78 | 陕西省 |
| 614 | 肇庆医学高等专科学校 | 8 | 38.77 | 广东省 |
| 615 | 浙江警官职业学院 | 5 | 38.73 | 浙江省 |
| 616 | 辽宁铁道职业技术学院 | 15 | 38.71 | 辽宁省 |
| 616 | 漯河职业技术学院 | 24 | 38.71 | 河南省 |
| 618 | 淄博师范高等专科学校 | 4 | 38.62 | 山东省 |
| 618 | 宁夏建设职业技术学院 | 12 | 38.62 | 宁夏回族自治区 |
| 620 | 沙洲职业工学院 | 9 | 38.61 | 江苏省 |
| 621 | 长江工程职业技术学院 | 30 | 38.54 | 湖北省 |
| 622 | 广东南华工商职业学院 | 29 | 38.5 | 广东省 |

续表

| 排名 | 学校名称 | 奖项数 | 总分 | 省份 |
|---|---|---|---|---|
| 623 | 苏州工艺美术职业技术学院 | 12 | 38.34 | 江苏省 |
| 624 | 四川国际标榜职业学院 | 12 | 38.3 | 四川省 |
| 625 | 民办合肥财经职业学院 | 4 | 38.29 | 安徽省 |
| 626 | 六安职业技术学院 | 15 | 38.24 | 安徽省 |
| 627 | 辽宁地质工程职业学院 | 9 | 38.12 | 辽宁省 |
| 628 | 宁夏财经职业技术学院 | 18 | 38.11 | 宁夏回族自治区 |
| 629 | 云南国土资源职业学院 | 23 | 38.1 | 云南省 |
| 630 | 承德护理职业学院 | 2 | 37.97 | 河北省 |
| 631 | 厦门软件职业技术学院 | 13 | 37.9 | 福建省 |
| 631 | 浙江国际海运职业技术学院 | 16 | 37.9 | 浙江省 |
| 633 | 渤海理工职业学院 | 3 | 37.86 | 河北省 |
| 634 | 广东工商职业技术大学 | 14 | 37.78 | 广东省 |
| 635 | 南充职业技术学院 | 13 | 37.76 | 四川省 |
| 636 | 贵阳职业技术学院 | 16 | 37.73 | 贵州省 |
| 637 | 无锡工艺职业技术学院 | 24 | 37.68 | 江苏省 |
| 638 | 无锡科技职业学院 | 10 | 37.56 | 江苏省 |
| 639 | 河北旅游职业学院 | 10 | 37.53 | 河北省 |
| 640 | 张家界航空工业职业技术学院 | 11 | 37.51 | 湖南省 |
| 641 | 平顶山职业技术学院 | 7 | 37.47 | 河南省 |
| 642 | 西安高新科技职业学院 | 13 | 37.44 | 陕西省 |
| 643 | 柳州城市职业学院 | 31 | 37.43 | 广西壮族自治区 |

续表

| 排名 | 学校名称 | 奖项数 | 总分 | 省份 |
|---|---|---|---|---|
| 644 | 南通师范高等专科学校 | 10 | 37.39 | 江苏省 |
| 645 | 六盘水职业技术学院 | 10 | 37.3 | 贵州省 |
| 646 | 三明医学科技职业学院 | 11 | 37.22 | 福建省 |
| 647 | 云南文化艺术职业学院 | 9 | 37.2 | 云南省 |
| 648 | 山东电力高等专科学校 | 2 | 37.16 | 山东省 |
| 649 | 泰山职业技术学院 | 9 | 37.11 | 山东省 |
| 650 | 辽宁装备制造职业技术学院 | 10 | 37.09 | 辽宁省 |
| 651 | 江苏卫生健康职业学院 | 6 | 37.04 | 江苏省 |
| 652 | 湖北财税职业学院 | 12 | 36.88 | 湖北省 |
| 653 | 荆州理工职业学院 | 4 | 36.86 | 湖北省 |
| 653 | 广东青年职业学院 | 27 | 36.86 | 广东省 |
| 655 | 锦州师范高等专科学校 | 10 | 36.82 | 辽宁省 |
| 656 | 青海建筑职业技术学院 | 6 | 36.72 | 青海省 |
| 656 | 湖北工程职业学院 | 8 | 36.72 | 湖北省 |
| 658 | 广东生态工程职业学院 | 20 | 36.69 | 广东省 |
| 659 | 辽阳职业技术学院 | 4 | 36.68 | 辽宁省 |
| 660 | 临汾职业技术学院 | 6 | 36.67 | 山西省 |
| 661 | 宣城职业技术学院 | 19 | 36.61 | 安徽省 |
| 662 | 贵州城市职业学院 | 18 | 36.52 | 贵州省 |
| 663 | 福建电力职业技术学院 | 13 | 36.49 | 福建省 |
| 664 | 江西信息应用职业技术学院 | 19 | 36.39 | 江西省 |
| 665 | 安徽警官职业学院 | 6 | 36.3 | 安徽省 |
| 666 | 成都艺术职业大学 | 26 | 36.27 | 四川省 |

续表

| 排名 | 学校名称 | 奖项数 | 总分 | 省份 |
|---|---|---|---|---|
| 667 | 昆山登云科技职业学院 | 6 | 36.17 | 江苏省 |
| 668 | 安顺职业技术学院 | 14 | 36.15 | 贵州省 |
| 669 | 南阳职业学院 | 17 | 36.13 | 河南省 |
| 669 | 合肥幼儿师范高等专科学校 | 18 | 36.13 | 安徽省 |
| 671 | 四川长江职业学院 | 19 | 36.07 | 四川省 |
| 672 | 贵州盛华职业学院 | 2 | 36.05 | 贵州省 |
| 673 | 昆明铁道职业技术学院 | 10 | 35.95 | 云南省 |
| 674 | 沧州医学高等专科学校 | 7 | 35.93 | 河北省 |
| 675 | 潍坊护理职业学院 | 5 | 35.86 | 山东省 |
| 676 | 兰州现代职业学院 | 4 | 35.85 | 甘肃省 |
| 677 | 无锡城市职业技术学院 | 8 | 35.82 | 江苏省 |
| 677 | 青海卫生职业技术学院 | 8 | 35.82 | 青海省 |
| 679 | 山西电力职业技术学院 | 4 | 35.8 | 山西省 |
| 679 | 四川护理职业学院 | 6 | 35.8 | 四川省 |
| 681 | 河南艺术职业学院 | 7 | 35.75 | 河南省 |
| 681 | 天津海运职业学院 | 10 | 35.75 | 天津市 |
| 683 | 辽宁城市建设职业技术学院 | 11 | 35.71 | 辽宁省 |
| 684 | 赣州师范高等专科学校 | 2 | 35.69 | 江西省 |
| 685 | 云南工贸职业技术学院 | 2 | 35.63 | 云南省 |
| 686 | 广州城市职业学院 | 19 | 35.52 | 广东省 |
| 687 | 山东经贸职业学院 | 4 | 35.51 | 山东省 |
| 688 | 泉州幼儿师范高等专科学校 | 10 | 35.5 | 福建省 |
| 689 | 重庆安全技术职业学院 | 22 | 35.49 | 重庆市 |

续表

| 排名 | 学校名称 | 奖项数 | 总分 | 省份 |
|---|---|---|---|---|
| 690 | 武汉工程职业技术学院 | 15 | 35.48 | 湖北省 |
| 691 | 贵阳幼儿师范高等专科学校 | 10 | 35.4 | 贵州省 |
| 692 | 黑龙江交通职业技术学院 | 7 | 35.39 | 黑龙江省 |
| 693 | 三峡旅游职业技术学院 | 8 | 35.37 | 湖北省 |
| 694 | 海南政法职业学院 | 11 | 35.31 | 海南省 |
| 695 | 石家庄理工职业学院 | 14 | 35.3 | 河北省 |
| 696 | 甘肃有色冶金职业技术学院 | 5 | 35.28 | 甘肃省 |
| 696 | 天津石油职业技术学院 | 10 | 35.28 | 天津市 |
| 698 | 青岛港湾职业技术学院 | 8 | 35.27 | 山东省 |
| 699 | 常德职业技术学院 | 13 | 35.17 | 湖南省 |
| 700 | 济南幼儿师范高等专科学校 | 4 | 35.15 | 山东省 |
| 701 | 九州职业技术学院 | 1 | 35.12 | 江苏省 |
| 701 | 惠州经济职业技术学院 | 15 | 35.12 | 广东省 |
| 703 | 广东南方职业学院 | 24 | 35.05 | 广东省 |
| 704 | 山西青年职业学院 | 7 | 35.02 | 山西省 |
| 705 | 盘锦职业技术学院 | 15 | 35 | 辽宁省 |
| 706 | 北京汇佳职业学院 | 4 | 34.99 | 北京市 |
| 707 | 贵州经贸职业技术学院 | 14 | 34.97 | 贵州省 |
| 708 | 皖西卫生职业学院 | 8 | 34.96 | 安徽省 |
| 709 | 山东传媒职业学院 | 41 | 34.93 | 山东省 |
| 710 | 烟台文化旅游职业学院 | 3 | 34.91 | 山东省 |
| 711 | 云南工程职业学院 | 4 | 34.88 | 云南省 |
| 711 | 娄底职业技术学院 | 10 | 34.88 | 湖南省 |

| 排名 | 学校名称 | 奖项数 | 总分 | 省份 |
|------|----------|--------|------|------|
| 713 | 湖南食品药品职业学院 | 7 | 34.82 | 湖南省 |
| 714 | 福建幼儿师范高等专科学校 | 6 | 34.81 | 福建省 |
| 715 | 内江职业技术学院 | 21 | 34.77 | 四川省 |
| 716 | 运城幼儿师范高等专科学校 | 7 | 34.76 | 山西省 |
| 717 | 西安信息职业大学 | 4 | 34.71 | 陕西省 |
| 718 | 贵州应用技术职业学院 | 2 | 34.68 | 贵州省 |
| 719 | 广西幼儿师范高等专科学校 | 21 | 34.65 | 广西壮族自治区 |
| 720 | 四川华新现代职业学院 | 9 | 34.64 | 四川省 |
| 721 | 天津艺术职业学院 | 2 | 34.56 | 天津市 |
| 721 | 长沙南方职业学院 | 6 | 34.56 | 湖南省 |
| 721 | 嘉兴南洋职业技术学院 | 14 | 34.56 | 浙江省 |
| 724 | 甘肃机电职业技术学院 | 5 | 34.42 | 甘肃省 |
| 724 | 重庆青年职业技术学院 | 18 | 34.42 | 重庆市 |
| 726 | 黑龙江艺术职业学院 | 7 | 34.37 | 黑龙江省 |
| 727 | 吉林交通职业技术学院 | 2 | 34.34 | 吉林省 |
| 728 | 山东外国语职业技术大学 | 12 | 34.32 | 山东省 |
| 729 | 北京京北职业技术学院 | 12 | 34.26 | 北京市 |
| 730 | 贵州农业职业学院 | 8 | 34.21 | 贵州省 |
| 731 | 福州墨尔本理工职业学院 | 3 | 34.18 | 福建省 |
| 731 | 山东胜利职业学院 | 24 | 34.18 | 山东省 |

| 排名 | 学校名称 | 奖项数 | 总分 | 省份 |
|------|----------|--------|------|------|
| 733 | 广西工程职业学院 | 17 | 34.06 | 广西壮族自治区 |
| 734 | 长治职业技术学院 | 1 | 34.04 | 山西省 |
| 735 | 浙江舟山群岛新区旅游与健康职业学院 | 4 | 33.99 | 浙江省 |
| 735 | 云南农业职业技术学院 | 11 | 33.99 | 云南省 |
| 737 | 广东邮电职业技术学院 | 15 | 33.92 | 广东省 |
| 738 | 湖北中医药高等专科学校 | 7 | 33.82 | 湖北省 |
| 739 | 北京卫生职业学院 | 8 | 33.8 | 北京市 |
| 740 | 山东司法警官职业学院 | 3 | 33.66 | 山东省 |
| 740 | 江西司法警官职业学院 | 3 | 33.66 | 江西省 |
| 742 | 山西经贸职业学院 | 3 | 33.64 | 山西省 |
| 742 | 浙江东方职业技术学院 | 12 | 33.64 | 浙江省 |
| 744 | 黑龙江冰雪体育职业学院 | 2 | 33.6 | 黑龙江省 |
| 744 | 武汉商贸职业学院 | 16 | 33.6 | 湖北省 |
| 746 | 恩施职业技术学院 | 6 | 33.59 | 湖北省 |
| 746 | 江海职业技术学院 | 11 | 33.59 | 江苏省 |
| 748 | 保险职业学院 | 4 | 33.55 | 湖南省 |
| 749 | 包头钢铁职业技术学院 | 4 | 33.48 | 内蒙古自治区 |
| 749 | 重庆电讯职业学院 | 40 | 33.48 | 重庆市 |
| 751 | 安徽粮食工程职业学院 | 3 | 33.47 | 安徽省 |
| 752 | 怀化职业技术学院 | 6 | 33.46 | 湖南省 |
| 753 | 重庆文化艺术职业学院 | 25 | 33.41 | 重庆市 |

续表

| 排名 | 学校名称 | 奖项数 | 总分 | 省份 |
|---|---|---|---|---|
| 754 | 安徽中医药高等专科学校 | 6 | 33.36 | 安徽省 |
| 755 | 贵阳康养职业大学 | 13 | 33.15 | 贵州省 |
| 756 | 江西生物科技职业学院 | 5 | 33.12 | 江西省 |
| 757 | 榆林职业技术学院 | 12 | 33.09 | 陕西省 |
| 758 | 黑龙江旅游职业技术学院 | 10 | 33.03 | 黑龙江省 |
| 759 | 巴音郭楞职业技术学院 | 6 | 32.97 | 新疆维吾尔自治区 |
| 760 | 福建艺术职业学院 | 12 | 32.95 | 福建省 |
| 761 | 新疆天山职业技术大学 | 5 | 32.89 | 新疆维吾尔自治区 |
| 762 | 淮北职业技术学院 | 16 | 32.87 | 安徽省 |
| 763 | 沧州幼儿师范高等专科学校 | 3 | 32.74 | 河北省 |
| 764 | 浙江农业商贸职业学院 | 10 | 32.73 | 浙江省 |
| 765 | 天津城市建设管理职业技术学院 | 4 | 32.69 | 天津市 |
| 766 | 信阳职业技术学院 | 12 | 32.67 | 河南省 |
| 767 | 湖南外贸职业学院 | 8 | 32.57 | 湖南省 |
| 768 | 石家庄幼儿师范高等专科学校 | 7 | 32.56 | 河北省 |
| 769 | 湖南中医药高等专科学校 | 5 | 32.55 | 湖南省 |
| 769 | 昆明卫生职业学院 | 6 | 32.55 | 云南省 |
| 771 | 苏州百年职业学院 | 7 | 32.52 | 江苏省 |
| 772 | 郑州职业技术学院 | 10 | 32.48 | 河南省 |
| 772 | 辽宁职业学院 | 11 | 32.48 | 辽宁省 |
| 774 | 黑龙江生态工程职业学院 | 3 | 32.46 | 黑龙江省 |
| 775 | 广东碧桂园职业学院 | 10 | 32.41 | 广东省 |

续表

| 排名 | 学校名称 | 奖项数 | 总分 | 省份 |
|---|---|---|---|---|
| 776 | 南阳医学高等专科学校 | 4 | 32.38 | 河南省 |
| 776 | 汉中职业技术学院 | 7 | 32.38 | 陕西省 |
| 778 | 山西财贸职业技术学院 | 2 | 32.37 | 山西省 |
| 779 | 酒泉职业技术学院 | 10 | 32.34 | 甘肃省 |
| 780 | 庆阳职业技术学院 | 4 | 32.32 | 甘肃省 |
| 781 | 天津生物工程职业技术学院 | 5 | 32.3 | 天津市 |
| 782 | 新疆轻工职业技术学院 | 12 | 32.28 | 新疆维吾尔自治区 |
| 783 | 云南旅游职业学院 | 8 | 32.26 | 云南省 |
| 784 | 朔州职业技术学院 | 6 | 32.24 | 山西省 |
| 785 | 郑州理工职业学院 | 11 | 32.22 | 河南省 |
| 786 | 江西水利职业学院 | 22 | 32.17 | 江西省 |
| 787 | 松原职业技术学院 | 6 | 32.11 | 吉林省 |
| 788 | 乐山职业技术学院 | 11 | 32.09 | 四川省 |
| 789 | 兴安职业技术学院 | 7 | 32.07 | 内蒙古自治区 |
| 789 | 贵州装备制造职业学院 | 8 | 32.07 | 贵州省 |
| 791 | 白城医学高等专科学校 | 3 | 32.05 | 吉林省 |
| 791 | 大连汽车职业技术学院 | 8 | 32.05 | 辽宁省 |
| 793 | 漳州科技职业学院 | 7 | 32.04 | 福建省 |
| 794 | 河南信息统计职业学院 | 14 | 32.01 | 河南省 |
| 795 | 南京视觉艺术职业学院 | 21 | 32 | 江苏省 |
| 796 | 邵阳职业技术学院 | 9 | 31.9 | 湖南省 |
| 797 | 漯河医学高等专科学校 | 5 | 31.82 | 河南省 |
| 798 | 湖南三一工业职业技术学院 | 6 | 31.8 | 湖南省 |

续表

| 排名 | 学校名称 | 奖项数 | 总分 | 省份 |
|---|---|---|---|---|
| 798 | 内蒙古交通职业技术学院 | 7 | 31.8 | 内蒙古自治区 |
| 798 | 北京经济技术职业学院 | 21 | 31.8 | 北京市 |
| 801 | 黑龙江护理高等专科学校 | 6 | 31.78 | 黑龙江省 |
| 802 | 海南工商职业学院 | 11 | 31.76 | 海南省 |
| 803 | 湘西民族职业技术学院 | 5 | 31.72 | 湖南省 |
| 804 | 浙江安防职业技术学院 | 11 | 31.71 | 浙江省 |
| 805 | 铜仁幼儿师范高等专科学校 | 5 | 31.68 | 贵州省 |
| 806 | 山东特殊教育职业学院 | 2 | 31.6 | 山东省 |
| 807 | 湖北幼儿师范高等专科学校 | 3 | 31.53 | 湖北省 |
| 808 | 武汉民政职业学院 | 6 | 31.51 | 湖北省 |
| 809 | 甘肃农业职业技术学院 | 6 | 31.5 | 甘肃省 |
| 810 | 江苏航空职业技术学院 | 15 | 31.46 | 江苏省 |
| 811 | 武汉警官职业学院 | 8 | 31.44 | 湖北省 |
| 812 | 宿迁泽达职业技术学院 | 7 | 31.43 | 江苏省 |
| 813 | 浙江邮电职业技术学院 | 14 | 31.41 | 浙江省 |
| 814 | 德州科技职业学院 | 10 | 31.38 | 山东省 |
| 815 | 贵州电子商务职业技术学院 | 11 | 31.34 | 贵州省 |
| 816 | 惠州卫生职业技术学院 | 4 | 31.32 | 广东省 |
| 817 | 鄂尔多斯生态环境职业学院 | 2 | 31.3 | 内蒙古自治区 |

续表

| 排名 | 学校名称 | 奖项数 | 总分 | 省份 |
|---|---|---|---|---|
| 818 | 黑龙江农垦科技职业学院 | 12 | 31.15 | 黑龙江省 |
| 819 | 武汉外语外事职业学院 | 17 | 31.08 | 湖北省 |
| 820 | 南阳农业职业学院 | 7 | 31.06 | 河南省 |
| 821 | 包头铁道职业技术学院 | 6 | 31.04 | 内蒙古自治区 |
| 822 | 郑州城市职业学院 | 8 | 31.03 | 河南省 |
| 823 | 四川托普信息技术职业学院 | 9 | 31.02 | 四川省 |
| 824 | 广州科技职业技术大学 | 2 | 30.95 | 广东省 |
| 825 | 山西铁道职业技术学院 | 2 | 30.89 | 山西省 |
| 826 | 鄂尔多斯职业学院 | 4 | 30.87 | 内蒙古自治区 |
| 827 | 苏州高博软件技术职业学院 | 12 | 30.82 | 江苏省 |
| 828 | 镇江市高等专科学校 | 3 | 30.79 | 江苏省 |
| 829 | 阜阳幼儿师范高等专科学校 | 8 | 30.75 | 安徽省 |
| 830 | 大连枫叶职业技术学院 | 10 | 30.71 | 辽宁省 |
| 831 | 厦门演艺职业学院 | 2 | 30.61 | 福建省 |
| 832 | 德宏师范高等专科学校 | 2 | 30.44 | 云南省 |
| 833 | 郴州职业技术学院 | 4 | 30.43 | 湖南省 |
| 834 | 达州职业技术学院 | 2 | 30.42 | 四川省 |
| 835 | 河南质量工程职业学院 | 8 | 30.38 | 河南省 |
| 836 | 德宏职业学院 | 5 | 30.36 | 云南省 |
| 837 | 漳州城市职业学院 | 4 | 30.23 | 福建省 |
| 838 | 汕头职业技术学院 | 9 | 30.2 | 广东省 |

续表

| 排名 | 学校名称 | 奖项数 | 总分 | 省份 |
|---|---|---|---|---|
| 839 | 甘肃财贸职业学院 | 3 | 30.17 | 甘肃省 |
| 840 | 长春师范高等专科学校 | 8 | 30.03 | 吉林省 |
| 841 | 河北政法职业学院 | 3 | 29.98 | 河北省 |
| 842 | 定西师范高等专科学校 | 2 | 29.91 | 甘肃省 |
| 843 | 盐城工业职业技术学院 | 7 | 29.86 | 江苏省 |
| 844 | 北京社会管理职业学院 | 4 | 29.81 | 北京市 |
| 845 | 宁夏警官职业学院 | 4 | 29.72 | 宁夏回族自治区 |
| 846 | 正德职业技术学院 | 3 | 29.69 | 江苏省 |
| 847 | 甘肃卫生职业学院 | 6 | 29.66 | 甘肃省 |
| 848 | 广西英华国际职业学院 | 18 | 29.65 | 广西壮族自治区 |
| 849 | 江苏护理职业学院 | 2 | 29.62 | 江苏省 |
| 850 | 江苏食品药品职业技术学院 | 7 | 29.57 | 江苏省 |
| 851 | 云南财经职业学院 | 8 | 29.46 | 云南省 |
| 852 | 广州华立科技职业学院 | 16 | 29.36 | 广东省 |
| 853 | 洛阳职业技术学院 | 2 | 29.33 | 河南省 |
| 854 | 营口职业技术学院 | 1 | 29.31 | 辽宁省 |
| 855 | 安徽冶金科技职业学院 | 4 | 29.29 | 安徽省 |
| 856 | 湖南体育职业学院 | 1 | 29.28 | 湖南省 |
| 857 | 福州黎明职业技术学院 | 5 | 29.25 | 福建省 |
| 858 | 重庆艺术工程职业学院 | 15 | 29.24 | 重庆市 |
| 859 | 江西陶瓷工艺美术职业技术学院 | 22 | 29.23 | 江西省 |
| 860 | 四川三河职业学院 | 5 | 29.19 | 四川省 |
| 861 | 济南护理职业学院 | 3 | 29.14 | 山东省 |

续表

| 排名 | 学校名称 | 奖项数 | 总分 | 省份 |
|---|---|---|---|---|
| 861 | 伊犁职业技术学院 | 5 | 29.14 | 新疆维吾尔自治区 |
| 863 | 安阳职业技术学院 | 6 | 29.08 | 河南省 |
| 864 | 开封文化艺术职业学院 | 6 | 28.98 | 河南省 |
| 865 | 山东外事职业大学 | 7 | 28.96 | 山东省 |
| 866 | 泉州工艺美术职业学院 | 5 | 28.82 | 福建省 |
| 867 | 辽宁医药职业学院 | 5 | 28.81 | 辽宁省 |
| 868 | 安徽汽车职业技术学院 | 1 | 28.72 | 安徽省 |
| 869 | 湖南九嶷职业技术学院 | 1 | 28.69 | 湖南省 |
| 870 | 江西科技职业学院 | 2 | 28.64 | 江西省 |
| 870 | 云南医药健康职业学院 | 3 | 28.64 | 云南省 |
| 872 | 泉州轻工职业学院 | 6 | 28.62 | 福建省 |
| 873 | 贵州财经职业学院 | 5 | 28.52 | 贵州省 |
| 874 | 丽江师范高等专科学校 | 4 | 28.48 | 云南省 |
| 875 | 湖南石油化工职业技术学院 | 6 | 28.44 | 湖南省 |
| 876 | 茂名职业技术学院 | 9 | 28.16 | 广东省 |
| 877 | 牡丹江大学 | 3 | 28.14 | 黑龙江省 |
| 878 | 通辽职业学院 | 3 | 28.13 | 内蒙古自治区 |
| 878 | 铁岭卫生职业学院 | 5 | 28.13 | 辽宁省 |
| 880 | 湖南邮电职业技术学院 | 7 | 28.07 | 湖南省 |
| 881 | 渤海船舶职业学院 | 7 | 28.05 | 辽宁省 |
| 882 | 四川科技职业学院 | 13 | 27.93 | 四川省 |
| 883 | 菏泽家政职业学院 | 1 | 27.92 | 山东省 |
| 884 | 江苏旅游职业学院 | 2 | 27.86 | 江苏省 |
| 885 | 廊坊燕京职业技术学院 | 7 | 27.69 | 河北省 |

续表

| 排名 | 学校名称 | 奖项数 | 总分 | 省份 |
|---|---|---|---|---|
| 886 | 辽宁广告职业学院 | 7 | 27.68 | 辽宁省 |
| 887 | 泉州经贸职业技术学院 | 2 | 27.66 | 福建省 |
| 888 | 广东酒店管理职业技术学院 | 15 | 27.58 | 广东省 |
| 889 | 长沙卫生职业学院 | 2 | 27.48 | 湖南省 |
| 889 | 曲靖医学高等专科学校 | 2 | 27.48 | 云南省 |
| 889 | 新疆应用职业技术学院 | 4 | 27.48 | 新疆维吾尔自治区 |
| 892 | 民办四川天一学院 | 14 | 27.47 | 四川省 |
| 893 | 黑龙江幼儿师范高等专科学校 | 7 | 27.28 | 黑龙江省 |
| 894 | 泉州海洋职业学院 | 2 | 27.27 | 福建省 |
| 895 | 安徽扬子职业技术学院 | 2 | 27.17 | 安徽省 |
| 896 | 河北建材职业技术学院 | 5 | 27.05 | 河北省 |
| 897 | 科尔沁艺术职业学院 | 5 | 26.98 | 内蒙古自治区 |
| 898 | 石河子工程职业技术学院 | 4 | 26.97 | 新疆维吾尔自治区 |
| 898 | 吉林水利电力职业学院 | 4 | 26.97 | 吉林省 |
| 900 | 清远职业技术学院 | 19 | 26.83 | 广东省 |
| 901 | 大庆医学高等专科学校 | 4 | 26.74 | 黑龙江省 |
| 902 | 乌海职业技术学院 | 6 | 26.71 | 内蒙古自治区 |
| 903 | 江西航空职业技术学院 | 3 | 26.64 | 江西省 |
| 904 | 潍坊工商职业学院 | 1 | 26.63 | 山东省 |
| 905 | 安徽广播影视职业技术学院 | 16 | 26.61 | 安徽省 |

续表

| 排名 | 学校名称 | 奖项数 | 总分 | 省份 |
|---|---|---|---|---|
| 906 | 阿克苏职业技术学院 | 3 | 26.48 | 新疆维吾尔自治区 |
| 907 | 白银矿冶职业技术学院 | 1 | 26.32 | 甘肃省 |
| 907 | 哈尔滨应用职业技术学院 | 1 | 26.32 | 黑龙江省 |
| 907 | 新疆铁道职业技术学院 | 1 | 26.32 | 新疆维吾尔自治区 |
| 907 | 湘潭医卫职业技术学院 | 3 | 26.32 | 湖南省 |
| 911 | 重庆信息技术职业学院 | 3 | 26.17 | 重庆市 |
| 912 | 四川电子机械职业技术学院 | 16 | 26 | 四川省 |
| 913 | 抚顺职业技术学院 | 4 | 25.90 | 辽宁省 |
| 914 | 广东江门中医药职业学院 | 2 | 25.94 | 广东省 |
| 915 | 湖南国防工业职业技术学院 | 1 | 25.93 | 湖南省 |
| 915 | 贵州电力职业技术学院 | 1 | 25.93 | 贵州省 |
| 915 | 赣州职业技术学院 | 6 | 25.93 | 江西省 |
| 918 | 新疆师范高等专科学校 | 3 | 25.78 | 新疆维吾尔自治区 |
| 919 | 河北劳动关系职业学院 | 2 | 25.77 | 河北省 |
| 920 | 云南经贸外事职业学院 | 4 | 25.75 | 云南省 |
| 921 | 海南健康管理职业技术学院 | 2 | 25.73 | 海南省 |
| 921 | 眉山职业技术学院 | 8 | 25.73 | 四川省 |
| 923 | 张家口职业技术学院 | 1 | 25.68 | 河北省 |
| 924 | 哈尔滨科学技术职业学院 | 2 | 25.64 | 黑龙江省 |

续表

| 排名 | 学校名称 | 奖项数 | 总分 | 省份 |
|---|---|---|---|---|
| 924 | 江西应用工程职业学院 | 3 | 25.64 | 江西省 |
| 926 | 长白山职业技术学院 | 1 | 25.58 | 吉林省 |
| 926 | 四川卫生康复职业学院 | 1 | 25.58 | 四川省 |
| 926 | 四川西南航空职业学院 | 3 | 25.58 | 四川省 |
| 926 | 河南检察职业学院 | 3 | 25.58 | 河南省 |
| 926 | 湖南司法警官职业学院 | 3 | 25.58 | 湖南省 |
| 926 | 延边职业技术学院 | 3 | 25.58 | 吉林省 |
| 926 | 广东司法警官职业学院 | 3 | 25.58 | 广东省 |
| 933 | 北京科技职业学院 | 5 | 25.55 | 北京市 |
| 934 | 山西体育职业学院 | 1 | 25.49 | 山西省 |
| 935 | 广东舞蹈戏剧职业学院 | 6 | 25.33 | 广东省 |
| 936 | 运城师范高等专科学校 | 4 | 25.3 | 山西省 |
| 937 | 苏州工业园区职业技术学院 | 5 | 25.29 | 江苏省 |
| 938 | 焦作师范高等专科学校 | 5 | 25.19 | 河南省 |
| 939 | 郑州信息工程职业学院 | 2 | 25.17 | 河南省 |
| 940 | 湛江幼儿师范专科学校 | 1 | 25.15 | 广东省 |
| 940 | 陕西航空职业技术学院 | 1 | 25.15 | 陕西省 |
| 940 | 天津滨海汽车工程职业学院 | 1 | 25.15 | 天津市 |
| 943 | 海南卫生健康职业学院 | 1 | 25.1 | 海南省 |

续表

| 排名 | 学校名称 | 奖项数 | 总分 | 省份 |
|---|---|---|---|---|
| 943 | 昆明工业职业技术学院 | 3 | 25.1 | 云南省 |
| 945 | 江西中医药高等专科学校 | 4 | 25.01 | 江西省 |
| 946 | 山东服装职业学院 | 4 | 24.97 | 山东省 |
| 947 | 浙江特殊教育职业学院 | 7 | 24.91 | 浙江省 |
| 948 | 西安汽车职业大学 | 1 | 24.66 | 陕西省 |
| 949 | 珠海艺术职业学院 | 7 | 24.64 | 广东省 |
| 949 | 毕节职业技术学院 | 7 | 24.64 | 贵州省 |
| 951 | 昆明艺术职业学院 | 2 | 24.52 | 云南省 |
| 952 | 三门峡职业技术学院 | 2 | 24.45 | 河南省 |
| 953 | 苏州托普信息职业技术学院 | 3 | 24.42 | 江苏省 |
| 954 | 山东铝业职业学院 | 1 | 24.34 | 山东省 |
| 955 | 郑州亚欧交通职业学院 | 2 | 24.25 | 河南省 |
| 956 | 临沂科技职业学院 | 1 | 24.11 | 山东省 |
| 957 | 永城职业学院 | 8 | 24.1 | 河南省 |
| 958 | 武威职业学院 | 2 | 24.09 | 甘肃省 |
| 959 | 安徽林业职业技术学院 | 2 | 24.07 | 安徽省 |
| 959 | 上饶幼儿师范高等专科学校 | 4 | 24.07 | 江西省 |
| 961 | 揭阳职业技术学院 | 8 | 23.92 | 广东省 |
| 962 | 宁夏艺术职业学院 | 4 | 23.84 | 宁夏回族自治区 |
| 963 | 新疆建设职业技术学院 | 4 | 23.81 | 新疆维吾尔自治区 |
| 964 | 泉州华光职业学院 | 11 | 23.8 | 福建省 |
| 965 | 内蒙古警察职业学院 | 6 | 23.76 | 内蒙古自治区 |
| 966 | 漳州卫生职业学院 | 2 | 23.7 | 福建省 |

续表

| 排名 | 学校名称 | 奖项数 | 总分 | 省份 |
|---|---|---|---|---|
| 967 | 哈密职业技术学院 | 1 | 23.67 | 新疆维吾尔自治区 |
| 968 | 运城护理职业学院 | 2 | 23.6 | 山西省 |
| 969 | 广州华商职业学院 | 12 | 23.59 | 广东省 |
| 970 | 徐州生物工程职业技术学院 | 2 | 23.42 | 江苏省 |
| 970 | 湘南幼儿师范高等专科学校 | 2 | 23.42 | 湖南省 |
| 972 | 河南护理职业学院 | 2 | 23.41 | 河南省 |
| 973 | 安徽黄梅戏艺术职业学院 | 1 | 23.36 | 安徽省 |
| 974 | 大理护理职业学院 | 2 | 23.11 | 云南省 |
| 974 | 安康职业技术学院 | 2 | 23.11 | 陕西省 |
| 974 | 齐齐哈尔高等师范专科学校 | 2 | 23.11 | 黑龙江省 |
| 977 | 北京经贸职业学院 | 3 | 23.1 | 北京市 |
| 977 | 福州英华职业学院 | 7 | 23.1 | 福建省 |
| 979 | 私立华联学院 | 1 | 23 | 广东省 |
| 979 | 上海邦德职业技术学院 | 5 | 23 | 上海市 |
| 981 | 焦作大学 | 6 | 22.86 | 河南省 |
| 982 | 安徽工业职业技术学院 | 1 | 22.81 | 安徽省 |
| 983 | 金肯职业技术学院 | 7 | 22.75 | 江苏省 |
| 984 | 新疆工业职业技术学院 | 2 | 22.68 | 新疆维吾尔自治区 |
| 984 | 青海畜牧兽医职业技术学院 | 2 | 22.68 | 青海省 |
| 986 | 青岛求实职业技术学院 | 2 | 22.65 | 山东省 |
| 987 | 广东文理职业学院 | 6 | 22.55 | 广东省 |
| 988 | 天津工艺美术职业学院 | 5 | 22.5 | 天津市 |
| 989 | 福建华南女子职业学院 | 2 | 22.43 | 福建省 |

续表

| 排名 | 学校名称 | 奖项数 | 总分 | 省份 |
|---|---|---|---|---|
| 989 | 石家庄工商职业学院 | 8 | 22.43 | 河北省 |
| 991 | 广西自然资源职业技术学院 | 2 | 22.33 | 广西壮族自治区 |
| 992 | 铁岭师范高等专科学校 | 5 | 22.31 | 辽宁省 |
| 993 | 玉溪农业职业技术学院 | 2 | 22.14 | 云南省 |
| 994 | 湖南幼儿师范高等专科学校 | 5 | 22.05 | 湖南省 |
| 995 | 遵义医药高等专科学校 | 2 | 22.01 | 贵州省 |
| 995 | 四川中医药高等专科学校 | 2 | 22.01 | 四川省 |
| 997 | 德阳科贸职业学院 | 2 | 21.85 | 四川省 |
| 998 | 重庆电信职业学院 | 11 | 21.8 | 重庆市 |
| 999 | 益阳医学高等专科学校 | 2 | 21.75 | 湖南省 |
| 999 | 神木职业技术学院 | 4 | 21.75 | 陕西省 |
| 999 | 辽宁理工职业大学 | 4 | 21.75 | 辽宁省 |
| 999 | 哈尔滨幼儿师范高等专科学校 | 4 | 21.75 | 黑龙江省 |
| 1003 | 天府新区信息职业学院 | 2 | 21.74 | 四川省 |
| 1004 | 广西演艺职业学院 | 8 | 21.7 | 广西壮族自治区 |
| 1005 | 云南司法警官职业学院 | 1 | 21.54 | 云南省 |
| 1006 | 闽北职业技术学院 | 4 | 21.46 | 福建省 |
| 1007 | 阳江职业技术学院 | 12 | 21.42 | 广东省 |
| 1008 | 安徽涉外经济职业学院 | 4 | 21.16 | 安徽省 |
| 1009 | 沧州职业技术学院 | 4 | 21.14 | 河北省 |
| 1010 | 北京交通职业技术学院 | 1 | 21.08 | 北京市 |

续表

| 排名 | 学校名称 | 奖项数 | 总分 | 省份 |
|---|---|---|---|---|
| 1011 | 厦门兴才职业技术学院 | 8 | 21.04 | 福建省 |
| 1012 | 江西医学高等专科学校 | 2 | 20.67 | 江西省 |
| 1012 | 邢台医学高等专科学校 | 2 | 20.67 | 河北省 |
| 1014 | 云南三鑫职业技术学院 | 1 | 20.56 | 云南省 |
| 1014 | 曲靖职业技术学院 | 1 | 20.56 | 云南省 |
| 1014 | 江西电力职业技术学院 | 1 | 20.56 | 江西省 |
| 1014 | 宣化科技职业学院 | 1 | 20.56 | 河北省 |
| 1014 | 河南推拿职业学院 | 1 | 20.56 | 河南省 |
| 1019 | 长沙电力职业技术学院 | 1 | 20.29 | 湖南省 |
| 1019 | 石家庄科技信息职业学院 | 1 | 20.29 | 河北省 |
| 1021 | 厦门东海职业技术学院 | 1 | 20.24 | 福建省 |
| 1021 | 扎兰屯职业学院 | 3 | 20.24 | 内蒙古自治区 |
| 1021 | 四川汽车职业技术学院 | 3 | 20.24 | 四川省 |
| 1021 | 益阳职业技术学院 | 3 | 20.24 | 湖南省 |
| 1021 | 苏州幼儿师范高等专科学校 | 3 | 20.24 | 江苏省 |
| 1026 | 云南新兴职业学院 | 3 | 20.07 | 云南省 |
| 1027 | 河南科技职业大学 | 2 | 20.01 | 河南省 |
| 1028 | 山西老区职业技术学院 | 1 | 19.7 | 山西省 |
| 1029 | 石家庄工程职业学院 | 4 | 19.63 | 河北省 |
| 1030 | 河南林业职业学院 | 5 | 19.45 | 河南省 |
| 1031 | 山东药品食品职业学院 | 1 | 19.43 | 山东省 |

续表

| 排名 | 学校名称 | 奖项数 | 总分 | 省份 |
|---|---|---|---|---|
| 1031 | 陕西青年职业学院 | 1 | 19.43 | 陕西省 |
| 1031 | 云南外事外语职业学院 | 1 | 19.43 | 云南省 |
| 1031 | 抚顺师范高等专科学校 | 1 | 19.43 | 辽宁省 |
| 1035 | 连云港师范高等专科学校 | 5 | 19.35 | 江苏省 |
| 1036 | 黑龙江农业职业技术学院 | 1 | 19.07 | 黑龙江省 |
| 1036 | 贵州护理职业技术学院 | 1 | 19.07 | 贵州省 |
| 1036 | 山西卫生健康职业学院 | 1 | 19.07 | 山西省 |
| 1039 | 漯河食品职业学院 | 5 | 19.06 | 河南省 |
| 1040 | 云南轻纺职业学院 | 3 | 18.99 | 云南省 |
| 1041 | 江苏财会职业学院 | 1 | 18.7 | 江苏省 |
| 1042 | 江阴职业技术学院 | 2 | 18.29 | 江苏省 |
| 1043 | 吉林工程职业学院 | 1 | 18.28 | 吉林省 |
| 1044 | 广州华南商贸职业学院 | 7 | 18.24 | 广东省 |
| 1045 | 鞍山职业技术学院 | 1 | 18.22 | 辽宁省 |
| 1046 | 硅湖职业技术学院 | 2 | 18.19 | 江苏省 |
| 1047 | 河北正定师范高等专科学校 | 2 | 18.01 | 河北省 |
| 1048 | 江西青年职业学院 | 3 | 18 | 江西省 |
| 1049 | 呼伦贝尔职业技术学院 | 2 | 17.82 | 内蒙古自治区 |
| 1050 | 安阳幼儿师范高等专科学校 | 2 | 17.8 | 河南省 |
| 1050 | 山西运城农业职业技术学院 | 2 | 17.8 | 山西省 |
| 1052 | 江西传媒职业学院 | 4 | 17.65 | 江西省 |
| 1053 | 山东圣翰财贸职业学院 | 2 | 17.42 | 山东省 |

续表

| 排名 | 学校名称 | 奖项数 | 总分 | 省份 |
|---|---|---|---|---|
| 1054 | 吉林科技职业技术学院 | 3 | 17.41 | 吉林省 |
| 1055 | 河北能源职业技术学院 | 2 | 17.34 | 河北省 |
| 1056 | 百色职业学院 | 7 | 17.26 | 广西壮族自治区 |
| 1057 | 民办合肥经济技术职业学院 | 2 | 16.93 | 安徽省 |
| 1058 | 忻州职业技术学院 | 6 | 16.9 | 山西省 |
| 1059 | 广东茂名农林科技职业学院 | 3 | 16.63 | 广东省 |
| 1060 | 广西城市职业大学 | 1 | 16.58 | 广西壮族自治区 |
| 1061 | 无锡南洋职业技术学院 | 2 | 16.36 | 江苏省 |
| 1062 | 南昌职业大学 | 3 | 16.35 | 江西省 |
| 1063 | 陕西电子信息职业技术学院 | 1 | 16.24 | 陕西省 |
| 1064 | 三亚理工职业学院 | 3 | 16.12 | 海南省 |
| 1065 | 雅安职业技术学院 | 2 | 16 | 四川省 |
| 1066 | 烟台黄金职业学院 | 4 | 15.86 | 山东省 |
| 1067 | 民办万博科技职业学院 | 2 | 15.72 | 安徽省 |
| 1068 | 浙江金华科贸职业技术学院 | 1 | 15.44 | 浙江省 |
| 1069 | 衡水职业技术学院 | 1 | 15.38 | 河北省 |
| 1069 | 朝阳师范高等专科学校 | 1 | 15.38 | 辽宁省 |
| 1069 | 赣南卫生健康职业学院 | 1 | 15.38 | 江西省 |
| 1069 | 黔西南民族职业技术学院 | 1 | 15.38 | 贵州省 |
| 1069 | 辽宁民族师范高等专科学校 | 1 | 15.38 | 辽宁省 |

续表

| 排名 | 学校名称 | 奖项数 | 总分 | 省份 |
|---|---|---|---|---|
| 1074 | 拉萨师范高等专科学校 | 2 | 15.34 | 西藏自治区 |
| 1075 | 大理农林职业技术学院 | 1 | 14.96 | 云南省 |
| 1076 | 潇湘职业学院 | 1 | 14.95 | 湖南省 |
| 1077 | 驻马店职业技术学院 | 2 | 14.92 | 河南省 |
| 1078 | 浙江长征职业技术学院 | 3 | 14.6 | 浙江省 |
| 1079 | 克孜勒苏职业技术学院 | 1 | 14.58 | 新疆维吾尔自治区 |
| 1079 | 广东亚视演艺职业学院 | 3 | 14.58 | 广东省 |
| 1081 | 郑州电子信息职业技术学院 | 2 | 14.53 | 河南省 |
| 1082 | 上海工会管理职业学院 | 1 | 14.27 | 上海市 |
| 1082 | 广西体育高等专科学校 | 1 | 14.27 | 广西壮族自治区 |
| 1084 | 广州涉外经济职业学院 | 1 | 13.96 | 广东省 |
| 1084 | 郑州电力职业技术学院 | 1 | 13.96 | 河南省 |
| 1086 | 钟山职业技术学院 | 2 | 13.86 | 江苏省 |
| 1087 | 梧州职业学院 | 4 | 13.35 | 广西壮族自治区 |
| 1088 | 广西安全工程职业技术学院 | 1 | 13.34 | 广西壮族自治区 |
| 1089 | 山西国际商务职业学院 | 2 | 13.17 | 山西省 |
| 1090 | 云南锡业职业技术学院 | 1 | 12.74 | 云南省 |
| 1091 | 云南理工职业学院 | 2 | 12.65 | 云南省 |
| 1092 | 广东信息工程职业学院 | 4 | 11.91 | 广东省 |

续表

| 排名 | 学校名称 | 奖项数 | 总分 | 省份 |
|------|----------|--------|------|------|
| 1093 | 广州华夏职业学院 | 2 | 11.29 | 广东省 |
| 1094 | 黄冈科技职业学院 | 1 | 10.63 | 湖北省 |
| 1094 | 天府新区通用航空职业学院 | 1 | 10.63 | 四川省 |
| 1096 | 山西管理职业学院 | 1 | 10.38 | 山西省 |
| 1097 | 黑龙江司法警官职业学院 | 1 | 10.14 | 黑龙江省 |
| 1097 | 连云港职业技术学院 | 1 | 10.14 | 江苏省 |
| 1099 | 河南司法警官职业学院 | 2 | 9.61 | 河南省 |
| 1100 | 宁波幼儿师范高等专科学校 | 1 | 9.5 | 浙江省 |
| 1100 | 景德镇艺术职业大学 | 1 | 9.5 | 江西省 |
| 1100 | 昆明幼儿师范高等专科学校 | 1 | 9.5 | 云南省 |
| 1100 | 重庆轻工职业学院 | 1 | 9.5 | 重庆市 |
| 1100 | 山西华澳商贸职业学院 | 1 | 9.5 | 山西省 |
| 1100 | 广州松田职业学院 | 1 | 9.5 | 广东省 |
| 1106 | 武汉科技职业学院 | 2 | 8.96 | 湖北省 |

# 12.3　2021年全国普通高校大学生竞赛榜单(高职)

续表

| 排名 | 学校名称 | 奖项数 | 总分 | 省份 |
|---|---|---|---|---|
| 1 | 深圳职业技术学院 | 142 | 100 | 广东省 |
| 2 | 南京工业职业技术大学 | 69 | 98.41 | 江苏省 |
| 3 | 金华职业技术学院 | 77 | 97.71 | 浙江省 |
| 4 | 重庆电子工程职业学院 | 77 | 95.54 | 重庆市 |
| 5 | 广东轻工职业技术学院 | 100 | 92.85 | 广东省 |
| 6 | 郑州铁路职业技术学院 | 51 | 91.92 | 河南省 |
| 7 | 福建信息职业技术学院 | 42 | 91.16 | 福建省 |
| 8 | 重庆工程职业技术学院 | 55 | 89.05 | 重庆市 |
| 9 | 深圳信息职业技术学院 | 38 | 88.34 | 广东省 |
| 10 | 淄博职业学院 | 57 | 88.27 | 山东省 |
| 11 | 兰州石化职业技术大学 | 62 | 88.26 | 甘肃省 |
| 12 | 浙江金融职业学院 | 69 | 87.75 | 浙江省 |
| 13 | 芜湖职业技术学院 | 55 | 87.33 | 安徽省 |
| 14 | 河南经贸职业学院 | 49 | 86.52 | 河南省 |
| 15 | 江西外语外贸职业学院 | 31 | 85.99 | 江西省 |
| 16 | 河南工业职业技术学院 | 65 | 85.43 | 河南省 |
| 17 | 武汉软件工程职业学院 | 52 | 85.11 | 湖北省 |
| 18 | 重庆工业职业技术学院 | 52 | 84.77 | 重庆市 |

| 排名 | 学校名称 | 奖项数 | 总分 | 省份 |
|---|---|---|---|---|
| 19 | 江西应用技术职业学院 | 31 | 83.83 | 江西省 |
| 20 | 安徽机电职业技术学院 | 34 | 82.72 | 安徽省 |
| 21 | 宁波职业技术学院 | 43 | 82.62 | 浙江省 |
| 22 | 武汉交通职业学院 | 62 | 82.38 | 湖北省 |
| 23 | 黄河水利职业技术学院 | 68 | 82.34 | 河南省 |
| 24 | 河北科技工程职业技术大学 | 47 | 82.15 | 河北省 |
| 25 | 福建船政交通职业学院 | 38 | 81.96 | 福建省 |
| 26 | 常州信息职业技术学院 | 51 | 81.5 | 江苏省 |
| 27 | 九江职业技术学院 | 46 | 81.48 | 江西省 |
| 28 | 浙江育英职业技术学院 | 86 | 81.09 | 浙江省 |
| 29 | 广东科学技术职业学院 | 34 | 81.05 | 广东省 |
| 30 | 贵州交通职业技术学院 | 27 | 80.89 | 贵州省 |
| 31 | 北京电子科技职业学院 | 29 | 80.75 | 北京市 |
| 32 | 襄阳职业技术学院 | 28 | 80.51 | 湖北省 |
| 33 | 湖南工业职业技术学院 | 48 | 80.26 | 湖南省 |
| 34 | 陕西工业职业技术学院 | 31 | 80.25 | 陕西省 |
| 35 | 广西职业技术学院 | 39 | 80.24 | 广西壮族自治区 |

续表

| 排名 | 学校名称 | 奖项数 | 总分 | 省份 |
|---|---|---|---|---|
| 36 | 浙江工业职业技术学院 | 26 | 80.19 | 浙江省 |
| 37 | 杭州科技职业技术学院 | 34 | 79.61 | 浙江省 |
| 38 | 长春职业技术学院 | 29 | 79.58 | 吉林省 |
| 39 | 黑龙江职业学院 | 32 | 79.22 | 黑龙江省 |
| 40 | 南京信息职业技术学院 | 39 | 78.99 | 江苏省 |
| 41 | 安徽商贸职业技术学院 | 30 | 78.87 | 安徽省 |
| 42 | 浙江机电职业技术学院 | 79 | 78.71 | 浙江省 |
| 43 | 江西交通职业技术学院 | 41 | 78.66 | 江西省 |
| 44 | 山西机电职业技术学院 | 20 | 78.37 | 山西省 |
| 45 | 杨凌职业技术学院 | 25 | 78.28 | 陕西省 |
| 46 | 济南职业学院 | 17 | 78.17 | 山东省 |
| 47 | 江西环境工程职业学院 | 26 | 77.75 | 江西省 |
| 48 | 广西交通职业技术学院 | 19 | 77.61 | 广西壮族自治区 |
| 49 | 浙江纺织服装职业技术学院 | 18 | 77.52 | 浙江省 |
| 50 | 湖南交通职业技术学院 | 21 | 77.28 | 湖南省 |
| 51 | 上海电子信息职业技术学院 | 27 | 77.27 | 上海市 |
| 52 | 海南科技职业大学 | 43 | 77.21 | 海南省 |
| 53 | 河南职业技术学院 | 20 | 77.1 | 河南省 |
| 53 | 黎明职业大学 | 32 | 77.1 | 福建省 |
| 55 | 重庆财经职业学院 | 18 | 77.06 | 重庆市 |
| 56 | 重庆交通职业学院 | 31 | 76.77 | 重庆市 |
| 57 | 山西工程职业学院 | 24 | 76.67 | 山西省 |

续表

| 排名 | 学校名称 | 奖项数 | 总分 | 省份 |
|---|---|---|---|---|
| 58 | 成都职业技术学院 | 29 | 76.58 | 四川省 |
| 59 | 湖南汽车工程职业学院 | 18 | 76.41 | 湖南省 |
| 60 | 武汉城市职业学院 | 23 | 76.32 | 湖北省 |
| 61 | 长沙航空职业技术学院 | 14 | 76.09 | 湖南省 |
| 62 | 柳州职业技术学院 | 23 | 76.08 | 广西壮族自治区 |
| 63 | 江西新能源科技职业学院 | 34 | 76.04 | 江西省 |
| 64 | 无锡职业技术学院 | 24 | 75.56 | 江苏省 |
| 65 | 无锡商业职业技术学院 | 18 | 75.54 | 江苏省 |
| 65 | 安徽职业技术学院 | 52 | 75.54 | 安徽省 |
| 67 | 辽宁机电职业技术学院 | 19 | 75.47 | 辽宁省 |
| 68 | 江西机电职业技术学院 | 31 | 75.38 | 江西省 |
| 69 | 重庆水利电力职业技术学院 | 40 | 75.27 | 重庆市 |
| 70 | 重庆工商职业学院 | 23 | 75.16 | 重庆市 |
| 71 | 共青科技职业学院 | 36 | 74.43 | 江西省 |
| 72 | 南宁职业技术学院 | 36 | 74.07 | 广西壮族自治区 |
| 73 | 安徽财贸职业学院 | 40 | 73.95 | 安徽省 |
| 74 | 江苏经贸职业技术学院 | 32 | 73.84 | 江苏省 |
| 75 | 广州番禺职业技术学院 | 22 | 73.8 | 广东省 |
| 76 | 重庆城市管理职业学院 | 23 | 73.65 | 重庆市 |
| 77 | 长沙民政职业技术学院 | 26 | 73.55 | 湖南省 |
| 78 | 兰州资源环境职业技术大学 | 20 | 73.24 | 甘肃省 |

续表

| 排名 | 学校名称 | 奖项数 | 总分 | 省份 |
|---|---|---|---|---|
| 79 | 江西现代职业技术学院 | 23 | 73.1 | 江西省 |
| 80 | 上海城建职业学院 | 20 | 72.99 | 上海市 |
| 81 | 合肥职业技术学院 | 17 | 72.87 | 安徽省 |
| 82 | 扬州工业职业技术学院 | 15 | 72.73 | 江苏省 |
| 83 | 成都纺织高等专科学校 | 30 | 72.63 | 四川省 |
| 84 | 南京铁道职业技术学院 | 10 | 72.58 | 江苏省 |
| 85 | 成都航空职业技术学院 | 32 | 72.51 | 四川省 |
| 86 | 广西水利电力职业技术学院 | 23 | 72.49 | 广西壮族自治区 |
| 87 | 天津市职业大学 | 20 | 72.45 | 天津市 |
| 88 | 海南经贸职业技术学院 | 24 | 72.35 | 海南省 |
| 89 | 江苏农林职业技术学院 | 12 | 72.09 | 江苏省 |
| 90 | 柳州铁道职业技术学院 | 14 | 71.77 | 广西壮族自治区 |
| 91 | 山东交通职业学院 | 10 | 71.44 | 山东省 |
| 92 | 江西财经职业学院 | 14 | 71.3 | 江西省 |
| 93 | 广东交通职业技术学院 | 25 | 71.26 | 广东省 |
| 94 | 潍坊职业学院 | 16 | 71.24 | 山东省 |
| 95 | 义乌工商职业技术学院 | 16 | 71.04 | 浙江省 |
| 96 | 常州工业职业技术学院 | 11 | 70.8 | 江苏省 |
| 97 | 日照职业技术学院 | 16 | 70.67 | 山东省 |
| 98 | 西宁城市职业技术学院 | 19 | 70.55 | 青海省 |
| 99 | 安徽工商职业学院 | 20 | 70.41 | 安徽省 |
| 100 | 苏州职业大学 | 18 | 70.3 | 江苏省 |

续表

| 排名 | 学校名称 | 奖项数 | 总分 | 省份 |
|---|---|---|---|---|
| 101 | 烟台职业学院 | 21 | 70.27 | 山东省 |
| 102 | 北京工业职业技术学院 | 16 | 70.22 | 北京市 |
| 103 | 浙江经贸职业技术学院 | 15 | 70.2 | 浙江省 |
| 104 | 青岛酒店管理职业技术学院 | 16 | 70.12 | 山东省 |
| 105 | 西安航空职业技术学院 | 15 | 70.08 | 陕西省 |
| 106 | 顺德职业技术学院 | 17 | 70.05 | 广东省 |
| 107 | 宁夏工商职业技术学院 | 22 | 69.94 | 宁夏回族自治区 |
| 108 | 长春汽车工业高等专科学校 | 14 | 69.68 | 吉林省 |
| 109 | 山东商业职业技术学院 | 13 | 69.57 | 山东省 |
| 110 | 浙江工商职业技术学院 | 7 | 69.44 | 浙江省 |
| 111 | 漳州职业技术学院 | 14 | 69.31 | 福建省 |
| 112 | 山东水利职业学院 | 8 | 69.3 | 山东省 |
| 113 | 温州职业技术学院 | 13 | 69.18 | 浙江省 |
| 113 | 杭州职业技术学院 | 16 | 69.18 | 浙江省 |
| 115 | 北京财贸职业学院 | 16 | 69.08 | 北京市 |
| 116 | 重庆航天职业技术学院 | 14 | 69.07 | 重庆市 |
| 117 | 四川财经职业学院 | 14 | 69.06 | 四川省 |
| 118 | 河北工业职业技术大学 | 17 | 68.87 | 河北省 |
| 119 | 江西制造职业技术学院 | 15 | 68.36 | 江西省 |
| 120 | 厦门城市职业学院 | 19 | 68.33 | 福建省 |
| 121 | 江苏建筑职业技术学院 | 22 | 68.31 | 江苏省 |
| 122 | 泸州职业技术学院 | 39 | 68.26 | 四川省 |
| 123 | 山东理工职业学院 | 10 | 68.08 | 山东省 |

续表

| 排名 | 学校名称 | 奖项数 | 总分 | 省份 |
|---|---|---|---|---|
| 124 | 陕西交通职业技术学院 | 24 | 67.6 | 陕西省 |
| 125 | 江西冶金职业技术学院 | 19 | 67.41 | 江西省 |
| 126 | 江苏海事职业技术学院 | 10 | 67.2 | 江苏省 |
| 127 | 浙江旅游职业学院 | 9 | 66.69 | 浙江省 |
| 128 | 山东电子职业技术学院 | 9 | 66.68 | 山东省 |
| 129 | 山西工程科技职业大学 | 15 | 66.64 | 山西省 |
| 130 | 青岛职业技术学院 | 11 | 66.56 | 山东省 |
| 131 | 陕西铁路工程职业技术学院 | 11 | 66.5 | 陕西省 |
| 132 | 江苏电子信息职业学院 | 20 | 66.15 | 江苏省 |
| 133 | 厦门海洋职业技术学院 | 15 | 66.14 | 福建省 |
| 134 | 浙江经济职业技术学院 | 15 | 66.06 | 浙江省 |
| 135 | 重庆电力高等专科学校 | 8 | 65.95 | 重庆市 |
| 136 | 兰州职业技术学院 | 30 | 65.91 | 甘肃省 |
| 137 | 陕西能源职业技术学院 | 10 | 65.88 | 陕西省 |
| 138 | 河北石油职业技术大学 | 17 | 65.78 | 河北省 |
| 139 | 北京信息职业技术学院 | 20 | 65.55 | 北京市 |
| 140 | 浙江工贸职业技术学院 | 5 | 65.51 | 浙江省 |
| 141 | 四川交通职业技术学院 | 22 | 65.32 | 四川省 |
| 142 | 广州城建职业学院 | 15 | 64.99 | 广东省 |
| 143 | 廊坊职业技术学院 | 9 | 64.89 | 河北省 |

续表

| 排名 | 学校名称 | 奖项数 | 总分 | 省份 |
|---|---|---|---|---|
| 144 | 滨州职业学院 | 11 | 64.81 | 山东省 |
| 145 | 乌鲁木齐职业大学 | 18 | 64.74 | 新疆维吾尔自治区 |
| 146 | 咸阳职业技术学院 | 10 | 64.56 | 陕西省 |
| 147 | 湖南铁路科技职业技术学院 | 6 | 64.53 | 湖南省 |
| 147 | 常州机电职业技术学院 | 11 | 64.53 | 江苏省 |
| 149 | 安徽国际商务职业学院 | 13 | 64.49 | 安徽省 |
| 150 | 陕西职业技术学院 | 17 | 64.41 | 陕西省 |
| 151 | 昆明冶金高等专科学校 | 18 | 64.37 | 云南省 |
| 152 | 山东科技职业学院 | 11 | 64.21 | 山东省 |
| 153 | 天津工业职业学院 | 9 | 64.15 | 天津市 |
| 154 | 重庆城市职业学院 | 17 | 64.13 | 重庆市 |
| 155 | 苏州农业职业技术学院 | 8 | 64.08 | 江苏省 |
| 156 | 山东信息职业技术学院 | 13 | 64.05 | 山东省 |
| 157 | 湖南财经工业职业技术学院 | 12 | 63.8 | 湖南省 |
| 158 | 福州职业技术学院 | 24 | 63.73 | 福建省 |
| 159 | 江苏联合职业技术学院 | 9 | 63.66 | 江苏省 |
| 160 | 宜宾职业技术学院 | 16 | 63.53 | 四川省 |
| 161 | 广西农业职业技术大学 | 22 | 63.45 | 广西壮族自治区 |
| 162 | 贵州电子信息职业技术学院 | 23 | 63.44 | 贵州省 |
| 163 | 浙江商业职业技术学院 | 11 | 63.42 | 浙江省 |
| 164 | 山东职业学院 | 6 | 63.33 | 山东省 |
| 165 | 德州职业技术学院 | 10 | 63.21 | 山东省 |

续表

| 排名 | 学校名称 | 奖项数 | 总分 | 省份 |
|---|---|---|---|---|
| 166 | 安徽水利水电职业技术学院 | 20 | 63.02 | 安徽省 |
| 167 | 广东职业技术学院 | 19 | 62.88 | 广东省 |
| 168 | 常州工程职业技术学院 | 8 | 62.7 | 江苏省 |
| 169 | 武汉职业技术学院 | 19 | 62.69 | 湖北省 |
| 170 | 湖南铁道职业技术学院 | 10 | 62.62 | 湖南省 |
| 170 | 云南机电职业技术学院 | 13 | 62.62 | 云南省 |
| 172 | 河南应用技术职业学院 | 17 | 62.52 | 河南省 |
| 173 | 南京交通职业技术学院 | 21 | 62.26 | 江苏省 |
| 174 | 浙江同济科技职业学院 | 21 | 62.08 | 浙江省 |
| 175 | 湖南生物机电职业技术学院 | 11 | 62.01 | 湖南省 |
| 176 | 重庆机电职业技术大学 | 13 | 61.98 | 重庆市 |
| 177 | 丽水职业技术学院 | 14 | 61.8 | 浙江省 |
| 178 | 天津现代职业技术学院 | 11 | 61.71 | 天津市 |
| 179 | 广西现代职业技术学院 | 9 | 61.66 | 广西壮族自治区 |
| 180 | 浙江交通职业技术学院 | 12 | 61.55 | 浙江省 |
| 181 | 广西机电职业技术学院 | 10 | 61.51 | 广西壮族自治区 |
| 182 | 武汉船舶职业技术学院 | 16 | 61.35 | 湖北省 |
| 183 | 江西旅游商贸职业学院 | 10 | 61.33 | 江西省 |
| 184 | 广西建设职业技术学院 | 15 | 61.3 | 广西壮族自治区 |

续表

| 排名 | 学校名称 | 奖项数 | 总分 | 省份 |
|---|---|---|---|---|
| 185 | 上海农林职业技术学院 | 9 | 61.1 | 上海市 |
| 186 | 天津交通职业学院 | 6 | 60.97 | 天津市 |
| 187 | 云南能源职业技术学院 | 7 | 60.83 | 云南省 |
| 188 | 安徽工业经济职业技术学院 | 9 | 60.77 | 安徽省 |
| 188 | 温州科技职业学院 | 11 | 60.77 | 浙江省 |
| 190 | 广东农工商职业技术学院 | 16 | 60.76 | 广东省 |
| 191 | 湖南机电职业技术学院 | 12 | 60.67 | 湖南省 |
| 192 | 长江职业学院 | 15 | 60.4 | 湖北省 |
| 193 | 四川建筑职业技术学院 | 16 | 60.29 | 四川省 |
| 194 | 山东外贸职业学院 | 8 | 60.27 | 山东省 |
| 195 | 上海出版印刷高等专科学校 | 15 | 60.21 | 上海市 |
| 196 | 河北机电职业技术学院 | 11 | 60.19 | 河北省 |
| 197 | 江苏信息职业技术学院 | 7 | 60.16 | 江苏省 |
| 198 | 辽宁现代服务职业技术学院 | 6 | 60.11 | 辽宁省 |
| 199 | 河南建筑职业技术学院 | 11 | 60.02 | 河南省 |
| 200 | 四川工程职业技术学院 | 20 | 59.9 | 四川省 |
| 201 | 山西省财政税务专科学校 | 7 | 59.89 | 山西省 |
| 202 | 广州民航职业技术学院 | 9 | 59.88 | 广东省 |
| 203 | 天津轻工职业技术学院 | 12 | 59.85 | 天津市 |

续表

| 排名 | 学校名称 | 奖项数 | 总分 | 省份 |
|---|---|---|---|---|
| 204 | 上海工艺美术职业学院 | 17 | 59.83 | 上海市 |
| 205 | 湖南科技职业学院 | 17 | 59.8 | 湖南省 |
| 206 | 陇南师范高等专科学校 | 4 | 59.69 | 甘肃省 |
| 207 | 湖南有色金属职业技术学院 | 9 | 59.63 | 湖南省 |
| 208 | 河南农业职业学院 | 9 | 59.62 | 河南省 |
| 208 | 吉林电子信息职业技术学院 | 13 | 59.62 | 吉林省 |
| 210 | 海南软件职业技术学院 | 21 | 59.52 | 海南省 |
| 211 | 南通职业大学 | 8 | 59.46 | 江苏省 |
| 212 | 陕西财经职业技术学院 | 14 | 59.38 | 陕西省 |
| 213 | 江门职业技术学院 | 11 | 59.3 | 广东省 |
| 214 | 山西职业技术学院 | 17 | 59.09 | 山西省 |
| 215 | 安徽电子信息职业技术学院 | 25 | 59.04 | 安徽省 |
| 216 | 新乡职业技术学院 | 6 | 58.91 | 河南省 |
| 217 | 台州科技职业学院 | 15 | 58.82 | 浙江省 |
| 218 | 海南职业技术学院 | 9 | 58.8 | 海南省 |
| 219 | 北海职业学院 | 24 | 58.79 | 广西壮族自治区 |
| 220 | 广东科贸职业学院 | 31 | 58.78 | 广东省 |
| 221 | 聊城职业技术学院 | 5 | 58.71 | 山东省 |
| 222 | 安徽新闻出版职业技术学院 | 23 | 58.56 | 安徽省 |
| 223 | 山东工程职业技术大学 | 11 | 58.53 | 山东省 |
| 224 | 安徽审计职业学院 | 9 | 58.51 | 安徽省 |
| 225 | 洛阳科技职业学院 | 21 | 58.48 | 河南省 |
| 226 | 天津电子信息职业技术学院 | 10 | 58.29 | 天津市 |

续表

| 排名 | 学校名称 | 奖项数 | 总分 | 省份 |
|---|---|---|---|---|
| 227 | 上海东海职业技术学院 | 10 | 58.28 | 上海市 |
| 228 | 湄洲湾职业技术学院 | 11 | 58.23 | 福建省 |
| 229 | 西安铁路职业技术学院 | 5 | 58.2 | 陕西省 |
| 230 | 河北交通职业技术学院 | 8 | 58.18 | 河北省 |
| 231 | 东莞职业技术学院 | 26 | 58.15 | 广东省 |
| 232 | 绵阳职业技术学院 | 22 | 58.13 | 四川省 |
| 233 | 四川邮电职业技术学院 | 8 | 58.11 | 四川省 |
| 234 | 中山职业技术学院 | 21 | 58.06 | 广东省 |
| 235 | 辽宁农业职业技术学院 | 12 | 58 | 辽宁省 |
| 236 | 枣庄科技职业学院 | 9 | 57.94 | 山东省 |
| 237 | 山东城市建设职业学院 | 5 | 57.91 | 山东省 |
| 238 | 贵州电子科技职业学院 | 13 | 57.8 | 贵州省 |
| 239 | 江西软件职业技术大学 | 22 | 57.79 | 江西省 |
| 240 | 包头职业技术学院 | 6 | 57.77 | 内蒙古自治区 |
| 241 | 黑龙江建筑职业技术学院 | 20 | 57.62 | 黑龙江省 |
| 242 | 石家庄铁路职业技术学院 | 10 | 57.57 | 河北省 |
| 242 | 嘉兴职业技术学院 | 10 | 57.57 | 浙江省 |
| 244 | 新疆农业职业技术学院 | 11 | 57.54 | 新疆维吾尔自治区 |
| 245 | 西藏职业技术学院 | 9 | 57.53 | 西藏自治区 |
| 246 | 江西师范高等专科学校 | 5 | 57.5 | 江西省 |

续表

| 排名 | 学校名称 | 奖项数 | 总分 | 省份 |
|---|---|---|---|---|
| 246 | 重庆能源职业学院 | 5 | 57.5 | 重庆市 |
| 248 | 湖北轻工职业技术学院 | 12 | 57.38 | 湖北省 |
| 249 | 辽宁省交通高等专科学校 | 11 | 57.33 | 辽宁省 |
| 250 | 河北化工医药职业技术学院 | 18 | 57.32 | 河北省 |
| 251 | 上海民航职业技术学院 | 7 | 57.24 | 上海市 |
| 252 | 大连职业技术学院 | 13 | 57.17 | 辽宁省 |
| 252 | 广西生态工程职业技术学院 | 15 | 57.17 | 广西壮族自治区 |
| 254 | 重庆三峡职业学院 | 6 | 57.13 | 重庆市 |
| 255 | 山东工业职业学院 | 6 | 57.03 | 山东省 |
| 255 | 四川城市职业学院 | 10 | 57.03 | 四川省 |
| 257 | 威海职业学院 | 10 | 56.77 | 山东省 |
| 258 | 山东畜牧兽医职业学院 | 5 | 56.65 | 山东省 |
| 259 | 湖南软件职业技术大学 | 13 | 56.62 | 湖南省 |
| 260 | 宁夏职业技术学院 | 17 | 56.38 | 宁夏回族自治区 |
| 261 | 绍兴职业技术学院 | 8 | 56.36 | 浙江省 |
| 262 | 陕西国防工业职业技术学院 | 12 | 56.29 | 陕西省 |
| 263 | 中山火炬职业技术学院 | 7 | 56.25 | 广东省 |
| 263 | 湖州职业技术学院 | 7 | 56.25 | 浙江省 |
| 265 | 濮阳职业技术学院 | 13 | 56.18 | 河南省 |
| 266 | 晋中师范高等专科学校 | 6 | 56.14 | 山西省 |
| 267 | 内蒙古电子信息职业技术学院 | 6 | 56.11 | 内蒙古自治区 |
| 268 | 南京科技职业学院 | 9 | 56.04 | 江苏省 |

续表

| 排名 | 学校名称 | 奖项数 | 总分 | 省份 |
|---|---|---|---|---|
| 268 | 徐州工业职业技术学院 | 11 | 56.04 | 江苏省 |
| 270 | 东营职业学院 | 13 | 56 | 山东省 |
| 271 | 河源职业技术学院 | 10 | 55.94 | 广东省 |
| 272 | 河北轨道运输职业技术学院 | 15 | 55.79 | 河北省 |
| 273 | 唐山工业职业技术学院 | 10 | 55.75 | 河北省 |
| 274 | 济南工程职业技术学院 | 6 | 55.54 | 山东省 |
| 274 | 湖南大众传媒职业技术学院 | 19 | 55.54 | 湖南省 |
| 276 | 吉林工业职业技术学院 | 5 | 55.53 | 吉林省 |
| 276 | 湖南城建职业技术学院 | 6 | 55.53 | 湖南省 |
| 278 | 浙江建设职业技术学院 | 4 | 55.47 | 浙江省 |
| 278 | 广西国际商务职业技术学院 | 14 | 55.47 | 广西壮族自治区 |
| 280 | 四川文化产业职业学院 | 12 | 55.37 | 四川省 |
| 281 | 许昌职业技术学院 | 14 | 55.31 | 河南省 |
| 282 | 湖南劳动人事职业学院 | 5 | 55.28 | 湖南省 |
| 283 | 石家庄邮电职业技术学院 | 3 | 55.27 | 河北省 |
| 284 | 晋中职业技术学院 | 18 | 55.1 | 山西省 |
| 285 | 苏州经贸职业技术学院 | 4 | 55.05 | 江苏省 |
| 286 | 武汉电力职业技术学院 | 5 | 54.95 | 湖北省 |
| 287 | 汕尾职业技术学院 | 9 | 54.92 | 广东省 |
| 288 | 湖南现代物流职业技术学院 | 7 | 54.9 | 湖南省 |

续表

| 排名 | 学校名称 | 奖项数 | 总分 | 省份 |
|---|---|---|---|---|
| 289 | 湖北生物科技职业学院 | 6 | 54.83 | 湖北省 |
| 290 | 新疆石河子职业技术学院 | 6 | 54.73 | 新疆维吾尔自治区 |
| 291 | 湖南电气职业技术学院 | 3 | 54.69 | 湖南省 |
| 292 | 重庆建筑工程职业学院 | 9 | 54.61 | 重庆市 |
| 293 | 南京旅游职业学院 | 3 | 54.58 | 江苏省 |
| 293 | 江汉艺术职业学院 | 3 | 54.58 | 湖北省 |
| 295 | 内蒙古建筑职业技术学院 | 10 | 54.34 | 内蒙古自治区 |
| 296 | 长沙商贸旅游职业技术学院 | 6 | 54.31 | 湖南省 |
| 296 | 长春金融高等专科学校 | 14 | 54.31 | 吉林省 |
| 298 | 克拉玛依职业技术学院 | 6 | 54.17 | 新疆维吾尔自治区 |
| 299 | 杭州万向职业技术学院 | 4 | 54.05 | 浙江省 |
| 299 | 天津渤海职业技术学院 | 9 | 54.05 | 天津市 |
| 301 | 广西经贸职业技术学院 | 15 | 53.9 | 广西壮族自治区 |
| 302 | 烟台工程职业技术学院 | 8 | 53.86 | 山东省 |
| 302 | 四川信息职业技术学院 | 25 | 53.86 | 四川省 |
| 304 | 贵州职业技术学院 | 4 | 53.81 | 贵州省 |
| 305 | 湖南化工职业技术学院 | 7 | 53.71 | 湖南省 |
| 306 | 江西工业贸易职业技术学院 | 6 | 53.65 | 江西省 |
| 307 | 湖南工程职业技术学院 | 18 | 53.51 | 湖南省 |

续表

| 排名 | 学校名称 | 奖项数 | 总分 | 省份 |
|---|---|---|---|---|
| 308 | 湖南民族职业学院 | 15 | 53.47 | 湖南省 |
| 309 | 淄博师范高等专科学校 | 3 | 53.45 | 山东省 |
| 310 | 重庆商务职业学院 | 7 | 53.42 | 重庆市 |
| 311 | 贵州工商职业学院 | 7 | 53.37 | 贵州省 |
| 311 | 贵州水利水电职业技术学院 | 8 | 53.37 | 贵州省 |
| 313 | 内蒙古机电职业技术学院 | 9 | 53.36 | 内蒙古自治区 |
| 314 | 重庆科创职业学院 | 21 | 53.28 | 重庆市 |
| 315 | 沈阳职业技术学院 | 7 | 53.22 | 辽宁省 |
| 316 | 湖南安全技术职业学院 | 12 | 53.16 | 湖南省 |
| 317 | 广西理工职业技术学院 | 4 | 53.09 | 广西壮族自治区 |
| 318 | 广安职业技术学院 | 11 | 53.05 | 四川省 |
| 319 | 泉州职业技术大学 | 17 | 52.99 | 福建省 |
| 320 | 青海交通职业技术学院 | 14 | 52.97 | 青海省 |
| 321 | 广西工商职业技术学院 | 8 | 52.84 | 广西壮族自治区 |
| 322 | 广州铁路职业技术学院 | 5 | 52.76 | 广东省 |
| 323 | 商丘职业技术学院 | 4 | 52.46 | 河南省 |
| 324 | 平顶山职业技术学院 | 6 | 52.44 | 河南省 |
| 325 | 湖北工业职业技术学院 | 10 | 52.33 | 湖北省 |
| 326 | 江西艺术职业学院 | 14 | 52.25 | 江西省 |
| 327 | 北京经济管理职业学院 | 13 | 52.21 | 北京市 |
| 328 | 内蒙古商贸职业学院 | 10 | 52.16 | 内蒙古自治区 |
| 329 | 衢州职业技术学院 | 6 | 52.15 | 浙江省 |
| 330 | 淮南职业技术学院 | 5 | 51.95 | 安徽省 |

续表

| 排名 | 学校名称 | 奖项数 | 总分 | 省份 |
|---|---|---|---|---|
| 331 | 江苏商贸职业学院 | 5 | 51.92 | 江苏省 |
| 332 | 赣州师范高等专科学校 | 2 | 51.9 | 江西省 |
| 333 | 济源职业技术学院 | 7 | 51.87 | 河南省 |
| 334 | 安徽城市管理职业学院 | 7 | 51.79 | 安徽省 |
| 335 | 河北女子职业技术学院 | 4 | 51.7 | 河北省 |
| 336 | 重庆工贸职业技术学院 | 5 | 51.68 | 重庆市 |
| 336 | 广西金融职业技术学院 | 9 | 51.68 | 广西壮族自治区 |
| 338 | 贵州工业职业技术学院 | 6 | 51.62 | 贵州省 |
| 339 | 浙江艺术职业学院 | 6 | 51.46 | 浙江省 |
| 340 | 湖北城市建设职业技术学院 | 12 | 51.37 | 湖北省 |
| 341 | 江苏城市职业学院 | 15 | 51.31 | 江苏省 |
| 342 | 湖南艺术职业学院 | 8 | 51.14 | 湖南省 |
| 343 | 广东理工职业学院 | 12 | 51.09 | 广东省 |
| 344 | 黑龙江农业工程职业学院 | 5 | 51.04 | 黑龙江省 |
| 345 | 江苏航运职业技术学院 | 2 | 50.91 | 江苏省 |
| 345 | 福建生物工程职业技术学院 | 5 | 50.91 | 福建省 |
| 347 | 福建水利电力职业技术学院 | 8 | 50.84 | 福建省 |
| 348 | 烟台文化旅游职业学院 | 3 | 50.77 | 山东省 |
| 349 | 浙江广厦建设职业技术大学 | 11 | 50.73 | 浙江省 |
| 350 | 湖北科技职业学院 | 12 | 50.66 | 湖北省 |
| 351 | 北京农业职业学院 | 8 | 50.61 | 北京市 |
| 352 | 永州职业技术学院 | 3 | 50.51 | 湖南省 |

续表

| 排名 | 学校名称 | 奖项数 | 总分 | 省份 |
|---|---|---|---|---|
| 352 | 长沙环境保护职业技术学院 | 5 | 50.51 | 湖南省 |
| 354 | 安徽电气工程职业技术学院 | 4 | 50.32 | 安徽省 |
| 354 | 四川航天职业技术学院 | 15 | 50.32 | 四川省 |
| 356 | 甘肃工业职业技术学院 | 5 | 50.23 | 甘肃省 |
| 356 | 广东工程职业技术学院 | 12 | 50.23 | 广东省 |
| 358 | 西安职业技术学院 | 3 | 50.04 | 陕西省 |
| 359 | 三亚航空旅游职业学院 | 5 | 49.98 | 海南省 |
| 359 | 安徽国防科技职业学院 | 7 | 49.98 | 安徽省 |
| 361 | 广东机电职业技术学院 | 10 | 49.89 | 广东省 |
| 362 | 重庆三峡医药高等专科学校 | 4 | 49.71 | 重庆市 |
| 363 | 四川水利职业技术学院 | 14 | 49.66 | 四川省 |
| 364 | 江苏工程职业技术学院 | 7 | 49.57 | 江苏省 |
| 365 | 莱芜职业技术学院 | 10 | 49.5 | 山东省 |
| 366 | 山东外国语职业技术大学 | 8 | 49.44 | 山东省 |
| 367 | 威海海洋职业学院 | 2 | 49.32 | 山东省 |
| 368 | 广西工业职业技术学院 | 4 | 49.26 | 广西壮族自治区 |
| 369 | 山东商务职业学院 | 6 | 48.89 | 山东省 |
| 370 | 河北软件职业技术学院 | 4 | 48.71 | 河北省 |
| 371 | 郑州信息科技职业学院 | 13 | 48.66 | 河南省 |

续表

| 排名 | 学校名称 | 奖项数 | 总分 | 省份 |
|------|----------|--------|------|------|
| 372 | 重庆建筑科技职业学院 | 10 | 48.57 | 重庆市 |
| 373 | 上海思博职业技术学院 | 8 | 48.5 | 上海市 |
| 374 | 湖南理工职业技术学院 | 4 | 48.49 | 湖南省 |
| 375 | 盐城幼儿师范高等专科学校 | 4 | 48.41 | 江苏省 |
| 376 | 山西金融职业学院 | 3 | 48.38 | 山西省 |
| 377 | 上海工商外国语职业学院 | 7 | 48.35 | 上海市 |
| 378 | 阜阳职业技术学院 | 2 | 48.29 | 安徽省 |
| 378 | 济南幼儿师范高等专科学校 | 2 | 48.29 | 山东省 |
| 378 | 渤海理工职业学院 | 2 | 48.29 | 河北省 |
| 381 | 成都农业科技职业学院 | 8 | 48.23 | 四川省 |
| 382 | 淮南联合大学 | 5 | 48.22 | 安徽省 |
| 383 | 天津城市职业学院 | 5 | 48.18 | 天津市 |
| 384 | 天津海运职业学院 | 4 | 48.17 | 天津市 |
| 385 | 辽宁地质工程职业学院 | 3 | 48.04 | 辽宁省 |
| 385 | 陕西机电职业技术学院 | 3 | 48.04 | 陕西省 |
| 385 | 郑州幼儿师范高等专科学校 | 3 | 48.04 | 河南省 |
| 385 | 娄底职业技术学院 | 3 | 48.04 | 湖南省 |
| 385 | 湖北国土资源职业学院 | 3 | 48.04 | 湖北省 |
| 385 | 重庆化工职业学院 | 3 | 48.04 | 重庆市 |
| 385 | 山西电力职业技术学院 | 3 | 48.04 | 山西省 |
| 385 | 包头钢铁职业技术学院 | 3 | 48.04 | 内蒙古自治区 |
| 393 | 咸宁职业技术学院 | 11 | 48.03 | 湖北省 |

续表

| 排名 | 学校名称 | 奖项数 | 总分 | 省份 |
|------|----------|--------|------|------|
| 394 | 闽江师范高等专科学校 | 3 | 48.02 | 福建省 |
| 395 | 山东胜利职业学院 | 16 | 47.96 | 山东省 |
| 396 | 浙江横店影视职业学院 | 8 | 47.74 | 浙江省 |
| 397 | 唐山职业技术学院 | 6 | 47.69 | 河北省 |
| 398 | 天津铁道职业技术学院 | 4 | 47.57 | 天津市 |
| 399 | 山东电力高等专科学校 | 1 | 47.45 | 山东省 |
| 399 | 河北艺术职业学院 | 8 | 47.45 | 河北省 |
| 401 | 四川艺术职业学院 | 11 | 47.35 | 四川省 |
| 402 | 云南交通职业技术学院 | 5 | 47.33 | 云南省 |
| 403 | 宁夏财经职业技术学院 | 6 | 47.25 | 宁夏回族自治区 |
| 404 | 武汉商贸职业学院 | 10 | 47.21 | 湖北省 |
| 405 | 广西电力职业技术学院 | 7 | 47.19 | 广西壮族自治区 |
| 406 | 泉州医学高等专科学校 | 5 | 47.05 | 福建省 |
| 407 | 徽商职业学院 | 7 | 46.88 | 安徽省 |
| 408 | 四川长江职业学院 | 8 | 46.85 | 四川省 |
| 409 | 湖北生态工程职业技术学院 | 2 | 46.65 | 湖北省 |
| 409 | 四川工商职业技术学院 | 7 | 46.65 | 四川省 |
| 409 | 贵州装备制造职业学院 | 8 | 46.65 | 贵州省 |
| 412 | 四川职业技术学院 | 5 | 46.63 | 四川省 |
| 412 | 江苏财经职业技术学院 | 7 | 46.63 | 江苏省 |
| 414 | 郑州职业技术学院 | 7 | 46.61 | 河南省 |
| 415 | 秦皇岛职业技术学院 | 6 | 46.47 | 河北省 |

续表

| 排名 | 学校名称 | 奖项数 | 总分 | 省份 |
|---|---|---|---|---|
| 416 | 苏州百年职业学院 | 5 | 46.42 | 江苏省 |
| 417 | 新疆交通职业技术学院 | 7 | 46.34 | 新疆维吾尔自治区 |
| 418 | 广东省外语艺术职业学院 | 12 | 46.32 | 广东省 |
| 419 | 上海行健职业学院 | 7 | 46.28 | 上海市 |
| 420 | 贵州轻工职业技术学院 | 7 | 46.21 | 贵州省 |
| 421 | 马鞍山师范高等专科学校 | 4 | 46.15 | 安徽省 |
| 422 | 武汉铁路职业技术学院 | 6 | 46.11 | 湖北省 |
| 423 | 广西工程职业学院 | 8 | 46.09 | 广西壮族自治区 |
| 424 | 宝鸡职业技术学院 | 2 | 46.05 | 陕西省 |
| 425 | 亳州职业技术学院 | 6 | 45.92 | 安徽省 |
| 426 | 川北幼儿师范高等专科学校 | 5 | 45.77 | 四川省 |
| 427 | 云南国防工业职业技术学院 | 5 | 45.74 | 云南省 |
| 428 | 天津医学高等专科学校 | 3 | 45.67 | 天津市 |
| 428 | 湖北交通职业技术学院 | 3 | 45.67 | 湖北省 |
| 428 | 成都工贸职业技术学院 | 7 | 45.67 | 四川省 |
| 431 | 九江职业大学 | 8 | 45.59 | 江西省 |
| 432 | 宣城职业技术学院 | 9 | 45.5 | 安徽省 |
| 433 | 江西建设职业技术学院 | 4 | 45.45 | 江西省 |
| 434 | 上饶职业技术学院 | 7 | 45.4 | 江西省 |
| 435 | 襄阳汽车职业技术学院 | 5 | 45.35 | 湖北省 |
| 436 | 宁波卫生职业技术学院 | 2 | 45.2 | 浙江省 |

续表

| 排名 | 学校名称 | 奖项数 | 总分 | 省份 |
|---|---|---|---|---|
| 436 | 太原旅游职业学院 | 4 | 45.2 | 山西省 |
| 436 | 鄂州职业大学 | 9 | 45.2 | 湖北省 |
| 439 | 潍坊护理职业学院 | 2 | 45.11 | 山东省 |
| 439 | 湖北三峡职业技术学院 | 3 | 45.11 | 湖北省 |
| 439 | 广东女子职业技术学院 | 7 | 45.11 | 广东省 |
| 439 | 酒泉职业技术学院 | 7 | 45.11 | 甘肃省 |
| 439 | 重庆旅游职业学院 | 7 | 45.11 | 重庆市 |
| 444 | 闽西职业技术学院 | 3 | 45.09 | 福建省 |
| 444 | 湖北水利水电职业技术学院 | 3 | 45.09 | 湖北省 |
| 446 | 郑州城市职业学院 | 6 | 45.02 | 河南省 |
| 447 | 宁波城市职业技术学院 | 7 | 44.76 | 浙江省 |
| 448 | 黑龙江生物科技职业学院 | 7 | 44.73 | 黑龙江省 |
| 449 | 广州卫生职业技术学院 | 1 | 44.72 | 广东省 |
| 450 | 湖南水利水电职业技术学院 | 4 | 44.62 | 湖南省 |
| 451 | 铜仁职业技术学院 | 3 | 44.45 | 贵州省 |
| 452 | 黑龙江农垦职业学院 | 7 | 44.43 | 黑龙江省 |
| 453 | 南阳农业职业学院 | 5 | 44.4 | 河南省 |
| 454 | 郑州理工职业学院 | 9 | 44.34 | 河南省 |
| 455 | 江西工程职业学院 | 9 | 44.3 | 江西省 |
| 456 | 哈尔滨铁道职业技术学院 | 2 | 44.27 | 黑龙江省 |
| 457 | 上海旅游高等专科学校 | 5 | 44.17 | 上海市 |
| 458 | 滁州职业技术学院 | 10 | 44.15 | 安徽省 |
| 459 | 山西林业职业技术学院 | 3 | 44.13 | 山西省 |
| 460 | 开封大学 | 17 | 44.12 | 河南省 |

续表

| 排名 | 学校名称 | 奖项数 | 总分 | 省份 |
|---|---|---|---|---|
| 461 | 广东生态工程职业学院 | 5 | 44.11 | 广东省 |
| 462 | 四川商务职业学院 | 3 | 44.07 | 四川省 |
| 462 | 海南外国语职业学院 | 3 | 44.07 | 海南省 |
| 464 | 内江职业技术学院 | 4 | 44.05 | 四川省 |
| 465 | 安徽医学高等专科学校 | 2 | 44.03 | 安徽省 |
| 465 | 江苏农牧科技职业学院 | 6 | 44.03 | 江苏省 |
| 465 | 广东岭南职业技术学院 | 9 | 44.03 | 广东省 |
| 468 | 山东劳动职业技术学院 | 2 | 43.9 | 山东省 |
| 469 | 台州职业技术学院 | 7 | 43.88 | 浙江省 |
| 470 | 保险职业学院 | 2 | 43.76 | 湖南省 |
| 471 | 成都艺术职业大学 | 9 | 43.74 | 四川省 |
| 472 | 广东文艺职业学院 | 8 | 43.71 | 广东省 |
| 473 | 辽宁铁道职业技术学院 | 3 | 43.62 | 辽宁省 |
| 474 | 湖南食品药品职业学院 | 2 | 43.53 | 湖南省 |
| 474 | 云南农业职业技术学院 | 4 | 43.53 | 云南省 |
| 476 | 云南旅游职业学院 | 3 | 43.52 | 云南省 |
| 477 | 辽宁装备制造职业技术学院 | 5 | 43.51 | 辽宁省 |
| 478 | 浙江药科职业大学 | 2 | 43.5 | 浙江省 |
| 479 | 广州工程技术职业学院 | 2 | 43.41 | 广东省 |
| 479 | 荆州职业技术学院 | 2 | 43.41 | 湖北省 |
| 479 | 湖北职业技术学院 | 2 | 43.41 | 湖北省 |
| 479 | 珠海城市职业技术学院 | 4 | 43.41 | 广东省 |
| 479 | 黄冈职业技术学院 | 6 | 43.41 | 湖北省 |

续表

| 排名 | 学校名称 | 奖项数 | 总分 | 省份 |
|---|---|---|---|---|
| 484 | 临汾职业技术学院 | 2 | 43.31 | 山西省 |
| 485 | 福建农业职业技术学院 | 6 | 43.14 | 福建省 |
| 486 | 湖北艺术职业学院 | 2 | 43.12 | 湖北省 |
| 487 | 柳州城市职业学院 | 7 | 43.06 | 广西壮族自治区 |
| 488 | 阜阳幼儿师范高等专科学校 | 5 | 43.02 | 安徽省 |
| 489 | 湖南环境生物职业技术学院 | 9 | 42.99 | 湖南省 |
| 490 | 嘉兴南洋职业技术学院 | 7 | 42.94 | 浙江省 |
| 491 | 宿迁泽达职业技术学院 | 2 | 42.87 | 江苏省 |
| 491 | 长沙南方职业学院 | 2 | 42.87 | 湖南省 |
| 491 | 西安高新科技职业学院 | 4 | 42.87 | 陕西省 |
| 494 | 浙江东方职业技术学院 | 3 | 42.84 | 浙江省 |
| 495 | 南阳职业学院 | 8 | 42.76 | 河南省 |
| 496 | 洛阳职业技术学院 | 2 | 42.66 | 河南省 |
| 497 | 福州黎明职业技术学院 | 5 | 42.54 | 福建省 |
| 498 | 哈尔滨职业技术学院 | 9 | 42.53 | 黑龙江省 |
| 499 | 贵州城市职业学院 | 8 | 42.38 | 贵州省 |
| 500 | 黑龙江农业经济职业学院 | 2 | 42.29 | 黑龙江省 |
| 501 | 重庆艺术工程职业学院 | 11 | 42.25 | 重庆市 |
| 502 | 广东环境保护工程职业学院 | 3 | 42.05 | 广东省 |
| 502 | 湖南商务职业技术学院 | 4 | 42.05 | 湖南省 |

续表

| 排名 | 学校名称 | 奖项数 | 总分 | 省份 |
|---|---|---|---|---|
| 504 | 武汉信息传播职业技术学院 | 8 | 42.03 | 湖北省 |
| 505 | 苏州工业园区服务外包职业学院 | 5 | 41.96 | 江苏省 |
| 506 | 遵义职业技术学院 | 2 | 41.89 | 贵州省 |
| 507 | 济宁职业技术学院 | 1 | 41.76 | 山东省 |
| 507 | 安徽汽车职业技术学院 | 1 | 41.76 | 安徽省 |
| 509 | 佛山职业技术学院 | 5 | 41.73 | 广东省 |
| 510 | 湖南九嶷职业技术学院 | 1 | 41.72 | 湖南省 |
| 510 | 广东青年职业学院 | 4 | 41.72 | 广东省 |
| 512 | 南京机电职业技术学院 | 10 | 41.69 | 江苏省 |
| 513 | 吉安职业技术学院 | 7 | 41.68 | 江西省 |
| 514 | 保定电力职业技术学院 | 1 | 41.58 | 河北省 |
| 515 | 广东水利电力职业技术学院 | 13 | 41.53 | 广东省 |
| 516 | 北京戏曲艺术职业学院 | 1 | 41.47 | 北京市 |
| 516 | 苏州卫生职业技术学院 | 1 | 41.47 | 江苏省 |
| 516 | 江苏医药职业学院 | 1 | 41.47 | 江苏省 |
| 516 | 长春医学高等专科学校 | 3 | 41.47 | 吉林省 |
| 516 | 江西工业工程职业技术学院 | 5 | 41.47 | 江西省 |
| 516 | 河北对外经贸职业学院 | 5 | 41.47 | 河北省 |
| 516 | 贵州财经职业学院 | 5 | 41.47 | 贵州省 |
| 523 | 广东工贸职业技术学院 | 10 | 41.25 | 广东省 |
| 524 | 贵州电子商务职业技术学院 | 2 | 41.21 | 贵州省 |

续表

| 排名 | 学校名称 | 奖项数 | 总分 | 省份 |
|---|---|---|---|---|
| 525 | 无锡城市职业技术学院 | 2 | 41.19 | 江苏省 |
| 526 | 淮北职业技术学院 | 6 | 41.08 | 安徽省 |
| 527 | 锡林郭勒职业学院 | 4 | 40.85 | 内蒙古自治区 |
| 527 | 平顶山工业职业技术学院 | 9 | 40.85 | 河南省 |
| 529 | 四川幼儿师范高等专科学校 | 4 | 40.68 | 四川省 |
| 530 | 大同煤炭职业技术学院 | 1 | 40.61 | 山西省 |
| 530 | 菏泽家政职业学院 | 1 | 40.61 | 山东省 |
| 530 | 贵州应用技术职业学院 | 1 | 40.61 | 贵州省 |
| 530 | 兰州现代职业学院 | 1 | 40.61 | 甘肃省 |
| 530 | 甘肃有色冶金职业技术学院 | 1 | 40.61 | 甘肃省 |
| 530 | 晋城职业技术学院 | 1 | 40.61 | 山西省 |
| 530 | 太原城市职业技术学院 | 1 | 40.61 | 山西省 |
| 530 | 西安电力高等专科学校 | 1 | 40.61 | 陕西省 |
| 530 | 内蒙古化工职业学院 | 1 | 40.61 | 内蒙古自治区 |
| 530 | 鹤壁职业技术学院 | 1 | 40.61 | 河南省 |
| 530 | 毕节医学高等专科学校 | 1 | 40.61 | 贵州省 |
| 530 | 呼和浩特职业学院 | 4 | 40.61 | 内蒙古自治区 |
| 542 | 岳阳职业技术学院 | 6 | 40.58 | 湖南省 |
| 543 | 泉州工艺美术职业学院 | 2 | 40.54 | 福建省 |
| 543 | 上海济光职业技术学院 | 2 | 40.54 | 上海市 |

续表

| 排名 | 学校名称 | 奖项数 | 总分 | 省份 |
|---|---|---|---|---|
| 545 | 廊坊燕京职业技术学院 | 7 | 40.27 | 河北省 |
| 546 | 青海柴达木职业技术学院 | 2 | 40.25 | 青海省 |
| 547 | 河南艺术职业学院 | 3 | 40.23 | 河南省 |
| 548 | 烟台汽车工程职业学院 | 2 | 40.22 | 山东省 |
| 549 | 云南文化艺术职业学院 | 3 | 40.2 | 云南省 |
| 550 | 河南机电职业学院 | 2 | 40.15 | 河南省 |
| 551 | 桂林师范高等专科学校 | 6 | 40.1 | 广西壮族自治区 |
| 552 | 常州纺织服装职业技术学院 | 3 | 40.05 | 江苏省 |
| 553 | 渭南职业技术学院 | 5 | 39.97 | 陕西省 |
| 554 | 广东南方职业学院 | 7 | 39.79 | 广东省 |
| 555 | 西安信息职业大学 | 2 | 39.73 | 陕西省 |
| 556 | 新疆生产建设兵团兴新职业技术学院 | 5 | 39.69 | 新疆维吾尔自治区 |
| 557 | 辽宁经济职业技术学院 | 7 | 39.67 | 辽宁省 |
| 558 | 青海建筑职业技术学院 | 5 | 39.64 | 青海省 |
| 559 | 汕头职业技术学院 | 7 | 39.55 | 广东省 |
| 560 | 安徽扬子职业技术学院 | 2 | 39.52 | 安徽省 |
| 561 | 邯郸职业技术学院 | 4 | 39.41 | 河北省 |
| 562 | 黑龙江冰雪体育职业学院 | 1 | 39.36 | 黑龙江省 |
| 562 | 甘肃畜牧工程职业技术学院 | 1 | 39.36 | 甘肃省 |
| 562 | 白城医学高等专科学校 | 1 | 39.36 | 吉林省 |
| 562 | 宜春职业技术学院 | 3 | 39.36 | 江西省 |

续表

| 排名 | 学校名称 | 奖项数 | 总分 | 省份 |
|---|---|---|---|---|
| 562 | 江西生物科技职业学院 | 3 | 39.36 | 江西省 |
| 562 | 宁夏警官职业学院 | 3 | 39.36 | 宁夏回族自治区 |
| 562 | 皖西卫生职业学院 | 3 | 39.36 | 安徽省 |
| 569 | 河南交通职业技术学院 | 1 | 39.35 | 河南省 |
| 569 | 广东工商职业技术大学 | 3 | 39.35 | 广东省 |
| 571 | 重庆文化艺术职业学院 | 11 | 39.25 | 重庆市 |
| 572 | 石河子工程职业技术学院 | 4 | 39.22 | 新疆维吾尔自治区 |
| 572 | 辽宁金融职业学院 | 4 | 39.22 | 辽宁省 |
| 572 | 湖北财税职业学院 | 4 | 39.22 | 湖北省 |
| 572 | 江苏城乡建设职业学院 | 4 | 39.22 | 江苏省 |
| 572 | 吉林水利电力职业学院 | 4 | 39.22 | 吉林省 |
| 572 | 山西青年职业学院 | 4 | 39.22 | 山西省 |
| 572 | 云南财经职业学院 | 4 | 39.22 | 云南省 |
| 572 | 甘肃交通职业技术学院 | 4 | 39.22 | 甘肃省 |
| 580 | 武汉民政职业学院 | 3 | 39.14 | 湖北省 |
| 581 | 山东中医药高等专科学校 | 2 | 39.04 | 山东省 |
| 582 | 河南水利与环境职业学院 | 2 | 39.03 | 河南省 |
| 583 | 浙江邮电职业技术学院 | 5 | 38.99 | 浙江省 |
| 584 | 山东轻工职业学院 | 7 | 38.91 | 山东省 |
| 585 | 北京劳动保障职业学院 | 2 | 38.48 | 北京市 |
| 585 | 怀化职业技术学院 | 3 | 38.48 | 湖南省 |

续表

| 排名 | 学校名称 | 奖项数 | 总分 | 省份 |
|---|---|---|---|---|
| 585 | 辽宁医药职业学院 | 3 | 38.48 | 辽宁省 |
| 588 | 海南工商职业学院 | 4 | 38.31 | 海南省 |
| 589 | 云南城市建设职业学院 | 3 | 38.1 | 云南省 |
| 590 | 长江工程职业技术学院 | 8 | 37.96 | 湖北省 |
| 591 | 云南国土资源职业学院 | 4 | 37.81 | 云南省 |
| 591 | 广西幼儿师范高等专科学校 | 4 | 37.81 | 广西壮族自治区 |
| 593 | 漳州科技职业学院 | 2 | 37.73 | 福建省 |
| 593 | 重庆幼儿师范高等专科学校 | 2 | 37.73 | 重庆市 |
| 595 | 云南工程职业学院 | 1 | 37.71 | 云南省 |
| 595 | 安庆职业技术学院 | 1 | 37.71 | 安徽省 |
| 595 | 安徽交通职业技术学院 | 3 | 37.71 | 安徽省 |
| 595 | 赣州职业技术学院 | 6 | 37.71 | 江西省 |
| 599 | 江西卫生职业学院 | 3 | 37.53 | 江西省 |
| 599 | 重庆医药高等专科学校 | 3 | 37.53 | 重庆市 |
| 599 | 广西卫生职业技术学院 | 3 | 37.53 | 广西壮族自治区 |
| 602 | 漯河职业技术学院 | 6 | 37.51 | 河南省 |
| 603 | 徐州幼儿师范高等专科学校 | 1 | 37.35 | 江苏省 |
| 604 | 哈尔滨科学技术职业学院 | 2 | 37.29 | 黑龙江省 |
| 605 | 南京城市职业学院 | 9 | 37.12 | 江苏省 |
| 606 | 合肥幼儿师范高等专科学校 | 6 | 37.05 | 安徽省 |
| 607 | 丽江师范高等专科学校 | 3 | 36.98 | 云南省 |
| 608 | 石家庄职业技术学院 | 3 | 36.94 | 河北省 |

续表

| 排名 | 学校名称 | 奖项数 | 总分 | 省份 |
|---|---|---|---|---|
| 609 | 北京科技职业学院 | 2 | 36.9 | 北京市 |
| 609 | 湖南外贸职业学院 | 2 | 36.9 | 湖南省 |
| 609 | 武汉外语外事职业学院 | 11 | 36.9 | 湖北省 |
| 612 | 武汉工程职业技术学院 | 4 | 36.79 | 湖北省 |
| 613 | 广东舞蹈戏剧职业学院 | 5 | 36.77 | 广东省 |
| 614 | 沧州幼儿师范高等专科学校 | 1 | 36.71 | 河北省 |
| 614 | 河北政法职业学院 | 1 | 36.71 | 河北省 |
| 614 | 德宏师范高等专科学校 | 1 | 36.71 | 云南省 |
| 614 | 保定职业技术学院 | 1 | 36.71 | 河北省 |
| 614 | 镇江市高等专科学校 | 1 | 36.71 | 江苏省 |
| 614 | 漳州理工职业学院 | 1 | 36.71 | 福建省 |
| 620 | 江西泰豪动漫职业学院 | 9 | 36.63 | 江西省 |
| 621 | 广东江门中医药职业学院 | 1 | 36.5 | 广东省 |
| 621 | 恩施职业技术学院 | 1 | 36.5 | 湖北省 |
| 621 | 海南卫生健康职业学院 | 1 | 36.5 | 海南省 |
| 621 | 苏州工业职业技术学院 | 1 | 36.5 | 江苏省 |
| 621 | 南阳医学高等专科学校 | 1 | 36.5 | 河南省 |
| 621 | 山西药科职业学院 | 1 | 36.5 | 山西省 |
| 621 | 北京社会管理职业学院 | 1 | 36.5 | 北京市 |
| 621 | 北京青年政治学院 | 3 | 36.5 | 北京市 |
| 621 | 辽宁建筑职业学院 | 3 | 36.5 | 辽宁省 |
| 621 | 延安职业技术学院 | 3 | 36.5 | 陕西省 |

续表

| 排名 | 学校名称 | 奖项数 | 总分 | 省份 |
|---|---|---|---|---|
| 621 | 福建电力职业技术学院 | 3 | 36.5 | 福建省 |
| 621 | 江西工业职业技术学院 | 3 | 36.5 | 江西省 |
| 621 | 河北旅游职业学院 | 3 | 36.5 | 河北省 |
| 621 | 昆明工业职业技术学院 | 3 | 36.5 | 云南省 |
| 621 | 江西信息应用职业技术学院 | 3 | 36.5 | 江西省 |
| 621 | 盘锦职业技术学院 | 3 | 36.5 | 辽宁省 |
| 621 | 泉州幼儿师范高等专科学校 | 3 | 36.5 | 福建省 |
| 638 | 甘肃财贸职业学院 | 2 | 36.44 | 甘肃省 |
| 639 | 浙江安防职业技术学院 | 5 | 36.37 | 浙江省 |
| 640 | 成都工业职业技术学院 | 3 | 36.29 | 四川省 |
| 641 | 广东松山职业技术学院 | 6 | 36.15 | 广东省 |
| 642 | 广州城市职业学院 | 1 | 36.05 | 广东省 |
| 642 | 四川现代职业学院 | 1 | 36.05 | 四川省 |
| 642 | 四川托普信息技术职业学院 | 3 | 36.05 | 四川省 |
| 642 | 南京视觉艺术职业学院 | 3 | 36.05 | 江苏省 |
| 646 | 石家庄信息工程职业学院 | 3 | 35.8 | 河北省 |
| 647 | 广州南洋理工职业学院 | 3 | 35.77 | 广东省 |
| 648 | 四川化工职业技术学院 | 4 | 35.72 | 四川省 |
| 649 | 湖南三一工业职业技术学院 | 2 | 35.68 | 湖南省 |
| 650 | 广西英华国际职业学院 | 6 | 35.67 | 广西壮族自治区 |

续表

| 排名 | 学校名称 | 奖项数 | 总分 | 省份 |
|---|---|---|---|---|
| 651 | 昆明艺术职业学院 | 2 | 35.65 | 云南省 |
| 652 | 北京汇佳职业学院 | 2 | 35.57 | 北京市 |
| 653 | 青海卫生职业技术学院 | 2 | 35.56 | 青海省 |
| 653 | 三门峡职业技术学院 | 2 | 35.56 | 河南省 |
| 653 | 云南经贸外事职业学院 | 2 | 35.56 | 云南省 |
| 653 | 郑州电力高等专科学校 | 2 | 35.56 | 河南省 |
| 653 | 黔南民族职业技术学院 | 2 | 35.56 | 贵州省 |
| 653 | 宁夏建设职业技术学院 | 2 | 35.56 | 宁夏回族自治区 |
| 659 | 郑州亚欧交通职业学院 | 2 | 35.26 | 河南省 |
| 660 | 青岛港湾职业技术学院 | 3 | 35.12 | 山东省 |
| 661 | 临沂科技职业学院 | 1 | 35.06 | 山东省 |
| 662 | 山西水利职业技术学院 | 3 | 34.77 | 山西省 |
| 663 | 新疆建设职业技术学院 | 4 | 34.62 | 新疆维吾尔自治区 |
| 664 | 榆林职业技术学院 | 2 | 34.61 | 陕西省 |
| 665 | 山东传媒职业学院 | 7 | 34.38 | 山东省 |
| 666 | 四川护理职业学院 | 2 | 34.35 | 四川省 |
| 666 | 天津滨海职业学院 | 2 | 34.35 | 天津市 |
| 668 | 天津机电职业技术学院 | 3 | 34.09 | 天津市 |
| 669 | 德州科技职业学院 | 2 | 34.04 | 山东省 |
| 670 | 广州科技贸易职业学院 | 3 | 33.86 | 广东省 |
| 671 | 辽宁轻工职业学院 | 2 | 33.72 | 辽宁省 |
| 672 | 四川国际标榜职业学院 | 4 | 33.15 | 四川省 |

续表

| 排名 | 学校名称 | 奖项数 | 总分 | 省份 |
|---|---|---|---|---|
| 673 | 青海畜牧兽医职业技术学院 | 2 | 32.98 | 青海省 |
| 673 | 池州职业技术学院 | 2 | 32.98 | 安徽省 |
| 673 | 新疆工业职业技术学院 | 2 | 32.98 | 新疆维吾尔自治区 |
| 673 | 甘肃卫生职业学院 | 2 | 32.98 | 甘肃省 |
| 673 | 江西农业工程职业学院 | 2 | 32.98 | 江西省 |
| 678 | 乐山职业技术学院 | 3 | 32.86 | 四川省 |
| 679 | 枣庄职业学院 | 2 | 32.76 | 山东省 |
| 680 | 牡丹江大学 | 2 | 32.66 | 黑龙江省 |
| 681 | 运城职业技术大学 | 1 | 32.61 | 山西省 |
| 682 | 广东建设职业技术学院 | 8 | 32.24 | 广东省 |
| 683 | 德阳科贸职业学院 | 2 | 31.78 | 四川省 |
| 684 | 江苏航空职业技术学院 | 3 | 31.71 | 江苏省 |
| 685 | 天府新区信息职业学院 | 2 | 31.62 | 四川省 |
| 686 | 焦作大学 | 5 | 31.6 | 河南省 |
| 687 | 安徽艺术职业学院 | 5 | 31.39 | 安徽省 |
| 688 | 云南司法警官职业学院 | 1 | 31.32 | 云南省 |
| 689 | 安徽广播影视职业技术学院 | 7 | 31.25 | 安徽省 |
| 690 | 巴音郭楞职业技术学院 | 3 | 31.13 | 新疆维吾尔自治区 |
| 691 | 上海科学技术职业学院 | 2 | 30.81 | 上海市 |
| 692 | 南通科技职业学院 | 2 | 30.61 | 江苏省 |
| 693 | 包头轻工职业技术学院 | 2 | 30.43 | 内蒙古自治区 |
| 694 | 江海职业技术学院 | 3 | 30.38 | 江苏省 |
| 695 | 周口职业技术学院 | 3 | 29.98 | 河南省 |
| 696 | 泰山职业技术学院 | 1 | 29.91 | 山东省 |
| 696 | 宣化科技职业学院 | 1 | 29.91 | 河北省 |
| 696 | 开封文化艺术职业学院 | 1 | 29.91 | 河南省 |
| 696 | 山西铁道职业技术学院 | 1 | 29.91 | 山西省 |
| 696 | 焦作师范高等专科学校 | 1 | 29.91 | 河南省 |
| 696 | 漯河医学高等专科学校 | 1 | 29.91 | 河南省 |
| 696 | 遵义医药高等专科学校 | 1 | 29.91 | 贵州省 |
| 696 | 江西电力职业技术学院 | 1 | 29.91 | 江西省 |
| 696 | 湘潭医卫职业技术学院 | 1 | 30.01 | 湖南省 |
| 696 | 四川中医药高等专科学校 | 1 | 29.91 | 四川省 |
| 696 | 上海工商职业技术学院 | 1 | 29.91 | 上海市 |
| 696 | 曲靖职业技术学院 | 1 | 29.91 | 云南省 |
| 696 | 黔东南民族职业技术学院 | 1 | 29.91 | 贵州省 |
| 696 | 玉溪农业职业技术学院 | 1 | 29.91 | 云南省 |
| 696 | 上海中侨职业技术大学 | 1 | 29.91 | 上海市 |
| 696 | 山东经贸职业学院 | 1 | 29.91 | 山东省 |
| 696 | 海南健康管理职业技术学院 | 1 | 29.91 | 海南省 |
| 696 | 河南推拿职业学院 | 1 | 29.91 | 河南省 |
| 696 | 云南三鑫职业技术学院 | 1 | 29.91 | 云南省 |
| 715 | 河南质量工程职业学院 | 4 | 29.87 | 河南省 |
| 716 | 广西演艺职业学院 | 5 | 29.74 | 广西壮族自治区 |

续表

| 排名 | 学校名称 | 奖项数 | 总分 | 省份 |
|---|---|---|---|---|
| 717 | 南充职业技术学院 | 2 | 29.65 | 四川省 |
| 718 | 山东外事职业大学 | 3 | 29.6 | 山东省 |
| 719 | 无锡工艺职业技术学院 | 2 | 29.42 | 江苏省 |
| 720 | 天津商务职业学院 | 4 | 29.15 | 天津市 |
| 721 | 辽宁城市建设职业技术学院 | 2 | 29.1 | 辽宁省 |
| 721 | 河南科技职业大学 | 2 | 29.1 | 河南省 |
| 723 | 北京京北职业技术学院 | 3 | 29.05 | 北京市 |
| 724 | 铜陵职业技术学院 | 5 | 28.86 | 安徽省 |
| 725 | 上海电影艺术职业学院 | 1 | 28.71 | 上海市 |
| 726 | 伊犁职业技术学院 | 1 | 28.65 | 新疆维吾尔自治区 |
| 726 | 黑龙江生态工程职业学院 | 1 | 28.65 | 黑龙江省 |
| 726 | 运城师范高等专科学校 | 1 | 28.65 | 山西省 |
| 729 | 石家庄工程职业学院 | 4 | 28.55 | 河北省 |
| 730 | 广州华立科技职业学院 | 2 | 28.47 | 广东省 |
| 731 | 广东创新科技职业学院 | 4 | 28.19 | 广东省 |
| 732 | 厦门兴才职业技术学院 | 7 | 28.13 | 福建省 |
| 733 | 滁州城市职业学院 | 3 | 28.07 | 安徽省 |
| 734 | 清远职业技术学院 | 5 | 27.96 | 广东省 |
| 735 | 云南林业职业技术学院 | 1 | 27.73 | 云南省 |
| 735 | 山东旅游职业学院 | 1 | 27.73 | 山东省 |
| 735 | 贵阳康养职业大学 | 1 | 27.73 | 贵州省 |
| 735 | 通辽职业学院 | 1 | 27.73 | 内蒙古自治区 |

续表

| 排名 | 学校名称 | 奖项数 | 总分 | 省份 |
|---|---|---|---|---|
| 735 | 贵阳幼儿师范高等专科学校 | 1 | 27.73 | 贵州省 |
| 735 | 上海交通职业技术学院 | 1 | 27.73 | 上海市 |
| 735 | 新疆师范高等专科学校 | 1 | 27.73 | 新疆维吾尔自治区 |
| 735 | 贵州航天职业技术学院 | 1 | 27.73 | 贵州省 |
| 735 | 湖北幼儿师范高等专科学校 | 1 | 27.73 | 湖北省 |
| 735 | 辽阳职业技术学院 | 1 | 27.73 | 辽宁省 |
| 735 | 河南护理职业学院 | 1 | 27.73 | 河南省 |
| 735 | 宁夏民族职业技术学院 | 1 | 27.73 | 宁夏回族自治区 |
| 735 | 科尔沁艺术职业学院 | 1 | 27.73 | 内蒙古自治区 |
| 735 | 湖北中医药高等专科学校 | 1 | 27.73 | 湖北省 |
| 735 | 安徽中医药高等专科学校 | 1 | 27.73 | 安徽省 |
| 735 | 贵州护理职业技术学院 | 1 | 27.73 | 贵州省 |
| 735 | 山西卫生健康职业学院 | 1 | 27.73 | 山西省 |
| 735 | 黑龙江农业职业技术学院 | 1 | 27.73 | 黑龙江省 |
| 735 | 邢台医学高等专科学校 | 1 | 27.73 | 河北省 |
| 735 | 江西医学高等专科学校 | 1 | 27.73 | 江西省 |
| 735 | 天津生物工程职业技术学院 | 1 | 27.73 | 天津市 |
| 756 | 重庆电讯职业学院 | 9 | 27.37 | 重庆市 |
| 757 | 广州华商职业学院 | 4 | 27.26 | 广东省 |

续表

| 排名 | 学校名称 | 奖项数 | 总分 | 省份 |
|---|---|---|---|---|
| 758 | 江苏安全技术职业学院 | 2 | 27.23 | 江苏省 |
| 759 | 贵州经贸职业技术学院 | 1 | 27.2 | 贵州省 |
| 759 | 六安职业技术学院 | 1 | 27.2 | 安徽省 |
| 759 | 江苏财会职业学院 | 1 | 27.2 | 江苏省 |
| 759 | 江苏旅游职业学院 | 1 | 27.2 | 江苏省 |
| 759 | 广东碧桂园职业学院 | 1 | 27.2 | 广东省 |
| 759 | 昆山登云科技职业学院 | 1 | 27.2 | 江苏省 |
| 765 | 重庆青年职业技术学院 | 3 | 27.17 | 重庆市 |
| 766 | 河南林业职业学院 | 2 | 26.8 | 河南省 |
| 767 | 吉林工程职业学院 | 1 | 26.59 | 吉林省 |
| 768 | 苏州健雄职业技术学院 | 1 | 26.57 | 江苏省 |
| 769 | 泰州职业技术学院 | 2 | 26.56 | 江苏省 |
| 769 | 甘肃建筑职业技术学院 | 2 | 26.56 | 甘肃省 |
| 769 | 茂名职业技术学院 | 2 | 26.56 | 广东省 |
| 772 | 福州英华职业学院 | 1 | 26.49 | 福建省 |
| 772 | 苏州信息职业技术学院 | 1 | 26.49 | 江苏省 |
| 772 | 信阳职业技术学院 | 1 | 26.49 | 河南省 |
| 772 | 鞍山职业技术学院 | 1 | 26.49 | 辽宁省 |
| 772 | 揭阳职业技术学院 | 1 | 26.49 | 广东省 |
| 772 | 武汉警官职业学院 | 1 | 26.49 | 湖北省 |
| 772 | 北京经济技术职业学院 | 1 | 26.49 | 北京市 |
| 779 | 郑州信息工程职业学院 | 1 | 26.31 | 河南省 |
| 779 | 内蒙古交通职业技术学院 | 1 | 26.31 | 内蒙古自治区 |

续表

| 排名 | 学校名称 | 奖项数 | 总分 | 省份 |
|---|---|---|---|---|
| 781 | 江西陶瓷工艺美术职业技术学院 | 6 | 25.92 | 江西省 |
| 782 | 河北能源职业技术学院 | 2 | 25.22 | 河北省 |
| 783 | 吉林铁道职业技术学院 | 1 | 24.93 | 吉林省 |
| 784 | 惠州经济职业技术学院 | 3 | 24.55 | 广东省 |
| 785 | 贵阳职业技术学院 | 1 | 24.47 | 贵州省 |
| 786 | 铁岭师范高等专科学校 | 2 | 24.43 | 辽宁省 |
| 787 | 陕西工商职业学院 | 4 | 24.35 | 陕西省 |
| 788 | 江西传媒职业学院 | 3 | 24.19 | 江西省 |
| 788 | 广东茂名农林科技职业学院 | 3 | 24.19 | 广东省 |
| 790 | 广西城市职业大学 | 1 | 24.11 | 广西壮族自治区 |
| 790 | 临沂职业学院 | 1 | 24.11 | 山东省 |
| 790 | 广东文理职业学院 | 1 | 24.11 | 广东省 |
| 790 | 江西水利职业学院 | 1 | 24.11 | 江西省 |
| 790 | 苏州高博软件技术职业学院 | 1 | 24.11 | 江苏省 |
| 795 | 江西青年职业学院 | 2 | 23.94 | 江西省 |
| 796 | 长沙职业技术学院 | 2 | 23.52 | 湖南省 |
| 796 | 泉州华光职业学院 | 2 | 23.52 | 福建省 |
| 796 | 湖南幼儿师范高等专科学校 | 2 | 23.52 | 湖南省 |
| 799 | 山东服装职业学院 | 1 | 23.44 | 山东省 |
| 799 | 福建艺术职业学院 | 1 | 23.44 | 福建省 |
| 801 | 苏州工艺美术职业技术学院 | 4 | 23.23 | 江苏省 |
| 802 | 南通师范高等专科学校 | 3 | 22.98 | 江苏省 |
| 803 | 合肥信息技术职业学院 | 2 | 22.65 | 安徽省 |

续表

| 排名 | 学校名称 | 奖项数 | 总分 | 省份 |
|---|---|---|---|---|
| 804 | 浙江金华科贸职业技术学院 | 1 | 22.46 | 浙江省 |
| 805 | 许昌电气职业学院 | 2 | 22.28 | 河南省 |
| 806 | 呼伦贝尔职业技术学院 | 1 | 21.82 | 内蒙古自治区 |
| 807 | 潇湘职业学院 | 1 | 21.75 | 湖南省 |
| 808 | 驻马店职业技术学院 | 2 | 21.69 | 河南省 |
| 808 | 广州华南商贸职业学院 | 2 | 21.69 | 广东省 |
| 808 | 四川华新现代职业学院 | 2 | 21.69 | 四川省 |
| 808 | 四川三河职业学院 | 2 | 21.69 | 四川省 |
| 812 | 北京交通运输职业学院 | 3 | 21.62 | 北京市 |
| 813 | 南昌职业大学 | 2 | 21.56 | 江西省 |
| 814 | 贵州建设职业技术学院 | 2 | 21.24 | 贵州省 |
| 814 | 湖南信息职业技术学院 | 2 | 21.24 | 湖南省 |
| 816 | 克孜勒苏职业技术学院 | 1 | 21.21 | 新疆维吾尔自治区 |
| 816 | 百色职业学院 | 1 | 21.21 | 广西壮族自治区 |
| 816 | 安阳职业技术学院 | 1 | 21.21 | 河南省 |
| 819 | 广东酒店管理职业技术学院 | 3 | 21.06 | 广东省 |
| 819 | 四川科技职业学院 | 3 | 21.06 | 四川省 |
| 821 | 浙江警官职业学院 | 1 | 20.58 | 浙江省 |
| 822 | 重庆安全技术职业学院 | 3 | 20.36 | 重庆市 |
| 822 | 阳江职业技术学院 | 3 | 20.36 | 广东省 |
| 824 | 金肯职业技术学院 | 1 | 20.27 | 江苏省 |
| 825 | 苏州托普信息职业技术学院 | 1 | 20.13 | 江苏省 |

续表

| 排名 | 学校名称 | 奖项数 | 总分 | 省份 |
|---|---|---|---|---|
| 825 | 广东亚视演艺职业学院 | 1 | 20.13 | 广东省 |
| 825 | 常德职业技术学院 | 1 | 20.13 | 湖南省 |
| 825 | 黑龙江农垦科技职业学院 | 1 | 20.13 | 黑龙江省 |
| 825 | 连云港师范高等专科学校 | 1 | 20.13 | 江苏省 |
| 825 | 石家庄理工职业学院 | 1 | 20.13 | 河北省 |
| 831 | 昌吉职业技术学院 | 1 | 19.32 | 新疆维吾尔自治区 |
| 831 | 湘西民族职业技术学院 | 1 | 19.32 | 湖南省 |
| 833 | 湖北工程职业学院 | 2 | 19.28 | 湖北省 |
| 834 | 云南理工职业学院 | 2 | 18.39 | 云南省 |
| 834 | 扬州市职业大学 | 2 | 18.39 | 江苏省 |
| 834 | 北京经贸职业学院 | 2 | 18.39 | 北京市 |
| 837 | 广东邮电职业技术学院 | 1 | 17.86 | 广东省 |
| 837 | 湖南邮电职业技术学院 | 1 | 17.86 | 湖南省 |
| 839 | 河南工业贸易职业学院 | 2 | 17.49 | 河南省 |
| 840 | 广州华夏职业学院 | 2 | 16.43 | 广东省 |
| 841 | 四川电子机械职业技术学院 | 1 | 15.47 | 四川省 |
| 841 | 武昌职业学院 | 1 | 15.47 | 湖北省 |
| 841 | 梧州职业学院 | 1 | 15.47 | 广西壮族自治区 |
| 841 | 永城职业学院 | 1 | 15.47 | 河南省 |
| 841 | 郑州财税金融职业学院 | 1 | 15.47 | 河南省 |
| 841 | 辽宁轨道交通职业学院 | 1 | 15.47 | 辽宁省 |

续表

| 排名 | 学校名称 | 奖项数 | 总分 | 省份 |
|------|----------|--------|------|------|
| 841 | 石家庄工商职业学院 | 1 | 15.47 | 河北省 |
| 841 | 黄冈科技职业学院 | 1 | 15.47 | 湖北省 |
| 841 | 三亚理工职业学院 | 1 | 15.47 | 海南省 |
| 841 | 天府新区通用航空职业学院 | 1 | 15.47 | 四川省 |
| 841 | 民办四川天一学院 | 1 | 15.47 | 四川省 |
| 841 | 天津石油职业技术学院 | 1 | 15.47 | 天津市 |
| 853 | 宁波幼儿师范高等专科学校 | 1 | 13.81 | 浙江省 |
| 853 | 忻州职业技术学院 | 1 | 13.81 | 山西省 |
| 853 | 惠州城市职业学院 | 1 | 13.81 | 广东省 |
| 853 | 马鞍山职业技术学院 | 1 | 13.81 | 安徽省 |
| 853 | 安顺职业技术学院 | 1 | 13.81 | 贵州省 |
| 853 | 山西华澳商贸职业学院 | 1 | 13.81 | 山西省 |
| 853 | 厦门南洋职业学院 | 1 | 13.81 | 福建省 |
| 853 | 新疆轻工职业技术学院 | 1 | 13.81 | 新疆维吾尔自治区 |
| 853 | 民办合肥财经职业学院 | 1 | 13.81 | 安徽省 |
| 853 | 昆明幼儿师范高等专科学校 | 1 | 13.81 | 云南省 |
| 853 | 重庆轻工职业学院 | 1 | 13.81 | 重庆市 |
| 853 | 广州松田职业学院 | 1 | 13.81 | 广东省 |
| 853 | 景德镇艺术职业大学 | 1 | 13.81 | 江西省 |

## 12.4 2017—2021 年全国"双高计划"建设高职院校大学生竞赛榜单

| 排名 | 学校名称 | 奖项数 | 总分 | 省份 |
|---|---|---|---|---|
| 1 | 金华职业技术学院 | 343 | 100 | 浙江省 |
| 2 | 深圳职业技术学院 | 400 | 95.86 | 广东省 |
| 3 | 重庆电子工程职业学院 | 293 | 94.73 | 重庆市 |
| 4 | 芜湖职业技术学院 | 197 | 91.45 | 安徽省 |
| 5 | 福建信息职业技术学院 | 240 | 89.22 | 福建省 |
| 6 | 郑州铁路职业技术学院 | 134 | 86.45 | 河南省 |
| 7 | 江西环境工程职业学院 | 123 | 86.1 | 江西省 |
| 8 | 广东轻工职业技术学院 | 355 | 85.26 | 广东省 |
| 9 | 陕西工业职业技术学院 | 240 | 84.51 | 陕西省 |
| 10 | 长沙民政职业技术学院 | 183 | 84.37 | 湖南省 |
| 11 | 山东商业职业技术学院 | 102 | 83.73 | 山东省 |
| 12 | 江西应用技术职业学院 | 150 | 83.59 | 江西省 |
| 13 | 兰州石化职业技术大学 | 217 | 83.43 | 甘肃省 |
| 14 | 深圳信息职业技术学院 | 147 | 83.28 | 广东省 |
| 15 | 江西外语外贸职业学院 | 117 | 83 | 江西省 |
| 16 | 北京电子科技职业学院 | 131 | 82.88 | 北京市 |
| 17 | 安徽机电职业技术学院 | 155 | 82.3 | 安徽省 |

续表

| 排名 | 学校名称 | 奖项数 | 总分 | 省份 |
|---|---|---|---|---|
| 18 | 潍坊职业学院 | 142 | 82.03 | 山东省 |
| 19 | 贵州交通职业技术学院 | 146 | 81.75 | 贵州省 |
| 20 | 福建船政交通职业学院 | 221 | 81.5 | 福建省 |
| 21 | 重庆城市管理职业学院 | 137 | 80.97 | 重庆市 |
| 22 | 重庆工业职业技术学院 | 197 | 80.81 | 重庆市 |
| 23 | 湖南工业职业技术学院 | 187 | 80.51 | 湖南省 |
| 24 | 武汉职业技术学院 | 130 | 78.98 | 湖北省 |
| 25 | 重庆工程职业技术学院 | 190 | 78.93 | 重庆市 |
| 26 | 河南职业技术学院 | 123 | 78.59 | 河南省 |
| 27 | 南京信息职业技术学院 | 135 | 78.43 | 江苏省 |
| 28 | 浙江机电职业技术学院 | 173 | 78.21 | 浙江省 |
| 29 | 九江职业技术学院 | 168 | 78.05 | 江西省 |
| 30 | 常州信息职业技术学院 | 178 | 77.81 | 江苏省 |
| 31 | 淄博职业学院 | 175 | 77.79 | 山东省 |
| 32 | 北京工业职业技术学院 | 143 | 77.75 | 北京市 |
| 33 | 安徽商贸职业技术学院 | 146 | 77.6 | 安徽省 |
| 34 | 长春职业技术学院 | 183 | 77.34 | 吉林省 |
| 35 | 河南工业职业技术学院 | 247 | 76.88 | 河南省 |

续表

| 排名 | 学校名称 | 奖项数 | 总分 | 省份 |
|---|---|---|---|---|
| 36 | 黄河水利职业技术学院 | 215 | 76.56 | 河南省 |
| 37 | 成都航空职业技术学院 | 138 | 76.37 | 四川省 |
| 38 | 四川交通职业技术学院 | 113 | 75.8 | 四川省 |
| 39 | 天津市职业大学 | 128 | 75.56 | 天津市 |
| 40 | 顺德职业技术学院 | 132 | 74.72 | 广东省 |
| 41 | 无锡职业技术学院 | 98 | 74.71 | 江苏省 |
| 42 | 江苏农林职业技术学院 | 55 | 74.51 | 江苏省 |
| 43 | 西安航空职业技术学院 | 139 | 74.5 | 陕西省 |
| 44 | 山西机电职业技术学院 | 93 | 74.34 | 山西省 |
| 45 | 辽宁机电职业技术学院 | 98 | 73.82 | 辽宁省 |
| 46 | 天津电子信息职业技术学院 | 85 | 73.67 | 天津市 |
| 47 | 北京信息职业技术学院 | 120 | 73.66 | 北京市 |
| 48 | 湖南汽车工程职业学院 | 77 | 73.64 | 湖南省 |
| 49 | 杨凌职业技术学院 | 95 | 73.51 | 陕西省 |
| 50 | 成都职业技术学院 | 134 | 72.75 | 四川省 |
| 51 | 南宁职业技术学院 | 176 | 72.46 | 广西壮族自治区 |
| 52 | 烟台职业学院 | 105 | 72.39 | 山东省 |
| 53 | 成都纺织高等专科学校 | 102 | 72.37 | 四川省 |
| 54 | 重庆三峡职业学院 | 106 | 72.26 | 重庆市 |
| 55 | 无锡商业职业技术学院 | 98 | 72.06 | 江苏省 |
| 56 | 重庆工商职业学院 | 118 | 72.02 | 重庆市 |
| 57 | 襄阳职业技术学院 | 73 | 71.82 | 湖北省 |

续表

| 排名 | 学校名称 | 奖项数 | 总分 | 省份 |
|---|---|---|---|---|
| 58 | 宁波职业技术学院 | 103 | 71.77 | 浙江省 |
| 59 | 浙江金融职业学院 | 115 | 71.58 | 浙江省 |
| 60 | 江苏经贸职业技术学院 | 79 | 71.51 | 江苏省 |
| 61 | 济南职业学院 | 68 | 71.5 | 山东省 |
| 62 | 河北科技工程职业技术大学 | 166 | 71.28 | 河北省 |
| 63 | 山东交通职业学院 | 69 | 71.19 | 山东省 |
| 64 | 广西职业技术学院 | 99 | 71.15 | 广西壮族自治区 |
| 65 | 广东科学技术职业学院 | 140 | 71.07 | 广东省 |
| 66 | 广州番禺职业技术学院 | 84 | 71.02 | 广东省 |
| 67 | 南京铁道职业技术学院 | 69 | 70.92 | 江苏省 |
| 68 | 山西职业技术学院 | 145 | 70.5 | 山西省 |
| 69 | 海南经贸职业技术学院 | 97 | 70.13 | 海南省 |
| 70 | 河北工业职业技术大学 | 102 | 69.88 | 河北省 |
| 71 | 柳州职业技术学院 | 102 | 69.83 | 广西壮族自治区 |
| 72 | 杭州职业技术学院 | 86 | 69.81 | 浙江省 |
| 73 | 常州机电职业技术学院 | 68 | 69.77 | 江苏省 |
| 74 | 北京财贸职业学院 | 84 | 69.75 | 北京市 |
| 75 | 山西工程职业学院 | 83 | 69.08 | 山西省 |
| 76 | 漳州职业技术学院 | 87 | 68.91 | 福建省 |
| 77 | 长春汽车工业高等专科学校 | 55 | 68.68 | 吉林省 |
| 78 | 长沙航空职业技术学院 | 51 | 68.65 | 湖南省 |
| 79 | 黑龙江职业学院 | 114 | 68.26 | 黑龙江省 |

续表

| 排名 | 学校名称 | 奖项数 | 总分 | 省份 |
|------|---------|--------|------|------|
| 80 | 浙江工贸职业技术学院 | 43 | 67.79 | 浙江省 |
| 81 | 黎明职业大学 | 133 | 67.65 | 福建省 |
| 82 | 日照职业技术学院 | 67 | 67.6 | 山东省 |
| 83 | 山东科技职业学院 | 72 | 67.47 | 山东省 |
| 84 | 兰州资源环境职业技术大学 | 76 | 66.85 | 甘肃省 |
| 85 | 许昌职业技术学院 | 113 | 66.83 | 河南省 |
| 86 | 四川工程职业技术学院 | 60 | 66.73 | 四川省 |
| 87 | 浙江经贸职业技术学院 | 74 | 66.2 | 浙江省 |
| 88 | 浙江商业职业技术学院 | 74 | 66.11 | 浙江省 |
| 89 | 青岛职业技术学院 | 63 | 66.07 | 山东省 |
| 90 | 宁夏工商职业技术学院 | 73 | 66.02 | 宁夏回族自治区 |
| 91 | 江西财经职业学院 | 69 | 65.92 | 江西省 |
| 92 | 昆明冶金高等专科学校 | 69 | 65.7 | 云南省 |
| 93 | 福州职业技术学院 | 103 | 65.64 | 福建省 |
| 94 | 湖南化工职业技术学院 | 63 | 65.6 | 湖南省 |
| 95 | 温州职业技术学院 | 67 | 65.56 | 浙江省 |
| 96 | 上海工艺美术职业学院 | 95 | 65.44 | 上海市 |
| 97 | 广东机电职业技术学院 | 78 | 65.24 | 广东省 |
| 98 | 东莞职业技术学院 | 89 | 64.39 | 广东省 |
| 99 | 天津现代职业技术学院 | 47 | 64.28 | 天津市 |
| 100 | 山东职业学院 | 41 | 64.11 | 山东省 |
| 101 | 青岛酒店管理职业技术学院 | 40 | 64.1 | 山东省 |
| 102 | 咸阳职业技术学院 | 92 | 64.09 | 陕西省 |

续表

| 排名 | 学校名称 | 奖项数 | 总分 | 省份 |
|------|---------|--------|------|------|
| 103 | 新疆农业职业技术学院 | 56 | 64 | 新疆维吾尔自治区 |
| 104 | 江苏建筑职业技术学院 | 78 | 63.94 | 江苏省 |
| 105 | 湖南交通职业技术学院 | 67 | 63.85 | 湖南省 |
| 106 | 陕西国防工业职业技术学院 | 81 | 63.84 | 陕西省 |
| 107 | 安徽水利水电职业技术学院 | 86 | 63.77 | 安徽省 |
| 108 | 湖南工艺美术职业学院 | 30 | 63.37 | 湖南省 |
| 109 | 武汉船舶职业技术学院 | 75 | 63.26 | 湖北省 |
| 110 | 浙江经济职业技术学院 | 70 | 63.13 | 浙江省 |
| 111 | 威海职业学院 | 104 | 63.1 | 山东省 |
| 112 | 河北石油职业技术大学 | 55 | 63.02 | 河北省 |
| 113 | 江西交通职业技术学院 | 83 | 63 | 江西省 |
| 114 | 重庆航天职业技术学院 | 45 | 62.63 | 重庆市 |
| 115 | 苏州工业职业技术学院 | 60 | 62.6 | 江苏省 |
| 116 | 陕西铁路工程职业技术学院 | 53 | 62.35 | 陕西省 |
| 117 | 湖南铁道职业技术学院 | 60 | 62.19 | 湖南省 |
| 118 | 内蒙古机电职业技术学院 | 37 | 61.71 | 内蒙古自治区 |
| 119 | 哈尔滨职业技术学院 | 53 | 61.29 | 黑龙江省 |
| 120 | 徐州工业职业技术学院 | 41 | 61.18 | 江苏省 |

续表

| 排名 | 学校名称 | 奖项数 | 总分 | 省份 |
|---|---|---|---|---|
| 121 | 江苏海事职业技术学院 | 48 | 61.03 | 江苏省 |
| 122 | 浙江交通职业技术学院 | 53 | 60.98 | 浙江省 |
| 123 | 广西建设职业技术学院 | 75 | 60.97 | 广西壮族自治区 |
| 124 | 山西省财政税务专科学校 | 73 | 60.88 | 山西省 |
| 125 | 四川邮电职业技术学院 | 47 | 60.32 | 四川省 |
| 126 | 天津轻工职业技术学院 | 50 | 60.23 | 天津市 |
| 127 | 常州工程职业技术学院 | 34 | 59.22 | 江苏省 |
| 128 | 东营职业学院 | 87 | 59.09 | 山东省 |
| 129 | 重庆电力高等专科学校 | 27 | 58.51 | 重庆市 |
| 130 | 黑龙江农业工程职业学院 | 55 | 58.21 | 黑龙江省 |
| 131 | 陕西职业技术学院 | 57 | 57.99 | 陕西省 |
| 132 | 广州民航职业技术学院 | 33 | 57.56 | 广东省 |
| 133 | 浙江旅游职业学院 | 29 | 57.55 | 浙江省 |
| 134 | 江苏工程职业技术学院 | 35 | 57.49 | 江苏省 |
| 135 | 滨州职业学院 | 28 | 57.45 | 山东省 |
| 136 | 天津交通职业学院 | 26 | 57.31 | 天津市 |
| 137 | 四川建筑职业技术学院 | 45 | 57.09 | 四川省 |
| 138 | 黑龙江建筑职业技术学院 | 53 | 56.93 | 黑龙江省 |
| 139 | 浙江建设职业技术学院 | 28 | 56.74 | 浙江省 |
| 140 | 陕西能源职业技术学院 | 35 | 56.56 | 陕西省 |

续表

| 排名 | 学校名称 | 奖项数 | 总分 | 省份 |
|---|---|---|---|---|
| 141 | 辽宁省交通高等专科学校 | 51 | 56.46 | 辽宁省 |
| 142 | 贵州轻工职业技术学院 | 46 | 56.39 | 贵州省 |
| 143 | 天津渤海职业技术学院 | 37 | 56.16 | 天津市 |
| 144 | 长沙商贸旅游职业技术学院 | 38 | 55.95 | 湖南省 |
| 145 | 宁夏职业技术学院 | 73 | 55.87 | 宁夏回族自治区 |
| 146 | 中山火炬职业技术学院 | 52 | 55.76 | 广东省 |
| 147 | 北京劳动保障职业学院 | 45 | 55.72 | 北京市 |
| 148 | 沈阳职业技术学院 | 65 | 55.24 | 辽宁省 |
| 149 | 武汉铁路职业技术学院 | 30 | 54.87 | 湖北省 |
| 150 | 石家庄铁路职业技术学院 | 37 | 54.83 | 河北省 |
| 151 | 河南农业职业学院 | 32 | 54.49 | 河南省 |
| 152 | 北京农业职业学院 | 45 | 54.22 | 北京市 |
| 153 | 重庆三峡医药高等专科学校 | 21 | 53.76 | 重庆市 |
| 154 | 黄冈职业技术学院 | 59 | 53.75 | 湖北省 |
| 155 | 苏州农业职业技术学院 | 28 | 53.62 | 江苏省 |
| 156 | 唐山工业职业技术学院 | 33 | 53.51 | 河北省 |
| 157 | 广东工贸职业技术学院 | 57 | 53.28 | 广东省 |
| 158 | 辽宁农业职业技术学院 | 40 | 53.08 | 辽宁省 |
| 159 | 湖北交通职业技术学院 | 35 | 53.04 | 湖北省 |

续表

| 排名 | 学校名称 | 奖项数 | 总分 | 省份 |
|---|---|---|---|---|
| 160 | 广州铁路职业技术学院 | 20 | 52.75 | 广东省 |
| 160 | 辽宁经济职业技术学院 | 52 | 52.75 | 辽宁省 |
| 162 | 南通职业大学 | 20 | 52.07 | 江苏省 |
| 163 | 石家庄职业技术学院 | 22 | 51.93 | 河北省 |
| 164 | 吉林铁道职业技术学院 | 50 | 51.8 | 吉林省 |
| 165 | 河北化工医药职业技术学院 | 56 | 50.64 | 河北省 |
| 166 | 浙江艺术职业学院 | 16 | 50.02 | 浙江省 |
| 167 | 广东水利电力职业技术学院 | 60 | 49.47 | 广东省 |
| 168 | 湖南生物机电职业技术学院 | 29 | 49.4 | 湖南省 |
| 169 | 湖北职业技术学院 | 22 | 48.58 | 湖北省 |
| 170 | 岳阳职业技术学院 | 21 | 48.57 | 湖南省 |
| 171 | 成都农业科技职业学院 | 39 | 48 | 四川省 |
| 172 | 武汉电力职业技术学院 | 11 | 47.35 | 湖北省 |
| 173 | 云南机电职业技术学院 | 23 | 47.21 | 云南省 |
| 174 | 黑龙江农业经济职业学院 | 30 | 47.01 | 黑龙江省 |
| 175 | 铜仁职业技术学院 | 25 | 46.89 | 贵州省 |
| 176 | 江苏农牧科技职业学院 | 17 | 46.28 | 江苏省 |
| 177 | 山东畜牧兽医职业学院 | 11 | 45.93 | 山东省 |
| 178 | 石家庄邮电职业技术学院 | 15 | 45.36 | 河北省 |
| 179 | 重庆医药高等专科学校 | 16 | 44.37 | 重庆市 |

续表

| 排名 | 学校名称 | 奖项数 | 总分 | 省份 |
|---|---|---|---|---|
| 180 | 内蒙古建筑职业技术学院 | 19 | 43.66 | 内蒙古自治区 |
| 181 | 天津医学高等专科学校 | 13 | 42.65 | 天津市 |
| 182 | 江苏航运职业技术学院 | 9 | 42.53 | 江苏省 |
| 183 | 秦皇岛职业技术学院 | 27 | 42.45 | 河北省 |
| 184 | 广东食品药品职业学院 | 13 | 41.68 | 广东省 |
| 185 | 内蒙古化工职业学院 | 5 | 40.9 | 内蒙古自治区 |
| 186 | 哈尔滨铁道职业技术学院 | 8 | 40.12 | 黑龙江省 |
| 187 | 安徽医学高等专科学校 | 7 | 39.85 | 安徽省 |
| 188 | 北京交通运输职业学院 | 16 | 39.79 | 北京市 |
| 189 | 浙江警官职业学院 | 5 | 38.73 | 浙江省 |
| 190 | 苏州工艺美术职业技术学院 | 12 | 38.34 | 江苏省 |
| 191 | 沧州医学高等专科学校 | 7 | 35.93 | 河北省 |
| 192 | 吉林交通职业技术学院 | 2 | 34.34 | 吉林省 |
| 193 | 酒泉职业技术学院 | 10 | 32.34 | 甘肃省 |
| 194 | 新疆轻工职业技术学院 | 12 | 32.28 | 新疆维吾尔自治区 |
| 195 | 江苏食品药品职业技术学院 | 7 | 29.57 | 江苏省 |
| 196 | 渤海船舶职业学院 | 7 | 28.05 | 辽宁省 |
| 197 | 昆明工业职业技术学院 | 3 | 25.1 | 云南省 |

# 12.5　2017－2021 年全国一般高职院校大学生竞赛榜单

续表

| 排名 | 学校名称 | 奖项数 | 总分 | 省份 |
|---|---|---|---|---|
| 1 | 南京工业职业技术大学 | 192 | 89.45 | 江苏省 |
| 2 | 河南经贸职业学院 | 188 | 80.2 | 河南省 |
| 3 | 武汉软件工程职业学院 | 207 | 80.19 | 湖北省 |
| 4 | 安徽职业技术学院 | 197 | 79.68 | 安徽省 |
| 5 | 安徽工商职业学院 | 156 | 79.53 | 安徽省 |
| 6 | 上海城建职业学院 | 99 | 79.25 | 上海市 |
| 7 | 安徽财贸职业学院 | 156 | 79.13 | 安徽省 |
| 8 | 上海电子信息职业技术学院 | 127 | 78.87 | 上海市 |
| 9 | 武汉交通职业学院 | 160 | 76.05 | 湖北省 |
| 10 | 江西现代职业技术学院 | 143 | 74.41 | 江西省 |
| 11 | 浙江工业职业技术学院 | 77 | 74.13 | 浙江省 |
| 12 | 浙江纺织服装职业技术学院 | 78 | 73.76 | 浙江省 |
| 13 | 柳州铁道职业技术学院 | 142 | 73.21 | 广西壮族自治区 |
| 14 | 武汉城市职业学院 | 77 | 72.79 | 湖北省 |
| 15 | 安徽国际商务职业学院 | 94 | 72.22 | 安徽省 |
| 16 | 义乌工商职业技术学院 | 82 | 71.55 | 浙江省 |
| 17 | 湖北生态工程职业技术学院 | 41 | 71.43 | 湖北省 |
| 18 | 常州工业职业技术学院 | 84 | 71.4 | 江苏省 |
| 19 | 广西交通职业技术学院 | 88 | 71.27 | 广西壮族自治区 |

| 排名 | 学校名称 | 奖项数 | 总分 | 省份 |
|---|---|---|---|---|
| 20 | 江苏电子信息职业学院 | 83 | 71.16 | 江苏省 |
| 21 | 杭州科技职业技术学院 | 87 | 70.81 | 浙江省 |
| 22 | 重庆交通职业学院 | 108 | 70.68 | 重庆市 |
| 23 | 兰州职业技术学院 | 93 | 70.6 | 甘肃省 |
| 24 | 广东交通职业技术学院 | 85 | 69.83 | 广东省 |
| 25 | 贵州电子信息职业技术学院 | 134 | 69.55 | 贵州省 |
| 26 | 安徽工业经济职业技术学院 | 90 | 69.33 | 安徽省 |
| 27 | 扬州工业职业技术学院 | 60 | 69.11 | 江苏省 |
| 28 | 江苏联合职业技术学院 | 76 | 68.97 | 江苏省 |
| 29 | 厦门城市职业学院 | 173 | 68.66 | 福建省 |
| 30 | 广西农业职业技术大学 | 115 | 68.52 | 广西壮族自治区 |
| 31 | 江西机电职业技术学院 | 83 | 68.42 | 江西省 |
| 32 | 合肥职业技术学院 | 65 | 67.87 | 安徽省 |
| 33 | 西安铁路职业技术学院 | 62 | 67.48 | 陕西省 |
| 34 | 江苏信息职业技术学院 | 63 | 67.38 | 江苏省 |
| 35 | 中山职业技术学院 | 115 | 67.19 | 广东省 |
| 36 | 山东劳动职业技术学院 | 32 | 67.14 | 山东省 |
| 37 | 重庆财经职业学院 | 83 | 66.86 | 重庆市 |
| 38 | 徽商职业学院 | 60 | 66.73 | 安徽省 |

续表

| 排名 | 学校名称 | 奖项数 | 总分 | 省份 |
|---|---|---|---|---|
| 39 | 广西水利电力职业技术学院 | 73 | 66.42 | 广西壮族自治区 |
| 40 | 安徽电子信息职业技术学院 | 105 | 66.21 | 安徽省 |
| 41 | 广西理工职业技术学院 | 72 | 66.15 | 广西壮族自治区 |
| 42 | 河源职业技术学院 | 82 | 65.93 | 广东省 |
| 43 | 南京交通职业技术学院 | 80 | 65.8 | 江苏省 |
| 44 | 浙江育英职业技术学院 | 160 | 65.68 | 浙江省 |
| 45 | 湖南商务职业技术学院 | 74 | 65.62 | 湖南省 |
| 46 | 山东电子职业技术学院 | 70 | 65.49 | 山东省 |
| 47 | 绍兴职业技术学院 | 61 | 65.26 | 浙江省 |
| 48 | 泸州职业技术学院 | 111 | 64.15 | 四川省 |
| 49 | 山东商务职业学院 | 65 | 64.06 | 山东省 |
| 50 | 广西机电职业技术学院 | 55 | 63.74 | 广西壮族自治区 |
| 51 | 闽西职业技术学院 | 71 | 63 | 福建省 |
| 52 | 江西旅游商贸职业学院 | 51 | 62.88 | 江西省 |
| 53 | 湖北城市建设职业技术学院 | 52 | 62.85 | 湖北省 |
| 54 | 湖南机电职业技术学院 | 71 | 62.8 | 湖南省 |
| 55 | 新乡职业技术学院 | 39 | 62.68 | 河南省 |
| 56 | 江西新能源科技职业学院 | 74 | 62.57 | 江西省 |
| 57 | 湖北三峡职业技术学院 | 43 | 62.56 | 湖北省 |
| 58 | 海南科技职业大学 | 62 | 62.34 | 海南省 |
| 59 | 上海出版印刷高等专科学校 | 80 | 62.25 | 上海市 |

续表

| 排名 | 学校名称 | 奖项数 | 总分 | 省份 |
|---|---|---|---|---|
| 60 | 广州工程技术职业学院 | 48 | 62.21 | 广东省 |
| 61 | 大连职业技术学院 | 67 | 61.89 | 辽宁省 |
| 62 | 南京科技职业学院 | 53 | 61.77 | 江苏省 |
| 63 | 湖南大众传媒职业技术学院 | 66 | 61.74 | 湖南省 |
| 64 | 黑龙江林业职业技术学院 | 18 | 61.64 | 黑龙江省 |
| 65 | 重庆水利电力职业技术学院 | 90 | 61.61 | 重庆市 |
| 66 | 山东理工职业学院 | 50 | 61.2 | 山东省 |
| 67 | 德州职业技术学院 | 47 | 61.17 | 山东省 |
| 68 | 苏州职业大学 | 59 | 61.15 | 江苏省 |
| 69 | 湖南理工职业技术学院 | 39 | 60.98 | 湖南省 |
| 70 | 海南软件职业技术学院 | 87 | 60.84 | 海南省 |
| 71 | 上海农林职业技术学院 | 35 | 60.72 | 上海市 |
| 71 | 四川财经职业学院 | 51 | 60.72 | 四川省 |
| 73 | 湖北科技职业学院 | 67 | 60.56 | 湖北省 |
| 74 | 西宁城市职业技术学院 | 47 | 60.41 | 青海省 |
| 74 | 山西工程科技职业大学 | 78 | 60.41 | 山西省 |
| 76 | 吉林电子信息职业技术学院 | 64 | 60.34 | 吉林省 |
| 77 | 广州城建职业学院 | 58 | 60.25 | 广东省 |
| 78 | 湖南科技职业学院 | 116 | 60.22 | 湖南省 |
| 79 | 山东水利职业学院 | 33 | 60.19 | 山东省 |
| 80 | 吉林工业职业技术学院 | 45 | 60.1 | 吉林省 |
| 81 | 湖南铁路科技职业技术学院 | 32 | 60.05 | 湖南省 |

续表

| 排名 | 学校名称 | 奖项数 | 总分 | 省份 |
|---|---|---|---|---|
| 82 | 四川信息职业技术学院 | 88 | 59.78 | 四川省 |
| 83 | 长江职业学院 | 63 | 59.64 | 湖北省 |
| 83 | 湖北生物科技职业学院 | 67 | 59.64 | 湖北省 |
| 85 | 苏州工业园区服务外包职业学院 | 37 | 59.55 | 江苏省 |
| 86 | 西藏职业技术学院 | 30 | 59.51 | 西藏自治区 |
| 87 | 陕西交通职业技术学院 | 66 | 59.17 | 陕西省 |
| 88 | 苏州经贸职业技术学院 | 34 | 59 | 江苏省 |
| 89 | 闽江师范高等专科学校 | 41 | 58.98 | 福建省 |
| 90 | 江西制造职业技术学院 | 38 | 58.88 | 江西省 |
| 91 | 湖南财经工业职业技术学院 | 43 | 58.77 | 湖南省 |
| 91 | 马鞍山师范高等专科学校 | 54 | 58.77 | 安徽省 |
| 93 | 咸宁职业技术学院 | 53 | 58.69 | 湖北省 |
| 94 | 浙江工商职业技术学院 | 22 | 58.59 | 浙江省 |
| 95 | 重庆科创职业学院 | 76 | 58.58 | 重庆市 |
| 96 | 南京旅游职业学院 | 20 | 58.54 | 江苏省 |
| 97 | 河南建筑职业技术学院 | 48 | 58.53 | 河南省 |
| 98 | 广东农工商职业技术学院 | 74 | 58.48 | 广东省 |
| 99 | 安徽交通职业技术学院 | 32 | 58.41 | 安徽省 |
| 100 | 广西电力职业技术学院 | 40 | 57.95 | 广西壮族自治区 |
| 101 | 重庆城市职业学院 | 39 | 57.74 | 重庆市 |

续表

| 排名 | 学校名称 | 奖项数 | 总分 | 省份 |
|---|---|---|---|---|
| 101 | 四川航天职业技术学院 | 57 | 57.74 | 四川省 |
| 103 | 安徽城市管理职业学院 | 75 | 57.69 | 安徽省 |
| 104 | 广西工业职业技术学院 | 43 | 57.67 | 广西壮族自治区 |
| 105 | 江苏城乡建设职业学院 | 20 | 57.66 | 江苏省 |
| 106 | 佛山职业技术学院 | 59 | 57.65 | 广东省 |
| 107 | 安徽国防科技职业学院 | 40 | 57.19 | 安徽省 |
| 108 | 厦门海洋职业技术学院 | 47 | 57.18 | 福建省 |
| 109 | 上海东海职业技术学院 | 48 | 56.82 | 上海市 |
| 110 | 广东科贸职业学院 | 100 | 56.79 | 广东省 |
| 111 | 济南工程职业技术学院 | 22 | 56.71 | 山东省 |
| 112 | 江西工业贸易职业技术学院 | 37 | 56.22 | 江西省 |
| 113 | 宜宾职业技术学院 | 63 | 56.21 | 四川省 |
| 114 | 成都工业职业技术学院 | 46 | 56 | 四川省 |
| 115 | 河北机电职业技术学院 | 35 | 55.51 | 河北省 |
| 115 | 晋中职业技术学院 | 105 | 55.51 | 山西省 |
| 117 | 湖南电气职业技术学院 | 24 | 55.16 | 湖南省 |
| 118 | 山东城市建设职业学院 | 22 | 55.13 | 山东省 |
| 119 | 淮南联合大学 | 35 | 55.09 | 安徽省 |
| 120 | 北京青年政治学院 | 50 | 54.99 | 北京市 |
| 121 | 湄洲湾职业技术学院 | 29 | 54.97 | 福建省 |

续表

| 排名 | 学校名称 | 奖项数 | 总分 | 省份 |
|---|---|---|---|---|
| 122 | 湖南现代物流职业技术学院 | 28 | 54.93 | 湖南省 |
| 123 | 聊城职业技术学院 | 42 | 54.57 | 山东省 |
| 124 | 台州职业技术学院 | 30 | 54.5 | 浙江省 |
| 124 | 北京经济管理职业学院 | 31 | 54.5 | 北京市 |
| 126 | 新疆生产建设兵团兴新职业技术学院 | 28 | 54.47 | 新疆维吾尔自治区 |
| 127 | 共青科技职业学院 | 45 | 54.45 | 江西省 |
| 128 | 山东工业职业学院 | 36 | 54.39 | 山东省 |
| 129 | 大同煤炭职业技术学院 | 13 | 54.22 | 山西省 |
| 129 | 重庆商务职业学院 | 49 | 54.22 | 重庆市 |
| 131 | 西安职业技术学院 | 37 | 54.15 | 陕西省 |
| 132 | 天津机电职业技术学院 | 45 | 54.01 | 天津市 |
| 133 | 江门职业技术学院 | 62 | 53.93 | 广东省 |
| 133 | 绵阳职业技术学院 | 74 | 53.93 | 四川省 |
| 135 | 广西现代职业技术学院 | 34 | 53.87 | 广西壮族自治区 |
| 136 | 陇南师范高等专科学校 | 20 | 53.82 | 甘肃省 |
| 136 | 河北交通职业技术学院 | 30 | 53.82 | 河北省 |
| 138 | 山东外贸职业学院 | 44 | 53.72 | 山东省 |
| 138 | 湖南工程职业技术学院 | 77 | 53.72 | 湖南省 |
| 140 | 济源职业技术学院 | 58 | 53.65 | 河南省 |
| 141 | 内蒙古商贸职业学院 | 39 | 53.53 | 内蒙古自治区 |
| 142 | 宁波城市职业技术学院 | 43 | 53.52 | 浙江省 |
| 143 | 陕西财经职业技术学院 | 42 | 53.36 | 陕西省 |

续表

| 排名 | 学校名称 | 奖项数 | 总分 | 省份 |
|---|---|---|---|---|
| 144 | 福建水利电力职业技术学院 | 45 | 53.33 | 福建省 |
| 145 | 福建林业职业技术学院 | 32 | 53.18 | 福建省 |
| 146 | 福建农业职业技术学院 | 36 | 53.13 | 福建省 |
| 147 | 重庆工贸职业技术学院 | 40 | 53.1 | 重庆市 |
| 148 | 锡林郭勒职业学院 | 30 | 53 | 内蒙古自治区 |
| 149 | 浙江同济科技职业学院 | 47 | 52.99 | 浙江省 |
| 150 | 山西金融职业学院 | 32 | 52.97 | 山西省 |
| 151 | 四川水利职业技术学院 | 61 | 52.89 | 四川省 |
| 152 | 江苏商贸职业学院 | 28 | 52.76 | 江苏省 |
| 153 | 上海思博职业技术学院 | 70 | 52.49 | 上海市 |
| 154 | 内蒙古电子信息职业技术学院 | 40 | 52.43 | 内蒙古自治区 |
| 155 | 新疆石河子职业技术学院 | 32 | 52.4 | 新疆维吾尔自治区 |
| 156 | 河北女子职业技术学院 | 31 | 52.29 | 河北省 |
| 157 | 安徽电气工程职业技术学院 | 18 | 52.28 | 安徽省 |
| 158 | 烟台工程职业技术学院 | 35 | 52.27 | 山东省 |
| 159 | 克拉玛依职业技术学院 | 20 | 52.26 | 新疆维吾尔自治区 |
| 160 | 衢州职业技术学院 | 28 | 52.25 | 浙江省 |
| 161 | 湖南软件职业技术大学 | 48 | 52.14 | 湖南省 |
| 162 | 广东岭南职业技术学院 | 49 | 52.08 | 广东省 |

续表

| 排名 | 学校名称 | 奖项数 | 总分 | 省份 |
|---|---|---|---|---|
| 163 | 晋中师范高等专科学校 | 23 | 51.87 | 山西省 |
| 164 | 上海交通职业技术学院 | 24 | 51.85 | 上海市 |
| 165 | 温州科技职业学院 | 27 | 51.82 | 浙江省 |
| 166 | 长春金融高等专科学校 | 41 | 51.75 | 吉林省 |
| 167 | 丽水职业技术学院 | 34 | 51.69 | 浙江省 |
| 168 | 湖南网络工程职业学院 | 36 | 51.68 | 湖南省 |
| 169 | 湖南民族职业学院 | 42 | 51.63 | 湖南省 |
| 170 | 河南应用技术职业学院 | 40 | 51.59 | 河南省 |
| 171 | 江苏城市职业学院 | 47 | 51.51 | 江苏省 |
| 172 | 广西国际商务职业技术学院 | 44 | 51.48 | 广西壮族自治区 |
| 173 | 山东工程职业技术大学 | 16 | 51.35 | 山东省 |
| 174 | 江苏医药职业学院 | 16 | 51.27 | 江苏省 |
| 175 | 遵义职业技术学院 | 36 | 51.24 | 贵州省 |
| 175 | 嘉兴职业技术学院 | 44 | 51.24 | 浙江省 |
| 177 | 河北软件职业技术学院 | 26 | 51.2 | 河北省 |
| 178 | 泉州医学高等专科学校 | 22 | 51.17 | 福建省 |
| 179 | 乌鲁木齐职业大学 | 34 | 51.06 | 新疆维吾尔自治区 |
| 180 | 莱芜职业技术学院 | 40 | 51.02 | 山东省 |
| 181 | 江苏财经职业技术学院 | 33 | 50.93 | 江苏省 |
| 182 | 海南职业技术学院 | 47 | 50.92 | 海南省 |
| 183 | 重庆化工职业学院 | 30 | 50.87 | 重庆市 |
| 184 | 成都工贸职业技术学院 | 37 | 50.76 | 四川省 |

续表

| 排名 | 学校名称 | 奖项数 | 总分 | 省份 |
|---|---|---|---|---|
| 185 | 山东信息职业技术学院 | 30 | 50.63 | 山东省 |
| 186 | 福建生物工程职业技术学院 | 18 | 50.54 | 福建省 |
| 187 | 四川文化产业职业学院 | 60 | 50.51 | 四川省 |
| 188 | 安徽新闻出版职业技术学院 | 61 | 50.35 | 安徽省 |
| 189 | 广东省外语艺术职业学院 | 54 | 50.34 | 广东省 |
| 190 | 辽宁现代服务职业技术学院 | 18 | 50.31 | 辽宁省 |
| 191 | 广东理工职业学院 | 64 | 50.28 | 广东省 |
| 192 | 湖南城建职业技术学院 | 20 | 50.21 | 湖南省 |
| 193 | 辽宁轻工职业学院 | 26 | 50.15 | 辽宁省 |
| 194 | 江西建设职业技术学院 | 22 | 50.14 | 江西省 |
| 195 | 广东职业技术学院 | 44 | 50.1 | 广东省 |
| 196 | 长沙环境保护职业技术学院 | 27 | 50.08 | 湖南省 |
| 197 | 安庆职业技术学院 | 20 | 50.04 | 安徽省 |
| 197 | 潍坊工程职业学院 | 42 | 50.04 | 山东省 |
| 199 | 重庆幼儿师范高等专科学校 | 14 | 50 | 重庆市 |
| 200 | 湖南安全技术职业学院 | 31 | 49.77 | 湖南省 |
| 201 | 池州职业技术学院 | 21 | 49.73 | 安徽省 |
| 202 | 江西卫生职业学院 | 15 | 49.72 | 江西省 |
| 203 | 九江职业大学 | 30 | 49.42 | 江西省 |
| 204 | 上海旅游高等专科学校 | 13 | 49.31 | 上海市 |
| 205 | 上海工商职业技术学院 | 26 | 49.28 | 上海市 |

续表

| 排名 | 学校名称 | 奖项数 | 总分 | 省份 |
|---|---|---|---|---|
| 206 | 珠海城市职业技术学院 | 34 | 49.19 | 广东省 |
| 207 | 天津工业职业学院 | 18 | 49.12 | 天津市 |
| 208 | 黄山职业技术学院 | 3 | 48.97 | 安徽省 |
| 208 | 天津滨海职业学院 | 27 | 48.97 | 天津市 |
| 208 | 广东环境保护工程职业学院 | 33 | 48.97 | 广东省 |
| 211 | 廊坊职业技术学院 | 17 | 48.8 | 河北省 |
| 212 | 贵州职业技术学院 | 19 | 48.75 | 贵州省 |
| 213 | 烟台汽车工程职业学院 | 22 | 48.73 | 山东省 |
| 214 | 台州科技职业学院 | 30 | 48.72 | 浙江省 |
| 215 | 四川艺术职业学院 | 30 | 48.63 | 四川省 |
| 216 | 马鞍山职业技术学院 | 22 | 48.43 | 安徽省 |
| 217 | 重庆能源职业学院 | 25 | 48.36 | 重庆市 |
| 218 | 武汉信息传播职业技术学院 | 27 | 48.32 | 湖北省 |
| 219 | 商丘职业技术学院 | 17 | 48.2 | 河南省 |
| 220 | 永州职业技术学院 | 30 | 48.13 | 湖南省 |
| 221 | 广西生态工程职业技术学院 | 40 | 48.05 | 广西壮族自治区 |
| 222 | 晋城职业技术学院 | 37 | 47.94 | 山西省 |
| 223 | 江西冶金职业技术学院 | 28 | 47.54 | 江西省 |
| 224 | 襄阳汽车职业技术学院 | 11 | 47.47 | 湖北省 |
| 225 | 滁州职业技术学院 | 39 | 47.44 | 安徽省 |
| 226 | 盐城幼儿师范高等专科学校 | 12 | 47.42 | 江苏省 |
| 227 | 广西金融职业技术学院 | 17 | 47.41 | 广西壮族自治区 |
| 228 | 天津铁道职业技术学院 | 15 | 47.37 | 天津市 |
| 229 | 开封大学 | 45 | 47.21 | 河南省 |

续表

| 排名 | 学校名称 | 奖项数 | 总分 | 省份 |
|---|---|---|---|---|
| 230 | 漳州理工职业学院 | 5 | 47.17 | 福建省 |
| 231 | 云南林业职业技术学院 | 30 | 47.09 | 云南省 |
| 232 | 洛阳科技职业学院 | 29 | 47.05 | 河南省 |
| 233 | 三亚航空旅游职业学院 | 14 | 47.03 | 海南省 |
| 233 | 湖州职业技术学院 | 26 | 47.03 | 浙江省 |
| 235 | 天津商务职业学院 | 41 | 46.97 | 天津市 |
| 236 | 包头职业技术学院 | 13 | 46.92 | 内蒙古自治区 |
| 237 | 仙桃职业学院 | 33 | 46.84 | 湖北省 |
| 238 | 重庆机电职业技术大学 | 26 | 46.81 | 重庆市 |
| 239 | 江西工程职业学院 | 20 | 46.73 | 江西省 |
| 240 | 湖南艺术职业学院 | 52 | 46.68 | 湖南省 |
| 241 | 南通科技职业学院 | 21 | 46.59 | 江苏省 |
| 242 | 四川现代职业学院 | 35 | 46.51 | 四川省 |
| 243 | 广州科技贸易职业学院 | 19 | 46.5 | 广东省 |
| 244 | 上饶职业技术学院 | 22 | 46.44 | 江西省 |
| 245 | 北京北大方正软件职业技术学院 | 16 | 46.43 | 北京市 |
| 246 | 扬州市职业大学 | 38 | 46.39 | 江苏省 |
| 246 | 上海中侨职业技术大学 | 47 | 46.39 | 上海市 |
| 248 | 广西工商职业技术学院 | 23 | 46.37 | 广西壮族自治区 |
| 249 | 辽宁石化职业技术学院 | 26 | 46.16 | 辽宁省 |
| 250 | 北海职业学院 | 82 | 46.13 | 广西壮族自治区 |
| 251 | 广安职业技术学院 | 34 | 45.79 | 四川省 |
| 252 | 北京戏曲艺术职业学院 | 9 | 45.7 | 北京市 |

续表

| 排名 | 学校名称 | 奖项数 | 总分 | 省份 |
|------|---------|--------|------|------|
| 253 | 贵州水利水电职业技术学院 | 19 | 45.67 | 贵州省 |
| 254 | 江西师范高等专科学校 | 10 | 45.65 | 江西省 |
| 254 | 苏州信息职业技术学院 | 26 | 45.65 | 江苏省 |
| 256 | 辽宁建筑职业学院 | 28 | 45.53 | 辽宁省 |
| 257 | 广西经贸职业技术学院 | 43 | 45.48 | 广西壮族自治区 |
| 258 | 长沙职业技术学院 | 45 | 45.44 | 湖南省 |
| 259 | 包头轻工职业技术学院 | 10 | 45.41 | 内蒙古自治区 |
| 260 | 山西艺术职业学院 | 12 | 45.39 | 山西省 |
| 261 | 吉安职业技术学院 | 28 | 45.37 | 江西省 |
| 262 | 河北轨道运输职业技术学院 | 21 | 45.22 | 河北省 |
| 263 | 石家庄信息工程职业学院 | 41 | 45.18 | 河北省 |
| 264 | 鹤壁职业技术学院 | 14 | 45.15 | 河南省 |
| 265 | 枣庄科技职业学院 | 19 | 45.14 | 山东省 |
| 266 | 甘肃林业职业技术学院 | 22 | 45.09 | 甘肃省 |
| 267 | 安徽审计职业学院 | 15 | 45.01 | 安徽省 |
| 268 | 河南水利与环境职业学院 | 23 | 45 | 河南省 |
| 268 | 太原旅游职业学院 | 25 | 45 | 山西省 |
| 270 | 郑州财税金融职业学院 | 22 | 44.95 | 河南省 |
| 271 | 贵州建设职业技术学院 | 5 | 44.93 | 贵州省 |
| 272 | 合肥通用职业技术学院 | 12 | 44.88 | 安徽省 |
| 273 | 湖南环境生物职业技术学院 | 41 | 44.81 | 湖南省 |
| 274 | 周口职业技术学院 | 12 | 44.71 | 河南省 |

续表

| 排名 | 学校名称 | 奖项数 | 总分 | 省份 |
|------|---------|--------|------|------|
| 275 | 山东旅游职业学院 | 9 | 44.69 | 山东省 |
| 276 | 河南交通职业技术学院 | 17 | 44.65 | 河南省 |
| 276 | 甘肃交通职业技术学院 | 28 | 44.65 | 甘肃省 |
| 278 | 郑州信息科技职业学院 | 49 | 44.61 | 河南省 |
| 279 | 许昌电气职业学院 | 9 | 44.59 | 河南省 |
| 280 | 郑州幼儿师范高等专科学校 | 13 | 44.53 | 河南省 |
| 281 | 汕尾职业技术学院 | 39 | 44.52 | 广东省 |
| 282 | 荆州职业技术学院 | 32 | 44.5 | 湖北省 |
| 283 | 济宁职业技术学院 | 15 | 44.46 | 山东省 |
| 284 | 湖南高速铁路职业技术学院 | 17 | 44.38 | 湖南省 |
| 285 | 南京机电职业技术学院 | 32 | 44.37 | 江苏省 |
| 286 | 川北幼儿师范高等专科学校 | 20 | 44.35 | 四川省 |
| 287 | 上海民航职业技术学院 | 13 | 44.34 | 上海市 |
| 287 | 海南外国语职业学院 | 16 | 44.34 | 海南省 |
| 289 | 山东中医药高等专科学校 | 11 | 44.32 | 山东省 |
| 290 | 保定电力职业技术学院 | 4 | 44.23 | 河北省 |
| 291 | 濮阳职业技术学院 | 31 | 44.16 | 河南省 |
| 292 | 重庆建筑科技职业学院 | 34 | 44.15 | 重庆市 |
| 293 | 陕西机电职业技术学院 | 17 | 44 | 陕西省 |
| 294 | 桂林师范高等专科学校 | 16 | 43.96 | 广西壮族自治区 |

续表

| 排名 | 学校名称 | 奖项数 | 总分 | 省份 |
|---|---|---|---|---|
| 295 | 重庆建筑工程职业学院 | 24 | 43.95 | 重庆市 |
| 296 | 云南国防工业职业技术学院 | 23 | 43.85 | 云南省 |
| 297 | 天津国土资源和房屋职业学院 | 28 | 43.77 | 天津市 |
| 298 | 湖北国土资源职业学院 | 13 | 43.73 | 湖北省 |
| 299 | 苏州卫生职业技术学院 | 7 | 43.7 | 江苏省 |
| 300 | 黑龙江生物科技职业学院 | 23 | 43.66 | 黑龙江省 |
| 301 | 陕西艺术职业学院 | 15 | 43.44 | 陕西省 |
| 302 | 四川城市职业学院 | 21 | 43.4 | 四川省 |
| 303 | 黑龙江商业职业学院 | 17 | 43.39 | 黑龙江省 |
| 304 | 浙江横店影视职业学院 | 36 | 43.38 | 浙江省 |
| 305 | 泉州职业技术大学 | 31 | 43.33 | 福建省 |
| 306 | 浙江广厦建设职业技术大学 | 30 | 43.29 | 浙江省 |
| 307 | 湖北水利水电职业技术学院 | 17 | 43.22 | 湖北省 |
| 308 | 贵州工商职业学院 | 25 | 43.2 | 贵州省 |
| 309 | 重庆公共运输职业学院 | 12 | 43.06 | 重庆市 |
| 310 | 上海行健职业学院 | 24 | 43.02 | 上海市 |
| 311 | 长春医学高等专科学校 | 14 | 43.01 | 吉林省 |
| 312 | 青海柴达木职业技术学院 | 8 | 42.99 | 青海省 |
| 312 | 河南机电职业学院 | 29 | 42.99 | 河南省 |
| 314 | 四川工商职业技术学院 | 20 | 42.97 | 四川省 |

续表

| 排名 | 学校名称 | 奖项数 | 总分 | 省份 |
|---|---|---|---|---|
| 315 | 湖南劳动人事职业学院 | 10 | 42.96 | 湖南省 |
| 316 | 黔南民族职业技术学院 | 14 | 42.89 | 贵州省 |
| 317 | 常州纺织服装职业技术学院 | 21 | 42.84 | 江苏省 |
| 318 | 贵州工业职业技术学院 | 16 | 42.76 | 贵州省 |
| 318 | 亳州职业技术学院 | 19 | 42.76 | 安徽省 |
| 320 | 云南能源职业技术学院 | 15 | 42.75 | 云南省 |
| 321 | 湖南有色金属职业技术学院 | 12 | 42.72 | 湖南省 |
| 322 | 山东轻工职业学院 | 26 | 42.69 | 山东省 |
| 323 | 江汉艺术职业学院 | 9 | 42.63 | 湖北省 |
| 324 | 铜陵职业技术学院 | 34 | 42.6 | 安徽省 |
| 325 | 苏州健雄职业技术学院 | 15 | 42.51 | 江苏省 |
| 326 | 辽宁生态工程职业学院 | 29 | 42.5 | 辽宁省 |
| 327 | 广东文艺职业学院 | 25 | 42.49 | 广东省 |
| 327 | 惠州城市职业学院 | 40 | 42.49 | 广东省 |
| 329 | 甘肃建筑职业技术学院 | 15 | 42.43 | 甘肃省 |
| 330 | 四川化工职业技术学院 | 21 | 42.42 | 四川省 |
| 330 | 云南交通职业技术学院 | 23 | 42.42 | 云南省 |
| 332 | 邯郸职业技术学院 | 13 | 42.41 | 河北省 |
| 333 | 威海海洋职业学院 | 10 | 42.39 | 山东省 |
| 334 | 枣庄职业学院 | 14 | 42.34 | 山东省 |
| 335 | 上海震旦职业学院 | 17 | 42.24 | 上海市 |
| 335 | 四川职业技术学院 | 28 | 42.24 | 四川省 |
| 337 | 武昌职业学院 | 4 | 42.23 | 湖北省 |

续表

| 排名 | 学校名称 | 奖项数 | 总分 | 省份 |
|---|---|---|---|---|
| 338 | 上海科学技术职业学院 | 10 | 42.19 | 上海市 |
| 339 | 广东创新科技职业学院 | 25 | 42.13 | 广东省 |
| 340 | 合肥信息技术职业学院 | 13 | 42.11 | 安徽省 |
| 341 | 广东工程职业技术学院 | 32 | 41.99 | 广东省 |
| 342 | 江西艺术职业学院 | 20 | 41.97 | 江西省 |
| 343 | 昌吉职业技术学院 | 20 | 41.91 | 新疆维吾尔自治区 |
| 344 | 黑龙江农垦职业学院 | 16 | 41.88 | 黑龙江省 |
| 345 | 河南测绘职业学院 | 8 | 41.81 | 河南省 |
| 346 | 厦门南洋职业学院 | 8 | 41.64 | 福建省 |
| 347 | 黔东南民族职业技术学院 | 19 | 41.57 | 贵州省 |
| 348 | 杭州万向职业技术学院 | 11 | 41.54 | 浙江省 |
| 349 | 新疆交通职业技术学院 | 13 | 41.47 | 新疆维吾尔自治区 |
| 349 | 湖南水利水电职业技术学院 | 27 | 41.47 | 湖南省 |
| 351 | 湖北轻工职业技术学院 | 24 | 41.4 | 湖北省 |
| 352 | 湖北工业职业技术学院 | 14 | 41.38 | 湖北省 |
| 353 | 三亚中瑞酒店管理职业学院 | 3 | 41.37 | 海南省 |
| 354 | 天津城市职业学院 | 21 | 41.35 | 天津市 |
| 355 | 保定职业技术学院 | 18 | 41.34 | 河北省 |
| 356 | 贵州航天职业技术学院 | 18 | 41.31 | 贵州省 |
| 357 | 上海济光职业技术学院 | 25 | 41.28 | 上海市 |

续表

| 排名 | 学校名称 | 奖项数 | 总分 | 省份 |
|---|---|---|---|---|
| 358 | 浙江药科职业大学 | 9 | 41.12 | 浙江省 |
| 359 | 山西旅游职业学院 | 14 | 41.11 | 山西省 |
| 360 | 福建对外经济贸易职业技术学院 | 4 | 41.1 | 福建省 |
| 360 | 山西林业职业技术学院 | 15 | 41.1 | 山西省 |
| 362 | 山西药科职业学院 | 10 | 41.07 | 山西省 |
| 363 | 南京城市职业学院 | 27 | 41.04 | 江苏省 |
| 364 | 唐山职业技术学院 | 26 | 41.01 | 河北省 |
| 365 | 安徽中澳科技职业学院 | 15 | 40.87 | 安徽省 |
| 366 | 江苏安全技术职业学院 | 4 | 40.76 | 江苏省 |
| 367 | 湖北艺术职业学院 | 9 | 40.75 | 湖北省 |
| 368 | 山西水利职业技术学院 | 21 | 40.73 | 山西省 |
| 369 | 渭南职业技术学院 | 17 | 40.71 | 陕西省 |
| 370 | 河南工业贸易职业学院 | 10 | 40.68 | 河南省 |
| 371 | 重庆旅游职业学院 | 16 | 40.65 | 重庆市 |
| 372 | 天津工程职业技术学院 | 9 | 40.61 | 天津市 |
| 373 | 厦门华天涉外职业技术学院 | 7 | 40.58 | 福建省 |
| 374 | 广西卫生职业技术学院 | 10 | 40.55 | 广西壮族自治区 |
| 375 | 毕节医学高等专科学校 | 5 | 40.52 | 贵州省 |
| 376 | 辽宁轨道交通职业学院 | 9 | 40.5 | 辽宁省 |
| 376 | 鄂州职业大学 | 33 | 40.5 | 湖北省 |
| 378 | 西安电力高等专科学校 | 6 | 40.49 | 陕西省 |
| 379 | 甘肃钢铁职业技术学院 | 2 | 40.48 | 甘肃省 |

续表

| 排名 | 学校名称 | 奖项数 | 总分 | 省份 |
|---|---|---|---|---|
| 380 | 运城职业技术大学 | 24 | 40.47 | 山西省 |
| 381 | 河北艺术职业学院 | 28 | 40.45 | 河北省 |
| 382 | 江西软件职业技术大学 | 27 | 40.35 | 江西省 |
| 383 | 广东松山职业技术学院 | 37 | 40.33 | 广东省 |
| 384 | 四川幼儿师范高等专科学校 | 12 | 40.28 | 四川省 |
| 385 | 江西工业职业技术学院 | 12 | 40.26 | 江西省 |
| 386 | 徐州幼儿师范高等专科学校 | 7 | 40.25 | 江苏省 |
| 387 | 上海电影艺术职业学院 | 8 | 40.22 | 上海市 |
| 387 | 陕西工商职业学院 | 25 | 40.22 | 陕西省 |
| 389 | 江西泰豪动漫职业学院 | 28 | 40.21 | 江西省 |
| 390 | 平顶山工业职业技术学院 | 23 | 40.17 | 河南省 |
| 391 | 临沂职业学院 | 27 | 40.16 | 山东省 |
| 392 | 青海交通职业技术学院 | 22 | 40.08 | 青海省 |
| 393 | 郑州电力高等专科学校 | 10 | 40.02 | 河南省 |
| 393 | 河北对外经贸职业学院 | 15 | 40.02 | 河北省 |
| 393 | 甘肃工业职业技术学院 | 25 | 40.02 | 甘肃省 |
| 396 | 泰州职业技术学院 | 19 | 39.93 | 江苏省 |
| 397 | 贵州电子科技职业学院 | 14 | 39.79 | 贵州省 |
| 398 | 北京政法职业学院 | 15 | 39.76 | 北京市 |
| 399 | 淮南职业技术学院 | 10 | 39.75 | 安徽省 |
| 400 | 新疆职业大学 | 12 | 39.65 | 新疆维吾尔自治区 |

续表

| 排名 | 学校名称 | 奖项数 | 总分 | 省份 |
|---|---|---|---|---|
| 401 | 阜阳职业技术学院 | 5 | 39.62 | 安徽省 |
| 402 | 广东建设职业技术学院 | 26 | 39.59 | 广东省 |
| 403 | 上海工商外国语职业学院 | 21 | 39.54 | 上海市 |
| 404 | 广州南洋理工职业学院 | 9 | 39.53 | 广东省 |
| 405 | 江西工业工程职业技术学院 | 14 | 39.45 | 江西省 |
| 406 | 福建卫生职业技术学院 | 10 | 39.41 | 福建省 |
| 407 | 安徽艺术职业学院 | 25 | 39.37 | 安徽省 |
| 408 | 辽宁政法职业学院 | 6 | 39.35 | 辽宁省 |
| 409 | 广州卫生职业技术学院 | 5 | 39.31 | 广东省 |
| 410 | 四川商务职业学院 | 18 | 39.21 | 四川省 |
| 411 | 江西农业工程职业学院 | 15 | 39.18 | 江西省 |
| 412 | 呼和浩特职业学院 | 12 | 39.13 | 内蒙古自治区 |
| 413 | 广东女子职业技术学院 | 17 | 39.11 | 广东省 |
| 414 | 宁夏民族职业技术学院 | 13 | 39.1 | 宁夏回族自治区 |
| 414 | 太原城市职业技术学院 | 16 | 39.1 | 山西省 |
| 416 | 郑州旅游职业学院 | 9 | 39.06 | 河南省 |
| 417 | 辽宁金融职业学院 | 25 | 39.04 | 辽宁省 |
| 418 | 云南城市建设职业学院 | 7 | 39.03 | 云南省 |
| 419 | 宜春职业技术学院 | 12 | 39 | 江西省 |
| 420 | 滁州城市职业学院 | 13 | 38.92 | 安徽省 |
| 421 | 延安职业技术学院 | 14 | 38.88 | 陕西省 |
| 421 | 湖南信息职业技术学院 | 22 | 38.88 | 湖南省 |

续表

| 排名 | 学校名称 | 奖项数 | 总分 | 省份 |
|---|---|---|---|---|
| 423 | 甘肃畜牧工程职业技术学院 | 7 | 38.86 | 甘肃省 |
| 424 | 宁波卫生职业技术学院 | 7 | 38.78 | 浙江省 |
| 424 | 宝鸡职业技术学院 | 13 | 38.78 | 陕西省 |
| 426 | 肇庆医学高等专科学校 | 8 | 38.77 | 广东省 |
| 427 | 辽宁铁道职业技术学院 | 15 | 38.71 | 辽宁省 |
| 427 | 漯河职业技术学院 | 24 | 38.71 | 河南省 |
| 429 | 淄博师范高等专科学校 | 4 | 38.62 | 山东省 |
| 429 | 宁夏建设职业技术学院 | 12 | 38.62 | 宁夏回族自治区 |
| 431 | 沙洲职业工学院 | 9 | 38.61 | 江苏省 |
| 432 | 长江工程职业技术学院 | 30 | 38.54 | 湖北省 |
| 433 | 广东南华工商职业学院 | 29 | 38.5 | 广东省 |
| 434 | 四川国际标榜职业学院 | 12 | 38.3 | 四川省 |
| 435 | 民办合肥财经职业学院 | 4 | 38.29 | 安徽省 |
| 436 | 六安职业技术学院 | 15 | 38.24 | 安徽省 |
| 437 | 辽宁地质工程职业学院 | 9 | 38.12 | 辽宁省 |
| 438 | 宁夏财经职业技术学院 | 18 | 38.11 | 宁夏回族自治区 |
| 439 | 云南国土资源职业学院 | 23 | 38.1 | 云南省 |
| 440 | 承德护理职业学院 | 2 | 37.97 | 河北省 |
| 441 | 厦门软件职业技术学院 | 13 | 37.9 | 福建省 |
| 441 | 浙江国际海运职业技术学院 | 16 | 37.9 | 浙江省 |

续表

| 排名 | 学校名称 | 奖项数 | 总分 | 省份 |
|---|---|---|---|---|
| 443 | 渤海理工职业学院 | 3 | 37.86 | 河北省 |
| 444 | 广东工商职业技术大学 | 14 | 37.78 | 广东省 |
| 445 | 南充职业技术学院 | 13 | 37.76 | 四川省 |
| 446 | 贵阳职业技术学院 | 16 | 37.73 | 贵州省 |
| 447 | 无锡工艺职业技术学院 | 24 | 37.68 | 江苏省 |
| 448 | 无锡科技职业学院 | 10 | 37.56 | 江苏省 |
| 449 | 河北旅游职业学院 | 10 | 37.53 | 河北省 |
| 450 | 张家界航空工业职业技术学院 | 11 | 37.51 | 湖南省 |
| 451 | 平顶山职业技术学院 | 7 | 37.47 | 河南省 |
| 452 | 西安高新科技职业学院 | 13 | 37.44 | 陕西省 |
| 453 | 柳州城市职业学院 | 31 | 37.43 | 广西壮族自治区 |
| 454 | 南通师范高等专科学校 | 10 | 37.39 | 江苏省 |
| 455 | 六盘水职业技术学院 | 10 | 37.3 | 贵州省 |
| 456 | 三明医学科技职业学院 | 11 | 37.22 | 福建省 |
| 457 | 云南文化艺术职业学院 | 9 | 37.2 | 云南省 |
| 458 | 山东电力高等专科学校 | 2 | 37.16 | 山东省 |
| 459 | 泰山职业技术学院 | 9 | 37.11 | 山东省 |
| 460 | 辽宁装备制造职业技术学院 | 10 | 37.09 | 辽宁省 |
| 461 | 江苏卫生健康职业学院 | 6 | 37.04 | 江苏省 |
| 462 | 湖北财税职业学院 | 12 | 36.88 | 湖北省 |
| 463 | 荆州理工职业学院 | 4 | 36.86 | 湖北省 |
| 463 | 广东青年职业学院 | 27 | 36.86 | 广东省 |

续表

| 排名 | 学校名称 | 奖项数 | 总分 | 省份 |
|---|---|---|---|---|
| 465 | 锦州师范高等专科学校 | 10 | 36.82 | 辽宁省 |
| 466 | 青海建筑职业技术学院 | 6 | 36.72 | 青海省 |
| 466 | 湖北工程职业学院 | 8 | 36.72 | 湖北省 |
| 468 | 广东生态工程职业学院 | 20 | 36.69 | 广东省 |
| 469 | 辽阳职业技术学院 | 4 | 36.68 | 辽宁省 |
| 470 | 临汾职业技术学院 | 6 | 36.67 | 山西省 |
| 471 | 宣城职业技术学院 | 19 | 36.61 | 安徽省 |
| 472 | 贵州城市职业学院 | 18 | 36.52 | 贵州省 |
| 473 | 福建电力职业技术学院 | 13 | 36.49 | 福建省 |
| 474 | 江西信息应用职业技术学院 | 19 | 36.39 | 江西省 |
| 475 | 安徽警官职业学院 | 6 | 36.3 | 安徽省 |
| 476 | 成都艺术职业大学 | 26 | 36.27 | 四川省 |
| 477 | 昆山登云科技职业学院 | 6 | 36.17 | 江苏省 |
| 478 | 安顺职业技术学院 | 14 | 36.15 | 贵州省 |
| 479 | 南阳职业学院 | 17 | 36.13 | 河南省 |
| 479 | 合肥幼儿师范高等专科学校 | 18 | 36.13 | 安徽省 |
| 481 | 四川长江职业学院 | 19 | 36.07 | 四川省 |
| 482 | 贵州盛华职业学院 | 2 | 36.05 | 贵州省 |
| 483 | 昆明铁道职业技术学院 | 10 | 35.95 | 云南省 |
| 484 | 潍坊护理职业学院 | 5 | 35.86 | 山东省 |
| 485 | 兰州现代职业学院 | 4 | 35.85 | 甘肃省 |
| 486 | 无锡城市职业技术学院 | 8 | 35.82 | 江苏省 |
| 486 | 青海卫生职业技术学院 | 8 | 35.82 | 青海省 |
| 488 | 山西电力职业技术学院 | 4 | 35.8 | 山西省 |

续表

| 排名 | 学校名称 | 奖项数 | 总分 | 省份 |
|---|---|---|---|---|
| 488 | 四川护理职业学院 | 6 | 35.8 | 四川省 |
| 490 | 河南艺术职业学院 | 7 | 35.75 | 河南省 |
| 490 | 天津海运职业学院 | 10 | 35.75 | 天津市 |
| 492 | 辽宁城市建设职业技术学院 | 11 | 35.71 | 辽宁省 |
| 493 | 赣州师范高等专科学校 | 2 | 35.69 | 江西省 |
| 494 | 云南工贸职业技术学院 | 2 | 35.63 | 云南省 |
| 495 | 广州城市职业学院 | 19 | 35.52 | 广东省 |
| 496 | 山东经贸职业学院 | 4 | 35.51 | 山东省 |
| 497 | 泉州幼儿师范高等专科学校 | 10 | 35.5 | 福建省 |
| 498 | 重庆安全技术职业学院 | 22 | 35.49 | 重庆市 |
| 499 | 武汉工程职业技术学院 | 15 | 35.48 | 湖北省 |
| 500 | 贵阳幼儿师范高等专科学校 | 10 | 35.4 | 贵州省 |
| 501 | 黑龙江交通职业技术学院 | 7 | 35.39 | 黑龙江省 |
| 502 | 三峡旅游职业技术学院 | 8 | 35.37 | 湖北省 |
| 503 | 海南政法职业学院 | 11 | 35.31 | 海南省 |
| 504 | 石家庄理工职业学院 | 14 | 35.3 | 河北省 |
| 505 | 甘肃有色冶金职业技术学院 | 5 | 35.28 | 甘肃省 |
| 505 | 天津石油职业技术学院 | 10 | 35.28 | 天津市 |
| 507 | 青岛港湾职业技术学院 | 8 | 35.27 | 山东省 |
| 508 | 常德职业技术学院 | 13 | 35.17 | 湖南省 |
| 509 | 济南幼儿师范高等专科学校 | 4 | 35.15 | 山东省 |

续表

| 排名 | 学校名称 | 奖项数 | 总分 | 省份 |
|---|---|---|---|---|
| 510 | 九州职业技术学院 | 1 | 35.12 | 江苏省 |
| 510 | 惠州经济职业技术学院 | 15 | 35.12 | 广东省 |
| 512 | 广东南方职业学院 | 24 | 35.05 | 广东省 |
| 513 | 山西青年职业学院 | 7 | 35.02 | 山西省 |
| 514 | 盘锦职业技术学院 | 15 | 35 | 辽宁省 |
| 515 | 北京汇佳职业学院 | 4 | 34.99 | 北京市 |
| 516 | 贵州经贸职业技术学院 | 14 | 34.97 | 贵州省 |
| 517 | 皖西卫生职业学院 | 8 | 34.96 | 安徽省 |
| 518 | 山东传媒职业学院 | 41 | 34.93 | 山东省 |
| 519 | 烟台文化旅游职业学院 | 3 | 34.91 | 山东省 |
| 520 | 云南工程职业学院 | 4 | 34.88 | 云南省 |
| 520 | 娄底职业技术学院 | 10 | 34.88 | 湖南省 |
| 522 | 湖南食品药品职业学院 | 7 | 34.82 | 湖南省 |
| 523 | 福建幼儿师范高等专科学校 | 6 | 34.81 | 福建省 |
| 524 | 内江职业技术学院 | 21 | 34.77 | 四川省 |
| 525 | 运城幼儿师范高等专科学校 | 7 | 34.76 | 山西省 |
| 526 | 西安信息职业大学 | 4 | 34.71 | 陕西省 |
| 527 | 贵州应用技术职业学院 | 2 | 34.68 | 贵州省 |
| 528 | 广西幼儿师范高等专科学校 | 21 | 34.65 | 广西壮族自治区 |
| 529 | 四川华新现代职业学院 | 9 | 34.64 | 四川省 |
| 530 | 天津艺术职业学院 | 2 | 34.56 | 天津市 |
| 530 | 长沙南方职业学院 | 6 | 34.56 | 湖南省 |
| 530 | 嘉兴南洋职业技术学院 | 14 | 34.56 | 浙江省 |
| 533 | 甘肃机电职业技术学院 | 5 | 34.42 | 甘肃省 |

续表

| 排名 | 学校名称 | 奖项数 | 总分 | 省份 |
|---|---|---|---|---|
| 533 | 重庆青年职业技术学院 | 18 | 34.42 | 重庆市 |
| 535 | 黑龙江艺术职业学院 | 7 | 34.37 | 黑龙江省 |
| 536 | 山东外国语职业技术大学 | 12 | 34.32 | 山东省 |
| 537 | 北京京北职业技术学院 | 12 | 34.26 | 北京市 |
| 538 | 贵州农业职业学院 | 8 | 34.21 | 贵州省 |
| 539 | 福州墨尔本理工职业学院 | 3 | 34.18 | 福建省 |
| 539 | 山东胜利职业学院 | 24 | 34.18 | 山东省 |
| 541 | 广西工程职业学院 | 17 | 34.06 | 广西壮族自治区 |
| 542 | 长治职业技术学院 | 1 | 34.04 | 山西省 |
| 543 | 浙江舟山群岛新区旅游与健康职业学院 | 4 | 33.99 | 浙江省 |
| 543 | 云南农业职业技术学院 | 11 | 33.99 | 云南省 |
| 545 | 广东邮电职业技术学院 | 15 | 33.92 | 广东省 |
| 546 | 湖北中医药高等专科学校 | 7 | 33.82 | 湖北省 |
| 547 | 北京卫生职业学院 | 8 | 33.8 | 北京市 |
| 548 | 山东司法警官职业学院 | 3 | 33.66 | 山东省 |
| 548 | 江西司法警官职业学院 | 3 | 33.66 | 江西省 |
| 550 | 山西经贸职业学院 | 3 | 33.64 | 山西省 |
| 550 | 浙江东方职业技术学院 | 12 | 33.64 | 浙江省 |
| 552 | 黑龙江冰雪体育职业学院 | 2 | 33.6 | 黑龙江省 |
| 552 | 武汉商贸职业学院 | 16 | 33.6 | 湖北省 |

续表

| 排名 | 学校名称 | 奖项数 | 总分 | 省份 |
|---|---|---|---|---|
| 554 | 恩施职业技术学院 | 6 | 33.59 | 湖北省 |
| 554 | 江海职业技术学院 | 11 | 33.59 | 江苏省 |
| 556 | 保险职业学院 | 4 | 33.55 | 湖南省 |
| 557 | 包头钢铁职业技术学院 | 4 | 33.48 | 内蒙古自治区 |
| 557 | 重庆电讯职业学院 | 40 | 33.48 | 重庆市 |
| 559 | 安徽粮食工程职业学院 | 3 | 33.47 | 安徽省 |
| 560 | 怀化职业技术学院 | 6 | 33.46 | 湖南省 |
| 561 | 重庆文化艺术职业学院 | 25 | 33.41 | 重庆市 |
| 562 | 安徽中医药高等专科学校 | 6 | 33.36 | 安徽省 |
| 563 | 贵阳康养职业大学 | 13 | 33.15 | 贵州省 |
| 564 | 江西生物科技职业学院 | 5 | 33.12 | 江西省 |
| 565 | 榆林职业技术学院 | 12 | 33.09 | 陕西省 |
| 566 | 黑龙江旅游职业技术学院 | 10 | 33.03 | 黑龙江省 |
| 567 | 巴音郭楞职业技术学院 | 6 | 32.97 | 新疆维吾尔自治区 |
| 568 | 福建艺术职业学院 | 12 | 32.95 | 福建省 |
| 569 | 新疆天山职业技术大学 | 5 | 32.89 | 新疆维吾尔自治区 |
| 570 | 淮北职业技术学院 | 16 | 32.87 | 安徽省 |
| 571 | 沧州幼儿师范高等专科学校 | 3 | 32.74 | 河北省 |
| 572 | 浙江农业商贸职业学院 | 10 | 32.73 | 浙江省 |
| 573 | 天津城市建设管理职业技术学院 | 4 | 32.69 | 天津市 |
| 574 | 信阳职业技术学院 | 12 | 32.67 | 河南省 |
| 575 | 湖南外贸职业学院 | 8 | 32.57 | 湖南省 |
| 576 | 石家庄幼儿师范高等专科学校 | 7 | 32.56 | 河北省 |

续表

| 排名 | 学校名称 | 奖项数 | 总分 | 省份 |
|---|---|---|---|---|
| 577 | 湖南中医药高等专科学校 | 5 | 32.55 | 湖南省 |
| 577 | 昆明卫生职业学院 | 6 | 32.55 | 云南省 |
| 579 | 苏州百年职业学院 | 7 | 32.52 | 江苏省 |
| 580 | 郑州职业技术学院 | 10 | 32.48 | 河南省 |
| 580 | 辽宁职业学院 | 11 | 32.48 | 辽宁省 |
| 582 | 黑龙江生态工程职业学院 | 3 | 32.46 | 黑龙江省 |
| 583 | 广东碧桂园职业学院 | 10 | 32.41 | 广东省 |
| 584 | 南阳医学高等专科学校 | 4 | 32.38 | 河南省 |
| 584 | 汉中职业技术学院 | 7 | 32.38 | 陕西省 |
| 586 | 山西财贸职业技术学院 | 2 | 32.37 | 山西省 |
| 587 | 庆阳职业技术学院 | 4 | 32.32 | 甘肃省 |
| 588 | 天津生物工程职业技术学院 | 5 | 32.3 | 天津市 |
| 589 | 云南旅游职业学院 | 8 | 32.26 | 云南省 |
| 590 | 朔州职业技术学院 | 6 | 32.24 | 山西省 |
| 591 | 郑州理工职业学院 | 11 | 32.22 | 河南省 |
| 592 | 江西水利职业学院 | 22 | 32.17 | 江西省 |
| 593 | 松原职业技术学院 | 6 | 32.11 | 吉林省 |
| 594 | 乐山职业技术学院 | 11 | 32.09 | 四川省 |
| 595 | 兴安职业技术学院 | 7 | 32.07 | 内蒙古自治区 |
| 595 | 贵州装备制造职业学院 | 8 | 32.07 | 贵州省 |
| 597 | 白城医学高等专科学校 | 3 | 32.05 | 吉林省 |
| 597 | 大连汽车职业技术学院 | 8 | 32.05 | 辽宁省 |
| 599 | 漳州科技职业学院 | 7 | 32.04 | 福建省 |
| 600 | 河南信息统计职业学院 | 14 | 32.01 | 河南省 |

续表

| 排名 | 学校名称 | 奖项数 | 总分 | 省份 |
|---|---|---|---|---|
| 601 | 南京视觉艺术职业学院 | 21 | 32 | 江苏省 |
| 602 | 邵阳职业技术学院 | 9 | 31.9 | 湖南省 |
| 603 | 漯河医学高等专科学校 | 5 | 31.82 | 河南省 |
| 604 | 湖南三一工业职业技术学院 | 6 | 31.8 | 湖南省 |
| 604 | 内蒙古交通职业技术学院 | 7 | 31.8 | 内蒙古自治区 |
| 604 | 北京经济技术职业学院 | 21 | 31.8 | 北京市 |
| 607 | 黑龙江护理高等专科学校 | 6 | 31.78 | 黑龙江省 |
| 608 | 海南工商职业学院 | 11 | 31.76 | 海南省 |
| 609 | 湘西民族职业技术学院 | 5 | 31.72 | 湖南省 |
| 610 | 浙江安防职业技术学院 | 11 | 31.71 | 浙江省 |
| 611 | 铜仁幼儿师范高等专科学校 | 5 | 31.68 | 贵州省 |
| 612 | 山东特殊教育职业学院 | 2 | 31.6 | 山东省 |
| 613 | 湖北幼儿师范高等专科学校 | 3 | 31.53 | 湖北省 |
| 614 | 武汉民政职业学院 | 6 | 31.51 | 湖北省 |
| 615 | 甘肃农业职业技术学院 | 6 | 31.5 | 甘肃省 |
| 616 | 江苏航空职业技术学院 | 15 | 31.46 | 江苏省 |
| 617 | 武汉警官职业学院 | 8 | 31.44 | 湖北省 |
| 618 | 宿迁泽达职业技术学院 | 7 | 31.43 | 江苏省 |
| 619 | 浙江邮电职业技术学院 | 14 | 31.41 | 浙江省 |
| 620 | 德州科技职业学院 | 10 | 31.38 | 山东省 |

续表

| 排名 | 学校名称 | 奖项数 | 总分 | 省份 |
|---|---|---|---|---|
| 621 | 贵州电子商务职业技术学院 | 11 | 31.34 | 贵州省 |
| 622 | 惠州卫生职业技术学院 | 4 | 31.32 | 广东省 |
| 623 | 鄂尔多斯生态环境职业学院 | 2 | 31.3 | 内蒙古自治区 |
| 624 | 黑龙江农垦科技职业学院 | 12 | 31.15 | 黑龙江省 |
| 625 | 武汉外语外事职业学院 | 17 | 31.08 | 湖北省 |
| 626 | 南阳农业职业学院 | 7 | 31.06 | 河南省 |
| 627 | 包头铁道职业技术学院 | 6 | 31.04 | 内蒙古自治区 |
| 628 | 郑州城市职业学院 | 8 | 31.03 | 河南省 |
| 629 | 四川托普信息技术职业学院 | 9 | 31.02 | 四川省 |
| 630 | 广州科技职业技术大学 | 2 | 30.95 | 广东省 |
| 631 | 山西铁道职业技术学院 | 2 | 30.89 | 山西省 |
| 632 | 鄂尔多斯职业学院 | 4 | 30.87 | 内蒙古自治区 |
| 633 | 苏州高博软件技术职业学院 | 12 | 30.82 | 江苏省 |
| 634 | 镇江市高等专科学校 | 3 | 30.79 | 江苏省 |
| 635 | 阜阳幼儿师范高等专科学校 | 8 | 30.75 | 安徽省 |
| 636 | 大连枫叶职业技术学院 | 10 | 30.71 | 辽宁省 |
| 637 | 厦门演艺职业学院 | 2 | 30.61 | 福建省 |
| 638 | 德宏师范高等专科学校 | 2 | 30.44 | 云南省 |
| 639 | 郴州职业技术学院 | 4 | 30.43 | 湖南省 |
| 640 | 达州职业技术学院 | 2 | 30.42 | 四川省 |

续表

| 排名 | 学校名称 | 奖项数 | 总分 | 省份 |
|---|---|---|---|---|
| 641 | 河南质量工程职业学院 | 8 | 30.38 | 河南省 |
| 642 | 德宏职业学院 | 5 | 30.36 | 云南省 |
| 643 | 漳州城市职业学院 | 4 | 30.23 | 福建省 |
| 644 | 汕头职业技术学院 | 9 | 30.2 | 广东省 |
| 645 | 甘肃财贸职业学院 | 3 | 30.17 | 甘肃省 |
| 646 | 长春师范高等专科学校 | 8 | 30.03 | 吉林省 |
| 647 | 河北政法职业学院 | 3 | 29.98 | 河北省 |
| 648 | 定西师范高等专科学校 | 2 | 29.91 | 甘肃省 |
| 649 | 盐城工业职业技术学院 | 7 | 29.86 | 江苏省 |
| 650 | 北京社会管理职业学院 | 4 | 29.81 | 北京市 |
| 651 | 宁夏警官职业学院 | 4 | 29.72 | 宁夏回族自治区 |
| 652 | 正德职业技术学院 | 3 | 29.69 | 江苏省 |
| 653 | 甘肃卫生职业学院 | 6 | 29.66 | 甘肃省 |
| 654 | 广西英华国际职业学院 | 18 | 29.65 | 广西壮族自治区 |
| 655 | 江苏护理职业学院 | 2 | 29.62 | 江苏省 |
| 656 | 云南财经职业学院 | 8 | 29.46 | 云南省 |
| 657 | 广州华立科技职业学院 | 16 | 29.36 | 广东省 |
| 658 | 洛阳职业技术学院 | 2 | 29.33 | 河南省 |
| 659 | 营口职业技术学院 | 1 | 29.31 | 辽宁省 |
| 660 | 安徽冶金科技职业学院 | 4 | 29.29 | 安徽省 |
| 661 | 湖南体育职业学院 | 1 | 29.28 | 湖南省 |
| 662 | 福州黎明职业技术学院 | 5 | 29.25 | 福建省 |
| 663 | 重庆艺术工程职业学院 | 15 | 29.24 | 重庆市 |

续表

| 排名 | 学校名称 | 奖项数 | 总分 | 省份 |
|---|---|---|---|---|
| 664 | 江西陶瓷工艺美术职业技术学院 | 22 | 29.23 | 江西省 |
| 665 | 四川三河职业学院 | 5 | 29.19 | 四川省 |
| 666 | 济南护理职业学院 | 3 | 29.14 | 山东省 |
| 666 | 伊犁职业技术学院 | 5 | 29.14 | 新疆维吾尔自治区 |
| 668 | 安阳职业技术学院 | 6 | 29.08 | 河南省 |
| 669 | 开封文化艺术职业学院 | 6 | 28.98 | 河南省 |
| 670 | 山东外事职业大学 | 7 | 28.96 | 山东省 |
| 671 | 泉州工艺美术职业学院 | 5 | 28.82 | 福建省 |
| 672 | 辽宁医药职业学院 | 5 | 28.81 | 辽宁省 |
| 673 | 安徽汽车职业技术学院 | 1 | 28.72 | 安徽省 |
| 674 | 湖南九嶷职业技术学院 | 1 | 28.69 | 湖南省 |
| 675 | 江西科技职业学院 | 2 | 28.64 | 江西省 |
| 675 | 云南医药健康职业学院 | 3 | 28.64 | 云南省 |
| 677 | 泉州轻工职业学院 | 6 | 28.62 | 福建省 |
| 678 | 贵州财经职业学院 | 5 | 28.52 | 贵州省 |
| 679 | 丽江师范高等专科学校 | 4 | 28.48 | 云南省 |
| 680 | 湖南石油化工职业技术学院 | 6 | 28.44 | 湖南省 |
| 681 | 茂名职业技术学院 | 9 | 28.16 | 广东省 |
| 682 | 牡丹江大学 | 3 | 28.14 | 黑龙江省 |
| 683 | 通辽职业学院 | 3 | 28.13 | 内蒙古自治区 |
| 683 | 铁岭卫生职业学院 | 5 | 28.13 | 辽宁省 |
| 685 | 湖南邮电职业技术学院 | 7 | 28.07 | 湖南省 |
| 686 | 四川科技职业学院 | 13 | 27.93 | 四川省 |
| 687 | 菏泽家政职业学院 | 1 | 27.92 | 山东省 |

续表

| 排名 | 学校名称 | 奖项数 | 总分 | 省份 |
|---|---|---|---|---|
| 688 | 江苏旅游职业学院 | 2 | 27.86 | 江苏省 |
| 689 | 廊坊燕京职业技术学院 | 7 | 27.69 | 河北省 |
| 690 | 辽宁广告职业学院 | 7 | 27.68 | 辽宁省 |
| 691 | 泉州经贸职业技术学院 | 2 | 27.66 | 福建省 |
| 692 | 广东酒店管理职业技术学院 | 15 | 27.58 | 广东省 |
| 693 | 长沙卫生职业学院 | 2 | 27.48 | 湖南省 |
| 693 | 曲靖医学高等专科学校 | 2 | 27.48 | 云南省 |
| 693 | 新疆应用职业技术学院 | 4 | 27.48 | 新疆维吾尔自治区 |
| 696 | 民办四川天一学院 | 14 | 27.47 | 四川省 |
| 697 | 黑龙江幼儿师范高等专科学校 | 7 | 27.28 | 黑龙江省 |
| 698 | 泉州海洋职业学院 | 2 | 27.27 | 福建省 |
| 699 | 安徽扬子职业技术学院 | 2 | 27.17 | 安徽省 |
| 700 | 河北建材职业技术学院 | 5 | 27.05 | 河北省 |
| 701 | 科尔沁艺术职业学院 | 5 | 26.98 | 内蒙古自治区 |
| 702 | 石河子工程职业技术学院 | 4 | 26.97 | 新疆维吾尔自治区 |
| 702 | 吉林水利电力职业学院 | 4 | 26.97 | 吉林省 |
| 704 | 清远职业技术学院 | 19 | 26.83 | 广东省 |
| 705 | 大庆医学高等专科学校 | 4 | 26.74 | 黑龙江省 |
| 706 | 乌海职业技术学院 | 6 | 26.71 | 内蒙古自治区 |
| 707 | 江西航空职业技术学院 | 3 | 26.64 | 江西省 |
| 708 | 潍坊工商职业学院 | 1 | 26.63 | 山东省 |

续表

| 排名 | 学校名称 | 奖项数 | 总分 | 省份 |
|---|---|---|---|---|
| 709 | 安徽广播影视职业技术学院 | 16 | 26.61 | 安徽省 |
| 710 | 阿克苏职业技术学院 | 3 | 26.48 | 新疆维吾尔自治区 |
| 711 | 白银矿冶职业技术学院 | 1 | 26.32 | 甘肃省 |
| 711 | 哈尔滨应用职业技术学院 | 1 | 26.32 | 黑龙江省 |
| 711 | 新疆铁道职业技术学院 | 1 | 26.32 | 新疆维吾尔自治区 |
| 711 | 湘潭医卫职业技术学院 | 3 | 26.32 | 湖南省 |
| 715 | 重庆信息技术职业学院 | 3 | 26.17 | 重庆市 |
| 716 | 四川电子机械职业技术学院 | 16 | 26 | 四川省 |
| 717 | 抚顺职业技术学院 | 4 | 25.96 | 辽宁省 |
| 718 | 广东江门中医药职业学院 | 2 | 25.94 | 广东省 |
| 719 | 湖南国防工业职业技术学院 | 1 | 25.93 | 湖南省 |
| 719 | 贵州电力职业技术学院 | 1 | 25.93 | 贵州省 |
| 719 | 赣州职业技术学院 | 6 | 25.93 | 江西省 |
| 722 | 新疆师范高等专科学校 | 3 | 25.78 | 新疆维吾尔自治区 |
| 723 | 河北劳动关系职业学院 | 2 | 25.77 | 河北省 |
| 724 | 云南经贸外事职业学院 | 4 | 25.75 | 云南省 |
| 725 | 海南健康管理职业技术学院 | 2 | 25.73 | 海南省 |
| 725 | 眉山职业技术学院 | 8 | 25.73 | 四川省 |
| 727 | 张家口职业技术学院 | 1 | 25.68 | 河北省 |

续表

| 排名 | 学校名称 | 奖项数 | 总分 | 省份 |
|---|---|---|---|---|
| 728 | 哈尔滨科学技术职业学院 | 2 | 25.64 | 黑龙江省 |
| 728 | 江西应用工程职业学院 | 3 | 25.64 | 江西省 |
| 730 | 长白山职业技术学院 | 1 | 25.58 | 吉林省 |
| 730 | 四川卫生康复职业学院 | 1 | 25.58 | 四川省 |
| 730 | 四川西南航空职业学院 | 3 | 25.58 | 四川省 |
| 730 | 河南检察职业学院 | 3 | 25.58 | 河南省 |
| 730 | 湖南司法警官职业学院 | 3 | 25.58 | 湖南省 |
| 730 | 延边职业技术学院 | 3 | 25.58 | 吉林省 |
| 730 | 广东司法警官职业学院 | 3 | 25.58 | 广东省 |
| 737 | 北京科技职业学院 | 5 | 25.55 | 北京市 |
| 738 | 山西体育职业学院 | 1 | 25.49 | 山西省 |
| 739 | 广东舞蹈戏剧职业学院 | 6 | 25.33 | 广东省 |
| 740 | 运城师范高等专科学校 | 4 | 25.3 | 山西省 |
| 741 | 苏州工业园区职业技术学院 | 5 | 25.29 | 江苏省 |
| 742 | 焦作师范高等专科学校 | 5 | 25.19 | 河南省 |
| 743 | 郑州信息工程职业学院 | 2 | 25.17 | 河南省 |
| 744 | 湛江幼儿师范专科学校 | 1 | 25.15 | 广东省 |
| 744 | 陕西航空职业技术学院 | 1 | 25.15 | 陕西省 |
| 744 | 天津滨海汽车工程职业学院 | 1 | 25.15 | 天津市 |

续表

| 排名 | 学校名称 | 奖项数 | 总分 | 省份 |
|---|---|---|---|---|
| 747 | 海南卫生健康职业学院 | 1 | 25.1 | 海南省 |
| 748 | 江西中医药高等专科学校 | 4 | 25.01 | 江西省 |
| 749 | 山东服装职业学院 | 4 | 24.97 | 山东省 |
| 750 | 浙江特殊教育职业学院 | 7 | 24.91 | 浙江省 |
| 751 | 西安汽车职业大学 | 1 | 24.66 | 陕西省 |
| 752 | 珠海艺术职业学院 | 7 | 24.64 | 广东省 |
| 752 | 毕节职业技术学院 | 7 | 24.64 | 贵州省 |
| 754 | 昆明艺术职业学院 | 2 | 24.52 | 云南省 |
| 755 | 三门峡职业技术学院 | 2 | 24.45 | 河南省 |
| 756 | 苏州托普信息职业技术学院 | 3 | 24.42 | 江苏省 |
| 757 | 山东铝业职业学院 | 1 | 24.34 | 山东省 |
| 758 | 郑州亚欧交通职业学院 | 2 | 24.25 | 河南省 |
| 759 | 临沂科技职业学院 | 1 | 24.11 | 山东省 |
| 760 | 永城职业学院 | 8 | 24.1 | 河南省 |
| 761 | 武威职业学院 | 2 | 24.09 | 甘肃省 |
| 762 | 安徽林业职业技术学院 | 2 | 24.07 | 安徽省 |
| 762 | 上饶幼儿师范高等专科学校 | 4 | 24.07 | 江西省 |
| 764 | 揭阳职业技术学院 | 8 | 23.92 | 广东省 |
| 765 | 宁夏艺术职业学院 | 4 | 23.84 | 宁夏回族自治区 |
| 766 | 新疆建设职业技术学院 | 4 | 23.81 | 新疆维吾尔自治区 |
| 767 | 泉州华光职业学院 | 11 | 23.8 | 福建省 |
| 768 | 内蒙古警察职业学院 | 6 | 23.76 | 内蒙古自治区 |
| 769 | 漳州卫生职业学院 | 2 | 23.7 | 福建省 |

续表

| 排名 | 学校名称 | 奖项数 | 总分 | 省份 |
|---|---|---|---|---|
| 770 | 哈密职业技术学院 | 1 | 23.67 | 新疆维吾尔自治区 |
| 771 | 运城护理职业学院 | 2 | 23.6 | 山西省 |
| 772 | 广州华商职业学院 | 12 | 23.59 | 广东省 |
| 773 | 徐州生物工程职业技术学院 | 2 | 23.42 | 江苏省 |
| 773 | 湘南幼儿师范高等专科学校 | 2 | 23.42 | 湖南省 |
| 775 | 河南护理职业学院 | 2 | 23.41 | 河南省 |
| 776 | 安徽黄梅戏艺术职业学院 | 1 | 23.36 | 安徽省 |
| 777 | 大理护理职业学院 | 2 | 23.11 | 云南省 |
| 777 | 安康职业技术学院 | 2 | 23.11 | 陕西省 |
| 777 | 齐齐哈尔高等师范专科学校 | 2 | 23.11 | 黑龙江省 |
| 780 | 北京经贸职业学院 | 3 | 23.1 | 北京市 |
| 780 | 福州英华职业学院 | 7 | 23.1 | 福建省 |
| 782 | 私立华联学院 | 1 | 23 | 广东省 |
| 782 | 上海邦德职业技术学院 | 5 | 23 | 上海市 |
| 784 | 焦作大学 | 6 | 22.86 | 河南省 |
| 785 | 安徽工业职业技术学院 | 1 | 22.81 | 安徽省 |
| 786 | 金肯职业技术学院 | 7 | 22.75 | 江苏省 |
| 787 | 新疆工业职业技术学院 | 2 | 22.68 | 新疆维吾尔自治区 |
| 787 | 青海畜牧兽医职业技术学院 | 2 | 22.68 | 青海省 |
| 789 | 青岛求实职业技术学院 | 2 | 22.65 | 山东省 |
| 790 | 广东文理职业学院 | 6 | 22.55 | 广东省 |
| 791 | 天津工艺美术职业学院 | 5 | 22.5 | 天津市 |
| 792 | 福建华南女子职业学院 | 2 | 22.43 | 福建省 |

续表

| 排名 | 学校名称 | 奖项数 | 总分 | 省份 |
|---|---|---|---|---|
| 792 | 石家庄工商职业学院 | 8 | 22.43 | 河北省 |
| 794 | 广西自然资源职业技术学院 | 2 | 22.33 | 广西壮族自治区 |
| 795 | 铁岭师范高等专科学校 | 5 | 22.31 | 辽宁省 |
| 796 | 玉溪农业职业技术学院 | 2 | 22.14 | 云南省 |
| 797 | 湖南幼儿师范高等专科学校 | 5 | 22.05 | 湖南省 |
| 798 | 遵义医药高等专科学校 | 2 | 22.01 | 贵州省 |
| 798 | 四川中医药高等专科学校 | 2 | 22.01 | 四川省 |
| 800 | 德阳科贸职业学院 | 2 | 21.85 | 四川省 |
| 801 | 重庆电信职业学院 | 11 | 21.8 | 重庆市 |
| 802 | 益阳医学高等专科学校 | 2 | 21.75 | 湖南省 |
| 802 | 神木职业技术学院 | 4 | 21.75 | 陕西省 |
| 802 | 辽宁理工职业大学 | 4 | 21.75 | 辽宁省 |
| 802 | 哈尔滨幼儿师范高等专科学校 | 4 | 21.75 | 黑龙江省 |
| 806 | 天府新区信息职业学院 | 2 | 21.74 | 四川省 |
| 807 | 广西演艺职业学院 | 8 | 21.7 | 广西壮族自治区 |
| 808 | 云南司法警官职业学院 | 1 | 21.54 | 云南省 |
| 809 | 闽北职业技术学院 | 4 | 21.46 | 福建省 |
| 810 | 阳江职业技术学院 | 12 | 21.42 | 广东省 |
| 811 | 安徽涉外经济职业学院 | 4 | 21.16 | 安徽省 |
| 812 | 沧州职业技术学院 | 4 | 21.14 | 河北省 |
| 813 | 北京交通职业技术学院 | 1 | 21.08 | 北京市 |

续表

| 排名 | 学校名称 | 奖项数 | 总分 | 省份 |
|---|---|---|---|---|
| 814 | 厦门兴才职业技术学院 | 8 | 21.04 | 福建省 |
| 815 | 江西医学高等专科学校 | 2 | 20.67 | 江西省 |
| 815 | 邢台医学高等专科学校 | 2 | 20.67 | 河北省 |
| 817 | 云南三鑫职业技术学院 | 1 | 20.56 | 云南省 |
| 817 | 曲靖职业技术学院 | 1 | 20.56 | 云南省 |
| 817 | 江西电力职业技术学院 | 1 | 20.56 | 江西省 |
| 817 | 宣化科技职业学院 | 1 | 20.56 | 河北省 |
| 817 | 河南推拿职业学院 | 1 | 20.56 | 河南省 |
| 822 | 长沙电力职业技术学院 | 1 | 20.29 | 湖南省 |
| 822 | 石家庄科技信息职业学院 | 1 | 20.29 | 河北省 |
| 824 | 厦门东海职业技术学院 | 1 | 20.24 | 福建省 |
| 824 | 扎兰屯职业学院 | 3 | 20.24 | 内蒙古自治区 |
| 824 | 四川汽车职业技术学院 | 3 | 20.24 | 四川省 |
| 824 | 益阳职业技术学院 | 3 | 20.24 | 湖南省 |
| 824 | 苏州幼儿师范高等专科学校 | 3 | 20.24 | 江苏省 |
| 829 | 云南新兴职业学院 | 3 | 20.07 | 云南省 |
| 830 | 河南科技职业大学 | 2 | 20.01 | 河南省 |
| 831 | 山西老区职业技术学院 | 1 | 19.7 | 山西省 |
| 832 | 石家庄工程职业学院 | 4 | 19.63 | 河北省 |
| 833 | 河南林业职业学院 | 5 | 19.45 | 河南省 |
| 834 | 山东药品食品职业学院 | 1 | 19.43 | 山东省 |

续表

| 排名 | 学校名称 | 奖项数 | 总分 | 省份 |
|---|---|---|---|---|
| 834 | 陕西青年职业学院 | 1 | 19.43 | 陕西省 |
| 834 | 云南外事外语职业学院 | 1 | 19.43 | 云南省 |
| 834 | 抚顺师范高等专科学校 | 1 | 19.43 | 辽宁省 |
| 838 | 连云港师范高等专科学校 | 5 | 19.35 | 江苏省 |
| 839 | 黑龙江农业职业技术学院 | 1 | 19.07 | 黑龙江省 |
| 839 | 贵州护理职业技术学院 | 1 | 19.07 | 贵州省 |
| 839 | 山西卫生健康职业学院 | 1 | 19.07 | 山西省 |
| 842 | 漯河食品职业学院 | 5 | 19.06 | 河南省 |
| 843 | 云南轻纺职业学院 | 3 | 18.99 | 云南省 |
| 844 | 江苏财会职业学院 | 1 | 18.7 | 江苏省 |
| 845 | 江阴职业技术学院 | 2 | 18.29 | 江苏省 |
| 846 | 吉林工程职业学院 | 1 | 18.28 | 吉林省 |
| 847 | 广州华南商贸职业学院 | 7 | 18.24 | 广东省 |
| 848 | 鞍山职业技术学院 | 1 | 18.22 | 辽宁省 |
| 849 | 硅湖职业技术学院 | 2 | 18.19 | 江苏省 |
| 850 | 河北正定师范高等专科学校 | 2 | 18.01 | 河北省 |
| 851 | 江西青年职业学院 | 3 | 18 | 江西省 |
| 852 | 呼伦贝尔职业技术学院 | 2 | 17.82 | 内蒙古自治区 |
| 853 | 安阳幼儿师范高等专科学校 | 2 | 17.8 | 河南省 |
| 853 | 山西运城农业职业技术学院 | 2 | 17.8 | 山西省 |
| 855 | 江西传媒职业学院 | 4 | 17.65 | 江西省 |
| 856 | 山东圣翰财贸职业学院 | 2 | 17.42 | 山东省 |

续表

| 排名 | 学校名称 | 奖项数 | 总分 | 省份 |
|---|---|---|---|---|
| 857 | 吉林科技职业技术学院 | 3 | 17.41 | 吉林省 |
| 858 | 河北能源职业技术学院 | 2 | 17.34 | 河北省 |
| 859 | 百色职业学院 | 7 | 17.26 | 广西壮族自治区 |
| 860 | 民办合肥经济技术职业学院 | 2 | 16.93 | 安徽省 |
| 861 | 忻州职业技术学院 | 6 | 16.9 | 山西省 |
| 862 | 广东茂名农林科技职业学院 | 3 | 16.63 | 广东省 |
| 863 | 广西城市职业大学 | 1 | 16.58 | 广西壮族自治区 |
| 864 | 无锡南洋职业技术学院 | 2 | 16.36 | 江苏省 |
| 865 | 南昌职业大学 | 3 | 16.35 | 江西省 |
| 866 | 陕西电子信息职业技术学院 | 1 | 16.24 | 陕西省 |
| 867 | 三亚理工职业学院 | 3 | 16.12 | 海南省 |
| 868 | 雅安职业技术学院 | 2 | 16 | 四川省 |
| 869 | 烟台黄金职业学院 | 4 | 15.86 | 山东省 |
| 870 | 民办万博科技职业学院 | 2 | 15.72 | 安徽省 |
| 871 | 浙江金华科贸职业技术学院 | 1 | 15.44 | 浙江省 |
| 872 | 衡水职业技术学院 | 1 | 15.38 | 河北省 |
| 872 | 朝阳师范高等专科学校 | 1 | 15.38 | 辽宁省 |
| 872 | 赣南卫生健康职业学院 | 1 | 15.38 | 江西省 |
| 872 | 黔西南民族职业技术学院 | 1 | 15.38 | 贵州省 |
| 872 | 辽宁民族师范高等专科学校 | 1 | 15.38 | 辽宁省 |

续表

| 排名 | 学校名称 | 奖项数 | 总分 | 省份 |
|---|---|---|---|---|
| 877 | 拉萨师范高等专科学校 | 2 | 15.34 | 西藏自治区 |
| 878 | 大理农林职业技术学院 | 1 | 14.96 | 云南省 |
| 879 | 潇湘职业学院 | 1 | 14.95 | 湖南省 |
| 880 | 驻马店职业技术学院 | 2 | 14.92 | 河南省 |
| 881 | 浙江长征职业技术学院 | 3 | 14.6 | 浙江省 |
| 882 | 克孜勒苏职业技术学院 | 1 | 14.58 | 新疆维吾尔自治区 |
| 882 | 广东亚视演艺职业学院 | 3 | 14.58 | 广东省 |
| 884 | 郑州电子信息职业技术学院 | 2 | 14.53 | 河南省 |
| 885 | 上海工会管理职业学院 | 1 | 14.27 | 上海市 |
| 885 | 广西体育高等专科学校 | 1 | 14.27 | 广西壮族自治区 |
| 887 | 广州涉外经济职业技术学院 | 1 | 13.96 | 广东省 |
| 887 | 郑州电力职业技术学院 | 1 | 13.96 | 河南省 |
| 889 | 钟山职业技术学院 | 2 | 13.86 | 江苏省 |
| 890 | 梧州职业学院 | 4 | 13.35 | 广西壮族自治区 |
| 891 | 广西安全工程职业技术学院 | 1 | 13.34 | 广西壮族自治区 |
| 892 | 山西国际商务职业学院 | 2 | 13.17 | 山西省 |
| 893 | 云南锡业职业技术学院 | 1 | 12.74 | 云南省 |
| 894 | 云南理工职业学院 | 2 | 12.65 | 云南省 |
| 895 | 广东信息工程职业学院 | 4 | 11.91 | 广东省 |

续表

| 排名 | 学校名称 | 奖项数 | 总分 | 省份 |
|---|---|---|---|---|
| 896 | 广州华夏职业学院 | 2 | 11.29 | 广东省 |
| 897 | 黄冈科技职业学院 | 1 | 10.63 | 湖北省 |
| 897 | 天府新区通用航空职业学院 | 1 | 10.63 | 四川省 |
| 899 | 山西管理职业学院 | 1 | 10.38 | 山西省 |
| 900 | 黑龙江司法警官职业学院 | 1 | 10.14 | 黑龙江省 |
| 900 | 连云港职业技术学院 | 1 | 10.14 | 江苏省 |
| 902 | 河南司法警官职业学院 | 2 | 9.61 | 河南省 |
| 903 | 宁波幼儿师范高等专科学校 | 1 | 9.5 | 浙江省 |
| 903 | 景德镇艺术职业大学 | 1 | 9.5 | 江西省 |
| 903 | 昆明幼儿师范高等专科学校 | 1 | 9.5 | 云南省 |
| 903 | 重庆轻工职业学院 | 1 | 9.5 | 重庆市 |
| 903 | 山西华澳商贸职业学院 | 1 | 9.5 | 山西省 |
| 903 | 广州松田职业学院 | 1 | 9.5 | 广东省 |
| 909 | 武汉科技职业学院 | 2 | 8.96 | 湖北省 |

# 12.6  2017－2021 年东部地区高职院校大学生竞赛榜单

续表

| 排名 | 学校名称 | 奖项数 | 总分 | 省份 |
|---|---|---|---|---|
| 1 | 金华职业技术学院 | 343 | 100 | 浙江省 |
| 2 | 深圳职业技术学院 | 400 | 95.86 | 广东省 |
| 3 | 南京工业职业技术大学 | 192 | 89.45 | 江苏省 |
| 4 | 福建信息职业技术学院 | 240 | 89.22 | 福建省 |
| 5 | 广东轻工职业技术学院 | 355 | 85.26 | 广东省 |
| 6 | 山东商业职业技术学院 | 102 | 83.73 | 山东省 |
| 7 | 深圳信息职业技术学院 | 147 | 83.28 | 广东省 |
| 8 | 北京电子科技职业学院 | 131 | 82.88 | 北京市 |
| 9 | 潍坊职业学院 | 142 | 82.03 | 山东省 |
| 10 | 福建船政交通职业学院 | 221 | 81.5 | 福建省 |
| 11 | 上海城建职业学院 | 99 | 79.25 | 上海市 |
| 12 | 上海电子信息职业技术学院 | 127 | 78.87 | 上海市 |
| 13 | 南京信息职业技术学院 | 135 | 78.43 | 江苏省 |
| 14 | 浙江机电职业技术学院 | 173 | 78.21 | 浙江省 |
| 15 | 常州信息职业技术学院 | 178 | 77.81 | 江苏省 |
| 16 | 淄博职业学院 | 175 | 77.79 | 山东省 |
| 17 | 北京工业职业技术学院 | 143 | 77.75 | 北京市 |
| 18 | 天津市职业大学 | 128 | 75.56 | 天津市 |
| 19 | 顺德职业技术学院 | 132 | 74.72 | 广东省 |

| 排名 | 学校名称 | 奖项数 | 总分 | 省份 |
|---|---|---|---|---|
| 20 | 无锡职业技术学院 | 98 | 74.71 | 江苏省 |
| 21 | 江苏农林职业技术学院 | 55 | 74.51 | 江苏省 |
| 22 | 浙江工业职业技术学院 | 77 | 74.13 | 浙江省 |
| 23 | 浙江纺织服装职业技术学院 | 78 | 73.76 | 浙江省 |
| 24 | 天津电子信息职业技术学院 | 85 | 73.67 | 天津市 |
| 25 | 北京信息职业技术学院 | 120 | 73.66 | 北京市 |
| 26 | 烟台职业学院 | 105 | 72.39 | 山东省 |
| 27 | 无锡商业职业技术学院 | 98 | 72.06 | 江苏省 |
| 28 | 宁波职业技术学院 | 103 | 71.77 | 浙江省 |
| 29 | 浙江金融职业学院 | 115 | 71.58 | 浙江省 |
| 30 | 义乌工商职业技术学院 | 82 | 71.55 | 浙江省 |
| 31 | 江苏经贸职业技术学院 | 79 | 71.51 | 江苏省 |
| 32 | 济南职业学院 | 68 | 71.5 | 山东省 |
| 33 | 常州工业职业技术学院 | 84 | 71.4 | 江苏省 |
| 34 | 河北科技工程职业技术大学 | 166 | 71.28 | 河北省 |
| 35 | 山东交通职业学院 | 69 | 71.19 | 山东省 |
| 36 | 江苏电子信息职业学院 | 83 | 71.16 | 江苏省 |
| 37 | 广东科学技术职业学院 | 140 | 71.07 | 广东省 |

续表

| 排名 | 学校名称 | 奖项数 | 总分 | 省份 |
|---|---|---|---|---|
| 38 | 广州番禺职业技术学院 | 84 | 71.02 | 广东省 |
| 39 | 南京铁道职业技术学院 | 69 | 70.92 | 江苏省 |
| 40 | 杭州科技职业技术学院 | 87 | 70.81 | 浙江省 |
| 41 | 海南经贸职业技术学院 | 97 | 70.13 | 海南省 |
| 42 | 河北工业职业技术大学 | 102 | 69.88 | 河北省 |
| 43 | 广东交通职业技术学院 | 85 | 69.83 | 广东省 |
| 44 | 杭州职业技术学院 | 86 | 69.81 | 浙江省 |
| 45 | 常州机电职业技术学院 | 68 | 69.77 | 江苏省 |
| 46 | 北京财贸职业学院 | 84 | 69.75 | 北京市 |
| 47 | 扬州工业职业技术学院 | 60 | 69.11 | 江苏省 |
| 48 | 江苏联合职业技术学院 | 76 | 68.97 | 江苏省 |
| 49 | 漳州职业技术学院 | 87 | 68.91 | 福建省 |
| 50 | 厦门城市职业学院 | 173 | 68.66 | 福建省 |
| 51 | 浙江工贸职业技术学院 | 43 | 67.79 | 浙江省 |
| 52 | 黎明职业大学 | 133 | 67.65 | 福建省 |
| 53 | 日照职业技术学院 | 67 | 67.6 | 山东省 |
| 54 | 山东科技职业学院 | 72 | 67.47 | 山东省 |
| 55 | 江苏信息职业技术学院 | 63 | 67.38 | 江苏省 |
| 56 | 中山职业技术学院 | 115 | 67.19 | 广东省 |
| 57 | 山东劳动职业技术学院 | 32 | 67.14 | 山东省 |
| 58 | 浙江经贸职业技术学院 | 74 | 66.2 | 浙江省 |

续表

| 排名 | 学校名称 | 奖项数 | 总分 | 省份 |
|---|---|---|---|---|
| 59 | 浙江商业职业技术学院 | 74 | 66.11 | 浙江省 |
| 60 | 青岛职业技术学院 | 63 | 66.07 | 山东省 |
| 61 | 河源职业技术学院 | 82 | 65.93 | 广东省 |
| 62 | 南京交通职业技术学院 | 80 | 65.8 | 江苏省 |
| 63 | 浙江育英职业技术学院 | 160 | 65.68 | 浙江省 |
| 64 | 福州职业技术学院 | 103 | 65.64 | 福建省 |
| 65 | 温州职业技术学院 | 67 | 65.56 | 浙江省 |
| 66 | 山东电子职业技术学院 | 70 | 65.49 | 山东省 |
| 67 | 上海工艺美术职业学院 | 95 | 65.44 | 上海市 |
| 68 | 绍兴职业技术学院 | 61 | 65.26 | 浙江省 |
| 69 | 广东机电职业技术学院 | 78 | 65.24 | 广东省 |
| 70 | 东莞职业技术学院 | 89 | 64.39 | 广东省 |
| 71 | 天津现代职业技术学院 | 47 | 64.28 | 天津市 |
| 72 | 山东职业学院 | 41 | 64.11 | 山东省 |
| 73 | 青岛酒店管理职业技术学院 | 40 | 64.1 | 山东省 |
| 74 | 山东商务职业学院 | 65 | 64.06 | 山东省 |
| 75 | 江苏建筑职业技术学院 | 78 | 63.94 | 江苏省 |
| 76 | 浙江经济职业技术学院 | 70 | 63.13 | 浙江省 |
| 77 | 威海职业学院 | 104 | 63.1 | 山东省 |
| 78 | 河北石油职业技术大学 | 55 | 63.02 | 河北省 |
| 79 | 闽西职业技术学院 | 71 | 63 | 福建省 |
| 80 | 苏州工业职业技术学院 | 60 | 62.6 | 江苏省 |

续表

| 排名 | 学校名称 | 奖项数 | 总分 | 省份 |
|---|---|---|---|---|
| 81 | 海南科技职业大学 | 62 | 62.34 | 海南省 |
| 82 | 上海出版印刷高等专科学校 | 80 | 62.25 | 上海市 |
| 83 | 广州工程技术职业学院 | 48 | 62.21 | 广东省 |
| 84 | 南京科技职业学院 | 53 | 61.77 | 江苏省 |
| 85 | 山东理工职业学院 | 50 | 61.2 | 山东省 |
| 86 | 徐州工业职业技术学院 | 41 | 61.18 | 江苏省 |
| 87 | 德州职业技术学院 | 47 | 61.17 | 山东省 |
| 88 | 苏州职业大学 | 59 | 61.15 | 江苏省 |
| 89 | 江苏海事职业技术学院 | 48 | 61.03 | 江苏省 |
| 90 | 浙江交通职业技术学院 | 53 | 60.98 | 浙江省 |
| 91 | 海南软件职业技术学院 | 87 | 60.84 | 海南省 |
| 92 | 上海农林职业技术学院 | 35 | 60.72 | 上海市 |
| 93 | 广州城建职业学院 | 58 | 60.25 | 广东省 |
| 94 | 天津轻工职业技术学院 | 50 | 60.23 | 天津市 |
| 95 | 山东水利职业学院 | 33 | 60.19 | 山东省 |
| 96 | 苏州工业园区服务外包职业学院 | 37 | 59.55 | 江苏省 |
| 97 | 常州工程职业技术学院 | 34 | 59.22 | 江苏省 |
| 98 | 东营职业学院 | 87 | 59.09 | 山东省 |
| 99 | 苏州经贸职业技术学院 | 34 | 59 | 江苏省 |
| 100 | 闽江师范高等专科学校 | 41 | 58.98 | 福建省 |
| 101 | 浙江工商职业技术学院 | 22 | 58.59 | 浙江省 |
| 102 | 南京旅游职业学院 | 20 | 58.54 | 江苏省 |

续表

| 排名 | 学校名称 | 奖项数 | 总分 | 省份 |
|---|---|---|---|---|
| 103 | 广东农工商职业技术学院 | 74 | 58.48 | 广东省 |
| 104 | 江苏城乡建设职业学院 | 20 | 57.66 | 江苏省 |
| 105 | 佛山职业技术学院 | 59 | 57.65 | 广东省 |
| 106 | 广州民航职业技术学院 | 33 | 57.56 | 广东省 |
| 107 | 浙江旅游职业学院 | 29 | 57.55 | 浙江省 |
| 108 | 江苏工程职业技术学院 | 35 | 57.49 | 江苏省 |
| 109 | 滨州职业学院 | 28 | 57.45 | 山东省 |
| 110 | 天津交通职业学院 | 26 | 57.31 | 天津市 |
| 111 | 厦门海洋职业技术学院 | 47 | 57.18 | 福建省 |
| 112 | 上海东海职业技术学院 | 48 | 56.82 | 上海市 |
| 113 | 广东科贸职业学院 | 100 | 56.79 | 广东省 |
| 114 | 浙江建设职业技术学院 | 28 | 56.74 | 浙江省 |
| 115 | 济南工程职业技术学院 | 22 | 56.71 | 山东省 |
| 116 | 天津渤海职业技术学院 | 37 | 56.16 | 天津市 |
| 117 | 中山火炬职业技术学院 | 52 | 55.76 | 广东省 |
| 118 | 北京劳动保障职业学院 | 45 | 55.72 | 北京市 |
| 119 | 河北机电职业技术学院 | 35 | 55.51 | 河北省 |
| 120 | 山东城市建设职业学院 | 22 | 55.13 | 山东省 |
| 121 | 北京青年政治学院 | 50 | 54.99 | 北京市 |
| 122 | 湄洲湾职业技术学院 | 29 | 54.97 | 福建省 |

续表

| 排名 | 学校名称 | 奖项数 | 总分 | 省份 |
|------|----------|--------|------|------|
| 123 | 石家庄铁路职业技术学院 | 37 | 54.83 | 河北省 |
| 124 | 聊城职业技术学院 | 42 | 54.57 | 山东省 |
| 125 | 台州职业技术学院 | 30 | 54.5 | 浙江省 |
| 125 | 北京经济管理职业学院 | 31 | 54.5 | 北京市 |
| 127 | 山东工业职业学院 | 36 | 54.39 | 山东省 |
| 128 | 北京农业职业学院 | 45 | 54.22 | 北京市 |
| 129 | 天津机电职业技术学院 | 45 | 54.01 | 天津市 |
| 130 | 江门职业技术学院 | 62 | 53.93 | 广东省 |
| 131 | 河北交通职业技术学院 | 30 | 53.82 | 河北省 |
| 132 | 山东外贸职业学院 | 44 | 53.72 | 山东省 |
| 133 | 苏州农业职业技术学院 | 28 | 53.62 | 江苏省 |
| 134 | 宁波城市职业学院 | 43 | 53.52 | 浙江省 |
| 135 | 唐山工业职业技术学院 | 33 | 53.51 | 河北省 |
| 136 | 福建水利电力职业技术学院 | 45 | 53.33 | 福建省 |
| 137 | 广东工贸职业技术学院 | 57 | 53.28 | 广东省 |
| 138 | 福建林业职业技术学院 | 32 | 53.18 | 福建省 |
| 139 | 福建农业职业技术学院 | 36 | 53.13 | 福建省 |
| 140 | 浙江同济科技职业学院 | 47 | 52.99 | 浙江省 |
| 141 | 江苏商贸职业学院 | 28 | 52.76 | 江苏省 |
| 142 | 广州铁路职业技术学院 | 20 | 52.75 | 广东省 |
| 143 | 上海思博职业技术学院 | 70 | 52.49 | 上海市 |

续表

| 排名 | 学校名称 | 奖项数 | 总分 | 省份 |
|------|----------|--------|------|------|
| 144 | 河北女子职业技术学院 | 31 | 52.29 | 河北省 |
| 145 | 烟台工程职业技术学院 | 35 | 52.27 | 山东省 |
| 146 | 衢州职业技术学院 | 28 | 52.25 | 浙江省 |
| 147 | 广东岭南职业技术学院 | 49 | 52.08 | 广东省 |
| 148 | 南通职业大学 | 20 | 52.07 | 江苏省 |
| 149 | 石家庄职业技术学院 | 22 | 51.93 | 河北省 |
| 150 | 上海交通职业技术学院 | 24 | 51.85 | 上海市 |
| 151 | 温州科技职业学院 | 27 | 51.82 | 浙江省 |
| 152 | 丽水职业技术学院 | 34 | 51.69 | 浙江省 |
| 153 | 江苏城市职业学院 | 47 | 51.51 | 江苏省 |
| 154 | 山东工程职业技术大学 | 16 | 51.35 | 山东省 |
| 155 | 江苏医药职业学院 | 16 | 51.27 | 江苏省 |
| 156 | 嘉兴职业技术学院 | 44 | 51.24 | 浙江省 |
| 157 | 河北软件职业技术学院 | 26 | 51.2 | 河北省 |
| 158 | 泉州医学高等专科学校 | 22 | 51.17 | 福建省 |
| 159 | 莱芜职业技术学院 | 40 | 51.02 | 山东省 |
| 160 | 江苏财经职业技术学院 | 33 | 50.93 | 江苏省 |
| 161 | 海南职业技术学院 | 47 | 50.92 | 海南省 |
| 162 | 河北化工医药职业技术学院 | 56 | 50.64 | 河北省 |
| 163 | 山东信息职业技术学院 | 30 | 50.63 | 山东省 |
| 164 | 福建生物工程职业技术学院 | 18 | 50.54 | 福建省 |
| 165 | 广东省外语艺术职业学院 | 54 | 50.34 | 广东省 |

续表

| 排名 | 学校名称 | 奖项数 | 总分 | 省份 |
|---|---|---|---|---|
| 166 | 广东理工职业学院 | 64 | 50.28 | 广东省 |
| 167 | 广东职业技术学院 | 44 | 50.1 | 广东省 |
| 168 | 潍坊工程职业学院 | 42 | 50.04 | 山东省 |
| 169 | 浙江艺术职业学院 | 16 | 50.02 | 浙江省 |
| 170 | 广东水利电力职业技术学院 | 60 | 49.47 | 广东省 |
| 171 | 上海旅游高等专科学校 | 13 | 49.31 | 上海市 |
| 172 | 上海工商职业技术学院 | 26 | 49.28 | 上海市 |
| 173 | 珠海城市职业技术学院 | 34 | 49.19 | 广东省 |
| 174 | 天津工业职业学院 | 18 | 49.12 | 天津市 |
| 175 | 天津滨海职业学院 | 27 | 48.97 | 天津市 |
| 175 | 广东环境保护工程职业学院 | 33 | 48.97 | 广东省 |
| 177 | 廊坊职业技术学院 | 17 | 48.8 | 河北省 |
| 178 | 烟台汽车工程职业学院 | 22 | 48.73 | 山东省 |
| 179 | 台州科技职业学院 | 30 | 48.72 | 浙江省 |
| 180 | 盐城幼儿师范高等专科学校 | 12 | 47.42 | 江苏省 |
| 181 | 天津铁道职业技术学院 | 15 | 47.37 | 天津市 |
| 182 | 漳州理工职业学院 | 5 | 47.17 | 福建省 |
| 183 | 三亚航空旅游职业学院 | 14 | 47.03 | 海南省 |
| 183 | 湖州职业技术学院 | 26 | 47.03 | 浙江省 |
| 185 | 天津商务职业学院 | 41 | 46.97 | 天津市 |
| 186 | 南通科技职业学院 | 21 | 46.59 | 江苏省 |
| 187 | 广州科技贸易职业学院 | 19 | 46.5 | 广东省 |
| 188 | 北京北大方正软件职业技术学院 | 16 | 46.43 | 北京市 |
| 189 | 扬州市职业大学 | 38 | 46.39 | 江苏省 |

续表

| 排名 | 学校名称 | 奖项数 | 总分 | 省份 |
|---|---|---|---|---|
| 189 | 上海中侨职业技术大学 | 47 | 46.39 | 上海市 |
| 191 | 江苏农牧科技职业学院 | 17 | 46.28 | 江苏省 |
| 192 | 山东畜牧兽医职业学院 | 11 | 45.93 | 山东省 |
| 193 | 北京戏曲艺术职业学院 | 9 | 45.7 | 北京市 |
| 194 | 苏州信息职业技术学院 | 26 | 45.65 | 江苏省 |
| 195 | 石家庄邮电职业技术学院 | 15 | 45.36 | 河北省 |
| 196 | 河北轨道运输职业技术学院 | 21 | 45.22 | 河北省 |
| 197 | 石家庄信息工程职业学院 | 41 | 45.18 | 河北省 |
| 198 | 枣庄科技职业学院 | 19 | 45.14 | 山东省 |
| 199 | 山东旅游职业学院 | 9 | 44.69 | 山东省 |
| 200 | 汕尾职业技术学院 | 39 | 44.52 | 广东省 |
| 201 | 济宁职业技术学院 | 15 | 44.46 | 山东省 |
| 202 | 南京机电职业技术学院 | 32 | 44.37 | 江苏省 |
| 203 | 上海民航职业技术学院 | 13 | 44.34 | 上海市 |
| 203 | 海南外国语职业学院 | 16 | 44.34 | 海南省 |
| 205 | 山东中医药高等专科学校 | 11 | 44.32 | 山东省 |
| 206 | 保定电力职业技术学院 | 4 | 44.23 | 河北省 |
| 207 | 天津国土资源和房屋职业学院 | 28 | 43.77 | 天津市 |
| 208 | 苏州卫生职业技术学院 | 7 | 43.7 | 江苏省 |

续表

| 排名 | 学校名称 | 奖项数 | 总分 | 省份 |
|---|---|---|---|---|
| 209 | 浙江横店影视职业学院 | 36 | 43.38 | 浙江省 |
| 210 | 泉州职业技术大学 | 31 | 43.33 | 福建省 |
| 211 | 浙江广厦建设职业技术大学 | 30 | 43.29 | 浙江省 |
| 212 | 上海行健职业学院 | 24 | 43.02 | 上海市 |
| 213 | 常州纺织服装职业技术学院 | 21 | 42.84 | 江苏省 |
| 214 | 山东轻工职业学院 | 26 | 42.69 | 山东省 |
| 215 | 天津医学高等专科学校 | 13 | 42.65 | 天津市 |
| 216 | 江苏航运职业技术学院 | 9 | 42.53 | 江苏省 |
| 217 | 苏州健雄职业技术学院 | 15 | 42.51 | 江苏省 |
| 218 | 广东文艺职业学院 | 25 | 42.49 | 广东省 |
| 218 | 惠州城市职业学院 | 40 | 42.49 | 广东省 |
| 220 | 秦皇岛职业技术学院 | 27 | 42.45 | 河北省 |
| 221 | 邯郸职业技术学院 | 13 | 42.41 | 河北省 |
| 222 | 威海海洋职业学院 | 10 | 42.39 | 山东省 |
| 223 | 枣庄职业学院 | 14 | 42.34 | 山东省 |
| 224 | 上海震旦职业学院 | 17 | 42.24 | 上海市 |
| 225 | 上海科学技术职业学院 | 10 | 42.19 | 上海市 |
| 226 | 广东创新科技职业学院 | 25 | 42.13 | 广东省 |
| 227 | 广东工程职业技术学院 | 32 | 41.99 | 广东省 |
| 228 | 广东食品药品职业学院 | 13 | 41.68 | 广东省 |
| 229 | 厦门南洋职业学院 | 8 | 41.64 | 福建省 |
| 230 | 杭州万向职业技术学院 | 11 | 41.54 | 浙江省 |

续表

| 排名 | 学校名称 | 奖项数 | 总分 | 省份 |
|---|---|---|---|---|
| 231 | 三亚中瑞酒店管理职业学院 | 3 | 41.37 | 海南省 |
| 232 | 天津城市职业学院 | 21 | 41.35 | 天津市 |
| 233 | 保定职业技术学院 | 18 | 41.34 | 河北省 |
| 234 | 上海济光职业技术学院 | 25 | 41.28 | 上海市 |
| 235 | 浙江药科职业大学 | 9 | 41.12 | 浙江省 |
| 236 | 福建对外经济贸易职业技术学院 | 4 | 41.1 | 福建省 |
| 237 | 南京城市职业学院 | 27 | 41.04 | 江苏省 |
| 238 | 唐山职业技术学院 | 26 | 41.01 | 河北省 |
| 239 | 江苏安全技术职业学院 | 4 | 40.76 | 江苏省 |
| 240 | 天津工程职业技术学院 | 9 | 40.61 | 天津市 |
| 241 | 厦门华天涉外职业技术学院 | 7 | 40.58 | 福建省 |
| 242 | 河北艺术职业学院 | 28 | 40.45 | 河北省 |
| 243 | 广东松山职业技术学院 | 37 | 40.33 | 广东省 |
| 244 | 徐州幼儿师范高等专科学校 | 7 | 40.25 | 江苏省 |
| 245 | 上海电影艺术职业学院 | 8 | 40.22 | 上海市 |
| 246 | 临沂职业学院 | 27 | 40.16 | 山东省 |
| 247 | 河北对外经贸职业学院 | 15 | 40.02 | 河北省 |
| 248 | 泰州职业技术学院 | 19 | 39.93 | 江苏省 |
| 249 | 北京交通运输职业学院 | 16 | 39.79 | 北京市 |
| 250 | 北京政法职业学院 | 15 | 39.76 | 北京市 |
| 251 | 广东建设职业技术学院 | 26 | 39.59 | 广东省 |
| 252 | 上海工商外国语职业学院 | 21 | 39.54 | 上海市 |

续表

| 排名 | 学校名称 | 奖项数 | 总分 | 省份 |
|---|---|---|---|---|
| 253 | 广州南洋理工职业学院 | 9 | 39.53 | 广东省 |
| 254 | 福建卫生职业技术学院 | 10 | 39.41 | 福建省 |
| 255 | 广州卫生职业技术学院 | 5 | 39.31 | 广东省 |
| 256 | 广东女子职业技术学院 | 17 | 39.11 | 广东省 |
| 257 | 宁波卫生职业技术学院 | 7 | 38.78 | 浙江省 |
| 258 | 肇庆医学高等专科学校 | 8 | 38.77 | 广东省 |
| 259 | 浙江警官职业学院 | 5 | 38.73 | 浙江省 |
| 260 | 淄博师范高等专科学校 | 4 | 38.62 | 山东省 |
| 261 | 沙洲职业工学院 | 9 | 38.61 | 江苏省 |
| 262 | 广东南华工商职业学院 | 29 | 38.5 | 广东省 |
| 263 | 苏州工艺美术职业技术学院 | 12 | 38.34 | 江苏省 |
| 264 | 承德护理职业学院 | 2 | 37.97 | 河北省 |
| 265 | 厦门软件职业技术学院 | 13 | 37.9 | 福建省 |
| 265 | 浙江国际海运职业技术学院 | 16 | 37.9 | 浙江省 |
| 267 | 渤海理工职业学院 | 3 | 37.86 | 河北省 |
| 268 | 广东工商职业技术大学 | 14 | 37.78 | 广东省 |
| 269 | 无锡工艺职业技术学院 | 24 | 37.68 | 江苏省 |
| 270 | 无锡科技职业学院 | 10 | 37.56 | 江苏省 |
| 271 | 河北旅游职业学院 | 10 | 37.53 | 河北省 |
| 272 | 南通师范高等专科学校 | 10 | 37.39 | 江苏省 |

续表

| 排名 | 学校名称 | 奖项数 | 总分 | 省份 |
|---|---|---|---|---|
| 273 | 三明医学科技职业学院 | 11 | 37.22 | 福建省 |
| 274 | 山东电力高等专科学校 | 2 | 37.16 | 山东省 |
| 275 | 泰山职业技术学院 | 9 | 37.11 | 山东省 |
| 276 | 江苏卫生健康职业学院 | 6 | 37.04 | 江苏省 |
| 277 | 广东青年职业学院 | 27 | 36.86 | 广东省 |
| 278 | 广东生态工程职业学院 | 20 | 36.69 | 广东省 |
| 279 | 福建电力职业技术学院 | 13 | 36.49 | 福建省 |
| 280 | 昆山登云科技职业学院 | 6 | 36.17 | 江苏省 |
| 281 | 沧州医学高等专科学校 | 7 | 35.93 | 河北省 |
| 282 | 潍坊护理职业学院 | 5 | 35.86 | 山东省 |
| 283 | 无锡城市职业技术学院 | 8 | 35.82 | 江苏省 |
| 284 | 天津海运职业学院 | 10 | 35.75 | 天津市 |
| 285 | 广州城市职业学院 | 19 | 35.52 | 广东省 |
| 286 | 山东经贸职业学院 | 4 | 35.51 | 山东省 |
| 287 | 泉州幼儿师范高等专科学校 | 10 | 35.5 | 福建省 |
| 288 | 海南政法职业学院 | 11 | 35.31 | 海南省 |
| 289 | 石家庄理工职业学院 | 14 | 35.3 | 河北省 |
| 290 | 天津石油职业技术学院 | 10 | 35.28 | 天津市 |
| 291 | 青岛港湾职业技术学院 | 8 | 35.27 | 山东省 |
| 292 | 济南幼儿师范高等专科学校 | 4 | 35.15 | 山东省 |
| 293 | 九州职业技术学院 | 1 | 35.12 | 江苏省 |

续表

| 排名 | 学校名称 | 奖项数 | 总分 | 省份 |
|---|---|---|---|---|
| 293 | 惠州经济职业技术学院 | 15 | 35.12 | 广东省 |
| 295 | 广东南方职业学院 | 24 | 35.05 | 广东省 |
| 296 | 北京汇佳职业学院 | 4 | 34.99 | 北京市 |
| 297 | 山东传媒职业学院 | 41 | 34.93 | 山东省 |
| 298 | 烟台文化旅游职业学院 | 3 | 34.91 | 山东省 |
| 299 | 福建幼儿师范高等专科学校 | 6 | 34.81 | 福建省 |
| 300 | 天津艺术职业学院 | 2 | 34.56 | 天津市 |
| 300 | 嘉兴南洋职业技术学院 | 14 | 34.56 | 浙江省 |
| 302 | 山东外国语职业技术大学 | 12 | 34.32 | 山东省 |
| 303 | 北京京北职业技术学院 | 12 | 34.26 | 北京市 |
| 304 | 福州墨尔本理工职业学院 | 3 | 34.18 | 福建省 |
| 304 | 山东胜利职业学院 | 24 | 34.18 | 山东省 |
| 306 | 浙江舟山群岛新区旅游与健康职业学院 | 4 | 33.99 | 浙江省 |
| 307 | 广东邮电职业技术学院 | 15 | 33.92 | 广东省 |
| 308 | 北京卫生职业学院 | 8 | 33.8 | 北京市 |
| 309 | 山东司法警官职业学院 | 3 | 33.66 | 山东省 |
| 310 | 浙江东方职业技术学院 | 12 | 33.64 | 浙江省 |
| 311 | 江海职业技术学院 | 11 | 33.59 | 江苏省 |
| 312 | 福建艺术职业学院 | 12 | 32.95 | 福建省 |
| 313 | 沧州幼儿师范高等专科学校 | 3 | 32.74 | 河北省 |
| 314 | 浙江农业商贸职业学院 | 10 | 32.73 | 浙江省 |

续表

| 排名 | 学校名称 | 奖项数 | 总分 | 省份 |
|---|---|---|---|---|
| 315 | 天津城市建设管理职业技术学院 | 4 | 32.69 | 天津市 |
| 316 | 石家庄幼儿师范高等专科学校 | 7 | 32.56 | 河北省 |
| 317 | 苏州百年职业学院 | 7 | 32.52 | 江苏省 |
| 318 | 广东碧桂园职业学院 | 10 | 32.41 | 广东省 |
| 319 | 天津生物工程职业技术学院 | 5 | 32.3 | 天津市 |
| 320 | 漳州科技职业学院 | 7 | 32.04 | 福建省 |
| 321 | 南京视觉艺术职业学院 | 21 | 32 | 江苏省 |
| 322 | 北京经济技术职业学院 | 21 | 31.8 | 北京市 |
| 323 | 海南工商职业学院 | 11 | 31.76 | 海南省 |
| 324 | 浙江安防职业技术学院 | 11 | 31.71 | 浙江省 |
| 325 | 山东特殊教育职业学院 | 2 | 31.6 | 山东省 |
| 326 | 江苏航空职业技术学院 | 15 | 31.46 | 江苏省 |
| 327 | 宿迁泽达职业技术学院 | 7 | 31.43 | 江苏省 |
| 328 | 浙江邮电职业技术学院 | 14 | 31.41 | 浙江省 |
| 329 | 德州科技职业学院 | 10 | 31.38 | 山东省 |
| 330 | 惠州卫生职业技术学院 | 4 | 31.32 | 广东省 |
| 331 | 广州科技职业技术大学 | 2 | 30.95 | 广东省 |
| 332 | 苏州高博软件技术职业学院 | 12 | 30.82 | 江苏省 |
| 333 | 镇江市高等专科学校 | 3 | 30.79 | 江苏省 |
| 334 | 厦门演艺职业学院 | 2 | 30.61 | 福建省 |

续表

| 排名 | 学校名称 | 奖项数 | 总分 | 省份 |
|---|---|---|---|---|
| 335 | 漳州城市职业学院 | 4 | 30.23 | 福建省 |
| 336 | 汕头职业技术学院 | 9 | 30.2 | 广东省 |
| 337 | 河北政法职业学院 | 3 | 29.98 | 河北省 |
| 338 | 盐城工业职业技术学院 | 7 | 29.86 | 江苏省 |
| 339 | 北京社会管理职业学院 | 4 | 29.81 | 北京市 |
| 340 | 正德职业技术学院 | 3 | 29.69 | 江苏省 |
| 341 | 江苏护理职业学院 | 2 | 29.62 | 江苏省 |
| 342 | 江苏食品药品职业技术学院 | 7 | 29.57 | 江苏省 |
| 343 | 广州华立科技职业学院 | 16 | 29.36 | 广东省 |
| 344 | 福州黎明职业技术学院 | 5 | 29.25 | 福建省 |
| 345 | 济南护理职业学院 | 3 | 29.14 | 山东省 |
| 346 | 山东外事职业大学 | 7 | 28.96 | 山东省 |
| 347 | 泉州工艺美术职业学院 | 5 | 28.82 | 福建省 |
| 348 | 泉州轻工职业学院 | 6 | 28.62 | 福建省 |
| 349 | 茂名职业技术学院 | 9 | 28.16 | 广东省 |
| 350 | 菏泽家政职业学院 | 1 | 27.92 | 山东省 |
| 351 | 江苏旅游职业学院 | 2 | 27.86 | 江苏省 |
| 352 | 廊坊燕京职业技术学院 | 7 | 27.69 | 河北省 |
| 353 | 泉州经贸职业技术学院 | 2 | 27.66 | 福建省 |
| 354 | 广东酒店管理职业技术学院 | 15 | 27.58 | 广东省 |
| 355 | 泉州海洋职业学院 | 2 | 27.27 | 福建省 |
| 356 | 河北建材职业技术学院 | 5 | 27.05 | 河北省 |
| 357 | 清远职业技术学院 | 19 | 26.83 | 广东省 |
| 358 | 潍坊工商职业学院 | 1 | 26.63 | 山东省 |

续表

| 排名 | 学校名称 | 奖项数 | 总分 | 省份 |
|---|---|---|---|---|
| 359 | 广东江门中医药职业学院 | 2 | 25.94 | 广东省 |
| 360 | 河北劳动关系职业学院 | 2 | 25.77 | 河北省 |
| 361 | 海南健康管理职业技术学院 | 2 | 25.73 | 海南省 |
| 362 | 张家口职业技术学院 | 1 | 25.68 | 河北省 |
| 363 | 广东司法警官职业学院 | 3 | 25.58 | 广东省 |
| 364 | 北京科技职业学院 | 5 | 25.55 | 北京市 |
| 365 | 广东舞蹈戏剧职业学院 | 6 | 25.33 | 广东省 |
| 366 | 苏州工业园区职业技术学院 | 5 | 25.29 | 江苏省 |
| 367 | 湛江幼儿师范专科学校 | 1 | 25.15 | 广东省 |
| 367 | 天津滨海汽车工程职业学院 | 1 | 25.15 | 天津市 |
| 369 | 海南卫生健康职业学院 | 1 | 25.1 | 海南省 |
| 370 | 山东服装职业学院 | 4 | 24.97 | 山东省 |
| 371 | 浙江特殊教育职业学院 | 7 | 24.91 | 浙江省 |
| 372 | 珠海艺术职业学院 | 7 | 24.64 | 广东省 |
| 373 | 苏州托普信息职业技术学院 | 3 | 24.42 | 江苏省 |
| 374 | 山东铝业职业学院 | 1 | 24.34 | 山东省 |
| 375 | 临沂科技职业学院 | 1 | 24.11 | 山东省 |
| 376 | 揭阳职业技术学院 | 8 | 23.92 | 广东省 |
| 377 | 泉州华光职业学院 | 11 | 23.8 | 福建省 |
| 378 | 漳州卫生职业学院 | 2 | 23.7 | 福建省 |
| 379 | 广州华商职业学院 | 12 | 23.59 | 广东省 |
| 380 | 徐州生物工程职业技术学院 | 2 | 23.42 | 江苏省 |

续表

| 排名 | 学校名称 | 奖项数 | 总分 | 省份 |
|---|---|---|---|---|
| 381 | 北京经贸职业学院 | 3 | 23.1 | 北京市 |
| 381 | 福州英华职业学院 | 7 | 23.1 | 福建省 |
| 383 | 私立华联学院 | 1 | 23 | 广东省 |
| 383 | 上海邦德职业技术学院 | 5 | 23 | 上海市 |
| 385 | 金肯职业技术学院 | 7 | 22.75 | 江苏省 |
| 386 | 青岛求实职业技术学院 | 2 | 22.65 | 山东省 |
| 387 | 广东文理职业学院 | 6 | 22.55 | 广东省 |
| 388 | 天津工艺美术职业学院 | 5 | 22.5 | 天津市 |
| 389 | 福建华南女子职业学院 | 2 | 22.43 | 福建省 |
| 389 | 石家庄工商职业学院 | 8 | 22.43 | 河北省 |
| 391 | 闽北职业技术学院 | 4 | 21.46 | 福建省 |
| 392 | 阳江职业技术学院 | 12 | 21.42 | 广东省 |
| 393 | 沧州职业技术学院 | 4 | 21.14 | 河北省 |
| 394 | 北京交通职业技术学院 | 1 | 21.08 | 北京市 |
| 395 | 厦门兴才职业技术学院 | 8 | 21.04 | 福建省 |
| 396 | 邢台医学高等专科学校 | 2 | 20.67 | 河北省 |
| 397 | 宣化科技职业学院 | 1 | 20.56 | 河北省 |
| 398 | 石家庄科技信息职业学院 | 1 | 20.29 | 河北省 |
| 399 | 厦门东海职业技术学院 | 1 | 20.24 | 福建省 |
| 399 | 苏州幼儿师范高等专科学校 | 3 | 20.24 | 江苏省 |
| 401 | 石家庄工程职业学院 | 4 | 19.63 | 河北省 |
| 402 | 山东药品食品职业学院 | 1 | 19.43 | 山东省 |

| 排名 | 学校名称 | 奖项数 | 总分 | 省份 |
|---|---|---|---|---|
| 403 | 连云港师范高等专科学校 | 5 | 19.35 | 江苏省 |
| 404 | 江苏财会职业学院 | 1 | 18.7 | 江苏省 |
| 405 | 江阴职业技术学院 | 2 | 18.29 | 江苏省 |
| 406 | 广州华南商贸职业学院 | 7 | 18.24 | 广东省 |
| 407 | 硅湖职业技术学院 | 2 | 18.19 | 江苏省 |
| 408 | 河北正定师范高等专科学校 | 2 | 18.01 | 河北省 |
| 409 | 山东圣翰财贸职业学院 | 2 | 17.42 | 山东省 |
| 410 | 河北能源职业技术学院 | 2 | 17.34 | 河北省 |
| 411 | 广东茂名农林科技职业学院 | 3 | 16.63 | 广东省 |
| 412 | 无锡南洋职业技术学院 | 2 | 16.36 | 江苏省 |
| 413 | 三亚理工职业学院 | 3 | 16.12 | 海南省 |
| 414 | 烟台黄金职业学院 | 4 | 15.86 | 山东省 |
| 415 | 浙江金华科贸职业技术学院 | 1 | 15.44 | 浙江省 |
| 416 | 衡水职业技术学院 | 1 | 15.38 | 河北省 |
| 417 | 浙江长征职业技术学院 | 3 | 14.6 | 浙江省 |
| 418 | 广东亚视演艺职业学院 | 3 | 14.58 | 广东省 |
| 419 | 上海工会管理职业学院 | 1 | 14.27 | 上海市 |
| 420 | 广州涉外经济职业技术学院 | 1 | 13.96 | 广东省 |
| 421 | 钟山职业技术学院 | 2 | 13.86 | 江苏省 |
| 422 | 广东信息工程职业学院 | 4 | 11.91 | 广东省 |
| 423 | 广州华夏职业学院 | 2 | 11.29 | 广东省 |

续表

| 排名 | 学校名称 | 奖项数 | 总分 | 省份 |
|------|---------|--------|------|------|
| 424 | 连云港职业技术学院 | 1 | 10.14 | 江苏省 |
| 425 | 宁波幼儿师范高等专科学校 | 1 | 9.5 | 浙江省 |
| 425 | 广州松田职业学院 | 1 | 9.5 | 广东省 |

# 12.7 2017－2021 年中部地区高职院校大学生竞赛榜单

续表

| 排名 | 学校名称 | 奖项数 | 总分 | 省份 |
|------|---------|--------|------|------|
| 1 | 芜湖职业技术学院 | 197 | 91.45 | 安徽省 |
| 2 | 郑州铁路职业技术学院 | 134 | 86.45 | 河南省 |
| 3 | 江西环境工程职业学院 | 123 | 86.1 | 江西省 |
| 4 | 长沙民政职业技术学院 | 183 | 84.37 | 湖南省 |
| 5 | 江西应用技术职业学院 | 150 | 83.59 | 江西省 |
| 6 | 江西外语外贸职业学院 | 117 | 83 | 江西省 |
| 7 | 安徽机电职业技术学院 | 155 | 82.3 | 安徽省 |
| 8 | 湖南工业职业技术学院 | 187 | 80.51 | 湖南省 |
| 9 | 河南经贸职业学院 | 188 | 80.2 | 河南省 |
| 10 | 武汉软件工程职业学院 | 207 | 80.19 | 湖北省 |
| 11 | 安徽职业技术学院 | 197 | 79.68 | 安徽省 |
| 12 | 安徽工商职业学院 | 156 | 79.53 | 安徽省 |
| 13 | 安徽财贸职业学院 | 156 | 79.13 | 安徽省 |
| 14 | 武汉职业技术学院 | 130 | 78.98 | 湖北省 |
| 15 | 河南职业技术学院 | 123 | 78.59 | 河南省 |
| 16 | 九江职业技术学院 | 168 | 78.05 | 江西省 |
| 17 | 安徽商贸职业技术学院 | 146 | 77.6 | 安徽省 |
| 18 | 河南工业职业技术学院 | 247 | 76.88 | 河南省 |
| 19 | 黄河水利职业技术学院 | 215 | 76.56 | 河南省 |
| 20 | 武汉交通职业学院 | 160 | 76.05 | 湖北省 |

| 排名 | 学校名称 | 奖项数 | 总分 | 省份 |
|------|---------|--------|------|------|
| 21 | 江西现代职业技术学院 | 143 | 74.41 | 江西省 |
| 22 | 山西机电职业技术学院 | 93 | 74.34 | 山西省 |
| 23 | 湖南汽车工程职业学院 | 77 | 73.64 | 湖南省 |
| 24 | 武汉城市职业学院 | 77 | 72.79 | 湖北省 |
| 25 | 安徽国际商务职业学院 | 94 | 72.22 | 安徽省 |
| 26 | 襄阳职业技术学院 | 73 | 71.82 | 湖北省 |
| 27 | 湖北生态工程职业技术学院 | 41 | 71.43 | 湖北省 |
| 28 | 山西职业技术学院 | 145 | 70.5 | 山西省 |
| 29 | 安徽工业经济职业技术学院 | 90 | 69.33 | 安徽省 |
| 30 | 山西工程职业学院 | 83 | 69.08 | 山西省 |
| 31 | 长沙航空职业技术学院 | 51 | 68.65 | 湖南省 |
| 32 | 江西机电职业技术学院 | 83 | 68.42 | 江西省 |
| 33 | 合肥职业技术学院 | 65 | 67.87 | 安徽省 |
| 34 | 许昌职业技术学院 | 113 | 66.83 | 河南省 |
| 35 | 徽商职业学院 | 60 | 66.73 | 安徽省 |
| 36 | 安徽电子信息职业技术学院 | 105 | 66.21 | 安徽省 |
| 37 | 江西财经职业学院 | 69 | 65.92 | 江西省 |
| 38 | 湖南商务职业技术学院 | 74 | 65.62 | 湖南省 |
| 39 | 湖南化工职业技术学院 | 63 | 65.6 | 湖南省 |

续表

| 排名 | 学校名称 | 奖项数 | 总分 | 省份 |
|---|---|---|---|---|
| 40 | 湖南交通职业技术学院 | 67 | 63.85 | 湖南省 |
| 41 | 安徽水利水电职业技术学院 | 86 | 63.77 | 安徽省 |
| 42 | 湖南工艺美术职业学院 | 30 | 63.37 | 湖南省 |
| 43 | 武汉船舶职业技术学院 | 75 | 63.26 | 湖北省 |
| 44 | 江西交通职业技术学院 | 83 | 63 | 江西省 |
| 45 | 江西旅游商贸职业学院 | 51 | 62.88 | 江西省 |
| 46 | 湖北城市建设职业技术学院 | 52 | 62.85 | 湖北省 |
| 47 | 湖南机电职业技术学院 | 71 | 62.8 | 湖南省 |
| 48 | 新乡职业技术学院 | 39 | 62.68 | 河南省 |
| 49 | 江西新能源科技职业学院 | 74 | 62.57 | 江西省 |
| 50 | 湖北三峡职业技术学院 | 43 | 62.56 | 湖北省 |
| 51 | 湖南铁道职业技术学院 | 60 | 62.19 | 湖南省 |
| 52 | 湖南大众传媒职业技术学院 | 66 | 61.74 | 湖南省 |
| 53 | 湖南理工职业技术学院 | 39 | 60.98 | 湖南省 |
| 54 | 山西省财政税务专科学校 | 73 | 60.88 | 山西省 |
| 55 | 湖北科技职业学院 | 67 | 60.56 | 湖北省 |
| 56 | 山西工程科技职业大学 | 78 | 60.41 | 山西省 |
| 57 | 湖南科技职业学院 | 116 | 60.22 | 湖南省 |
| 58 | 湖南铁路科技职业技术学院 | 32 | 60.05 | 湖南省 |

续表

| 排名 | 学校名称 | 奖项数 | 总分 | 省份 |
|---|---|---|---|---|
| 59 | 长江职业学院 | 63 | 59.64 | 湖北省 |
| 59 | 湖北生物科技职业学院 | 67 | 59.64 | 湖北省 |
| 61 | 江西制造职业技术学院 | 38 | 58.88 | 江西省 |
| 62 | 湖南财经工业职业技术学院 | 43 | 58.77 | 湖南省 |
| 62 | 马鞍山师范高等专科学校 | 54 | 58.77 | 安徽省 |
| 64 | 咸宁职业技术学院 | 53 | 58.69 | 湖北省 |
| 65 | 河南建筑职业学院 | 48 | 58.53 | 河南省 |
| 66 | 安徽交通职业技术学院 | 32 | 58.41 | 安徽省 |
| 67 | 安徽城市管理职业学院 | 75 | 57.69 | 安徽省 |
| 68 | 安徽国防科技职业学院 | 40 | 57.19 | 安徽省 |
| 69 | 江西工业贸易职业技术学院 | 37 | 56.22 | 江西省 |
| 70 | 长沙商贸旅游职业技术学院 | 38 | 55.95 | 湖南省 |
| 71 | 晋中职业技术学院 | 105 | 55.51 | 山西省 |
| 72 | 湖南电气职业技术学院 | 24 | 55.16 | 湖南省 |
| 73 | 淮南联合大学 | 35 | 55.09 | 安徽省 |
| 74 | 湖南现代物流职业技术学院 | 28 | 54.93 | 湖南省 |
| 75 | 武汉铁路职业技术学院 | 30 | 54.87 | 湖北省 |
| 76 | 河南农业职业学院 | 32 | 54.49 | 河南省 |
| 77 | 共青科技职业学院 | 45 | 54.45 | 江西省 |
| 78 | 大同煤炭职业技术学院 | 13 | 54.22 | 山西省 |
| 79 | 黄冈职业技术学院 | 59 | 53.75 | 湖北省 |

续表

| 排名 | 学校名称 | 奖项数 | 总分 | 省份 |
|---|---|---|---|---|
| 80 | 湖南工程职业技术学院 | 77 | 53.72 | 湖南省 |
| 81 | 济源职业技术学院 | 58 | 53.65 | 河南省 |
| 82 | 湖北交通职业技术学院 | 35 | 53.04 | 湖北省 |
| 83 | 山西金融职业学院 | 32 | 52.97 | 山西省 |
| 84 | 安徽电气工程职业技术学院 | 18 | 52.28 | 安徽省 |
| 85 | 湖南软件职业技术大学 | 48 | 52.14 | 湖南省 |
| 86 | 晋中师范高等专科学校 | 23 | 51.87 | 山西省 |
| 87 | 湖南网络工程职业学院 | 36 | 51.68 | 湖南省 |
| 88 | 湖南民族职业学院 | 42 | 51.63 | 湖南省 |
| 89 | 河南应用技术职业学院 | 40 | 51.59 | 河南省 |
| 90 | 安徽新闻出版职业技术学院 | 61 | 50.35 | 安徽省 |
| 91 | 湖南城建职业技术学院 | 20 | 50.21 | 湖南省 |
| 92 | 江西建设职业技术学院 | 22 | 50.14 | 江西省 |
| 93 | 长沙环境保护职业技术学院 | 27 | 50.08 | 湖南省 |
| 94 | 安庆职业技术学院 | 20 | 50.04 | 安徽省 |
| 95 | 湖南安全技术职业学院 | 31 | 49.77 | 湖南省 |
| 96 | 池州职业技术学院 | 21 | 49.73 | 安徽省 |
| 97 | 江西卫生职业学院 | 15 | 49.72 | 江西省 |
| 98 | 九江职业大学 | 30 | 49.42 | 江西省 |
| 99 | 湖南生物机电职业技术学院 | 29 | 49.4 | 湖南省 |
| 100 | 黄山职业技术学院 | 3 | 48.97 | 安徽省 |
| 101 | 湖北职业技术学院 | 22 | 48.58 | 湖北省 |

续表

| 排名 | 学校名称 | 奖项数 | 总分 | 省份 |
|---|---|---|---|---|
| 102 | 岳阳职业技术学院 | 21 | 48.57 | 湖南省 |
| 103 | 马鞍山职业技术学院 | 22 | 48.43 | 安徽省 |
| 104 | 武汉信息传播职业技术学院 | 27 | 48.32 | 湖北省 |
| 105 | 商丘职业技术学院 | 17 | 48.2 | 河南省 |
| 106 | 永州职业技术学院 | 30 | 48.13 | 湖南省 |
| 107 | 晋城职业技术学院 | 37 | 47.94 | 山西省 |
| 108 | 江西冶金职业技术学院 | 28 | 47.54 | 江西省 |
| 109 | 襄阳汽车职业技术学院 | 11 | 47.47 | 湖北省 |
| 110 | 滁州职业技术学院 | 39 | 47.44 | 安徽省 |
| 111 | 武汉电力职业技术学院 | 11 | 47.35 | 湖北省 |
| 112 | 开封大学 | 45 | 47.21 | 河南省 |
| 113 | 洛阳科技职业学院 | 29 | 47.05 | 河南省 |
| 114 | 仙桃职业学院 | 33 | 46.84 | 湖北省 |
| 115 | 江西工程职业学院 | 20 | 46.73 | 江西省 |
| 116 | 湖南艺术职业学院 | 52 | 46.68 | 湖南省 |
| 117 | 上饶职业技术学院 | 22 | 46.44 | 江西省 |
| 118 | 江西师范高等专科学校 | 10 | 45.65 | 江西省 |
| 119 | 长沙职业技术学院 | 45 | 45.44 | 湖南省 |
| 120 | 山西艺术职业学院 | 12 | 45.39 | 山西省 |
| 121 | 吉安职业技术学院 | 28 | 45.37 | 江西省 |
| 122 | 鹤壁职业技术学院 | 14 | 45.15 | 河南省 |
| 123 | 安徽审计职业学院 | 15 | 45.01 | 安徽省 |
| 124 | 河南水利与环境职业学院 | 23 | 45 | 河南省 |
| 124 | 太原旅游职业学院 | 25 | 45 | 山西省 |
| 126 | 郑州财税金融职业学院 | 22 | 44.95 | 河南省 |
| 127 | 合肥通用职业技术学院 | 12 | 44.88 | 安徽省 |

续表

| 排名 | 学校名称 | 奖项数 | 总分 | 省份 |
|---|---|---|---|---|
| 128 | 湖南环境生物职业技术学院 | 41 | 44.81 | 湖南省 |
| 129 | 周口职业技术学院 | 12 | 44.71 | 河南省 |
| 130 | 河南交通职业技术学院 | 17 | 44.65 | 河南省 |
| 131 | 郑州信息科技职业学院 | 49 | 44.61 | 河南省 |
| 132 | 许昌电气职业学院 | 9 | 44.59 | 河南省 |
| 133 | 郑州幼儿师范高等专科学校 | 13 | 44.53 | 河南省 |
| 134 | 荆州职业技术学院 | 32 | 44.5 | 湖北省 |
| 135 | 湖南高速铁路职业技术学院 | 17 | 44.38 | 湖南省 |
| 136 | 濮阳职业技术学院 | 31 | 44.16 | 河南省 |
| 137 | 湖北国土资源职业学院 | 13 | 43.73 | 湖北省 |
| 138 | 湖北水利水电职业技术学院 | 17 | 43.22 | 湖北省 |
| 139 | 河南机电职业学院 | 29 | 42.99 | 河南省 |
| 140 | 湖南劳动人事职业学院 | 10 | 42.96 | 湖南省 |
| 141 | 亳州职业技术学院 | 19 | 42.76 | 安徽省 |
| 142 | 湖南有色金属职业技术学院 | 12 | 42.72 | 湖南省 |
| 143 | 江汉艺术职业学院 | 9 | 42.63 | 湖北省 |
| 144 | 铜陵职业技术学院 | 34 | 42.6 | 安徽省 |
| 145 | 武昌职业学院 | 4 | 42.23 | 湖北省 |
| 146 | 合肥信息技术职业学院 | 13 | 42.11 | 安徽省 |
| 147 | 江西艺术职业学院 | 20 | 41.97 | 江西省 |
| 148 | 河南测绘职业学院 | 8 | 41.81 | 河南省 |
| 149 | 湖南水利水电职业技术学院 | 27 | 41.47 | 湖南省 |
| 150 | 湖北轻工职业技术学院 | 24 | 41.4 | 湖北省 |

续表

| 排名 | 学校名称 | 奖项数 | 总分 | 省份 |
|---|---|---|---|---|
| 151 | 湖北工业职业技术学院 | 14 | 41.38 | 湖北省 |
| 152 | 山西旅游职业学院 | 14 | 41.11 | 山西省 |
| 153 | 山西林业职业技术学院 | 15 | 41.1 | 山西省 |
| 154 | 山西药科职业学院 | 10 | 41.07 | 山西省 |
| 155 | 安徽中澳科技职业学院 | 15 | 40.87 | 安徽省 |
| 156 | 湖北艺术职业学院 | 9 | 40.75 | 湖北省 |
| 157 | 山西水利职业技术学院 | 21 | 40.73 | 山西省 |
| 158 | 河南工业贸易职业学院 | 10 | 40.68 | 河南省 |
| 159 | 鄂州职业大学 | 33 | 40.5 | 湖北省 |
| 160 | 运城职业技术大学 | 24 | 40.47 | 山西省 |
| 161 | 江西软件职业技术大学 | 27 | 40.35 | 江西省 |
| 162 | 江西工业职业技术学院 | 12 | 40.26 | 江西省 |
| 163 | 江西泰豪动漫职业学院 | 28 | 40.21 | 江西省 |
| 164 | 平顶山工业职业技术学院 | 23 | 40.17 | 河南省 |
| 165 | 郑州电力高等专科学校 | 10 | 40.02 | 河南省 |
| 166 | 安徽医学高等专科学校 | 7 | 39.85 | 安徽省 |
| 167 | 淮南职业技术学院 | 10 | 39.75 | 安徽省 |
| 168 | 阜阳职业技术学院 | 5 | 39.62 | 安徽省 |
| 169 | 江西工业工程职业技术学院 | 14 | 39.45 | 江西省 |
| 170 | 安徽艺术职业学院 | 25 | 39.37 | 安徽省 |
| 171 | 江西农业工程职业学院 | 15 | 39.18 | 江西省 |

续表

| 排名 | 学校名称 | 奖项数 | 总分 | 省份 |
|---|---|---|---|---|
| 172 | 太原城市职业技术学院 | 16 | 39.1 | 山西省 |
| 173 | 郑州旅游职业学院 | 9 | 39.06 | 河南省 |
| 174 | 宜春职业技术学院 | 12 | 39 | 江西省 |
| 175 | 滁州城市职业学院 | 13 | 38.92 | 安徽省 |
| 176 | 湖南信息职业技术学院 | 22 | 38.88 | 湖南省 |
| 177 | 漯河职业技术学院 | 24 | 38.71 | 河南省 |
| 178 | 长江工程职业技术学院 | 30 | 38.54 | 湖北省 |
| 179 | 民办合肥财经职业学院 | 4 | 38.29 | 安徽省 |
| 180 | 六安职业技术学院 | 15 | 38.24 | 安徽省 |
| 181 | 张家界航空工业职业技术学院 | 11 | 37.51 | 湖南省 |
| 182 | 平顶山职业技术学院 | 7 | 37.47 | 河南省 |
| 183 | 湖北财税职业学院 | 12 | 36.88 | 湖北省 |
| 184 | 荆州理工职业学院 | 4 | 36.86 | 湖北省 |
| 185 | 湖北工程职业学院 | 8 | 36.72 | 湖北省 |
| 186 | 临汾职业技术学院 | 6 | 36.67 | 山西省 |
| 187 | 宣城职业技术学院 | 19 | 36.61 | 安徽省 |
| 188 | 江西信息应用职业技术学院 | 19 | 36.39 | 江西省 |
| 189 | 安徽警官职业学院 | 6 | 36.3 | 安徽省 |
| 190 | 南阳职业学院 | 17 | 36.13 | 河南省 |
| 190 | 合肥幼儿师范高等专科学校 | 18 | 36.13 | 安徽省 |
| 192 | 山西电力职业技术学院 | 4 | 35.8 | 山西省 |
| 193 | 河南艺术职业学院 | 7 | 35.75 | 河南省 |
| 194 | 赣州师范高等专科学校 | 2 | 35.69 | 江西省 |
| 195 | 武汉工程职业技术学院 | 15 | 35.48 | 湖北省 |

续表

| 排名 | 学校名称 | 奖项数 | 总分 | 省份 |
|---|---|---|---|---|
| 196 | 三峡旅游职业技术学院 | 8 | 35.37 | 湖北省 |
| 197 | 常德职业技术学院 | 13 | 35.17 | 湖南省 |
| 198 | 山西青年职业学院 | 7 | 35.02 | 山西省 |
| 199 | 皖西卫生职业学院 | 8 | 34.96 | 安徽省 |
| 200 | 娄底职业技术学院 | 10 | 34.88 | 湖南省 |
| 201 | 湖南食品药品职业学院 | 7 | 34.82 | 湖南省 |
| 202 | 运城幼儿师范高等专科学校 | 7 | 34.76 | 山西省 |
| 203 | 长沙南方职业学院 | 6 | 34.56 | 湖南省 |
| 204 | 长治职业技术学院 | 1 | 34.04 | 山西省 |
| 205 | 湖北中医药高等专科学校 | 7 | 33.82 | 湖北省 |
| 206 | 江西司法警官职业学院 | 3 | 33.66 | 江西省 |
| 207 | 山西经贸职业学院 | 3 | 33.64 | 山西省 |
| 208 | 武汉商贸职业学院 | 16 | 33.6 | 湖北省 |
| 209 | 恩施职业技术学院 | 6 | 33.59 | 湖北省 |
| 210 | 保险职业学院 | 4 | 33.55 | 湖南省 |
| 211 | 安徽粮食工程职业学院 | 3 | 33.47 | 安徽省 |
| 212 | 怀化职业技术学院 | 6 | 33.46 | 湖南省 |
| 213 | 安徽中医药高等专科学校 | 6 | 33.36 | 安徽省 |
| 214 | 江西生物科技职业学院 | 5 | 33.12 | 江西省 |
| 215 | 淮北职业技术学院 | 16 | 32.87 | 安徽省 |
| 216 | 信阳职业技术学院 | 12 | 32.67 | 河南省 |
| 217 | 湖南外贸职业学院 | 8 | 32.57 | 湖南省 |
| 218 | 湖南中医药高等专科学校 | 5 | 32.55 | 湖南省 |
| 219 | 郑州职业技术学院 | 10 | 32.48 | 河南省 |
| 220 | 南阳医学高等专科学校 | 4 | 32.38 | 河南省 |

续表

| 排名 | 学校名称 | 奖项数 | 总分 | 省份 |
|---|---|---|---|---|
| 221 | 山西财贸职业技术学院 | 2 | 32.37 | 山西省 |
| 222 | 朔州职业技术学院 | 6 | 32.24 | 山西省 |
| 223 | 郑州理工职业学院 | 11 | 32.22 | 河南省 |
| 224 | 江西水利职业学院 | 22 | 32.17 | 江西省 |
| 225 | 河南信息统计职业学院 | 14 | 32.01 | 河南省 |
| 226 | 邵阳职业技术学院 | 9 | 31.9 | 湖南省 |
| 227 | 漯河医学高等专科学校 | 5 | 31.82 | 河南省 |
| 228 | 湖南三一工业职业技术学院 | 6 | 31.8 | 湖南省 |
| 229 | 湘西民族职业技术学院 | 5 | 31.72 | 湖南省 |
| 230 | 湖北幼儿师范高等专科学校 | 3 | 31.53 | 湖北省 |
| 231 | 武汉民政职业学院 | 6 | 31.51 | 湖北省 |
| 232 | 武汉警官职业学院 | 8 | 31.44 | 湖北省 |
| 233 | 武汉外语外事职业学院 | 17 | 31.08 | 湖北省 |
| 234 | 南阳农业职业学院 | 7 | 31.06 | 河南省 |
| 235 | 郑州城市职业学院 | 8 | 31.03 | 河南省 |
| 236 | 山西铁道职业技术学院 | 2 | 30.89 | 山西省 |
| 237 | 阜阳幼儿师范高等专科学校 | 8 | 30.75 | 安徽省 |
| 238 | 郴州职业技术学院 | 4 | 30.43 | 湖南省 |
| 239 | 河南质量工程职业学院 | 8 | 30.38 | 河南省 |
| 240 | 洛阳职业技术学院 | 2 | 29.33 | 河南省 |
| 241 | 安徽冶金科技职业学院 | 4 | 29.29 | 安徽省 |
| 242 | 湖南体育职业学院 | 1 | 29.28 | 湖南省 |
| 243 | 江西陶瓷工艺美术职业技术学院 | 22 | 29.23 | 江西省 |

续表

| 排名 | 学校名称 | 奖项数 | 总分 | 省份 |
|---|---|---|---|---|
| 244 | 安阳职业技术学院 | 6 | 29.08 | 河南省 |
| 245 | 开封文化艺术职业学院 | 6 | 28.98 | 河南省 |
| 246 | 安徽汽车职业技术学院 | 1 | 28.72 | 安徽省 |
| 247 | 湖南九嶷职业技术学院 | 1 | 28.69 | 湖南省 |
| 248 | 江西科技职业学院 | 2 | 28.64 | 江西省 |
| 249 | 湖南石油化工职业技术学院 | 6 | 28.44 | 湖南省 |
| 250 | 湖南邮电职业技术学院 | 7 | 28.07 | 湖南省 |
| 251 | 长沙卫生职业学院 | 2 | 27.48 | 湖南省 |
| 252 | 安徽扬子职业技术学院 | 2 | 27.17 | 安徽省 |
| 253 | 江西航空职业技术学院 | 3 | 26.64 | 江西省 |
| 254 | 安徽广播影视职业技术学院 | 16 | 26.61 | 安徽省 |
| 255 | 湘潭医卫职业技术学院 | 3 | 26.32 | 湖南省 |
| 256 | 湖南国防工业职业技术学院 | 1 | 25.93 | 湖南省 |
| 256 | 赣州职业技术学院 | 6 | 25.93 | 江西省 |
| 258 | 江西应用工程职业学院 | 3 | 25.64 | 江西省 |
| 259 | 河南检察职业学院 | 3 | 25.58 | 河南省 |
| 259 | 湖南司法警官职业学院 | 3 | 25.58 | 湖南省 |
| 261 | 山西体育职业学院 | 1 | 25.49 | 山西省 |
| 262 | 运城师范高等专科学校 | 4 | 25.3 | 山西省 |
| 263 | 焦作师范高等专科学校 | 5 | 25.19 | 河南省 |

续表

| 排名 | 学校名称 | 奖项数 | 总分 | 省份 |
|---|---|---|---|---|
| 264 | 郑州信息工程职业学院 | 2 | 25.17 | 河南省 |
| 265 | 江西中医药高等专科学校 | 4 | 25.01 | 江西省 |
| 266 | 三门峡职业技术学院 | 2 | 24.45 | 河南省 |
| 267 | 郑州亚欧交通职业学院 | 2 | 24.25 | 河南省 |
| 268 | 永城职业学院 | 8 | 24.1 | 河南省 |
| 269 | 安徽林业职业技术学院 | 2 | 24.07 | 安徽省 |
| 269 | 上饶幼儿师范高等专科学校 | 4 | 24.07 | 江西省 |
| 271 | 运城护理职业学院 | 2 | 23.6 | 山西省 |
| 272 | 湘南幼儿师范高等专科学校 | 2 | 23.42 | 湖南省 |
| 273 | 河南护理职业学院 | 2 | 23.41 | 河南省 |
| 274 | 安徽黄梅戏艺术职业学院 | 1 | 23.36 | 安徽省 |
| 275 | 焦作大学 | 6 | 22.86 | 河南省 |
| 276 | 安徽工业职业技术学院 | 1 | 22.81 | 安徽省 |
| 277 | 湖南幼儿师范高等专科学校 | 5 | 22.05 | 湖南省 |
| 278 | 益阳医学高等专科学校 | 2 | 21.75 | 湖南省 |
| 279 | 安徽涉外经济职业学院 | 4 | 21.16 | 安徽省 |
| 280 | 江西医学高等专科学校 | 2 | 20.67 | 江西省 |
| 281 | 江西电力职业技术学院 | 1 | 20.56 | 江西省 |
| 281 | 河南推拿职业学院 | 1 | 20.56 | 河南省 |
| 283 | 长沙电力职业技术学院 | 1 | 20.29 | 湖南省 |

续表

| 排名 | 学校名称 | 奖项数 | 总分 | 省份 |
|---|---|---|---|---|
| 284 | 益阳职业技术学院 | 3 | 20.24 | 湖南省 |
| 285 | 河南科技职业大学 | 2 | 20.01 | 河南省 |
| 286 | 山西老区职业技术学院 | 1 | 19.7 | 山西省 |
| 287 | 河南林业职业学院 | 5 | 19.45 | 河南省 |
| 288 | 山西卫生健康职业学院 | 1 | 19.07 | 山西省 |
| 289 | 漯河食品职业学院 | 5 | 19.06 | 河南省 |
| 290 | 江西青年职业学院 | 3 | 18 | 江西省 |
| 291 | 安阳幼儿师范高等专科学校 | 2 | 17.8 | 河南省 |
| 291 | 山西运城农业职业技术学院 | 2 | 17.8 | 山西省 |
| 293 | 江西传媒职业学院 | 4 | 17.65 | 江西省 |
| 294 | 民办合肥经济技术职业学院 | 2 | 16.93 | 安徽省 |
| 295 | 忻州职业技术学院 | 6 | 16.9 | 山西省 |
| 296 | 南昌职业大学 | 3 | 16.35 | 江西省 |
| 297 | 民办万博科技职业学院 | 2 | 15.72 | 安徽省 |
| 298 | 赣南卫生健康职业学院 | 1 | 15.38 | 江西省 |
| 299 | 潇湘职业学院 | 1 | 14.95 | 湖南省 |
| 300 | 驻马店职业技术学院 | 2 | 14.92 | 河南省 |
| 301 | 郑州电子信息职业技术学院 | 2 | 14.53 | 河南省 |
| 302 | 郑州电力职业技术学院 | 1 | 13.96 | 河南省 |
| 303 | 山西国际商务职业学院 | 2 | 13.17 | 山西省 |
| 304 | 黄冈科技职业学院 | 1 | 10.63 | 湖北省 |
| 305 | 山西管理职业学院 | 1 | 10.38 | 山西省 |
| 306 | 河南司法警官职业学院 | 2 | 9.61 | 河南省 |

续表

| 排名 | 学校名称 | 奖项数 | 总分 | 省份 |
|---|---|---|---|---|
| 307 | 景德镇艺术职业大学 | 1 | 9.5 | 江西省 |
| 307 | 山西华澳商贸职业学院 | 1 | 9.5 | 山西省 |
| 309 | 武汉科技职业学院 | 2 | 8.96 | 湖北省 |

# 12.8　2017－2021年西部地区高职院校大学生竞赛榜单

续表

| 排名 | 学校名称 | 奖项数 | 总分 | 省份 | 排名 | 学校名称 | 奖项数 | 总分 | 省份 |
|---|---|---|---|---|---|---|---|---|---|
| 1 | 重庆电子工程职业学院 | 293 | 94.73 | 重庆市 | 18 | 广西交通职业技术学院 | 88 | 71.27 | 广西壮族自治区 |
| 2 | 陕西工业职业技术学院 | 240 | 84.51 | 陕西省 | 19 | 广西职业技术学院 | 99 | 71.15 | 广西壮族自治区 |
| 3 | 兰州石化职业技术大学 | 217 | 83.43 | 甘肃省 | 20 | 重庆交通职业学院 | 108 | 70.68 | 重庆市 |
| 4 | 贵州交通职业技术学院 | 146 | 81.75 | 贵州省 | 21 | 兰州职业技术学院 | 93 | 70.6 | 甘肃省 |
| 5 | 重庆城市管理职业学院 | 137 | 80.97 | 重庆市 | 22 | 柳州职业技术学院 | 102 | 69.83 | 广西壮族自治区 |
| 6 | 重庆工业职业技术学院 | 197 | 80.81 | 重庆市 | 23 | 贵州电子信息职业技术学院 | 134 | 69.55 | 贵州省 |
| 7 | 重庆工程职业技术学院 | 190 | 78.93 | 重庆市 | 24 | 广西农业职业技术大学 | 115 | 68.52 | 广西壮族自治区 |
| 8 | 成都航空职业技术学院 | 138 | 76.37 | 四川省 | 25 | 西安铁路职业技术学院 | 62 | 67.48 | 陕西省 |
| 9 | 四川交通职业技术学院 | 113 | 75.8 | 四川省 | 26 | 重庆财经职业学院 | 83 | 66.86 | 重庆市 |
| 10 | 西安航空职业技术学院 | 139 | 74.5 | 陕西省 | 27 | 兰州资源环境职业技术大学 | 76 | 66.85 | 甘肃省 |
| 11 | 杨凌职业技术学院 | 95 | 73.51 | 陕西省 | 28 | 四川工程职业技术学院 | 60 | 66.73 | 四川省 |
| 12 | 柳州铁道职业技术学院 | 142 | 73.21 | 广西壮族自治区 | 29 | 广西水利电力职业技术学院 | 73 | 66.42 | 广西壮族自治区 |
| 13 | 成都职业技术学院 | 134 | 72.75 | 四川省 | 30 | 广西理工职业技术学院 | 72 | 66.15 | 广西壮族自治区 |
| 14 | 南宁职业技术学院 | 176 | 72.46 | 广西壮族自治区 | 31 | 宁夏工商职业技术学院 | 73 | 66.02 | 宁夏回族自治区 |
| 15 | 成都纺织高等专科学校 | 102 | 72.37 | 四川省 | 32 | 昆明冶金高等专科学校 | 69 | 65.7 | 云南省 |
| 16 | 重庆三峡职业学院 | 106 | 72.26 | 重庆市 | 33 | 泸州职业技术学院 | 111 | 64.15 | 四川省 |
| 17 | 重庆工商职业学院 | 118 | 72.02 | 重庆市 | 34 | 咸阳职业技术学院 | 92 | 64.09 | 陕西省 |
| | | | | | 35 | 新疆农业职业技术学院 | 56 | 64 | 新疆维吾尔自治区 |

续表

| 排名 | 学校名称 | 奖项数 | 总分 | 省份 |
|---|---|---|---|---|
| 36 | 陕西国防工业职业技术学院 | 81 | 63.84 | 陕西省 |
| 37 | 广西机电职业技术学院 | 55 | 63.74 | 广西壮族自治区 |
| 38 | 重庆航天职业技术学院 | 45 | 62.63 | 重庆市 |
| 39 | 陕西铁路工程职业技术学院 | 53 | 62.35 | 陕西省 |
| 40 | 内蒙古机电职业技术学院 | 37 | 61.71 | 内蒙古自治区 |
| 41 | 重庆水利电力职业技术学院 | 90 | 61.61 | 重庆市 |
| 42 | 广西建设职业技术学院 | 75 | 60.97 | 广西壮族自治区 |
| 43 | 四川财经职业学院 | 51 | 60.72 | 四川省 |
| 44 | 西宁城市职业技术学院 | 47 | 60.41 | 青海省 |
| 45 | 四川邮电职业技术学院 | 47 | 60.32 | 四川省 |
| 46 | 四川信息职业技术学院 | 88 | 59.78 | 四川省 |
| 47 | 西藏职业技术学院 | 30 | 59.51 | 西藏自治区 |
| 48 | 陕西交通职业技术学院 | 66 | 59.17 | 陕西省 |
| 49 | 重庆科创职业学院 | 76 | 58.58 | 重庆市 |
| 50 | 重庆电力高等专科学校 | 27 | 58.51 | 重庆市 |
| 51 | 陕西职业技术学院 | 57 | 57.99 | 陕西省 |
| 52 | 广西电力职业技术学院 | 40 | 57.95 | 广西壮族自治区 |
| 53 | 重庆城市职业学院 | 39 | 57.74 | 重庆市 |
| 53 | 四川航天职业技术学院 | 57 | 57.74 | 四川省 |

续表

| 排名 | 学校名称 | 奖项数 | 总分 | 省份 |
|---|---|---|---|---|
| 55 | 广西工业职业技术学院 | 43 | 57.67 | 广西壮族自治区 |
| 56 | 四川建筑职业技术学院 | 45 | 57.09 | 四川省 |
| 57 | 陕西能源职业技术学院 | 35 | 56.56 | 陕西省 |
| 58 | 贵州轻工职业技术学院 | 46 | 56.39 | 贵州省 |
| 59 | 宜宾职业技术学院 | 63 | 56.21 | 四川省 |
| 60 | 成都工业职业技术学院 | 46 | 56 | 四川省 |
| 61 | 宁夏职业技术学院 | 73 | 55.87 | 宁夏回族自治区 |
| 62 | 新疆生产建设兵团兴新职业技术学院 | 28 | 54.47 | 新疆维吾尔自治区 |
| 63 | 重庆商务职业学院 | 49 | 54.22 | 重庆市 |
| 64 | 西安职业技术学院 | 37 | 54.15 | 陕西省 |
| 65 | 绵阳职业技术学院 | 74 | 53.93 | 四川省 |
| 66 | 广西现代职业技术学院 | 34 | 53.87 | 广西壮族自治区 |
| 67 | 陇南师范高等专科学校 | 20 | 53.82 | 甘肃省 |
| 68 | 重庆三峡医药高等专科学校 | 21 | 53.76 | 重庆市 |
| 69 | 内蒙古商贸职业学院 | 39 | 53.53 | 内蒙古自治区 |
| 70 | 陕西财经职业技术学院 | 42 | 53.36 | 陕西省 |
| 71 | 重庆工贸职业技术学院 | 40 | 53.1 | 重庆市 |
| 72 | 锡林郭勒职业学院 | 30 | 53 | 内蒙古自治区 |
| 73 | 四川水利职业技术学院 | 61 | 52.89 | 四川省 |

续表

| 排名 | 学校名称 | 奖项数 | 总分 | 省份 |
|---|---|---|---|---|
| 74 | 内蒙古电子信息职业技术学院 | 40 | 52.43 | 内蒙古自治区 |
| 75 | 新疆石河子职业技术学院 | 32 | 52.4 | 新疆维吾尔自治区 |
| 76 | 克拉玛依职业技术学院 | 20 | 52.26 | 新疆维吾尔自治区 |
| 77 | 广西国际商务职业技术学院 | 44 | 51.48 | 广西壮族自治区 |
| 78 | 遵义职业技术学院 | 36 | 51.24 | 贵州省 |
| 79 | 乌鲁木齐职业大学 | 34 | 51.06 | 新疆维吾尔自治区 |
| 80 | 重庆化工职业学院 | 30 | 50.87 | 重庆市 |
| 81 | 成都工贸职业技术学院 | 37 | 50.76 | 四川省 |
| 82 | 四川文化产业职业学院 | 60 | 50.51 | 四川省 |
| 83 | 重庆幼儿师范高等专科学校 | 14 | 50 | 重庆市 |
| 84 | 贵州职业技术学院 | 19 | 48.75 | 贵州省 |
| 85 | 四川艺术职业学院 | 30 | 48.63 | 四川省 |
| 86 | 重庆能源职业学院 | 25 | 48.36 | 重庆市 |
| 87 | 广西生态工程职业技术学院 | 40 | 48.05 | 广西壮族自治区 |
| 88 | 成都农业科技职业学院 | 39 | 48 | 四川省 |
| 89 | 广西金融职业技术学院 | 17 | 47.41 | 广西壮族自治区 |
| 90 | 云南机电职业技术学院 | 23 | 47.21 | 云南省 |
| 91 | 云南林业职业技术学院 | 30 | 47.09 | 云南省 |
| 92 | 包头职业技术学院 | 13 | 46.92 | 内蒙古自治区 |
| 93 | 铜仁职业技术学院 | 25 | 46.89 | 贵州省 |

续表

| 排名 | 学校名称 | 奖项数 | 总分 | 省份 |
|---|---|---|---|---|
| 94 | 重庆机电职业技术大学 | 26 | 46.81 | 重庆市 |
| 95 | 四川现代职业学院 | 35 | 46.51 | 四川省 |
| 96 | 广西工商职业技术学院 | 23 | 46.37 | 广西壮族自治区 |
| 97 | 北海职业学院 | 82 | 46.13 | 广西壮族自治区 |
| 98 | 广安职业技术学院 | 34 | 45.79 | 四川省 |
| 99 | 贵州水利水电职业技术学院 | 19 | 45.67 | 贵州省 |
| 100 | 广西经贸职业技术学院 | 43 | 45.48 | 广西壮族自治区 |
| 101 | 包头轻工职业技术学院 | 10 | 45.41 | 内蒙古自治区 |
| 102 | 甘肃林业职业技术学院 | 22 | 45.09 | 甘肃省 |
| 103 | 贵州建设职业技术学院 | 5 | 44.93 | 贵州省 |
| 104 | 甘肃交通职业技术学院 | 28 | 44.65 | 甘肃省 |
| 105 | 重庆医药高等专科学校 | 16 | 44.37 | 重庆市 |
| 106 | 川北幼儿师范高等专科学校 | 20 | 44.35 | 四川省 |
| 107 | 重庆建筑科技职业学院 | 34 | 44.15 | 重庆市 |
| 108 | 陕西机电职业技术学院 | 17 | 44 | 陕西省 |
| 109 | 桂林师范高等专科学校 | 16 | 43.96 | 广西壮族自治区 |
| 110 | 重庆建筑工程职业学院 | 24 | 43.95 | 重庆市 |
| 111 | 云南国防工业职业技术学院 | 23 | 43.85 | 云南省 |

续表

| 排名 | 学校名称 | 奖项数 | 总分 | 省份 |
|---|---|---|---|---|
| 112 | 内蒙古建筑职业技术学院 | 19 | 43.66 | 内蒙古自治区 |
| 113 | 陕西艺术职业学院 | 15 | 43.44 | 陕西省 |
| 114 | 四川城市职业学院 | 21 | 43.4 | 四川省 |
| 115 | 贵州工商职业学院 | 25 | 43.2 | 贵州省 |
| 116 | 重庆公共运输职业学院 | 12 | 43.06 | 重庆市 |
| 117 | 青海柴达木职业技术学院 | 8 | 42.99 | 青海省 |
| 118 | 四川工商职业技术学院 | 20 | 42.97 | 四川省 |
| 119 | 黔南民族职业技术学院 | 14 | 42.89 | 贵州省 |
| 120 | 贵州工业职业技术学院 | 16 | 42.76 | 贵州省 |
| 121 | 云南能源职业技术学院 | 15 | 42.75 | 云南省 |
| 122 | 甘肃建筑职业技术学院 | 15 | 42.43 | 甘肃省 |
| 123 | 四川化工职业技术学院 | 21 | 42.42 | 四川省 |
| 123 | 云南交通职业技术学院 | 23 | 42.42 | 云南省 |
| 125 | 四川职业技术学院 | 28 | 42.24 | 四川省 |
| 126 | 昌吉职业技术学院 | 20 | 41.91 | 新疆维吾尔自治区 |
| 127 | 黔东南民族职业技术学院 | 19 | 41.57 | 贵州省 |
| 128 | 新疆交通职业技术学院 | 13 | 41.47 | 新疆维吾尔自治区 |
| 129 | 贵州航天职业技术学院 | 18 | 41.31 | 贵州省 |
| 130 | 内蒙古化工职业学院 | 5 | 40.9 | 内蒙古自治区 |
| 131 | 渭南职业技术学院 | 17 | 40.71 | 陕西省 |

续表

| 排名 | 学校名称 | 奖项数 | 总分 | 省份 |
|---|---|---|---|---|
| 132 | 重庆旅游职业学院 | 16 | 40.65 | 重庆市 |
| 133 | 广西卫生职业技术学院 | 10 | 40.55 | 广西壮族自治区 |
| 134 | 毕节医学高等专科学校 | 5 | 40.52 | 贵州省 |
| 135 | 西安电力高等专科学校 | 6 | 40.49 | 陕西省 |
| 136 | 甘肃钢铁职业技术学院 | 2 | 40.48 | 甘肃省 |
| 137 | 四川幼儿师范高等专科学校 | 12 | 40.28 | 四川省 |
| 138 | 陕西工商职业学院 | 25 | 40.22 | 陕西省 |
| 139 | 青海交通职业技术学院 | 22 | 40.08 | 青海省 |
| 140 | 甘肃工业职业技术学院 | 25 | 40.02 | 甘肃省 |
| 141 | 贵州电子科技职业学院 | 14 | 39.79 | 贵州省 |
| 142 | 新疆职业大学 | 12 | 39.65 | 新疆维吾尔自治区 |
| 143 | 四川商务职业学院 | 18 | 39.21 | 四川省 |
| 144 | 呼和浩特职业学院 | 12 | 39.13 | 内蒙古自治区 |
| 145 | 宁夏民族职业技术学院 | 13 | 39.1 | 宁夏回族自治区 |
| 146 | 云南城市建设职业学院 | 7 | 39.03 | 云南省 |
| 147 | 延安职业技术学院 | 14 | 38.88 | 陕西省 |
| 148 | 甘肃畜牧工程职业技术学院 | 7 | 38.86 | 甘肃省 |
| 149 | 宝鸡职业技术学院 | 13 | 38.78 | 陕西省 |
| 150 | 宁夏建设职业技术学院 | 12 | 38.62 | 宁夏回族自治区 |
| 151 | 四川国际标榜职业学院 | 12 | 38.3 | 四川省 |

续表

| 排名 | 学校名称 | 奖项数 | 总分 | 省份 |
|---|---|---|---|---|
| 152 | 宁夏财经职业技术学院 | 18 | 38.11 | 宁夏回族自治区 |
| 153 | 云南国土资源职业学院 | 23 | 38.1 | 云南省 |
| 154 | 南充职业技术学院 | 13 | 37.76 | 四川省 |
| 155 | 贵阳职业技术学院 | 16 | 37.73 | 贵州省 |
| 156 | 西安高新科技职业学院 | 13 | 37.44 | 陕西省 |
| 157 | 柳州城市职业学院 | 31 | 37.43 | 广西壮族自治区 |
| 158 | 六盘水职业技术学院 | 10 | 37.3 | 贵州省 |
| 159 | 云南文化艺术职业学院 | 9 | 37.2 | 云南省 |
| 160 | 青海建筑职业技术学院 | 6 | 36.72 | 青海省 |
| 161 | 贵州城市职业学院 | 18 | 36.52 | 贵州省 |
| 162 | 成都艺术职业大学 | 26 | 36.27 | 四川省 |
| 163 | 安顺职业技术学院 | 14 | 36.15 | 贵州省 |
| 164 | 四川长江职业学院 | 19 | 36.07 | 四川省 |
| 165 | 贵州盛华职业学院 | 2 | 36.05 | 贵州省 |
| 166 | 昆明铁道职业技术学院 | 10 | 35.95 | 云南省 |
| 167 | 兰州现代职业学院 | 4 | 35.85 | 甘肃省 |
| 168 | 青海卫生职业技术学院 | 8 | 35.82 | 青海省 |
| 169 | 四川护理职业学院 | 6 | 35.8 | 四川省 |
| 170 | 云南工贸职业技术学院 | 2 | 35.63 | 云南省 |
| 171 | 重庆安全技术职业学院 | 22 | 35.49 | 重庆市 |
| 172 | 贵阳幼儿师范高等专科学校 | 10 | 35.4 | 贵州省 |
| 173 | 甘肃有色冶金职业技术学院 | 5 | 35.28 | 甘肃省 |

续表

| 排名 | 学校名称 | 奖项数 | 总分 | 省份 |
|---|---|---|---|---|
| 174 | 贵州经贸职业技术学院 | 14 | 34.97 | 贵州省 |
| 175 | 云南工程职业学院 | 4 | 34.88 | 云南省 |
| 176 | 内江职业技术学院 | 21 | 34.77 | 四川省 |
| 177 | 西安信息职业大学 | 4 | 34.71 | 陕西省 |
| 178 | 贵州应用技术职业学院 | 2 | 34.68 | 贵州省 |
| 179 | 广西幼儿师范高等专科学校 | 21 | 34.65 | 广西壮族自治区 |
| 180 | 四川华新现代职业学院 | 9 | 34.64 | 四川省 |
| 181 | 甘肃机电职业技术学院 | 5 | 34.42 | 甘肃省 |
| 181 | 重庆青年职业技术学院 | 18 | 34.42 | 重庆市 |
| 183 | 贵州农业职业学院 | 8 | 34.21 | 贵州省 |
| 184 | 广西工程职业学院 | 17 | 34.06 | 广西壮族自治区 |
| 185 | 云南农业职业技术学院 | 11 | 33.99 | 云南省 |
| 186 | 包头钢铁职业技术学院 | 4 | 33.48 | 内蒙古自治区 |
| 186 | 重庆电讯职业学院 | 40 | 33.48 | 重庆市 |
| 188 | 重庆文化艺术职业学院 | 25 | 33.41 | 重庆市 |
| 189 | 贵阳康养职业大学 | 13 | 33.15 | 贵州省 |
| 190 | 榆林职业技术学院 | 12 | 33.09 | 陕西省 |
| 191 | 巴音郭楞职业技术学院 | 6 | 32.97 | 新疆维吾尔自治区 |
| 192 | 新疆天山职业技术大学 | 5 | 32.89 | 新疆维吾尔自治区 |
| 193 | 昆明卫生职业学院 | 6 | 32.55 | 云南省 |
| 194 | 汉中职业技术学院 | 7 | 32.38 | 陕西省 |
| 195 | 酒泉职业技术学院 | 10 | 32.34 | 甘肃省 |
| 196 | 庆阳职业技术学院 | 4 | 32.32 | 甘肃省 |

续表

| 排名 | 学校名称 | 奖项数 | 总分 | 省份 |
|---|---|---|---|---|
| 197 | 新疆轻工职业技术学院 | 12 | 32.28 | 新疆维吾尔自治区 |
| 198 | 云南旅游职业学院 | 8 | 32.26 | 云南省 |
| 199 | 乐山职业技术学院 | 11 | 32.09 | 四川省 |
| 200 | 兴安职业技术学院 | 7 | 32.07 | 内蒙古自治区 |
| 200 | 贵州装备制造职业学院 | 8 | 32.07 | 贵州省 |
| 202 | 内蒙古交通职业技术学院 | 7 | 31.8 | 内蒙古自治区 |
| 203 | 铜仁幼儿师范高等专科学校 | 5 | 31.68 | 贵州省 |
| 204 | 甘肃农业职业技术学院 | 6 | 31.5 | 甘肃省 |
| 205 | 贵州电子商务职业技术学院 | 11 | 31.34 | 贵州省 |
| 206 | 鄂尔多斯生态环境职业学院 | 2 | 31.3 | 内蒙古自治区 |
| 207 | 包头铁道职业技术学院 | 6 | 31.04 | 内蒙古自治区 |
| 208 | 四川托普信息技术职业学院 | 9 | 31.02 | 四川省 |
| 209 | 鄂尔多斯职业学院 | 4 | 30.87 | 内蒙古自治区 |
| 210 | 德宏师范高等专科学校 | 2 | 30.44 | 云南省 |
| 211 | 达州职业技术学院 | 2 | 30.42 | 四川省 |
| 212 | 德宏职业学院 | 5 | 30.36 | 云南省 |
| 213 | 甘肃财贸职业学院 | 3 | 30.17 | 甘肃省 |
| 214 | 定西师范高等专科学校 | 2 | 29.91 | 甘肃省 |
| 215 | 宁夏警官职业学院 | 4 | 29.72 | 宁夏回族自治区 |
| 216 | 甘肃卫生职业学院 | 6 | 29.66 | 甘肃省 |

续表

| 排名 | 学校名称 | 奖项数 | 总分 | 省份 |
|---|---|---|---|---|
| 217 | 广西英华国际职业学院 | 18 | 29.65 | 广西壮族自治区 |
| 218 | 云南财经职业学院 | 8 | 29.46 | 云南省 |
| 219 | 重庆艺术工程职业学院 | 15 | 29.24 | 重庆市 |
| 220 | 四川三河职业学院 | 5 | 29.19 | 四川省 |
| 221 | 伊犁职业技术学院 | 5 | 29.14 | 新疆维吾尔自治区 |
| 222 | 云南医药健康职业学院 | 3 | 28.64 | 云南省 |
| 223 | 贵州财经职业学院 | 5 | 28.52 | 贵州省 |
| 224 | 丽江师范高等专科学校 | 4 | 28.48 | 云南省 |
| 225 | 通辽职业学院 | 3 | 28.13 | 内蒙古自治区 |
| 226 | 四川科技职业学院 | 13 | 27.93 | 四川省 |
| 227 | 曲靖医学高等专科学校 | 2 | 27.48 | 云南省 |
| 227 | 新疆应用职业技术学院 | 4 | 27.48 | 新疆维吾尔自治区 |
| 229 | 民办四川天一学院 | 14 | 27.47 | 四川省 |
| 230 | 科尔沁艺术职业学院 | 5 | 26.98 | 内蒙古自治区 |
| 231 | 石河子工程职业技术学院 | 4 | 26.97 | 新疆维吾尔自治区 |
| 232 | 乌海职业技术学院 | 6 | 26.71 | 内蒙古自治区 |
| 233 | 阿克苏职业技术学院 | 3 | 26.48 | 新疆维吾尔自治区 |
| 234 | 白银矿冶职业技术学院 | 1 | 26.32 | 甘肃省 |
| 234 | 新疆铁道职业技术学院 | 1 | 26.32 | 新疆维吾尔自治区 |
| 236 | 重庆信息技术职业学院 | 3 | 26.17 | 重庆市 |

续表

| 排名 | 学校名称 | 奖项数 | 总分 | 省份 |
|---|---|---|---|---|
| 237 | 四川电子机械职业技术学院 | 16 | 26 | 四川省 |
| 238 | 贵州电力职业技术学院 | 1 | 25.93 | 贵州省 |
| 239 | 新疆师范高等专科学校 | 3 | 25.78 | 新疆维吾尔自治区 |
| 240 | 云南经贸外事职业学院 | 4 | 25.75 | 云南省 |
| 241 | 眉山职业技术学院 | 8 | 25.73 | 四川省 |
| 242 | 四川卫生康复职业学院 | 1 | 25.58 | 四川省 |
| 242 | 四川西南航空职业学院 | 3 | 25.58 | 四川省 |
| 244 | 陕西航空职业技术学院 | 1 | 25.15 | 陕西省 |
| 245 | 昆明工业职业技术学院 | 3 | 25.1 | 云南省 |
| 246 | 西安汽车职业大学 | 1 | 24.66 | 陕西省 |
| 247 | 毕节职业技术学院 | 7 | 24.64 | 贵州省 |
| 248 | 昆明艺术职业学院 | 2 | 24.52 | 云南省 |
| 249 | 武威职业学院 | 2 | 24.09 | 甘肃省 |
| 250 | 宁夏艺术职业学院 | 4 | 23.84 | 宁夏回族自治区 |
| 251 | 新疆建设职业技术学院 | 4 | 23.81 | 新疆维吾尔自治区 |
| 252 | 内蒙古警察职业学院 | 6 | 23.76 | 内蒙古自治区 |
| 253 | 哈密职业技术学院 | 1 | 23.67 | 新疆维吾尔自治区 |
| 254 | 大理护理职业学院 | 2 | 23.11 | 云南省 |
| 254 | 安康职业技术学院 | 2 | 23.11 | 陕西省 |
| 256 | 新疆工业职业技术学院 | 2 | 22.68 | 新疆维吾尔自治区 |
| 256 | 青海畜牧兽医职业技术学院 | 2 | 22.68 | 青海省 |

续表

| 排名 | 学校名称 | 奖项数 | 总分 | 省份 |
|---|---|---|---|---|
| 258 | 广西自然资源职业技术学院 | 2 | 22.33 | 广西壮族自治区 |
| 259 | 玉溪农业职业技术学院 | 2 | 22.14 | 云南省 |
| 260 | 遵义医药高等专科学校 | 2 | 22.01 | 贵州省 |
| 260 | 四川中医药高等专科学校 | 2 | 22.01 | 四川省 |
| 262 | 德阳科贸职业学院 | 2 | 21.85 | 四川省 |
| 263 | 重庆电信职业学院 | 11 | 21.8 | 重庆市 |
| 264 | 神木职业技术学院 | 4 | 21.75 | 陕西省 |
| 265 | 天府新区信息职业学院 | 2 | 21.74 | 四川省 |
| 266 | 广西演艺职业学院 | 8 | 21.7 | 广西壮族自治区 |
| 267 | 云南司法警官职业学院 | 1 | 21.54 | 云南省 |
| 268 | 云南三鑫职业技术学院 | 1 | 20.56 | 云南省 |
| 268 | 曲靖职业技术学院 | 1 | 20.56 | 云南省 |
| 270 | 扎兰屯职业学院 | 3 | 20.24 | 内蒙古自治区 |
| 270 | 四川汽车职业技术学院 | 3 | 20.24 | 四川省 |
| 272 | 云南新兴职业学院 | 3 | 20.07 | 云南省 |
| 273 | 陕西青年职业学院 | 1 | 19.43 | 陕西省 |
| 273 | 云南外事外语职业学院 | 1 | 19.43 | 云南省 |
| 275 | 贵州护理职业技术学院 | 1 | 19.07 | 贵州省 |
| 276 | 云南轻纺职业学院 | 3 | 18.99 | 云南省 |
| 277 | 呼伦贝尔职业技术学院 | 2 | 17.82 | 内蒙古自治区 |
| 278 | 百色职业学院 | 7 | 17.26 | 广西壮族自治区 |

续表

| 排名 | 学校名称 | 奖项数 | 总分 | 省份 |
|---|---|---|---|---|
| 279 | 广西城市职业大学 | 1 | 16.58 | 广西壮族自治区 |
| 280 | 陕西电子信息职业技术学院 | 1 | 16.24 | 陕西省 |
| 281 | 雅安职业技术学院 | 2 | 16 | 四川省 |
| 282 | 黔西南民族职业技术学院 | 1 | 15.38 | 贵州省 |
| 283 | 拉萨师范高等专科学校 | 2 | 15.34 | 西藏自治区 |
| 284 | 大理农林职业技术学院 | 1 | 14.96 | 云南省 |
| 285 | 克孜勒苏职业技术学院 | 1 | 14.58 | 新疆维吾尔自治区 |
| 286 | 广西体育高等专科学校 | 1 | 14.27 | 广西壮族自治区 |
| 287 | 梧州职业学院 | 4 | 13.35 | 广西壮族自治区 |
| 288 | 广西安全工程职业技术学院 | 1 | 13.34 | 广西壮族自治区 |
| 289 | 云南锡业职业技术学院 | 1 | 12.74 | 云南省 |
| 290 | 云南理工职业学院 | 2 | 12.65 | 云南省 |
| 291 | 天府新区通用航空职业学院 | 1 | 10.63 | 四川省 |
| 292 | 昆明幼儿师范高等专科学校 | 1 | 9.5 | 云南省 |
| 292 | 重庆轻工职业学院 | 1 | 9.5 | 重庆市 |

## 12.9 2017－2021年东北地区高职院校大学生竞赛榜单

续表

| 排名 | 学校名称 | 奖项数 | 总分 | 省份 | | 排名 | 学校名称 | 奖项数 | 总分 | 省份 |
|---|---|---|---|---|---|---|---|---|---|---|
| 1 | 长春职业技术学院 | 183 | 77.34 | 吉林省 | | 18 | 辽宁现代服务职业技术学院 | 18 | 50.31 | 辽宁省 |
| 2 | 辽宁机电职业技术学院 | 98 | 73.82 | 辽宁省 | | 19 | 辽宁轻工职业学院 | 26 | 50.15 | 辽宁省 |
| 3 | 长春汽车工业高等专科学校 | 55 | 68.68 | 吉林省 | | 20 | 黑龙江农业经济职业学院 | 30 | 47.01 | 黑龙江省 |
| 4 | 黑龙江职业学院 | 114 | 68.26 | 黑龙江省 | | 21 | 辽宁石化职业技术学院 | 26 | 46.16 | 辽宁省 |
| 5 | 大连职业技术学院 | 67 | 61.89 | 辽宁省 | | 22 | 辽宁建筑职业学院 | 28 | 45.53 | 辽宁省 |
| 6 | 黑龙江林业职业技术学院 | 18 | 61.64 | 黑龙江省 | | 23 | 黑龙江生物科技职业学院 | 23 | 43.66 | 黑龙江省 |
| 7 | 哈尔滨职业技术学院 | 53 | 61.29 | 黑龙江省 | | 24 | 黑龙江商业职业学院 | 17 | 43.39 | 黑龙江省 |
| 8 | 吉林电子信息职业技术学院 | 64 | 60.34 | 吉林省 | | 25 | 长春医学高等专科学校 | 14 | 43.01 | 吉林省 |
| 9 | 吉林工业职业技术学院 | 45 | 60.1 | 吉林省 | | 26 | 辽宁生态工程职业学院 | 29 | 42.5 | 辽宁省 |
| 10 | 黑龙江农业工程职业学院 | 55 | 58.21 | 黑龙江省 | | 27 | 黑龙江农垦职业学院 | 16 | 41.88 | 黑龙江省 |
| 11 | 黑龙江建筑职业技术学院 | 53 | 56.93 | 黑龙江省 | | 28 | 辽宁轨道交通职业学院 | 9 | 40.5 | 辽宁省 |
| 12 | 辽宁省交通高等专科学校 | 51 | 56.46 | 辽宁省 | | 29 | 哈尔滨铁道职业技术学院 | 8 | 40.12 | 黑龙江省 |
| 13 | 沈阳职业技术学院 | 65 | 55.24 | 辽宁省 | | 30 | 辽宁政法职业学院 | 6 | 39.35 | 辽宁省 |
| 14 | 辽宁农业职业技术学院 | 40 | 53.08 | 辽宁省 | | 31 | 辽宁金融职业学院 | 25 | 39.04 | 辽宁省 |
| 15 | 辽宁经济职业技术学院 | 52 | 52.75 | 辽宁省 | | 32 | 辽宁铁道职业技术学院 | 15 | 38.71 | 辽宁省 |
| 16 | 吉林铁道职业技术学院 | 50 | 51.8 | 吉林省 | | 33 | 辽宁地质工程职业学院 | 9 | 38.12 | 辽宁省 |
| 17 | 长春金融高等专科学校 | 41 | 51.75 | 吉林省 | | 34 | 辽宁装备制造职业技术学院 | 10 | 37.09 | 辽宁省 |

续表

| 排名 | 学校名称 | 奖项数 | 总分 | 省份 |
|---|---|---|---|---|
| 35 | 锦州师范高等专科学校 | 10 | 36.82 | 辽宁省 |
| 36 | 辽阳职业技术学院 | 4 | 36.68 | 辽宁省 |
| 37 | 辽宁城市建设职业技术学院 | 11 | 35.71 | 辽宁省 |
| 38 | 黑龙江交通职业技术学院 | 7 | 35.39 | 黑龙江省 |
| 39 | 盘锦职业技术学院 | 15 | 35 | 辽宁省 |
| 40 | 黑龙江艺术职业学院 | 7 | 34.37 | 黑龙江省 |
| 41 | 吉林交通职业技术学院 | 2 | 34.34 | 吉林省 |
| 42 | 黑龙江冰雪体育职业学院 | 2 | 33.6 | 黑龙江省 |
| 43 | 黑龙江旅游职业技术学院 | 10 | 33.03 | 黑龙江省 |
| 44 | 辽宁职业学院 | 11 | 32.48 | 辽宁省 |
| 45 | 黑龙江生态工程职业学院 | 3 | 32.46 | 黑龙江省 |
| 46 | 松原职业技术学院 | 6 | 32.11 | 吉林省 |
| 47 | 白城医学高等专科学校 | 3 | 32.05 | 吉林省 |
| 47 | 大连汽车职业技术学院 | 8 | 32.05 | 辽宁省 |
| 49 | 黑龙江护理高等专科学校 | 6 | 31.78 | 黑龙江省 |
| 50 | 黑龙江农垦科技职业学院 | 12 | 31.15 | 黑龙江省 |
| 51 | 大连枫叶职业技术学院 | 10 | 30.71 | 辽宁省 |
| 52 | 长春师范高等专科学校 | 8 | 30.03 | 吉林省 |
| 53 | 营口职业技术学院 | 1 | 29.31 | 辽宁省 |
| 54 | 辽宁医药职业学院 | 5 | 28.81 | 辽宁省 |
| 55 | 牡丹江大学 | 3 | 28.14 | 黑龙江省 |

续表

| 排名 | 学校名称 | 奖项数 | 总分 | 省份 |
|---|---|---|---|---|
| 56 | 铁岭卫生职业学院 | 5 | 28.13 | 辽宁省 |
| 57 | 渤海船舶职业学院 | 7 | 28.05 | 辽宁省 |
| 58 | 辽宁广告职业学院 | 7 | 27.68 | 辽宁省 |
| 59 | 黑龙江幼儿师范高等专科学校 | 7 | 27.28 | 黑龙江省 |
| 60 | 吉林水利电力职业学院 | 4 | 26.97 | 吉林省 |
| 61 | 大庆医学高等专科学校 | 4 | 26.74 | 黑龙江省 |
| 62 | 哈尔滨应用职业技术学院 | 1 | 26.32 | 黑龙江省 |
| 63 | 抚顺职业技术学院 | 4 | 25.96 | 辽宁省 |
| 64 | 哈尔滨科学技术职业学院 | 2 | 25.64 | 黑龙江省 |
| 65 | 长白山职业技术学院 | 1 | 25.58 | 吉林省 |
| 65 | 延边职业技术学院 | 3 | 25.58 | 吉林省 |
| 67 | 齐齐哈尔高等师范专科学校 | 2 | 23.11 | 黑龙江省 |
| 68 | 铁岭师范高等专科学校 | 5 | 22.31 | 辽宁省 |
| 69 | 辽宁理工职业大学 | 4 | 21.75 | 辽宁省 |
| 69 | 哈尔滨幼儿师范高等专科学校 | 4 | 21.75 | 黑龙江省 |
| 71 | 抚顺师范高等专科学校 | 1 | 19.43 | 辽宁省 |
| 72 | 黑龙江农业职业技术学院 | 1 | 19.07 | 黑龙江省 |
| 73 | 吉林工程职业学院 | 1 | 18.28 | 吉林省 |
| 74 | 鞍山职业技术学院 | 1 | 18.22 | 辽宁省 |
| 75 | 吉林科技职业技术学院 | 3 | 17.41 | 吉林省 |
| 76 | 朝阳师范高等专科学校 | 1 | 15.38 | 辽宁省 |

续表

| 排名 | 学校名称 | 奖项数 | 总分 | 省份 |
|------|---------|--------|------|------|
| 76 | 辽宁民族师范高等专科学校 | 1 | 15.38 | 辽宁省 |
| 78 | 黑龙江司法警官职业学院 | 1 | 10.14 | 黑龙江省 |

# 12.10    2017－2021 年全国民办高职院校大学生竞赛榜单

续表

| 排名 | 学校名称 | 奖项数 | 总分 | 省份 |
|---|---|---|---|---|
| 1 | 重庆交通职业学院 | 108 | 70.68 | 重庆市 |
| 2 | 广西理工职业技术学院 | 72 | 66.15 | 广西壮族自治区 |
| 3 | 浙江育英职业技术学院 | 160 | 65.68 | 浙江省 |
| 4 | 绍兴职业技术学院 | 61 | 65.26 | 浙江省 |
| 5 | 江西新能源科技职业学院 | 74 | 62.57 | 江西省 |
| 6 | 海南科技职业大学 | 62 | 62.34 | 海南省 |
| 7 | 广州城建职业学院 | 58 | 60.25 | 广东省 |
| 8 | 重庆科创职业学院 | 76 | 58.58 | 重庆市 |
| 9 | 上海东海职业技术学院 | 48 | 56.82 | 上海市 |
| 10 | 共青科技职业学院 | 45 | 54.45 | 江西省 |
| 11 | 上海思博职业技术学院 | 70 | 52.49 | 上海市 |
| 12 | 湖南软件职业技术大学 | 48 | 52.14 | 湖南省 |
| 13 | 广东岭南职业技术学院 | 49 | 52.08 | 广东省 |
| 14 | 山东工程职业技术大学 | 16 | 51.35 | 山东省 |
| 15 | 上海工商职业技术学院 | 26 | 49.28 | 上海市 |
| 16 | 重庆能源职业学院 | 25 | 48.36 | 重庆市 |
| 17 | 武汉信息传播职业技术学院 | 27 | 48.32 | 湖北省 |
| 18 | 漳州理工职业学院 | 5 | 47.17 | 福建省 |
| 19 | 洛阳科技职业学院 | 29 | 47.05 | 河南省 |
| 20 | 三亚航空旅游职业学院 | 14 | 47.03 | 海南省 |
| 21 | 重庆机电职业技术大学 | 26 | 46.81 | 重庆市 |
| 22 | 四川现代职业学院 | 35 | 46.51 | 四川省 |
| 23 | 北京北大方正软件职业技术学院 | 16 | 46.43 | 北京市 |
| 24 | 上海中侨职业技术大学 | 47 | 46.39 | 上海市 |
| 25 | 重庆建筑科技职业学院 | 34 | 44.15 | 重庆市 |
| 26 | 四川城市职业学院 | 21 | 43.4 | 四川省 |
| 27 | 浙江横店影视职业学院 | 36 | 43.38 | 浙江省 |
| 28 | 泉州职业技术大学 | 31 | 43.33 | 福建省 |
| 29 | 浙江广厦建设职业技术大学 | 30 | 43.29 | 浙江省 |
| 30 | 贵州工商职业学院 | 25 | 43.2 | 贵州省 |
| 31 | 重庆公共运输职业学院 | 12 | 43.06 | 重庆市 |
| 32 | 上海震旦职业学院 | 17 | 42.24 | 上海市 |
| 33 | 武昌职业学院 | 4 | 42.23 | 湖北省 |
| 34 | 广东创新科技职业学院 | 25 | 42.13 | 广东省 |
| 35 | 合肥信息技术职业学院 | 13 | 42.11 | 安徽省 |
| 36 | 厦门南洋职业学院 | 8 | 41.64 | 福建省 |
| 37 | 杭州万向职业技术学院 | 11 | 41.54 | 浙江省 |
| 38 | 三亚中瑞酒店管理职业学院 | 3 | 41.37 | 海南省 |
| 39 | 上海济光职业技术学院 | 25 | 41.28 | 上海市 |

续表

| 排名 | 学校名称 | 奖项数 | 总分 | 省份 |
|---|---|---|---|---|
| 40 | 厦门华天涉外职业技术学院 | 7 | 40.58 | 福建省 |
| 41 | 运城职业技术大学 | 24 | 40.47 | 山西省 |
| 42 | 江西软件职业技术大学 | 27 | 40.35 | 江西省 |
| 43 | 上海电影艺术职业学院 | 8 | 40.22 | 上海市 |
| 44 | 江西泰豪动漫职业学院 | 28 | 40.21 | 江西省 |
| 45 | 上海工商外国语职业学院 | 21 | 39.54 | 上海市 |
| 46 | 广州南洋理工职业学院 | 9 | 39.53 | 广东省 |
| 47 | 云南城市建设职业学院 | 7 | 39.03 | 云南省 |
| 48 | 四川国际标榜职业学院 | 12 | 38.3 | 四川省 |
| 49 | 民办合肥财经职业学院 | 4 | 38.29 | 安徽省 |
| 50 | 厦门软件职业技术学院 | 13 | 37.9 | 福建省 |
| 51 | 渤海理工职业学院 | 3 | 37.86 | 河北省 |
| 52 | 广东工商职业技术大学 | 14 | 37.78 | 广东省 |
| 53 | 西安高新科技职业学院 | 13 | 37.44 | 陕西省 |
| 54 | 贵州城市职业学院 | 18 | 36.52 | 贵州省 |
| 55 | 成都艺术职业大学 | 26 | 36.27 | 四川省 |
| 56 | 昆山登云科技职业学院 | 6 | 36.17 | 江苏省 |
| 57 | 南阳职业学院 | 17 | 36.13 | 河南省 |
| 58 | 四川长江职业学院 | 19 | 36.07 | 四川省 |
| 59 | 贵州盛华职业学院 | 2 | 36.05 | 贵州省 |
| 60 | 石家庄理工职业学院 | 14 | 35.3 | 河北省 |

续表

| 排名 | 学校名称 | 奖项数 | 总分 | 省份 |
|---|---|---|---|---|
| 61 | 九州职业技术学院 | 1 | 35.12 | 江苏省 |
| 61 | 惠州经济职业技术学院 | 15 | 35.12 | 广东省 |
| 63 | 广东南方职业学院 | 24 | 35.05 | 广东省 |
| 64 | 北京汇佳职业学院 | 4 | 34.99 | 北京市 |
| 65 | 云南工程职业学院 | 4 | 34.88 | 云南省 |
| 66 | 西安信息职业大学 | 4 | 34.71 | 陕西省 |
| 67 | 贵州应用技术职业学院 | 2 | 34.68 | 贵州省 |
| 68 | 四川华新现代职业学院 | 9 | 34.64 | 四川省 |
| 69 | 长沙南方职业学院 | 6 | 34.56 | 湖南省 |
| 69 | 嘉兴南洋职业技术学院 | 14 | 34.56 | 浙江省 |
| 71 | 山东外国语职业技术大学 | 12 | 34.32 | 山东省 |
| 72 | 广西工程职业学院 | 17 | 34.06 | 广西壮族自治区 |
| 73 | 浙江东方职业技术学院 | 12 | 33.64 | 浙江省 |
| 74 | 武汉商贸职业学院 | 16 | 33.6 | 湖北省 |
| 75 | 江海职业技术学院 | 11 | 33.59 | 江苏省 |
| 76 | 重庆电讯职业学院 | 40 | 33.48 | 重庆市 |
| 77 | 新疆天山职业技术大学 | 5 | 32.89 | 新疆维吾尔自治区 |
| 78 | 昆明卫生职业学院 | 6 | 32.55 | 云南省 |
| 79 | 广东碧桂园职业学院 | 10 | 32.41 | 广东省 |
| 80 | 郑州理工职业学院 | 11 | 32.22 | 河南省 |
| 81 | 大连汽车职业技术学院 | 8 | 32.05 | 辽宁省 |
| 82 | 漳州科技职业学院 | 7 | 32.04 | 福建省 |
| 83 | 南京视觉艺术职业学院 | 21 | 32 | 江苏省 |

续表

| 排名 | 学校名称 | 奖项数 | 总分 | 省份 |
|---|---|---|---|---|
| 84 | 湖南三一工业职业技术学院 | 6 | 31.8 | 湖南省 |
| 84 | 北京经济技术职业学院 | 21 | 31.8 | 北京市 |
| 86 | 海南工商职业学院 | 11 | 31.76 | 海南省 |
| 87 | 宿迁泽达职业技术学院 | 7 | 31.43 | 江苏省 |
| 88 | 德州科技职业学院 | 10 | 31.38 | 山东省 |
| 89 | 武汉外语外事职业学院 | 17 | 31.08 | 湖北省 |
| 90 | 郑州城市职业学院 | 8 | 31.03 | 河南省 |
| 91 | 四川托普信息技术职业学院 | 9 | 31.02 | 四川省 |
| 92 | 广州科技职业技术大学 | 2 | 30.95 | 广东省 |
| 93 | 苏州高博软件技术职业学院 | 12 | 30.82 | 江苏省 |
| 94 | 大连枫叶职业技术学院 | 10 | 30.71 | 辽宁省 |
| 95 | 厦门演艺职业学院 | 2 | 30.61 | 福建省 |
| 96 | 正德职业技术学院 | 3 | 29.69 | 江苏省 |
| 97 | 广西英华国际职业学院 | 18 | 29.65 | 广西壮族自治区 |
| 98 | 广州华立科技职业学院 | 16 | 29.36 | 广东省 |
| 99 | 福州黎明职业技术学院 | 5 | 29.25 | 福建省 |
| 100 | 重庆艺术工程职业学院 | 15 | 29.24 | 重庆市 |
| 101 | 四川三河职业学院 | 5 | 29.19 | 四川省 |
| 102 | 山东外事职业大学 | 7 | 28.96 | 山东省 |
| 103 | 江西科技职业学院 | 2 | 28.64 | 江西省 |
| 103 | 云南医药健康职业学院 | 3 | 28.64 | 云南省 |
| 105 | 泉州轻工职业学院 | 6 | 28.62 | 福建省 |

续表

| 排名 | 学校名称 | 奖项数 | 总分 | 省份 |
|---|---|---|---|---|
| 106 | 四川科技职业学院 | 13 | 27.93 | 四川省 |
| 107 | 辽宁广告职业学院 | 7 | 27.68 | 辽宁省 |
| 108 | 广东酒店管理职业技术学院 | 15 | 27.58 | 广东省 |
| 109 | 民办四川天一学院 | 14 | 27.47 | 四川省 |
| 110 | 泉州海洋职业学院 | 2 | 27.27 | 福建省 |
| 111 | 安徽扬子职业技术学院 | 2 | 27.17 | 安徽省 |
| 112 | 江西航空职业技术学院 | 3 | 26.64 | 江西省 |
| 113 | 潍坊工商职业学院 | 1 | 26.63 | 山东省 |
| 114 | 哈尔滨应用职业技术学院 | 1 | 26.32 | 黑龙江省 |
| 115 | 重庆信息技术职业学院 | 3 | 26.17 | 重庆市 |
| 116 | 四川电子机械职业技术学院 | 16 | 26 | 四川省 |
| 117 | 云南经贸外事职业学院 | 4 | 25.75 | 云南省 |
| 118 | 海南健康管理职业技术学院 | 2 | 25.73 | 海南省 |
| 119 | 四川西南航空职业学院 | 3 | 25.58 | 四川省 |
| 120 | 北京科技职业学院 | 5 | 25.55 | 北京市 |
| 121 | 郑州信息工程职业学院 | 2 | 25.17 | 河南省 |
| 122 | 天津滨海汽车工程职业学院 | 1 | 25.15 | 天津市 |
| 123 | 西安汽车职业大学 | 1 | 24.66 | 陕西省 |
| 124 | 珠海艺术职业学院 | 7 | 24.64 | 广东省 |
| 125 | 昆明艺术职业学院 | 2 | 24.52 | 云南省 |
| 126 | 苏州托普信息职业技术学院 | 3 | 24.42 | 江苏省 |
| 127 | 泉州华光职业学院 | 11 | 23.8 | 福建省 |
| 128 | 广州华商职业学院 | 12 | 23.59 | 广东省 |

续表

| 排名 | 学校名称 | 奖项数 | 总分 | 省份 |
|---|---|---|---|---|
| 129 | 北京经贸职业学院 | 3 | 23.1 | 北京市 |
| 129 | 福州英华职业学院 | 7 | 23.1 | 福建省 |
| 131 | 私立华联学院 | 1 | 23 | 广东省 |
| 131 | 上海邦德职业技术学院 | 5 | 23 | 上海市 |
| 133 | 金肯职业技术学院 | 7 | 22.75 | 江苏省 |
| 134 | 青岛求实职业技术学院 | 2 | 22.65 | 山东省 |
| 135 | 广东文理职业学院 | 6 | 22.55 | 广东省 |
| 136 | 福建华南女子职业学院 | 2 | 22.43 | 福建省 |
| 136 | 石家庄工商职业学院 | 8 | 22.43 | 河北省 |
| 138 | 德阳科贸职业学院 | 2 | 21.85 | 四川省 |
| 139 | 重庆电信职业学院 | 11 | 21.8 | 重庆市 |
| 140 | 辽宁理工职业大学 | 4 | 21.75 | 辽宁省 |
| 141 | 天府新区信息职业学院 | 2 | 21.74 | 四川省 |
| 142 | 广西演艺职业学院 | 8 | 21.7 | 广西壮族自治区 |
| 143 | 安徽涉外经济职业学院 | 4 | 21.16 | 安徽省 |
| 144 | 厦门兴才职业技术学院 | 8 | 21.04 | 福建省 |
| 145 | 云南三鑫职业技术学院 | 1 | 20.56 | 云南省 |
| 146 | 石家庄科技信息职业学院 | 1 | 20.29 | 河北省 |
| 147 | 厦门东海职业技术学院 | 1 | 20.24 | 福建省 |
| 147 | 四川汽车职业技术学院 | 3 | 20.24 | 四川省 |
| 149 | 云南新兴职业学院 | 3 | 20.07 | 云南省 |
| 150 | 河南科技职业大学 | 2 | 20.01 | 河南省 |

续表

| 排名 | 学校名称 | 奖项数 | 总分 | 省份 |
|---|---|---|---|---|
| 151 | 山西老区职业技术学院 | 1 | 19.7 | 山西省 |
| 152 | 石家庄工程职业学院 | 4 | 19.63 | 河北省 |
| 153 | 云南外事外语职业学院 | 1 | 19.43 | 云南省 |
| 154 | 漯河食品职业学院 | 5 | 19.06 | 河南省 |
| 155 | 广州华南商贸职业学院 | 7 | 18.24 | 广东省 |
| 156 | 硅湖职业技术学院 | 2 | 18.19 | 江苏省 |
| 157 | 山东圣翰财贸职业学院 | 2 | 17.42 | 山东省 |
| 158 | 吉林科技职业技术学院 | 3 | 17.41 | 吉林省 |
| 159 | 民办合肥经济技术职业学院 | 2 | 16.93 | 安徽省 |
| 160 | 广西城市职业大学 | 1 | 16.58 | 广西壮族自治区 |
| 161 | 无锡南洋职业技术学院 | 2 | 16.36 | 江苏省 |
| 162 | 南昌职业大学 | 3 | 16.35 | 江西省 |
| 163 | 陕西电子信息职业技术学院 | 1 | 16.24 | 陕西省 |
| 164 | 三亚理工职业学院 | 3 | 16.12 | 海南省 |
| 165 | 烟台黄金职业学院 | 4 | 15.86 | 山东省 |
| 166 | 民办万博科技职业学院 | 2 | 15.72 | 安徽省 |
| 167 | 浙江金华科贸职业技术学院 | 1 | 15.44 | 浙江省 |
| 168 | 潇湘职业学院 | 1 | 14.95 | 湖南省 |
| 169 | 浙江长征职业技术学院 | 3 | 14.6 | 浙江省 |
| 170 | 广东亚视演艺职业学院 | 3 | 14.58 | 广东省 |

续表

| 排名 | 学校名称 | 奖项数 | 总分 | 省份 |
|---|---|---|---|---|
| 171 | 郑州电子信息职业技术学院 | 2 | 14.53 | 河南省 |
| 172 | 广州涉外经济职业技术学院 | 1 | 13.96 | 广东省 |
| 172 | 郑州电力职业技术学院 | 1 | 13.96 | 河南省 |
| 174 | 钟山职业技术学院 | 2 | 13.86 | 江苏省 |
| 175 | 云南理工职业学院 | 2 | 12.65 | 云南省 |
| 176 | 广东信息工程职业学院 | 4 | 11.91 | 广东省 |
| 177 | 广州华夏职业学院 | 2 | 11.29 | 广东省 |
| 178 | 黄冈科技职业学院 | 1 | 10.63 | 湖北省 |
| 178 | 天府新区通用航空职业学院 | 1 | 10.63 | 四川省 |
| 180 | 景德镇艺术职业大学 | 1 | 9.5 | 江西省 |
| 180 | 重庆轻工职业学院 | 1 | 9.5 | 重庆市 |
| 180 | 山西华澳商贸职业学院 | 1 | 9.5 | 山西省 |
| 180 | 广州松田职业学院 | 1 | 9.5 | 广东省 |
| 184 | 武汉科技职业学院 | 2 | 8.96 | 湖北省 |

# 13

## 2021年学生竞赛榜单

### （省份）

## 13.1　2017－2021 年全国普通高校大学生竞赛榜单（省份）

| 总分排序 | 省份 | 奖项数 | 总分（归一） |
|---|---|---|---|
| 1 | 江苏省 | 17624 | 100 |
| 2 | 浙江省 | 12168 | 95.25 |
| 3 | 湖北省 | 14017 | 92.25 |
| 4 | 北京市 | 11227 | 92.23 |
| 5 | 山东省 | 13293 | 92.06 |
| 6 | 广东省 | 13068 | 90.58 |
| 7 | 四川省 | 11726 | 87.86 |
| 8 | 陕西省 | 9383 | 86.35 |
| 9 | 安徽省 | 8970 | 85.66 |
| 10 | 上海市 | 7322 | 84.77 |
| 11 | 湖南省 | 8844 | 83.77 |
| 12 | 辽宁省 | 10068 | 82.92 |
| 13 | 河南省 | 11066 | 82.22 |
| 14 | 福建省 | 7046 | 81.06 |
| 15 | 江西省 | 7428 | 79.27 |
| 16 | 重庆市 | 7562 | 79.21 |
| 17 | 黑龙江省 | 5640 | 75.46 |
| 18 | 河北省 | 5941 | 74.39 |
| 19 | 广西壮族自治区 | 6830 | 72.95 |
| 20 | 吉林省 | 5534 | 71.85 |
| 21 | 天津市 | 3760 | 71.21 |
| 22 | 山西省 | 4713 | 70.13 |
| 23 | 甘肃省 | 2752 | 61.70 |
| 24 | 云南省 | 2781 | 60.61 |
| 25 | 贵州省 | 2173 | 59.11 |
| 26 | 内蒙古自治区 | 1736 | 55.42 |
| 27 | 新疆维吾尔自治区 | 1777 | 55.31 |
| 28 | 海南省 | 1068 | 51.31 |
| 29 | 宁夏回族自治区 | 1031 | 47.25 |
| 30 | 青海省 | 435 | 41.06 |
| 31 | 西藏自治区 | 215 | 36.41 |

# 13.2　2017－2021 年全国普通高校大学生竞赛榜单(省份,校均)

| 校均排序 | 省份 | 学校数量 | 校均得分(归一) |
|---|---|---|---|
| 1 | 上海市 | 65 | 100 |
| 2 | 浙江省 | 112 | 98.08 |
| 3 | 北京市 | 99 | 97.94 |
| 4 | 江苏省 | 171 | 92.63 |
| 5 | 重庆市 | 71 | 91.41 |
| 6 | 湖北省 | 132 | 91.16 |
| 7 | 陕西省 | 103 | 90.79 |
| 8 | 福建省 | 89 | 88.40 |
| 9 | 山东省 | 156 | 87.26 |
| 10 | 四川省 | 135 | 86.34 |
| 11 | 安徽省 | 123 | 86.16 |
| 12 | 天津市 | 60 | 85.71 |
| 13 | 广东省 | 160 | 85.31 |
| 14 | 辽宁省 | 116 | 84.64 |
| 15 | 黑龙江省 | 81 | 84.26 |
| 16 | 吉林省 | 67 | 84.13 |
| 17 | 湖南省 | 129 | 83.26 |
| 18 | 江西省 | 107 | 82.56 |
| 19 | 海南省 | 21 | 80.30 |
| 20 | 广西壮族自治区 | 86 | 80.25 |
| 21 | 甘肃省 | 49 | 78.12 |
| 22 | 山西省 | 82 | 78.07 |
| 23 | 河南省 | 158 | 77.69 |
| 24 | 西藏自治区 | 7 | 74.98 |
| 25 | 宁夏回族自治区 | 20 | 74.85 |
| 26 | 河北省 | 124 | 74.68 |
| 27 | 青海省 | 12 | 73.90 |
| 28 | 内蒙古自治区 | 54 | 68.48 |
| 29 | 新疆维吾尔自治区 | 55 | 68.03 |
| 30 | 云南省 | 82 | 67.47 |
| 31 | 贵州省 | 75 | 67.29 |

## 13.3　2021 年全国普通高校大学生竞赛榜单(省份)

| 总分排序 | 省份 | 项目数量 | 总分(归一) |
|---|---|---|---|
| 1 | 江苏省 | 6700 | 100 |
| 2 | 浙江省 | 4587 | 95.34 |
| 3 | 山东省 | 5231 | 94.17 |
| 4 | 湖北省 | 5225 | 91.97 |
| 5 | 广东省 | 4253 | 91.33 |
| 6 | 四川省 | 4553 | 89.44 |
| 7 | 北京市 | 3947 | 88.00 |
| 8 | 河南省 | 4272 | 86.03 |
| 9 | 湖南省 | 3302 | 85.60 |
| 10 | 陕西省 | 3374 | 84.99 |
| 11 | 安徽省 | 2725 | 83.08 |
| 12 | 江西省 | 2998 | 82.54 |
| 13 | 上海市 | 2479 | 81.79 |
| 14 | 辽宁省 | 3348 | 80.72 |
| 15 | 重庆市 | 2751 | 80.33 |
| 16 | 福建省 | 2401 | 79.68 |
| 17 | 广西壮族自治区 | 2323 | 76.27 |
| 18 | 河北省 | 2285 | 73.69 |
| 19 | 黑龙江省 | 2081 | 73.35 |
| 20 | 吉林省 | 2052 | 71.88 |
| 21 | 山西省 | 1576 | 70.68 |
| 22 | 天津市 | 1371 | 70.09 |
| 23 | 云南省 | 1063 | 62.55 |
| 24 | 甘肃省 | 858 | 62.04 |
| 25 | 贵州省 | 651 | 58.78 |
| 26 | 内蒙古自治区 | 714 | 55.10 |
| 27 | 新疆维吾尔自治区 | 685 | 55.00 |
| 28 | 海南省 | 349 | 51.69 |
| 29 | 宁夏回族自治区 | 477 | 45.84 |
| 30 | 青海省 | 162 | 40.72 |
| 31 | 西藏自治区 | 67 | 34.54 |

# 13.4　2021年全国普通高校大学生竞赛榜单(省份,校均)

| 校均排序 | 省份 | 学校数量 | 校均得分(归一) |
|---|---|---|---|
| 1 | 浙江省 | 112 | 100 |
| 2 | 上海市 | 65 | 98.29 |
| 3 | 北京市 | 99 | 95.19 |
| 4 | 重庆市 | 71 | 94.43 |
| 5 | 江苏省 | 171 | 94.36 |
| 6 | 湖北省 | 132 | 92.58 |
| 7 | 陕西省 | 103 | 91.03 |
| 8 | 山东省 | 156 | 90.92 |
| 9 | 四川省 | 135 | 89.53 |
| 10 | 福建省 | 89 | 88.52 |
| 11 | 广东省 | 160 | 87.62 |
| 12 | 江西省 | 107 | 87.57 |
| 13 | 湖南省 | 129 | 86.67 |
| 14 | 天津市 | 60 | 85.93 |
| 16 | 吉林省 | 67 | 85.73 |
| 15 | 广西壮族自治区 | 86 | 85.46 |
| 17 | 安徽省 | 123 | 85.13 |
| 18 | 辽宁省 | 116 | 83.93 |
| 19 | 黑龙江省 | 81 | 83.43 |
| 20 | 河南省 | 158 | 82.80 |
| 21 | 海南省 | 21 | 82.39 |
| 22 | 山西省 | 82 | 80.15 |
| 23 | 甘肃省 | 49 | 80.01 |
| 24 | 河北省 | 124 | 75.35 |
| 26 | 青海省 | 12 | 74.65 |
| 25 | 宁夏回族自治区 | 20 | 73.96 |
| 28 | 西藏自治区 | 7 | 72.46 |
| 27 | 云南省 | 82 | 70.93 |
| 29 | 内蒙古自治区 | 54 | 69.36 |
| 30 | 新疆维吾尔自治区 | 55 | 68.92 |
| 31 | 贵州省 | 75 | 68.16 |